西南政法大学 侦查学第七代教材

本书受西南政法大学2019年校级规划教学用书编写项目资助

（修订版）

文件检验

Document Examination

王跃◎主编

知识产权出版社
全国百佳图书出版单位
—北京—

图书在版编目（CIP）数据

文件检验/王跃主编．—修订版．—北京：知识产权出版社，2022.9（2026.2 重印）．
ISBN 978-7-5130-8274-7

Ⅰ．①文…　Ⅱ．①王…　Ⅲ．①文件检验—教材　Ⅳ．①D918.92

中国版本图书馆 CIP 数据核字（2022）第 140588 号

内容提要

本书以文件鉴定的基础理论为依托，以文件的构成要素（或鉴定大类）为内在逻辑主线，构建文件检验的知识体系。通过细化文件检验相关技术，适度介绍前沿热点，有效衔接教学、科研、司法鉴定实践与诉讼实践。本书不仅可作为公安政法院校相关专业的教学用书，也可作为鉴定人、律师、司法办案人员的专业参考书籍。

责任编辑：吴亚平　李芸杰　　**责任校对**：王　岩
封面设计：研美文化　　**责任印制**：刘译文

文件检验（修订版）
王　跃　主编

出版发行：知识产权出版社有限责任公司	**网　　址**：http：//www.ipph.cn
社　　址：北京市海淀区气象路 50 号院	**邮　　编**：100081
责编电话：010-82000860 转 8672	**责编邮箱**：yp.wu@foxmail.com
发行电话：010-82000860 转 8101/8102	**发行传真**：010-82000893/82005070/82000270
印　　刷：天津嘉恒印务有限公司	**经　　销**：新华书店、各大网上书店及相关专业书店
开　　本：787mm×1092mm　1/16	**印　　张**：32.75
版　　次：2022 年 9 月第 1 版	**印　　次**：2026 年 2 月第 3 次印刷
字　　数：792 千字	**定　　价**：96.00 元

ISBN 978-7-5130-8274-7

本书编委会

—主编—

王　跃

法学博士，西南政法大学教授，重庆市第三批学术技术带头人后备人选（公安技术类），重庆市司法鉴定专家委员会专家，西南政法大学司法鉴定中心鉴定人。

—副主编—

王　勇

西南政法大学副教授，重庆市司法鉴定专家委员会专家，重庆市公共安全技术委员会特聘专家，重庆中正司法鉴定中心鉴定人。

喻彦林

工学博士，西南政法大学副教授，重庆市司法鉴定专家委员会专家，司法鉴定机构资质认定国家级评审员。

王　俊

法学博士，西南政法大学刑事侦查学院网络安全教研室副主任，西南政法大学司法鉴定中心鉴定人。

涂　舜

法学博士，西南政法大学副教授，西南政法大学司法鉴定中心鉴定人。

—编委—

方　郊

高级工程师，全国刑事技术标准化技术委员会文件检验分技术委员会委员，全国司法鉴定专家库专家，中国刑事科学技术协会文件检验专业委员会委员。

贾晓光

广东警官学院教授，中国刑事科学技术协会文件检验专业委员会委员，广东省司法鉴定协会文痕专业委员会副主任委员，广州市司法鉴定协会文书鉴定专业委员会主任委员，广东省司法鉴定专家库入选专家。

王少仿
法学博士，湖北警官学院教授，教育部公安技术类专业教学指导委员会委员。

李　彪
理学硕士，中国刑警学院教授，刑事科学技术学院副院长，文件检验鉴定公安部重点实验室主任，中国刑事科学技术协会理事，文件检验专业委员会副主任委员、秘书长。

崔　岚
中国刑警学院教授，公安部刑事科学技术青年人才库成员，中国刑事科学技术协会文件检验专业委员会常委。

李志荣
中国刑警学院教授，刑事科学技术学院副院长，公安部刑事技术特长专家，全国公安高等教育教学名师。

冯明帅
广东省公安厅文检专业正高级工程师，中国刑事科学技术协会理事兼质量管理专业委员会常务委员，公安部刑事技术特长专家，公安部刑事技术青年人才库成员。

陈如超
法学博士，西南政法大学教授，博士生导师，重庆市巴渝学者。

邹卫东
西南政法大学高级工程师，重庆市司法鉴定专家委员会专家，西南政法大学司法鉴定中心副主任。

黄　锐
西南政法大学副教授，重庆英才·青年拔尖人才。

吴　玲
理学硕士，西南政法大学工程师，西南政法大学司法鉴定中心鉴定人。

刘敬杰
武汉警官职业学院讲师（兼职），刑事技术工程师，司法鉴定人。

赵　蕾
文件检验工程师，广东开元文书司法鉴定所鉴定人。

修订版说明

本书原版由知识产权出版社于2020年出版。

原版发行后，受到相关院校、鉴定机构等的广泛关注，一些院校及相关部门将此书作为教材或参考用书，并为我们反馈了宝贵意见。同时，我们在使用过程中也发现了一些不足，因此该书的修订事宜提上日程。

在原版发行后的近两年时间中，围绕着“文书检验”课程及教材建设工作，取得了一系列建设成就：2021年、2022年，“文书检验”课程获评重庆市线下一流课程、重庆市虚拟仿真实验一流课程、重庆市首批“课程思政”示范课程，“文书检验”在线开放课程初步建设完成；文检教学团队获得重庆市研究生导师团队、重庆市“课程思政”教学名师和团队、重庆市优秀基层教学组织、西南政法大学本科创新教学团队等认定与专项支持；建设了法技融合、体现新文科特色的重庆市专业学位研究生教学案例库项目；围绕课程教学内容，创新课堂教学方法，主编及其教学团队多次获评重庆市高校教师教学创新大赛、重庆市高校微课教学比赛、重庆市高校青教赛等教学比赛奖项；围绕刑事科学技术专业、课程与教材建设等开展教育教学研究，获得了《创新型、复合型人才培养目标下公安技术一流课程群建设改革研究》《“新文科”背景下公安技术类专业课程思政建设改革研究》《“新文科”背景下法律硕士教学案例库建设长效机制研究》等市级教改重大、重点项目。相关成果获评重庆市研究生教学改革研究优秀成果奖、西南政法大学教学成果奖。这些都为持续建设、更新并体现法技融合与产学研融合的高水平《文件检验》教材奠定了坚实的基础；相关工作与建设成就不仅丰富了课程与教材资源，也为《文件检验》修订版提前进行了谋划，即将实现主编一直以来希望达致的立体化教材建设目标，即深度融入现代信息技术，让教材“动”起来、教材内容“活”起来，而不是枯燥死板的静态内容呈现。

这两年中，《中华人民共和国民事诉讼法》也进行了较大幅度的修改，并出台了司法解释，使得原教材部分内容对应的法律条款发生变化。此次修订旨在回应法条的变化，并及时修正原版中少量的图文瑕疵，但考虑到“文书检验”在线开放课程尚未正式上线，故仍延续了原版的体例结构及内容。

具体而言，主要修订如下：

（1）更新相关法律规定。

（2）将第六章第四、第五节内容纳入第六章第三节。

（3）订正原版中少量的文字错误，梳理个别文字表述，进一步提高可阅读性、可理解性。

愿本书在为侦查学教学贡献微薄之力的同时，能为文书鉴定与诉讼运用的研究人员和司法实务人员提供参考。

主编　王　跃

二〇二二年八月

第 1 版序（一）

《文件检验》一书，是我校建校 70 周年之际的校级规划教材，主要由校内专业教师和国内知名鉴定专家担任主编和撰稿人，是一部集文检专业教学、鉴定实务、鉴定管理、科学研究于一体的巨作。

我用近半月时间研读了这部著作的校对稿，感受深刻，受益匪浅，特此受托作序。

这部教材具有四大特点。一是内容全面、系统，结构合理。全书 6 编 19 章，近 80 万字，将我国现代文件检验涉及的 20 多个专业的检验对象、原理、方法、规范、结果等问题作了有理有据的全面论述。二是这部教材具有理论与实践并重的特点。在文件（书）检验领域，无论我国还是外国，无论教材还是专著，都有重实践轻理论的弱点。不少法学专家，常有“文书鉴定没有多少理论可以探索”的片面评论。而这部教材特别重视对检验理论的考证与归纳。每一项文件专业技术的检验，都有检验原理作理论基础。有的专业还探索和深化了原有的检验理论，如文件检验的物质交换与转移原理（各个专业涉及的原理）、电子签名笔迹形成原理、机器人书写字迹笔迹鉴定原理等。三是文检教学与鉴定实践、鉴定实践与诉讼实践紧密结合。不少司法鉴定领域的专业性技术教材，多有教学与鉴定实践脱节、鉴定实践与诉讼规则不相衔接的弱点。近几年来虽有一些改变，但不如本书全面、具体。本书的每位撰稿人都极为注重文检教学与文件检验的联系，以及对检验与诉讼环节的制约和衔接关系的论述。尤其对笔迹检验、印刷文件检验、文件鉴定的质量控制、鉴定意见书制作、文件鉴定意见的庭审质证的论述极为全面、具体，对政法公安院校培养鉴定专门人才具有特别的指导意义。四是教材中所列文件检验程序符合规范，检验方法实用、具体，均能跟上时代要求，具有较强的操作性。教材中涉及 20 多个专业的检验程序与方法，虽每个专业都有不同之处，但未出现重复与遗漏，对专业教学和执业鉴定人均有指导意义。

这部教材有三大创新：

一是检验对象与内容的创新。既有整体章、节的创新，又有章、节局部检验技术的创新。前者如鉴定质量控制、电子签名笔迹鉴定、机器人书写字迹鉴定、司法鉴定意见庭审质证的整体创新。文检各个专业检验内容都有扩增创新，如复印件的鉴定条件、证据效力问题、当事人自行委托鉴定的法律效力问题等。

二是检验方法的创新。每个检验专业的检验方法和技术标准既有传统的，又有现实的，还有正在研究探索使用的。如笔迹特征量化分析法、机器人书写字迹鉴定方法、检材字迹书写工具同一认定法、书写字迹形成时间鉴定法，多属创新、探索方法。

三是检验理论的创新。如物质交换与转移理论，对于检验各类文件均有指导意义；电子签名笔迹形成原理和机器人书写字迹的机理与特点，对于开辟笔迹鉴定新领域、适应电子数据证据鉴定具有引领作用。

由于众多特点、亮点，本教材具有一书多用的价值。除了本校教学用书和培养在职鉴定人作为必读书之外，其他政法公安院校相关鉴定专业也可作为教材或教学参考用书。对于各类鉴定机构的文件执业鉴定人和鉴定管理人员也是不可或缺的工具书，对于侦查员、检察员、审判员、监察官、律师也有参考价值。

本教材中的个别概念可能会出现一些争议，如“文书”与“文件”、“鉴定”与“检验”、“伪造”与“变造”、“可疑”与“争议”、“篡改”与“污损”、“嫌疑人”与“被鉴定人”等常用概念视为等同，有的是鉴定领域的传统用语与现实要求的差别，有的是部门用语与法律用语的差异，有的是学派之间习惯用语的分歧，有的是科学和法律概念与习惯概念的不同理解。这些分歧问题一定能在对法理、学理、鉴定规范规章深入理解的基础上逐步获得一致认识。

西南政法大学　邹明理

二〇二〇年七月十五日

第 1 版序（二）

西南政法大学规划教材《文件检验》即将在知识产权出版社付印，编委会邀我作序，我欣然应之。

西南政法大学是我国最早开展文件检验教学、研究、社会服务的代表性高校之一，文件检验人才辈出。本教材不仅聚集了西南政法大学经验丰富的一线教师，还邀请了其他高校、机构的多名知名专家共同撰稿，保证了教材内容的高质量。

21 世纪的前 20 年，文件检验理论、应用取得了较大的发展。本书分为文件检验的基础理论、笔迹检验、印刷文件检验、文件材料及制成时间检验、篡改（污损）文件检验、文件鉴定的质量控制与鉴定意见的庭审质证等多个篇章，不仅系统讲述了文件检验的基本理论与方法，而且很好地涵盖了文件检验 20 年来的新进展。其中，关于文件鉴定质量控制、庭审质证的论述，适应了我国文件检验规范化、标准化，以及法庭质证现状的迫切要求，是同类教材、论著少有的创新。

文件检验是实践性很强的学科。本书洋洋洒洒 500 多页，图文并茂，采用了大量鲜活的案例，生动论述了文件检验的理论与方法，可读性好，是文件检验入门、进阶的难得的优秀教程。为了解决篇幅限制，为读者提供更多案例资源、教学视频，本书还推出了网络资源库。这种出版形式上的创新，值得进一步推广。

祝愿本书的出版，有效助力我国文件检验事业的进步！

司法部司法鉴定科学研究院　杨　旭

二〇二〇年七月

第 1 版前言

为迎接西南政法大学 70 周年华诞，全面展示西政 70 年办学成就，集中彰显西政特色教学科研成果，学校规划建设一批高质量的教学用书，《文件检验》成功入选。在全体参编人员及知识产权出版社的共同努力下，该书如期出版，完全实现了学校对该书的高质量要求与目标定位，从而在西政 70 周年教学科研成果阵列中留下全体刑事科学技术专家不可或缺的重要位置与影响力。

文件检验定位于法学与自然科学的跨学科交叉课程，是在司法实践中有着广泛需求的应用型课程。本书可广泛适用于公安政法院校的公安技术类、侦查类专业的本科、研究生教学，也可作为司法鉴定从业人员的专业用书。本书的主要任务是针对诉讼、仲裁、监察调查等办案活动中涉及的文件物证，研究其勘验、固定、分析、检验、鉴定的相关技术方法与程序，为办案活动提供线索与证据，从而夯实事实认定的证据基础。

本书以文件物证的构成要素为内在逻辑主线，以书证真实性判断为具体任务目标，以此构建编章体例及内容。在内容上重点突出文件检验的规范程序、文件检验的原理与方法（如物质交换与转移原理，种属鉴别与同一认定原理，以及显微检验、光学检验、色谱检验、系统检验等主要检验方法），以及基于文件构成要素展开的司法办案活动中最为需要、出现频次最高的文件鉴定对象与检验技术，如笔迹检验（正常笔迹、书写条件变化笔迹、伪装摹仿笔迹、少量字迹检验等）、印刷文件检验（专业制版印刷文件、打印/复印/传真等办公机制文件、印章印文检验）、朱墨时序检验（印文与打印字迹、手写字迹等的形成时序）、文件材料与制成时间检验、伪造变造文件检验等，上述内容均是司法办案人员面临最多的文件鉴定类别。本书将专业基础理论与司法鉴定检案实务、司法办案实践需求（如高仿印文鉴定、伪装摹仿笔迹鉴定、少量字迹鉴定、朱墨时序鉴定、文件形成时间鉴定、机器人书写字迹检验等热点难点问题）紧密结合，并辅以真实的案例图片进行同步阐释，充分体现了本教学用书“可阅读性、可理解性、学术性、实战性”紧密结合的特色与亮点。

本教学用书在体例、内容等方面具有以下特色及创新：

（1）以文件鉴定的构成要素（或鉴定大类）为内在逻辑主线并以此分“编”，下设章节，能够有效避免传统文检教材仅以“章节”贯彻始终所导致的章节间内在逻辑不清晰以及容易导致学生对相关知识原理理解不清、掌握不透的固有弊端。

全书共六编，分别为：

第一编　文件检验的基础理论（下设第一章文件检验概述、第二章文件检验的原理与方法）；

第二编　笔迹检验（下设第三章笔迹检验的科学基础、第四章笔迹检验的一般程序与方法、第五章书写条件变化笔迹鉴定、第六章伪装和摹仿笔迹检验、第七章少量字迹检验、第八章笔迹检验的前沿问题）；

第三编　印刷文件检验（下设第九章印刷文件检验基础知识、第十章专业制版印刷文件检验、第十一章办公机制印刷文件检验、第十二章印章印文检验）；

第四编　文件材料及制成时间检验（下设第十三章文件材料检验、第十四章朱墨时序检验、第十五章文件制成时间检验）；

第五编　篡改（污损）文件检验（下设第十六章篡改文件检验、第十七章污损文件检验）；

第六编　文件鉴定的质量控制与鉴定意见的庭审质证（下设第十八章文件鉴定的质量控制、第十九章文件鉴定意见的庭审质证）。

上述六编各自构成封闭、独立的体系，互不交叉、逻辑清晰严谨（如厘清了“印章印文”与“印刷”的关系），不仅有助于学生透彻理解并掌握相关知识技能，而且各编内容也可直接作为相关专业课程（如笔迹学、印刷文书检验）的教学参考，发挥一书多用的功效。

（2）立足教学，强调理论与实战结合，且图文并茂、同步阐释，充分体现“可阅读性、可理解性、学术性、实战性”的特色与亮点。

该教学用书首先立足教学，遵守教学用书编写应当具有的思想性、先进性和教学适用性。在此前提下，该教学用书始终以服务教学为宗旨，强调理论与实务结合，其逻辑严密的结构体系、深入浅出同步阐释的图文内容、科学高效的新型实用技术等，无不突显该教学用书“可阅读性、可理解性、学术性、实战性”的特色与亮点。

（3）始终以《司法鉴定程序通则》及国家标准、行业标准、技术规范为依据，突出并强调文件检验的程序规范性与方法可靠性，以满足“以审判为中心”的诉讼制度改革对证据裁判提出的严格要求。

该教学用书以《中共中央关于全面推进依法治国若干重大问题的决定》有关“严格司法”“公正司法”的基本要求为指引，主动适应“以审判为中心”的诉讼制度改革对证据裁判提出的基本要求，严格遵守《司法鉴定程序通则》及国家标准、行业标准和技术规范对文件检验对象、检验方法及检验程序的规范性与科学性要求，强调证据意识与程序意识，这对准确查明案件事实，健全事实认定符合客观真相、办案结果符合实体公正、办案过程符合程序公正的法律制度无疑具有重要意义。

本教学用书主要由长期承担文书检验、笔迹学、疑难文书检验、物证技术学、司法化学、微量物证与仪器分析、司法鉴定概论、证据技术运用、证据调查等课程教学、实验教学、理论研究并长期参与司法鉴定检案的教授、副教授以及部分具备博士学位且专业基础扎实、实践经验丰富的讲师共同编写，同时还邀请在本专业领域具有较大影响和较丰富学术成果或经验的校外资深实务专家参加编写，如方邡、贾晓光、王少仿、李彪、崔岚、李志荣、冯明帅、刘敬杰、赵蕾等同志，充分体现并满足了《文件检验》作为教学用书的思想性、先进性和教学适用性以及跨学科性与实战应用要求。

在此对全体编委会成员的辛勤付出深表谢意！正是由于大家胸怀文检事业及刑事科学教育教学工作，崇尚并追求公正司法、严格司法与精密司法的法治目标，才能任劳任怨、不计名利地精心编写此书，并最终成就了一本适应最新技术发展，有效衔接教学、鉴定实践与诉讼实践的一流教材，彰显了西政特色与亮点。衷心期望以此次教材编写为契机，进一步促进西南政法大学与其他兄弟院校、实务部门之间更加紧密地合作，以此形成共同的理想信念与行动力，为中国法庭科学教育、司法审判贡献更多精品成果。

西南政法大学　王　跃
二〇二〇年七月二十日

附：参编人员及对应章节（以章节为序）
王　跃：第一章、第十九章
贾晓光：第二章第一至三节
喻彦林：第二章第四节，第十五章第二、四节，第十六章
陈如超：第三章第一节
李志荣：第三章第二节、第四章、第六章
王　勇：第五章
王少仿：第七章第一至三节
赵　蕾：第七章第四节
冯明帅：第八章第一、三节
涂　舜：第八章第二节
王　俊：第九章、第十一章
崔　岚：第十章
刘敬杰：第十二章
黄　锐：第十三章
方　邡：第十四章
吴　玲：第十五章第一、三节
李　彪：第十七章
邹卫东：第十八章

目　录

第五编 篡改（污损）文件检验

第六编 文件鉴定的质量控制与鉴定意见的庭审质证

第一编

文件检验的基础理论

第一章　文件检验概述

内容提要：本章重点介绍文件的定义，文件分类，文件检验对象、任务及作用，文件司法鉴定的一般原则与通用程序；简要介绍文件司法鉴定意见书的规范要求、文件司法鉴定质量与公信力的保障机制。本章重难点在于文件分类、文件检验对象、文件检验程序；司法鉴定质量与公信力的诉讼内外控制机制作为重要知识内容，在第十八章、第十九章专门阐述。

关键词：文件；文书；文件分类；检验对象及任务；检验程序与方法；司法鉴定质量与公信力

第一节　文件检验及其相关概念

一、文件的定义

文件（Document），也称为“文书”，一般是指“人们在社会交往中形成和使用的，与案事件有关的各种公文、合同、信函、契约、字据、证照等材料的总称”①，该定义主要从文件的外在形式角度进行界定，并在相关技术规范中予以采用。而要正确理解“文件”这一术语，还需从学理角度澄清其内涵。在学理上，有学者认为文件是指以语言、文字、符号、线条、图案、图像方式记录和提供信息的载体。前一定义重在表达文件作为书面资料存在的各种外在形式；而后一定义重在表达文件的构成要素（如语言、文字、符号、线条、图案等），这些要素都指向文件检验的对象与任务，该定义同时指出了文件作为“记录和提供信息的载体”的本质。

二、文件与相关术语比较

在文件检验学发展过程中，一直存在着究竟应使用“文件”还是“文书”术语的争论。与此相伴的是，早期对文件检验的对象范畴（如是否包括电子文件）也产生了争论。这些争论显示出对文件术语的内涵与外延理解的不一致，为此，需要对与文件紧密相关的几个术语进行比较。

---

① 《GB/T 37234—2018 文件鉴定通用规范》之3.14。

1. 文件与文书

“文件”的英文单词为“document”，在英文语境下，“document”既包括纸质载体形式的文件，也包括电子形式的文件。进一步查阅《辞海》相关定义：文书，一指文章、书札、契约、公文等，二指机关部队中从事文书工作的人员；文件，一指机关制发的格式规范的公文材料，二是指通过计算机储存的已赋予特定名称的数据。由此可以看出，“文件”与“文书”术语有着共同的内涵，并且在计算机与信息技术发展的大背景下，“文件”作为一个广义词，其概念外延广于“文书”，也就是说“文件”包括“文书”。

但是，受我国诉讼法证据规则及证据法传统约束，电磁介质形式的声像资料、电子数据作为单独的证据种类，有着区别于纸质文件完全不同的检验技术手段，故声像资料、电子数据检验不属于文件检验的范畴。因此，无论采用“文件”还是“文书”术语，其内涵与外延趋于一致。故当前我国相关鉴定技术规范摒弃了术语概念之争，将文件/文书、文件检验/文书检验混用而不再区分。

2. 文件与书证、物证

在特定语境下，文件也经常与书证、物证术语相关联，如“文件物证”“针对书证真实性进行文件鉴定”等。由此，需要阐释三者之间的区别与联系，以更好地掌握文件检验相关术语及其内涵。

一方面，“书证”“物证”是一个诉讼法及证据法上的概念，是大陆法系国家证据立法约定俗成的概念。书证（document evidence），是指以文件所载内容支持一方诉讼主张、证明案件争议事实的书面文件材料，其核心是“以文件内容证明案件待证事实”。“物证”（physical evidence/material evidence）是指以其外形特征、物质属性或物的反映形象及所载信息等证明案件待证事实的一切物质、物品和痕迹。

在不同语境、不同法系下，“物证”术语也有广义与狭义之分，因而其所指对象范畴也不尽相同。如在英美法系的证据法规与证据理论中，一般笼统地将证据分为“物证”与“人证”，此时，“物证”为广义含义。以《中华人民共和国刑事诉讼法》（以下简称《刑事诉讼法》）第五十条规定的证据种类为例，[①] 其中“（一）物证；（二）书证；（八）视听资料、电子数据”均属广义“物证”范畴，而“（三）证人证言；（四）被害人陈述；（五）犯罪嫌疑人、被告人供述和辩解；（六）鉴定意见；（七）勘验、检查、辨认、侦查实验等笔录”则属于广义“人证”范畴，也因如此，基于物证的“哑巴证人”属性，“物证、书证、视听资料、电子数据”通常需要对其进行鉴定以判明真实性，而证人、被害人、犯罪嫌疑人、被告人、鉴定人、侦查人员应当作为广义的“证人”出庭作证，以充分保证诉讼当事人的对质权，从而实现公正审判的诉讼目标。而大陆法系国家的诉讼法通常将物证与书证、电子数据等分别单列出来，此时诉讼法典中单列出的“物证”系狭义的物证，特指物品、物质、痕迹等。但实践中通俗地使用“文件物证”“痕迹物证”“声像物证”“电子物证”称谓，此时“物证”为广义含义，是

---

① 《刑事诉讼法》第五十条规定：可以用于证明案件事实的材料，都是证据。证据包括：（一）物证；（二）书证；（三）证人证言；（四）被害人陈述；（五）犯罪嫌疑人、被告人供述和辩解；（六）鉴定意见；（七）勘验、检查、辨认、侦查实验等笔录；（八）视听资料、电子数据。证据必须经过查证属实，才能作为定案的根据。

相对于“人证”而言的。

另一方面，文件既可能属于书证，也可能属于物证。基于对两大法系诉讼法与证据法立法背景的介绍，不难看出，文件既可能归属书证，也可能归属物证。作为涉案的书面文件材料，诉讼一方举示该证据并以其内容主张证据真实，其当然属于书证；若另一方当事人对其内容不认可，申请对该文件进行鉴定，如要求鉴定文件材料上的签名是否为某人书写、指印是否为某人所留、疑似添加的字迹内容是否为同一打印机打印（或同一支笔一次性书写）等，这些鉴定事项离不开对笔迹、指纹的形态学比对以及字迹的物质成分分析，该文件材料同时也属于物证，由此也就有了“文件物证”的并用。

三、文件分类

司法鉴定实践中，基于不同角度，可对文件进行如下分类。

（一）按文件的原始性划分

依据文件是否为原件，可以分为原件与复制件，复制件包括复印件、复写件、照片、扫描电子文件及其形成的打印件等。

判明文件是否为原件，既是文件检验的技术性要求，也是各国证据法规的基本要求，如大陆法系国家通常要求书证材料为原件，即“原件主义”的证据要求；英美法系国家的“最佳证据规则”也是对书证的原始性要求。文件检验通常要求检材及样本应为原件，主要目的是保证检材及样本来源可靠、客观，且能为检验提供高质量的特征依据，而复制件的原件是否真实存在、原件与复制件是否一致，加之复制过程中通常都会损失细节，这些都对基于复制件的鉴定意见可靠性提出了挑战。因此，判明文件材料是否为原件，既是文件检验受理与实施程序的通用要求，也是文件形成方式检验的重要内容，更是诉讼法典、证据法规以及司法鉴定程序通则的基本要求。

但是，绝不能因为检材或样本是复制件（如某些情况下诉讼当事人拒不提供原件或材料保管单位只提供查询复印件），就武断地认为复制件材料不具备受理条件或鉴定条件。如某再审案件，因为一审诉讼已终结，一方当事人拒不提交之前诉讼中已提交给法庭的书证原件，另一方诉讼当事人对该书证提出异议，而只能以其复制件在再审阶段提出同一性鉴定请求。该案中，该复制件依然具备一定的鉴定条件，因为如果检材印文与样本印文在缩放至等比例情况下，二者的字体、字形、单字大小、图文相对位置关系明显不一致，而没有合理理由解释该差异，若该差异是本质性的，则可以作出检材印文与样本印文不是同一枚印章盖印形成的鉴定意见，因此其仍然是具备受理条件、鉴定条件的（见图 1－1）。同样的情形，样本保存于某公安机关，该公安机关对外只提供查询复印件，经与检材印文比较，二者字体、字形、图文相对位置关系均存在明显差异，若是同一枚印章盖印形成不可能出现如此显著差异，故最终鉴定意见为二者不是同一枚印章盖印形成（见图 1－2）。

检材印文	样本印文
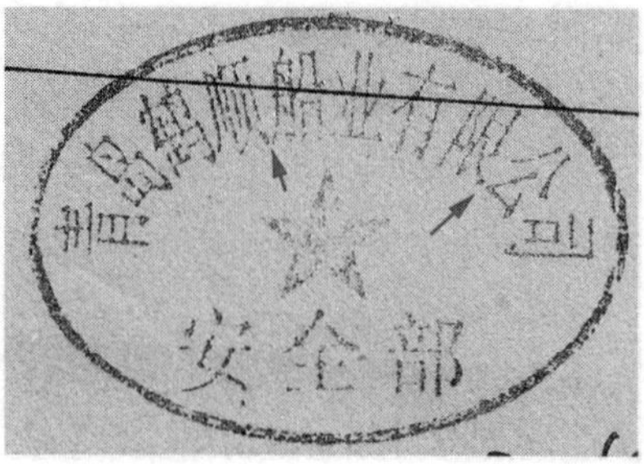	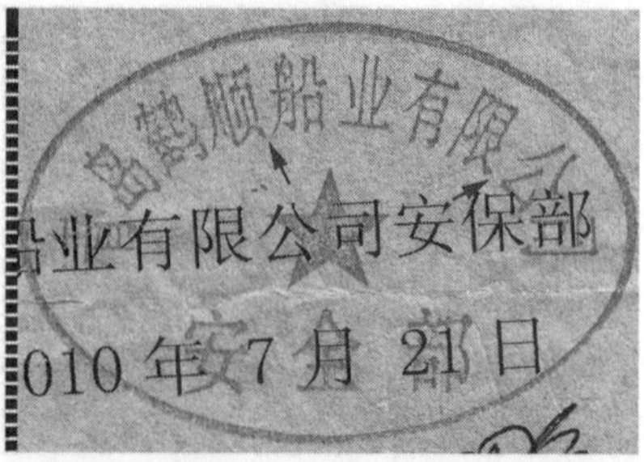
	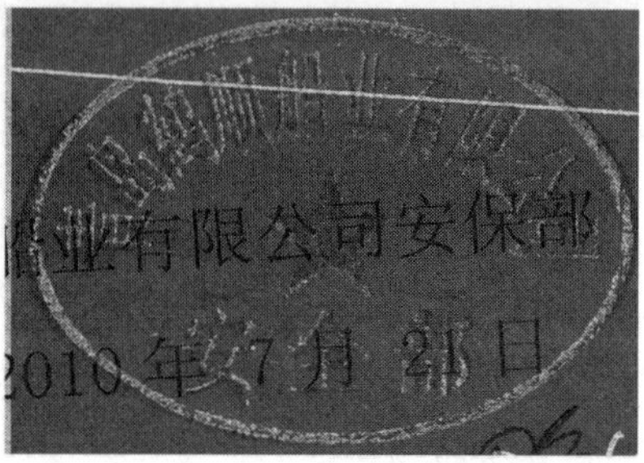 检材印文（负片）与样本印文重叠比对

图1-1　检材印文为复印件示例

检材印文	样本印文
	 深圳市公安局印章印鉴卡 “发票专用章”印模
	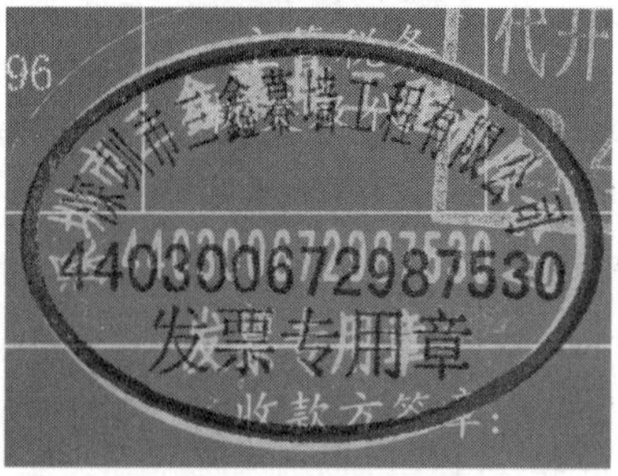 检材与样本印文重叠比对 （相对位置关系）

图1-2　样本印文为复印件示例

（二）按文件真实性划分

依据文件真实与否，可以分为真实文件与伪造变造文件。

一般而言，证据的真实性判断属于法官的职权范畴，故在鉴定意见书中通常很少看到鉴定人就文件材料的真实性表达意见。但事实上，就文件检验的诸多技术领域而言，鉴定人事实上都在协助法官查明书证真实与否，而且文件检验的最高目标本质就是查明文件真实与否，尤其是针对伪造变造文件的检验。因此，从纯技术角度讲，作为司法鉴定对象的文件可以划分为真实文件与伪造变造文件。

真实文件是指通过对文件材料相关要素（如笔迹、指印、印文、朱墨时序、形成时间、篡改污损等）的检验，未发现文件材料造假相关依据的文件；伪造变造文件，是指通过对文件形成方式及相关要素的检验，认为整体伪造或局部变造的文件。常见的变造手法包括擦刮、消退、涂污、添改、换页、挖补、拼凑等。

需要提醒的是，受检验技术条件及认识能力限制，在一些虚假诉讼、“套路贷”案件中，由于诉讼双方相互勾结而捏造证据，或者明知相关借贷合同于己不利、不真实但仍为获得贷款而不顾后果地签名、按指印等，虽经相关要素检验，仍难以找到伪造变造事实，文件“形式真实”，但该书证是否系真实意思表示、能否采纳该书证，办案人员应结合全案证据细心审查，不能简单地依赖鉴定意见判案。

（三）按文件的制作方法划分

依据文件的制作方法，可以分为书写文件与印刷文件。

书写文件，也称手写文件，是指书写人运用书写运动器官（如手）、利用书写工具（如笔）在一定的书写承受物（如纸张）上书写形成的文件，包括高水平书写文件和低水平书写文件，正常书写文件和非正常书写文件等。手写文件的核心要素是人的书写运动器官、书写工具、书写承受物的参与。

印刷文件，是指采用凸版印刷、凹版印刷、平版印刷和孔版印刷等传统制版印刷技术及特种制版印刷技术，或利用打字机、打印机、复印机、传真机等办公设备，制作形成的各类机制文件的总称。印刷文件的核心技术是相对于手写、手绘对原稿图文进行大批量复制的技术。

随着信息技术、人工智能技术的发展，一些文件在形成过程中同时掺杂了手写、印刷的部分要素，从而使得手写文件与印刷文件之间的界线变得模糊，如书写机器人夹持书写墨水笔书写形成的文件，其代替了人手的功能，但书写工具、纸张仍是传统形式的，而机器书写原理本质是印刷技术的运用；又如利用手写笔（如电阻笔、电容笔、电磁笔，甚至手指）在电子设备触控屏上书写的签名字迹，虽然具备了书写运动器官的参与、字迹轨迹形态反映，但签名字迹的存在不以纸张为载体，而是电子化的数据，其电子化签名字迹也是可以重复打印输出的，从而具备了手写、印刷、电子签名笔迹等多重属性。鉴于上述问题的前沿性与复杂性，本书将在第八章对其予以介绍。

（四）按文件的保存状态划分

依据文件的保存状态，可以分为正常文件与污损文件。

文件的外观形态、细节特征等的反映程度往往与文件的保存状态存在密切关系，文件在保存过程中是否受到污损不仅影响其鉴定条件，也直接影响其鉴定程序与鉴定方法的选用。污损文件又可以分为污染文件、破碎文件、烧毁文件、浸损文件，对上述文件进行清洁、整复、固定、显现和辨读是污损文件检验的重要任务。

第二节　文件检验的对象、任务及作用

一、文件检验的对象

文件检验的对象就是办案工作、纠纷处理中涉及的各类文件材料。由于文件材料表现形式不一，文件材料的组成要素也不尽相同，因此文件检验的具体对象也多种多样。综合各类文件，文件构成要素一般包括笔迹、言语、印迹、物质材料、篡改（污损）、制作时间，它们构成了文件检验的六类鉴定对象。

（一）笔迹

笔迹是书写动作习惯的形象反映，是书写人通过书写运动器官、书写工具在承受物上书写文字符号形成的书写痕迹。笔迹检验的主要目标是确定笔迹的书写人。

（二）言语

书证以其内容，即言语证明案件待证事实，这一特性决定了文件材料包含的言语也是文件检验的具体对象。作为文件检验对象的言语，既包括书写形式的言语（如手写图文符号），也包括印刷形式的言语（如打印、复印字迹）。言语检验对于分析犯罪嫌疑人的文化程度、用语习惯、职业、地域等，刻画犯罪嫌疑人的人身形象，缩小侦查范围具有重要作用。

（三）印迹

印迹是文件材料的各相关要素在形成文件材料过程中相互作用而形成的“痕迹”。文件材料上的印迹是客观存在的，印迹存留越多，通常鉴定条件越好，反之，鉴定条件越差。文件上印迹的表现形式是多样的，如指印（指纹捺印痕迹）、印文（印章盖印痕迹）、笔痕（书写工具书写痕迹）、墨迹（电子原稿的显影、转印痕迹）、印刷机具部件损伤痕迹、纸张的整体分离痕迹、文件上各部分内容的折叠转印痕迹和消退涂污痕迹，等等，由此也形成了指印鉴定、印章印文鉴定、笔痕鉴定、印刷文件鉴定、整体分离痕迹、篡改（污损）文件鉴定等具体检验内容。

（四）物质材料

物质材料是指制作文件所使用的纸张、墨料（墨水、油墨、墨粉）、印油（印泥）、黏合剂、消退剂等，文件材料的六要素往往都需要上述物质材料予以呈现。对物质材料的定性定量分析，通常可以有效地确定种属，从而为判明文件材料真伪提供依据（如打印机具类别、印章制作工艺、添加、换页等），同时也是朱墨时序、形成时间检验的前提性工作。

（五）篡改、污损

文件是否存在篡改、污损，决定了文件是否系正常形成，由此直接影响文件的真实

性。篡改、污损系指人为目的或自然原因而使文件整体或局部发生改变、污染、损坏等，从而导致文件内容改变、鉴定条件丧失等后果。对篡改、污损文件进行检验，有助于揭示篡改、污损事实，显现、辨读污损内容，从而还原案件材料原始内容。

（六）制作时间

文件材料也包括其制作时间要素，文件的制作时间是文件真实性的核心要素之一，也是办理诉讼案件中需要查明的案件事实。文件制作时间，主要包括手写字迹的形成时间、印刷文件的形成时间、印文形成时间以及朱墨时序（印文与墨迹的形成时序），从技术要求而言，又可分为文件的相对制作时间和绝对制作时间。

实践中由于每个案件都有自身的特定性，在案件中的各种文件材料的表现形式不尽相同，因此，一份文件可能由以上全部的要素构成，也可能由以上某几种要素构成。一份文件具体由几个要素构成并无特定标准，在鉴定过程中，鉴定人要具体问题具体分析，并且鉴定人要以系统的眼光看待文件物证，对文件物证中与鉴定对象相联系的其他检验对象进行系统分析，以提高鉴定意见的准确性。

二、文件检验的任务

基于以上六类检验对象，文件检验常聚焦于以下具体检验任务。

（一）笔迹检验

笔迹检验，是利用笔迹学知识与书写动作习惯形成机理，通过对检材字迹与样本字迹的笔迹特征进行比较，确定二者是否为同一人书写动作习惯的反映，进而判明二者是否为同一人书写。笔迹是书写动作习惯客体的形象痕迹反映，笔迹检验本质是利用书写动作习惯进行人身识别的专业技术。笔迹检验主要包括正常笔迹检验、条件变化笔迹检验、伪装笔迹检验、摹仿笔迹检验、少量字迹检验（如签名、拼音文字、阿拉伯数字）等。

笔迹检验的首要目标是确定书写人，这是因为无论是刑事案件还是民事案件、行政案件，书写人往往都是涉案法律关系的主体，是享有某项法定权益或履行某项法定义务的特定当事人，因此认定书写人具有重要的法律意义。在刑事案件中，通过笔迹检验排查或认定书写人，有助于缩小排查范围，高效率地锁定犯罪嫌疑人，尤其是在绑架、勒索、诈骗等案件中。在民事案件、行政案件中，某份文件上签名是否为某人书写，将直接影响某项民事行为是否真实存在、是否系当事人真实意思表示，是审查判断书证真实性、民事法律行为效力的重要依据，因而也是文件检验的重要任务与高频项目。

（二）印章印文检验

如果说书写人往往代表自然人行为，那么文件材料上加盖单位公章、合同专用章、财务专用章等则往往代表单位行为，在民法上具备表见代理的性质，通常也要承担单位、组织等实体的法律责任。

印章印文检验涉及单位公章、合同专用章、财务专用章、工程项目部印章、私章等鉴定。印章印文的检验任务，从广义上讲，指涉及印章印文的相关鉴定项目，通常包括同一性鉴定（如检材印文是否为某单位印章盖印形成）、形成时间鉴定（如检材印文是否于落款时间盖印形成）及朱墨时序鉴定（即检材印文与同部位字迹形成的先后顺序）；从狭义上讲，印章印文鉴定仅指印章印文的同一性鉴定，遵循《GB/T 37231—2018 印章印文鉴定技术规范》，而印章印文的形成时间、朱墨时序鉴定则遵循《GB/T 37233—2018 文件制作时间鉴定技术规范》。

由此可以看出，无论是同一性鉴定、形成时间检验，还是朱墨时序检验，文件材料上印文是否为某单位印章加盖、盖印时间是否真实、是否先有文件内容再加盖印文，都与文件材料真实与否紧密相关，因此印章印文鉴定一直是文件检验的重要任务与高频项目。

（三）印刷文件检验

印刷是不同于手写的另一种文件形成方式。从传统制版印刷工艺的狭义视角而言，印刷是指利用一定的压力使印版上的油墨或其他粘附性的色料向承印物上转移的工艺技术，印版与压力是形成印刷文件的必备要素。在文件检验领域，此类文件包括凸版印刷文件、凹版印刷文件、平版印刷文件、孔版印刷文件，该四类文件也被称为“传统制版印刷文件”。但是随着现代印刷技术的发展，印版、压力不再是印刷的必备要素，如静电印刷、喷墨印刷既不需要制作印版，也不需要压力，因此印刷技术早已超越其传统工艺。现代印刷是指使用印版或其他方式将原稿上的图文信息转移到承印物上的大批量复制的工艺技术。因此，基于现代印刷的广义视角，印刷文件既包括传统制版印刷文件、特种印刷文件，也包括打印、复印、传真等办公机制文件。

印刷文件检验，是指鉴定人根据检材与样本承印物上反映出的印刷特征，对检材的印刷工具及印刷方法的种类、印刷机具及印版的同一性、印刷品的阶段性、印刷品的来源等进行检验和鉴别的专门技术。需要说明的是，印章的制作过程、盖印过程本质上属于印刷，尤其是印章印面的制作本质上就是制作印版的过程，不同的印章印面制作工艺形成了不同的印章种类与特征表现；而印章盖印过程实质上是利用“印版”（章体）粘附印油从而将图文转印至纸张的过程。因此，基于印刷过程要素而表现出的印稿设计特征、印章制作工艺特征、盖印特征，均是印章印文检验重要的特征来源。鉴于此，本教材将印章印文检验纳入印刷文件检验编，以加强相关专业知识的内在逻辑联系。印刷文件检验中有关种属鉴定、同一认定鉴定等项目也是判断印刷文件是否存在添加、换页等篡改痕迹的重要依据，而印刷文件的阶段性特征也是印刷文件制作时间检验的重要判断依据。

（四）篡改、污损文件检验

篡改文件，也称变造文件，是指在原真实文件的基础上，采用添加改写、擦刮涂改、粘贴拼凑、涂抹掩盖、换页、拆封后重密封、消退及伪老化等技术手段，对原真实文件的局部内容加以改变，导致其内容或性质发生变化的、真实性存疑的可疑文件（Questioned Documents）。变造文件检验的任务既包括对检材是否存在添加改写、擦刮、拼凑、换页、拆封、消退及伪老化等变造事实进行检验，还包括对检材上可疑字迹、印文、手印等文件要素的形成方式、模糊记载、压痕记载及掩盖字迹等变造内容进行显现辨读，以还原文件材料的原始内容。

污损文件是以文件的保存状况进行界定的，主要包括污染文件、破碎文件、烧毁文件、浸损文件，文件污损事实并非一定出于篡改之目的。污损文件鉴定的任务在于对受污损的检材进行清洁整理、整复固定、显示和辨读模糊记载的内容。

（五）文件材料检验

文件材料（Document Material），是指制作文件的纸张、墨迹、黏合剂等各类物质材料的总称。文件材料是文件的构成要素，也是判断文件真实与否、是否存在伪造变造的重要依据。

文件材料检验，是指鉴定人采用理化检验方法对可疑文件的物质材料进行检验，或通过检材与样本文件材料的比较检验，对文件物质材料的种类进行检验和鉴别的专门技术。其检验方法通常包括物理特性检验（如外观及显微检验、纸张厚度及白度检验、视频光谱特性检验）、光谱特性检验（如拉曼光谱检验、红外光谱检验）、色谱特性检验（如薄层色谱检验、气相色谱检验、液相色谱检验）等。文件材料检验通常只具备种类鉴定的价值，通过与标准品的种类比较，判明检材真伪；或者对于多页文件，通过前后各页纸张、墨迹种类成分的相互比较，确定前后各页物质材料种类是否一致、是否具备同批次连续制作的特点，为换页、变造提供检验依据；对于单页文件上部分疑似添改的内容，利用文件材料检验判明添改事实，其检验原理与换页文件检验类似。

（六）文件制作时间检验

文件制作时间，也称文件形成时间，是指整份文件或文件的部分内容的形成时间或时间范围，以及不同文件或同一份文件的不同部分之间形成的顺序和过程。文件的制作时间可以分为绝对形成时间和相对形成时间。文件的绝对形成时间，即文件的实际形成时间，是对具体时间点的界定；文件的相对形成时间，是指文件形成的大致时间范围，或者不同文件之间、同一份文件上不同部分之间形成的顺序和过程，是对时间范围或时间顺序的界定。文件相对形成时间的鉴定意见通常作如下表达：检材的形成时间应为某特定时间范围；检材应为近期形成；检材的形成时间早于或晚于样本的形成时间；检材与样本应为同期形成；检材不同部分之间或检材与样本之间应为一次性形成；等等。

文件制作/形成时间检验，是指鉴定人根据构成检材的系统要素的特性及其在时间和空间上的变化规律，对其形成时间、形成顺序和形成过程进行检验和鉴别的专门技术。文件形成时间检验的可靠性不仅要考虑构成文件物质材料相关要素的关联度（如书写字迹、印刷字迹、盖印三要素），还要考虑当前行业技术现状及普遍认可度。综合上述因素，广义的文件制作时间检验，通常包括印刷时间检验、书写时间检验、盖印时间检验以及朱墨时序检验；狭义的文件制作时间检验，通常只包括印刷时间检验、书写时间检验、盖印时间检验。

（七）朱墨时序检验

“朱”通常是指文件材料上形成印文（或指印）的红色印油或印泥，“墨”是指书写或印刷字迹的墨迹。朱墨时序检验，是指鉴定人对检材上印文（或可见指印）、文字之间交叉部位形成的先后顺序进行检验和鉴别的专门技术。实践中，朱墨时序检验被通俗地称为“印字先后顺序检验”。

“先字后印”或是“先印后字”的鉴定意见揭示了印文与文件内容的形成过程，在某些情况下与是否“盗盖印”的事实认定紧密相关，如先在空白纸张上盖印，然后书写或打印文件内容，即先印后字，由此形成的文件通常被认定为虚假书证。但需要说明的是，盖章部位“先字后印”正常顺序的鉴定意见也不一定是书证真实性判断的可靠依据，尚需要结合案件是否存在虚假诉讼、落款文字与正文文字是否同机一次性形成等因素进行综合判断。在下述案例中，落款部位为“先字后印”的正常顺序（见图 1-3），但正文与落款不是同机一次性打印形成，即正文是利用一份有落款单位名称、日期字迹并盖章的空白材料，再添加打印正文字迹内容而形成（见图1－4），这是典型的文件添加变造方式，因此朱墨时序正常也并不意味着书证必然真实。

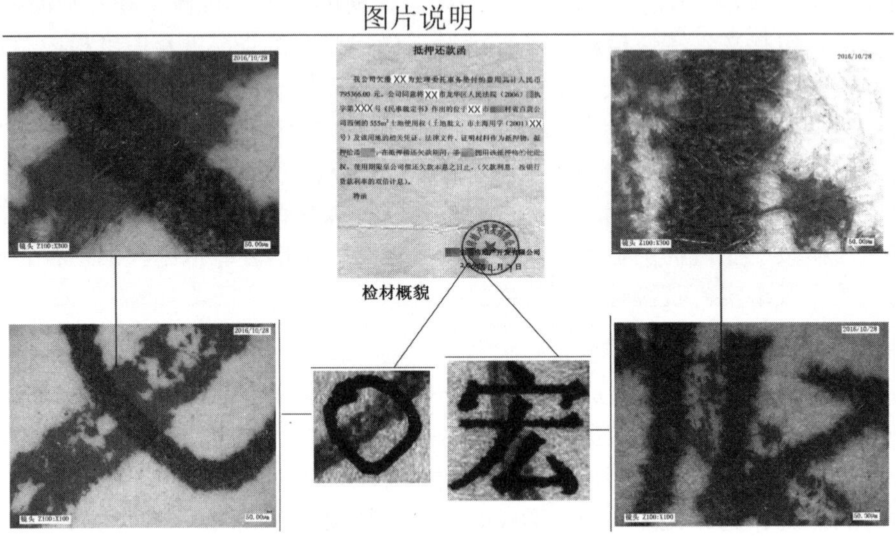

图1－3　检材落款显示出“先字后印”的正常顺序

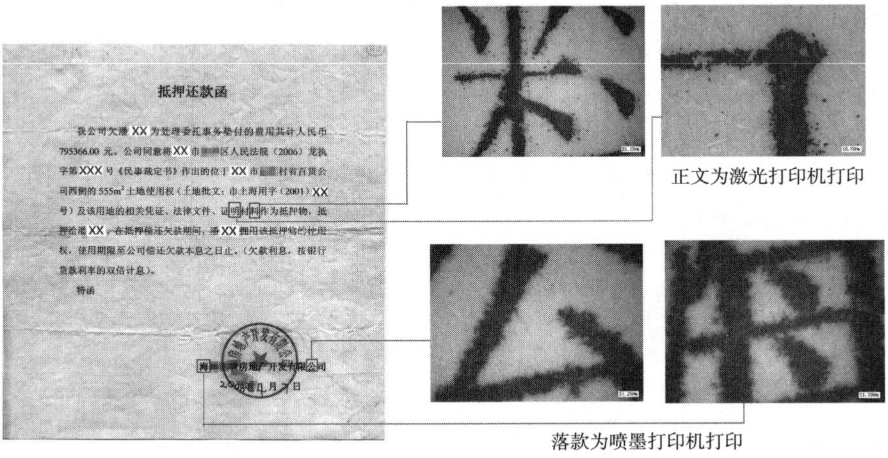

图1－4　检材正文与落款打印机种类不同

（八）文件形成方式检验

文件形成方式检验，是指鉴定人对文件上可疑字迹、印文、手印等要素形成的具体方式进行检验和鉴别的专门技术。其中，字迹形成方式是指文件上可疑字迹是用书写工具直接书写形成，或是采用复印、扫描打印、盖印、套摹、机器书写等方法复制形成（见图1－5、图7－22）；印文形成方式是指文件上可疑印文是用书写工具直接书写形成，或是采用复印、扫描打印、转印等方法复制形成（见图1－6）；手印形成方式是指文件上可疑手印是捺印人用十指或手掌蘸取色料直接捺印形成，或是采用复印、扫描打印、盖印等方法复制形成（见图 1－7）。实践中，文件形成方式鉴定常常是办案机关或诉讼当事人明确提出的鉴定委托项目，如声称文件材料上的签名不是本人书写，而是扫描打印形成的，因此要求鉴定签名字迹的形成方式。即便办案机关或诉讼当事人没有这样直接明了地提出形成方式鉴定项目，文件形成方式鉴定也应是鉴定人检验过程中应当首要关注、检验的事项，鉴定人对此负有不可推卸的注意义务，这是对鉴定人进行能力评价的重要考量因素。《GB/T 37238—2018 篡改（污损）文件鉴定技术规范》也将文件形成方式鉴定纳入“篡改（污损）文件鉴定”的常见鉴定项目，这充分说明了文件形成方式鉴定的前提性价值。

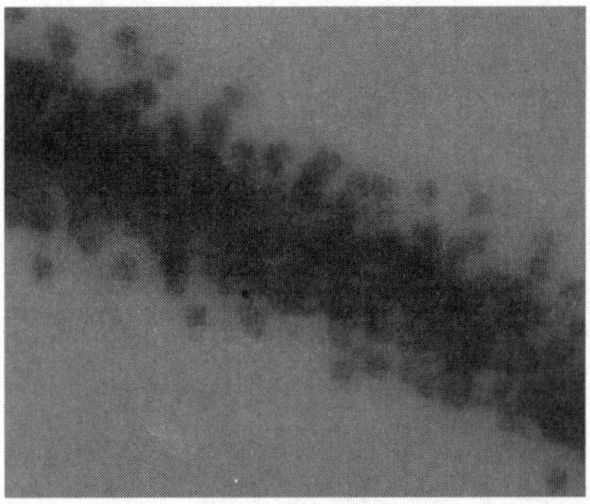

图 1－5　彩色扫描喷墨打印的黑色字迹笔画

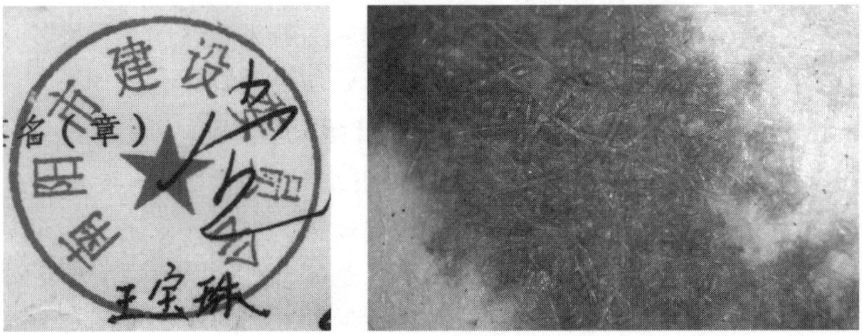

图 1－6　彩色喷墨打印印文

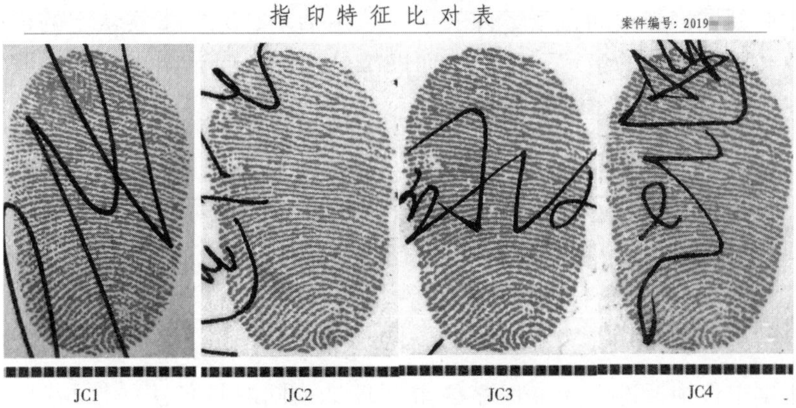

图 1－7　四枚高度疑似指纹印章盖印的指印

三、文件检验的作用

在诉讼案件或其他纠纷处理中，文件往往用于主张某项法律权益、反驳对方诉讼主张或者查明案件争议事实，文件以其所载图文内容而发挥书证的证据作用。没有任何图文内容的文件因无法用于举证或抗辩，因而不具备证据价值，自然也不可能成为文件检验的对象。文件不仅广泛存在于刑事、民事、行政诉讼案件以及仲裁、调解等其他纠纷处理活动中，还广泛存在于行政执法、民商事活动中，遍及社会生活的方方面面，因而文件检验具有十分重要的作用。概括而言，文件检验的作用主要体现在以下几方面。

（一）提供线索或证据，以准确查明案件事实

在刑事案件或复杂的经济纠纷案件中，证据材料众多，证据之间、案件事实与证据之间的关系错综复杂，迷雾重重，真假难辨，案件涉及的文件材料亦是如此。利用文件检验技术，可以对涉案文件材料的种属特性，签名、指印、印文、打印机具等的同一性，伪造变造事实等予以检验，从层层迷雾中发现案件线索，缩小侦查范围，明确侦查方向，从而有效地提高犯罪调查效能；或者判明文件真伪，并将文件及其鉴定意见作为指控证据，为审判阶段的定罪量刑奠定坚实的证据基础。

（二）利用文件检验揭示真相，定分止争，提高诉讼效率

在民事诉讼中，诉讼双方是否参与了文件的制作、是否系双方真实合意，彼此往往“心知肚明”。鉴定人通过对文件材料的检验，在判明文件真伪、揭示案件真相的同时，也对诉讼中不诚信者形成心理威慑，促使其权衡诉讼成本与风险，在不少案件中容易促成调解结案，从而达到定分止争、提高诉讼效率的纠纷处理终极目标。

（三）助推公正司法、严格司法与精密司法的实现

“打官司就是打证据”，这一耳熟能详的话语背后体现的是“证据裁判主义”原则精髓，而证据裁判主义原则首先需要遵循证据法相关规定，也就是举证、质证、认证的相关规定。但事实上，仅仅依据证据裁断争议事实只是实现了“法律真实”而非“客观真实”，法官如果单纯按照“谁主张谁举证、谁主张谁证明”的司法证明逻辑，对诉讼的弱势一方往往是不利的，倘若案件事实认定偏离实体正义轨道，形式上的程序公正还有何意义？鉴定人作为“法官的科学助手”，法庭科学作为证据科学的基石，文件检验作为法庭科学的重要专业领域，必须助力于案件的事实认定活动，夯实事实认定的证据技术基础，辅之以公正、客观、科学的鉴定程序，从而助推公正司法、严格司法与精密司法的实现，让人民群众在每一个案件中感受到公平正义。

第三节　文件司法鉴定的一般原则与通用程序

一、文件司法鉴定的一般原则

文件司法鉴定作为诉讼中涉鉴程序的重要环节，同时具备法律性与科学技术性，因此，文件司法鉴定理应遵循司法鉴定程序与鉴定技术规范的共同原则。

（一）程序正义原则

《司法鉴定程序通则》作为规范鉴定程序的行政规章，其程序公正性是鉴定程序应当遵循的首要与核心原则，鉴定程序不公将影响鉴定意见质量与公信力，容易诱发冤假错案，进而损害司法权威。司法鉴定的不少环节都与诉讼当事人的程序性权利紧密相关，进而实质性地影响实体公正的实现，如鉴定的启动与决定权，选择鉴定机构/委任鉴定人的权利，鉴定受理与终止程序，补充鉴定与重新鉴定，申请鉴定人/专家辅助人出庭等，一旦这些程序性权利受限，就可能导致查明实体性事实的机会受损，进而背离案件处理的公正客观方向。因此，文件检验程序首先应当坚守程序正义原则，使司法鉴定的技术性工作为法律所规制，并服务于司法公正的更高目标。

（二）客观性原则

司法公正不仅体现于程序公正，还有着实体公正的更高要求。实体公正体现在鉴定程序环节就是要求鉴定人尊重科学，遵守技术操作规范，遵守职业道德和执业纪律，不得故意虚假鉴定，在技术水平与认知能力范围内尽可能通过规范、公正的鉴定程序作出科学、客观、符合案件客观事实的鉴定意见，并将该鉴定意见作为定案根据，以准确查明案件事实，形成公正判决，尽量减少鉴定错误导致的冤假错案。

（三）独立性/中立性原则

司法鉴定的独立性原则犹如法官独立原则，其主要是基于鉴定人在控（原告）、辩（被告）、审（审判）以及外部力量等角色体系中所处的诉讼地位。该原则的首要含义是鉴定人应当依法独立地、不偏不倚地、公正客观地进行鉴定，不受诉讼当事人利益驱动或外界其他人为因素干预，能够为自己所作出的鉴定意见承担法律责任。司法鉴定的独立性原则在某些语境下与中立性原则混用，二者是同一问题的两个方面，鉴定人保证了其鉴定行为的独立性，也就保持了鉴定的中立性；反之，鉴定人坚持了中立立场，不受特定诉讼当事人的利益驱动或行政力量干预，也就保证了其独立性。司法鉴定的独立性/中立性是实现司法鉴定公正性的前提，是公正司法的基本要求。

司法鉴定的独立性还有另一层面的含义，也就是每一位鉴定人在其所参与的鉴定案件中必须能够独立地表达鉴定意见，并享有发表鉴定意见、保留不同鉴定意见的法定权利。因此，司法鉴定的独立性原则不仅要求鉴定人实际参与鉴定过程，还要求鉴定人实际具备独立鉴定、独立表达鉴定意见并为之承担责任的专业技术能力，这是司法鉴定独立性原则在技术层面的要求，也是鉴定人能力验证要求的内在动因。

司法鉴定的独立性/中立性原则，既是其公正客观立场之首要内涵，也是其独立鉴定的技术能力内在要求，该原则要求鉴定人能够为自己参与的鉴定案件负责，由此衍生出"鉴定人负责制"，这与司法系统的"司法责任制""办案质量终身负责制"类同。

（四）时限性原则

"迟来的正义非正义"，这一耳熟能详的法谚同样适用于司法鉴定领域。司法鉴定作为诉讼程序的一环，也受法律时限要求的约束，如司法鉴定受理的时限要求，普通案件、疑难案件的鉴定时限要求，等等。司法鉴定的时限要求除了为《司法鉴定程序通则》所规定，也为《最高人民法院关于民事诉讼证据的若干规定》（以下简称《民事证据规定》第三十五条、第八十一条所严格规定，鉴定人无正当理由未按期提交鉴定书的，当事人可以申请人民法院另行委托鉴定人进行鉴定，人民法院准许的，原鉴定人已经收取的鉴定费应当退还，拒不退还的，人民法院应当在三日内作出裁定，责令鉴定人退还，仍不退还的，由人民法院依法执行。司法鉴定的时限性原则适用于所有鉴定人员。

（五）保密性原则

司法鉴定案件中的相关鉴定资料可能会涉及国家秘密、商业秘密或个人隐私，应当予以保护，因此，《司法鉴定程序通则》第六条规定："司法鉴定机构和司法鉴定人应当保守在执业活动中知悉的国家秘密、商业秘密，不得泄露个人隐私。"此即"保密性原则"。

需要说明的是，保密性原则的真正内涵是要求鉴定机构及鉴定人应对案件材料中涉及的国家秘密、商业秘密或个人隐私保守秘密、不得泄露。但实践中一些鉴定机构及鉴定人对保密性原则进行了不当的扩大化理解，严重侵害了诉讼当事人的正当权益，如在鉴定意见书不附相关检验数据、图谱、特征标识图片，或者将检材及样本材料缩微复印导致无法辨识外观与细节的情形下，该案鉴定不利方出于庭审质证目的，通常会要求查询、复制相关检验数据、图谱、特征标识图片、检材及样本的清晰电子扫描照片等，但鉴定机构及鉴定人往往以"保密性"为由拒绝当事人查询、复制相关材料的要求，并声称只有获得法官指令时才允许查阅或复制这些鉴定资料，这些不当做法明显错误理解了保密性原则的内涵，使鉴定意见质证难以实质进行。

事实上，检验图片、检验数据等鉴定材料是鉴定方法、过程、依据的反映，是鉴定意见书的有机组成部分，理应在鉴定意见书中公开，缺乏相关检验数据、检验图片、检验方法等的鉴定意见书本身也是存在严重瑕疵、经不起推敲的"不合格"鉴定书。即便鉴定意见书中未公开相关检验图片、检验数据等，也应允许当事人事后查询、复制。依据国内外法治国家的普遍做法与公正审判的基本要求，诉讼当事人对上述材料都享有知悉权，有权查询、复制，这不涉及侵犯国家秘密、商业秘密或个人隐私，而是证据开示的基本要求，故当事人有权查阅、复制上述材料，以充分保障自身的对质权。

二、文件司法鉴定的通用程序

文件司法鉴定的通用程序，是指涉案文件材料自鉴定受理至出具鉴定意见书并归档的全流程所应当遵循的一般程序性要求。不同于笔迹、印章印文、印刷文件检验等具体鉴定技术规范的特别程序要求，此部分定位于文件司法鉴定的通用程序，其主要依据为《民事证据规定》《司法鉴定程序通则》《GB/T 37234—2018 文件鉴定通用规范》等，以下简要概述文件司法鉴定的通用程序要求，更详尽的有关文件司法鉴定的质量控制，可阅读本书第十八章相关内容。

（一）文件司法鉴定的委托受理

案件委托受理程序是文件司法鉴定工作的起点，案件委托受理工作决定了案件能否最终进入检验鉴定程序，案件委托受理工作的好坏也影响后续鉴定工作是否能够高效、高质地开展。以下仅就案件委托受理工作在实践中出现的几个核心问题予以重点介绍。

1. 委托主体

依据《司法鉴定程序通则》第二条、第十一条、第四十八条、第四十九条之规定，① 司法鉴定机构能够受理案件的委托主体是诉讼活动中的办案机关，即办理诉讼案件的侦查机关、审查起诉机关以及审判机关。在诉讼活动之外，司法鉴定机构和司法鉴定人依法开展相关鉴定业务的，参照《司法鉴定程序通则》规定执行。这里需要重点提醒以下几点：

第一，纪检监察机关、仲裁机构虽然不是司法机关，但也是中国法律制度下重要的办案机关，其相关委托受理程序参照适用《司法鉴定程序通则》规定的委托受理程序。

第二，在诉前、诉中程序中，为举证需要，律师事务所、企事业单位、自然人也具备委托鉴定的主体资格，鉴定机构应视具体情况予以受理。实践中，不少鉴定机构出于对反复重新鉴定及鉴定投诉的风险防控考虑，往往对律师事务所、企事业单位、自然人自行提起的鉴定委托进行不当限制，而对办案机关的鉴定委托“一路绿灯”，笔者认为，此种不当限制是对上位法律规定及公正原则精神内涵缺乏全面理解的体现。首先，《司法鉴定程序通则》仅是司法部制定的部门行政规章，其位阶低于三大诉讼法，该行政规章虽然以“司法”的名义规范鉴定程序，但事实上三大诉讼法中均未出现“司法鉴定”四字连用的情形，而均以“鉴定”的中性名称予以称谓，如“鉴定”“鉴定人”“鉴定意见”；而从技术角度看，无论是办案机关（公检法）委托的鉴定，还是纪检监察机关、仲裁机构委托的鉴定，抑或是律师事务所、企事业单位、自然人自行委托的鉴定，从检验程序、技术方法、鉴定意见书出具角度，别无二致，因此以“律师事务所、企事业单位、自然人自行委托的鉴定不是司法鉴定”为由而不予受理，显然难以服人。其次，依据《民事证据规定》及民事审判实践，无论是诉前阶段，还是诉中阶段，诉讼当事人均享有举证权，以实现诉讼双方的平等武装与对抗式诉讼，这是公正司法的固有要求，而申请鉴定是行使举证权的重要形式。在刑事诉讼中，鉴定机构资源、鉴定启动及重新鉴定的决定权多为警检机关垄断，控辩力量严重失衡，如果鉴定意见存在错误的可能性极大，在办案机关不允许重新鉴定的情况下，鉴定机构也不受理当事人自行提出的鉴定委托，有可能进一步蒙蔽案件事实真相。事实上，《民事证据规定》第四十一条规定：“对于一方当事人就专门性问题自行委托有关机构或者人员出具的意见，另一方当事人有证据或者理由足以反驳并申请鉴定的，人民法院应予准许。”言外之意，一方当事人自行委托的鉴定，如果对方对该鉴定意见并无足以反驳的证据或质疑理由且未对此提出鉴定申请，该鉴定意见仍是可采的。因此，基于当事人的举证权、自行委托鉴定意见的可采性，当事人也具备自行委托鉴定的诉讼权利。最后，三大诉讼法将“鉴定结论”更改为“鉴定意见”，也反映了鉴定意见仅仅是鉴定人的个人判断，受鉴定人的专业水平、实践能力因素影响极大，因此鉴定意见并不必然具备天然的科学性、客观性，加之当前鉴定质量良莠不齐，故允许鉴定机构受理单位或自然人委托的鉴定，是打破鉴定神话、纠正潜在鉴定错误的合理应对方法。总之，在司法鉴定机构执业许可范围、技术水平能力、鉴定材料满足鉴定受理条件的情况下，鉴定机

---

① 《司法鉴定程序通则》第二条规定：“司法鉴定是指在诉讼活动中鉴定人运用科学技术或者专门知识对诉讼涉及的专门性问题进行鉴别和判断并提供鉴定意见的活动。司法鉴定程序是指司法鉴定机构和司法鉴定人进行司法鉴定活动的方式、步骤以及相关规则的总称。”第十一条规定：“司法鉴定机构应当统一受理办案机关的司法鉴定委托。”第四十八条规定：“本通则所称办案机关，是指办理诉讼案件的侦查机关、审查起诉机关和审判机关。”第四十九条规定：“在诉讼活动之外，司法鉴定机构和司法鉴定人依法开展相关鉴定业务的，参照本通则规定执行。”

构受理单位、自然人自行提起的鉴定委托符合相关法律规定与公正司法原则的精神。

2. 了解案情

在司法鉴定领域，包括文件检验领域，都有着了解案情的合理需要，这为世界各国、各地区的相关法律规范与技术规范所规定，如有关鉴定人权利义务的规定都涉及对案情的了解。《GB/T 37234—2018 文件鉴定通用规范》之4.2对了解案情的相关途径与内容进行了列举，① 该有关了解案情的要求不仅适用于案件受理环节，也贯穿鉴定全过程。如笔迹鉴定中对书写人文化程度、年龄、身体状况的了解，有助于科学认识笔迹特征变化的来源及性质；又如文件制作时间鉴定中对怀疑时间的了解，可有针对性地选择相应时段的样本；再如变造文件鉴定中，案件经过、文件材料争议焦点、证据提交人、诉讼中证据具体的提交时间节点（如诉前、一审、二审、再审阶段）、证据对哪一方有利、书证与案内其他证据及经验常理的矛盾之处等往往都是文件检验的突破口与重要线索，了解案情对准确查明案件事实有着重要作用。因此，经验丰富的鉴定人从来不会轻视对鉴定相关案情的了解。

然而，尽管国内外相关法律与技术规范都规定了鉴定人有权、也有必要了解与鉴定相关的案情，但实践中鉴定人对这一问题的理解却仍然存在分歧，因而鉴定工作的细致程度、最终鉴定意见是否能够助益于诉讼中的办案工作，也不尽相同。支持者的理由如前文阐述，反对者的理由通常是“过度了解案情容易形成鉴定人先入为主的预断，以致鉴定意见为案情所左右，影响鉴定意见的客观性”，或者是“我们接受办案机关的委托，因而只接受办案机关提供的相关案情信息”。笔者认为，了解与鉴定相关的案情十分必要，并不能以所谓的“案情左右鉴定意见”为由堵塞视听，毕竟作出何种鉴定意见最终取决于鉴定人的专业知识与实践经验，若因为多了解了相关案情信息就导致鉴定意见“忽左忽右”，这显然是对自己的鉴定能力信心不足；而对于诉讼当事人通过来函、电话等方式进行的案情汇报，也应认真倾听，毕竟诉讼当事人才是某项法律行为的亲历者，可以此提醒鉴定人审慎地对待鉴定工作，若有需要，可采用听证会的方式公开、公正地了解案情。

总之，鉴定人并非只是完全按照鉴定委托事项进行鉴定，然后吐出鉴定意见的司法“机器”。在案件涉及专业问题时，鉴定人作为“科学法官”，其意见在诉讼中具有重要的地位和作用。鉴定人了解案情、协助法官科学设置鉴定事项等不但并非越权，反而有利于充分发挥其专业优势帮助法官审理案件、解决争议焦点，促进精密司法与严格司法，在个案中释放出强大的公正价值，从而塑造司法制度的整体公正性与权威性。

3. 审查鉴定材料

委托主体（如办案机关）与鉴定机构都承担对鉴定材料的审查责任，不过二者审查内容的侧重点有所不同。《司法鉴定程序通则》第十二条规定，委托人应向鉴定机构提供真实、完整、充分的鉴定材料，并对鉴定材料的真实性、合法性负责。这里的“真实性、合法性”主要针对鉴定材料来源，即鉴定材料应是通过合法程序收集所得，民事案件中还需

---

① 《GB/T 37234—2018 文件鉴定通用规范》4.2了解与鉴定有关的情况：

4.2.1 了解与鉴定有关情况的途径，包括但不限于：a）委托方对与鉴定相关情况的介绍；b）有关人员的当面陈述；c）查阅有关的案事件卷宗；d）实地勘验和调查。

4.2.2 宜了解与鉴定有关的如下情况，包括但不限于：a）案事件发生的经过、性质、争议的焦点及其他相关情况；b）有关当事人对送检材料的形成过程及发现、提取等情况的陈述；c）提出鉴定的当事人的有关情况，及检材中争议的内容和提出鉴定的理由；d）非首次鉴定的，了解历次鉴定的情况；e）与检材文件内容相关的其他情况。

要经过诉讼双方质证认可，该“真实性、合法性”并非指法官最终采信并作为定案根据所要求的书证真实性、合法性。《GB/T 37234—2018 文件鉴定通用规范》之 4.3 从技术层面对送检/鉴定材料的审查要点进行了列举，主要目的在于判断鉴定条件进而作出是否予以受理的决定。

审查检材的相关情况，包括但不限于：(1) 检材的来源（提供、发现、保存等情况）；(2) 检材的数量；(3) 检材的状态（如原件/复印件、破损、污染等）。审查样本的相关情况，包括但不限于：(1) 样本的来源（如样本的书写人是否明确）；(2) 样本的性质（如案前/案后样本、自然样本/实验样本、样本标称时间与实际形成时间等）；(3) 样本的数量；(4) 样本的状态等。通过审查检材与样本情况，判明检材本身的鉴定条件、样本的可比性，如果需要补充样本，应按要求补充符合条件的比对样本；若需当场提取实验样本，也应按照规范取证程序制作实验样本，尤其是应要求提取人、有关当事人或其他在场见证人签名确认。

4. 明确鉴定要求

了解案情、审查鉴定材料还有其他目的，即通过了解案件争议焦点、审查鉴定材料条件，进一步审查相关鉴定要求是否明确、规范，是否有助于查明案件争议事实，对鉴定要求不明确、不规范、与争议焦点解决无关联性的，应向委托方提供技术咨询，在与委托方沟通并征得其同意的前提下修正、完善鉴定委托书。如实践中一些委托人针对文件添加、换页等变造情形，往往以形成时间鉴定的名义进行委托，遇到能力欠缺、经验不足的鉴定人，要么会作出不予受理的决定，要么在鉴定过程中作出无法判明文件形成时间的鉴定意见，其实案件争议焦点在于是否添加、换页，完全可以从变造的角度予以解决，而非必须判明文件形成时间。因此，了解案情、审查鉴定要求反映了鉴定人积极探究案件事实真相的主观能动作用。

5. 决定是否受理

《司法鉴定程序通则》第十五条以负面清单的形式列举了不予受理的情形，① 结合技术因素，《GB/T 37234—2018 文件鉴定通用规范》之 4.6.1 对不予受理情形进一步细化，如：(1) 检材明显不具备鉴定条件；(2) 样本明显不具备比对条件；(3) 鉴定要求不明确；(4) 委托方故意隐瞒与鉴定相关的重要情况；(5) 在委托方要求的时限内不能完成鉴定；(6) 实验室现有资源不能满足鉴定要求；(7) 经审查鉴定要求不属于文件鉴定范围；(8) 法律法规规定的其他不得受理的情形。

司法鉴定机构应当自收到委托之日起七个工作日内作出是否受理的决定，司法鉴定机构决定受理鉴定委托的，应当与委托人签订司法鉴定委托书。司法鉴定委托书应当载明委托人名称，司法鉴定机构名称，委托鉴定事项，是否属于重新鉴定，鉴定用途，与鉴定有关的基本案情，鉴定材料的提供和退还，鉴定风险，以及双方商定的鉴定时限，鉴定费用

---

① 《司法鉴定程序通则》第十五条规定：“具有下列情形之一的鉴定委托，司法鉴定机构不得受理：（一）委托鉴定事项超出本机构司法鉴定业务范围的；（二）发现鉴定材料不真实、不完整、不充分或者取得方式不合法的；（三）鉴定用途不合法或者违背社会公德的；（四）鉴定要求不符合司法鉴定执业规则或者相关鉴定技术规范的；（五）鉴定要求超出本机构技术条件或者鉴定能力的；（六）委托人就同一鉴定事项同时委托其他司法鉴定机构进行鉴定的；（七）其他不符合法律、法规、规章规定的情形。”

及收取方式、双方权利义务等其他需要载明的事项。司法鉴定机构决定不予受理鉴定委托的，应当向委托人说明理由，退还鉴定材料。

（二）文件司法鉴定的实施

司法鉴定的实施是司法鉴定的核心工作环节，起着承上启下的作用，对司法鉴定的科学性、客观性、时效性有着决定性影响。以下就鉴定实施过程中的核心工作任务与相关程序进行简要介绍。

1. 鉴定材料的标识与流转

对鉴定材料进行标识，其目的在于确保数量众多的鉴定材料不被混淆，在鉴定过程或出庭质证过程中能够被快速、有效地识别、引用。对鉴定材料进行标识的基本要求是不影响检材和样本的状态和性质，宜采用专用标签纸进行标识，或复印后盖标识章并编号，而不应在鉴定材料原件的正面直接进行标识。标识应包括检材及样本编号、数量（如册、份、页、张等）、状态（如正常、破损、污染等）、标识人和日期等信息。鉴定人之间移交鉴定材料，应办理交接手续；鉴定材料移交、保管过程中不应对其造成任何污染、损坏或改动。

2. 确定鉴定人

确定鉴定人是为了确保委托鉴定事项与鉴定人的水平、能力相适应，以保障鉴定意见的科学性、客观性、准确性。依据《中华人民共和国民事诉讼法》（以下简称《民事诉讼法》）第七十九条及《民事证据规定》第三十二条，人民法院准许鉴定申请的，应当组织双方当事人协商确定具备相应资格的鉴定人。当事人协商不成的，由人民法院指定。人民法院依职权委托鉴定的，可以在询问当事人的意见后，指定具备相应资格的鉴定人。其实，从2002年的《民事证据规定》及2012年的《民事诉讼法》开始，在立法层面已实现从委任鉴定机构到委任鉴定人的转变，但受实施条件、传统观念及习惯做法的影响，实践中仍旧停留于委任鉴定机构，由鉴定机构在具体案件中安排相应的鉴定人的阶段。2019年修订的《民事证据规定》实施后，个案中如何确定鉴定人还有待观察。

确定鉴定人时，要遵守回避等法定要求。首先，司法鉴定人本人或者其近亲属与诉讼当事人、鉴定事项涉及的案件有利害关系，可能影响其独立、客观、公正进行鉴定的，鉴定人应当回避。其次，对于办案机关委托鉴定的情形，鉴定人如果接受过当事人事前咨询或者曾经作为该案专家辅助人，也应回避；如果是重新鉴定，初次鉴定的鉴定人也应回避。最后，司法鉴定机构对同一鉴定事项，应当指定或者选择二名司法鉴定人进行鉴定；对复杂、疑难或者特殊鉴定事项，可以指定或者选择多名司法鉴定人进行鉴定。

3. 选择鉴定程序

鉴定人根据案件的具体情况选择相应的鉴定程序，鉴定程序一般分为普通程序、复杂程序和会检程序。正常情况下一般案件会进入普通程序；对于重大、疑难案件，鉴定人可直接选择复杂程序；已经经过多次鉴定仍然有重大分歧的案件可进入会检程序。

4. 检验原则和鉴定方法

文件检验应遵循先宏观检验后微观检验、先无损检验后有损检验的基本原则，如果进行有损检验，应当告知委托人并征得委托人书面同意；进行有损检验前应采用拍照、扫描等方法固定原貌，必要时进行预实验；进行有损检验时，应选用对检材破坏范围小、破坏程度低、用量少的方法。

鉴定人应针对检材的具体情况，基于检材的系统要素及相互关系，并根据鉴定委托事项确定具体的检验方案，并选择相应的鉴定方法。《司法鉴定程序通则》第二十三条规定："司法鉴定人进行鉴定，应当依下列顺序遵守和采用该专业领域的技术标准、技术规范和技术方法：（一）国家标准；（二）行业标准和技术规范；（三）该专业领域多数专家认可的技术方法。"如果没有国家标准、行业标准和技术规范，鉴定方法如何才能满足"该专业领域多数专家认可的方法"这一要求？笔者认为，《GB/T 37234—2018 文件鉴定通用规范》之6.4.2.3规定即是对此问题的回答，即"若无6.4.2.2要求的鉴定方法（国家标准、行业标准和行业主管部门颁布的技术规范等鉴定方法），可选择使用非标准方法。使用非标准方法前应将其文件化，并选择有效的方法进行确认。非标准方法的使用应符合有关法律法规、实验室认可/资质认定的要求，使用前应告知委托方并得到委托方的书面同意"。

5. 司法鉴定意见的表达形式

鉴定意见本质上是鉴定人的判断意见，受检材及样本条件限制、当前检验技术水平、鉴定人的专业水平与实践能力等多方面因素影响，个案中鉴定人未必能够就委托鉴定事项作出明确鉴定意见，这就如同法官并不能完全地查明过去发生的案件事实，这符合认识论的原理。相关鉴定技术规范也认可不明确鉴定意见的合理存在，如笔迹鉴定意见可以分为"肯定同一""否定同一""极可能同一""极可能非同一""很可能同一""很可能非同一""可能同一""可能非同一""无法判断"九种鉴定意见的表达形式，这其中除了"肯定同一""否定同一"为明确鉴定意见，其他均为不明确鉴定意见。

但《民事证据规定》第三十九条规定："……因鉴定意见不明确或者有瑕疵需要鉴定人出庭的，出庭费用由其自行负担。"该规定表明了法院对不明确鉴定意见的态度立场，提醒鉴定人应尽可能出具明确鉴定意见。然而，笔者认为，经细致分析后不难发现，这一规定并不合理，一方面该规定不符合认识论原理，另一方面该规定施行后可能产生更不可靠的"明确鉴定意见"，如一些不负责任的鉴定人可能本来认为只宜出具倾向性的鉴定意见，但为降低法律责任风险、实现鉴定收费之目的，故意出具明确鉴定意见，而这样的明确鉴定意见未必可靠，也并非鉴定人内心真实看法。故该规定的实践效果还有待进一步跟踪观察。

6. 鉴定意见书的出具

司法鉴定机构组织有关人员对鉴定意见和鉴定程序进行复核且意见达成一致后，应当按照统一规定的文本格式制作司法鉴定意见书。司法鉴定意见书应加盖司法鉴定机构的司法鉴定专用章，司法鉴定人应当签名；多人参加的鉴定，对鉴定意见有不同意见的，应当注明。司法鉴定意见书应当一式四份，三份交委托人收执，一份由司法鉴定机构存档。司法鉴定意见书出具后，发现有下列情形之一的，司法鉴定机构可以进行补正：图像、谱图、表格不清晰的；签名、盖章或者编号不符合制作要求的；文字表达有瑕疵或者错别字，但不影响司法鉴定意见的。补正应当在原司法鉴定意见书上进行，由至少一名司法鉴定人在补正处签名。必要时，可以出具补正书。对司法鉴定意见书进行补正，不得改变司法鉴定意见的原意。

针对不同的委托主体，如公检法、仲裁机构、纪检监察机关、律师事务所、自然人等，出具鉴定报告时究竟应当以“司法鉴定意见书”“鉴定意见书”“鉴定咨询意见书”等何种形式出具，实践中还存在认识分歧，尚未形成共识性理念。基于对“司法”“鉴定”术语约定俗成含义的理解，笔者认为，针对公检法、国家安全机关委托的鉴定，宜出具“司法鉴定意见书”；针对仲裁机构、纪检监察机关等办案部门委托的鉴定，宜按照三大诉讼法的规定，出具“鉴定意见书”；对于律师事务所、一般企事业单位或自然人委托的鉴定，要求鉴定人签名的同时加盖鉴定机构印章的鉴定委托，也应统一以“鉴定意见书”的形式出具。依据最高人民法院对《民事证据规定》第四十一条所作的解释，“对此，我们认为，司法解释的态度如前所述，民事诉讼法等法律意义上的司法鉴定，所指向的是由人民法院对外委托启动的鉴定，当事人自行委托鉴定不属于司法鉴定的范畴。即在司法鉴定范畴内，可以说当事人无单方直接自行委托鉴定的权利。不过，这并不意味着全盘否认和剥夺当事人享有自行委托鉴定的权利。从单方举证证明自己观点的角度出发，在民事诉讼和行政诉讼中，当事人有提供证据的权利，其单方委托鉴定形成的书面意见作为一种证据形式，还是应当被允许的。当事人要实现此诉讼权利，理应有权直接自行聘请专家鉴定人。综合上述分析，可以认为，在司法鉴定领域外，我国承认当事人具有自行委托鉴定的权利，只不过行使该权利进行的鉴定不是司法鉴定，实务中对其证据的定位和证明力问题需要作出进一步的分析认定。如无特殊说明，本条文释义内容中所提及的当事人有权自行委托鉴定及当事人自行委托鉴定形成的鉴定意见或书面意见等用语，均系在司法鉴定领域外的语境下进行的使用和表述”①。因此，笔者认为对于司法鉴定活动之外当事人自行委托鉴定形成的书面鉴定报告，也应以“鉴定意见书”形式出具，避免以“鉴定咨询意见书”等形式刻意降低其证据效力。而对于“鉴定咨询意见书”，应仅适用于当事人委托鉴定专家、寻求专家辅助而不需要加盖鉴定机构印章的情形，属于鉴定人个人行为，由鉴定人个人承担法律责任。

7. 终止鉴定、补充鉴定与重新鉴定程序

司法鉴定活动并非只限于不受理及正常出具鉴定意见的一次性过程，还包括某些原因所导致的终止鉴定、补充鉴定及重新鉴定程序，以下对相关程序的启动条件予以介绍。

依据《司法鉴定程序通则》第二十九条，司法鉴定机构在鉴定过程中，有下列情形之一的，可以终止鉴定：发现有本通则第十五条第二项至第七项规定情形的；鉴定材料发生耗损，委托人不能补充提供的；委托人拒不履行司法鉴定委托书规定的义务、被鉴定人拒不配合或者鉴定活动受到严重干扰，致使鉴定无法继续进行的；委托人主动撤销鉴定委托，或者委托人、诉讼当事人拒绝支付鉴定费用的；因不可抗力致使鉴定无法继续进行的；其他需要终止鉴定的情形。终止鉴定的，司法鉴定机构应当书面通知委托人，说明理由并退还鉴定材料。

依据《司法鉴定程序通则》第三十条，有下列情形之一的，司法鉴定机构可以根据委托人的要求进行补充鉴定：原委托鉴定事项有遗漏的；委托人就原委托鉴定事项提供新的鉴定材料的；其他需要补充鉴定的情形。补充鉴定是原委托鉴定的组成部分，应当由原司法鉴定人进行。这里需要说明两点：一是补充鉴定程序的鉴定人组成必须包含原鉴定人，

---

① 最高人民法院民事审判第一庭编著：《最高人民法院新民事诉讼证据规定理解与适用（上）》，人民法院出版社2020年版，第399～407页。

这主要是为了防止鉴定过程中通过更换鉴定人、避开原鉴定人以故意左右鉴定意见的不法情形发生；二是因为补充了新的鉴定材料等，补充鉴定阶段的鉴定意见既可能与原鉴定意见相同，也可能是对原倾向性鉴定意见的进一步肯定，还可能是完全不同于原鉴定意见，这些都是法律许可的，鉴定人出庭时应从法律与技术两个层面解释补充鉴定意见的合理性，如果从技术角度不能合理解释，补充鉴定意见并不具备更高的证明力。

《民事证据规定》第四十条规定："当事人申请重新鉴定，存在下列情形之一的，人民法院应当准许：（一）鉴定人不具备相应资格的；（二）鉴定程序严重违法的；（三）鉴定意见明显依据不足的；（四）鉴定意见不能作为证据使用的其他情形。存在前款第一项至第三项情形的，鉴定人已经收取的鉴定费用应当退还。拒不退还的，依照本规定第八十一条第二款的规定处理。对鉴定意见的瑕疵，可以通过补正、补充鉴定或者补充质证、重新质证等方法解决的，人民法院不予准许重新鉴定的申请。重新鉴定的，原鉴定意见不得作为认定案件事实的根据。"由此可以看出，最高人民法院对重新鉴定设立了更为严格的启动条件，明确地表达了启动重新鉴定后原鉴定意见不得作为认定案件事实的根据，其目的是防止法官"以鉴代审"并简单地在多次重新鉴定意见之间进行数量与质量高低的形式化对比，强化法官对鉴定意见进行实质化审查的义务。

另外，结合《司法鉴定程序通则》第三十一条、第三十二条之规定，重新鉴定应当委托原司法鉴定机构以外的其他司法鉴定机构进行；因特殊原因，委托人也可以委托原司法鉴定机构进行，但原司法鉴定机构应当指定原司法鉴定人以外的其他符合条件的司法鉴定人进行。接受重新鉴定委托的司法鉴定机构的资质条件应当不低于原司法鉴定机构，进行重新鉴定的司法鉴定人中应当至少有一名具有相关专业高级专业技术职称。《司法鉴定程序通则》对重新鉴定的鉴定机构及鉴定人的规定旨在保证鉴定意见质量与公信力。

8. 疑难复杂案件的会检程序

《司法鉴定程序通则》第三十三条、第三十四条规定了疑难复杂案件的会检程序。该通则第三十三条规定："鉴定过程中，涉及复杂、疑难、特殊技术问题的，可以向本机构以外的相关专业领域的专家进行咨询，但最终的鉴定意见应当由本机构的司法鉴定人出具。专家提供咨询意见应当签名，并存入鉴定档案。"第三十四条规定："对于涉及重大案件或者特别复杂、疑难、特殊技术问题或者多个鉴定类别的鉴定事项，办案机关可以委托司法鉴定行业协会组织协调多个司法鉴定机构进行鉴定。"需要说明的是，针对上述第三十三条规定情形，受理案件的司法鉴定机构及司法鉴定人才是鉴定主体，承担鉴定法律责任，因此最终鉴定意见应由鉴定受理机构的鉴定人出具；被咨询的其他机构专家仅提供咨询意见并签名，且存入鉴定档案，咨询专家不承担司法鉴定意见书范围内的法律责任。针对上述第三十四条规定情形，司法鉴定行业协会仅发挥协调者作用，并不扮演司法鉴定机构及司法鉴定人角色，故也不是司法鉴定意见书范围内的法律责任主体。

（三）记录与归档

记录与归档是保证文件司法鉴定每一环节可追溯的必然要求，受理人、鉴定人、复核人应实时记录与鉴定活动相关的要求和情况，记录需要进行修改的，应由原记录人采用适当的方法实时进行修改，确保被修改的原有内容能被辨识。记录内容应全面、客观，具体可参照《GB/T 37234—2018 文件鉴定通用规范》之 9.1.3 的要求。归档资料应装订成册，包括但不限于封面、目录、与出具的正式鉴定文书内容相同的鉴定文书副本（包括附件）、有关鉴定过程等的记录资料、鉴定完成后有关出庭及投诉等情况的记录资料，以及其他与鉴定相关的资料。

第四节　文件司法鉴定意见书的规范要求

司法鉴定是运用科学技术手段为诉讼活动提供技术保障和专业服务的司法证明活动，兼具科学性和法律性，是形式规范与实质规范的有机统一。从法律意义上，司法鉴定意见是法定的证据，必须符合司法活动规律，必须符合中立的、公正的法律要求，必须满足法律规定的形式要件；从科学意义上，司法鉴定是一种科学技术的实证活动，要符合科学技术活动规律，必须是客观的、可靠的，即满足实质规范要求。只有形式与实质上符合规范要求，司法鉴定才具有公信力和权威性，司法鉴定意见才能为双方当事人所信服。根据《司法鉴定程序通则》的规定，司法鉴定机构应当自司法鉴定委托书生效之日起三十个工作日内完成鉴定，制发司法鉴定意见书。司法鉴定意见书应当由鉴定机构指定专门的有鉴定资格的鉴定人制作、鉴定组负责人校对，由鉴定机构负责人签发，司法鉴定人签名并加盖司法鉴定机构司法鉴定专用章。

一、司法鉴定意见书的形式规范要求

司法鉴定意见书一般由封皮、声明、正文三部分构成。（见图1－8）

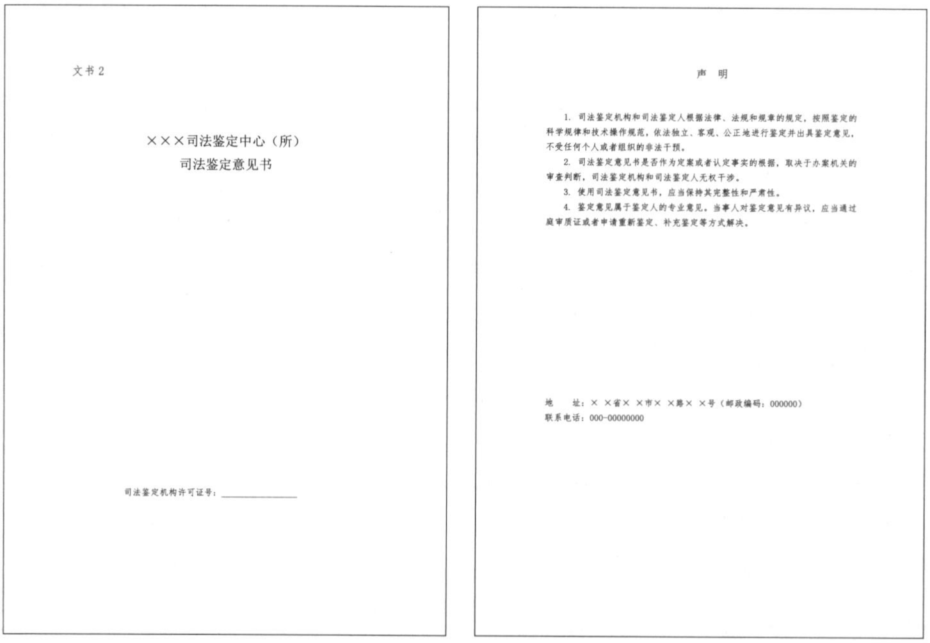
文书2

×××司法鉴定中心（所）
司法鉴定意见书

司法鉴定机构许可证号：

声　明

1. 司法鉴定机构和司法鉴定人根据法律、法规和规章的规定，按照鉴定的科学规律和技术操作规范，依法独立、客观、公正地进行鉴定并出具鉴定意见，不受任何个人或者组织的非法干预。

2. 司法鉴定意见书是否作为定案或者认定事实的根据，取决于办案机关的审查判断，司法鉴定机构和司法鉴定人无权干涉。

3. 使用司法鉴定意见书，应当保持其完整性和严肃性。

4. 鉴定意见属于鉴定人的专业意见。当事人对鉴定意见有异议，应当通过庭审质证或者申请重新鉴定、补充鉴定等方式解决。

地　　址：××省××市××路××号（邮政编码：000000）
联系电话：000-00000000

图1－8　司法鉴定意见书格式范本

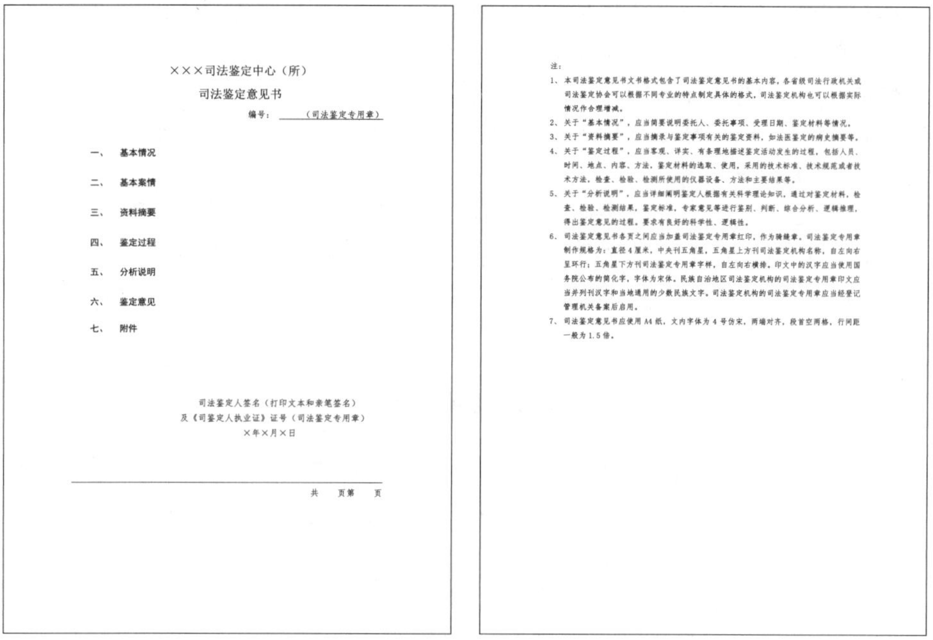

×××司法鉴定中心（所）

司法鉴定意见书

编号：____（司法鉴定专用章）

一、　基本情况

二、　基本案情

三、　资料摘要

四、　鉴定过程

五、　分析说明

六、　鉴定意见

七、　附件

司法鉴定人签名（打印文本和亲笔签名）

及《司鉴定人执业证》证号（司法鉴定专用章）

×年×月×日

共　页第　页

注：

1、本司法鉴定意见书文书格式包含了司法鉴定意见书的基本内容，各省级司法行政机关或司法鉴定协会可以根据不同专业的特点制定具体的格式，司法鉴定机构也可以根据实际情况作合理增减。

2、关于“基本情况”，应当简要说明委托人、委托事项、受理日期、鉴定材料等情况。

3、关于“资料摘要”，应当摘录与鉴定事项有关的鉴定资料，如法医鉴定的病史摘要等。

4、关于“鉴定过程”，应当客观、详实、有条理地描述鉴定活动发生的过程，包括人员、时间、地点、内容、方法，鉴定材料的选取、使用，采用的技术标准、技术规范或者技术方法，检查、检验、检测所使用的仪器设备、方法和主要结果等。

5、关于“分析说明”，应当详细阐明鉴定人根据有关科学理论知识，通过对鉴定材料，检查、检验、检测结果，鉴定标准，专家意见等进行鉴别、判断、综合分析、逻辑推理，得出鉴定意见的过程。要求有良好的科学性、逻辑性。

6、司法鉴定意见书各页之间应当加盖司法鉴定专用章红印，作为骑缝章。司法鉴定专用章制作规格为：直径4厘米，中央刊五角星，五角星上方刊司法鉴定机构名称，自左向右呈环行；五角星下方刊司法鉴定专用章字样，自左向右横排。印文中的汉字应当使用国务院公布的简化字，字体为宋体。民族自治地区司法鉴定机构的司法鉴定专用章印文应当并列刊汉字和当地通用的少数民族文字。司法鉴定机构的司法鉴定专用章应当经登记管理机关备案后启用。

7、司法鉴定意见书应使用A4纸，文内字体为4号仿宋，两端对齐，段首空两格，行间距一般为1.5倍。

图1-8　司法鉴定意见书格式范本（续）

（一）封皮

鉴定意见书封皮应标明鉴定机构的名称，说明该文件为司法鉴定意见书，并在封皮下方说明鉴定机构许可证号。

（二）声明

司法鉴定意见作为法定证据之一，鉴定人在鉴定之前应该声明相关事由，以便双方当事人明确有关规定和内容。声明内容如下：

（1）司法鉴定机构和司法鉴定人根据法律、法规和规章的规定，按照鉴定的科学规律和技术操作规范，依法独立、客观、公正地进行鉴定并出具鉴定意见，不受任何个人或者组织的非法干预。

（2）司法鉴定意见书是否作为定案或者认定事实的根据，取决于办案机关的审查判断，司法鉴定机构和司法鉴定人无权干涉。

（3）使用司法鉴定意见书，应当保持其完整性和严肃性。

（4）鉴定意见属于鉴定人的专业意见。当事人对鉴定意见有异议，应当通过庭审质证或者申请重新鉴定、补充鉴定等方式解决。

（三）正文

根据《文件鉴定通用规范》，鉴定人应根据有关鉴定文书规范制作鉴定文书。根据文件鉴定的专业特点，鉴定文书的正文内容包括但不限于：

（1）委托人：委托机构（或人）；

（2）委托日期：委托鉴定的具体日期；

（3）基本案情：包括案由或与鉴定相关的情况等；

（4）送检材料：包括需要鉴定的材料（简称检材）和供比对的材料（简称样本）；

（5）鉴定事项：具体的鉴定要求；

（6）检验过程：包括鉴定方法、使用的仪器、检验中发现的现象及检验结果等；

（7）分析说明：对检验过程中发现的现象和检验结果进行综合分析和评断，并阐述作出相应鉴定意见的主要依据；

（8）鉴定意见：鉴定意见的种类及表述应符合有关鉴定标准、技术规范的要求；

（9）附件：检材和样本复制件、支持鉴定意见的技术性资料及鉴定人资质证书等；

（10）落款：鉴定人签名并加盖鉴定专用章；

（11）鉴定人承诺书（如下）。

鉴定人承诺书

本人接受人民法院委托，依据国家法律法规完成本次司法鉴定活动，承诺如下：

一、遵循科学、公正和诚实原则，客观、独立地进行鉴定，保证鉴定意见不受当事人、代理人或其他第三方的左右。

二、廉洁自律，不接受当事人及其请托人提供的财物、有价证券和安排的宴请、旅游、娱乐等消费活动。

三、自觉遵守有关回避的规定，及时向人民法院报告可能影响鉴定意见的各种情形。

四、保守鉴定活动中知悉的国家秘密、商业秘密和个人隐私，不利用鉴定活动中知悉的国家秘密、商业秘密个人稳私获取利益，不向无关人员泄露案情及鉴定意见。

五、妥善保管、保存、移交相关案件材料，不因自身原因对涉鉴材料造成污损、遗失。

六、勤勉尽责，遵照相关鉴定管理规定及技术规范，认真分析判断专业问题，独立进行检验、测算、分析、评定并形成鉴定意见，保证不出具虚假或误导性鉴定意见。

七、按照人民法院要求，保证依法履行鉴定人出庭作证义务，协助人民法院做好鉴定意见的解释及质证工作。

八、本人郑重承诺，已知悉作为诉讼参与人违反上述承诺将承担的法律责任及行业主管部门、人民法院给予的相应处理。

承诺人：（签名）

年　月　日

按照司法鉴定意见书规范要求，司法鉴定意见书文书格式应包含司法鉴定意见书的基本内容，但是各省司法行政机关或司法鉴定协会可以根据不同专业的特点制定具体的格式，司法鉴定机构也可以根据实际情况做合理增减。

二、司法鉴定意见书的实质规范要求

司法鉴定意见书的规范性不仅要求形式规范，更强调实质规范。实质规范是司法鉴定意见科学性、客观性与鉴定过程规范性的有机统一，实质规范主要体现于检验过程、分析说明、鉴定意见及附件等核心内容。基于笔者长期的鉴定办案实践，以下仅就司法鉴定意见书正文中有关检验过程、分析说明、鉴定意见及附件等核心内容分享实务心得。

（一）检验方法原理科学可靠

方法原理是否科学可靠是首位的，它是科学与伪科学的分水岭，是确定鉴定意见是否具备证据能力、是否可采的前提，在世界各国的法庭审判中都极受重视。美国联邦最高法院审理的 William Daubert v. Merrell Dow Pharmaceuticals, Inc. ① 一案所确立的"多伯特规则"即是审查法庭检验方法原理是否科学、可靠的规则。以比较熟悉的测谎鉴定、气味鉴定（也称警犬鉴定）为例，其方法原理的科学可靠性并不被普遍认可，因而不是法定鉴定对象，通常也不作为证据采纳。

（二）检验过程规范，检测数据准确可靠

可靠的方法原理并不意味着必然产生客观准确的鉴定意见，检验过程对鉴定意见的客观准确性有实质性影响，就如 DNA 鉴定、酒精测试等检测方法原理科学可靠，并形成了一套规范的检验程序，遵守该检验程序通常能得出客观准确的鉴定意见。但检验程序不规范、混淆样本、设备操作与使用不当、检验人员为非专业人员等因素，均可能导致鉴定意见出错，使得鉴定意见不具备客观准确性。因此检验过程一定要规范，检测数据必须准确可靠。

（三）分析过程必须严谨，符合论证逻辑

检验过程、检测数据并不等同于鉴定意见，得出鉴定意见还需要对检验过程、检测数据进行严谨的分析论证，这就类似于"裁判说理"，它使人们对鉴定意见的科学性、客观准确性更加信服。

（四）鉴定意见应是检验、分析自然演绎的结果

鉴定意见的表达必须回应具体的鉴定委托事项，并且应当是基于规范和客观的检验过程、检验数据、分析论证进行自然演绎得出的结论，故鉴定意见既不能背离具体的鉴定要求，也不能凭空产生。以下鉴定意见书有关检验、分析、鉴定意见得出的过程就违反了本条实质规范要求。（见图 1-9）

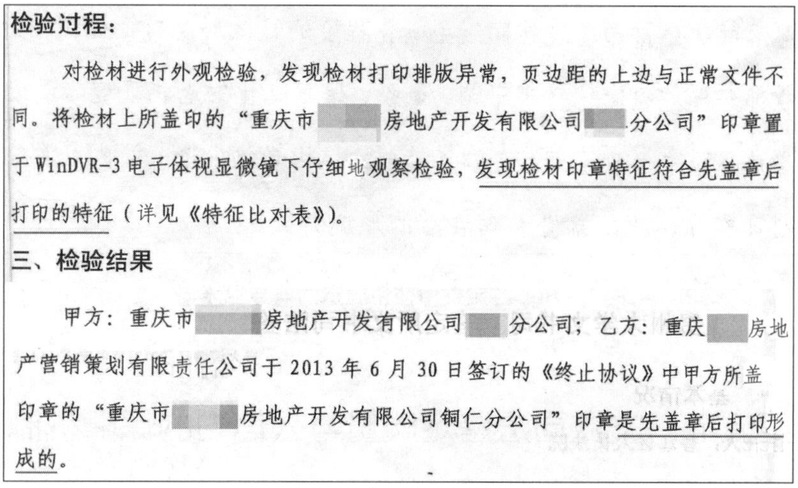

检验过程：

对检材进行外观检验，发现检材打印排版异常，页边距的上边与正常文件不同。将检材上所盖印的"重庆市[redacted]房地产开发有限公司[redacted]分公司"印章置于 WinDVR-3 电子体视显微镜下仔细地观察检验，发现检材印章特征符合先盖章后打印的特征（详见《特征比对表》）。

三、检验结果

甲方：重庆市[redacted]房地产开发有限公司[redacted]分公司；乙方：重庆[redacted]房地产营销策划有限责任公司于 2013 年 6 月 30 日签订的《终止协议》中甲方所盖印章的"重庆市[redacted]房地产开发有限公司铜仁分公司"印章是先盖章后打印形成的。

图 1-9　缺乏相关检验过程、依据的鉴定意见书

① 509 U. S. 579，113 S. Ct. 2786.

（五）检验图片、特征比对表等的规范制作

检验图片、特征比对表等作为附件内容，是鉴定意见书必不可少的重要组成部分，是检验过程的直接证明材料，能够为鉴定意见提供依据与形象说明。对检验图片、特征比对表等的制作有以下三个方面的要求：一是应彩色打印，增强细节可视性；二是概貌与细节特征间应标识来源关系，如对局部字迹显微特征的图片应标识其在全貌图片中所对应的某一字迹、笔画的具体位置；三是图片的排版、大小控制以清晰展现全貌及细节特征为目标。实践中，一些鉴定意见书将多份检材拼凑起来并缩微复印在一张 A4 纸上，无法看清原貌，或者相关检验图片等均是黑白复印件，细节不清，或者部分特征比对表上并不标识特征异同点，而是以检验过程中笼统、模糊的特征描述代替特征标识，这都大大降低了司法鉴定意见的可阅读性、可理解性，损害了司法鉴定的质量与公信力，应当避免。

（六）鉴定意见书专业术语使用准确，语言表达流畅及语法规范

除了符合科学技术本身的实质规范要求，一份优质鉴定文书还应具备可阅读性、可理解性，具体表现为：专业用语规范，语言表达流畅，语法使用规范。若非专业术语充斥鉴定书，语义含混不清，不遵守语法规范，前后逻辑混乱等，都会直接显示出鉴定人专业水准与综合能力的缺失，鉴定意见的质量与公信力将大打折扣，为专家辅助人挑战鉴定人的专家资格、质疑鉴定意见的科学性与权威性树立了靶标。如针对添加打印变造的鉴定事项，“干涸”“龟裂”“酥化”用语就属非专业术语（见图 1 – 10）；又如“送检的《某某合同书》尾页上加盖的‘某某印章’与送检同名样本印章应是同一枚印章盖印形成”的鉴定意见表述，简言之就是“A 印章与 B 印章是同一枚印章盖印形成”，这种表述不仅不符合语法规范，也混淆了“客体”与“反映形象”的关系，暴露出鉴定人专业基础知识理论的薄弱或者不太严谨的工作态度。

> 正文部分打印墨迹与落款部分打印墨迹在同纸上老化程度的显微形态特征存在差异，落款部分墨迹墨膜已呈现干涸、龟裂、笔画酥化的老化痕迹，正文部分墨迹墨膜未呈现干涸、龟裂、笔画酥化的老化痕迹，反映为落款部分打印在先，正文部分打印在后的形成特征。

图 1 – 10　鉴定书中使用臆造的非专业术语

第五节　文件司法鉴定质量与公信力的保障机制

书证作为广义物证的表现形式之一，其本身并不能就案件待证事实发挥直接证明作用，也无法像普通证人一样出庭作证，被称为“哑巴证人”（Mute Witness）。物证必须依靠专业技术人士对其进行“解读”，即依靠鉴定人对其进行检验、分析并得出鉴定意见，

鉴定意见作为物证的派生证据，通过鉴定意见、鉴定人出庭作证发挥对案件待证事实的查证作用。由此可见，司法鉴定在诉讼中承载着查明专业问题、实现实体公正的基础价值，文件司法鉴定的质量与公信力事实上深刻影响着公正司法的实现效果。

影响文件司法鉴定质量与公信力的因素是多方面的，基于不同的观察视角，会有不同的结论。本书主要以诉讼内外两个视域分析司法鉴定质量与公信力的影响因素，进而探究其治理措施。笔者认为，司法鉴定质量与公信力主要表现在两个方面，一方面是司法鉴定意见自身的科学性、客观性，即加强司法鉴定质量的源头控制，为诉讼提供合格的“司法鉴定意见”产品；另一方面是司法鉴定意见的质量究竟如何，是否具备权威性、公信力，还必须经过庭审质证，通过鉴定人出庭、专家辅助人出庭以及各方质询，将鉴定意见是否具备合法性、科学性、客观准确性揭示出来，从而为法官是否采信鉴定意见奠定基础。

对司法鉴定的源头进行质量控制，除了司法行政管理部门加强监管之外，更为重要的是鉴定机构在内部管理中应当按照规范化、标准化的要求对司法鉴定活动全流程进行质量控制，这正是《全国人民代表大会常务委员会关于司法鉴定管理问题的决定》自 2015 年颁行以来，大力推行认证认可与能力验证的基本动因。鉴于文书司法鉴定质量控制的重要作用，以及认证认可与能力验证例行工作的需要，本书在第十八章专门介绍文件司法鉴定的质量控制，本节不再详细展开。

对文件司法鉴定质量与公信力的诉讼控制，主要是通过鉴定人、专家辅助人出庭并由各方以交叉询问方式进行质询，尽可能地过滤掉不可靠的鉴定意见，提高对鉴定意见采信的精准性。尽管在诉讼机制外有认证认可、能力验证等源头控制措施，但未必能够保证鉴定意见就是科学、客观、准确的。国内外相关研究均表明，法庭科学证据存在极高的错误率，尤其是那些高度依赖经验判断的鉴定事项，以文件检验为例，如伪装仿写字迹鉴定、高仿印文鉴定、形成时间鉴定等是最容易产生鉴定分歧的领域。实践中鉴定意见本身错误，或者庭审质证过程中对鉴定意见的解释、理解错误，导致了不少的错误判决，使审判偏离实体公正轨道，这让人民群众首先对司法鉴定的质量与公信力产生怀疑，并最终丧失对公正司法的信心。

2016 年 9 月，美国总统科技顾问委员会向时任总统奥巴马提交了一份长达 174 页的专题报告——“刑事法庭上的鉴识科学：确保特征比对方法的科学有效性”（*Forensic Science in Criminal Courts：Ensuring Scientific Validity of Feature - Comparison Methods*）。该报告认为，为了确保科学证据的有效性，美国联邦政府尚需要采取两方面的改进措施：一是明确不同鉴定方法的有效性和可靠性的科学标准；二是对具体的鉴定方法进行评估，以确定其是否在科学上已经被证明是有效的和可靠的。为此，该报告全面回顾了美国关于鉴识科学的研究成果及其应用现状，检讨了现行法律框架下鉴识科学有效性的地位，解释了特征比对方法的科学有效性的判断标准及其在 DNA 鉴定、咬痕鉴定、指纹鉴定、弹道痕迹鉴定、足迹鉴定和毛发鉴定中的应用。基于对不同鉴定方法“基础有效性”（Foundational Validity）和“应用有效性”（Validity as Applied）的研究发现，该报告就美国国家科技研究所、美国科技政策办公室、美国联邦调查局实验室为强化刑事司法鉴定的科学基础而应当采取的措施，以及美国联邦司法部和美国联邦法院系统为更加严格地使用鉴识科学而应当采取的措施提出了全面的建议。这一报告的内容代表了目前美国关于鉴识科学应用的政策立场和实务动向，值得我国高度关注。

基于文件司法鉴定的实践现状，并结合国内外诉讼制度对司法鉴定的治理措施，本书专设第十九章，对鉴定意见的庭审质证进行阐述，本节不再详细展开。

【思考题】

（1）什么是文件或文书？
（2）文件与物证、书证的概念比较。
（3）文件检验的对象。
（4）文件检验的具体任务。
（5）文件检验在诉讼活动中的作用。
（6）文件检验程序应当遵循的一般原则有哪些？
（7）文件检验的一般程序。
（8）鉴定意见书的规范要求。
（9）文件司法鉴定质量与公信力的保障机制有哪些？

【参考文献】

[1] 贾治辉主编:《文书检验》，法律出版社 2001 年版。
[2] 王相臣主编:《文件检验》，群众出版社 2010 年版。
[3] 贾晓光主编:《文书物证司法鉴定理论与实务》，中国人民公安大学出版社 2017 年版。
[4] 崔岚编著:《印刷文件检验技术规范》，中国人民公安大学出版社 2012 年版。
[5] 邹明理、杨旭主编:《文书物证司法鉴定实务》，法律出版社 2012 年版。
[6] [美] Jan Seaman Kelly 等主编:《可疑文件的科学检验（第 2 版）》，李震等译，法律出版社 2018 年版。
[7] 郭金霞等著:《司法鉴定质量控制法律制度研究》，法律出版社 2011 年版。
[8] 美国国家科学院国家研究委员会著:《美国法庭科学的加强之路》，王进喜等译，中国人民大学出版社 2012 年版。
[9] 最高人民法院民事审判第一庭编著:《最高人民法院新民事诉讼证据规定理解与适用（上、下）》，人民法院出版社 2020 年版。

第二章 文件检验的原理[*]与方法

内容提要：本章重点介绍物质交换与转移原理、种属认定与同一认定原理、文件系统检验原理，同时介绍视频光学检验、显微检验、化学检验、仪器分析等文件检验的常用方法。其重难点内容为同一认定客体的基本属性、同一认定检验过程、同一认定与种属认定的区别与联系、系统检验原理，以及文件检验的常用方法。

关键词：物质交换与转移原理；种属认定；同一认定；系统检验；检验方法

第一节 物质交换与转移原理

一、物质交换与转移原理的含义

物质交换与转移原理，又称为“洛卡德物质交换（转移）原理（Locard Exchange Principle）”，最早是在20世纪初，由法国著名侦查学家艾德蒙·洛卡德（Edmond Locard）博士在其编著的《犯罪侦查学教程》中提出。这一理论认为，犯罪的过程实际上是一个物质交换的过程，作案人作为一个物质实体，在实施犯罪行为的过程中，总是跟各种各样的物质实体发生接触和互换关系。因此，案件中物质交换是广泛存在的，是作案人实施行为的共生体，是不以人的意志为转移的客观规律。

从物证的角度来理解物质交换与转移原理的基本含义，两个物质客体在外力作用下相互接触，发生碰撞、挤压、摩擦，从而引起两个物质客体接触面的部分物质成分脱离并相互交换，这就形成了物质的交换；或者，在外力的作用下，一个物质客体的物质痕迹或成分转移到另一个客体上，但并未发生两个物质客体间物质痕迹或成分的相互交换，这就形成了物质的转移。物质虽然经过交换与转移，但其成分、结构等特征一般不发生根本性的变化，仍然能够客观地反映其原所在客体的本质。

作案人实施违法犯罪行为，一定会与现场的物体或物质发生相互接触，必然会发生物质交换和转移，这就产生了物证。现场、作案行为以及行为结果等因素的不确定性，使得任何物体或物质都有可能成为物证。

---

* 本章第一、二、三节部分内容源自贾晓光主编：《文书物证司法鉴定理论与实务》，中国人民公安大学出版社2017年版，第22~39页，并进行了修改完善。

二、物质交换与转移原理的类型

（一）痕迹性物质交换与转移

痕迹性物质交换与转移，即人体与物体、物体与物体接触后发生的表面形态的交换。如犯罪现场留下的作案人的指印、足迹，针式打印机打印文书留下的击打痕迹，硬笔书写在纸张表面留下的抑压痕迹等。

（二）实物性物质交换与转移

实物性物质交换与转移，可分为有形物的物质交换与转移和无形物的物质交换与转移。有形物的物质交换与转移，包括微观物的物质交换与转移和宏观物的物质交换与转移，如犯罪过程中作案工具出现的微粒脱落、微粒黏附，纤维、生物细胞的转移，属于微观物的物质交换与转移；如作案人遗留物品于现场，行为人拆换多页装订文件中的某一页等，属于宏观物的物质交换与转移。无形物的物质交换与转移，主要指不同气体、气味的互换，如有毒气体与无毒气体的互换、刺激性气味的遗留等。

物质交换和转移的类型有多种，交换和转移的可能是物品或物质成分，也可能是痕迹或气体。案件构成要素具有相对的复杂性，因而发生的物质交换和转移往往是多种类型同时出现。以制作一页喷墨打印的文书物证为例，不考虑文本撰写编辑，行为人放置纸张以及从打印机上取走打印文书，会在文书纸张上留下汗潜指印；打印过程会在纸张上留下喷墨字迹，既有墨料转移，又有喷墨痕迹生成，进而还可能会反映喷墨打印机具的一些独有特征。这个看似简单的过程中，痕迹性、实物性的物质交换与转移均有发生。

三、物质交换与转移原理的意义

物质交换与转移原理反映了客观事物的因果制约规律，体现了能量转换和物质不灭的科学定律。这一原理对法庭科学有着深远的影响和十分重要的指导作用，是研究各种物证的基础。

不管案件如何复杂，行为人多么谨慎或狡诈，一定会留下或带走一些记录其行为、证明其行为的物证。用科学的方法和手段进行检验鉴定，就能够让物证“说话”，揭示和证实那些“不为人知”的客观事实，为案件侦查和法庭诉讼提供客观证据。

第二节　种属认定与同一认定原理

一、种属认定

（一）种属认定的概念

种属认定（Forensic Classification），又称种属鉴别，是指具有专门知识的鉴定人，通过对客体或客体反映形象的检验分析，对客体种类和属性进行科学判断的理论和方法。对物证进行种属鉴别，要以通过研究获得的对各类客体的本质特征或一般规律的认识为基础，与具体案件中的文件物证所反映的客体特征相比较，进而判断该客体的种类归属。

（二）种属认定的理论依据

种属认定的理论依据是客体的种类特征，这是由生物的起源及各种物质的组成结构和制造条件等确定的。

（1）事物种属关系的客观性是种属认定的客观基础。世界由不同种类的具体事物组成，事物间的种属关系是客观存在的。客观存在的具体事物都有各自的时空特征。由于具体事物之间存在的“亲缘”关系，又可以将它们归并或划分为不同的类别。生物学以自然分类的方法，从大到小依次分为域、界、门、纲、科、目、属、种等。这种分类从大类到小类存在层层隶属关系，是一种枝状分类。在文书鉴定中，也常常根据文书物证所反映的客体特征进行分类。例如，依据书写笔迹是否充分反映书写人技能习惯，可以分为正常笔迹、非正常笔迹；依据书写速度，可以分为快速笔迹、中速笔迹、慢速笔迹；依据书写人性别，可以分为男性笔迹、女性笔迹等。这种分类的依据彼此独立，各类之间没有包容、隶属关系，是一种人工的、网状分类方法。分类的依据越多，种类划分越细，同类所包含的具体事物量越少，对侦查审判工作的实际作用往往也越大。无论按亲缘关系的自然分类，还是按事物性质、特征进行的人工分类，都是基于客体的种属关系是一种客观存在，为能够进行物证的种属认定奠定了客观基础。

（2）事物种类的差别性是种属认定的分类依据。不同种类的事物具有其各自质的规定性，并由其结构功能、性质成分或技能习惯等决定的种类特征的差异表现出来。例如，黑色书写墨水可以依据是否含碳来分类，根据墨水字迹是否吸收红外线即可区分；常见的打印机可以依据打印原理分为针式打印机、喷墨打印机、激光打印机和热敏打印机等几种，根据打印文书上字符及墨料的性状特点可以区分。不同种类事物的各自种类特征之间具有差别性，这种差别性是进行物证种属认定的分类依据。

（3）同类事物的共同性是种属认定的归类依据。同类事物因其具有相同的性质和特征，可以自然地或人工地归并为一类。种属认定的过程，就是对某个具体的未知事物，经过分析、检验、提取其种类特征，在与其他种类事物相区别的同时，将其归入事物的某一类。例如不同人的左手伪装笔迹，会具有共同的形成机制和特点，如果经过分析、检验，发现一份检材笔迹具有典型的左手伪装笔迹特点，并且同时与右手笔迹相区别，可将该检材笔迹归为左手伪装笔迹。文书鉴定中的种属认定，是通过对文书物证的分析研究进行的。有时研究的是文书本身，如文书的墨水、纸张等物质材料；有时研究的是文书所反映的客体，如文书笔迹的书写人、打印文书的打印机具等。客体的种属性必须表现或反映在文书物证上，这是进行种属认定的必要条件。反映客体种属的特征，有的具有必然性，有的具有条件性，有的具有随机性，不能一概而论。例如是否可以通过检验一份复印文件，测算其复印机感光鼓的直径，取决于复印机感光鼓上是否有破损进而在该复印文件上留有可分辨的污痕。没有感光鼓的破损，或者没有复印文件上可分辨的污痕，就没有测算复印机感光鼓的直径的客观依据。

（三）种属认定的对象和内容

1. 人的种属认定

社会学将人划归为以下几个群体：属于哪个年龄段、属于哪种文化层次、属于哪种职业身份、属于何地人、是否属于有言语障碍的人、属于哪个民族的人，以及人的性格和性别等其他种属关系。民事经济案件中，对于人的种属认定需求较少。但在刑事案件侦查阶段，对于包括作案人的性别、年龄、文化、职业身份、地域、民族、种族等方面的种属认定，却显得尤为重要。

2. 工具的种属认定

工具是指制作文书物证所用的工具，对其进行种属认定，可以为寻找作案工具提供方向和范围，也可为案件中文书物证的某些事实归属提供证据。例如笔的种属认定，常用的笔有钢笔（包括“自来水”笔、美工笔、蘸水笔、艺术笔等）、圆珠笔、签字笔、软笔（包括毛笔、尼龙笔）、铅笔等，各种笔因其笔尖结构、功能以及使用色料不同而有所区别。再如打印机、复印机、传真机的种类鉴别，各种机具在结构功能、性能特点、适用材料等方面互有区别。有时也会遇到通过文书上的印章印文，对印章进行种属认定，如从制章工艺的角度，鉴别是手工雕刻印章、激光雕刻印章还是机械雕刻印章，是光敏印章、注塑印章还是成型粉热压印章。

3. 材料的种属认定

材料主要是指制作文书物证的有关物质材料。这种鉴别有助于查明所用材料的来源，便于以物找人；也可在可疑文书的材料与真实样本材料种类不同时，作为判定伪造文书事实的重要依据。例如纸张的种类鉴别，作为文件材料的纸张，主要有印刷纸（包括凸版纸、胶版纸、凹版纸、铜版纸等）、书写纸、打印（复印）纸、邮封纸以及新闻纸，它们在表面特征、克重、纤维配比、填加料成分上互有区别。又如墨水的种类鉴别，主要有墨汁、蓝黑墨水、染料墨水、碳素墨水等，每一种又可分为不同牌号的墨水，它们在主要成分或具体配比上有所不同。再如印泥（油）的种类鉴别、黏合剂的种类鉴别，以及消退、密写剂的种类鉴别等。

4. 其他事实的种属认定

主要包括文书的制作方法、文书材料的出处、文书的制作时间、文书的制作次序、文书有无篡改变造等事实的种属认定。例如篡改变造的文书，包括添写、改写、消退、擦刮、挖补、改贴、拼凑复制、换页等，不同种类的篡改变造方法有其固有的特点。

（四）种属认定的程序和方法

文书物证的种属认定，是依照提取特征、比较鉴别、综合判断的程序进行的。

1. 提取特征

提取特征是指通过对被检验客体的观察、检测、分析，发现和提取该客体的种属特征（种类特征）。客体的种属特征是由该类客体的性质决定的，例如，关于文书制作工具的种类特征主要是由产品的设计要求、技术指标的异同决定的。

不同性质和表现形式的种属特征，提取的方法不尽相同。例如从文书物证的笔迹、言语中提取种属特征，可采用直观分析、显微检验等方法；从文书物证的打印字符上提取种属特征，可采用显微检验、图像比对、仪器分析等方法。有时为了更加准确、具体地进行种属认定，还需要运用各种适用的检验手段，以全面发现文书物证所能提供的各种信息。

2. 比较鉴别

比较鉴别是将检验中提取的种属特征及相关信息，同相近的已知客体的种属特征相比较，以全面发现异同，为得出鉴定意见提供依据。在司法实践中，比较鉴别有三种主要方式。一是在提交文书物证的同时，提供类似客体的样本或样品，要求鉴定文书物证或其反映的客体与哪种样本或样品的种类相同。二是只送检文书物证，未能提供比对样本或样品，要求进行有关的种属认定。这种情况要求鉴定人要占有相关客体的种类特征和数据资料、标准图谱或样本，并以此为依据，同检验结果进行比较。三是主要依靠鉴定人的专门知识和丰富经验，根据文书物证本身进行的种属认定。这种情况下进行的分析、鉴别，实际是用检验中获取的种属特征，与鉴定人头脑中储存的有关客体的种类特征、资料进行比较和筛选。

3. 综合判断

综合判断是就比较、鉴别的结果进行深入分析和综合，对应作的鉴定意见进行论证的理性思维过程。种属认定的方法，从逻辑上说是一种演绎推理，即从一般原理推演出个别结论的思维方法。其主要形式是三段论，由大前提、小前提、结论三部分组成。在文书物证的种属认定中，大前提是鉴定人已知的事物的种属性，即一般原理；小前提是通过检验获取的未知事物的种属特征；结论就是对未知事物属于何种事物所作的鉴定意见。为了保证鉴定意见的准确性，应具备两个先决条件：一是鉴定人要对鉴别对象的种属性有比较全面透彻的了解，或者占有的相关资料、样本比较齐全；二是鉴定人能以正确的方法，准确而充分地获取未知客体的种属特征。由于事物的共性存在于不同的个别事物之中，一般原理概括了个别事物的本质，因此从一般推演出个别是一种必然性的推理方法，只要大前提、小前提可靠，遵循逻辑推理规则，结论就是可靠的。

同时必须指出，形式逻辑的思维方法有个致命的弱点就是缺少辩证法。因为一般寓于个别之中，但又不等同于个别。司法实践中，单纯从一般原理、一般规律、一般特征去推知个别事物时，其判断或意见难免带有或然性。这就要求我们有系统鉴定的思维，把每一项种属认定要求，都置于具体案件发生的具体环境之中，把对客体种属性的认识和对种类特征的运用，与该案件的时间、地点、场合、手段、人员及其他物证的特点结合起来进行分析，并在此基础上以事实为依据，实事求是地进行综合判断，得出鉴定意见。

二、同一认定

（一）同一认定的概念

同一认定（Forensic Identification），又称同一性鉴定，是指具有专门知识的鉴定人通过对客体在不同时空出现的客体反映形象或客体的不同部分进行比较检验，进而对客体自身是否等同进行科学判断的理论和方法。这里的“同一”指的是同一个客体自身的同一，而不是两个客体之间的相同、相似，可以理解为“他（或它）只能是他（或它）自身，而不是别的人或物”。同时，由于事物运动与发展演变的绝对性，这个同一又是包含着客体自身演变而形成的有差别的同一，也就是尽管他（或它）仍旧是他（或它），但已不能等同于原来的他（或它）。同一认定理论是整个法庭科学领域最重要的基本理论之一。

同一认定和种属鉴别都采用比较的方法和手段，而且同一认定又是以客体的种类相同为前提，但二者的研究客体、对象、任务、作用又有所不同。同一认定是研究客体自身的同一关系，而不是种类的异同；对象是具体的人或物，不是某种人和物，也不包括其他事实；任务是认定或否定某一客体，而不是进行种类归属鉴别；其结论意见不仅可以澄清事实，还可作为诉讼证据，其证明力往往高于种属鉴别的结果。

同一认定是由具有专门知识和技能的、有资格的司法鉴定人，就侦查需要或法庭质证中提出的鉴别有关人或物的专门问题，所进行的科学检验和论证。它不同于侦查人员、审判人员依据侦查、调查工作所获得的各种信息和证据，对案件性质、客观事实所作的认定，也不同于一般人凭借某种印象或熟识感对人或物进行的辨认。尽管它们都需要经过鉴别和判断，但它们的行为主体不同，借助的方法、手段的科学性、规范性和程序的严谨程度不同，赖以作出判断的材料的客观性不同，在认识、判断过程中坚持客观、公正的原则，避免情感因素的干扰等也不同。所以，应当把同一认定和一般的辨认，以及侦查、审判中的类似过程严格区别开来。把同一认定置于特定的实践领域，作为一种科学技术方法论加以研究和应用，更有利于同一认定理论的深入发展。

（二）同一认定的种类

1. 按同一认定的对象划分

由于传统司法实践中对人的同一认定的重视，同一认定首先可分为人的同一认定和物的同一认定。前者是解决是否为某个人，后者是解决是否为某个物。在文书司法鉴定中，根据笔迹鉴别笔迹的书写人属于人的同一认定；根据打印文书鉴别制作该文书的打印机，根据文书上的印章印文鉴定其是否为某印章盖印形成，则属于物的同一认定。

区分人与物的同一认定的意义，首先是同一认定的供比对样本获取有别。物的同一认定既可通过提供物的样本进行检验，也可通过提供可疑物本身由鉴定人制作样本进行鉴定。但对于人的同一认定，只能通过取其样本进行鉴定。其次是同一认定鉴定意见的证据作用有别。由于法律最终往往是对人的责任的追究，侦查工作最重要的也是找到并证实犯罪嫌疑人或与作案活动相关的人，人的同一认定鉴定意见能起到直接证明作用。而物的同一认定鉴定意见，只能证明有关人使用的是不是这件物，不能证明是谁使用的，因此鉴定意见只能起到间接证明作用，进而成为证据链的一个重要环节。

2. 按同一认定客体的完整性划分

按同一认定客体是否为完整的客体，将同一认定划分为完整体的同一认定和分离体的同一认定。人的同一认定和大多数物的同一认定均属完整体的同一认定。这种同一认定鉴定的是具有整体功能的人或物及其反映形象。虽然物证所反映的是客体的某一部分或某个局部，但这一部分或局部却是客体整体功能的反映。例如，某个人书写的借款条据，尽管只有二十几个字迹，却可表现出书写人书写技能与书写习惯的基本特性，经过笔迹鉴定就可以确定书写这份借款条据的某个人。一份打印文件虽然反映的是打印头结构及其运动的特性，但这种特性也是以整台打印机的结构功能作保证而表现出来的。

分离体的同一认定是物的同一认定中的一种类型。这种同一认定所鉴定的对象，是作为物证的残缺不全的物或从某物件上分离下来的少量遗留物，以及在调查取证中发现的可疑物，鉴定的目的是确定它们是否原属于同一个整体。例如，作为文书物证的某笔记本纸，是否是从犯罪嫌疑人住宅搜查出的某笔记本上撕下来的。

3. 按同一认定的根据划分

按同一认定的根据，可将同一认定分为四类：行为习惯的同一认定、外部结构功能的同一认定、特定组分的同一认定、整体分离关系的同一认定。

行为习惯的同一认定，是指根据人的技能及行为习惯的特性进行的同一认定。例如，根据笔迹鉴定书写人，根据书面言语鉴定撰稿人等。此类同一认定的突出特点在于人的行为往往包含着心理上的变化和故意伪装等复杂因素，所依据的特性不是客体的机械重复式的外在表现。

外部结构功能的同一认定，是指根据客体外部形态、结构和功能方面的特性进行的同一认定。例如，根据印章印文反映印章印面的形态结构，鉴定是否为该印章盖印；根据文件反映的打印头结构和功能特征鉴定打印机。此类同一认定的突出特点在于客体种类繁多，同类客体相似度较高，同一认定的特征依据主要依赖细微特征。

特定组分的同一认定，是指根据在空间上已被限定的物质材料中含有的特定组分是否相同所进行的同一认定。例如，作案时与现场物质发生了物质交换的一瓶胶水，如果文书物证上的胶水与犯罪嫌疑人使用的胶水，不仅物质种类相同，而且均含有同样的“外来”的特定组分，也可以进行同一认定。需要注意的是，这种同一认定必须是一个被限定的容器或使用单元中的物质，必须根据其中含有的同种物质所不具备的特定组分，否则只能鉴别物质种类是否相同。

整体分离关系的同一认定，是指根据被机械分离为若干部分的文书之间整体特性所进行的同一认定。例如，根据被撕碎或炸碎的文书碎片之间的整体同一性，鉴别其是否原属于一个整体。

（三）同一认定的科学基础

在不同的时间、空间出现的客体，是否为同一个客体？实践已经证明这是一个可以正确解决的专门性问题，其科学基础由以下三个方面构成。

1. 同一认定客体的特定性是同一认定的客观依据

同一认定客体的特定性，也称独特性，是指作为同一认定对象的具体人或物在总体上各个特殊、互相区别的属性。世界上没有完全相同的两个人或两件物，这是因为每个人或每件物都具有质和量的规定性，都有其个性。例如，即使是孪生兄弟之间也存在先天素质的一定差别，加上发育成长状况，学习、生活、工作环境的塑造与磨炼，以及个人际遇、生理病理变化等影响，使得他们的知识、能力、运用语言表达思想的言语和书写习惯也会各具特点。再如，两枚印章或因材质组分的不同，或因制作工艺、加工精度以及调试的合理误差，特别是在使用过程中发生的不可避免的磨损、污染，必然造成它们之间在外部结构、细节形态或印染物质组分上出现愈加明显的差别。同时，因为每个人或物与其同类客体存在着或多或少的共同之处，许多单一的特征往往是这些或那些客体之间的共同点，所以客体的特定性是就客体的总体而言的，必须通过客体自身各方面的特征来体现。也就是只有特征的总和才能体现客体的特点性，共性寓于个性之中，个别包含着一般。客体的特定性决定了可以把两个不同客体区分开，不至于把相似客体误作同一客体。所以，客体的特定性是同一认定的客观依据。

2. 同一认定客体的稳定性是同一认定的基本条件

同一认定客体的稳定性，是指客体在一定时期内保持其基本特征不变，维系其自身同一的属性。事物的运动与变化虽然是绝对的，但是同时又能保持相对静止的状态，正如大多数同一认定客体在宏观上长期看不出明显的变化。在文书物证上，客体稳定性的表现有三种：一是表现为外部形态结构的稳定，如印章印面的文字、线条及其凹凸结构特征长期不变，多次盖印的印文，其图文大小、形态与位置无明显变化；二是表现为动态的稳定性，如某人通过书写运动在不同时间书写时形成的笔迹，其基本特征会重复再现；三是表现为物质组分的稳定，如含有特殊成分的某种混合物的文件物质材料，其性质与组分不变。当然，客体的稳定性是相对的，随着时间的推移，任何客体都将发生不同程度的变化。这种变化开始只是量的渐进的变化，在同一认定客体的特性发生根本改变之前，客体仍具有自身的同一性。所以，客体自身同一是包含着差别的同一，而不是绝对等同。这就给同一认定提出了一个必须加以正确解决的实际问题：根据各类客体自身演变的规律，采取相应的验证手段，区别客体自身的非本质差异和两个客体之间的本质差异。客体的这种相对稳定性，使得我们通过观察与实验来研究客体的特性成为可能，是进行同一认定的基本条件。

3. 同一认定客体的反映性是同一认定的物质基础

同一认定客体的反映性，是指客体特性得以反映或表现的必然性的属性。虽然受内外条件的影响或干扰，客体特性反映的程度会有所不同，但是都会或多或少地通过文书物证和样本反映出来。有了反映性，客体的特性就能够被感知，同一认定得以进行。但是，客体特性的反映有个过程，例如印章印面结构的特性是通过盖印的印文反映出来的，印文反映印章的特性不但受压力大小及其均衡性的影响，也受蘸用印染色料量的多少、纸面性状、衬垫物软硬等因素的影响。所以，理论上同一认定客体特性必然要反映或表现出来，但特定的一份文书对同一认定客体特性的反映又存在局限性。特定的一份文书只能反映客体当时的演变状态，而不能说明其前后的演变过程；只能反映客体发挥作用的部分特性，而不能反映客体的全部特性；是客体在内外条件影响下错综复杂、充满假象的表现，而不单纯是客体特性的写照。因此，正确理解同一认定客体的反映性和这种反映的局限性，掌握客体特性在不同条件下的表现，认识其变化的规律性，是文书鉴定的一项专门知识技能。同一认定客体的这种反映性及其变化的规律性，是同一认定的物质基础。

（四）同一认定的程序和方法

同一认定的基本程序是按照分别检验、比较检验、综合评断三个步骤进行，最后作出鉴定意见。分别检验、比较检验的过程可借助各种技术手段，从同一认定客体上获取科学事实并进行归纳、处理，基本属于感性认识阶段。综合评断则是基于感性认识的理性分析、论证过程，并由此作出客体是否同一的鉴定意见。三个步骤之间紧密衔接，没有截然界线。但检验程序必须严格按这三个步骤的先后顺序进行，而且可以随时返回到前一个步骤，以使认识不断深化。

1. 分别检验

分别检验是指借助各种技术手段分别研究检材和样本，弄清检材形成的因素和条件，明确并改善样本的可比性，提取同一认定客体的特征，为进行比较检验奠定基础的过程。要点包括：

（1）研究检材的形成。结合案件的具体情况，分析研究检材是在怎样的条件下、以何种方式制作形成的，作用机制、介质对检材反映客体的特性有何影响，检材所反映的是客体的哪方面的特性。深入透彻地研究检材的形成过程及影响因素，有助于去粗取精、去伪存真，较为准确地把握客体的特性与特征。

（2）分析和选择检材客体的特征。特征是客体的特殊征象，是客体特性的表现。可通过直接观察、间接观察或各种实验方法，从带有规律性的现象中发现和选择检材客体的特征，并客观、详细地做好记录。

（3）研究样本的可比性。样本是借以同检材进行比较的已知标准，它应当在反映客体特性以及形成条件上与检材相近似。为此，要认真了解样本的收集和制作方法，审查样本反映客体特性的可靠性、可比性、充分性。如果样本的可比性存在局限，可请委托方补充收集，或由鉴定人模拟检材的形成条件制作实验样本。

（4）分析和选择样本客体的特征，即在样本中发现可同检材相比较的样本客体的特征。注意无论该特征与检材所反映的特征相符或存在差异，均应如实、客观地加以记录。

2. 比较检验

比较检验是在分别检验的基础上，把检材和样本所反映的同一认定客体的特征一一加以比较，以充分认识二者之间的符合点和差异点的过程。

（1）比较检验的方法。比较检验可依据对象的不同，相应采取图像比对、特征比对、测量统计、数据对照、仪器分析等方法，通常还可以视需要采用多种比较检验的方法。在进一步发现客体特征的同时，要注意全面显示检材和样本客体之间的异同点。

（2）比较检验的步骤。首先从检材与样本的宏观、整体进行比较，发现二者种类、规格性特征之异同。其次，借助仪器设备，分区、分段或逐字、逐画地比较其局部、细节特征。如果发现同一认定客体种类、规格特征根本不同，一般可作为否定同一的重要根据。但也必须经过综合评断，才能就是否同一问题作出鉴定意见。

（3）比较检验结果的复核。对于比较检验中发现的异同点，要认真进行复核。特别是对于那些价值较高的符合点和明显的差异点，要通过对检材和样本的反复检验，确认其是否确实是符合点或差异点。司法鉴定实践表明，坚持客观、全面、深入的分析和比较是保证鉴定意见的准确性、防止鉴定失误的重要环节。

3. 综合评断

综合评断是对比较检验中发现的符合点和差异点进行分析与综合，确认差异点的性质和符合点的价值，明确异同点特征总和的特定性，就相比较的客体是否同一进行论证的理性思维过程。

（1）分析差异点的性质。比较检验发现的差异点可分为两种：一种是本质差异，即两个客体之间的不同特征，是客体特性不同的表现，可作为否定客体同一的根据；一种是非本质差异，即同一客体由于自身演变或形成条件不同而产生的差异，它不能成为否定客体同一的根据。对差异点性质的判断，一般采取排除法，即差异点如果不是非本质差异，就是本质差异。

非本质差异的成因和判定依据包括以下四个方面。一是客体自身随时间演变形成的差异。当检材与样本的形成时间相隔较久时，由于客体随时间发生变化，形成新、旧特征之间的差异。对此类差异，可根据客体自身演变的规律进行分析，也可以补充与检材同期形成的样本进行验证。二是客体特性反映不充分形成的差异。由于客体具有多功能，其特性表现具有多样性，当样本所反映的客体特性不充分时，也会出现差异。对此差异可通过补充收集样本，或由鉴定人制作实验样本加以验证。三是检材与样本形成条件不同产生的差异。例如正常行为与伪装行为不同，施以作用力的方式和大小不同，承受物的性状、介质的种类不同，造成相比较客体在文书上的特征反映也不同。对于此类差异，可根据其形成条件引起客体特征的变化规律进行分析，也可模拟检材的形成条件制作实验样本进行验证。四是检材或样本形成之后发生变化造成的差异。例如原件提取方法不当或进行过显现处理而发生污染、损坏，或者采取扫描、摄影、复印、转印等手段复制检材和样本时，造成清晰度减弱、图像变形、缩放倍率不一致等，从而造成差异。对此类差异，可根据提取、复制手段的特点进行分析推断，或通过重新提取复制、检验原件等方式进行验证。

（2）评断符合点的价值。符合点的价值是指相符合的特征作为认定客体同一的依据时所起的作用。特征价值介于0和1，特征价值大小与该特征在同类客体中的出现率成反比。用概率的统计定义表述：

$$P(A) = \frac{u}{n}$$

其中 $P(A)$ 为特征 A 的概率，n 为统计对象总数，u 为具有 A 特征的客体数。

评断符合点价值大小的一般原则：少数或个别客体才具有的特征，价值较高；多数客体所具有的特征，价值较低；同类客体所共有的特征，则不称其为特征。就特征的性质而言，与客体的种类、规格相关的一般性特征，价值较低；局部、细节方面的个别特征，价值较高。就特征的存在形式而言，孤立、单一的特征，价值较低；由多个相关的单一特征组成的复合特征，价值较高。就特征的成因而言，客体暂时的、附加的特征与客体固有特征相比，价值通常更高。

值得注意的是，特征出现率的统计结果与客体所处范围、场合有关，某一特征价值的大小，会因客体所处的范围、场合不同而变化。在一般情况下价值较低的特征，在特定的情况下可能成为价值较高的特征；在一般情况下价值较高的特征，在特定的情况下也可能转化为价值较低的特征。所以，对特征价值的判断，要结合案件情况具体分析。

（3）综合分析论证。对差异点和符合点分别作了初步分析、评断之后，还应当把异同特征双方联系起来进行分析论证。从数量和质量上进行对比，研究其中哪一方是主要的、起决定性作用的。如果几乎不存在差异，或者虽有差异亦属非本质差异，而符合点数量多、价值高，具有特殊性，其总和不可能在同类客体中再现，可作出认定同一的鉴定意见。如果符合点数量很少，或者数量不少但是基本属于价值较低的一般性符合，而差异点数量多，或即使不多却属本质性差异，则应作出否定同一的鉴定意见。

三、种属认定与同一认定的区别与联系

（一）种属认定与同一认定的区别

（1）特征基础：种属认定重在进行类型区分，着重于一般特征范畴；而同一认定重在进行个体识别，一般特征与细节特征并重。

（2）案件调查中的作用表现：种属认定的价值重在进行物证种类属性判别，缩小侦查排查范围；同一认定重在准确地进行个体识别，从而准确认定物证、人的同一，实现精准指控，精准定罪量刑。（如表2－1所示）

表 2-1　种属认定与同一认定的区别

不同点	认定种类	
	种属认定	同一认定
解决的问题	哪个种类以及种类是否相同的问题	客体自身是否同一的问题
对客体特征的要求	要求识别客体之间的种类差异	对客体特征数量和质量要求较高
在鉴定活动中所处的地位	认识水平较低	认识水平较高
鉴定意见的证据价值	价值相对较低	价值较高

（二）种属认定与同一认定的联系

（1）种属认定常常是同一认定的初始阶段，同一认定是对客体特征组合进行比较的过程。在鉴定过程中，种属认定往往是同一认定的第一步，鉴定有种属划分的客体时，必须要先比较客体的种类所属是否相同。

正是由于同一认定的比较是从一般特征到细节特征的比较，所以可以说，每一个同一认定都包含着数个种属认定，只有代表着一般特征的种属认定逐步走向细化，才能作出同一认定结论。丧失了种属认定，同一认定的过程就失去了认定的基础。

（2）种属认定能为发现同一认定客体指明方向。种属认定检验→确定客体类型（种属)→为发现受审查客体（同一认定客体）指明方向。

（3）种属认定能为同一认定结论提供佐证。如对鞋或工具进行同一认定，通过印痕形象特征是同一认定意见的重要依据；但如果能从鞋或工具中提取到与现场相一致的微量物质，并进行种属认定鉴定，对同一认定意见能起到补强作用。

（4）种属不同的否定性结论，也是同一认定的特殊表达形式，既然种类不同，肯定也不是同一个体。

第三节　文件系统检验原理

一、文件系统鉴定的基本含义

“系统”一词在古希腊语中的原意是“部分组成的整体”。从人类认识的发展史上看，古代已存在朴素的唯物主义系统观。系统论作为一种理论，20 世纪 30 年代由美籍生物学家贝塔朗菲提出，并于 20 世纪 40 年代末发展起来。系统论是随着现代科学技术的进步，迫使人们改变机械论、形而上学的科学技术观和思维方式，自觉或不自觉地走到自然辩证法轨道上来的产物。实际上它是唯物辩证法在科学技术领域中的运用，同时又丰富和发展了辩证唯物主义的科学技术观。系统是指由相互联系、相互作用的要素所组成的具有一定功能的有机整体。而这个整体又是它所从属的更大系统的组成部分。系统是物质的存在方式，系统无所不在。大至天体宇宙，小至原子结构；从自然界到人类社会，无不是系统。文件物证及其所从属的一定环境中的具体案件也是系统。在理解系统的概念时，应注意以下几个要点：一是系统由多要素组成；二是系统各要素之间的互相联系、互相作用；三是系统是一个不可分割的有机整体；四是系统有其特定的功能；五是系统具有多层次性，即大系统包含若干分系统和子系统。当我们研究和认识客观世界时，必须按照客观世界的本来面貌去研究和认识它。那种与唯物辩证法相悖的唯心主义、形而上学的世界观，与系统论的观点、方法也是不相容的。

文件系统鉴定（Systematic Examination of Questioned Document），是指具有专门知识的鉴定人，把文件物证作为与案事件客观情况相互联系的有机整体，综合检验分析文件系统内部要素之间以及与鉴定相关的外部要素之间的时空分布、相互关系与变化规律，进而对文件与案事件事实关系作出的鉴别与判断。

系统鉴定与同一认定、种属鉴别都是方法论，但它是更高层次的方法论。系统鉴定不仅要采用各种检验手段，在求解系统中某些要素的答案时，也要进行种属鉴别或同一认定，然后再按照系统鉴定的规则加以综合，作出最终的鉴定意见。

二、文件系统鉴定的原理

在法庭科学领域，文件物证鉴定的根本目的是充分揭示文件物证所能证明的有关案件的那部分事实，是案件事实认定的重要途径之一。为此，应以科学的世界观为指导，按照文件物证的客观实际，全面、深刻地反映它。文件物证系统鉴定之所以具有必要性和可行性，主要是基于文件物证的系统性。

（一）文件物证是多要素构成的整体

文件物证作为整个案件系统中的一个子系统，一般是由言语、笔迹、印迹、污损变化和物质材料等要素构成的。即使是最简单的文件，也决非只有单一的构成要素。这些要素由于存在相互作用、相互依存、相互制约的关系，而结成文件物证这个整体。例如一份用黑色签字笔书写在一张便签纸上的借据，是由言语内容、笔迹、签字笔墨料、一张便签纸等要素构成，缺任何一个要素都不可能成为这份特定的文件物证。基于系统科学方法论的整体性原则，强调一切文件物证，都是由多要素构成的整体；强调应从整体出发，分别去研究各个要素的特性，然后再根据要素之间的互相联系，回归文件物证整体，进而准确把握文件物证整体的特性。

（二）文件物证各要素具有相对稳定的结构

系统的结构是指系统内部各要素之间相互联系、相互作用的方式和秩序。这也是系统保持其整体性并具有整体功能的内在根据。虽然不同案件的文件物证具有不同的要素，不同的要素之间又有不同的作用方式或不同的形成秩序，但都是由行为人通过因果关系或占有关系，将各要素联结起来的。各要素之间的秩序，可以表现为空间关系，如上下、左右、表里、内外；可以表现为时间关系，即各要素之间的先后次序、时间间隔以及历时变化。真实文书的各要素之间呈现正常的秩序，称为“常序”；虚假文书各要素之间往往呈现反常的秩序，称为“反序”。基于系统科学方法论的有序性原则，强调文件物证各要素具有相对稳定的结构，不仅可以认识文件物证各要素，而且可以通过认识各要素的相互联系与形成秩序，进一步把握文件物证结构与功能的特性。

（三）文件物证系统具有特定功能与价值

文件物证系统的功能是指文件物证在特定案件环境中发挥的作用和能力。文件物证系统的整体具有各个要素或部分所不具有的特质，因而系统整体的功能不仅不同于某个要素功能，而且也不等于各要素功能的简单之和。

文件物证及其赖以生成的案件是一个复杂的开放系统，案件可以说是文件物证得以生成的环境。文件物证系统的功能与价值，可以概括地表现在其与案件事实的内在联系上：一是案件的社会环境、条件、背景在一定程度上为行为人提供了必要的动因和时机；二是行为人在一定动机驱使下，凭借其知识、技能和占有的工具、材料，或利用某种便利条件实施行为，形成了有特定结构和功能的文件物证系统；三是鉴定人对文件物证进行检验、分析，向文件物证系统输入信息，然后将有助于作出鉴定意见的信息提取与输出，形成鉴定意见；四是鉴定意见又被置于案件环境中审查利用，用于案件事实的确认。基于系统科学方法论的价值性原则，文件物证鉴定的直接目的就是获得科学准确的鉴定意见，厘清文件物证与案件事实的内在联系。通过鉴定求解“环境”的客观事实，就可以确保实现文件物证系统的特定功能与价值的最优化。

（四）文件物证系统存在演化与发展

凡是系统都是演化的，文件物证系统也一样，不过演化的方向、进程和速率因条件不同而存在差异。案件中的任何一份文件物证，都是特定的人在特定的时代背景下，在已经具备的文书制作工具和物质材料的基础上，按照一定的程序和方式制成的。况且还应该符合特定目的需要，符合行文的程序规范。所以文件物证的各构成要素，并不是行为人随心所欲、杂乱无序的产物。随着时间的流逝和社会的发展，人及其技能习惯、制作工具工艺、物质材料、行文程序规范等主客观方面会发生演变，已经制成的文件物证本身也会发生物理性的、化学性的演变，并且这种历时性的演变与文件物证的形成时间存在对应关系。基于系统科学方法论的演化性原则，摒弃孤立、静止、片面的认知方法，用发展的眼光看待文件物证系统，探索和把握其演化的客观规律，有助于解决文件物证司法鉴定面临的疑难问题。

三、文件物证系统鉴定的程序和方法

（一）详细、准确地了解案情，把握文件物证与案件系统的联系

文件物证是其所属特定案件系统的一个子系统。人的行为和时间、地点、物质条件决定了文件物证的结构。所以，文件物证与案件事实之间存在着必然的内在联系。了解案情的目的是，便于鉴定人理解鉴定要求的意义，解决该问题对澄清案件事实所起到的作用；便于从本案的实际情况出发，有目的、有计划地进行系统检验，避免盲目性；便于根据本案的实际情况评断各检验结果，把文件物证与案件情况联系起来，依据系统的整体功能作出鉴定意见。那种认为鉴定人不必了解案情，或了解案情可能影响客观、公正鉴定的观点，不是辩证唯物主义的观点，也会使系统鉴定无法实施。

详细、准确地了解案情，要点是了解有关案件发生、发展的时间、地点、手段、物证来源、侵害对象与后果，以及涉嫌对象的具体情况；了解当事人之间的关系、争讼过程；了解当事人就文件物证形成的时间、地点、场合，所用工具、材料的来源以及形成后的保存情况等具体情节所作的陈述和辩解。上述案件情况应以制作笔录、填写表格等形式文件化，并有委托人或当事人的确认，以便通过检验鉴定验证其有关陈

述是否真实可信。

（二）剖析文件物证系统的要素和结构，拟订系统检验方案

在了解案情的基础上，应先分析研究文件物证是由哪些要素构成的，各要素之间可能存在何种作用方式和形成秩序，再相应选用适宜的检验方法，拟定系统检验的方案。

（三）综合运用各种检验手段，全面、充分地提取文件物证的科学事实

针对文件物证系统中各要素的性质和特点，寻求解决问题的各种途径，选择各种适宜的检验手段，按照“先无损检验、后有损检验”的原则，有序地实施检验。目的是全方位地发现和提取文件物证中所蕴含的各种信息，不论是有助于证真还是有助于证伪的，是有直接意义的还是仅有间接关系的，都要收集提取。切忌轻率地舍弃或忽略自认为无关紧要的科学事实，盲目依赖或夸大自认为重要、明显的科学事实。不要被委托鉴定具体事项束缚；不要因偏听偏信某些案情信息，限制了系统检验的思路。

（四）从案件的客观实际出发，综合检验结果作出鉴定意见

由于文件物证是产生它的特定案件系统的子系统，在对检验结果进行综合评断，分析论证鉴定意见的依据时，要从案件的客观实际出发去综合检验结果，并将综合起来的检验结果置于该案的特定环境中分析论证。切忌割断文件物证与案件的内在联系，孤立研究文件物证；切忌脱离案件的实际情况，单凭既往经验或一般规律去主观臆测；切忌以当事人或委托人的态度或说辞，左右鉴定人独立检验分析过程中应有的科学客观性。实践表明，真正做到从案件的客观实际出发评断检验结果，可以提高疑难复杂文书鉴定案件的结论准确率，彰显系统鉴定理论的应用价值。

（五）文件系统鉴定实战案例

此案检材为《致重庆某某劳务有限公司关于结算的函》（见图 2 - 1），此案的争议焦点及司法证明目标在于判断检材是否真实，通常一般人仅关注印文同一性鉴定、朱墨时序鉴定（见图 2 - 2）、印文形成时间鉴定、形成文件真实的假象，而忽略了检材的其他重要构成要素及突破口，如检材正文与落款是否同机打印形成及打印质量（见图 2 - 3）、正文与落款文字行是否平行（见图 2 - 4）、正文与落款行距是否一致（见图 2 - 5）等，正是由于增加了后几项检验角度，揭示出文件材料添加打印变造的虚假本质，印证了最高人民法院公报案例“陈呈浴与内蒙古昌宇石业有限公司合同纠纷案（2014 民提字第 178 号）”所阐明的裁判观点，即“印章真实不等于协议真实。协议形成行为与印章加盖行为在性质上具有相对独立性，协议内容是双方合意行为的表现形式，而印章加盖行为是各方确认双方合意内容的方式，二者相互关联又相对独立。在证据意义上，印章真实一般即可推定协议真实，但在有证据否定或怀疑合意形成行为真实性的情况下，即不能根据印章的真实性直接推定协议的真实性。也就是说，印章在证明协议真实性上尚属初步证据，人民法院认定协议的真实性需综合考虑其他证据及事实”。从文件检验技术角度而言，此案例的司法鉴定方法正是系统检验思维的经典运用。

致重庆[illegible]劳务有限公司关于结算的函

重庆[illegible]劳务有限公司：

贵司分包了我司重庆[illegible]建设（集团）有限公司总包的西城新苑农转非安置房第三期工程 第3号、第4号、第5号、第6号楼土建劳务工作。2012年2月贵司由于自身资金的原因在未完成合同约定工程量和未支付完清农民工工资的情况下提前退场，贵司也向我司提交了结算资料。我司根据贵司提交的结算资料和相关协议按贵司的实际施工完成内容于2012年3月20日完成了审核，结算审核结果为7523576.83元。我司完成审核后于2012年3月20日至今一直和贵司的本工程负责人谭[illegible]、罗[illegible]对本工程的结算审核结果进行沟通，但一直未达成一致意见，针对此情况我司特书面通知贵司：

1、贵司在西城新苑农转非安置房第三期工程 第3号、第4号、第5号、第6号楼土建劳务工作的总结算金额为7523576.83元。

2、若贵司不认可此结算审核结果，请贵司在收到本函15个工作日内提出书面异议。若贵司在收到本函 15 日内未对我司的结算审核结果提出书面异议我司将视为贵司认可我司的结算审核结果并同意按此结算审核结果结算全部工程款。

3、请贵司在2012年3月前结清本项目所欠人工、材料、机械费用，若因贵司欠费影响我司，我司可以在不经贵司认可的情况下直接支付并在贵司工程款中扣除。

签收单位：重庆[redacted]劳务有限公司（单位盖章）

2012年3月27日

图2－1　检材原貌

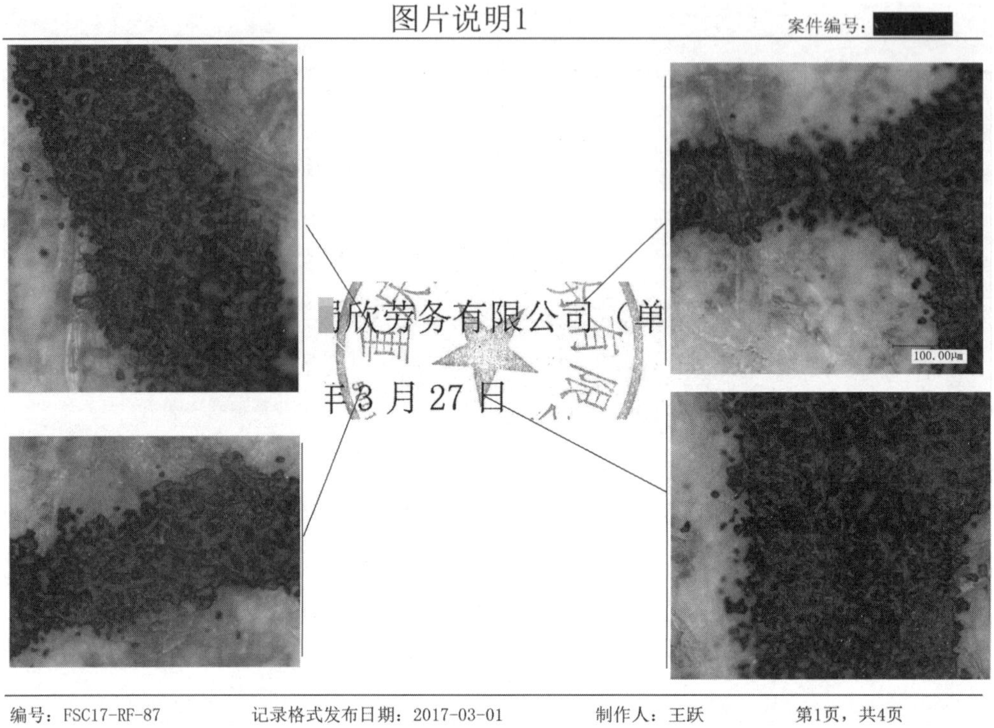

图 2－2　朱墨时序鉴定（先墨后朱）

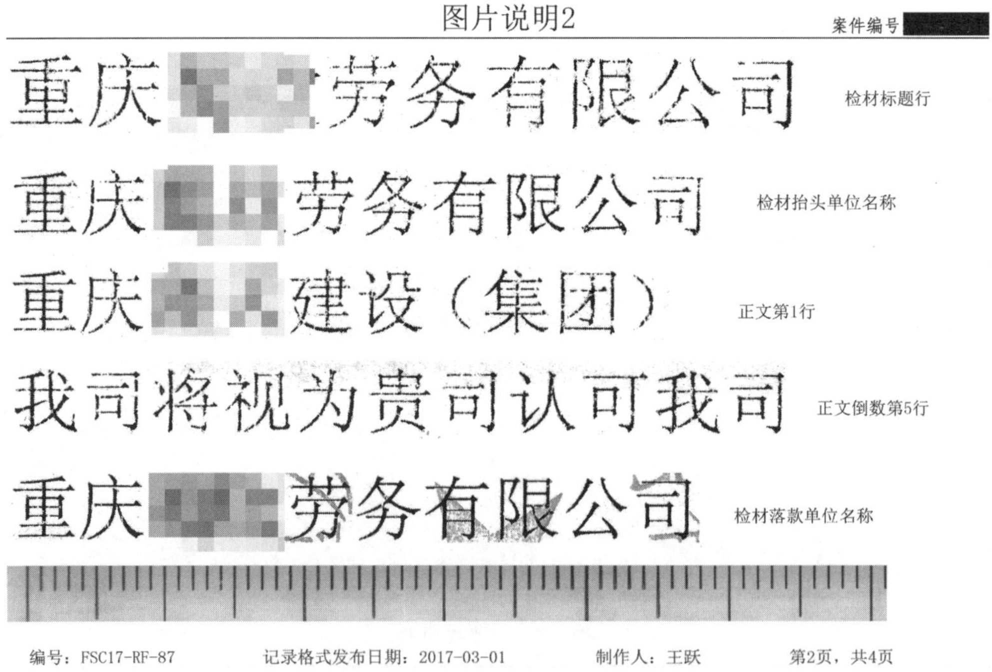

图 2－3　正文与落款打印墨迹质量

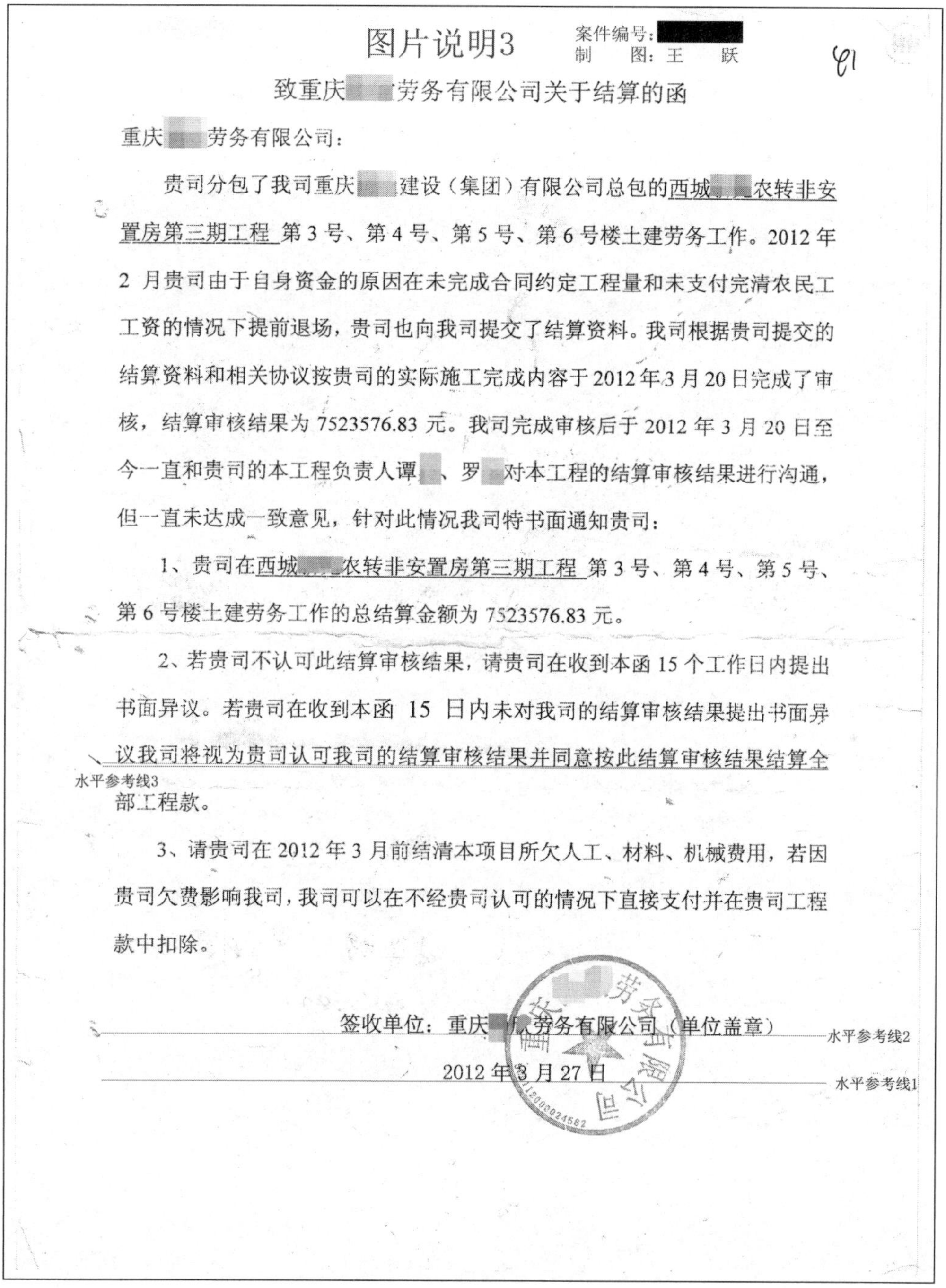

图片说明3　　案件编号：[redacted]
制　图：王　跃

致重庆劳务有限公司关于结算的函

重庆劳务有限公司：

贵司分包了我司重庆建设（集团）有限公司总包的西城农转非安置房第三期工程 第3号、第4号、第5号、第6号楼土建劳务工作。2012年2月贵司由于自身资金的原因在未完成合同约定工程量和未支付完清农民工工资的情况下提前退场，贵司也向我司提交了结算资料。我司根据贵司提交的结算资料和相关协议按贵司的实际施工完成内容于2012年3月20日完成了审核，结算审核结果为7523576.83元。我司完成审核后于2012年3月20日至今一直和贵司的本工程负责人谭、罗对本工程的结算审核结果进行沟通，但一直未达成一致意见，针对此情况我司特书面通知贵司：

1、贵司在西城农转非安置房第三期工程 第3号、第4号、第5号、第6号楼土建劳务工作的总结算金额为7523576.83元。

2、若贵司不认可此结算审核结果，请贵司在收到本函15个工作日内提出书面异议。若贵司在收到本函 15 日内未对我司的结算审核结果提出书面异议我司将视为贵司认可我司的结算审核结果并同意按此结算审核结果结算全部工程款。

水平参考线3

3、请贵司在2012年3月前结清本项目所欠人工、材料、机械费用，若因贵司欠费影响我司，我司可以在不经贵司认可的情况下直接支付并在贵司工程款中扣除。

签收单位：重庆劳务有限公司（单位盖章）　　水平参考线2

2012年3月27日　　水平参考线1

图2-4　正文与落款平行度检验

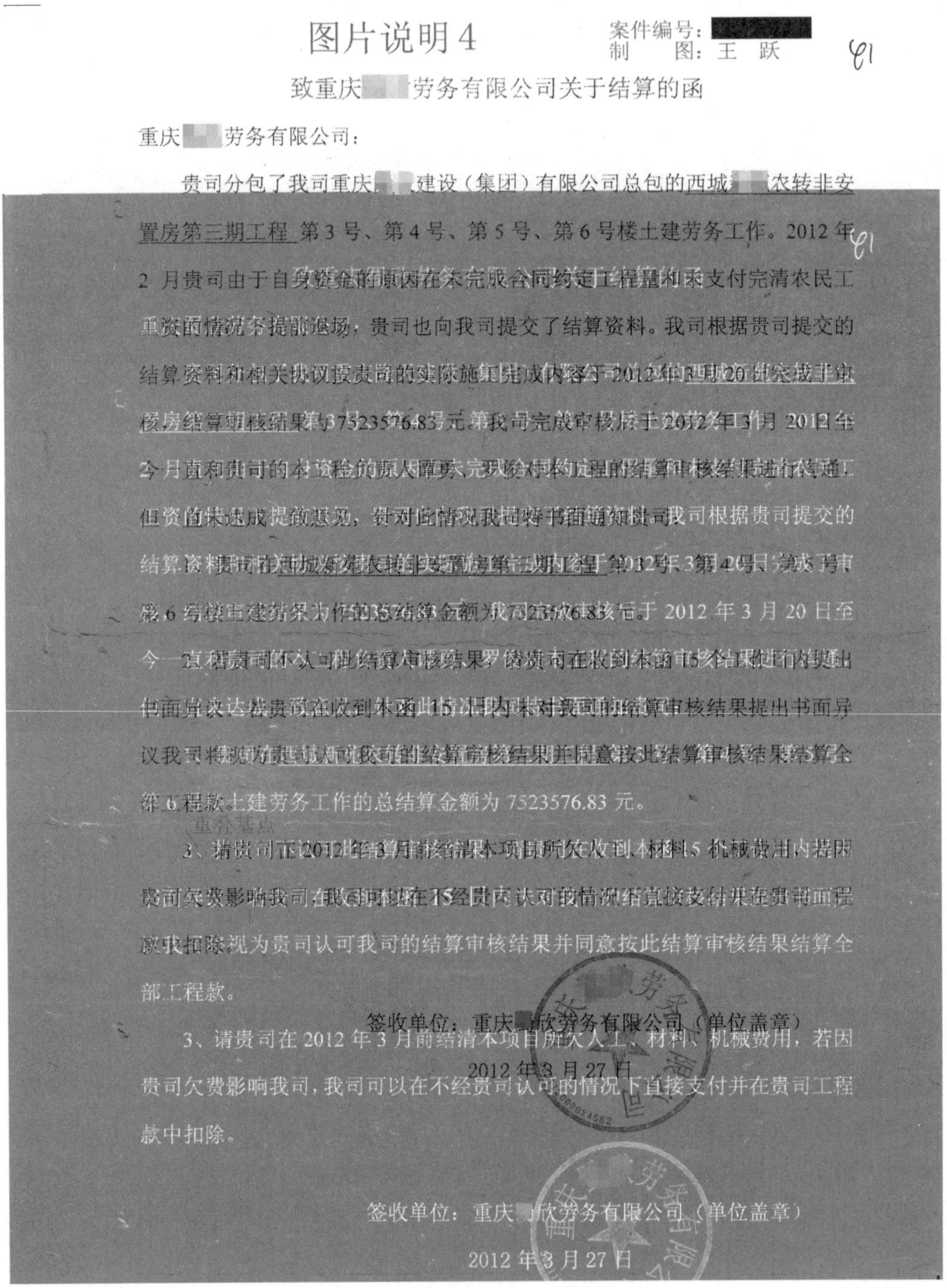

图片说明4　　案件编号：[redacted]
制　　图：王　跃

致重庆　劳务有限公司关于结算的函

重庆　劳务有限公司：

贵司分包了我司重庆　建设（集团）有限公司总包的西城　农转非安置房第三期工程 第3号、第4号、第5号、第6号楼土建劳务工作。2012年2月贵司由于自身资金的原因在未完成合同约定工程量和未支付完清农民工

部工程款。

签收单位：重庆　欣劳务有限公司（单位盖章）

3、请贵司在2012年3月前结清本项目所欠人工、材料、机械费用，若因贵司欠费影响我司，我司可以在不经贵司认可的情况下直接支付并在贵司工程款中扣除。

签收单位：重庆　欣劳务有限公司（单位盖章）

2012年3月27日

图2-5　重叠比对检验（测行距）

四、文件物证系统鉴定的意义

（一）文件物证系统鉴定的理论意义

文件物证系统鉴定从世界观和方法论上，体现了以唯物辩证法指导文件物证司法鉴定实践的原则，突破了机械唯物论的自然观、形而上学的方法论对鉴定人思维的限制和困扰。在许多学科领域，系统科学方法论以容易为科学工作者理解和接受的形式，使人们站到了唯物辩证法的立场上来。文件物证系统鉴定使我们克服了只看某个要素，不看文件物证的整体；孤立研究文件物证本身，忽略“环境”的作用和影响；相信“科技手段”的检验所见，不对所见作具体分析等弊端。同时，也使我们的观点、方法更符合实际，更加科学可靠。当然，系统鉴定并不否定或排斥许多案件专门就笔迹、印章印文、篡改等单项进行的鉴定。因为系统中的某个要素也有它自己的特性和功能，单项鉴定一般情况下也可以正确地解决办案中事实认定的相应问题。但在做单项鉴定时，也应当把这个单一要素看作一个子系统，也要注意它与更大系统的联系，必要时摆脱单项鉴定的约束，从文件物证的整体出发，通过系统鉴定更好地解决案件中的实际问题。

（二）文件物证系统鉴定的实践意义

文件物证系统鉴定具有单项鉴定所没有的特殊功能和效应，不仅丰富了文书司法鉴定理论，而且提升了解决实践中疑难问题的能力。文件物证鉴定是物证类司法鉴定中一项复杂、综合的专门鉴定技术，集语言学、心理学、物理学、化学等多种学科技术和方法于一体。案件中的文件物证各具特点，鉴定条件千差万别，有些检材不具备进行某项单一鉴定的条件，有些鉴定要求仅从某个途径上尚无解决问题的有效技术方法。

但是，采用系统鉴定的方法，充分利用文件物证系统的整体优势，通过可能产生的四大效应，许多难题极有可能迎刃而解。实践中我们可以这样理解四大效应。第一，系统鉴定的加和效应。系统鉴定着眼的整体功能远大于部分的功能。单就某一要素所做的鉴定，有时由于依据不充分而无法得出确定性鉴定意见。若把系统中各要素逐一检验并综合检验结果，以不同程度地证明同一个事实，就大大提高了鉴定意见的可信度。第二，系统鉴定的增值效应。系统鉴定坚持从案件的具体环境出发，可以使特定案件环境下的特征总和相比于一般情况升值，检验结果的鉴别意义提升，便于作出确定性的鉴定意见。第三，系统鉴定的迂回效应。对于受制于现有科学技术而难以解决的技术难题，可以另寻途径，利用对文件物证系统中的其他要素的检验，往往可以迂回实现同样的鉴定目的。第四，系统鉴定的透视效应。系统鉴定可以进一步揭示问题的实质。因为文件物证的单一要素真实，有时并不能决定文书真实，系统鉴定可以透过局部现象，发现伪造、变造文书的实质。

文件物证系统鉴定并不是否定单一要素的鉴定，而是对单一要素鉴定的必要补充。文件物证系统鉴定也要运用种属鉴别和同一认定的理论方法，是站在更高层次的对文件物证鉴定方法论的丰富和深化。

第四节 文件检验的常用方法

一、视频光学检验

视频光学检验是指采用不同波长/波段的光、不同光照模式，获得文件视频图像的方法。视频光学检验方法用于文件检验，具有快速、直观、无损、高效等特点，常用的视频光学检验方法有可见光（分光）检验、紫外光检验、近红外光检验以及荧光检验等。

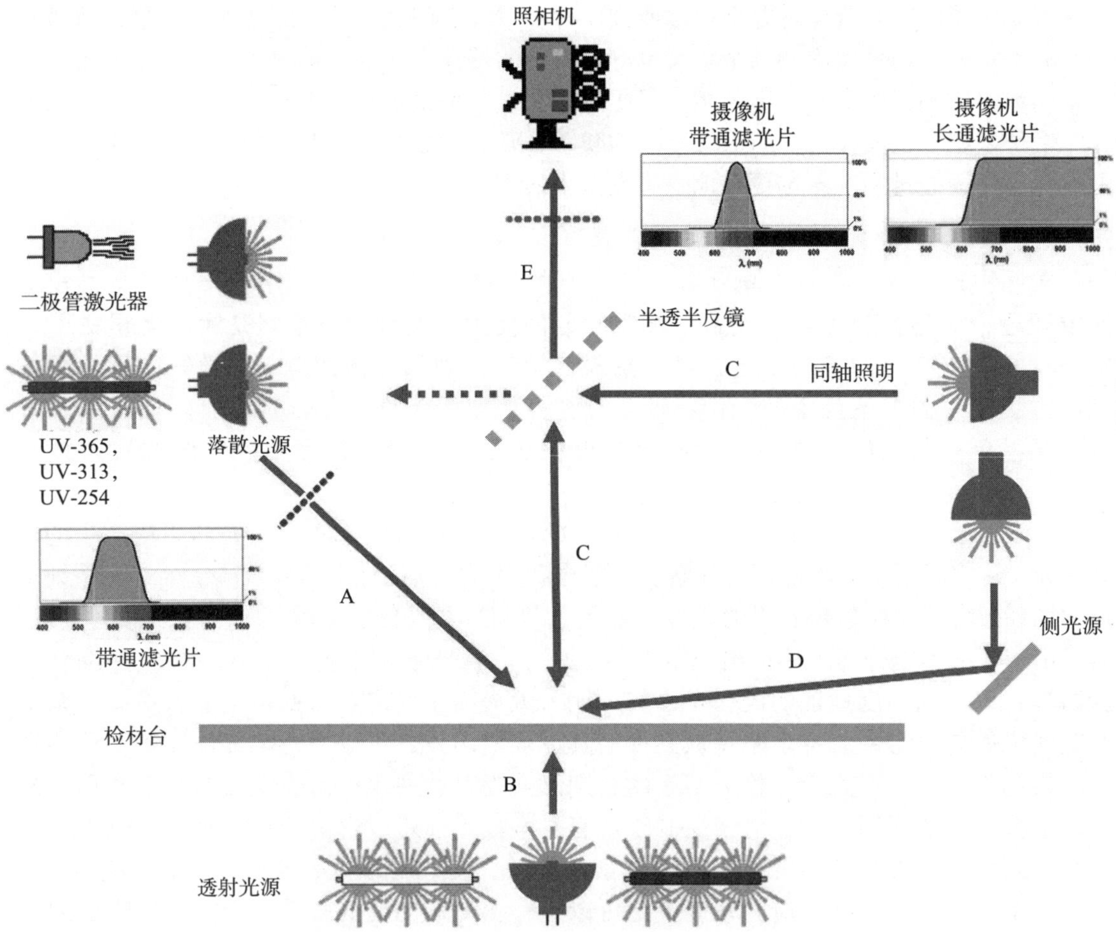

图 2-6 VSC5000 文检仪光学系统结构示意图

（一）可见光检验

可见光是指人肉眼敏感的电磁波，通常认为其波长范围为 400~700nm。波长不同的电磁波，引起人眼的颜色感觉不同。人眼色彩感觉相同的物质，对各波长/波段的光的吸收、反射特性可能不同，即“同色异谱”现象。

1. 分色与滤光

日常生活中所见的光源多数是连续波长光源，如太阳光。文件检验中常用的可见光源是卤素光源，其辐射范围覆盖可见 - 近红外波段。为了获得具有特定波长范围的单色光，通常需要将卤素光源发出的连续光进行分光或用滤光器过滤。滤光器对不同波长的入射光具有选择性吸收、透过、限制作用。常用的滤光器有截止滤光器和带通滤光器。选择具有较窄发射波长范围的 LED 光源，不需要进行滤光处理即可满足文件检验的单色光源需求。

光源与滤光器的选择具有较强的经验性。例如，为加强文件上的红色图文，通常应选择蓝色滤光片；为消除文件上的红色文字、图案、物质的干扰，或区分染料墨水与颜料墨水字迹，常常选择红色光源或滤光片。

2. 光照方式

光照方式的选择对文件检验至关重要，不同光照方式可能带来效果迥异的检验图像，需要根据具体检验对象和条件进行选择。文件检验常用的光照方式有落射光照射、透光照射和侧光照射。

落射光照射的照明方向垂直于文件载体表面，是最为常见的照明方式之一。落射光照射通常光照强度高、照明均匀，有助于获取文件图文细节。

透光检验中，照明光从文件背面进行照射，从另一侧进行观察或成像，利用文件不同部位透光率的不同识别文件是否污损以及污损方式、辨读文字内容。（见图 2 - 7）透光检验常用于擦刮文件检验、装订孔痕检验。透光检验有助于强化色泽较深的图文反差，对于深色字迹色痕区分，其效果往往优于落射光检验。

侧光检验中照明光线以较大的入射角照射在文件上，有助于强化文件表面的凸凹变化，强调字迹压痕等在文件上的立体痕迹，并减少落射光检验可能带来的强反光干扰。（见图 2 - 7）

对光照方式的选择，可结合选用的滤光器进行，以获得更好的检验效果。如显现蓝色圆珠笔字迹压痕，可采用红色光侧光检验。

（二）紫外光检验

紫外光的波长介于可见光和 X 射线之间，肉眼不可见，其波长范围为 10 ~ 400nm。紫外光可分为长波紫外光、中波紫外光、短波紫外光和真空紫外光。文件的视频光学检验常用的紫外光是短波紫外光（典型波长：254nm）和长波紫外光（典型波长：365nm）。采用的光源通常是汞灯或紫外荧光灯。

紫外光不仅会被字迹色痕或文件材料吸收、反射，而且通常可以激发文件材料的荧光。几乎所有的墨水都对紫外光有不同程度的吸收，不同种类的纸张也常表现出不同的紫外吸收特性，各种消退、污染处理常常会留下明显的紫外痕迹。（见图 2 - 7）

（三）近红外光检验

红外光是指波长介于可见光和微波之间的、肉眼不可见的电磁辐射，其波长范围为 700nm ~ 1mm。红外光可分为近红外光、中红外光和远红外光。文件的视频光学检验常用的红外光波长范围为 700 ~ 1100nm（近红外光波段的一部分），采用的光源通常是卤素光源或红外光源。

近红外光不仅具有良好的穿透能力，对不同种类的色料、载体、污染物具有较好的区分能力。无机颜料油墨，尤其是炭黑油墨对近红外光具有强吸收性，而有机色料通常对近红外光吸收较弱，且不同的有机色料常常具有不同的近红外吸收特性。

近红外光检验广泛应用于添加、改写文件检验，涂抹文件显现、烧毁文件检验等污损文件检验领域。（见图 2－7）

（四）荧光检验

荧光是一种常见的光致发光现象。激发光的能量被荧光物质吸收后引起其能级向高能级跃迁，并在回到低能级时迅速发射能量较低的光子，即荧光。

影响物质荧光成像效果的因素较多，除物质自身属性外，激发光波长、强度、截止滤光波长、图像采集时长乃至温度等因素均显著影响荧光成像效果。文件检验中常用的荧光视频检验激发光是长波紫外光和短波可见光。检验过程中，应不断调整各影响因素，以期达到理想区分效果。

文件材料中，纸张、墨水都常常具有不同的荧光特性。通过对其激发波长、发射波长、发光强度的分析，常常能够区分不同的纸张和墨水。（见图 2－7）纸张与墨水的荧光特性还容易受到污染、消退、保存条件变化等因素影响，常可根据其荧光变化推测其文件污损手段。消退后的字迹，其残留物也常常具有荧光属性，因此，荧光检验也是显现消退字迹的常用手段。紫外光致荧光更是众所周知的印刷文件防伪方法，广泛应用于各类证件的防伪中。

图 2－7　特种光学检验

（由左至右：透光检验、荧光成像、侧光检验、紫外成像、红外成像）

（五）视频光谱分析

普通光学成像方法直观、方便，但由于视频图像的光谱分辨能力有限，难以准确揭示文件材料的细微差异。如果检验需要对文件材料的异同进行精确的测量，如添加变造的检验中，可借助具有更强光谱分辨能力的光谱仪进行分析。文件检验常用的光谱分析方法有紫外－可见光谱（含显微分光光谱）、中红外光谱、拉曼光谱、近红外光谱等。

高光谱成像（Hyper Spectral Imaging）技术是近年来发展的同时具有光谱仪的分辨能力和视频成像便利性的新方法，在变造文件检验中展示了良好的应用前景。（见图 2－8）

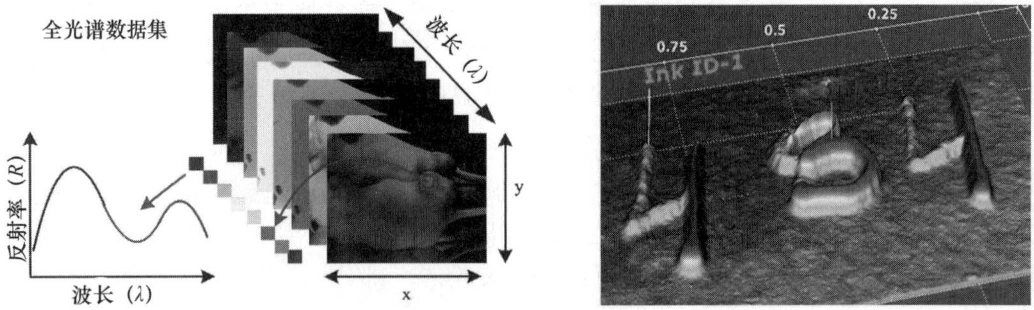

图 2－8　高光谱成像

左：高光谱成像原理示意图；右：添改墨迹的高光谱图像

二、显微检验

显微检验常用于检验纸张的表面性状变化，墨迹的痕迹特征，确定文件的污损事实、污损手段，判别文件要素的时序特征，并可进行半定量分析。光学显微镜能根据物体的微观形态研究其结构、性状，用于文件检验具有简便、无损、高效的特点，在污损文件检验中应用广泛。

文件检验中常用的光学显微镜有体视显微镜（实体显微镜）、金相显微镜、测量显微镜等。体视显微镜放大倍数虽然较小，但观察视场较大、照明方式灵活，且观察物体具有较强的立体感，是进行文件检验的重要基础设备之一。金相显微镜具有较高的放大倍数，是观察字迹色痕细节、纸张纤维分布、交叉笔画色料分布等文件显微细节结构的重要工具。实际使用中，常用生物显微镜代替金相显微镜。测量显微镜具有较为精密的显微测量功能，便于进行显微形态的量化比较。

近年来，数码显微镜发展迅速，数字处理技术的发展使其具有了高分辨呈现、高精度测量、图像比较、三维合成、高动态范围成像等功能，已经成为文件显微检验的重要工具。

电子显微镜以电子束代替光子进行成像，可获得更高的放大倍数。在变造文件检验中常用的电子显微镜是扫描电子显微镜，并常常结合能谱仪使用，以获得观察对象的元素组成信息。

三、化学检验

变造文件的原有字迹与遮挡笔画、添改笔画，或与载体背景的物质组分、化学性质常常存在明显差异。化学检验方法基于这种物质基础差异，采用化学试剂溶解、吸附、显色反应等化学方法消退干扰、显现文字、区分不同书写材料，从而达到检验目标。

文件检验中常用的化学检验方法，通常有溶剂溶解法、转移法、吸附法、化学显色法等。墨水鉴别中常用的色谱、光谱、质谱方法，也是文件检验的化学检验方法，本章节不再详述。

（一）溶剂溶解法

物质的分子结构相似，或极性相似，通常具有较好的互溶性，这就是相似相溶原理。溶剂溶解法通过选用适当溶剂，可去除遮挡字迹或去除污渍，从而显现记载内容。

在添加变造文件中，可采用不同溶剂进行墨迹的溶解性能测试，从而判断各部分墨迹的种类是否一致。溶解性能测试既可以切取部分色痕进行，也可以在原位进行点滴测试。

（二）转移法

转移是把物质从一个载体过渡到另一个载体的过程。利用遮挡物与字迹色痕被溶剂、热压等转移能力的差异，可分离掩盖物质与书写字迹，也可区分不同成分的字迹色痕。

1. 溶压转移法

将浸有特定溶液的载体覆盖在待检文字上，定量施加较大压力并计时，文字色料在压力和溶液的双重作用下转移至载体上。影响溶压转移效果的因素较多，溶压转移是一种较为粗放的方法。

2. 透析转移法

透析转移法常用于显现被遮挡的可溶色料色痕。在遮挡部位涂布上专门试剂，由于被遮挡字迹的色痕溶出、扩散能力较强，可扩散出浅色涂布层显色。（见图 2－9）

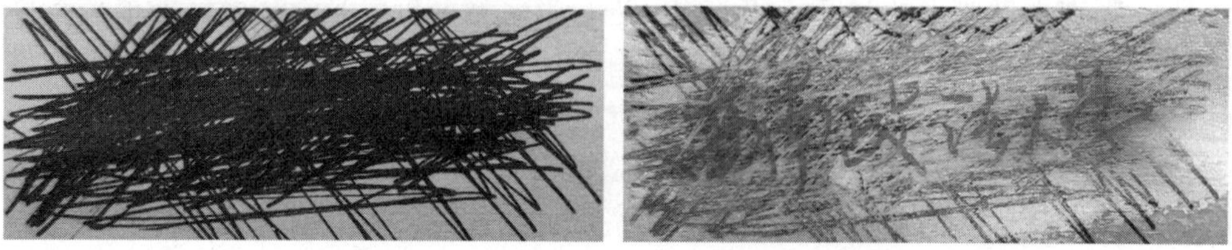

图 2－9　透析转移法显现被颜料墨水遮挡的圆珠笔字迹

左：显现前；右：显现后

（三）吸附法

吸附是固体表面与其他固体、液体、气体界面的相互作用。污损文件检验中常用吸附法来显现墨迹。擦刮处的纸张纤维表面蓬松，更容易吸附气体（如碘蒸气）或固体粉末（如荧光粉末），因此可用碘熏法（气体吸附）或粉末吸附法显现擦刮痕迹。

（四）化学显色法

有些文件污损后，字迹中的色料因消退或被遮挡而不可见，但墨迹中可能残留有无机离子等不显色成分。这些残留的成分可通过化学反应而显色。如消退后的蓝黑墨水字迹，笔画处常残留有铁（Fe）元素，可采用硫氰酸钾或 $\alpha-\alpha'$联吡啶进行显色；淀粉溶液书写的无色文字，可采用碘溶液进行显色。

四、仪器分析

文件检验中常用的仪器分析方法，通常是指采用分析仪器对文件的纸张、墨迹等属性进行定性定量测试，以确定其性质的方法。文件检验中常用的仪器分析方法主要有光谱分析法、色谱分析法、扫描电镜－X 射线能谱法等。

（一）光谱分析法

多数光谱分析法具有快速、灵敏、无损等特点。专业的光谱仪相较于视频光谱分析具有更好的灵敏度与分辨能力。文件检验中常用的光谱分析方法有紫外可见光谱法（UV－Vis）、红外光谱法（IR）、拉曼光谱法（Raman）等。其中，红外光谱法、拉曼光谱法对墨水的分辨能力较好，已经成为篡改文件检验的必备方法。荧光光谱法（AAS）、原子发射光谱法（AES）、原子吸收光谱法（ICP－AES）应用较少。

为了适应墨迹检验的微区分析需要，文件检验中常常使用显微光谱仪。显微光纤光谱系统可使用普通光学显微实现紫外－可见－近红外光谱的微区分析；显微红外光谱仪通常使用衰减全反射（ATR）技术进行墨迹分析，省去了制样的麻烦；拉曼光谱仪通常配备显微系统，用于微区墨迹分析非常灵活。

（二）色谱分析法

色谱分析法是一类基于分离的分析方法，具有高效分离、高灵敏检测的突出优点，是墨水分析的强大工具。文件检验中常用的色谱分析法有薄层色谱法（TLC）、气相色谱法（GC）、高效液相色谱法（HPLC）、毛细管电泳（CE）等。色谱分析法常常与质谱法联用（GC－MS、LC－MS），具有更高的灵敏度和定性定量能力；薄层色谱法简便灵活，也是文件检验的常用方法。

（三）扫描电镜－X射线能谱法

扫描电镜－X射线能谱法可检验微区内的元素成分，尤其适用于含有无机元素的墨迹分析。文件检验中常见的分析对象如激光打印/静电复印墨粉的种类鉴别，也可用于确定文件的消退、污损试剂。

五、文件检验的其他方法

（一）目测法

目测法是鉴定人用肉眼对文件物证进行仔细的观察，以把握文件物证的外部特征，并对观察到的特征加以分析的一种基本方法。通过目测，对文件物证的内容、颜色是否破损，文件是否正常、是否具备鉴定条件，以及对文件物证进行种属或同一认定等情况进行初步判断，以便缩小检验范围、筛选检验重点，为后续的检验鉴定程序奠定基础。目测法在所有的文件检验方法中具有不可替代的作用，通常运用在文件检验的初始阶段。

（二）图像比对法

图像比对法是鉴定人通过直接观察或运用仪器设备和软件对检材图像和样本图像进行研究比对，发现检材图像和样本图像之间异同点的一种检验方法。文件检验中常见的物证图像有原物图像、复制图像、分析图像等，鉴定人可根据文件物证的自身特点从观察比对、拼接比对、画线比对、重叠比对和测量比对等众多比对方法中选择一种最适合的图像比对法来进行检验观察。

（三）测量统计法

测量统计法是鉴定人用数学中测量与统计的方法对文件物证的空间特征及其数量变化进行分析研究。通过对文件物证的测量统计来获得具体数据，在此基础上为鉴定意见提供证据。如案件中通过多次测量发现多枚印文内容规格完全相同，唯独印文直径大小发生了由小到大的变化，熟悉案情得知是印章的木质材料受潮发生了膨胀而导致直径变大。

【思考题】

（1）什么是洛卡德物质交换（转移）原理？

（2）什么是种属认定？

（3）什么是同一认定？

（4）同一认定客体的基本属性。

（5）种属认定与同一认定的区别与联系。

（6）列举物证鉴定领域常见的同一认定鉴定。

(7) 什么是系统检验?
(8) 列举文件检验的常用方法。

【参考文献】

[1] 贾治辉主编:《文书检验》,法律出版社 2000 年版。
[2] 王相臣主编:《文件检验》,群众出版社 2010 年版。
[3] 贾晓光主编:《文书物证司法鉴定理论与实务》,中国人民公安大学出版社 2017 年版。
[4] 崔岚编著:《印刷文件检验技术规范》,中国人民公安大学出版社 2012 年版。
[5] 邹明理、杨旭主编:《文书物证司法鉴定实务》,法律出版社 2012 年版。
[6] [美] Jan Seaman Kelly 等主编:《可疑文件的科学检验(第 2 版)》,李震等译,法律出版社 2018 年版。
[7] 郭金霞等著:《司法鉴定质量控制法律制度研究》,法律出版社 2011 年版。
[8] 王进喜等译:《美国法庭科学的加强之路》,中国人民大学出版社 2012 年版。

第二编

笔迹检验

第三章　笔迹检验的科学基础

内容提要：本章主要介绍笔迹的基本含义，书写习惯的基本属性，笔迹鉴定的依据——笔迹特征的分类依据、表现形式等内容。其中，各类笔迹特征是本章的重点，书写习惯的基本属性和笔顺特征的判断是本章的难点。

关键词：书写习惯；特殊性；稳定性；反映性；笔迹特征

第一节　书写习惯的基本属性

一、笔迹与笔迹检验

关于笔迹的概念，国内目前具有代表性的著作有着不同的理解与表述。例如，邹明理主编的《笔迹学》认为“笔迹是人们根据符号的书写动作规范，运用书写工具，通过书写运动器官的书写动作遗留下的动态痕迹”①。贾玉文主编的《笔迹检验》认为“笔迹是通过书写活动形成的具有个人特点的文字符号的形象系统。或者说，笔迹是个人书写技能和书写习惯，通过书写活动外化成的文字符号的形象”②。贾玉文、邹明理主编的《中国刑事科学技术大全·文件检验》认为“笔迹为文字符号的一种表现形式”③。贾治辉主编的《笔迹学》认为“笔迹是手写文字符号的表现形式，是书写动作的反映”④。韩丹岩、涂丽云主编的《文件检验学》认为“笔迹是指书写人通过书写活动形成的具有个人特点的文字符号的形象系统”⑤。黄建同主编的《文件检验》认为“笔迹是通过书写活动形成的具有个人特点的文字符号的形象系统；或者说，笔迹是个人书写技能和书写习惯，通过书写活动外化成的文字符号的形象。笔迹是一种形象系统，是个人的一种行为的轨迹，而非静态的印痕或字符之间的机械组合”⑥。

这些理解与表述尽管存在一些差异，但至少可以提供如下启示：第一，笔迹首先是一种痕迹（更准确地说是轨迹），而且是反映书写人书写技能与书写习惯的一类动态痕迹。第二，笔迹一般是书写人手写形成的。生活实践中，个别书写人也可能用嘴含笔或嘴、胳

---

① 邹明理主编：《笔迹学》，中国政法大学出版社 1993 年版，第 1 页。

② 贾玉文主编：《笔迹检验》，警官教育出版社 1999 年版，第 1 ~ 2 页。

③ 贾玉文、邹明理主编：《中国刑事科学技术大全·文件检验》，中国人民公安大学出版社 2002 年版，第 67 ~ 68 页。

④ 贾治辉主编：《笔迹学》，法律出版社 2010 年版，第 1 页。

⑤ 韩丹岩、涂丽云主编：《文件检验学》，中国人民公安大学出版社 2015 年版，第 19 页。

⑥ 参见黄建同主编：《文件检验》，中国人民公安大学出版社 2013 年版，第 22 页。

膊夹笔等方式书写文字符号，但这毕竟是小概率事件，且在正式的法律文书中几乎不可能出现。第三，笔迹是文字符号的反映形式。笔迹必须传达意义，无意义的随意勾画圈点不能称之为笔迹。笔迹的主要功能是表达意思。因此，书写人只有书写能够传情达意的文字符号形成的痕迹，才是笔迹学讨论的对象。第四，笔迹是书写人书写技能与书写习惯的反映。笔迹是书写人书写形成的客观物质痕迹，其来源于书写人特有的书写技能和书写习惯。书写技能是书写人书写文字符号的一种能力，这种能力的表征，在于书写人能否书写及其书写水平。书写技能需要通过反复练习来掌握、巩固与逐渐提升。书写习惯是在形成书写技能的过程中无意识形成的，且一旦形成不容易改变。如后所述，书写习惯具有特殊性、稳定性与反映性，书写习惯是识别书写人的重要依据。综上所述，我们认为笔迹通常是指书写人手写文字符号所形成的反映其书写技能与书写习惯的一类痕迹。笔迹是笔迹检验或鉴定的直观对象。

笔迹检验，又称笔迹鉴定，一般是指具有笔迹学专门知识的人，运用科学技术方法，对相关笔迹涉及的专门性问题进行科学判断的一种活动。据此，笔迹鉴定或检验具有如下特征：第一，承担笔迹检验的应该是具有专门知识的人。由于笔迹鉴定是司法行政机关统一管理的四大类鉴定项目之一，因此这些具有专门知识的人，是取得笔迹鉴定资格的鉴定人。第二，笔迹检验的目的，一般是确定若干份笔迹是否同一人书写。因此，笔迹检验主要是对两份或多份具有比对条件的笔迹进行比较、鉴别。除此之外，笔迹检验也会涉及其他项目，如笔迹是如何形成的、笔迹是否正常、笔迹的书写时间等其他专门性判断活动，这些活动通常被视为文件鉴别项目。

二、书写习惯

一般认为，书写习惯有广义与狭义之分。广义的书写习惯指书写活动各个方面的习惯，具体包括书写人书写文字符号的行为习惯、文字布局习惯和书面言语习惯；狭义的书写习惯仅指书写人书写文字符号的行为习惯。目前，学界对书写习惯存在不同的理解。贾玉文主编的《笔迹检验》把“经过练习巩固下来的，已成为书写者个人需要的，一时难以改变的那部分书写技能称为书写习惯”[①]；李文在《笔迹鉴定学》一书中指出，“书写习惯是人们书写文字符号的自动化需要，包含书写动作技能自动化和书写智力技能自动化两个方面”[②]；贾治辉主编的《笔迹学》将书写习惯称为“书写动作习惯，是人们在练习文字符号和其他符号的书写动作系统过程中所形成的，并在重复书写时必然表现出来的脱离了规范书写动作系统的种种特点”[③]；韩丹岩、涂丽云主编的《文件检验学》则认为“书写技能达到熟练即形成习惯”[④]。

《汉语大词典》对“习惯”的解释为：“①亦作‘习贯’。原谓习于旧贯，后指逐渐养成而不易改变的行为。②习俗、风尚。③对新的情况逐渐适应。”《现代汉语词典》对“习惯”的解释为：“①常常接触某种新的情况而逐渐适应。②在长时期里逐渐养成的、

---

① 贾玉文主编：《笔迹检验》，警官教育出版社 1999 年版，第 61 页。

② 李文著：《笔迹鉴定学》，中国人民公安大学出版社 2008 年版，第 84 页。

③ 贾治辉主编：《笔迹学》，法律出版社 2010 年版，第 30 页。

④ 韩丹岩、涂丽云主编：《文件检验学》，中国人民公安大学出版社 2015 年版，第 25 页。

一时不容易改变的行为、倾向或社会风尚。”

综合上述不同版本教科书与词典解释，我们认为“习惯”在笔迹学理论中，应当理解为一种“行为习惯”，而且是一套比较稳定的模式化或程式化的书写行为习惯，或用笔迹学的理论来说，书写习惯是动力定型之后的书写行为系统反映出来的稳定的行为模式。“书写习惯”是对“书写行为习惯”的简称，“书写行为习惯”应是比“书写习惯”更准确的用语。就此而言，把“书写习惯”理解为书写技能或书写技能的熟练化，不如理解为“书写行为习惯”或“书写动作习惯”更通俗易懂。

对于同一认定类鉴定来说，鉴定客体必须满足特殊性、稳定性与反映性三个条件。书写习惯的特殊性是笔迹鉴定的根本前提，决定了笔迹鉴定是否具有理论可能性；书写习惯的稳定性与反映性体现了笔迹鉴定的现实可能性，书写习惯具有特殊性，但稳定性不强或反映性不充分，笔迹鉴定也无太大可能。

（一）书写习惯的特殊性

书写习惯的特殊性，是指书写习惯的总体特殊性。书写单一笔画或简单文字符号，从哲学本体论上来说，是会表现出书写习惯的特殊性。但从哲学认识层面来说，书写简单笔画或文字符号的书写习惯的特殊性难以识别。这与指纹的特殊性一样。指纹的特殊性，同样体现为指纹总体花纹构成的特殊性，单一纹线或细节特征，固然从哲学本体论上来说，具有特殊性，但该单一纹线或细节特征的特殊性，却难以与相似纹线或细节特征区别开来。因此，在司法鉴定实践中，指纹鉴定不会依赖一条简单纹线或细节特征来认识留下指印的人。

当然，不能从单一书写习惯的特殊性来辨识书写人，还在于书写文字符号的若干次书写行为，不可能精确重复，一定会存在误差，因为书写人难以精准控制两次书写行为完全一模一样。此外，书写人书写文字符号，是在内系统（主观意识、观念、目的等）与外系统（书写工具、纸张与衬垫物、光线等）多重因素交错影响下的产物，这必然导致书写习惯发生一定程度的变化。

第一，书写习惯的特殊性需要借助于一定质与量的书写行为来体现。首先，从量上来说，只有书写人一定数量的书写行为才能体现书写习惯的特殊性。一般来说，书写单个文字符号的书写动作难以体现书写习惯的特殊性；即便连续书写两个或三个简单的文字符号，也难以反映书写习惯的特殊性。其次，从质上来说，需要考虑这样几对关系。越是书写复杂笔画、复杂的文字符号，越能反映书写习惯的特殊性——文字符号的复杂性与书写习惯的特殊性成正比；连笔越多、起收笔越少的书写行为（或者说书写行为在书写面的运动轨迹越多），越能反映书写习惯的特殊性——书写行为的轨迹反映在纸面上的多少与书写习惯的特殊性成正比。根据上述分析可以看到，书写习惯的特殊性同文字符号的构造及其书体密切相关。

第二，书写习惯的共性与个性。书写习惯的特殊性是一定质与量的书写行为反映出来的特殊性，是一种总体特殊性，在总体意义上，不同人的书写习惯不同，具有本质性差异。但在总体上承认书写习惯特殊性的同时，书写习惯在局部又体现出共性与个性的辩证关系。书写习惯的共性，源于几个原因：（1）书写人在生物构造上都是相似的。（2）书写人受到大致相同的甚至完全相同的教育、训练、工作环境、社会交流等社会因素的规范，书写人之间还可能相互摹仿与影响。(3) 最关键的是书写人基本受到同一文字符号规范的制约。书写习惯的个性或特殊性源自于：(1) 书写人生物构造上存在个体性差异，他们在书写器官、肌肉协调能力、大脑中枢神经系统等各方面存在天然差别。(2) 书写人后天教育环境、努力程度、使用文字符号的频率等不同。(3) 书写人书写文字符号的心境、情绪方面的影响。(4) 书写人书写文字符号的书写工具、纸张、光线等外在方面的影响。

由于书写习惯具有特殊性与共同性的辩证关系，就不能把书写习惯的共性理解为书写习惯的个性，或把个性理解为共性。当然，在理论层面，对于书写习惯的共性与个性的理解看似简单，然而在鉴定实践中，要分辨书写习惯的共性与个性则比较困难。

总而言之，对于书写习惯特殊性的理解，应采取辩证性思维。在理论层面，任何书写习惯都具有特殊性，但仅仅以书写简单笔画或文字符号反映出来的书写习惯的特殊性来识别书写人，具有认知层面的困难。书写习惯的特殊性，只有从总体意义上来理解，即一定质与量的书写习惯的集合体，才能反映出一个人书写习惯的特殊性。

（二）书写习惯的稳定性

与书写习惯的特殊性一样，书写习惯的稳定性，也是总体意义上的稳定性。换句话说，书写习惯的稳定性，是某个人若干局部书写习惯综合表现出来的稳定性。这与指纹的稳定性一样。指纹的稳定性，并不排除指纹细节方面的局部变化。当然，与指纹稳定程度不同——指纹从胎儿胚胎发育的第六个月形成开始、到人死亡后手指真皮乳突层腐烂之时为止指纹特定性基本保持不变，书写习惯的稳定性相对弱得多。在书写人书写行为的动力定型阶段，书写人发生影响书写器官、神经系统、思维意识的各种疾病时，书写习惯的稳定性很差，甚至可能永久或暂时消失。

书写习惯总体具有稳定性，这源于如下几个因素：

第一，书写习惯是一个自动化的动作锁链。书写单一文字符号，书写人的书写都是一个动作体系。这一动作体系环环相扣，书写人书写文字符号变成了一个近似自动化的过程。除非主观层面对书写行为进行强制干预，否则，书写行为一旦动力定型之后，若没有其他影响因素，在短时间内，书写习惯一般是稳定的。

第二，文字符号书写规范的稳定性。目前我国汉字及其相关的文字符号的书写规范基本处于稳定状态，至少在短期内不会发生大的变化。在排除其他影响因素的情况下，文字符号书写规范的稳定性，决定了书写行为不可能产生太大的变化。

第三，旧的书写习惯制约新的书写习惯。即使书写人故意改变自己的书写行为体系或者书写习惯，也必然存在一个缓慢改变的过程。而且新的书写习惯，也以旧的书写习惯为基础，书写人不可能凭空形成一套新的书写习惯。

书写习惯在一定时间保持稳定的同时，也会发生变化。书写习惯的稳定性与变化性同样是一对辩证关系，稳定是相对的，变化是绝对的。书写习惯的变化性可以从两个维度进行理解：

第一，根据有无主观故意参与，可以分为故意改变书写习惯与非故意改变书写习惯。(1) 故意改变书写习惯，又存在三种情况。一是为了书写美观或其他正当目的，通过刻苦练习，改变原有书写习惯，形成一套新的书写习惯。与原有书写习惯一样，形成新的书写习惯同样需要经过识字描摹、练习提高与动力定型阶段。只不过，新的书写习惯的养成，必然会受到原有书写习惯的影响。这种影响既有正面的——有助于快速理解书写规范、掌握书写动作，也有负面的——新的书写习惯并非建立在白板基础上，旧的书写习惯必然制约新的书写习惯的形成。二是书写人为了非法目的，故意打乱自己的书写行为体系，改变自己的书写习惯，其目的是遮盖自己原有书写习惯，这就形成了所谓的“伪装”笔迹。例如，常见的故意快写、故意慢写、左手书写等。三是同样为了非法目的，书写人故意改变自己的书写行为体系与书写习惯。该手法的主要特征，是使自己的书写习惯近似于他人，达到以假乱真的效果。当然在这一过程中，书写人自己的书写习惯很大程度上会被掩盖。这种手法就是摹仿。与第二种手法不同——目的是掩盖自己的书写习惯，第三种手法则是摹仿他人的书写习惯，在摹仿的过程中，自己的书写习惯被抑制或遮盖。

（2）非故意改变书写习惯。非故意改变书写习惯也存在三种情况。一是书写人书写习惯在长期的演变中，逐渐发生变化，而且主要是局部变化。二是书写人受到生理、心理疾病的影响，而导致书写习惯永久性或暂时性变化。三是书写人受到外在环境、书写工具、书写姿势、环境条件等变化的影响，而导致书写习惯发生临时性变化。

第二，变化的程度。在理论层面，书写人的书写习惯处于完全未变与完全变化之间。由于书写习惯的守旧性，在一段时间之内，书写人的书写习惯不可能完全改变，因为新的书写习惯是建立在原有书写习惯基础之上的。尽管如此，一旦书写人长期练习，量变引起质变，迈过临界点，则会形成新的动力定型机制，书写习惯发生质变；或者书写人受生理或心理疾病的影响，有可能导致书写习惯完全变化。对于外在环境、书写工具等导致的书写习惯变化，一般都在完全变化与完全未变之间，不可能产生新的书写习惯。至于书写人通过故意掩盖书写习惯或摹仿他人书写习惯来以假乱真，严格来说，这两种手法都不能称作书写人形成新的书写习惯，只不过是其原有书写习惯被扭曲或掩盖。

书写习惯稳定性的意义。理解书写习惯的稳定性，同样需要采取辩证的视角，即书写习惯的变化是永恒的，书写习惯一直处于变动之中，或者量变或者质变。正是书写习惯稳定的相对性与变化的绝对性，或者说处于变动中的稳定性，决定了对书写习惯的把握不能采取机械性的观点，更不能对书写习惯形成的笔迹进行机械性的重叠比对。同时，书写习惯的变化程度以及书写习惯变化的主客观原因不同，决定了对书写习惯的同一认定中，应认真分析检材，了解检材的形成方式、是否具备鉴定条件。这就需要鉴定人对案件进行一定程度的知情。为了识别检材的形成方式，甚至需要反复的实验验证。

书写习惯的稳定与变化的辩证关系，决定了鉴定过程中对样本收集的重要性。样本收集不仅需要考虑样本形成时间与检材形成时间的相近性，更要根据检材形成条件收集样本，尽量减少书写习惯变化带来的影响。

（三）书写习惯的反映性

书写习惯的反映性，是指书写习惯可以在笔迹中得到反映的特性。影响书写习惯反映性的因素主要包括：

第一，书写行为的轨迹是否全部被书写面记录。在其他前提不变的情况下，如果书写人书写文字符号的书写行为轨迹被全部记录下来，形成物化的笔迹，则有助于识别书写人的书写习惯。就这一意义而言，书写习惯的反映与文字符号的书体相关。行草书体的文字符号的书写规范，会促使书写行为的轨迹尽量物化为笔迹。

第二，物化为笔迹的文字符号规范是否复杂。越是复杂的笔画、文字符号，其动力定型越难，越需要书写人长期大量训练才能形成稳定的书写行为体系。而一套行为越是复杂，当其动力定型之后，书写习惯的特殊性就越强。强个性的书写习惯，必然使物化的笔迹特征容易显现出个性特征。反之，通过个性化的笔迹特征，也有助于识别个性化的书写习惯。

第三，书写人是否存在主观故意改变书写习惯。书写人在书写文字符号时，如果故意干预自己的书写习惯，改变或部分改变书写行为体系，则物化的笔迹很可能对书写习惯反映不充分，甚至反映过少。通过这样的笔迹，难以识别书写人的书写习惯。

第四，生理、心理疾病（包括饮酒）甚至情绪可能影响书写习惯的反映性。生理心理疾病可能完全打乱书写人的书写行为体系进而改变书写习惯，甚至可能使书写人丧失书写技能而完全失去书写习惯。情绪对书写习惯的反映也有所影响。过度紧张、惊恐、高兴，可能引起局部失忆、短路或者神经系统、书写器官失控，从而引起书写习惯部分改变。

第五，客观条件影响书写习惯的反映性。书写工具的改变、纸张或衬垫物的变化、书写姿势的改变、光线的变化等因素同样会或多或少影响书写习惯的反映性。

从根本意义上讲，书写习惯的反映性与笔迹质量相关。书写人书写习惯得到充分反映的笔迹，则有助于鉴定人通过笔迹反推书写习惯。反之，鉴定人通过笔迹则无法充分认识书写习惯，导致笔迹书写人难以被识别。

书写习惯反映性的意义：一是对于检材而言，需要仔细分析检材是否充分反映了书写人的书写习惯，这是检材具备鉴定条件的前提。二是根据检材笔迹对书写习惯的反映性程度，收集与检材笔迹形成条件相似的样本笔迹，从而使样本笔迹与检材笔迹具有可比性，这样才能更准确地识别检材笔迹书写人的书写习惯与样本笔迹书写人的书写习惯是否同一。

此外，需要注意的要点是：第一，笔迹是静态的，书写习惯是动态的，笔迹对书写习惯的反映，是静态笔迹特征对动态书写习惯特性的间接反映。第二，书写习惯是不可能完全物化到笔迹特征中的，对书写习惯的还原性认识一定会存在偏差。因此在笔迹鉴定中，需要关注书写习惯的总体特殊性与局部具有个性标志性的书写习惯。这就要求我们在研究笔迹特征时，注意笔迹特征的总体分析与出现概率比较低的高价值笔迹特征。

第二节　笔迹特征[①]

特征是一事物区别其他事物的显著征象或标志。笔迹特征是个人书写习惯特性表现在笔迹中的各种征象。

笔迹特征是认识笔迹的途径，不同院校专业教材中对笔迹特征的分类存在或多或少的不同，如中国刑警学院贾玉文主编的《笔迹检验》教材将笔迹特征分为九大类，具体包括

---

① 本节部分内容源自贾晓光主编：《文书物证司法鉴定理论与实务》，中国人民公安大学出版社 2017 年版，第 48～72 页，并进行了修改完善。

概貌特征、局部安排特征、写法特征、错别字特征、搭配比例特征、笔顺特征、运笔特征、笔痕特征、书面言语特征。中国人民公安大学黄建同主编的《文件检验》教材将笔迹特征分为九大类，包括概貌特征、局部安排特征、写法特征、错别字特征、搭配比例特征、笔顺特征、运笔特征、笔痕特征、其他特征。华东政法大学杜志淳主编的《司法鉴定概论（第二版）》教材将笔迹特征分为一般特征和细节特征两大类,其中一般特征包括书写水平、字的形体、字的大小、字的倾斜程度、笔画的压力和字的写法等特征；细节特征包括运笔特征、搭配比例特征、笔顺特征、连笔特征、错写特征、标点和其他符号特征。贾治辉主编的全国司法警官院校“十三五”规划教材《司法鉴定学》将笔迹特征分为汉字笔迹特征、阿拉伯数字笔迹特征、标点符号和其他符号的笔迹特征三大类，其中汉字笔迹特征又分为书写动作一般状况特征（包含熟练程度特征，字体、书体特征，字形特征，字的倾斜程度特征，字的大小特征）、书写动作局部特征（包括运笔特征、字的搭配特征、字的比例特征、笔顺特征、写法特征、笔痕特征）、文字布局特征（包括字行的方向和形态，字的间隔和字行与格线的关系，分段和页边距特征，程式语和标点符号的位置特征，信封文字的分布位置特征，字间组合特征）、书面言语特征（包括语音特征，词汇特征，语法特征）。中国刑警学院单大国主编的《刑事科学技术》教材将笔迹特征分为宏观、中观、微观三个层次，其中笔迹的宏观层次特征包括笔迹的整体风貌特征和整体布局关系特征；笔迹的中观层次特征包括单字的形体与大小特征，单字的写法特征，单字的搭配与比例特征，单字的笔顺特征；笔迹的微观层次特征包括笔迹的运笔特征和笔迹的附加特征。司法鉴定科学研究院杨旭等负责起草的中华人民共和国国家标准《GB/T 37239—2018 笔迹鉴定技术规范》将笔迹特征分为八大类，包括书写风貌、布局、写法、形体、结构、笔顺、运笔、笔痕。根据笔迹特征价值又可分为一般特征和细节特征。笔迹一般特征包括书写风貌、布局、写法、形体及结构特征中单字的整体结构等；笔迹细节特征包括笔顺、运笔、笔痕和结构特征中单字局部结构及单字笔画之间的搭配比例关系等。同时该标准中以“注”的形式说明书面言语习惯虽然从本质上讲不属于反映书写运动习惯的笔迹特征，但在笔迹同一性鉴定中，有时可作为重要的参考依据。其他的教材和著作对笔迹特征还有不同的分类方法，不再一一赘述。

对笔迹特征的分类不同，体现的是不同学者认识笔迹的视角存在差异，对各种分类方法进行比较后，就可以发现笔迹特征的具体内容都是大同小异的，因此各种特征分类方法都殊途同归，最终都是通过各类笔迹特征反映书写人的书写技能和书写习惯。在笔迹检验中，可以按照从整体到局部、从宏观到微观、从文字到其他的顺序，去发现和运用笔迹特征。

一、概貌特征

概貌特征是指总观笔迹的全貌体现出的特点。概貌特征具体可以从整篇笔迹的书写水平、字形、字体、字的大小等方面来考察。

（一）书写水平特征

书写水平是指写字技能的高低。有的人以自己的书写水平为标准，当看到别人笔迹的书写水平比自己高时，即认为是高水平；当看到别人笔迹的书写水平比自己低时，即认为是低水平。这是把自己的书写水平默认为中等，不够客观。衡量书写水平高低有相对客观的标准，可从笔画的运笔、单字的结构、全篇文字的布局和用字用词的规范性四方面来考察，具体标准如下：

（1）运笔是否流利，起、收、运行是否有法度；

（2）单字结构是否严谨，搭配比例是否均匀；

（3）全篇字的大小、间隔、布局是否适称；

（4）用字是否规范、准确。

一般来说，字的结构严谨，笔顺规范，各部分搭配适当，运笔流利自然，全篇字的大小、布局也比较适称，用字规范、准确，则笔迹的书写水平高。（见图 3－1）

图 3－1　书写水平高的笔迹

如果结构松散，搭配比例失称，运笔生涩呆板，全篇字的大小、间隔不均匀，布局不规整，快写紊乱，笔顺不规范，错别字较多，则笔迹的书写水平比较低。

书写水平高低是有明显差别的，处于高低之间，又可区分不同的等级。在笔迹检验中一般是从两部分笔迹比较来看其书写水平的高低。

书写水平的提高是长期学习、练习的结果。水平低的笔迹不可能在很短的时间内变成水平高的笔迹，而书写水平较高的人故意伪装，或因书写条件的影响，却可以出现书写水平较低的假象。因此，在审查嫌疑人样本笔迹时，当平时样本笔迹的书写水平明显低于检材时，可作为否定嫌疑人的重要根据之一。如果检材的书写水平略低于样本笔迹的书写水平，应注意前者有无伪装变化。

（二）字形特征

字形是指字的外部轮廓的基本形态。字形特征是从整篇笔迹来看书写人在字的基本形态上体现出的特点。

汉字的规范字形是方正的，故称之为“方块字”。在现实生活里，人们经过学仿和练习，在“方正”的基础上，又形成字形的变异，并逐步养成个人习惯。书写汉字时起框架作用笔画的长短、方向、形态决定了字的基本形态。字形可分为方形、长形、扁形、斜形等。（见图 3－2）

白日依山尽，黄河入海流。（方形）

白日依山尽，黄河入海流。（长形）

白日依山尽，黄河入海流。（扁形）

白日依山尽，黄河入海流。（斜形）

图 3－2　常见字形

长形字，横画较短，而竖画较长，字呈长方形。扁形字，横画比较长，而竖画比较短，撇捺笔的运笔较平，字呈扁方形。斜形字，横画基本水平，竖画向左或向右倾斜，字呈斜形。

以上只是几种常见的字形，现实中也有其他字形出现，如梯形、圆形等。

书写人选用方形以外的其他字形，主要取决于个人的审美。字形习惯的形成，也是长期、反复练习的结果。所以字形习惯一旦形成，具有很强的稳定性。在正常笔迹中，字形特征会很好地表现出来。即使书写人伪装笔迹，在其意志力降低的时候固有的字形习惯也会暴露出来。

（三）字体特征

字体特征是指从全篇笔迹来看在字体和书体上表现出来的特点。字体特征包括字体和书体。字体指汉字从古至今字体上的变化，传统的字体主要有篆、隶、楷、草、行五种。后来为适应刻版印刷而出现了宋体，以及在此基础上演变成的其他字体。书体是从毛笔书法的角度而言的，具体指一些字体的不同流派。

1. 字体

（1）篆书体。

篆书体分为大篆和小篆，这种字体常用于工艺美术、装饰、书法、印章等。由于它难认、难写，在一般的书面交际中已不再使用。但有的作案人却用篆体或类似篆体字作案。篆体的特点是：笔画粗细一致，起笔、收笔大都浑圆婉转，转角处带有弧形，字形修长古朴。（见图 3－3）

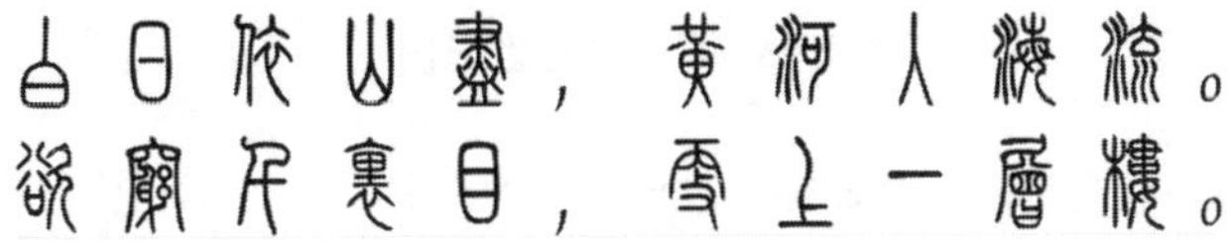

图 3－3　篆书体示例

（2）隶书体。

隶书体美观庄重，笔画矫健而雄厚，较少作为日常书面交际的字体。隶书体的特点是：横笔起笔重，而收笔轻，横平竖直，斩钉截铁，蚕头雁尾，左波右磔，蚕不二设，雁不双飞，篆隶无勾，字形扁方。（见图 3－4）

白日依山尽，黄河入海流。

欲穷千里目，更上一层楼。

图3－4　隶书体示例

（3）草书体。

草书体是快捷潦草的书写体。汉隶在发展过程中，一是楷化成楷书，二是草化成章草、今草与狂草。草书体的特点是：文字结构简便，笔画省略多变，笔画之间、字与字之间相互连带呼应，常一笔成字。（见图3－5）

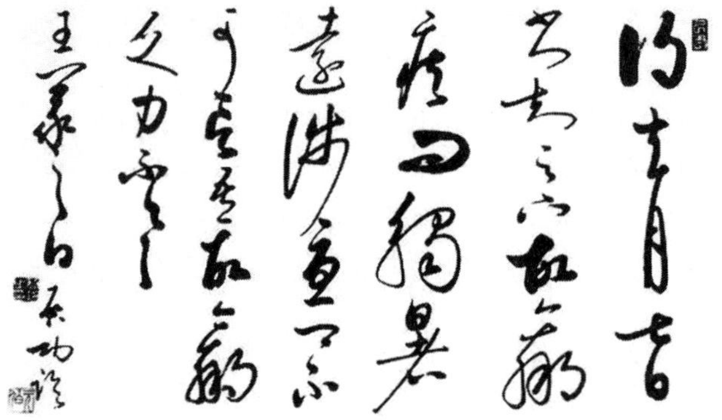

图3－5　草书体示例

（4）楷书体。

楷书体又称正书、真书。楷书体的特点是：字形端正，结构明朗，笔画庄重。（见图3－6）

白日依山尽，黄河入海流。

欲穷千里目，更上一层楼。

图3－6　楷书体示例

此外，还有宋体、仿宋体、新魏体、黑体（等线体、方体）及各种美术体，在实际案件中有时也能遇到。

2. 书体

书体以毛笔书法为主，但是从硬笔书写的笔迹上也可反映出书体特点。比较常见的楷书主要有“欧、颜、柳、赵”等书体。

（1）欧体。欧阳询楷书的主要特点：在用笔上和点画上基本以方笔为主，间用圆笔，落笔轻松自然，干净利落，行笔缓慢含蓄，收笔不苟。结构大多成上下窄长之势，内紧外松。左右结构的字，在字形上左侧陡峭，右侧向右方伸展。凡左右结构的字均有作项背之势。中宫敛紧，四肢比较开张，左敛右纵，在险中求稳。（见图3－7）

图 3－7　欧阳询楷书示例

（2）颜体。颜真卿楷书的主要特点：使用中锋行笔，行笔有力，起笔藏锋圆转，横轻竖重，捺笔有“蚕头燕尾”。字形结构方正，左右基本对称，端庄平稳，气势庄严雄浑。（见图 3－8）

（3）柳体。柳公权楷书的主要特点：横画多采用方起圆收，竖画多用逆峰起笔，撇捺多有一定的弧度，收笔多采用悬针竖或垂露竖，行笔遒劲刚健，富有弹性，素有“颜筋柳骨”之说。结构方正，中宫收紧，四面开张，规整中富有变化。（见图 3－9）

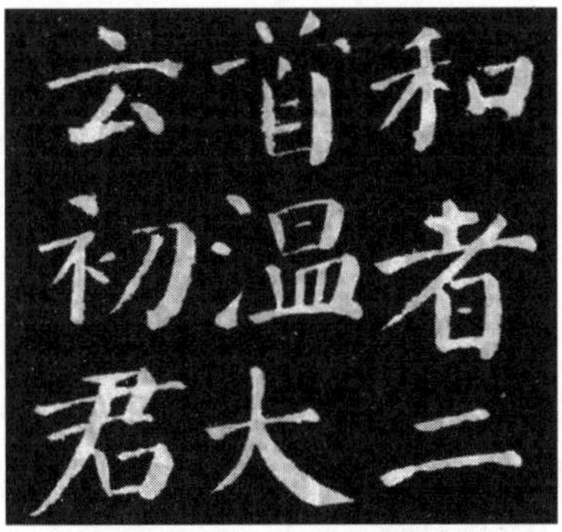

图 3－8　颜真卿楷书示例

图 3－9　柳公权楷书示例

（4）赵体。赵孟頫楷书的主要特点：笔画楷中带行，上下笔势呼应，在严整庄重中见潇洒天真的神韵。结体秀美，笔意连贯，外柔内刚。（见图 3－10）

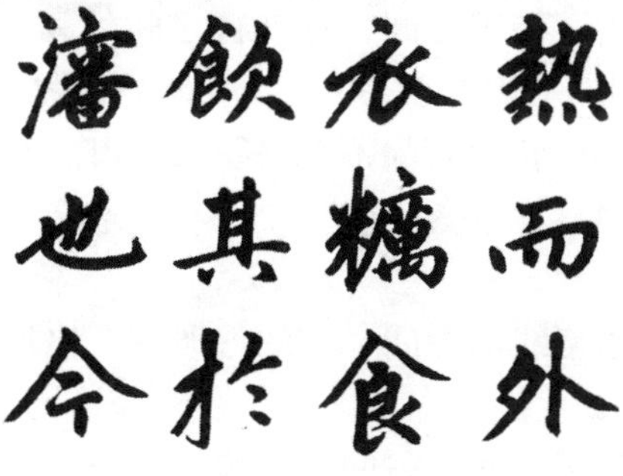

图 3－10　赵孟頫楷书示例

在现实生活中，人们以便于书写为目的，不大讲究字体，因此通常见到的多为类似楷书或行书的“自由体”。书法家、书法爱好者，根据需要可以写成具有一定水平的某种体的字。这是书写技能与习惯多样性的表现。

研究笔迹的字体，首先要识别笔迹属于何种字体，其规范程度如何。如果检材体现出某种字体特点，并且书写规范，那么说明嫌疑人应该进行过专门的练习，并有可能收集到嫌疑人平时练习该种字体的笔迹样本。如果深入研究后发现，检材明显的“字体”特点都是似是而非的，那么说明检材的书写人对该字体只是一知半解，检材会较多暴露书写人的书写技能与习惯。只要结合字体的一般特点，深入研究哪些是字体的共性特征，哪些是反映个人书写技能与习惯的个性特征，就能正确开展检验工作。

（四）字的大小特征

字的大小是指全篇笔迹的单字平均高度与宽度。在汉字中，长形字以高度为准，扁形字以宽度为准，大体分为大、中、小三类。

如以钢笔、圆珠笔、签字笔、铅笔之类的硬笔书写，长形字平均高度和扁形字平均宽度在1cm以上的为大字；平均高度和宽度在0.5～1cm的为中等字；平均高度和宽度在0.5cm以下的为小字。但这不是绝对的，因为纸幅宽裕、字数较少，就可能将字写大些；纸幅小或受格线限制，或因字数较多，就可能将字写小些。如果用粉笔或者是用毛笔书写，就不能以此为准。

字的大小是书写技能与习惯的反映，即便书写人有意控制改变字的大小，在他意志力减弱的时候，书写的笔迹还会恢复其习惯的大小。运用字的大小时需要注意的是，判断字的大小，要根据纸张幅面、书写工具种类、格线情况、字数多少、字间与行间间隔的大小等进行具体分析，不能把受书写条件影响写出的畸大或畸小的字当作书写人的习惯。

二、布局特征

布局特征，是指全篇或部分笔迹的位置安排和书写格式方面的特点。每种文体都有书写格式上的规范和要求，但由于人们的认识和理解不同，也就形成了书写格式上的某些个人习惯特征。布局特征包括整体布局特征和局部安排特征。

（一）整体布局特征

整体布局特征是指全篇笔迹在纸面上的分布特点。

1. 字间与行间的间隔

字间与行间的间隔，是指字与字之间，行与行之间的相对距离。从全篇文字看，字间间隔平均大于半个字、行间间隔平均大于一个字，为间隔松散，小于这种距离为间隔密集。

有的人习惯在格线内书写，有的人却不受格线的约束。在没有格线的纸上写字，大多数人的行间距离安排习惯会明显地暴露出来。

2. 字行与格线的关系

有的人习惯把字写在两条格线的中间，有的习惯写在格线的下缘，也有个别习惯将字写在格线的上缘。

运用这方面的特征，同运用字间、行间间隔特征一样，要注意在主客观条件的影响下可能出现的暂时性变化。例如书写人在以很快的速度做记录，或因纸张不够，要在很小的空间写较多的字时，字的疏密、行间宽窄、字与格线的关系都要受到影响，从而出现与平时书写习惯不同的变化。

3. 字行与页边的关系

页边是指写完整篇文字后，纸张四边所留的空白。上边称“天头”，下边称“地脚”。人们写字时，多数留有大小不等的页边。有的留天头不留地脚，有的留天头、地脚，有的留三边，有的留四边。如将字行行首或行尾连线，其形态也有不同。有的页边留得整齐、平直，有的页边留得歪斜或弯曲。

4. 字行方向和形态

字行方向，按规范应横行书写，但也有的人仍习惯竖行书写。有的行线笔直，有的横写行线逐渐向上或向下，有的竖写行线向左或向右倾斜。

字行的形态，横行书写有水平的、波浪的，竖行书写有竖直的、弯曲的。

通常，在没有格线的纸张上书写时，字行的方向和形态特点会如实暴露。当书写条件发生变化或伪装书写笔迹时，字行的方向与形态易发生变化。

（二）局部安排特征

局部安排特征，是指某些词语或字与字之间的相对位置关系特点。

1. 分段缩头位置特征

在分段开头时，按规范要求段落开头的位置应空出两个字位，即所谓“缩头”。有的人分段不留“缩头”，有的甚至还“伸头”。即使同是“缩头”，有的只缩一个字，有的缩三四个字。这样就形成了不同人的分段开头的位置特征。

2. 程式语安排特征

程式语，是指信件、契据类文件中使用的称呼、问候、祝颂、署名、日期等一些较为固定的词语。程式语安排特征，指的就是这些词语的书写格式及其相对的位置特点。例如，在写称呼时，“抬头”（单独一行）的人较多，但有的“伸头”，有的“缩头”；写问候语有的另起一行，有的写在称呼之后；祝颂语有的分成两行，有的写成一行，而且安排位置也各有不同。此外，署名和日期的位置安排和书写格式，不同的人也会表现出各自的特点。

3. 字间组合特征

字间组合，是指词或词组中的各个字之间的大小比例及配置关系方面的特点。这类特征常常出现在一些较为固定的词语中，如签名、常用词和数字等。由于这些字经常组合在一起使用，尤其是个人签名，一旦形成固定的样式便成为不可分割的整体，它们之间的位置远近、大小比例和搭配关系，就具有个人特点。

三、写法特征

写法，主要是指文字的写法，也包括其他符号的写法。字的写法，是指字的基本构成成分和结构方式。汉字的结构复杂，形体多样。同一个字在不同人的笔迹中有不同的写法，同一个字在同一个人的笔迹中有时也有不同的写法，形成了不同的写法特征。

（一）现行规范写法特征

现行规范写法，是指国家规定的现行简化字的写法。现行简化字是从 1956 年开始逐步推行，到 1964 年全面推广使用的。由于正规基础教育的普及和国家的大力推行，按现行规范写法书写的人越来越多，特别是在少年、青年和中壮年人中普遍性更大。

在通常情况下，现行规范写法特征作为符合点使用价值不高，作为差异点使用具有一定的鉴别意义。但是当多个嫌疑人都是老年人时，检材中的现行规范写法就有较高的鉴定价值。

（二）异体写法特征

异体写法，是指与现行规范写法同音同义不同形，而又曾经被社会规范所承认的那些字，即异体字的写法。异体字包括以下几种。

1. 原繁体字

原繁体字是指在汉字简化前曾作为规范字使用，后来被简化字代替的那些字（见图3－11，图中括号内为规范写法）。由于这些字结构复杂、笔画繁多，不易书写，所以写繁体字的人将越来越少。

繼（继） 續（续） 蠟（蜡）

燭（烛） 稱（称） 號（号）

護（护） 膚（肤） 應（应）

图3－11 原繁体字举例

目前我国内地能写出规范繁体字的除专门研究语言文字的专业人员以外，主要还有部分老年人和书法爱好者。这样，原繁体字特征就有较高的价值。使用繁体字特征时需要注意的是，港澳台地区仍然使用繁体字，这些地区的人（包括少年儿童）都能写出规范的繁体字。

2. 旧异体字

旧异体字是指汉字改革前同当时的正体字并存、通用，后来在异体字整理时被停止使用的那些字。图3－12是“男”“回”的部分异体字，这类字大多数已被淘汰，使用的人已经越来越少。

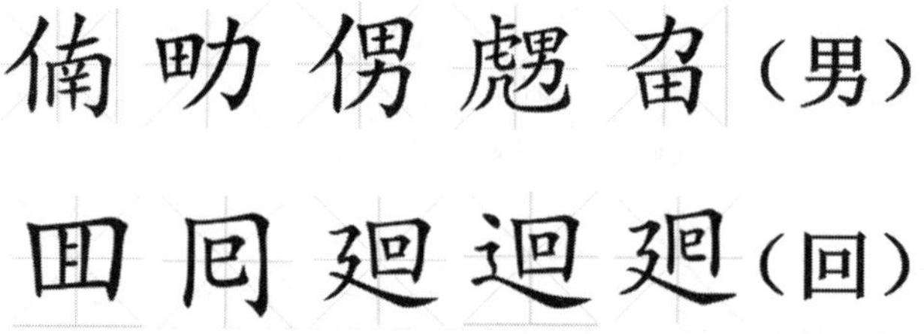

图3－12 旧异体字举例

不同的异体字出现率相差比较大，有的异体字书写还相当普遍，有些异体字现已基本绝迹，所以同是异体字，其特征价值也有差别，在检验中要区别对待。

3. 曾用简化字

曾用简化字是指国家1977年12月20日公布的《第二次汉字简化方案（草案）》的

“第一表” 中所列的字（见图 3 – 13），这些字在公布一年后停止使用。受其影响比较大的主要是当时在校学习的中小学生。

灱（爆） 厶（私） 氵亡（演）

卩（部） 仃（停） 疒（病）

玏（璃） 艹亡（蒙） 圵（壤）

图 3 – 13 曾用简化字举例

曾用简化字并不都是新造字，其中的很多字在《第二次汉字简化方案（草案）》公布以前，就已经是某些地区普遍流传的习俗简化字。所以在评断该特征的价值时，要结合嫌疑人和发案地的实际情况作具体分析。

（三）习俗简化写法特征

习俗简化写法，是在一定范围内流传使用的非规范简化字的写法。其特点是字的结构简单、字形简化。习俗简化字可分为两类。

1. 地区性习俗简化字

地区性习俗简化字主要在某个或某几个地区流传使用，而且常常与一定地区的方音有关。(见图 3 – 14)

图 3 – 14 地区性习俗简化字举例

如果这些简化字在涉及的这些地区出现，则鉴定价值是有限的；如果在其他地区出现，则鉴定价值较高。这些简化字同时体现书写人的地域性特点，对书写人的分析画像有重要意义。

2. 职业性习俗简化字

职业性习俗简化字，是从事某种职业的人，对其使用频率较高的字，为方便书写而自行简化的写法。图 3 – 15 中 “酒”“菜” 对应的是餐饮行业习俗写法，“煤” 对应的是煤炭行业习俗写法，“储” 对应的是金融行业习俗写法，“螺” 对应的是机械设计制造行业习俗写法，“医” 对应的是医疗卫生行业习俗写法。

图 3 – 15 职业性习俗简化字举例

如果这些简化字在涉及的行业出现，则特征价值是有限的；如果在其他行业出现，则特征价值较高。这些简化字同时体现书写人的职业特点，对书写人的分析画像有重要意义。

（四）行草写法特征

行草写法是行书和草书的统称，也可指行书体和草书体共存的笔迹写法。行书和草书是汉字发展演变过程中形成的两种字体，它们各自有不同的书写规则和要求。（见图3－16）日常生活中多数人书写的是似行草而又不规范的连笔字，从特征的角度看，它们反映个人的习惯和特点较多。

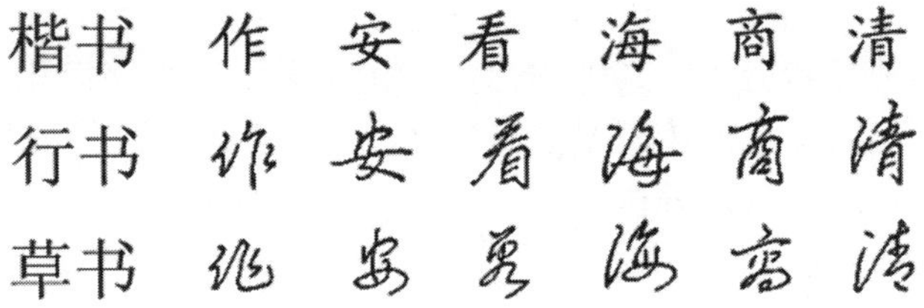

图3－16 行草写法举例

检材如果是比较规范的行草书，那么意味着书写人的书写水平是很高的，因此划定的涉嫌范围会比较小。因为在日常书写中，能按规范的行书和草书书写的人不多，所以行草书写法的特征价值比较高。

（五）简缩写法特征

简缩写法，指的是把一个词或词组拼组成一个“字”的特殊写法。（见图3－17）它具有速记的功能，但又不同于速记符号。它只出现在经常使用的某些固定词语中。这类字有的使用范围广，有的仅局限在某个行业内。

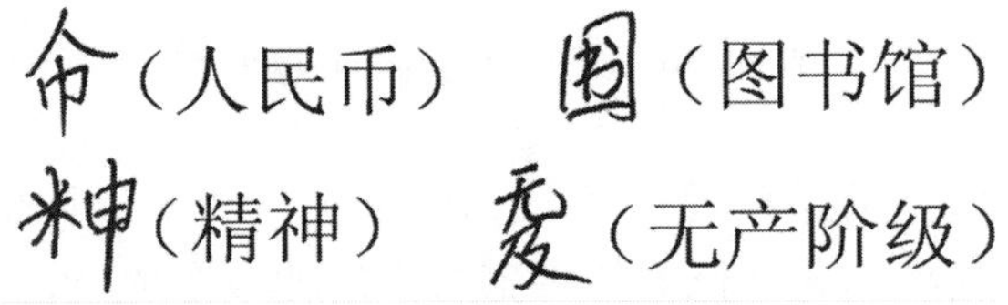

图3－17 简缩写法举例

有的简缩写法可能有多种形式，如“问题”可以写成“门T”，也可以写成“T”在“门”内部。所以评断简缩写法特征的价值，要结合涉嫌范围和具体案件情况综合考虑。

（六）外来写法特征

外来写法，是指从使用汉字的其他国家传入的不符合我国汉字规范的写法。（见图3－18）历史上我国的汉字向周边的国家输出过，部分汉字在周边的国家发生变异后又传入我国，就形成了外来汉字。在我国这类汉字主要是出现在东北地区的日文汉字和东南沿海地区的东南亚汉字。其中日文汉字的传入主要是历史上日本对东北三省进行殖民统治的结果，东南亚汉字则是东南亚各国与我国东南沿海地区经济文化交流的结果。

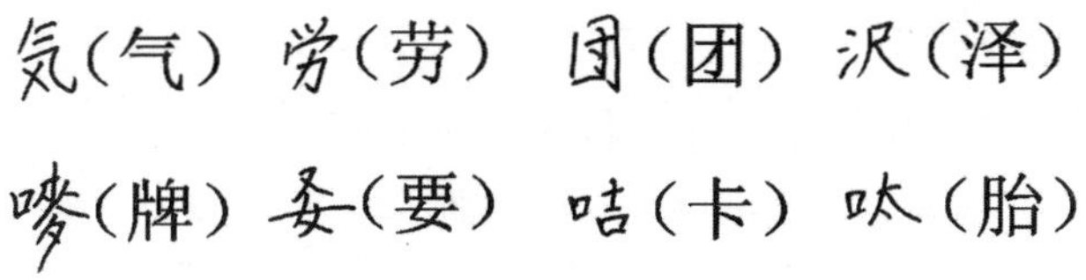

图 3 – 18　外来写法举例

上行为日文汉字，下行为东南亚汉字

外来写法的特殊性比较强，特征价值也比较高。此外，外来写法能体现出书写人的地域性特点，或者书写人的年龄特点。

其他符号也存在写法特征。所谓其他符号，主要包括标点符号、校对符号、科技符号、商业货币符号，等等。这些符号虽然有的常用，有的不常用，但书写中确实存在有的习惯用，有的不习惯用；有的写得规范，有的写得不规范；有的使用准确，有的使用不准确。这样就形成了不同人使用其他符号的习惯和特点。其他符号的写法特征一旦成为书写人的习惯，即使在伪装书写时也很少发生改变。

四、错别字特征

错别字包括错字和别字两类。

（一）错字

错字，是指书写人对字的正确写法和结构不了解或掌握不准而写错的字。有些错字是由于增加或减少了个别笔画而形成的（见图 3 – 19）；有些错字是因错配偏旁和结构颠倒形成的（见图 3 – 20）。

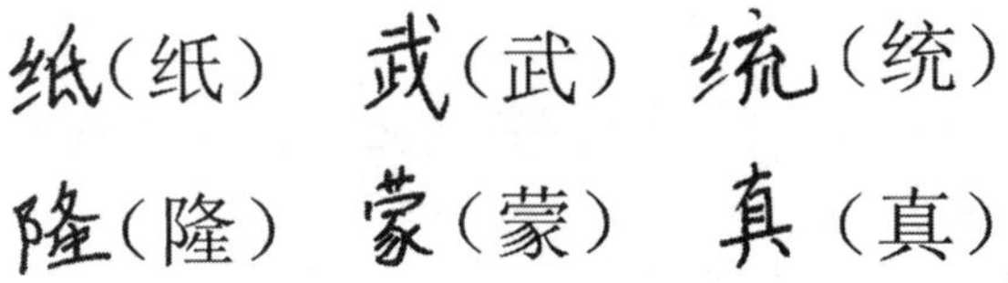

图 3 – 19　多笔少画错字举例

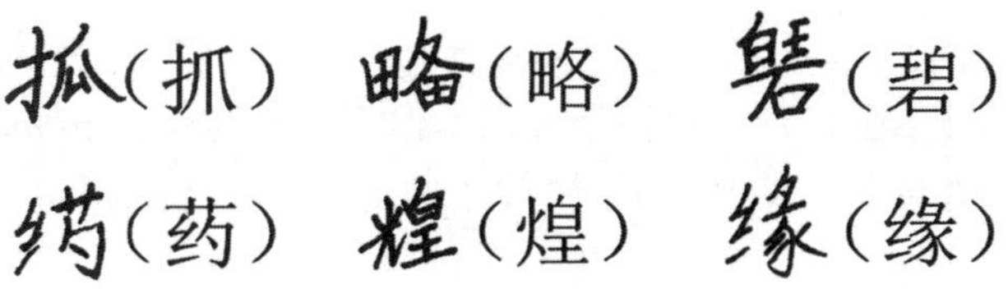

图 3 – 20　结构错误错字举例

错字特征在笔迹检验中具有很高的价值。第一，它具有很强的稳定性。由于书写人习惯把某个字或某些字写错，在他没有意识到是错字之前是不可能改正的，即使在伪装的时候也不会改变。第二，它具有较强的特殊性。因为错字在人们书写中的出现率本来就比较低，而错在哪些字、哪个部位，更是人各有别。但是，由于连笔而省略笔画，或由于笔误而出现的多笔、少笔及故意写错字的，不能视为错字特征。

（二）别字

别字是结构没错，只是用错了的字，即通常所说的“白字”。从形成别字的原因上划分，别字可分为同音别字（含方音别字）、形近别字、义近别字。（见图3－21）

流言非（蜚）语　如火如茶（荼）　经长（常）

言（然）而　针炙（灸）　纷至踏（沓）来

图3－21　别字举例

别字特征也是出现率较低的特征，习惯性的别字特征相符也是认定意见的重要依据之一。但文化水平不高的人都可能出现别字，而且一般都是用会写的字代替不会写的、简单的代替繁难的、常用的代替生僻的。这样，不同的人就难免书写相同的别字。所以，相比之下，别字特征不如错字特征的价值高。此外，有些人伪装笔迹时，故意写别字；由于一时疏忽也可能出现别字。因此，对别字特征也要作具体分析。

错别字按性质可分为三类：一种是偶然笔误形成的错别字；一种是故意伪装书写的错别字；还有一种才是习惯性的错别字。只有习惯性的错别字，才具有错别字特征。

五、结构特征

结构特征是指字的偏旁或笔画之间的空间布局和比例关系的特点。不同人写同一个字，往往由于笔画或偏旁之间的相对关系不同，形成了不同的结构特征。结构特征由搭配和比例两类特征组成。

（一）搭配特征

搭配特征，是指笔画或偏旁之间的交接部位及相对位置的高低、远近方面的特点。该特征表现在以下三个方面。

1. 笔画的交接位置

字的笔画之间存在着交叉或搭接关系。不同的人写字常常在笔画交接位置上表现出不同的特征。（见图3－22）

2. 邻位笔画的距离

字的邻位笔画之间存在着一定的相互关系。但不同人写字时相邻笔画的距离却不尽相同，存在着位置远近的差别，表现出不同的邻位笔画关系。（见图3－23）

图3－22　笔画的交接位置举例

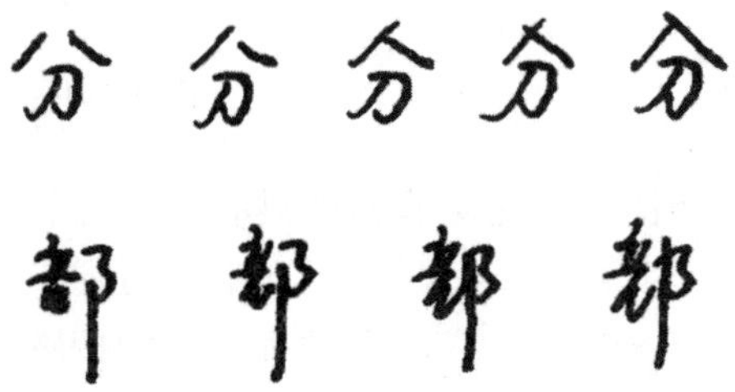

图3－23　邻位笔画的距离举例

3. 偏旁之间的位置

字的偏旁之间都有一定的位置关系。但不同人书写时，在偏旁间的位置高低、远近上表现出一定的差别。（见图 3 – 24）

认识搭配特征时需要注意，搭配只和笔画或偏旁之间的高低、远近位置有关，而与长短、大小、宽窄等无关。两画以上的字就可以出现搭配特征，因而搭配特征是笔迹中最易出现的特征之一。但是同时搭配也是最容易发生变化的特征，只要笔迹有伪造变化，搭配一般都会随之变化。所以要从那些既特殊，又有规律性的部位选择搭配特征。

图 3 – 24 偏旁之间的位置举例

（二） 比例特征

比例特征，是指笔画或偏旁之间的大小、长短、宽窄的比例关系。表现在两个方面。

1. 笔画的长短比例

同一个字，不同的人书写，字的笔画之间的长短比例关系常常是不同的。（见图 3 – 25）

2. 偏旁之间的大小、宽窄比例

字的各个偏旁在字中各占多大的位置，虽有大致规则，但不严格。于是，形成了字的偏旁之间的大小、宽窄比例的不同。（见图 3 – 26）

图 3 – 25 笔画的长短比例举例

图 3 – 26 偏旁之间的大小、宽窄比例举例

认识比例特征时要注意，比例特征是笔画或偏旁之间长短、大小、宽窄的关系。如果两个笔画或偏旁只是由于位置不同而字形显得特殊，这只能算作搭配特征，而不能算作比例特征。比例特征容易出现在一个字的多个同名笔画间和偏旁之间。

总的来说，搭配、比例特征容易受书写条件变化和书写人故意伪装的影响而发生变化，即使是正常先后书写的同一个字也不可能分毫不差。因此，在选择和使用搭配、比例特征时，应从实际出发，或注意搭配、比例的细节，或把握其大体的搭配与比例关系。

六、笔顺特征

笔顺，是指用笔画或偏旁组合成字时的书写顺序，包括笔画的先后书写顺序和字的偏旁或组成部分之间的先后顺序。

（一）笔顺的分类

不同人对笔顺的理解不同，因此在书写笔顺上会出现差异。按笔顺规则和出现率高低划分，笔顺可分为三类。

1. 规范笔顺

规范笔顺，是指按笔顺规则书写的笔顺。按规范笔顺书写符合书写运动规律，写出的字结构适称，运笔也比较顺畅，也是多数人写字的共同特点。

在笔迹检验中，作为符合点使用，规范笔顺的价值不高。但要注意，有的字规范笔顺（如“万”最后一笔是撇）的使用人数反而不多，因而特征价值较高。

2. 通用笔顺

通用笔顺主要指受行草书影响出现的与楷书不同的笔顺。这些笔顺不是楷书的规范，但也不为错，而且在人们的笔迹中出现率并不是很低。（见图 3－27）

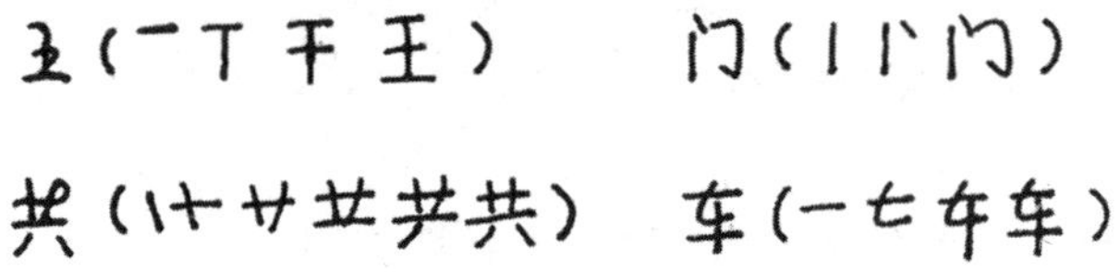

图 3－27　通用笔顺举例

3. 特殊笔顺

特殊笔顺是明显违反笔顺规则的非规范笔顺，也称为错笔顺或倒笔顺。（见图 3－28）这种笔顺不便于书写，写出的字很别扭，只为极少数人使用。

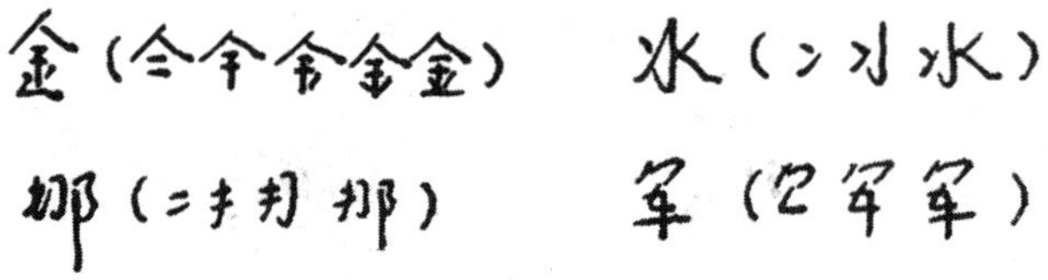

图 3－28　特殊笔顺举例

由于特殊笔顺的出现率低，因此无论作为符合点还是差异点使用，都具有重要价值。

总体来看，笔顺特征稳定性较强，作案人又不容易在笔顺上进行伪装。因此，笔顺特征往往是笔迹检验中作认定或否定意见的一个重要依据。特别是在伪装笔迹中，笔顺特征的作用更为突出。但也应注意，有一定书写能力的人可能在一些字上有多种笔顺的习惯。由于笔迹反映的局限性，只表现出其中一种，从而形成差异；有些伪装手段或偶然出现笔误，也会出现笔顺变化。因此，对笔顺特征也要作具体分析，既要注意研究、使用它，又不能迷信它，要根据案件的具体情况，从同一字和不同字的同部位，研究其笔顺的变化规律。

（二）笔顺的判断

1. 根据笔画的连接关系判断笔顺

对连笔书写的字，可根据笔画的连接关系判断笔顺。（见图 3－29）

2. 根据起收笔的照应关系判断笔顺

前后两笔之间，因书写速度较快，收笔和起笔动作会形成形断意连、互相呼应照应关系。（见图 3－30）这是一种没有连接的连笔动作，只要逐笔判断前一笔收笔动作的指向，和下面哪一笔起笔动作的照应关系最合理，即可判断这个字的笔顺。

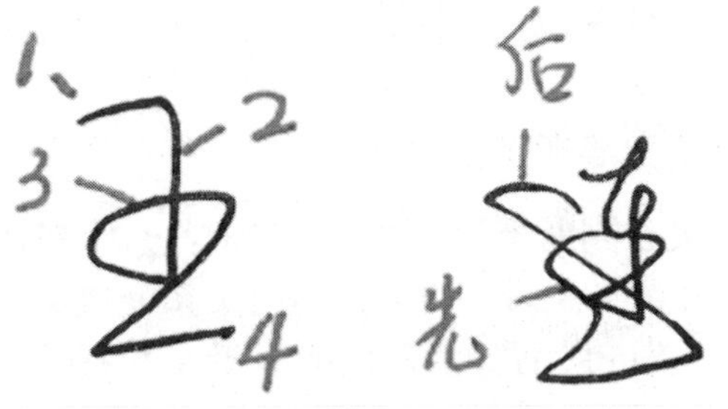

图 3－29　根据笔画的连接关系判断笔顺

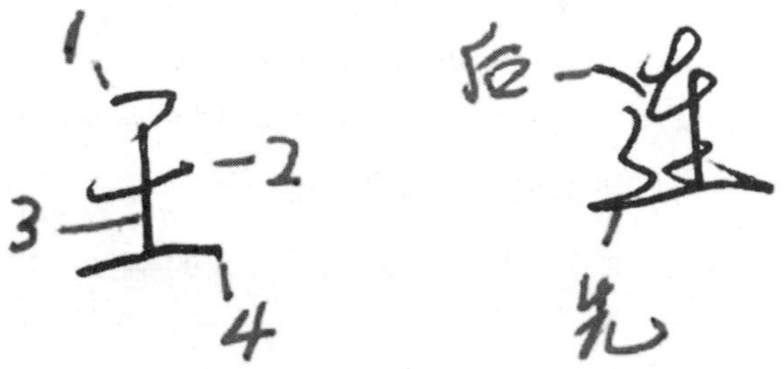

图 3－30　根据起收笔的照应关系判断笔顺

3. 根据运笔趋势判断笔顺

运笔趋势是某个笔画所体现的运行动向。（见图 3－31）人们写字达到熟练之后，每个字的各个笔画不再是孤立的线条，它们之间存在着书写时序上的承接关系。就是说，从前一笔的运行开始即向后一笔的起笔过渡，从而使笔顺从运笔趋势上表现出来。这也是一种没有连上的连笔动作，只是它表现在整条笔画上，而不是表现在起笔、收笔部位上。

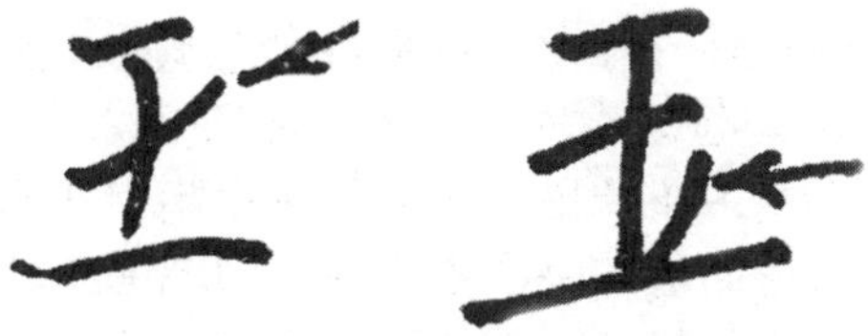

图 3－31　根据运笔趋势判断笔顺

4. 根据笔画或偏旁之间的搭配关系判断笔顺

（1）看笔画搭配距离的远近。一般说，三个或四个同向笔画之间，搭配距离较近的两笔或三笔是连续书写的，跟它们距离较远的一笔，中间间隔另外方向的笔画。（见图 3－32）

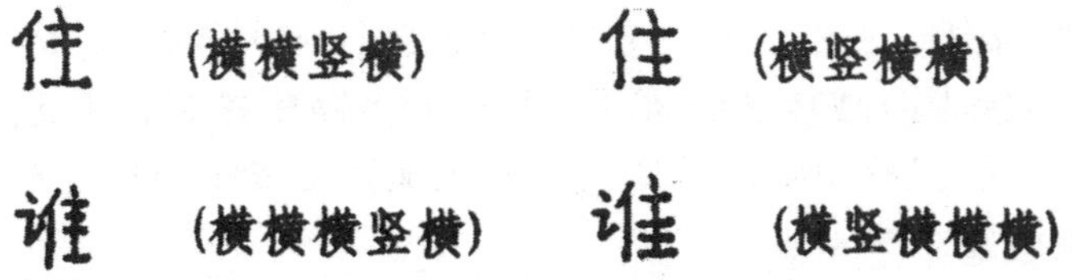

图 3－32　根据笔画搭配距离的远近判断笔顺

（2）看笔画的位置高低、收笔远近。有的笔画，特别是点笔，先写和后写时笔势不同，它们的位置高低也不同，后写的点笔位置往往偏高。某些笔画收笔的远近，也能反映书写的先后次序。先写笔画收笔近，后写笔画收笔远。（见图 3－33）

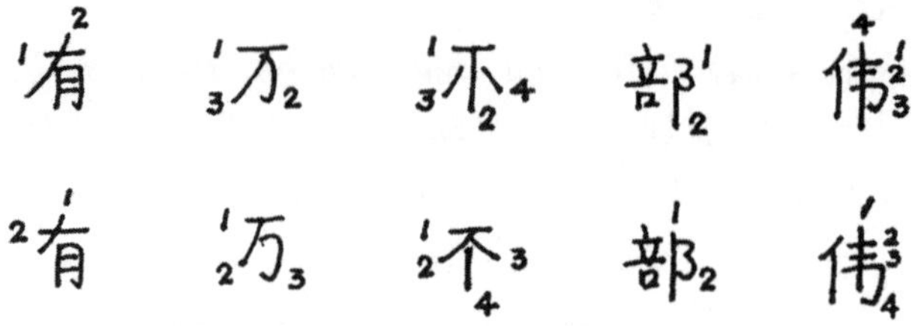

图3－33　根据笔画的位置高低、收笔远近判断笔顺

（3）看偏旁间的搭配关系。根据偏旁间的搭配关系判断笔顺，常常是针对具有半包围结构的一些字。形成内外包衬关系的字，往往是外部偏旁先写；将内外包衬关系变成类似左右搭配关系的字，往往是内部偏旁先写。有些字还可从书写中形成的上下、左右结构上，确定上部偏旁先写还是左侧偏旁先写。（见图3－34）

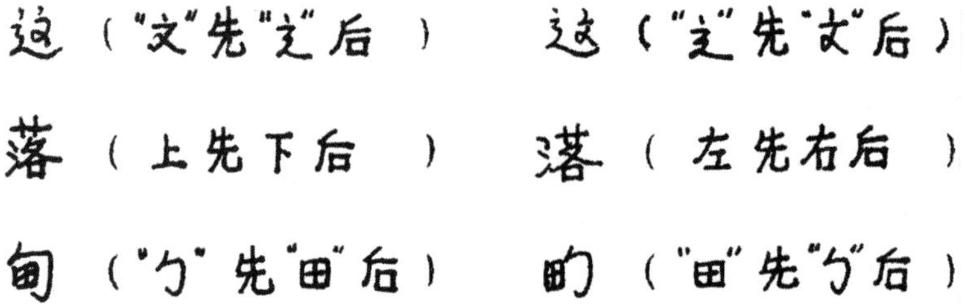

图3－34　根据偏旁间的搭配关系判断笔顺

此外，借助显微镜观察笔画交叉部位的形态特点，找出完整通过交叉部位的笔画，也可确定相交笔画书写的先后顺序。由于不同纸张和笔的性能不同，所以运用这种方法判断笔顺时，最好先通过预实验掌握与物证同类的纸张和笔形成的笔画交叉顺序的特点，并据此作出相应判断。

通过上述的各种方法，可以对大多数字的笔顺作出判断。

七、运笔特征

运笔特征，是指书写各种笔画（含连笔）的起笔、运行至收笔过程中的动作和力量分布特点。汉字的每种基本笔画都有具体的书写要求，与之不符的都可视为运笔特征。

（一）起收笔特征

起笔是运笔的开始，收笔是运笔的结束。由于二者具有类似的动作特点，所以一起介绍。

1. 直起笔、直收笔

直起笔、直收笔，是指笔尖落于或离开纸面时没有明显的顿压动作，起、收笔方向与运行方向一致，因而起、收笔端为尖削状。（见图3－35）其具体形状则与书写工具有关。

图 3－35 直起笔、直收笔举例

2. 侧起笔与顿压收笔

侧起笔是写横时笔尖显露在左上端，写竖时笔尖显露在左侧端，落笔处表现为尖削的断面。用钢笔、圆珠笔等书写时，开头可能出现微小的翘头动作。顿压收笔即收笔时有顿压动作，收笔处表现为圆钝形。（见图 3－36）

图 3－36 侧起笔与顿压收笔举例

3. 回转起笔、回转收笔

回转起笔是写横画时欲右先左，写竖画是欲下先上，其特点是笔锋藏于笔画内，笔端圆润。回转收笔的笔法和形态特点与回转起笔基本一致，钢笔和签字笔等硬笔书写时，可表现有回锋钩。（见图 3－37）

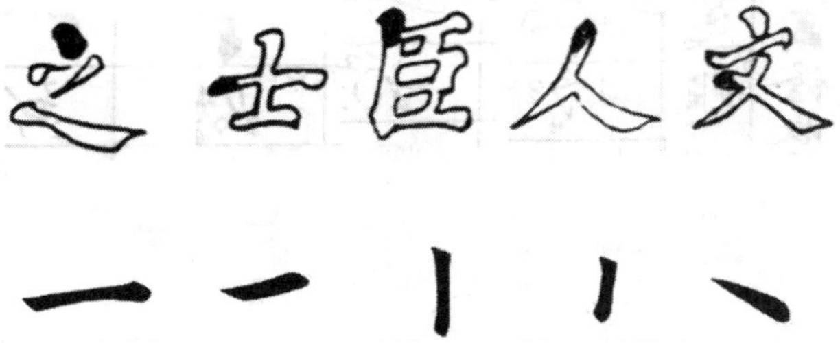

图 3－37 回转起笔、回转收笔举例

起收笔动作属细节特征，不但在正常笔迹中比较稳定，而且在伪装和摹仿笔迹中也不容易改变，因而在笔迹检验中，具有很高的特征价值。但它在一定程度上容易受到书写工具和书写速度的影响，运用时要综合考虑各种因素，包括不同字的同部位或可比部位起收笔的特点。

（二）行笔特征

行笔，一个笔画上除起收笔以外的部分都属于行笔，包括行笔的方向和形态。

笔画本身就有方向性，笔画的方向是通过行笔的方向体现的，而且虽有规范但并不非常严格，允许书写人在一定范围和程度内自行安排。有些笔画由于行笔方向的改变，从一个笔画变成了另外的笔画，即所谓笔画变异。正是因为不同人某些笔画行笔方向上的差别，才形成了不同的行笔特征。

笔画写成什么形态，与人的书写运动习惯有关。由于动作习惯不同，同一个笔画就会出现不同的形态。如横笔，有人写得平直，有人就写成向上或向下的弧形，还有人写成波状。不同人书写笔画，压力的分布也有差别。同是写横笔，有的写出蜂腰横，有的写出锥形横。（见图 3－38）

图 3－38　各种横笔行笔举例

书写过程不是机械重复，即使同一次书写的同类笔画的运行过程也不可能完全一样，所以要找出作为习惯的行笔特点才能作为行笔特征。这里所说“习惯”的含义就是有规律性，即在一份笔迹材料的同名笔画中，占大多数的反映一致的运行方向或形态。在伪装、摹仿、签名及少量字笔迹的案件中，行笔特征都可以发挥重要作用。

（三）连笔特征

连笔特征是指两个或两个以上笔画连写时所表现出的运笔特点。快速书写就会出现连笔，但不同人在连笔的部位、方向和形态上却存在着差别。

连笔的部位，是指连笔发生在哪两个或哪几个笔画之间。虽然都连笔，但有人习惯在这些笔画上连写，有人习惯在那些笔画上连写。（见图 3－39）

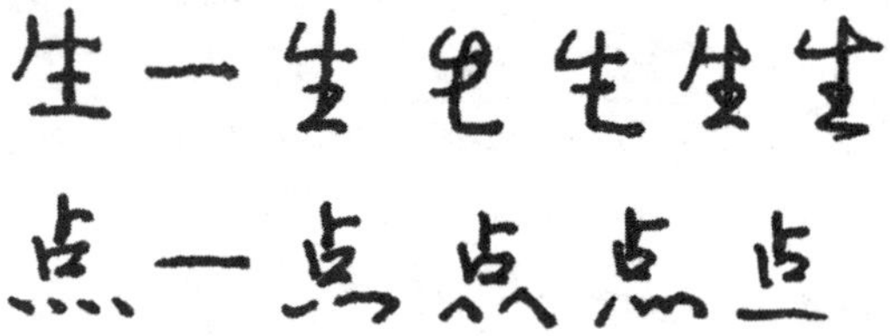

图 3－39　连笔部位举例

连笔的方向，是指从前一笔过渡到下一笔时连接运行的走向。不同人的连笔，有的环绕，有的转折；有的取捷径连接，有的习惯绕行。（见图 3－40）

连笔的形态，是指笔画连接处的形状。书写连笔动作，有的人比较熟练，有的人比较生硬。这样，在连笔部位形成的形状，有的就比较圆滑，有的就棱角突出。同属一种类型，具体形态也有差别。（见图 3－41）

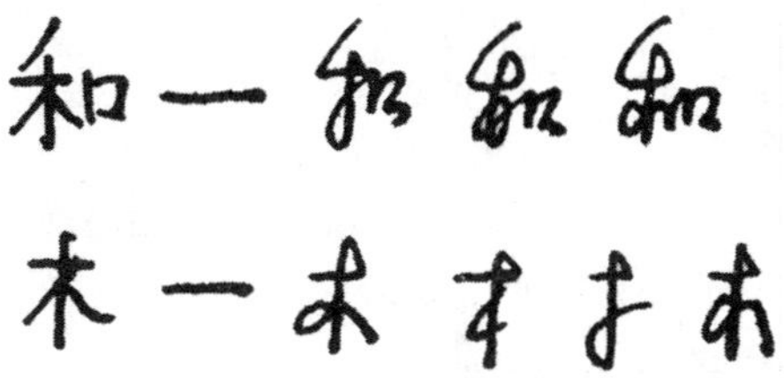

图 3 – 40　连笔方向举例

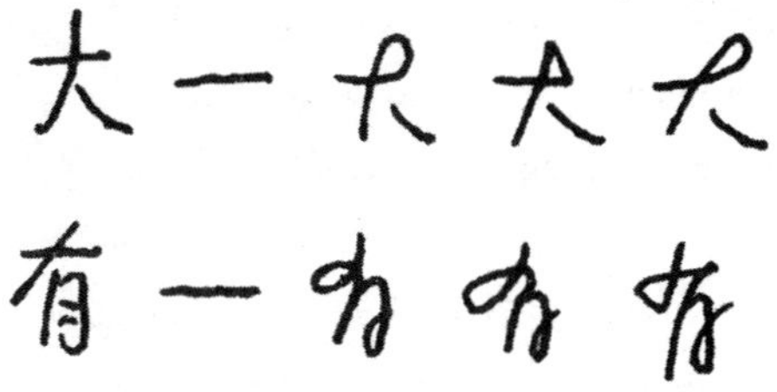

图 3 – 41　连笔形态举例

运用连笔特征时，要在相同字或可比部位的比较中看它是否是习惯性的表现，不是有规律性的连笔，不能算作连笔特征。此外，连笔的出现，意味着书写速度应该较快，笔迹的伪装程度较低。当连笔部位出现运笔迟疑、抖动弯曲或停笔另起等反常现象时，要对笔迹进行深入分析和研究。

（四）笔力特征

笔力包括运笔中的压力与速度两个因素。书写过程中通过书写工具对承受物形成的压力以及书写速度方面的特点就是笔力特征。有的书写时笔力比较均衡、书写速度适中；有的运笔中笔力时轻时重，书写速度快慢结合；有的重拖，有的轻带；有的压力在前笔画的末尾，有的压力在后笔画的开始。这些变化可以通过笔痕的深浅、笔画的流利程度和笔画的粗细来考察。笔力特征虽然表现细微，但却是个人书写习惯的表现。

笔力特征属于笔迹深层次的特征。这类特征既细微又特殊，既不易改变又不易把握。所以摹仿笔迹的高手可能仿得惟妙惟肖，但不免貌合神离，这个“神”就是笔力。笔力很难把握，也很难摹仿。

运笔特征是笔迹检验中使用最多的一类特征。因为，写每个笔画都有运笔问题。但是，它容易受故意伪装和书写条件变化的影响，甚至连书写速度的变化都会带来某些运笔的改变。只有深入研究运笔特征的变化规律和特点，学会动态地把握和使用运笔特征，才能在笔迹检验中充分发挥运笔特征的作用。

八、笔痕特征

笔痕特征，是指个人书写运动作用于笔尖反映在笔画中的细微征象。主要分为点痕、条（划）痕和油墨（水）流痕。

（一）墨点与白点

笔痕的墨点与白点特征，主要存在于圆珠笔字迹中，而且表现在笔画的起笔、收笔和折笔处。（见图 3 – 42）在某些笔的书写中，可出现瞬间不着墨，于是在起笔处形成点状的露白；有的在瞬间出现油墨堆积，于是在收笔或折笔处形成了点块状的墨迹聚积。

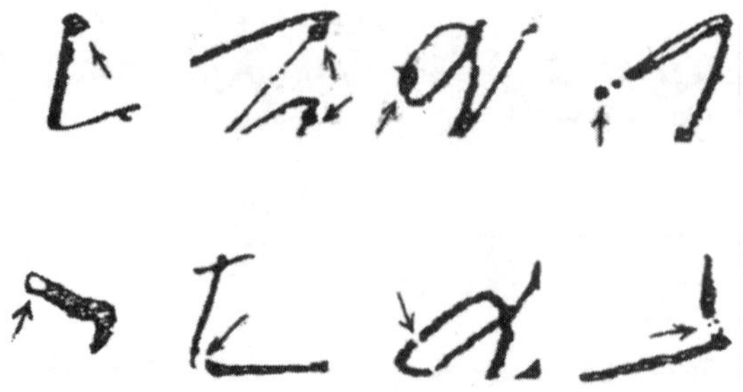

图 3－42　圆珠笔笔痕的墨点与白点

（二）墨线与白线

在使用圆珠笔书写时，很多人的字迹笔画中都有墨线和白线出现。但不同的笔或不同的人书写，墨线与白线的分布位置和粗细的搭配却有一定的差别，形成了不同的墨线与白线特征。（见图 3－43）

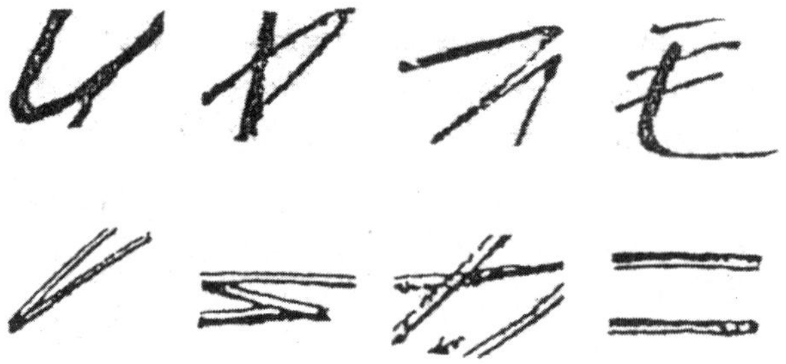

图 3－43　圆珠笔笔痕的墨线与白线

（三）划痕与压痕

划痕与压痕特征在圆球笔和钢笔字迹中都可能出现。在书写作用力较大时，可因笔尖着力而在笔画上形成一定的划痕或压痕。（见图 3－44）有的划痕处纸面可能被划破，在下页纸上形成着墨或不着墨的划痕。不同的笔或不同的人书写，形成的划痕与压痕特征是有差别的。

图 3－44　圆珠笔的划痕

（四）粗细与浓淡

在钢笔和圆珠笔字迹中，笔痕的粗细与浓淡，主要取决于笔尖粗细、供墨是否通畅和用笔的压力。不同的笔或不同的人书写，笔痕的粗细和浓淡也是有差别的。（见图 3－45）有的横画与竖画的粗细、浓淡不同，有的起笔与收笔的粗细、浓淡不同。在钢笔字迹中，有些起收笔笔痕的形态也有差别。

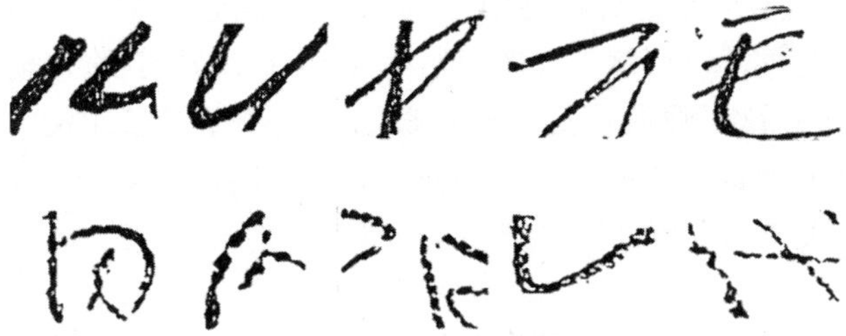

图 3－45　圆珠笔笔痕的粗细与浓淡

笔痕特征，虽然不同的人和不同的笔都会表现出差别，但笔痕形成的因素很复杂，它也会出现某些变化。所以，利用笔痕特征排除嫌疑时应特别慎重。但如果发现笔痕特征相同，这是人的书写习惯和书写笔共同作用的结果，不存在偶然巧合，那么它就是认定同一人、同一支笔书写的重要根据。

九、书面语言特征

书面语言，是用文字记录下来的语言。书写人自己组织语言书写的文字材料，不仅表现书写人的笔迹，也反映书写人的言语习惯。书面语言特征属于文字以外的特征，在笔迹检验中可作为认定书写人的根据之一。在笔迹检验实践中，常用的书面语言特征主要是如下七类。

（一）语文水平特征

语文水平是指用词、造句、表达思想的能力。衡量语文水平高低的一般标准是：用字是否准确，有无别字；词汇是否丰富，用词是否准确；句子是否通顺、简练，是否合乎语法规则；修辞能力如何，语言是否生动形象；全篇文字结构是否严谨，层次是否清楚，表达有无逻辑性；主题和中心是否明确，是否准确表达了思想。

语文水平可以用相当于某种学历的方式来表达，但不能等同于学历。语文水平和书写水平一般是协调一致的，当二者发生矛盾时，需要深入分析笔迹是否正常。

（二）方言词特征

方言词是只在某个地区使用的地方性词语。方言区有大有小，在很狭小的地区里所使用的方言词，也叫作土语词。同一事物在不同的方言区，常有不同的说法。例如“花生”，北京、沈阳、西安等地叫“花生”，苏州叫“花生果”，温州叫“落花生”，广州梅县叫“番豆”，厦门叫“土豆”，潮州叫“地豆”；“太阳”，山东、沈阳、西安、南昌叫“日头”，太原叫“阳婆”，广州梅县叫“热头”；“月亮”，广州叫“月光”，无锡叫“亮月”，福州叫“月”；“吸烟”，北京、沈阳叫“抽烟”，苏州叫“吃烟”，福州叫“食烟”。

方言词一旦出现都有一定的特征价值，不但反映言语特点，而且反映地域特点。使用方言词特征时要注意，有的方言词只在个别地区使用，有些则在许多地区使用，对方言词的使用范围，及其在不同地区的具体含义要有清楚的认识。

（三）社会习俗用语特征

社会习俗用语包括行业语、隐语等。

1. 行业语

行业语是从事某种科学技术或社会职业的人，为表达本学科和本行业特殊事物的词语。科学术语，如天文学的“行星”“光年”“星座”；地理学的“海拔”“地幔”；化学的“离子”“pH”；医学的“败血症”“抗生素”；哲学的“二元论”“范畴”，等等。职业用语，如工业上的“成品”“报废”；农业上的“保墒”“茬口”；铁路上的“车皮”“上行”；司法上的“搜查”“物证”。

2. 隐语

隐语，又称“黑话”。不明说出词语的本意，而用一定范围的人共同理解的特殊词语代替，这种词语即为隐语。如绑架叫“绑票”，把被绑架的人杀掉叫“撕票”，扒手叫“钳工”。

这些社会习俗用语如果在案件中得到反映，可以帮助我们分析作案人的职业身份。有些行业语或隐语也有地区变异。此类词语在鉴别书写人时也能起到一定的作用。

(四) 熟语特征

熟语指常用的固定短语。熟语是常用词的固定组合，语义结合紧密、语音和谐，是语言中独立运用的词汇单位，它包括成语、谚语、歇后语等。熟语一般具有两个特点：结构上的稳定性、意义上的整体性。

1. 成语

成语是人们长期以来习用的、形式简洁而意思精辟的定型词组或短语。成语多为四个字，一般都有出处，有的来自典故。如“小题大做”“朝三暮四”“草木皆兵”等。

2. 谚语

谚语是在民间流传的、用简单通俗的话说明深刻道理的固定词句。如“风后暖，雪后寒”“独木不成林”“三个臭皮匠，赛过诸葛亮”等。

3. 歇后语

歇后语是由两部分组成的一句话，前一部分像谜面，后一部分像谜底。通常只说前部分，而本意在后部分。如“孔夫子搬家——净是书（输）”“泥菩萨过江——自身难保”“外甥打灯笼——照舅（旧）”。

熟语并不是每个人都能用，同一个词语也有不同的用法，而且往往有地区性差别。喜欢用的人又有个人的习惯特点，因此，有一定的特征价值。

(五) 程式语特征

程式语是指书写信件、报告、契据等文件时，通常用的一些格式性的词语。这类特征在信件中出现较多。

1. 称呼及附加词

一封信开头往往要有称呼。如“哥哥”“姐姐”等，或者直呼其名，或者名字后面加“兄”“姐”“妹”“叔”等称呼。有的在名字之后，加上“先生”“女士”“阁下”之类的尊称。有的还在下面接用“台鉴”“如面”之类的词。在信封上除姓名之外，有的还用“收”“启”“查收”“亲启”“亲展”等不同的用语。

2. 序词和转承语

序词是指正文开头第一个词语，其作用是为引出下文。如有的用“敬禀者”，有的用

"见字知悉"，有的用"兹有""兹因""今有""查""事由"等。

转承语是转入主要内容或其他内容时使用的程式语。如"今去信不为别事，只因……""关于……""至于……""另外……"等。

3. 问候和祝颂语

对收信人的问候，一般写在开头，有的写"你好"，有的写"您好""你好吧!""近来可好?"，有的用文言词，如"无恙""别来无恙"等。

祝颂语是正文后面向收信人表示祝颂的词语，如"祝你安康""此致敬礼""敬礼""祝你健康"等。

4. 结束语和祈使句

结束语是正文写完之后，附加的语句。如"就此搁笔""余容再谈""到此纸尽墨干""好吧！写到这里""写得潦草请原谅"，等等。

祈使句是指要求或希望别人做或不要做某事的句子。在信件中有的用"盼回音""请速复""勿念""多多保重"之类的句子。

5. 署名及其附加词

署名有的用全称，有的只写名不写姓，有的在姓名前边写称谓，后边加上"草""上""手书""示知""写""笔"以及"顿首""拜"等。

6. 时间的表达方式

有的习惯于写年、月、日，甚至有的还写"夜""午""×时×分"；有的只写月、日，有的还写"于××地"。表示时间的数字，有的喜欢用汉字数字，有的则喜欢用阿拉伯数字，有的二者混用，有的用公历，有的用农历，等等。

（六）不规范的构词特征

每个人在书面语言中所使用的词汇，大部分是符合构词规范的，不然别人看不懂写的是什么意思。但有的人所使用的部分词汇不合乎构词规范。一般语文水平低的人，不规范构词的错误多些。由于每个人容易弄错的词汇并不相同，各具一定的特殊性，因此，不规范构词特征就是我们区别不同人书面语言的一个根据。不规范构词主要表现在以下几个方面。

1. 词素颠倒

一个词中每个词素都有一定的顺序，而有些人在有些词上，习惯把词素顺序颠倒，从而成为一种违背规范的构词特征，如践踏——踏践，此致——致此，请求——求请，建树——树建；有些词素颠倒是一种方言现象，如早晨——晨早；有的可能是笔误，在使用时必须加以区分。

2. 生造词

生造词是指违反造词规律，任意拼凑词素而造出来的词。如"身体康强""长势葱茂""值得疑思"，等等。

3. 用词不当

用词不当，通常包括以下五种类型。(1) 混淆词义，如"不调查就下结论，真果断（武断)"。(2) 对象不明，如"我只传达（表达）我的想法"。(3) 搭配不当，如"改进（改正）错误""执行（履行）诺言"。(4) 词性变换，如"这个人的性质（品质）很坏”。(5) 滥用虚词，虚词包括副词、介词、连词、助词、叹词、象声词。滥用虚词是指到处或随便使用如“因为、所以、但是、但、了、吗、呀”之类的虚词。

（七）句式特征

句式是指句子的结构形式。正确运用语言表达思想，不仅要正确使用词语，而且还要根据语言环境和对象，选择恰当的句式。有的人惯用短小精炼的句式，有的人惯用冗长的句式，有的人惯用倒装句。无论使用哪种句式，都要求完整准确。但是有的人做不到，常常出现结构残缺、搭配不当、成分易位等错位的句式。句式特征有较高的特征价值，但要与有些方言中句子成分颠倒的现象相区分。

上述书面语言特征是与个人出身、文化水平、社会经历、职业身份、兴趣爱好分不开的。每个人在形成自己的习惯用语之后，一般是不易改变的。特别是文化水平不高的人，使用程式语比较单调而且特殊，我们可以充分利用这方面的特征。但是也应注意，有的人故意改变自己的语言特征，模仿某种人或某个人的口气和习惯用语。还有的人文化水平较高，能根据不同的对象、场合及文件内容、格式，灵活运用各种词汇和不同格调的语句。这除了可以说明此人驾驭语言的能力外，还可以说明有些特征是不为多数人所具备的，特别是惯用词语，在成为符合点的情况下均可作为文字以外的特征使用。

【思考题】

(1) 笔迹的概念与内涵。
(2) 书写动作习惯作为同一认定鉴定客体的基本属性。
(3) 笔迹特征的常见分类方法。
(4) 笔迹的一般特征与细节特征。
(5) 笔力与笔压之概念比较。
(6) 各笔迹特征的同一认定价值及运用。

【参考文献】

[1] 邹明理、李纯实主编:《笔迹学》，四川科学技术出版社 1988 年版。
[2] 贾玉文主编:《笔迹检验》，警官教育出版社 1999 年版。
[3] 邹明理主编:《笔迹学》，中国政法大学出版社 1994 年版。
[4] 贾治辉主编:《笔迹学》，法律出版社 2010 年版。
[5] 贾玉文、邹明理主编:《中国刑事科学技术大全 · 文件检验》，中国人民公安大学出版社 2002 年版。
[6] 贾治辉主编:《文书检验》，法律出版社 2000 年版。
[7] 王相臣主编:《文件检验》，群众出版社 2010 年版。
[8] 贾晓光主编:《文书物证司法鉴定理论与实务》，中国人民公安大学出版社 2017 年版。
[9] 邹明理、杨旭主编:《文书物证司法鉴定实务》，法律出版社 2012 年版。

第四章　笔迹检验的一般程序与方法*

内容提要：本章主要介绍包括笔迹检验中检材及样本的收取方法和要求；笔迹检验的一般程序和方法；鉴定书的编写等内容。其中，笔迹检验的一般程序和方法是本章的重点，对检材笔迹的分析、笔迹特征的选择方法和综合评断是本章的难点。

关键词：笔迹检验；样本笔迹；程序方法；综合评断

第一节　检材及样本的收取方法与要求

送检单位委托鉴定，除了必要委托函件（包括委托书、介绍信等）的准备外，主要是做好送检材料的准备。笔迹检验是通过物证笔迹（检材）与样本笔迹两部分笔迹之间的比较来进行的。它既需要具备检验条件的检材，也需要达到检验要求的样本笔迹。

一、检材的提取与送检

（一）检材的提取和保存

1. 检材提取、保存的原则

为了保护证据，并给笔迹检验创造良好的条件，检材的提取、保存应遵循的原则如下。(1) 保持原貌。要注意保护检材上可能留下的其他痕迹和微量附着物。应仔细展平或拆开，保存时按原折法折叠，不能揉搓、挤压或任意折叠。不能在物证上标注文字和记号，也不能装订或粘贴。(2) 安全保存。提取和保存检材必须小心谨慎，防止损坏，防止沾水受潮，防止烘烤曝晒，防止沾染其他污物。一般可用塑料袋、纸袋或卷夹保存，不得遗失或损坏。(3) 合法有效。提取检材必须通过合法途径，按法定程序进行。没有当事人认可、见证人证实而提取的检材，不是合法的证据。所以，办案人员提取检材时，应有有关人员在场，并办理必要的手续。对当事人提供的作为书证的笔迹，应由受理部门制成举证笔录，说明其来源，明确举证责任。

2. 检材提取、保存的方法

检材的提取，就多数而言只是收集的问题。保存也无须特殊的技术方法，只要按上述原则办理即可。需要使用某种专门的提取、保存方法的检材，一般是在现场直接书写的字迹。在建筑物等物体上书写的字迹，一般不易提取原件，而应首先从全貌到局部细节，加

---

* 本章部分内容源自贾晓光主编：《文书物证司法鉴定理论与实务》，中国人民公安大学出版社 2017 年版，第 72 ~ 89 页，并进行了修改完善。

比例尺拍成清晰、完整的照片，在照片已达到固定证据、提供检验的要求后，再将现场字迹清理掉。在较平物面上用粉笔、石灰、木炭、血液等书写的字迹，或在灰尘物面上划写的字迹，可以在拍照后用透明胶带或新复写纸粘取。粘有字迹的胶带可贴在能鲜明衬托出字迹的纸张上；粘有字迹的复写纸可用透明塑料薄膜或玻璃纸封装固定。必要时，对写有字迹的器物或能拆卸的部件，在征得物主同意后，亦可提取。

（二）笔迹检验对检材的要求

1. 字迹清晰，具备检验条件

字迹清晰，不仅要能辨认，而且要能清晰地表现出具体特征。笔迹检验是通过比较检材与样本笔迹特征的异同，来确定是否属于同一人笔迹。如果检材不清晰，就选不出或选不准笔迹特征，与样本的比较也就无从进行。当然，因检材的形成条件不同，也不能苛求所有的检材每个字都必须完全清晰。只要能反映出检验所需的特征，就应将其视为具备检验条件的检材。

2. 原则上应提交原件检验

除在现场直接书写的字迹可依据现场拍照的照片进行检验外，其余的原则上均应提供检材的原件。我国《民事诉讼法》第七十三条规定，书证应当提交原件。提交原件或者原物确有困难的，可以提交复制品、照片、副本、节录本。包括笔迹鉴定在内的各种物证检验和鉴定，是刑事和民事诉讼活动提供证据的重要环节，从保证鉴定质量的角度考虑，应要求提供原件。确实无法提供原件的，应能够证实复制件的来源可靠。

二、笔迹样本的种类和收集方法

有的笔迹样本能很好地反映出书写人的书写技能与习惯，有的则变化较大，因此确定笔迹样本的种类对于笔迹样本的使用有重要意义。了解笔迹样本的收集方法，能加深鉴定人对笔迹样本的认识，在解释检验中出现的差异点时可发挥重要作用。

（一）笔迹样本的种类

笔迹样本，按其价值和作用可分为平时样本和实验样本。

1. 平时样本

平时样本，是指嫌疑人（或当事人）在日常工作或个人交往中书写的文字材料。按其书写时间又可分为案前样本和案后样本。案前样本是在案件发生以前书写的。这种样本一般没有伪装，能真实反映嫌疑人（或当事人）的正常书写技能与习惯。这是一种比较好的样本，也是鉴定中利用的主要样本。一个人的书写技能与习惯经过较长时间可能会发生某些变化，而在一个较短的期间内变化不大，因而与检材形成时间较近的样本可比性好，更容易反映它与检材的同一关系。如果检材笔迹有伪装，除需要足够的与发案时间相近的样本外，有时还需要发案前几年乃至十几年的笔迹样本。因为嫌疑人（或当事人）伪装笔迹，常常是以前的某些书写技能与习惯的再现。案后样本是指案件发生后，由嫌疑人（或当事人）亲笔书写的文字材料分为两种情况：一种是发案后嫌疑人（或当事人）在日常工作、学习、生活中写的文字材料，收集起来作为笔迹样本；另一种是在侦查调查过程中，因一时找不到嫌疑人（或当事人）的现成的笔迹样本，或已收集的样本不足，通过某种方式让嫌疑人（或当事人）书写的文字材料。使用案后样本，特别是以鉴定为目的让嫌

疑人（或当事人）书写的样本一定要慎重，防止将伪装的笔迹样本当作正常笔迹样本。因此，在受理鉴定时必须深入了解收集案后笔迹样本的方式方法、嫌疑人（或当事人）有何反常表现等。

2. 实验样本

实验样本，是指让嫌疑人（或当事人）按照模拟检材的形成条件（如书写工具、承受物、书写姿势和伪装手法等），书写的笔迹样本。这种样本一般是为了进一步认识检材的变化，解释鉴定中遇到的疑点，验证所供内容的真实性而收集的。如送检材料中有实验样本，要了解实验样本的收集方法，在书写过程中有无指点或暗示，以及嫌疑人（或当事人）的态度与表现等。当前不少民事经济案件中，由于各种原因无法得到平时样本，送检的笔迹样本中许多都是实验样本，在使用时要慎重。

（二）笔迹样本的收集方法

笔迹样本的收集工作一般由送检单位负责。当送检的样本不合要求，办案人员又不清楚收集样本的正确方法时，受理人应向办案人员介绍收集样本的方法。收集样本笔迹的方法主要有以下三种。

1. 通过单位或组织收集

这是避开书写人，依据有关规定，由单位组织从归档和保管的材料中提供的书写人的平时笔迹样本。收集时，要通过仔细核对、确认，勿将他人代写代填的笔迹当作本人笔迹。

2. 向个人收集

这是案件当事人为澄清事实或摆脱干系而提供的笔迹样本。有的是个人主动提供，有的是办案人令其提供。采用这种方法收集的样本，可信度差别较大。有的是正常笔迹，有的是不正常笔迹，还有的是委托他人代写的。所以，使用这种样本必须经过印证，防止上当受骗。

3. 临时收集

这是在没有书写人现成的笔迹样本或样本不足，应鉴定所需，办案人让书写人当面书写的。这时收集到的笔迹样本是否能较好地反映书写人的书写技能与习惯，一方面取决于书写人是否配合，另一方面取决于收集样本的具体方式方法是否科学。

临时收集样本笔迹时，除了书写工具、纸张尽量与检材一致以外，还应该注意以下三点。

第一，最好分几次进行，数量要多些，而且要适当变换书写速度，使书写人没有思考、应对时间。

第二，让书写人书写的笔迹内容最好包括检材的相关内容，尤其是检材中出现的特征字。必要时可以把所需要的字与其他文字组织成一段有具体含义的话，其内容越生动、越能吸引书写人的注意越好，使得书写人的注意力能集中在书写的内容上，而无暇改变笔迹。

第三，收集时要听写，不要让书写人抄写。在特殊情况下，可以把拟听写的内容打印出来让书写人抄写。切忌让书写人抄写他人手写笔迹材料。

第二节 笔迹检验的程序和方法

笔迹检验工作的程序是：(1) 受理鉴定；(2) 检验；(3) 制作鉴定文书。笔迹检验的基本方法是同一认定法，遵循分别检验、比较检验、综合评断的基本流程，即通过对检材和样本的分别检验、比较检验，确定二者的书写习惯是否同一，从而作出认定或否定的结论。就操作方法而言，笔迹检验通过分析笔迹形成、选择笔迹特征、比较笔迹异同和综合评断作出鉴定意见等步骤来完成。

一、受理鉴定

(一) 了解案情

1. 简要了解案情

简要了解案情是在正式办理委托手续前进行的，目的是了解送检单位情况、案件性质，根据有关政策规定，决定是否应当受理；根据物证的情况和送检人提出的鉴定要求，初步判断本鉴定机构是否具有相应技术条件；向送检人作出鉴定机构的有关声明。待双方都确认之后，再进一步详细了解案情。

2. 详细了解案情

受理人应向送检单位详细了解案件的发生、侦查、审理等有关情况。详细了解案情的目的是，尽可能多地了解相关信息，便于结合案件的实际情况，对检验过程中遇到的问题作出客观、科学的分析和判断。受理人对了解的案情要作详细记录。需要详细了解的主要内容如下。

(1) 发案情况。即该案发生的时间、地点、具体场合及发生经过。

(2) 侦查与调查工作情况。就是了解办案单位就该案的侦查调查工作的开展情况，对案件涉嫌范围的判断及其根据。

(3) 被鉴定人的情况。即了解被鉴定人的姓名、性别、年龄、籍贯、职业、文化程度、社会经历、个人爱好、书写技能、身体状况等。

(4) 物证鉴定和查证情况。送检的笔迹物证是否经过检验，鉴定意见和根据是什么，原鉴定送检的检材和样本与本次鉴定有无不同，重新鉴定的原因。与该案有关的其他物证，如纸张、书写工具、手印、脚印、血迹、DNA 等现场遗留物品、痕迹的调查、检验情况。

(5) 进一步明确鉴定要求。在详细了解案件的情况后，要明确送检单位提请鉴定解决的具体问题。受理人要对鉴定的目的和意义有清醒的认识。如果根据案情和检验条件，受理人认为有必要补充或修改鉴定要求，以便更好地揭示或证明案件事实，可向委托人提出建议。不能置文件物证的整体于不顾，就事论事，简单处理。

(二) 查验检材

查验检材，主要解决以下五个问题。

(1) 查验检材字迹是否清晰、完整，有无检验条件。有时物证的原件或照片字迹不够清晰，检验条件不佳，但只要尚有检验条件，受理人就应受理，并且鉴定人应尽量利用现有条件进行检验。当然也要实事求是，特别是对那些字数很少，又模糊不清，确已失去检验条件的，应在说明情况后拒绝受理。

（2）问明检材的形成条件。对于直接书写在某种物体上的字迹，应了解它在现场的原始状态、具体位置、倾斜方向、字迹大小以及书写环境。还要了解是用何种书写工具在何物体上写的，物体表面性状如何，是光滑的，还是粗糙的；是平面的，还是柱球状面的；是干燥的，还是潮湿的；等等。必要时，在案件受理后鉴定人应对现场情况进行实地观察。对于在纸上书写的，应仔细观察纸张及笔迹的各种现象，弄清纸张折痕、缺损、污染、涂抹等各种反常迹象形成的原因。

（3）核实检材本身的情况。特别是对送检的检材照片，如果照片对笔迹的细节反映不够清晰，则应向送检人详细了解原笔迹中某些笔画连接与搭配关系，以及笔顺等情况。要注意分清哪些是应检验的笔迹，哪些是无关的笔迹或划痕，特别是支票、收据之类的物证，要分清哪些是作案人的笔迹，哪些是其他人员的笔迹，切不可混淆。

（4）了解检材在拍照、提取、包装、送检等过程中发生的变化。

（5）具体核对检材的名称、数量，尤其要注意送检物证是否为原件。

（三）查验样本笔迹

通过笔迹检验，确定检材是否为某人的笔迹，必须用书写人的亲笔字迹作为比较检验的样本。因此，笔迹样本是否真实可靠，质量如何，直接关系鉴定意见的准确性。

1. 核实笔迹样本是否为书写人亲笔所写

要警惕将他人代笔的字迹材料误作书写人的亲笔样本。特别是作为样本的材料数量较多，常混有他人的笔迹，因此必须一一核对，防止将他人的笔迹当作书写人的笔迹。对于送检人一时确定不了的，应分别记录，作为参考材料。

2. 查验笔迹样本的种类、了解样本收集方法

查验笔迹样本的种类、了解样本收集方法，有助于鉴定人加深对笔迹样本所反映的书写习惯、技能、特征变化规律的了解，进而准确解释笔迹特征差异的成因。

3. 查验笔迹样本的数量和质量

查验笔迹样本的数量，一方面是指核对送检笔迹样本的具体份数，另一方面是指查验笔迹样本是否比较充分地包括了检材上的文字。样本材料最好与检材之间具有一定数量的相同字，或相同的偏旁部首。因为相同字和相同偏旁部首越多，越能充分反映书写人的基本书写技能与习惯。为了客观地认识因个人书写技能与习惯发展演变而产生的自身差别，应尽量选取与检材形成时间相接近的笔迹样本。一般说来，笔迹样本材料越多，越能充分地反映检验中可能运用的特征。

查验笔迹样本的质量还要注意书写条件与检材形成条件是否相近。这是指样本在书写速度、字形、字体、文件载体、书写工具等方面尽量与检材相似。如果检材是仿宋体，则最好能有这种字体的样本。如果没有这种字体的样本，也应有当事人平时慢写的类似楷书的样本。如检材是快速书写的，应有当事人快速书写的笔迹样本。如果检材是恐吓信之类的，最好有当事人平时写的书信作为样本。如果检材是毛笔写的，最好有当事人毛笔书写的样本材料等。总之，这些条件与检材越接近，检验条件就越好。如果这些条件差距太

大，甚至难以进行比较，则应提请送检单位补充收集符合要求的样本材料。

在检验鉴定过程中，鉴定人也要对样本笔迹进行认真分析，一旦发现样本不真实、不可靠，应及时向送检单位指出，并要求补充或重新收集符合检验要求的笔迹样本。

（四）办理受理手续

如果委托鉴定的案件符合笔迹检验的范围和法定手续，检材与样本又符合检验条件，应当接受委托，办理相关受理手续。

二、检验

（一）对检材及样本的分别检验

1. 分析检材

分析检材是笔迹检验的第一步。它的主要任务是：分析研究检材的书写方法，有无伪装或变化，伪装的手段和变化原因，以及笔迹的变化程度。对检材的认识是否合乎实际，是正确进行鉴定的前提。因此对检材要仔细检验，反复分析，力争“吃透检材”。然而，正确的认识往往不是一次完成的，需要有不断地由浅入深、由片面到全面的认识过程。

（1）对检材的概括认识。

开始检验时，首先要对检材有概括的认识。通过观察弄清检材的内容与案件事实的关系，检材的书写工具、字形字体、书写速度、书写水平与语文水平，检材上有无其他异常迹象或突出特点。

（2）判断笔迹是否正常，弄清变化原因。

要深入地分析检材笔迹是否正常，有无变化，能否真实地反映作案人的书写习惯。分析检材笔迹是否正常的前提是检验人员已经掌握了正常与非正常笔迹的特点。

正常笔迹是在正常的生理、心理及书写条件下书写的，正常笔迹的一般特点是：书写运动比较自然，字的大小、倾斜、行间、布局等比较适称，笔画之间的搭配比例与运笔比较自然，书写水平与语文水平相适应，相同的字、偏旁或笔画的特征有明显的重复再现的特点。

在不正常的生理、心理及书写条件下书写的笔迹就是非正常笔迹。非正常笔迹包括各种伪装笔迹（含摹仿笔迹）、书写条件变化笔迹等。

有些作案人为了掩盖自己的笔迹，采用各种手法进行伪装，使笔迹发生变化。如故意改变字形字体，改变笔画的基本形态，有意识地加快与放慢书写速度，用右手写反字，改用左手书写，用其他方法拼组字，或者摹仿他人的笔迹，等等。各种不同的伪装手法会引起不同的变化特点，其变化大小取决于伪装方法和作案人书写技能的高低。故意伪装笔迹的基本特点大致是：书写速度快慢不均，字的熟练程度前后不一致；字的大小、倾斜、行间、布局不均，疏密不一；字形异常，字体混杂；字的结构松散零乱，笔画之间的搭配比例不协调；运笔生涩呆板，不适当地拉长缩短、弯曲抖动、修饰重描、中途停顿，有的外加环绕点缀，严重者奇形怪状；有的书写水平与语文水平有明显矛盾，将常用字写错、用错，或使用早已淘汰的古旧字。

作案时不正常的书写条件，对书写过程也有不同程度的影响，使笔迹发生某些变化。书写条件包括书写工具、承受物体、书写姿势、书写时的周围环境、书写人的生理条件等，其中前四个方面是书写人以外的客观条件，生理条件是书写人内在的脱离主观意识控制的条件（如紧张、疾病、手部外伤等）。笔迹变化的大小，主要取决于不同条件对书写活动的限制与干扰的程度和书写人的控制能力。如果限制力大，控制能力小，笔迹变化大；如果限制力小，控制能力大，笔迹变化就小。一般来说，如果单纯是书写条件的影响，笔迹变化不大。条件影响变化的一般特点是：字的大小、倾斜不均，书写速度可能缓慢；运笔呆板转折生硬，笔力轻重不一，连笔不自然；个别字的笔画过长过短，搭配位置不准；个别的可能出现笔画重叠、多笔少笔现象。由于条件千变万化，分析笔迹的变化必须结合案件的具体条件。

根据上述特点结合案件的具体情况，一般可以对笔迹是否正常作出判断。

如果检材笔迹不正常，就要进一步研究其原因。影响笔迹变化的原因很多，一般可以根据检材的特点和作案现场的实际情况去分析可能是哪种原因引起的。当然要尽可能找出影响变化的主要原因，只有这样才能在错综复杂的变化中抓住有规律的变化现象，认识反映书写习惯的基本特征。

2. 分析样本

分析样本是确定样本是否真实、正常，与检材的可比性如何。对样本的分析是否具体深入，对后续的比较检验，甚至综合评断工作都具有重要影响。在受理鉴定、查验样本的基础之上，进一步分析样本主要应从以下三个方面进行。

（1）分析样本是否真实。主要是核实和确定提供的样本材料是否都是嫌疑人亲笔书写，有没有掺杂其他人的笔迹。在笔迹检验案件中，受主客观因素的影响，有时提供的样本材料并不都是嫌疑人书写的，所以要注意核实。特别是在样本材料类型及数量较多时，就更要注意甄别，避免张冠李戴。甄别的方法是先将案件中最为真实可信的样本确定下来，然后以此为参照对其他样本进行比对核实。

（2）分析样本是否正常。对于案后样本和实验样本，要结合收集的方法、与案前样本的比较，以及分析笔迹是否正常的基本方法，从多渠道、多角度分析判别样本笔迹是否正常，有无伪装和变化，甚至具体到某些笔迹特征是否如实反映了书写人的书写习惯。

（3）分析样本是否具有充分性、可比性。充分性与可比性都是相对于检材而言的。充分性是说样本笔迹中是否出现了足够数量的与检材笔迹相同的字、偏旁或笔画；可比性是指样本笔迹与检材笔迹在书写工具、书写姿势、书写承受物、书写部位、书写速度、书写字体、书写时间等方面情况是否接近，有无明显差别。分析样本的可比性对于恰当地使用样本，客观地进行综合评断都具有重要意义。

（二）选择和记录笔迹特征

笔迹特征必须是书写技能与习惯的反映，它不但是稳定、重复再现的，而且具有一定的特殊意义。为了进行检验，必须经过认真分析研究，深入认识笔迹特征，应从检材笔迹中选择出可供比较的笔迹特征，而不是把检材笔迹中的所有表现都当成特征使用。

1. 发现笔迹特征的一般程序

（1）从全貌到局部。即首先研究笔迹的全貌，然后研究每个字的写法及其结构，最后找出其运笔、笔痕方面的特征。这是一种层层深入的办法。

（2）从大体到细节。即先注意大体的明显特征，再深入研究各个细节特征。例如，先研究字的偏旁之间大体搭配比例关系，再研究具体笔画之间结构关系；先研究运笔的基本方向，再研究运笔中的笔力特点；先研究明显的连笔笔顺，再研究不连笔的笔顺；先研究字的基本写法，再研究同一写法中稳定的结构和运笔特征；先研究使用了哪些标点符号、各标点的大体位置，再研究标点符号的运笔细节；等等。

（3）从单一到相互联系。研究特征往往先从某一具体的单一现象着手，然后再深入分析研究这一现象与另一现象之间的相互关系，以期发现具有特殊意义的笔迹特征。例如，某一笔画写得特别短，或某一运笔趋势比较特殊，或某一点笔位置很低，这些都是单一的现象。如果进一步研究它们与其邻近笔画之间的关系，又可发现与其相联系的特殊笔顺之类的特征。又如“牛”字，当它作为单字时是一种笔顺，而作为偏旁时则是另一种笔顺，分开看各为单一的特征，联系起来看则是更为特殊的现象。

（4）从文字到其他。研究笔迹特征，首先要从文字方面的笔迹特征入手，然后还要注意研究文字以外的布局、标点及其他符号、书面语言、绘画方面所反映的个人习惯特征。

只有从全貌到局部，从大体到细节，从单一到相互联系，从文字到其他，反复地分析研究，才能全面发现和充分利用笔迹特征。

2. 选择笔迹特征的一般方法

要选择既能反映书写技能与习惯，又具有一定特殊意义的笔迹特征。一般可从以下六个方面入手：

（1）在重复再现的现象中选择特征。如果检材字迹较多，应首先在那些重复再现的现象中选用特征。即在相同的字、相同的偏旁和相同的笔画中，注意抓住重复再现的写法、搭配、比例、笔顺和运笔等特征。一般来说，重复再现是书写习惯的表现，是稳定特征的标志。但是，重复出现的那些字、偏旁和笔画绝不是一模一样或机械重复的，总会存在这样或那样的细小差别，但可以从中概括出它的基本特征。

（2）从运笔自然、结构正常的单字中选择特征。对于只出现一次的单字，如果运笔比较自然，结构比较正常，可以从这些单字中选用搭配比例、运笔、笔顺和写法等特征。特别是字少的检材，几乎没有相同字，但可能有相同的偏旁或笔画，这就需要将每个字、每个笔画联系起来进行分析研究，以发现特征。

（3）选择具有突出特点的笔迹特征。要特别关注那些具有突出特点的笔迹特征，如错别字、特殊的笔顺、特殊的搭配比例和运笔等。因为特殊，这些特征的价值较高。但要注意有无摹仿的可能，因为作案人摹仿他人的笔迹时，常常摹仿其笔迹中的突出特点。

（4）选择笔迹的细节特征。引人注目的特征易于被发现，作案人伪装笔迹时也力图把某些突出的特征加以改变，但其在运笔、结构的细节上一般不注意伪装，即使想伪装也很难控制其习惯性的动作。因此，对那些比较隐蔽的细节特征，更应注意研究。

（5）选择字以外的其他特征。要注意从布局、标点符号、书面语言等方面，发现和利用反映特殊书写习惯的特征。因为这些方面常被伪装笔迹者所忽略，特别在字少的笔迹中充分利用此类特征，可充实检验结论的根据。

（6）选择有疑问的特征。对某些看来很不正常，又不足以证明是伪装变化的特殊的写法、笔顺或搭配比例特征，可以先把它当成有疑问的特征加以选用，待与样本反复比较之后，再进行分析评断。

3. 笔迹特征比对表的制作

在选择笔迹特征的同时，要把已选的特征记录下来，这就需要制作“特征比对表”。特征比对表是记录和整理笔迹特征的有效方法。它可以把个人笔迹的主要特征集中展现出来，有助于认识个人书写技能与习惯的特性，便于进行检材与样本笔迹之间的比较。

（1）制作特征比对表的方法与要求。

制作特征比对表，可以采用手工描绘、复制剪贴、计算机编排的方法。

手工描绘，就是用铅笔把从检材和样本上选择的特征字，分别如实地描绘在特征比对表上。描绘时，要把特征看清楚，力求描得像，特别是特征所在的部分不仅要形似，而且要仿其神态。如果描得不像，应擦掉重描。

复制剪贴，就是将检材和样本拍成照片或制成复印件，然后从中剪取所需的特征字，粘贴在特征比对表上。

计算机编排，就是把检材和样本笔迹通过扫描仪或数码相机制作成电子图片并录入计算机，然后用计算机软件（如 Photoshop）或专用笔迹比对表编辑软件编排制作比对表。目前一些软件开发公司与笔迹检验专家合作编制的专用笔迹比对表编辑软件，已可以方便快捷地完成特征的选取、标识和比对表的生成。

特征比对表一般分为左右两部分。左半部分记录检材笔迹特征，右半部分记录样本笔迹的相应特征。记录检材笔迹特征，既可按特征类别依次进行，也可按发现的先后顺序进行。除单字特征外，文字布局、标点符号、书面言语等特征也要以适当方式予以记录。记录在比对表上的特征，要用一定的特征标识符号标示。（见表 4－1）

表 4－1　笔迹特征标识符号

符号名称	符号形态	适用特征	标示举例
双箭头	——→	起收笔动作、笔画搭配位置	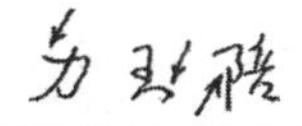
单箭头	——→	运笔方向、转折和连笔	
顺序号	1 2 3 ①②③	笔画、偏旁的书写顺序	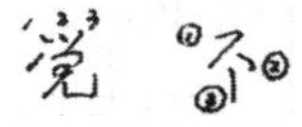
括号	（ ）	各种写法、错别字	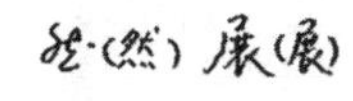
实线	——	搭配比例、字间组合	
虚线	------	文字布局	

为了提高特征比对表的制作效率，通常先记录检材笔迹特征，然后以检材笔迹特征为线索，在样本笔迹中寻找相应的特征，并客观地逐个将它们描绘、剪贴或编排在特征比对表的右侧与检材特征字对应的位置上。在样本中寻找可比对的特征字时，一定要认真、仔细，避免因疏忽造成的遗漏。

（2）特征字的选择与排列。

笔迹检验比较的是通过笔迹反映出来的书写技能与习惯，为了体现书写人的书写技能与习惯及其自然变化，选择和排列特征应注意科学性，具体应注意以下七个方面：

① 要尽量多选几个重复出现的相同字或偏旁，而且要把它们集中排列，有相同偏旁、同名笔画的不同字可就近排列；

② 一个字有多种写法的，各种写法都要有代表性的选择一两个并排在一起；

③ 手工描绘比对表时，对标点符号、文字布局方面的特征也要尽量形象地描画，可用“×”代替字；

④ 书面语言方面的特征可直接记录内容或摘录部分内容；

⑤ 检材和样本数量多，并且是不同年代形成的时，首先要按照时间顺序排列，其次要按书写速度、字形字体的相关性排列，以表现笔迹特征的自然变化；

⑥ 标语传单类的检材，在制作比对表时，非特别需要应适当颠倒字序；

⑦ 检材数量较多并且是长时期内连续出现时，应按检材出现的时间顺序从左至右排列特征。

特征比对表制作完成后，先将检材的特征用特征标识符号标示出来，检材上的特征一般用红色笔标示。

（三）对检材及样本笔迹的比较检验

以检材的笔迹特征为依据，同书写人笔迹样本的相应特征进行比较。从而发现二者之间的异同点，并如实地把所发现的异同点记录在特征比对表的右半部。一般来说，样本上的特征与检材特征相同的用红色标示，差异用蓝色标示。

1. 比较笔迹异同的方法

比较笔迹异同，从以下三个方面进行。

（1）笔迹概貌的比较。笔迹概貌的比较，主要是进行检材与样本之间的书写水平、字形、字体、字的大小等特征的比较，看二者在这些方面是否一致，从而初步认识它们的异同。概貌特征的比较，有助于全面利用特征。

（2）单字特征的比较。这是比较检材与样本笔迹异同的主要环节。在这个环节中要注意以样本中出现的特征字为线索，查找检材中出现的相同字或偏旁，并及时补充到特征比对表中。如果检材中的某个或某些字在样本笔迹里没有出现，可补充有相同偏旁或同名笔画的字进行比较。对于发现和确定的相同特征与不同特征，都要用特征标识符号进行标示。

（3）书写技能与习惯的比较。每个人书写技能的表现是多种多样的，快写、慢写及书写其他字体时既能体现书写人的书写变化能力，也能体现出其书写技能中有规律的、稳定的部分——书写习惯。因此在完成概貌和单字的比较后，要全面深入地比较通过检材与样本笔迹反映出的书写技能与习惯是否一致。比较书写技能与习惯的方法如下：

① 二者是相同（或相近）书写速度、字形、字体的笔迹时，比较二者书写技能表现如何，书写习惯是否得到一定反映，反映出的书写技能与习惯是否一致。除了比较二者之间的相同字以外，还要比较不同字的同部位、同名笔画笔迹的特点及特征变化规律。如检材和样本可能都将撇画变异成横画，但是二者在写“横画”的方向、长短、笔力的分布上的规律（习惯）可能不同。从中可以发现书写技能与习惯上的差异。

② 二者书写速度、字形、字体发生变化时，比较二者笔迹发生变化的规律及笔迹特征变化的规律是否一致。各种字体等都有各自的书写规则与规范，书写人是否懂得并能遵

循这些规则、规范属于书写技能范畴，在多种能力中喜欢采用的那一种就是书写习惯。如检材在“王”的笔顺上慢写用楷书笔顺、快写用行草书笔顺，样本慢写、快写都用楷书笔顺，这就体现出二者“王”字笔顺的书写技能与习惯不同。但是如果检材和样本都只有楷书体时，在“王”的笔顺上二者就不是差异点了。

③ 在字数较多，但特殊性强的特征较少时，可重点比较二者相同字和不同字基本笔画的运笔、笔画、构字部件、字与字的组合关系上的规律。

④ 比较二者书写技能与习惯发展演变的基本规律是否一致。针对长时间连续出现的检材，选择和排列笔迹样本特征时，也应把所收集的不同时期书写的历时样本按时间顺序排列，比较二者书写技能与习惯的演变规律。

上述比较是现阶段笔迹检验的主要方法。利用电子计算机软件进行笔迹自动鉴别，在国内外已初步实现，但适用范围有很大的局限性，有的只适用于正常书写的笔迹，有的只适用于在线签名。无论采用什么样的比较方法，都必须遵照辩证唯物主义的指导思想行事，否则就容易使检验工作失败。

2. 比较检验中应注意的问题

比较笔迹异同，就是将检材笔迹特征与样本笔迹特征进行对照比较，全面、客观地展示二者之间的相同点和不同点，为综合评断奠定基础。在比较过程中应注意以下几点。

（1）要在可比的特征之间进行比较。

由于每个人的笔迹都有其各自的技能和习惯体系，不仅不同的字写法不同，而且处于不同字中或不同部位的同一偏旁或笔画，往往也有不同的表现形式。因此比较主要是在检材与样本上的相同字、相同偏旁、同部位的相同笔画之间进行。但是当被检验的笔迹数量有限或有严重伪装时，就要在不同字的同部位、同笔画之间发掘特征，并进行比较。不具有可比性的部位与笔画不能比较。不同偏旁，如单人旁与人字头不能比；偏旁与它的独体字，如“讠、钅”与“言、金”不能比；不同笔画，如撇与捺、捺与横等不能比。但如果把不同的偏旁或笔画写成了相同的偏旁或笔画，如“革”字写成草字头，“我”的第一笔写成了横笔，则可分别同草字头、横笔进行比对。这就是要注意特征的可比性，不能比的不要勉强比对。

（2）要客观全面地比较特征。

在检材和样本笔迹特征的比较过程中，必然会出现符合与差异两个方面，这是不以我们的意志为转移的，而我们的认识只能客观地反映它，不能随意地歪曲它。因此，比较笔迹特征时，既要比较那些相符合的特征，又要比较那些不同的特征。只有客观地进行比较，才能为综合评断提供可靠的根据。如果由于思想方法的主观片面，凡以为嫌疑重大者，比较时只找符合点，回避差异点；凡以为不像该人作案时，比较时只找差异点，回避符合点，这样很容易导致错误的鉴定意见。另一种情况是受初步比较产生的印象影响，初看很像，就只找符合点，忽略差异点；初看不像，就只找差异点，忽略符合点，这也是很危险的。这两种情况都属于思想方法的主观片面，是作出错误结论的主要原因。我们要承认客观存在的事实，对于表现为符合与差异的特征都要如实比较，切不可视而不见，随意取舍。

（3）要抓住实质性的特征进行比较。

首先，任何事物都是在不断运动变化着的，一个人在不同时期、不同情况下，甚至在同一时间连续书写的相同字、相同偏旁和相同笔画不可能完全一样，就是用词造句等语言习惯也常常因书写内容不同而有不同表现。我们必须用发展变化的观点来看笔迹。在比较时，要从这些不同的表面现象入手，找出其中最稳定的表现书写习惯实质的特征进行比较，而不要机械地对比其高低、长短、粗细等表面现象。

其次，对于书写习惯的多样性表现也要注意。具有一定书写水平的作案人，对某些字或偏旁会有几种不同的写法，这些不同的写法都是他平时常用的习惯写法；有的人过去好用某一种写法，现在更多的是用另一种写法；有的人在快写或写行书体时使用某一种写法，在慢写或写楷书体时则用另一种写法。诸如此类，都是其书写技能和习惯的反映。我们只有研究一个人笔迹自身发展演变的规律，以及伪装变化条件下笔迹的变化规律，才能避免死板的机械比对。

（4）要认真细致地比较。

由于语言文字社会规范的要求、共同教育训练和个别学仿练习的结果，不同人的笔迹不可能完全不同，总是在某些方面有许多共同特点。这些共同特点只能说明笔迹的相似，而不能说明笔迹的同一。所以在比较时，不能停留在大体的相似或不同，而要细致深入地分析研究其中的细节性特征，因为这些细节性特征，更能深刻地反映出书写习惯的特殊本质。如果不是认真细致地研究，只满足于表面的、大体的差异或相似，往往就会作出错误的鉴定意见。

（5）要通过反复比较，验证对特征的认识。

对任何事物的认识都有一个逐步深入的过程，对笔迹特征的认识也是如此，反复比较有助于认识的深化。有时最初以为检材上的某个特征是不可靠的，但通过比较发现书写人的字确实是这个特征，就应当把它补充进来。也可能最初以为是比较好的特征，通过比较发现它并不可靠，就应予以淘汰。由此可见，比较的过程也是认识特征的继续和深入。

3. 确认异同点

以检材特征为线索，从样本中寻找相应特征进行的第一轮比较，难免有疏漏之处。因此对于经过初步比较而发现的异同点还要通过逐个分析复查，做必要的补充和修正。

（1）从检材上选择的较好的特征，经初步比较未在样本中发现，此时应再次复查样本，以探求此特征是否相符。

（2）在样本上发现的较好的特征，应再次复查检材有无相应的特征。如有，应探求此特征是否相符。

（3）对于初步比较发现的较好的符合点或差异点，应再反复观察核实其是否确属符合或确属差异。由于观察辨别不细或描绘特征不准等原因，可能把不是符合误认作符合，把不是差异误当成差异。这个问题不是靠反复分析比对表，而是靠复查检材和样本来解决的。某些细节性特征的异同，应通过检材、样本原件的直接对比来确认。

（4）在检材与样本可比特征之间反映出来的书写习惯有个别差异时，要认真复查检材和样本，以确认这些差异是否由书写习惯的多样性造成的，必要时可补充样本进一步验证。

通过反复核实后，才能真正明确到底哪些特征是符合点，哪些特征是差异点。但这仅仅是把通过比较而发现的客观现象展现出来，而对于这种符合点有多大意义，这种差异点是什么原因形成的、属于什么性质的差异，还有待深入研究。

（四）综合评断并作出鉴定意见

综合分析比较检验中发现的符合点的价值和差异点的成因，可为综合评断提供条件。

1. 对符合点价值的分析

在相比较的笔迹之间，必然存在或多或少的符合点。那么这些符合点是说明笔迹的自身同一，还是不同人笔迹的相似？这就是说，认定笔迹同一，只有符合点还不行，还要看这些符合点是否具有特殊意义，即符合点价值的大小或者符合特征的价值高低。所谓价值大的特征，是指在少数人或个别人的笔迹中出现的特征，由于这种特征出现率低，因而具有较强的鉴别意义。价值小的特征，是指在大多数人的笔迹中都有的特征，这种特征出现率高，因此具有普遍性。

符合点特征价值的大小，一般可从以下五个方面去分析。

（1）是否为满足社会规范要求所形成的。由于语言文字受社会规范与约定俗成规则的规制，致使每个人的笔迹特别是同一年龄段、同一文化层次中的人，其笔迹都有许多共同的特点。因此在一般场合下，符合社会规范要求与约定俗成规则的特征价值较小，而脱离规范或规则的特征价值较大。实际统计证明，符合规范要求的写法、笔顺出现率较高，其特征价值较小。那些脱离规范要求的错别字、习俗字、特殊笔顺，出现率普遍较低，因而具有特殊性，其价值较大。

（2）是否为某地区或某职业范围内所通行的。有些特征带有地区性和职业性，在一定地区、职业范围内是比较普遍的，其价值不高。然而对于其他地区、其他职业的人来说，这种特征就具有特殊性。

（3）是否在嫌疑范围内常见。对某些符合点的特征价值大小，需要通过在嫌疑范围内作具体考察来分析。如某些比较特殊写法的符合点，一般而言，其价值较大；经了解这些特征在书写人所在范围内确实也很少见，那么这种符合点的价值是比较大的。有时从一般场合来看特征价值很大，但在具体嫌疑范围内，由于互相学仿，不少人都是这样写法，那么这种符合点的价值就比较小。如某地农村小学一位教师自己把“西”写成“酉”，他所教的很多学生也都把“东西”写成“东酉”，在当地这个特征的价值就不高。

（4）是否在一定年龄或一定书写水平的人当中常见。随着汉字规范的发展演变，有些特征在一定年龄组的人们当中较为多见，而在另一年龄组的人们当中却很少出现。有些特征与一定的书写水平相适应。在较高书写水平的笔迹中出现的某些笔迹特征，往往不是低水平的人所能具备的。一些旧异体和繁体写法特征等对年龄较大的人来说可能具有普遍性、价值较小，对年轻人来说可能具有特殊性、价值较大；一些草体写法对书写水平较高的人来说可能具有普遍性、价值较小，对书写水平较低的人来说可能就具有特殊性、价值较大。

（5）是否是书写技能与习惯多样性的符合点。有的人的书写技能与习惯具有多样性，主要表现在写法、笔顺的多样性上。在多个写法、笔顺多样性上出现的符合点的价值要远远高于单个笔顺和写法特征的价值。图 4 - 1 是某案件检材与书写人笔迹样本中的“降”字特征，二者不仅在“降”左右偏旁的比例、耳刀旁的运笔及搭配特征上相符合，而且在两种写法上也符合，这种单字上书写习惯多样性符合点的价值远高于“降”字某一种写法特征的符合点。

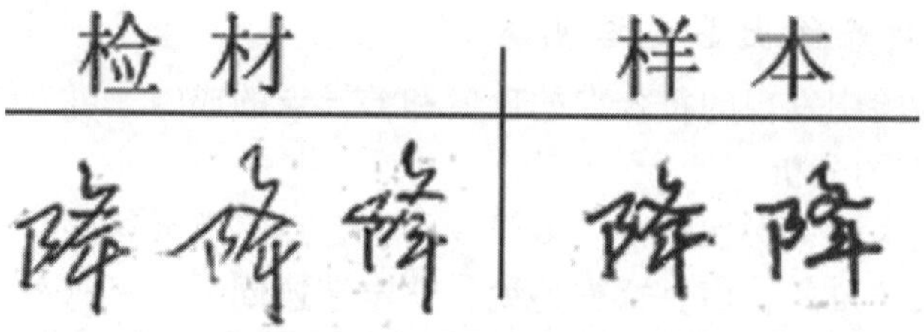

图4-1 某案件检材与样本“降”字特征

以上五个方面，仅是我们分析研究符合特征的价值大小，以区别特征的普遍性与特殊性的几条思考线索。为了掌握符合特征价值大小的一般规律，可调查统计各种特征在人们笔迹中出现的频率。频率大的特征，价值小；频率小的特征，价值大。对具体案件的笔迹特征的价值，应结合该案的时间、地点、范围与书写人的情况，进行具体分析。因为笔迹特征也同其他事物一样，在一定场合为普遍性的东西，而在另一场合则变为特殊性。反之，特殊性的东西，又可变为普遍性。所以离开具体的情况，就无法准确地区分符合特征价值的大小。例如，符合规范的写法特征有普遍性，价值小；脱离规范的写法特征就具有特殊性，价值大，这只是一般的规律。而有些非规范的写法在某个地区、某个单位中被广泛使用，规范的写法却未被多数人所接受，这种规范的写法反倒成了特殊的。因此，做好特征价值的评断工作，根本的办法是深入实际调查研究。通过分析研究每个具体符合特征的价值，使我们对符合特征的质量有进一步的认识。

2. 分析差异点的成因

在相比较的笔迹之间，一般都存在或多或少的差异点。那么这种差异是不同人笔迹的本质差异，还是同一笔迹的自身差异，或者是伪装变化形成的差异？为了区分差异点的性质，必须结合案件的实际情况，认真分析差异点的成因。

区分差异点的性质，通常采取排除法。即如果差异点不可能用客观存在的各种非本质的原因加以解释或验证，则其一般属于本质差异。

非本质差异形成的原因较多，情况较复杂。多数是故意伪装使检材字迹发生变化而形成；书写时的生理病理与精神心理的反常状态，也会使笔迹发生变化而形成差异；加快或放慢书写速度，与其平时正常的笔迹会有所不同；采用某一种字体书写与其平时样本中的自由体字比较，也必然形成差异；作案时受到书写工具、承受物、书写环境、书写姿势等影响，使字迹发生变化，也可形成差异；书写习惯多样性没有在检材或样本中充分反映出来，也会出现差异；检材与样本书写时间相隔太长，书写习惯自身演变也能形成差异；书写过程中可能出现的笔误，也会形成个别差异；检材形成后受到自然的或人为的损坏，使字迹发生变化，也可能出现差异；等等。

在实际工作中，往往由于把本质差异当成非本质差异，或者把非本质的差异当成本质差异而作出错误结论。因此，必须认真研究差异点的成因，准确判断差异点的性质。解释和验证差异点成因的基本方法如下。

（1）复查现场和笔迹原件。

如果是受书写工具、承受物、书写环境或书写姿势的影响，或笔迹形成后发生了变化而形成的差异，有条件时应复查现场或进一步了解现场情况，深入研究作案人的书写条件，判断在当时当地的具体条件下对书写活动有多大影响，是否能形成差异点所表现的那种变化。有的需要仔细查验笔迹原件，以准确区分笔迹与无关痕迹，分析承受物对书写活动的具体影响。

（2）进行鉴定实验。

对于某一种条件能否引起笔迹的某种变化，以及笔迹中出现的某些现象可能是在什么条件下形成的，均可在现场或实验室，通过反复实验加以验证。这对于正确认识因书写条件影响而形成的差异是有效的方法。

（3）进一步了解书写人的具体情况。

对于故意伪装形成的差异，要了解书写人的年龄、文化水平、书写技能、社会经验等情况，以判断其有多大的伪装能力。

对于可能因为笔迹发展演变形成的差异，应了解书写人的年龄、文化水平、经历、接受基础文化教育的年代、身体健康状况等情况，以判断其笔迹发展演变的可能性。

（4）补充笔迹样本。

有时因样本材料太少，书写人书写技能与习惯的多种表现没有充分反映出来，或者由于检材与样本的书写时间相距太久而反映不出笔迹的演变过程，由此而形成的差异，可通过补充笔迹样本得到解决。有些案件样本材料比较充分，快写的、慢写的、早期的、近期的笔迹都有，但仍旧没有反映出与检材相符合的某些重要特征。在这种条件下，我们要冷静分析这些差异点的性质，不要单靠无限制地收集样本去解释差异，更不能有意地指点或引诱书写人写出他平时根本不会出现的笔迹特征。因为，这样收集的样本是不可靠的，即使偶然出现了要找的特征，也往往缺乏充分的说服力。

由于某种原因样本材料少，补充又有困难，或者补充了样本，差异仍未得到解决时，就要运用笔迹变化的一般规律，具体分析差异的成因。比如繁简写法上的差异在两种写法都比较正常的情况下，一般可以认为是多种写法习惯在样本中未充分反映的结果；如果检材是繁体写法，而现有的样本都是简化写法，这对书写能力较高的中老年人来说，会写简化字是由会写繁体字发展而来的，此时这种差异就不能轻易说是本质差异；如果检材是某种习俗写法，而样本有繁写和简写，但始终没有出现这种习俗写法，此时这种差异就不能完全用书写能力加以解释，而很可能只是书写习惯上的不同。当然，这要与其他特征的异同联系起来考虑。

总之，研究差异点的性质，首先要分析差异点的形成原因。而弄清原因又必须与案件的具体情况、书写人的情况等联系起来研究。只有这样，才能找到形成差异的客观依据，才能作出合乎实际的科学解释。如果经过认真的分析研究，不能从非本质方面解释这些差异，就应当考虑它们可能是不同书写习惯的表现。在实际工作中，有时作出错误的结论，其中一个重要原因就是对差异点没有认真细致地进行科学分析，脱离实际，凭主观想象，从而对差异点的性质判断错误。

3. 综合评断，作出鉴定意见

综合评断是笔迹检验最关键的环节。它的任务是把通过比较和初步分析所展示出来的符合点和差异点综合起来进行研究，并根据异同双方何为主要的、本质的方面导出相应的鉴定意见。

综合研究符合点，看所有符合点的数量有多少，都是哪些方面的符合点，价值高的符合点有多少，符合点总和是否具有特殊意义；综合研究差异点，看所有差异点的数量多少，哪些属于非本质差异，哪些尚不足以用伪装、变化等原因加以解释，或者哪些明显属于本质差异。

在分别研究的基础上，就符合点与差异点双方进行综合评断。在大多数情况下，比较结果呈现一边倒的局面。即符合点在数量、质量上均占明显的主导地位，差异点微不足道，因而比较顺利地得出认定同一的结论。或者，差异点占主导地位，符合点不多且只能说明笔迹的相似性，比较容易作出否定同一的结论。但也有些案件比较复杂，笔迹伪装变化较大，或者检材、样本数量较少，比较检验结果不如一般案件那样明朗，需要更加认真地从数量与质量两方面进行综合评断。

唯物辩证法告诉我们，任何问题都要注意它们的数量分析，因为决定事物的质有数量界限，所以任何质量都表现为一定的数量，没有数量也就没有质量。一般来说，笔迹特征的数量越多越能说明书写习惯的特殊本质，结论的根据也越充分，因此要注意分析符合点与差异点各有多少，哪一方在数量上占优势，数量占优势的一方，往往是鉴定意见的基本依据。

特征的数量不仅是指异同各方特征数目的多少，也包括各类特征的广度。这就是说，符合点或差异点分布在检材所反映的笔迹的各类特征上，且仅仅表现在个别方面，也是一个量的概念。如果异同相比，符合特征数量多、方面广，表明符合特征的数量占绝对优势，其往往是矛盾的主要方面。如果大部分字和其他各类有一定特殊意义的特征都存在差异，那么差异特征在数量上就占了绝对优势，从而成为矛盾的主要方面。

尽管数量能说明质量，但是单靠数量的对比也不行。常有这种情况：符合点很多，但质量不高，差异点虽少，却是解释不了的差异；或者差异点很多，但却是可以解释的，符合点虽少，却是书写习惯特殊本质的符合。因此必须更加注意符合点总和与差异点总和的质量对比。就是说，在研究符合点总和的质量时，要把所有符合点连贯起来，在同差异点对比的基础上，看这些符合点能否说明是书写习惯本质的同一。同样，在研究差异点总和的质量时，要把差异点连贯起来，在同符合点对比的基础上，看这些差异点能否说明是书写习惯本质的区别。

特征的质量是由该特征的稳定性和特殊性决定的。出现率低的符合特征是高质量的特征；稳定性强的差异特征，是高质量的特征。作为鉴定意见的根据，质量高的特征可以起到“以一当十”的作用。一般来说，在排除伪装变化的基础上，运笔与搭配比例方面的细节特征、特殊笔顺、特殊写法、错别字、特殊的布局安排与标点符号等方面的笔迹综合特征，具有较高质量，可成为矛盾的主要方面，而差异特征便成为次要方面。反之，如果差异特征的总和不可能用各种伪装及其他变化原因加以解释，那么差异特征的总和便具有较高质量，从而成为矛盾的主要方面，而符合特征便成为次要方面。

特征的数量和质量是辩证统一关系，任何数量都表现为质量，但只有质量才更能说明事物的本质。至于认定同一的结论需要有多少符合特征，并没有一个绝对的数量标准。因为作为鉴定意见的基础，不仅要看特征的数量，更要看特征的质量，还要从案件的客观范围出发。笔迹鉴定意见是根据符合特征的总和，而不是几个明显特征的异同，就是因为只有从一定的客观范围出发，依据所能利用的全部特征数量与质量的总和，才能排除他人书写的可能性，认定具体书写人。

为了便于理解综合评断的分析与认识过程，可参见图 4－2。

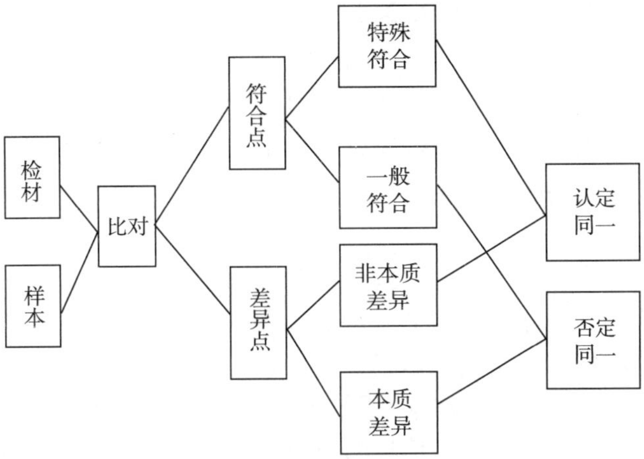

图 4－2　综合评断示意图

综合评断示意图说明了笔迹检验综合评断的分析与认识的基本过程。

经过综合评断，即可对所检验的笔迹提出鉴定意见。鉴定意见分为两类，一类是明确意见，一类是非明确意见。

明确意见分为两种：一种是认定同一，另一种是否定同一。认定同一的意见就是认定检材笔迹是某人所写，可表述为“检材上的‘×××’字迹与样本上的‘×××’字迹是同一人所写”或“检材上的‘×××’字迹是某某某所写”。它是以综合评断确认检材与样本笔迹的符合特征总和具有特殊性，差异点是可以解释的非本质差异为前提的。否定同一的意见就是检材字迹不是某人所写，可表述为“检材上的‘×××’字迹与样本上的‘×××’字迹不是同一人所写”或“检材上的‘×××’字迹不是某某某所写”。它的前提是经综合评断确认差异点是本质差异，符合点是不同人书写习惯共同性的表现。在实际检验工作中，由于鉴定人的认识不仅会受到客观提供的检验条件的限制，也会受到个人的经验、水平的限制。因此，在没有足够的把握作出明确意见时，亦可作出非明确意见。

非明确意见分为三种：一种是倾向认定同一，一种是倾向否定同一，一种是无法作出明确鉴定意见。经综合评断认为符合点是主要的，差异点是次要的，但尚不足以认定是某人所写时，可以作出倾向认定同一的鉴定意见。经综合评断认为差异点是主要的，符合点是次要的，但尚不足以否定是某人所写时，可以作出倾向否定同一的鉴定意见。受检材、样本或现有技术条件所限，经综合评断难以确定符合点的价值与差异点的性质时，可以作出“无法作出明确鉴定意见”的鉴定意见。

三、笔迹鉴定书的编写

经过检验作出鉴定意见之后，应根据送检单位的要求，出具笔迹鉴定书。鉴定书是表达检验结果的书面形式。结论正确的鉴定书是揭露、证实案件事实的一种重要的诉讼证据。因此，要求鉴定人必须以实事求是的精神，认真负责的态度编写符合法律要求的鉴定书。

（一）编写笔迹鉴定书的基本要求

（1）编写鉴定书，要坚持实事求是的原则。由于鉴定书是一种诉讼证据，它所描述的一切内容，应当从客观实际出发，不允许有不符合实际的主观臆造，要客观反映检验的基本过程和鉴定意见的根据。过于简化的鉴定书，由于不能说明就特定案件所作鉴定意见的具体根据，办案单位很难对鉴定意见的可靠性进行审查，因此，在法律上难以起到应有的证据作用。

（2）鉴定书的文字部分要简练，要有严密的逻辑性。鉴定书是一种有法律作用的文书。文字部分是鉴定书的主体，文字上一定要讲究，要使用科学、准确的概念，防止使用令人费解、含混不清的词句。篇幅也不宜过长。

（3）鉴定书应附有检材和样本的复印或图片复制件，以真实、形象地固定鉴定书的笔迹物证，反映鉴定意见的根据。笔迹样本的数量较多时，应选择部分有代表性的进行复制后作为鉴定书的附件。

（二）笔迹鉴定书的基本格式

一份正式的笔迹鉴定书的基本格式，应有文字和图片两部分组成，二者互相补充、印证，缺一不可。文字部分可以详细记录检验的基本程序和方法，阐明作出鉴定意见的主要依据；图片部分则以形象、具体的再现文字部分所描述的内容，加强鉴定意见的说服力。

1. 文字部分

（1）标题。鉴定书的开头应有标题，即“鉴定书”。标题的下方要有鉴定书的编号。

（2）正文。正文是笔迹鉴定书文字部分的主体，它依次包括以下四个方面的内容：

① 绪论。在鉴定书的开头，要写明委托单位、送检人、受理日期、案情摘要、检材和样本、鉴定要求、检验开始日期、检验地点等。

② 检验。概述检材字迹用什么工具写在何种承受物上，有的还要写明它的位置高度、幅度尺寸和字迹所处的状态；笔迹有无伪装和变化，变化的程度；检验中选用哪些笔迹特征，经相同书写人的笔迹样本进行比对，发现哪些主要的符合点或差异点。

③ 论证。检验中所发现的符合点与差异点的成因及其性质。论述符合点的总和是否能说明书写技能与习惯的同一。论述差异点的总和能否说明书写技能和习惯本质的不同。

④ 鉴定意见。根据检验结果和论证的理由，针对送检要求，简明写出鉴定意见。

（3）落款。在鉴定意见下方，要有鉴定人签名，并注明技术职称，写明鉴定日期，加盖“鉴定专用章”。

2. 图片部分

图片部分主要是为了反映和固定笔迹物证及书写人笔迹样本材料的原貌，形象、具体地说明鉴定意见的根据，补充文字难以表达的内容，使鉴定意见更有说服力。图片部分应反映以下内容。

（1）检材的全貌图片。需加文字说明其是什么物证的全貌图片，如“××检材全貌图片”。

（2）书写人的笔迹样本图片。需加文字说明，如“××笔迹样本图片”。

必要时，鉴定书还要附主要笔迹特征比对图片。

鉴定书应加封皮装订成册，编好页码。一般是一式两份，一份交送检单位，另一份存档备查。也可以根据实际需要增加份数。

【思考题】

（1）笔迹鉴定案件受理阶段初审的基本内容。

（2）笔迹样本的分类及收集方法。

（3）分别检验的基本内容。

（4）笔迹特征记录与特征比对表制作的基本要求。

（5）如何评价笔迹特征符合点与差异点。

（6）笔迹鉴定意见的种类及成立条件。

【参考文献】

[1] 邹明理、李纯实主编：《笔迹学》，四川科学技术出版社 1988 年版。
[2] 贾玉文主编：《笔迹检验》，警官教育出版社 1999 年版。
[3] 邹明理主编：《笔迹学》，中国政法大学出版社 1994 年版。
[4] 贾治辉主编：《笔迹学》，法律出版社 2010 年版。
[5] 贾玉文、邹明理主编：《中国刑事科学技术大全·文件检验》，中国人民公安大学出版社 2002 年版。
[6] 贾治辉主编：《文书检验》，法律出版社 2000 年版。
[7] 王相臣主编：《文件检验》，群众出版社 2010 年版。
[8] 贾晓光主编：《文书物证司法鉴定理论与实务》，中国人民公安大学出版社 2017 年版。
[9] 邹明理、杨旭主编：《文书物证司法鉴定实务》，法律出版社 2012 年版。

第五章　书写条件变化笔迹鉴定

内容提要：本章主要介绍书写条件变化笔迹的鉴定。其主要包括字体、书体和书写速度因素变化笔迹的特点和鉴定要点；书写姿势、工具、环境因素变化笔迹的特点和鉴定要点；书写时间和书写人年龄因素变化笔迹的特点和鉴定要点；书写人生理、心理因素变化笔迹的特点和鉴定要点。学习本章内容，应当了解书写过程中不同因素影响书写习惯动作产生变化的机理，以及变形动作在笔迹中表现出来的相应特点；理解变形动作对笔迹特征的影响以及产生变形的具体特征名称和部位；掌握判断变化因素的条件和依据、鉴定过程中寻找特征的方法及鉴定要点。

关键词：书写条件变化笔迹

第一节　字体、书体和书写速度因素变化笔迹鉴定

一、字体因素变化笔迹及其鉴定要点

（一）字体和字体特征的基本含义

“字体”一词，不同时期不同的笔迹学教科书对其定义大同小异。一般认为字体有两方面的含义：一是指印刷文字规定的组字体系；二是指书体中的一些细小分支，即书体中具有不同特点、不同风格的书法流派，笔迹学研究的正是后一种含义的字体。基于叙述的需要，本节依据后者的分类方法采用字体特征的基本含义。“字体特征”指书写人使用文字的规范程度的特征，主要有规范字、繁体字、异体字三方面。

所谓规范字，是指国家规定在印刷出版、教学、正式公务文件制作活动中通用的字。中华人民共和国成立后，于 1956 年开始实施汉字简化方案，并分别于 1964 年和 1986 年两次修订、公布《简化字总表》，现行规范字是 1986 年的《简化字总表》。

所谓繁体字，是指现行规范文字公布并使用以前，人们使用的相对规范的字，是现行规范字的本体字。随着人类文明的进步和发展，文字也在发展。不同的时期文字的规范有所不同。

所谓异体字，是指现行规范字和繁体字以外的一种变异字。异体字虽未被纳入规范字体系，但因长期被特定行业和地域的人群使用而被社会认可。这也是异体字与错字、别字的区别所在。

（二）字体因素变化笔迹的含义及其基本形式

字体因素变化笔迹，就是指鉴定过程中检材和样本二者字体不同的笔迹。无论检材字

迹和样本字迹是否为同一人书写，只要二者字体出现变化，都会有一定的特征差异反映。

字体因素变化笔迹的最基本形式就是检材或者样本资料在部分相同单字的书写形式方面，一种为规范字，另一种则有一定量的繁体字和异体字，导致检材和样本相同单字书写形式的矛盾。但是无论在哪种形式下出现繁体字、异体字，在长篇文字手稿中，对规范字而言，其所占的比重都不会很高或者很低，当然不排除如姓名等少量字迹全部或大部分为繁体、异体写法，因为在众多的汉字体系中，1956 年至 1964 年国家公布实施的简化字中，完全为繁体字简化过来的仅仅有 350 个单字（如灯—燈、向—嚮、征—徵、伞—傘、导—導、迟—遲、来—來等），绝大部分简化字或者为原繁体字中一些偏旁被简化而成（如讨—討、饭—飯、丝—絲、竖—竪、劳—勞、钉—釘、学—學等），或者为原繁体字中的某一部分结构作为独立单字被简化而使得整个字也被简化而成（如壽—寿—涛、單—单—禅、專—专—砖、婁—娄—楼、會—会—侩、幾—几—机、戔—戋—浅等）。这就使得繁体字、异体字出现较多的字迹材料中必然出现相当多数量的现行规范字（不排除个别书写错误而出现的错字、别字）和相同偏旁或结构，为比较检验提供了相应的条件。

在鉴定过程中，是否能正确区别检材与样本笔迹中的规范字和繁体字、异体字的形成原因及其性质，往往直接决定了鉴定意见的正误。

（三）笔迹字体变化因素产生的原因及其特点

字体变化在笔迹材料中一般表现为两种类型：一是一定数量的繁体字、异体字出现在检材笔迹中，而比对用的样本笔迹为规范字；二是检材笔迹为规范字，而比对用的样本笔迹有一定数量的繁体字、异体字。

检材与样本笔迹字体差异的性质无外乎不同人书写所必然出现的本质性差异和同一人书写因故出现的非本质性差异。其中非本质性差异的产生既可以是受客观因素的影响，也可以为主观因素所致。

1. 固有习惯因素

书写人本身出自对书法的爱好，进行过相当多的书写练习，书写水平高，同一时期具备繁体字（包括异体字）和规范字两种书写能力，因此在不同的书写条件下，依据自己的意识书写出不同的字体，导致检材字迹与样本字迹字体有明显差异。这一因素形成的检材、样本不同字体的手写字迹均呈现出相同的高水平书写、流利自然的特点，繁简字迹可能交替出现，繁体字和异体字多且运用恰当，并且二者相同字体的相同单字书写习惯反映相同。

2. 年龄因素

书写人年龄较大，人生阅历丰富，在简化字作为规范字出现前及其以后一段时期书写的为繁体字和异体字，但后来受简化字的影响，逐步改变自己原有的书写习惯形成规范字体书写习惯，导致不同时期形成的检材字迹与样本字迹字体有明显差异。这一因素形成的检材、样本不同字体的手写字迹均自然正常，早期书写字迹中繁体字、异体字书写形式所占比例较高，后期书写的材料中也有少量繁体字、异体字书写形式出现。

3. 学习因素

书写人原本只有规范书写习惯，但后来出于对书法艺术或繁体字、异体字的热爱（或者为适应港、澳、台地区的生活和工作）而进行书写练习，最终形成繁体字、异体字的书写习惯，导致不同时期形成的检材字迹与样本字迹字体有明显差异。这一因素形成的检材、样本不同字体的手写字迹均自然正常，早期书写的字迹字体规范，后期书写的字迹繁体字、异体字书写形式反映多，且后期书写字迹的书写水平可能明显高于早期书写字迹。

4. 复抄因素

不具备书写繁体字、异体字能力的人为了某种需要而抄写繁体字、异体字稿件，导致检材字迹与样本字迹字体有明显差异。这一因素导致所书写的繁体字、异体字字迹书写速度缓慢，连笔少，笔画间照应关系差，甚至出现一些不适当的停笔、另起笔等摹仿书写特点，但材料中的规范字书写正常，笔迹特征稳定。

5. 主观伪装因素

书写人在书写过程中故意采用与自己习惯不合的字体书写方式，以达到掩盖自己书写习惯的伪装书写目的，最常见的是不具备繁体字、异体字书写能力的人临时采用书写繁体字、异体字进行伪装。这一因素导致伪装书写的繁体字和异体字数量有限，且多为书写形式较为简单的常见繁体字、异体字，较为复杂和难写的繁体字很少出现，且往往错误书写成错字或者别字，某些应该书写成繁体或异体的单字被写成规范字，使得规范字与繁体字、异体字之间书写关系矛盾，常伴有明显的其他伪装书写手法的特点反映。

（四）字体因素变化笔迹的鉴定要点

（1）在受理鉴定过程中，若发现检材字迹与样本字迹的字体不同，特别是检材出现较多繁体字、异体字书写形式时，应尽可能让委托人收集受审查人平常书写的有一定量的繁体字、异体字的材料作为样本使用。

（2）根据检材笔迹和样本笔迹的特点确定字体变化的性质和原因。无论繁体字、异体字出现在检材中还是样本中，都应结合其自身情况综合分析其出现的原因，从而进一步判断字体差异的性质。在分析过程中，应主要从以下六个方面进行综合分析：

第一，按照笔迹鉴定分别检验阶段对检材字迹的检验方法，确定检材字迹书写是否正常，有无伪装或者摹仿书写特点反映。

第二，繁体字、异体字出现在检材还是样本之中，检材与样本材料的形成时间是否跨度较大，部分异体字是否为地方字、行业字。

第三，繁简程度的高低。繁简程度主要指材料中的繁体字、异体字在现代书写活动中出现率和可见率的高低。主要观察材料中的繁体字、异体字是特殊人群（如书法特长或爱好者、古文书籍及繁体字特长或爱好者）才能书写的不常见繁体字和异体字，还是普通人群中有一定阅历的人就能写出来的常见、易写、本身就较为简单的繁体字和异体字。

第四，繁体字、异体字的数量及是否符合书写规律。主要观察繁体字、异体字在整份材料中出现的数量，有无出现不常见的繁体字、异体字，以及很多较为简单和常见的繁体字写成简化字的现象。

第五，规范程度。主要观察材料中的繁体字、异体字是否准确，有无错字、别字出现，以及错字、别字的数量与质量。

第六，样本书写人的年龄、文化程度及书写水平、职业、居住区域，是否具备一定的书法功底或者进行过书法练习，有无对应的特殊爱好。

（3）根据上述分析，结合检材、样本自身条件，判明是否具备鉴定条件。首先根据检材字迹的数量和质量判断其特征反映量，判明其鉴定条件。然后再根据样本材料的条件确定其与检材字迹的可比性。如果二者字少且无相同书写形式的单字，或者仅个别书写形式简单的偏旁和结构相同，应该视为无比较条件，不能进行进一步鉴定，在要求补充样本资料无果或仍不能满足鉴定要求的情况下，应作退案处理。

(4) 严格按照笔迹鉴定的基本方法发现和确定检材和样本的笔迹特征。材料中的规范字是发现和确定笔迹特征的重点部位。检材和样本单方面出现繁体字、异体字时，由于无可比较的相同字迹，因此原则上不把繁体字、异体字作为寻找特征的重点部位。但繁体字、异体字与规范字相同部位有部分偏旁、结构或笔画相同的，可以在相同的部分中寻找特征。

(5) 特征比较过程中严格坚持可比条件。一般而言，除检材字迹和样本字迹书写速度、书体、书写方式和形成时间相同或相近外，繁简体书写形式不同的单字不作特征比较。对于字迹较多的材料，主要比较相同单字、相同部位的相同偏旁和结构中的笔迹特征。

(6) 对检材字迹与样本字迹二者特征差异点性质的评断应该综合、全面。在准确分析检材字迹书写是否正常、准确确定笔迹特征和综合比较的基础上，主要结合繁体字、异体字出现的原因确定差异点的性质，从而作出科学、客观的鉴定意见。

二、书体因素变化笔迹及其鉴定要点

(一) 书体及书体因素变化笔迹的基本含义

书体，是针对手写文字而言的，是根据笔画和单字的结构按照特定的规范和要求构成的书写体系。我国手写文字发展到现在，书体的种类很多，归纳起来有十几种，如篆书、隶书、楷书、草书、行书、宋体、仿宋体、新魏体、牟体、黑体等书体。但在实际笔迹鉴定案件中常见的有行书、楷书、草书和隶书，偶有篆书、宋体、仿宋体、新魏体。不同的书体，对同一种笔画或结构的书写规范要求不同，归纳起来主要表现在单个笔画的用笔方式、结构的书写形式、连笔关系、字形和笔顺五个方面。在笔迹中不同的书体主要表现为笔画的起收笔形态、笔画形态和运笔方向、结构的形态及结构间的搭配位置、单字和笔画结构间是否连笔、字的外形、笔画顺序等特征的差异。

书体因素变化笔迹是指笔迹鉴定中的检材字迹和样本字迹二者为不同的书体。产生二者书体变化的原因大致有两种。一是出于伪装书写的目的，书写人在书写检材字迹时，采用自己不常书写甚至不会书写的书体进行书写，因此样本字迹很难与检材字迹的书体一致，导致书体变化。二是书写人本身就具备一定的不同书体的书写技能，在不同条件下采用不同书体书写，形成鉴定材料的书体变化。本章主要阐述第二种原因形成的书体变化因素笔迹的鉴定。

(二) 书体因素变化笔迹的特点

(1) 在笔迹鉴定中，书体因素变化笔迹最常见的是检材字迹为慢速书写的如篆书、隶书等书体的字迹，而用于比对的受审查人的笔迹样本资料往往是较快速度书写的行书、草书或自由体字迹；有时也可见检材、样本笔迹均为书写较慢或较快的不同书体，如检材为隶书、样本为楷书，检材为行书、样本为楷书；等等。

（2）检材与样本二者不同书体书写的字迹均属于正常笔迹，均为书写人固有书写习惯的反映，无伪装书写痕迹。

（3）书写人对几种常见书体的书写规则较为明了，并且经过一定程度的书写练习，具备书写多种书体的能力。

（4）检材字迹与样本字迹符合各自书体的基本书写规范，规范程度与书写人书写该书体能力的高低成正比。

（5）由于对多种书体的交叉书写练习，同种书写速度下的不同书体的相同单字之间可能一定程度地反映出共有的不符合某种书体书写规范的特点。

（6）书体不同主要表现为笔画和结构形态的不同。其形成原因为不同书体有不同的书写规则，这就导致书写过程中由运笔速度、力度和运笔方向三个要素构成的书写动作的不同。行书与草书之间，行书、草书与其他书体之间，特征差异主要是书写速度不同所致，书写速度的变化必然导致运笔过程中的书写动作不同，加之一些具体的书写规则导致运笔走向也有所差异。

（三）不同书体的相同单字之间容易出现的特征差异

由于不同书体的书写规则不同，无论是否同一人书写，不同书体的手写字迹中相同单字之间必然反映出不同的笔迹特征差异。这些特征差异主要表现在以下六个方面。

1. 单个笔画的运笔特征差异

不同书体的书写规则主要表现在单个笔画的起笔、收笔、转折部位的用笔特点，又主要体现在用笔的笔锋、笔力、走势等几个方面。

起笔部位的特征差异。主要是笔画起落笔时的动作特点不同造成的。如宋体字横画起笔平头，撇画起笔有一向右突出的棱角，斜捺起笔尖锐，顿捺棱角右突；仿宋体字迹多起笔露锋；等线体和篆书字迹多为直起笔；新魏体与隶书字迹起笔多为藏锋；行书和草书的起笔依据笔画不同，露锋、藏锋、逆锋、直起等均有使用；等等。这些动作特点差异必然导致不同书体的相同单字的笔画起笔特征出现差异。

收笔部位的特征差异。主要是笔画提收笔时的动作特点不同造成的。如宋体字横画收笔呈直角三角形，竖画收笔向右上斜成弧形，撇画和钩画收笔呈尖状，捺画收笔的尖状又与撇画有所差异；仿宋体字迹横画和竖画收笔呈棱角，其余笔画与宋体字迹相近；等线体字迹横画和竖画为直收笔，但撇、捺、钩、提四个笔画的收笔露锐钝角；隶书字迹钩画收笔呈弧形；新魏体字迹钩画收笔内方外圆；隶书、篆书字迹绝大部分笔画收笔为直收笔；等等。不同的收笔动作特点差异必然造成不同书体的不同笔画反映出不同的收笔特征差异。

转折部位的形态特征差异。汉字中的转折笔画较多，不同书体在书写转折笔画时对转折部位的书写要求也不相同。如宋体字钩画呈弧形，横折和竖折呈直角，横折外侧角旁棱角突向右上；仿宋体字迹由于横画倾斜使得其横折呈锐角；隶书和行书、草书字迹转折部位多弧形，少角形；篆书字迹转折部位基本为弧形；新魏体字迹转折部位外方内圆；等等。

运笔方向特征的差异。绝大部分书体相同单字的同一笔画的运笔方向大致相同，但也有小部分呈现明显不同的特点，如仿宋体字迹横画和横画因素的左低右高走势；隶书、篆书点画的横向或纵向走向；隶书横画为“蚕头燕尾”形态时运笔方向的改变；行书、草书复杂的运笔方向。

笔画形态特征的差异。这里主要指个别书体的个别笔画区别于其他书体所表现出来的笔画形态的明显差异，如隶书横画中的“蚕头燕尾”形态，篆书中“口”的笔画形态（呈“”状）、“山”字中间竖画的形态（呈“”状），行书、草书中的笔画变异。特别是行书、草书中的笔画变异最为常见。

2. 单字结构特征差异

由于书体不同，相同单字的同一结构所表现出来的特征也不相同，主要表现在结构的形态及结构间的搭配位置两个方面。

单字结构形态特征的差异。主要指相同单字的同一结构在不同书体形式下书写方式的不同。主要有篆书、隶书、行书、草书各自书写形式下与其余书体书写形式的不同。如“氵”在篆书中写成“”，在行书或草书中写成竖状；“鱼”字横画在篆书写成“大”；“走”字下部的短竖和短横在隶书中写成两点；“辶”在隶书和行书中写成三点一平捺，在草书中写成一弧形笔画；“艹”在篆书写成“”，在行书、草书中写成“”或者“”；在草书中“尸”和“户”往往写成横折撇且呈弧形，“宀”和“冖”及“罒”均写成横钩且呈弧形钩等，特别是在行书、草书中的结构变异最为常见。

单字结构位置特征的差异。不同书体对某些合体字结构间的组合形式要求不同。如“武”字在篆书和隶书中有上写结构写法（写成“”），“峨”“峰”“岸”等字因书体不同被写成上下结构（如“”“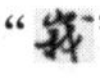”“”“”“”“”等），“赴”字在篆书和行书中写成左右结构。书法上还有很多字在不同书体形式下有不同的结构组合形式。值得强调的是，即使是在同一书体条件下，不同的书法流派或者书法家就同一个字而言，其结构组合形式也不相同。

3. 单字笔画和结构间连笔特征差异

连笔书写是为了适应快速书写而产生的笔画间或结构间首尾相连的一种书写形式，在草书、行书和介于二者之间的行草书中常见，新魏体个别笔画间有连笔现象。最常见的连笔出现在草书中，其次为行草书、行书。不同书体连笔特征差异主要表现在是否连笔，以及连笔部位、连笔方向和连笔形态的不同。

4. 字的外形特征差异

字的外形主要有长、方、扁、圆几种，不同书体对字迹笔画的形态、单字外形都有一定的约束，形成各自的外形特征差异。如楷书为方形，隶书多扁形，行书和草书多受字迹笔画分布具有随意性。

5. 笔顺特征差异

不同书体间笔顺特征差异由笔画间的书写顺序差异和结构间的书写顺序差异构成。在篆书、隶书、楷书等慢速书写的书体字迹中，笔顺形式较为单一，其变化也是多因笔画构成方式改变导致其有所改变，而行书、草书字迹笔顺变化较大且变化形式不定，同一人书写不同书体、不同人书写同一书体，其相同单字的笔顺特征均可能有所不同。

6. 单字繁简特征差异

不同书体的同一单字在字迹笔画繁简特征方面表现也不尽相同。如大多数单字在篆书、隶书中表现为繁体书写形式，而在楷书、行书、草书中多为简写形式，特别是行书、草书省略笔画书写的尤为常见。另外，不同书写人就同一书体条件下的同一单字繁简写法也不尽相同，书法上的某些省略笔画在一些人的作品中并不算错字，而恰恰是一种风格的体现，如“原”字在行书、草书中，“白”部的撇画被大多数人省略连写成“曰”，但也有写成“白”的，在隶书、楷书中被大部分人写成“白”，但也有写成“曰”的，甚至个别人写成“百”。

（四）书体因素变化笔迹鉴定要点

（1）鉴定人必须具备一定的，甚至是相当高程度的书法知识。要准确掌握各种书体的单字基本笔画和结构的书写规则，掌握同一书体不同书法艺术家或者书法流派各自的书法风格和书写方式特点。这是鉴定人在不同书体笔迹鉴定过程中准确判明笔迹特征的关键。

（2）准确判明检材笔迹与样本笔迹的书体种类和各自体现出来的风格特点，确定其书法流派及练习书写程度。在此基础上，尽可能地针对检材字迹书体特点，收集形成条件较为一致的样本笔迹供比对使用。由于书写人书写某种特定书体的字迹往往不是临时起意，大多是因为其对某种书体书写规则熟悉并有过一定程度的练习书写，基本或者完全具备书写该书体的能力，因此，办案人员只要认真、细致地收集，就可能找到受审查人平常的某种书体的练习手稿或其他具体运用的文字手稿。

（3）根据各种书体的书写要求及检材笔迹自身的特点，判明其书写水平，并在此基础上，结合样本字迹的实际情况确定检材字迹是正常书写还是伪装书写形成。在判断过程中，主要依据检材字迹的书写水平、规范程度、是否具备某种书法风格、运笔流畅程度、笔画间和结构间的搭配匀称程度和美观程度、书写形式的稳定程度、样本中是否有某些特种书体存在并具备较高和较为流利的书写水平。

（4）在选择特征时，要注意放弃受书写规则约束而表现不同的特征，以及容易受书体影响产生变化的特征，选取不受书体书写形式影响的稳定的特征。特别是由于书写人长期练习书写不同书体过程中，容易受书写动力定型原理影响，形成不同书体的相同单字间部分笔画和结构书写形式相同，这一部分特征是鉴定过程中确定特征的重点。

（5）严格把握比较条件。在实际鉴定工作中，不同书体的字迹之间的比较，主要表现为检材与样本字迹均为慢速书写的篆书、隶书、楷书之间的比较，或者均为快速书写的行书、草书之间的比较，或者为篆书、隶书、楷书与行书、草书之间的比较。前面第一、二种情形可比性较好，只要检材与样本二者有一定量的相同单字就可以进行比较，但第三种情形往往比较条件较差，除非检材与样本二者之间存在相当量的相同单字。

（6）综合评断阶段对特征符合点和差异点性质的认定依据要充分、科学，要符合不同书体的特征变化规律、不同书法流派的特征变化规律、书写人个人练习过程中形成的特征稳定与变化的规律，要考虑二者特征符合点和差异点的数量和质量，要分析符合特征总量是否为不同书写人所不能出现的特定性符合、差异特征总量是否为同一人书写习惯所难以出现的本质性差异。

（7）针对特征符合点和差异点性质的评断，选择恰当的鉴定意见形式。由于检材字迹与样本字迹书体书写规则差异较大，二者特征变化明显，特征差异点和符合点均占一定数量和质量，可能难于完全认定或否定，这时选择倾向性鉴定意见也是合理合情的。

三、书写速度因素变化笔迹及其鉴定要点

（一）书写速度因素变化笔迹的概念

书写速度因素变化笔迹，主要指检材与样本之间由于二者书写速度不同出现的特征表现不同的笔迹。即使是同一人书写，二者书写速度差异跨度越大，其笔迹特征变化越明显。笔迹鉴定中一般表现为检材字迹为慢写形成而样本字迹为快写形成，或者检材字迹为快写形成而样本字迹为慢写形成。

在笔迹鉴定实践中，经常遇到检材字迹与样本字迹二者书写速度不一致的现象。鉴定过程中，只有在掌握快速、慢速书写笔迹特征变化的规律的基础上，准确确定书写速度快慢变化的原因，以及不同书写速度形成的检材字迹与样本字迹笔迹特征差异的性质，才能保证鉴定意见的准确、客观、科学。

（二）书写速度变化的原因及其表现形式

书写过程中书写速度变化的原因较多，根据不同的出发点，其原因还有不同的分类方法，且各自的表现形式也不相同。按照笔迹鉴定对笔迹特征的要求，大致可以分为以下五类。

1. 书体因素引起的书写速度变化

书体不同，书写速度总的要求也不同，有些书体适合快写，有些书体不适合快写。书体不同引起的书写速度变化，表现为整体书写速度快慢的变化，即单位数量内的相同单字所花费书写时间的总长变化。草书书写速度最快，其次是行书，再次为楷书，宋体、隶书、篆书等书体都不适合快写。

2. 书写格式引起的书写速度变化

书写格式对书写速度变化的影响主要体现在横行从左至右书写的整体速度要快于横行从右至左书写和竖行从上至下再从右至左书写。这种变化也表现为书写速度整体的不同。

3. 同一书体不同单字的书写速度变化

即使在同一书体中，不同单字由于笔画数量和笔画类型及其组合形式不同，其书写速度也不会完全相同，一般笔画数量少、笔画书写形式简单、结构组合形式简单的书写速度较快。这种变化为书写速度的局部快慢变化。

4. 同一书体相同单字不同局部的书写速度变化

即使是同一书体条件下的相同单字，由于笔画类型、书写形式、书写压力、搭配位置等因素的影响，其书写过程中各个不同局部阶段的书写速度也不相同，一般主要表现为：短小笔画比长笔画书写快，平直笔画比转折多的笔画书写快，弧形笔画比折形笔画和钩形笔画书写快；平直起笔和侧锋起笔比逆锋起笔和顿压起笔的笔画局部书写快，平直收笔和侧锋收笔比逆锋收笔和顿压收笔的笔画局部书写快，无装饰性书写行为的比有装饰性书写行为的笔画局部书写快，有顿压的捺画比无顿压的捺画书写快；笔迹抑压力轻的比抑压力重的书写快；位置较近的两个笔画或两个结构间的过渡书写时间快于位置较远的两个笔画或两个结构间的过渡书写时间，同一方向或接近方向上的两个笔画间的过渡书写时间快于方向改变较大的两个笔画间的过渡书写时间。另外，同一书体相同单字的整体或者局部可能存在两种或两种以上书写形式，也会导致不同书写形式的书写速度有所不同。这些变化

也是书写速度的局部快慢变化。

5. 同一书体相同单字同一局部的书写速度变化

一般而言，经过长期练习形成书写动力定型的人，在书写相同书体的相同单字时，各局部所表现的书写速度应基本相同，但在不同的书写时间，受书写条件的影响，不同条件下书写的同一书体相同单字同一局部的书写速度可能不尽相同，主要表现为单个笔画起收笔部位反射钩及笔画间连笔的有无。

由于前面已经探讨过书体不同的笔迹鉴定，因此这里主要讲述由于书写速度不同形成的行书、草书、楷书三者之间，尤其是具备一定书写水平的人用不同书写速度正常书写的检材笔迹和样本笔迹的鉴定要点。

（三）草书、行书、楷书字迹三者书写速度变化的一般规律

草书、行书、楷书之间，同体字之间，书写速度的变化必然导致笔迹特征的变化。尤其是具备一定书写水平的人，能够在一定书写速度范围内进行较快或者较慢书写，其快慢写字迹之间的笔迹特征有一定的变化规律，其主要变化规律有以下五个方面。

1. 连笔变化

快慢书写引起变化最大的笔迹特征就是连笔特征。快写往往前后相邻书写的笔画容易出现连写，或者前者收笔部位和后者起笔部位多反射钩反映出明显的意连；慢写则往往一笔一画书写，笔画与笔画间、结构与结构间虽相互照应或意连，却相对独立。

2. 笔力变化

快慢书写的用力有着很大的差异，快写字迹的整体用力往往较轻，起收笔部位无顿压、多平直或侧锋，转折部位无顿压、多呈弧形；慢写字迹的整体用力往往较重，起收笔部位和转折部位多顿压，转折笔画多角形。

3. 笔顺变化

慢写过程中，绝大部分字迹都能够按照规范笔顺进行书写，但不排除个别字迹书写顺序不规范；快写过程中，为了方便书写，往往改变单字笔画间或者结构间的书写顺序，形成特殊笔顺。有的单字因为快写使得其个别笔画运笔顺序也被改变，形成运笔方向的改变。

4. 结构和笔画的书写形式变化

慢写字迹往往符合书写规范，其结构和笔画接近于楷体；快写字迹则为了适应快写需要，往往改变结构或者笔画的书写形式，形成变异结构或笔画。

5. 结构和笔画的完整或省略变化

一般情况下，慢写字迹的结构和笔画往往完整，快写时往往省略个别笔画或结构。但针对书法爱好者，由于长期临帖，且练习仿写的行书、草书多为繁体字，其慢写的楷书体字迹可能为简体字，快写字迹却多为繁体字，不过即使是繁体字也会反映出部分简写笔画或结构。

上述特征变化程度因书写速度变化程度不同而有所不同。草书与行书之间的特征变化程度小于草书与楷书之间的特征变化程度，行草书与草书、行书之间的特征变化程度不大，行楷书与行书、楷书之间的特征变化程度也不大。另外，笔迹特征在快慢书写条件下变与不变往往还受书写人的书写水平及其对书法爱好和练习的程度、单字自身在不同书写

速度要求的书体中的稳定程度等条件的制约，如书法爱好者经过一定程度的练习，掌握了多种书写形式，其快慢写字迹的笔迹特征变化就大，但低水平书写人快慢写字迹的笔迹特征变化相对较小；许多单字的笔画和结构本身就适合在不同书写速度条件下书写，因此即使书写速度条件变化，其笔迹特征变化也很小。

（四）书写速度因素变化笔迹的鉴定要点

（1）在仔细检验检材的基础上，比较检材和样本笔迹的书写特点，确定检材笔迹是否为正常笔迹以及检材与样本笔迹书写速度变化程度，判定检材笔迹的鉴定条件和样本笔迹的比较条件。按照笔迹鉴定的基本方法，首先观察检材笔迹有无非正常书写特点反映，并根据其书写特点分析并确定其书写是否正常，如果为非正常书写形成的检材，还应分析其变化产生的原因或伪装书写的具体手法。之后，再按照观察分析检材笔迹的方法观察分析样本笔迹的书写特点。在此基础上，进一步对检材笔迹和样本笔迹的书写特点进行比较，确定二者的书写速度是否存在差异以及差异大小、二者的书写水平是否一致，各自反映出来的适应速度变化能力的大小。

（2）根据上述检验，严格按照笔迹鉴定的基本要求，确定检材笔迹有无鉴定条件、样本笔迹是否具备比较条件。鉴定实践中，这类书写速度变化的检材笔迹一般都具备鉴定条件，不具备鉴定条件的往往是字数过少，或者字数较少且伪装严重、固有笔迹特征太少的检材笔迹。因此分析时应主要注意样本笔迹是否具备比较条件，在确定样本笔迹是否具备比较条件时，主要应考虑样本中是否有足够的与检材笔迹相同的单字，样本笔迹与检材笔迹二者的书写速度差异的大小，如果二者相同单字量少且书写速度差异悬殊，就说明二者的比较条件较差。这种情况下，可以要求委托鉴定方补充相同单字更多的、与检材笔迹书写速度相对接近的样本材料。

（3）根据书写速度快慢变化所表现出来的笔迹特征变化规律，以及检材笔迹与样本笔迹二者的实际情况，准确寻找和确定二者各自的笔迹特征。在书写速度变化的笔迹鉴定过程中，准确寻找和确定检材笔迹和样本笔迹特征是整个鉴定过程中基础性的，也是关键性的步骤。在寻找特征和比较特征过程中，重点应从以下两个方面入手。

① 注意选择不易受书写速度影响的较为稳定的特征。首先，一般而言，书面语言特征、文字布局特征、阿拉伯数字和标点符号特征都较为稳定，不易受书写速度变化的影响。其次，非快写影响而出现的错字、别字特征，单字或结构及笔画的书写形式等特征也较为稳定。再次，快写出现的繁体字、异体字和慢写出现的简化字、习俗字，不受书写速度影响的笔顺，笔画间和结构间的基本搭配，主要笔画的运笔趋势等方面的特征也是较为稳定的。

② 注意从快写字迹中的较慢书写的单字、结构和笔画中发现和确定笔迹特征。首先，有一定书写能力的人基本上都有自己较为适应的正常书写或较快书写速度（常被称为“常速”），快于或慢于这个速度，书写虽可以进行但毕竟不太习惯，长篇文稿书写过程中难免有因注意力下降而回到常速书写的情况，这就给我们发现和确定笔迹特征提供了可能，往往开始部分为快写或慢写，特征变化较大，慢慢趋于常速而逐步稳定，随着书写人注意力的恢复，特征变化又可能变大。因此，在选择特征时应根据注意力的周期性原理，从常速或接近常速的单字中寻找并确定。其次，快写或者慢写是对于整个书写过程而言的，实际

书写过程中书写速度不是匀速的，而是因字、结构、笔画而有所不同。不同单字的繁简程度、笔画和结构间的构造关系等因素不同，有些单字或者单字中的结构和笔画不适合过快书写，因此书写人快速书写过程中在书写到这些单字、结构或笔画时往往会降低速度书写。有些单字、结构或笔画简单，便于快速书写，即使在整体慢写时也会出现较快书写的情形。这些较快书写或者较慢书写的单字、结构和笔画是我们寻找和确定笔迹特征的重点部位。最后，除少数人外，绝大多数书写人未经过专门的书法学习和练习，在快慢速书写过程中，不可能完全遵守快慢写的书写规则，导致书写过程中某些特征不受书写速度影响而保持稳定。这也是寻找和确定笔迹特征的重点部位。

（4）科学、客观比较检材、样本笔迹特征的异同。在发现和确定了检材、样本笔迹特征的基础上，应严格按照对比条件，进一步科学、客观地比较二者笔迹特征的异同。比较过程中应主要根据书写运动的规律特点和书写速度变化的规律特点，按照单个特征比较、各组特征比较、各方面特征比较的方法，综合比较二者特征的异同。

（5）科学、客观分析、评断二者笔迹特征差异点和符合点的性质，作出相应鉴定意见。在评断笔迹特征差异点和符合点的性质时，主要应考虑以下五个方面的问题。

① 主要分析差异点是否属于容易受书写速度影响产生变化的特征方面。

② 结合书写人的书写水平，分析差异点是否属于书写习惯多样性的反映。

③ 分析符合点在不同书写人中出现的几率，是否属于不同书写人由于主客观因素影响容易形成的非本质性符合。

④ 从数量和质量两个方面分析差异点的总和是否因某种因素影响即可形成，再从数量和质量两个方面分析符合点的总和是否能够构成同一书写习惯的特定性。

⑤ 严格鉴定条件，作出与检材、样本笔迹特征相适应的鉴定意见。应重点结合检材鉴定条件、样本比较条件，以及二者特征符合点和差异点的数量和质量，作出客观、科学的鉴定意见。如果检材、样本二者的相同字多、比较条件较好，确定的二者的相同特征或不同特征数量多，二者特征符合点和差异点的性质能够准确加以确定，就可以作出相应的肯定或否定意见，否则应考虑出具倾向性意见。

第二节　书写姿势、书写工具、环境因素变化笔迹鉴定

一、书写姿势因素变化笔迹及其鉴定要点

（一）书写姿势因素变化笔迹的基本含义

书写姿势包括书写人在书写时的身体姿势和执笔方式两部分。通常情况下，具备一定书写水平的人，都是在较为规范的书写姿势环境中练习书写并最终形成自己的书写习惯的，因此，人们往往都有其较为习惯的、固定的书写姿势。在以毛笔为通用书写工具的时代，书写时要求书写人端坐、曲臂悬腕、四指持笔且笔杆直立、定位正前方略低于胸；现代书写工具以硬笔为主，书写时往往要求书写人采用坐姿、曲臂枕腕、三指执笔且笔杆稍有倾斜、定位正前方略低于胸。当然，由于各种因素的影响，书写人的习惯性书写姿势不

尽相同，往往在坐姿是否端正、眼睛离书写点的距离、持笔高度、握笔姿势、笔杆端正程度、定位方向和距离等方面表现出一定差异。

所谓书写姿势因素变化的笔迹，是指在具有习惯性书写姿势条件下，由于受书写环境和条件的影响，临时较大程度改变书写姿势书写所形成的笔迹。在笔迹鉴定实践中，检材字迹书写姿势改变较大而样本字迹书写姿势较为正常的情况较为常见。书写人习惯性书写姿势的形成是一个复杂且历时较长的过程，练习书写过程中每次的姿势也不尽相同，因此成型后的书写行为是能够适应一定范围的姿势变化的。也就是说，在书写姿势改变不大的情况下，书写人书写的笔迹所表现出来的书写习惯改变不大，鉴定难度也不大。这里所说的书写姿势改变是指书写姿势改变较大的情形，主要包括站、躺、卧、趴、蹲等姿势的改变，直伸臂远距离书写或侧方位书写等距离或方向的改变，拳状握笔或者过低、过高方位执笔等执笔方式的改变，这些姿势的改变往往造成其书写习惯的较大改变，给鉴定增加了较大难度。

（二）书写姿势改变对书写动作的影响

（1）人体重心的改变。书写时身体姿势的改变和手臂、腕部形态的改变，必然改变人体重心。

（2）视觉调整作用的改变。书写姿势的改变，使得书写人的眼睛离书写面的距离和方位产生改变，其视觉的调整作用必然改变。

（3）腕、肘部支撑点的改变。在该情况下书写，往往手臂平伸，腕、肘部成悬空状态，支撑点发生变化。

（4）运动模式和神经协调方式的改变。非正常书写姿势，使得书写人原有协调的运笔模式和整个运动系统的神经协调方式等发生变化。

（5）由于书写姿势改变的原因是多方面的，所以书写过程中，运笔可能是多种因素共同作用的结果。例如，因无适合书写的书案可依，书写人蹲着于膝盖上书写，可反映为因衬垫物过软影响书写动作；书写人因病重睡在床上持笔书写，书写动作还会受病理因素影响；书写人醉酒后躺在椅子或沙发上或靠在墙上书写，其书写动作还会受醉酒的影响产生变形。

（三）书写姿势改变对笔迹特征的影响

书写姿势的改变，必然造成书写动作发生前述改变，也就必然影响书写习惯的稳定程度，使得笔迹特征产生一定程度的变化。但这种变化往往是有限的，相对于整个笔迹特征而言也只是部分的，其中仍有部分笔迹特征较为稳定。

1. 容易受书写姿势影响产生变化的笔迹特征方面

（1）书写水平有所下降。运笔不太自然和流畅，笔力较轻且伴有一定的抖动痕迹。

（2）部分笔画之间搭配位置和比例失调。

（3）部分笔画起收笔部位有反射和拖带痕迹反映。

（4）连笔动作减少，意连增加，较为复杂的连笔形态容易变形。

（5）单字结构松散，字迹大小不一，笔画复杂的单字容易变大。

（6）字间间距、行间间距变宽，字行不齐。

2. 不易受书写姿势改变影响而基本保持稳定的笔迹特征方面

（1）单字以及单字内部结构特殊的书写形式。

（2）笔顺特征。

（3）错字特征和别字特征。

（4）特殊的运笔方向和笔画形态。

（5）连笔部位和连笔方向。

（6）无拖带痕迹的起收笔动作、较为紧凑的单字和结构中的搭配特征、较为流利无明显抖动痕迹单字中的连笔形态。

（四）书写姿势因素变化笔迹鉴定要点

因书写环境和书写条件限制引起的书写姿势改变，对书写习惯再现程度的影响是有限的，对笔迹特征的改变也仅仅是局部的。在鉴定过程中，只要工作认真、细致，根据笔迹形成的机理和各种变化笔迹的特点准确分析检材笔迹中的变形动作，辩证地确定检材笔迹特征，科学比对和分析笔迹特征，鉴定意见是不难得出的。

（1）仔细分析检材笔迹，发现其非正常书写的特点，确定其为书写姿势改变所致。

首先，按照正常书写笔迹的特点，发现检材笔迹的非正常书写特点。根据书写姿势对书写动作的影响以及对笔迹特征的改变分析，其非正常书写特点主要表现为：较长笔画运笔和转折、环绕不太流利和自然，个别笔画或笔画局部有弯曲抖动痕迹，部分笔画起收笔部位有拖带痕迹，笔力起伏较小，部分单字和笔画间搭配松散、比例失调，等等。当然如果书写姿势改变结合有其他干扰因素，其书写特点更为复杂和多样。

其次，结合其他非正常书写和伪装书写笔迹的特点，分析并确定检材笔迹的非正常书写特点为书写姿势改变所致。非正常书写姿势反映出来的上述几个方面的非正常书写特点，每一个方面都不是其单独所有的，都会在其他某种非正常书写方式或者伪装笔迹中出现，但每一条特点的程度及特点的总和不可能完全在其他某种非正常书写方式或者伪装笔迹中出现。因此只要依据现有特点，结合与其他非正常书写和伪装书写笔迹的特点比较，分析并确定检材笔迹为非正常书写姿势所致是较为容易的，只不过确定具体的书写姿势是较为困难的。

（2）针对非正常书写姿势书写的检材字迹，应主要选择书写速度相对较慢的样本字迹。如果现有样本材料不能满足与检材比对的条件时，还可以责成受审查人采用几种常见非正常书写姿势书写一定的实验样本。

（3）选择检材笔迹特征时，注意从稳定、不易受书写姿势改变的笔迹特征方面寻找。寻找过程中，还可以参照样本字迹的笔迹特征对其进行补充和修正。选择样本笔迹特征时，应以慢速书写的字迹为主要对象，特别是以特定姿势书写的字迹为实验样本。

（4）在二者笔迹特征比较过程中，特别是在与实验样本比较过程中，主要注意相同书写姿势条件下形成的共性特征。

（5）笔迹特征差异点和符合点性质评断过程中，应主要考察特征差异点是否是受不同书写姿势影响所致；特征符合点是否能够满足书写习惯特定性的最低要求。

二、书写工具因素变化笔迹及其鉴定要点

（一）书写工具因素变化笔迹的基本含义

书写工具因素的变化是指笔迹鉴定实践中检材笔迹与样本笔迹的书写工具种类不同。特别是具备一定书写技能的书写人，在书写过程中，受主客观因素的影响，采用自己并不习惯的书写工具书写，其笔迹特征必然产生较大变化。

书写人在书写习惯形成过程中，一般都慢慢适应了某类或某几类书写工具，使之成为其常用书写工具。在现代社会，常见的具备一定书写技能的人使用的书写工具多为硬笔，如签字笔、钢笔、圆珠笔，记号笔和美术用彩色笔也应列入硬笔范围；书法艺术爱好者或者专门人员才有使用毛笔的习惯；个别时候为了书写美术字也有使用排笔或毛刷的。此外，在非正常书写条件下，也有使用石块、铁钉、钥匙、小刀在书写面上刻写，或者直尺和笔结合的书写方式。在上述书写工具和书写方式中，用硬笔、毛笔或者排笔和毛刷书写，因书写人具有这一方面的能力，往往属于自己习惯的书写工具；而使用石块等或者两种工具结合的方式都属于非正常书写工具，甚至是为了伪装书写。笔迹鉴定实践中，常见的书写工具不同主要指毛笔与硬笔、刻写工具与硬笔或毛笔、直尺加其他工具与硬笔或毛笔。由于本书后面的伪装笔迹鉴定部分也涉及非正常书写工具形成字迹的鉴定（如刻画字、尺画字），所以，本部分主要讲解非伪装书写前提下的不同书写工具形成的字迹鉴定。

（二）毛笔与硬笔书写字迹的鉴定

1. 毛笔与硬笔的书写差异

（1）构造不同。二者的构造主要表现在笔尖部分。毛笔为兽毛加工而成，虽呈尖状，但因兽毛柔软不能承受笔杆传递过来的压力而弯曲或分叉使得笔尖后端较粗的部分也接触纸面，因此书写人笔力变化较大的必然写出粗细变化较大的笔画。而硬笔笔尖较硬，除钢笔、蘸水笔笔尖由两瓣组成有一定弯曲和分叉外，其他笔尖书写的字迹笔画粗细变化幅度较小，主要依靠笔尖接触纸面形成的笔道沟痕深浅反映笔力的轻重。

（2）笔锋和运转表现形式有所差异。毛笔的笔尖可以因笔力不同调整其与纸面接触的部位和接触面大小，写出不同的笔锋。硬笔笔尖虽能够形成一定的笔锋，但都不如毛笔的笔锋多和细腻。毛笔在运转书写过程中，其运转形态在笔画中较为隐蔽，但硬笔的运转形态在笔画中表现特别明显。

（3）执笔姿势不同。毛笔执笔姿势因笔的大小不同略有差异，总体而言要求笔杆直立、指尖持笔、悬腕。因此毛笔书写非常考究书写人对笔的掌控能力。但硬笔要求倾斜执笔（笔杆与纸面呈60°左右夹角），枕腕，书写难度远远低于毛笔，更适合各种书写水平的人进行书写。

（4）技能和技巧要求不同。毛笔的书写技能和技巧要求远高于硬笔，若非经过较长时间的专门书写练习，很难达到掌控其随意书写的目的。现代人除少部分经过专门练习具备毛笔书写能力外，大多数人都不具备毛笔书写能力；即使是具备毛笔书写技能的人，除为了书法艺术或其他某些特定需求外，平常一般也只使用硬笔书写。硬笔则能满足现代大多数人的书写需求，无论其书写水平的高低，都能用硬笔完成书写。所以二者书写存在一个基本规律：能熟练使用毛笔书写的人也能够熟练使用硬笔书写，但熟练使用硬笔书写的人

不一定能够熟练使用毛笔书写。

2. 毛笔字迹与硬笔字迹笔迹特征的稳定程度

从前述毛笔与硬笔书写要求的不同可以看出，同一个人书写的毛笔字迹与硬笔字迹之间必然出现一定的笔迹特征差异，但差异大小取决于书写人是否具备毛笔书写技能，具备毛笔书写技能的二者笔迹特征差异相对较小，否则就较大。二者笔迹特征的稳定程度及其特征方面因此有所不同。

（1）具备毛笔书写技能的人书写的毛笔字迹与硬笔字迹笔迹特征的稳定程度和特征方面。

具备毛笔书写技能的人能够熟练使用毛笔和各种硬笔书写，其毛笔字迹和硬笔字迹的笔迹特征较为稳定，容易产生变化的特征方面主要有：

① 单字繁简体书写形式。使用毛笔书写，为了表现自己的书法造诣，往往采用繁体字、旧体字书写，并且前后相同单字会呈现不同的书写形式；而使用硬笔书写往往比较随便，大多采用简体字。

② 起收笔形态。毛笔书写笔锋种类多且变化明显，硬笔书写则笔锋单一。

③ 笔画形态。因为不同书写工具对笔力的反映方法不同而呈现不同的笔画形态。毛笔字迹笔画粗细变化大，笔道变化不明显；硬笔字迹笔画粗细变化小，笔道变化明显。

除此以外，笔迹特征的其他方面，如笔画形态、运笔方向、连笔的方向和形态、笔画间和结构间的搭配位置和比例、笔顺、习俗字和错别字等特征均较为稳定，不易发生变化。

（2）不具备毛笔书写技能的人书写的毛笔字迹与硬笔字迹笔迹特征的稳定程度和特征方面。

不具备毛笔书写技能的人不能熟练使用毛笔但可能熟练使用各种硬笔书写，其毛笔字迹和硬笔字迹的笔迹特征变化较大，容易产生变化的特征方面主要有：

① 书写水平变化。能够熟练使用硬笔书写的书写人使用硬笔书写能够较好地反映自己固有的书写水平，但由于其未经过毛笔书写的专门练习，不适应毛笔书写，因此其毛笔字迹必然低于硬笔字迹的书写水平，主要表现在运笔不流畅、有弯曲抖动痕迹，前后相同笔画和笔画各局部粗细变化大。

② 运笔特征变化。毛笔字迹运笔无章法，起收笔部位随意下笔、无规律固定特点，笔画形态怪异。

③ 笔力特征变化。毛笔字迹笔力特征不稳定，往往用力较轻，若按照硬笔书写习惯用力，则笔画粗细变化大，笔画形态极不美观。

④ 搭配特征变化。主要由于对毛笔的控制能力较差，下笔不准、力度控制不好，造成单字笔画间、结构间的搭配位置和搭配比例失称且不稳定。

⑤ 字迹大小和字行特征变化。毛笔字迹中笔画复杂的字大而松散、笔画少的字相对较小，形成字迹大小不一，字行不齐且歪斜。

上述易变化的特征方面也不是绝对的，因人而异。除此之外，其他方面的特征，如单字繁简体书写形式、习俗字、错字、别字、特殊的笔画形态和运笔趋势、连笔方式、笔顺（特别是不符合毛笔书写规范的笔顺）、笔画间特殊的交叉方式及交叉位置、笔画间和结构间的特定搭配位置和搭配比例等笔迹特征方面是较为稳定和不易改变的。

3. 毛笔字迹与硬笔字迹鉴定要点

（1）根据检材字迹的书写动作特点，确定检材毛笔字迹是否为具有毛笔书写技能的人书写，是否有伪装书写特点反映。笔迹鉴定实践中，毛笔字迹多见于检材，而样本字迹往往为硬笔书写。在对检材字迹进行检验时，首先应根据检材毛笔字迹反映出来的章法、书写水平、书法艺术造诣等方面的特点，确定书写人是否具备相应的毛笔书写技能。在此基础上，进一步分析其是否有伪装笔迹特点反映，是否为伪装书写形成。

（2）在检验样本材料时，主要分析其与检材字迹有无比较条件，并根据实际情况补充样本材料。鉴定前应先了解受审查人是否具备毛笔书写能力，其练习书法的时间长短及书法水平的高低。如果检材字迹为具备毛笔书写技能的人书写的毛笔字迹，该人平常有练毛笔字的习惯，若样本中缺乏毛笔字迹且比较条件又不好的，还可以要求委托人补充收集受审查人平常书写的毛笔字迹，也可以要求其收集一定的实验样本字迹。即使检材反映出来的书写人毛笔字书写技能较低，很难找到其平时书写的毛笔字迹，若现有样本比较条件较差，也可责成受审查人书写一定数量的毛笔字迹作为实验样本。

（3）根据检材书写人是否具备毛笔书写技能的实际情况，在各自稳定、不易变化的特征方面发现和寻找检材笔迹特征。并根据两种不同书写工具的书写运动规律，比较检材字迹和样本字迹特征的异同。例如在分析二者的笔力特征时，毛笔以笔画粗细表现笔力，而硬笔主要看笔画笔道深浅。

（三）刻写字迹与硬笔书写字迹的鉴定

在某些特定环境和条件下，书写人一时找不到正常的书写工具，而临时选用随身物品或就地取材的方式，选取小刀、石块、铁钉、钥匙等非正常书写工具临时书写一定的文字信息。这类检材多出现在危害国家安全、盗窃、杀人等案件的标语或现场留言，常常以墙面、地面、门面、桌面、柜门面等为书写面。

1. 刻写与硬笔书写的差异

（1）把握姿势不同。硬笔为专门书写工具，因此其外形在设计时就考虑了方便握笔的实用性，加之书写人长期使用，因此对硬笔的把握已经成为习惯性姿势，所以，利用硬笔便于书写活动的进行。但刻写工具往往不适合书写把握，书写时动作有一定变形，必然影响书写习惯的再现。

（2）书写面材料种类不同。硬笔书写往往利用的书写纸张，是一种便于书写而且习惯的书写材料。而刻写字迹往往是在石料、灰浆、混泥土、木料等书写面上书写，这些书写面的材料由于其硬度、表面平整度等不同于纸张，往往书写较为困难。

（3）笔力和书写速度不同。硬笔书写于纸面，依靠笔尖在纸面的摩擦和纸张对墨水的吸收成字，因其习惯书写动作有笔力、速度的节律变化，所书写的字迹自然、流畅。而刻写仅仅靠工具尖端在力的作用下与书写面擦压，必然保持较重的笔力和较慢的书写速度，且笔力和速度起伏变化较小。

2. 刻写字迹的笔迹特征变化规律

在刻写中，书写人对书写条件的不适应，必然造成书写习惯动作变形，产生笔迹特征的改变，这种变化主要表现在以下五个方面。

（1）书写水平特征降低。书写工具、书写材料的不适应性和书写条件的艰难性决定了刻写较为困难，书写水平必然有一定程度的下降。

（2）运笔特征改变。运笔不畅导致笔画弯曲、抖动痕迹，起收笔形态变形严重，行笔可能因为书写面不平或者有纹理引导产生变向，转折笔画被分解成两个或两个以上笔画书写。

（3）笔力特征变化。刻写过程中除个别笔画起收笔部位用力较轻外，整个书写过程基本上采用较大笔力书写，所以笔力较为均匀，起伏变化少，也就改变了固有的笔力特征。

（4）交叉特征和搭配特征的改变。重力书写和书写面材料的特性往往导致运笔不到位，笔画运笔方向的改变，使得笔迹出现交叉和搭配位置不当、比例失调。

（5）布局特征的改变。刻写字迹字体较大，结构较为松散，字间距不匀，字行不齐。

除上述特征方面容易产生变化外，特殊的运笔方式和笔画形态、笔画之间的连笔方式和形态、不受运笔影响的笔画和结构间的搭配位置和比例、笔顺、单字和结构的书写形式、错字和别字等特征仍较为稳定。

3. 刻写字迹与硬笔书写字迹鉴定要点

（1）为了达到科学、客观检验检材的目的，原则上要求使用检材原件。但实际案件中，刻写字迹检材原件往往出现在某类现场，送检的基本上都是照片或者电子图片，这势必影响鉴定人的观察和分析。因此，鉴定人应该亲临现场进行实地检验。如果现场检材原件字迹已经清除，也应仔细阅读现场勘验笔录，尽可能地了解检材在现场的原始状况。必要时，还应该根据已经确定的刻写工具在现场书写面上进行书写实验，以便在鉴定过程中解释笔迹特征变化的原因。

（2）仔细检验检材，确定检材字迹的形成方式，判断其是否有伪装书写迹象。根据检材字迹的痕迹特点，结合书写面的材料特点，分析并确定检材字迹刻写工具的具体种类。虽然刻写字迹往往因其本身书写较为困难、笔迹特征改变较大而不易出现伪装书写迹象，但在检验时仍要仔细辨别刻写人临时的、局部的伪装书写行为，这主要体现在较为容易书写、不易造成变形的笔画或单字出现异常书写迹象，如笔画僵硬、平直或故意拖长，故意改变笔画运笔方向，搭配位置和比例明显失常，错字、别字简单并与其语文水平、书写水平矛盾，等等。

（3）根据检材自身特点，准确选择检材笔迹特征。在选择检材笔迹特征时，首先，应将前后相同单字、不同单字中相同部位的相同结构和笔画归类后，从中发现呈规律性反映的笔迹并将其确定为特征；其次，对于虽出现两次但笔迹表现形式不同的单字和结构，还可以根据其所在部位的书写面的实际情况，推断哪些单字和结构书写较为流利、自然，再从中寻找并确定笔迹特征；再次，对于仅出现一次的单字和笔画，应逐字、逐个笔画、逐个局部观察并分析其书写动作是否受到书写面局部现状的影响，其中变形严重、与检材字迹整体不协调的单字、结构和笔画不能作为寻找笔迹特征的对象，应从相对较为自然的单字、结构和笔画中发现和确定笔迹特征。

（4）有效选用样本材料和选择样本笔迹特征。在送检硬笔书写的样本材料时，重点选择书写速度相对较慢的尤其是楷书字迹作为样本字迹使用。确定样本笔迹特征需与检材笔迹特征相对应，选择不易受刻写影响的特征方面。

（5）科学比对二者特征异同。根据上述刻写字迹笔迹特征变化规律，主要比较不易受刻写影响的笔迹特征方面，如特殊的运笔方式和笔画形态、笔画之间的连笔方式和形态、不受运笔影响的笔画和结构间的搭配位置和比例、笔顺、单字和结构的书写形式、错字和别字等。

（6）根据刻写的笔迹特征变化规律，结合检材字迹与样本字迹二者间相同特征和不同特征的数量和质量，准确判断特征符合点和差异点的性质，科学作出相应鉴定意见。刻写字迹鉴定综合评断过程中，应主要考察二者的特征差异点是否属于刻写因素影响形成的检材笔迹变异，特征符合点是否数量充分、是否具有较高质量，特征符合点的总和能否构成同一人书写习惯的特定性。

三、书写环境因素变化笔迹及其鉴定要点

（一）书写环境因素变化笔迹的基本含义

书写人在长期的书写实践过程中，适应了一定的书写环境，基本要求书写环境有一定亮度保证视觉在书写活动过程中的调整作用，书写姿势较为舒展、自然，书写工具与书写面之间相对静止，等等。并且人们的书写行为也大多是在这样的环境下进行的。

所谓书写环境因素变化笔迹，就是在书写人不适应的书写环境中书写形成的笔迹。鉴定实践中，书写环境改变多出现在检材笔迹书写过程中，且多表现为光线环境差、空间狭小或者运动环境等。这些环境条件下，势必一定程度影响书写人固有书写习惯的再现，形成笔迹特征的改变。作为比对用的样本材料往往是在正常书写环境中书写成的，书写习惯保留较为完整。因此，鉴定过程中，应主要针对各种非正常环境对书写习惯再现的具体影响，比较二者笔迹特征的异同，最终作出相应的鉴定意见。

（二）光线环境因素变化笔迹的特点与鉴定要点

经过一定程度书写练习并形成书写习惯的人，其书写活动主要依靠书写动力定型系统加以控制，但视觉对书写活动的监督、协调作用也非常重要。平常人们的书写活动是在一定强度的可见光线条件下（如白天在自然光下，晚上在较为明亮的灯光下）进行的，但是人眼视网膜对外界可见反射光的敏感度是有限的，当光线较为微弱时，人眼看物就会较为模糊，当光线微弱到一定程度时，人们感知的就是一个完全黑暗的环境。如果人们在暗态环境中书写，其视觉调整作用就会减弱甚至消失，虽然其书写行为依靠的动力定型和持笔接触书写面时的触觉仍能进行，一方面动力定型系统控制笔画运笔方向和运行距离、笔画长短、笔顺、笔画间和结构间的搭配位置、字间距和行间距，一方面依靠笔尖接触书写面的感觉感知下笔是否到位，但其书写过程中的流畅性、协调性和整体性都将明显变低，从而导致笔迹特征发生改变。

1. 暗态环境书写字迹的笔迹特征变化规律

（1）运笔特征方面的变化。起笔动作严重变形，运笔方向有所改变，运笔缓慢且笔力均衡，笔画有过长或过短现象。

（2）交叉、搭配位置改变。笔画间、结构间交叉和搭配位置失调甚至错位，有重叠笔画或重叠结构出现，搭配比例失调。

（3）字迹大小、字间距、行间距变化。字迹大小不一，字间距和字间上下位置紊乱，字行不齐，行间距不一。

（4）笔迹特征变化程度与光线微弱程度有关。低于平常习惯的光线亮度不多仍有一定

能见度的条件下书写的字迹特征变化不大，越暗的环境变化越大，完全黑暗的环境中变化最大。

（5）笔迹特征变化程度与书写文字的多少和书写时间的长短有关。人眼在突然较大程度改变光线环境的情况下会不适应，但只要不是在完全黑暗的环境中，经过一定时间的自行调整会有所改善，会增强能见度。同时，书写动作由于受动力定型系统和触觉控制，随着书写的进行，也会逐渐增强适应性。因此，在较暗环境中，一开始书写人的视力较差，所写字迹特征变化大，但随着书写活动的进行和时间的延续，视力会逐渐增强，使得笔迹特征变化逐渐缩小。

2. 暗态环境书写字迹稳定的笔迹特征方面

在暗态环境中书写字迹，根据现场光线阴暗程度不同，其笔迹特征虽然会产生一些，甚至较多的笔迹特征变化，但仍会保留部分固有书写习惯，反映出稳定的笔迹特征。主要有以下六个方面：

（1）短小笔画的运笔趋势和形态。

（2）特殊形式的运笔方向和笔画形态。

（3）书写速度快的连笔方式和形态、环绕、连笔的运笔方向。

（4）笔画和结构间的书写顺序。

（5）繁体字、非规范性简化字、异体字、习俗字、错字、别字。

（6）字迹较多条件下的后一部分字迹。

3. 暗态环境书写字迹的鉴定要点

（1）仔细检验检材，确定检材的形成方式和环境条件。根据暗态环境对书写动作的影响以及引起的笔迹特征的改变规律特点，发现和确定检材是否反映出明显的受光线影响的笔迹特征变化规律特点，并结合个案实际情况，确定检材字迹是否为暗态环境下书写形成。刑事案件中的该类检材往往出现在各种现场，多为标语或留言，往往可以通过侦查确定其形成的时间，因此应该采用实地勘验和现场模拟实验的方式，结合现场光线情况分析其书写时的实际环境。民事案件中的该类检材，当事人一方针对检材不正常的书写迹象，一般都能指出其是在特定光线环境下书写的，这也可以提示鉴定人对检材进行仔细检验，观察检材字迹特点与其声明的光线环境是否吻合。

（2）准确确定反映书写人固有书写习惯的检材笔迹特征。在寻找和确定检材笔迹特征时，一方面应注意排除易变的笔迹特征，主要从不易变的字迹部位和笔迹特征方面寻找，尤其是较暗环境书写的较多字迹的后半部分中的较为正常的单字；另一方面应考虑检材的实际形成方式，如除光线阴暗外，书写人还可能采用非正常书写姿势（如蹲姿以膝盖为衬垫书写）、非正常书写材料（如在墙面、地面、门上等书写），将其他影响因素形成的笔迹特征改变也纳入寻找特征的范围，必要时可通过模拟实验的方法加以确定。

（3）重点选择样本中的慢速书写的单字作为样本字迹，以作为比较检验的对象，且在选择样本单字笔迹特征时应以已选检材笔迹特征为参考。

（三）空间因素变化笔迹的特点与鉴定要点

正常书写的环境往往是舒展、自然的环境，对空间有一定的要求。如果改变书写的空间环境，使书写人在一个不便于书写的空间环境中书写，也必然影响其书写习惯的再现程度，使得笔迹特征产生一定的变化。较大、空旷的空间一般不会对书写人的书写习惯再现产生影响，影响书写习惯再现的空间环境往往是狭小空间，如小汽车内、狭小柜台内。因此，空间因素变化笔迹就是指在狭小空间内书写成的字迹。

1. 狭小空间对书写动作的局限性

狭小空间改变书写动作的因素主要有：双臂不舒展，肘部和腕部往往无支撑点而悬空，衬垫面高低不适当。这些因素导致书写过程中书写动作局促、失常，下笔不准、控笔不稳。

2. 狭小空间书写环境条件下笔迹特征的变化规律

狭小空间对书写动作的局限性，决定了所写单字的笔迹特征会发生一些变化，其变化的规律主要体现在以下四个方面：

（1）运笔特征方面的变化。笔力平缓、起伏小，起收笔部位形态、笔画转折急促，运笔僵硬，运笔方向有所改变，个别重力部位可能因衬垫物过软出现纸面破损。

（2）连笔特征方面的变化。强行连笔增多，环绕转折运笔较为僵硬，笔力变化小。

（3）搭配特征方面的变化。笔画间、结构间的搭配位置部分失常，整体结构紧凑。

（4）字迹大小和布局特征方面的变化。字迹普遍变小、字间距和行间距小，字行容易歪斜。

狭小空间环境书写的字迹除有上述特点反映和笔迹特征容易改变外，其他方面还是较为稳定的，这些稳定的笔迹特征主要有：表现自然的起收笔动作、短小笔画的笔画形态、笔画特定的运笔方向和书写形式、连笔方式和方向、书写简单的单字和结构内的笔画间的搭配、笔顺、单字特殊的书写形式、错字、别字等方面。

3. 狭小空间书写环境条件下笔迹的鉴定要点

狭小空间环境书写的笔迹特征改变的数量不多，大量的笔迹特征都是原有书写习惯的反映，因此可供利用的笔迹特征较多。实际鉴定过程中，难度最大的环节应该是单纯依靠检材字迹的特点和笔迹特征变化规律确定检材是在狭小空间书写形成这一影响因素。只要确定了影响笔迹特征改变的因素，结合其改变规律，确定和比较笔迹特征、评判特征差异点和符合点的性质并作出相应鉴定意见就是很容易的事情。

在确定狭小空间因素时，应充分利用已知的案件全部事实和证据，根据刑事案件检材在现场的实际状况或者民事案件当事人就检材形成环境和条件的相关叙述，结合检材自身的特点综合加以确定。

（四）动态环境因素变化笔迹的特点与鉴定要点

正常状态下，人们的书写活动是在静止、稳定的状态下进行的。如果改变为在运动环境中书写，常见的是在行驶的汽车或者火车上书写，由于书写姿势、衬垫物和动态环境的影响，必然形成笔迹特征的改变。所谓动态环境因素变化笔迹就是指在行进中的车辆内书写形成的笔迹。

1. 动态环境对书写运动影响的具体因素

（1）车辆自身条件因素。车辆内的个人空间往往比较狭小，不便于书写，使得书写姿势比较局促，右手腕部和肘部无支撑点，书写纸张无合适的衬垫物。

（2）动态环境因素。车辆运动过程中，如果保持匀速、直行，且路面非常平整，人与车保持相对静止状态，书写活动就很容易进行。实际行驶中，路面上的弯道平整度以及行驶速度的时时变化，使得车辆左右摇摆、上下颠簸和时快时慢，导致人与车辆无法保持相对静止。因此在这种环境中书写，书写人无法准确控制自己的书写行为，其中最主要的是书写面与书写工具之间位置和距离的不稳定性，无法形成书写人触觉的习惯性，使得每一个书写动作都处于试探状态。

2. 动态书写环境条件下笔迹特征的变化规律

（1）书写水平特征变化。动态环境下的书写水平会较大程度地降低。

（2）运笔特征方面的变化。起收笔形态多拖带，运笔有不规则抖动痕迹、呈波折形，笔画有过早收笔或运笔过长现象，笔画局部纸面有孔洞破损。

（3）搭配特征方面的变化。两个笔画起笔部位之间的搭配错位，或者个别笔画或结构重叠或搭配失调，笔画间、结构间比例失称。

（4）连笔特征方面的变化。连笔动作减少，连笔形态变形。

（5）交叉特征方面的变化。个别交叉笔画交叉点的位置不当，不该交叉而交叉的动作增多。

以上易变特征方面的变化程度也是随影响因素影响程度的改变而改变的，当车辆较为匀速地行驶在平坦、笔直的道路上时，这类特征的变化就非常小。此外，其他方面的特征就是在动态变化幅度较大的情况下一般也较为稳定，如单个笔画特殊的运笔方向和书写形式、短小笔画的形态、笔画间和结构间的连笔方式、单字基本书写形式、错字、别字等方面。

3. 动态环境因素变化笔迹的鉴定要点

随着现代公路、铁路的建设标准和等级越来越高，路面也越来越好，车辆行驶过程中影响书写活动的因素相对较少且影响较小，笔迹特征变化程度往往不大。只是在整个书写过程中偶然遇到较差路面时特征改变较大。因此，这类笔迹的鉴定难度往往不大。

（1）鉴定过程中，主要应注意科学确定影响检材笔迹特征变化的具体因素。要做到这一点，单纯依靠检材字迹自身表现出来的特点是较为困难的，还应结合案件中的其他证据，明确当事人对检材形成环境和方式的具体陈述，如果当事人陈述检材字迹为行驶的车辆上书写，就可以在找出检材字迹的动态环境影响下形成的笔迹特点，确定其影响因素为动态环境。

（2）检材笔迹特征的选择，应重点放在受动态因素干扰相对较轻的单字和结构中间。判断单字或结构笔迹特征变化程度，应根据判断单字书写是否按正常的标准进行，主要看运笔流畅程度、笔力变化和书写速度变化的协调程度、笔画间和结构间的搭配位置和比例的匀称程度、字间距和行间距以及字的大小匀称度。

（3）选用的比对样本必须是受审查人平时慢速书写的字迹。

（4）在比较检材字迹和样本字迹二者特征异同和综合评断特征差异点和符合点性质时，除了充分考虑颠簸、变速等主要因素外，还应考虑书写姿势、衬垫物等因素带来的综合影响。

第三节 书写时间和书写人年龄因素变化笔迹鉴定

一、书写时间因素变化笔迹及其鉴定要点

（一）书写时间因素变化笔迹的基本含义

由于各种内外因素的影响，每个人的书写习惯随时间的推移是有所变化的，且时间间隔越长，变化的范围和程度越明显。由于书写人在不同时期的书写技能高低和书写习惯的形式、年龄、职业、社会阅历、精力和身体状况、思维方式、所处社会环境等因素均不相同，因此，不同时期的书写习惯变化的范围和程度也不相同，但这种变化不是无规律的随意变化，也不会产生突变。正是上述因素的制约使得书写习惯的变化呈现一定的、与影响因素相适应的规律性。由此可以看出，历时变化笔迹的影响因素表面上是时间因素，实际上起作用的都是不同时间段的其他因素。

笔迹鉴定实质就是检材笔迹与样本笔迹之间的比较，二者的形成时间与鉴定意见有着直接的关系。所谓书写时间因素变化笔迹，就是指检材笔迹与样本笔迹不是在同一时间段内书写形成的，二者书写间隔的时间较长，使得二者的笔迹特征反映出明显差异。鉴定实践中，常常遇见检材字迹与样本字迹二者形成时间间隔较长，笔迹特征变化明显，鉴定难度较大的情况。因此，研究书写人书写习惯历时变化的原因及其规律特点，有助于在鉴定实践中准确认识笔迹特征，科学解释特征差异点的形成原因和性质，从而保证鉴定意见的客观、真实。

（二）引起书写人书写习惯历时变化的原因及规律特点

1. 书写动力定型相对稳定性因素

书写动力定型形成以后，能够在一定条件下保持相对稳定，这是书写习惯能够保留并得以再现的根本原因。但是这种稳定是相对的，其变化才是绝对的，在书写动力定型延续过程中，受多种因素的影响，书写习惯朝不同方向发展，主要表现为：在延续过程中，若书写行为经常进行，结合其他因素的影响，书写技能会更加稳定，书写习惯会朝多元化方向发展；若延续过程中不常书写或停止书写，书写技能会逐渐降低，书写习惯也会逐步减退。

2. 年龄因素

不同时期，书写人所处的年龄阶段不同，人的生理机能从发育至成熟再至衰退，不同年龄阶段有所差异。从不适应书写到开始适应并练习书写，从开始产生书写习惯到书写习惯的全面形成，从熟练运用书写技能到书写技能逐渐消退，就是书写人书写习惯经历不同年龄阶段的演变过程。不同年龄阶段，书写人的书写习惯会有与其年龄相适应的特点反映。

3. 社会经验和阅历因素

随着时间的推移，书写人的社会经验和阅历不断丰富，其思维方式也会产生变化。书写人不同时期的社会经验和阅历不同，其各方面知识的积累必然改变自身语言表达方式，

增强自身的书写能力，使得书写习惯中的书面语言习惯产生相应变化，笔迹特征朝多元化方向发展。

4. 职业因素

人们在人生不同的阶段所从事的工作不同，一般规律是：青少年时期以学习为主，中壮年时期以事业为重，老年时期以生活为主。不同时间阶段人们从事书写活动的机会不同，所以书写习惯的稳定程度和变化方式也不相同。同时，不同时间阶段，书写人的职业特点可能有所改变，不同的职业对书写的要求也就可能不同，这也会导致书写习惯的改变。

5. 精力和身体状况因素

人一生之中，不同时间阶段的精力和身体状况不同，特别是某一时期的病理性因素，对书写习惯的影响较大。如病中的书写习惯较病前和康复之后变化较大，某些严重的慢性疾病使得病前与病后的书写习惯差异很大，且变化笔迹保持时间相当长；又如永久性伤残使得伤后的书写习惯产生变化，如果是右上肢伤残或大脑神经系统受损，这种导致的笔迹变化往往是巨大的。

6. 社会环境因素

书写人在不同时期必然面对不同的社会环境，包括居住地区、文化氛围等诸多方面。处在不同的社会环境中，人的行为方式也将受其影响而产生相应的变化，包括书写习惯的部分改变。

7. 语言文字的时代特点因素

语言文字的发展变化也会使得书写人在不同时期产生新的书面语言特征和笔迹特征。

8. 兴趣、爱好因素

不同时间阶段，同一人的兴趣、爱好可能不同，特别是对文学、书法的爱好改变会使得书写习惯产生较大甚至巨大改变。

上述几个因素是不同时间阶段引起书写习惯改变的主要因素，不尽全面。值得注意的是，人生每一时间段的实际情况是非常复杂的，对书写习惯的影响也不是单方面的，书写习惯的改变往往是上述因素综合作用的结果。

（三）笔迹特征历时变化的规律特点

一般情况下，书写人书写习惯历时变化规律受其基本因素制约，时间因素仅仅只是表面因素，起决定作用的是其他因素，其中有些因素伴随时间的推移必然会出现和影响书写习惯，并使之发生相应改变。例如，书写动力定型的持续渐变规律决定了不同时间段笔迹特征的自然改变；不同时间段书写人的年龄不同，其生理机能差异也决定了书写习惯的必然变化；随着时间的推移，书写人的社会阅历和经历的日积月累，必然导致书写习惯的自然改变。由于这些因素在书写习惯的历时过程中一直存在并影响着书写习惯的变化，也就必然反映出相应的规律特点。有些因素则因人而异，不一定出现在每个人的人生中，或者不一定伴随整个历时过程，这就使得书写习惯的变化因素因人因时而异，笔迹特征变化因人因时不同。

1. 变化的绝对性、连续性和阶段性

随着时间的推移，书写人书写习惯的改变是必然的，且变化是逐渐而连续的，短时间内的变化往往量少，特征总和改变不明显，但经历一定的时间后，书写的笔迹特征改变就较为明显，呈现出不同的阶段性。

2. 从量变到质变、从单一到综合的规律

一般情况下，书写习惯历时变化是从单一特征方面的个别特征开始的，并随时间推移逐渐增加，但经历较长时间之后，较之当初的笔迹特征，改变的数量较多，涉及的特征方面较宽，当这种变化达到一定程度时，就形成质的变化，即使仍有一定的特征未发生变化，但其现有笔迹特征的总和与先前的笔迹特征总和已不能认定为同一书写习惯体系的反映。当然，由于某些因素的介入或改变，从量变到质变的速度也可能产生变化，例如对书法艺术的爱好导致书写人投入较多的书写练习，其书写水平增长较快，且书写习惯朝多样性方向发展。此外某些特定因素如疾病、书写器官或神经系统损伤，还可能导致短时间内前后的书写习惯变化较大甚至很大。

3. 书写水平逐步提高或逐步衰减的规律

书写人从儿童时期开始练习书写，这时的书写动作不稳定，书写形式单一；随着练习的不断加强，其书写动作越来越熟练和趋于稳定，至青年时期基本形成书写动力定型，但稳定性较低，逐步变化特点明显；中壮年阶段练习书写的时间不多，书写习惯基本保持稳定，变化不大；至老龄阶段，随年龄的逐步增长，生理机能逐渐下降，书写技能也呈下降趋势，书写水平必然逐步衰减。即使是在青年向老年过渡的各个时段中，书写人在平时的生活和工作中是否经常书写也影响其变化，常写之人的书写水平呈逐渐上升趋势，不常书写或基本不写之人的书写水平会逐步下降。

4. 临时因素导致书写习惯改变的规律

书写习惯历时变化过程中的各种影响因素中，一直存在并长期作用于书写习惯的整个变化过程的因素不多，大多只在某一特定时期出现，且影响时间段的长短有所不同，导致笔迹特征改变的方面和程度不同。例如病理因素、兴趣爱好的改变、社会环境的改变等，这些因素引起的笔迹特征的变化规律在其他章节有专门阐述。

（四）书写时间因素变化笔迹鉴定要点

如前所述，在书写习惯历时变化过程中，时间因素只是一个表象因素，书写习惯的变化实际上是其他因素综合作用的结果。因此鉴定过程中，对于形成时间有明显差异的检材、样本，应根据二者各自的特点、相互间特征差异的数量和具体特征方面，结合受审查人的人生经历和阅历情况，准确确定笔迹特征差异点的性质和形成原因，这是保证鉴定意见客观、科学、可靠的关键。针对这类笔迹，鉴定的要点主要有以下五个方面。

1. 根据检材笔迹与样本笔迹的特点，判明二者各自形成的具体时间，确定二者的形成时间差

一般情况下，检材笔迹与样本笔迹各自的形成时间是明确的或者容易判断的，但是也有部分案件例外。根据观察，如果检材字迹没有标注形成时间，或者即使有标注形成时间但其真实性难以保证，就有必要准确判明其具体形成时间。根据鉴定需要，除判明检材笔迹形成的具体时间或者时间段外，还应进一步判明该时间或时间段为书写人人生中哪一个年龄阶段，这样才能将其与样本笔迹比较，确定二者的形成时间差以及与书写人所处的年龄段是否一致，二者的形成时间与书写人所处年龄段是否矛盾，并在此基础上确定二者特征变化规律，即特征变化的程度和范围。

判断字迹形成时间和书写人的年龄阶段，主要根据文件内容涉及人、事、物的时代特点，文件语言所反映出来的时代特点和书写人的思维模式特点，文件格式所反映出来的时代特点，笔迹的运笔动作特点、笔迹特征的稳定程度和变化规律所反映出来的年龄阶段特点，墨迹的实际形成时间特点，纸张及其附属印刷文字特点和书写工具特点。必要时应该参考具体案件中的实际情况进行。

在判明检材笔迹与样本笔迹的形成时间的基础上，进一步分析二者的时间差距大小，如果二者的时间跨度过大，就应该尽可能补充与检材形成时间较为接近的样本材料。通常情况下，检材与样本时间跨度在儿童时期最好不超过一年；青少年时期在两年左右，不超过五年；中壮年时期在五年左右，最好不超过十年；老龄时期不超过五年。

2. 根据检材笔迹的书写特点，准确分析并确定检材笔迹是否为书写人某一特定时期书写的正常笔迹

只有在确定了检材笔迹为某一特定时期正常书写形成的条件下，才能按照这一时期书写人笔迹特征变化的规律特点确定其稳定的笔迹特征和确定样本笔迹特征，并比较二者特征异同。如果在分析过程中发现了不是某个年龄阶段书写人应有的异常书写特点，说明检材字迹形成过程中有非正常书写因素干扰，则应根据异常特点确定干扰因素是主观方面的还是客观方面的，具体是什么因素，再按照相应因素变化笔迹鉴定的要点和方法进行进一步鉴定。

3. 应尽可能选择样本材料中距离检材形成时间相对较近的样本作为比较样本使用

检材笔迹与样本笔迹的形成时间差距的大小直接决定了二者的比较条件，二者时间差越小比较条件越好。按照书写人不同生理阶段对书写习惯的影响，可将人生分为儿童时期、青少年时期、中壮年时期和老龄时期，不同生理阶段的书写习惯改变较大，鉴定难度大，笔迹鉴定原则上要求检材笔迹与样本笔迹应为同期书写。

通常情况下，初学阶段（儿童时期）书写习惯从无到有，数量有限且不稳定，变化明显，鉴定难度非常大，检材笔迹与样本笔迹形成时间差别要求非常小；书写习惯形成阶段（青少年时期）的笔迹特征变化较快，因此，这一阶段的检材笔迹和样本笔迹形成时间差距应尽量缩小；中壮年阶段时间跨度大，也是书写习惯最为稳定时期，因此对同阶段检材笔迹与样本笔迹的时间跨度要求最为宽松；老龄时期的书写习惯呈衰退趋势，但笔迹特征变化速度较慢，同期检材笔迹和样本笔迹相距的时间可以稍微长一些。

4. 准确把握笔迹特征历时变化规律，确保选用不受书写习惯变化影响的笔迹特征

不同时间阶段，引起书写习惯改变的因素不同，笔迹特征改变的范围和方面也就有所不同。同一时间段，某些方面的笔迹特征改变较大，则另一些方面的特征改变较小而表现出较好的稳定性。因此，在选择检材和样本笔迹特征时，应按照不同时期笔迹特征的变化规律选择较为稳定的特征方面进行比较。

一般而言，初学阶段（儿童时期）主要为练习书写阶段，其使用频率较高的简单的常见单字（包括数字和拼音字母）的字体、运笔、笔顺和搭配特征方面变化较快；而新学单字的笔画和组成部分的特征相对较为稳定，能保持一年左右的时间；文字布局和书面语言特征容易变化。在书写习惯形成阶段（青少年时期），书写人的书写活动为经常性的且书写量大，加之知识的不断增长，其书写习惯逐步形成并能够在一定时期保持基本稳定，主要表现为书写水平逐渐提高，连笔增多，能适应较多书写形式和环境，书面语言不断丰富，这一阶段的运笔、笔顺、搭配、单字书写形式等笔迹特征能在两年左右保持较好的稳定，但书面语言和连笔特征容易变化。在书写习惯最为稳定的中壮年时期，笔迹各方面的特征都较为稳定，且保留时间较长，一般在十年左右都不会发生明显改变。书写习惯逐渐衰退的老龄时期，笔迹熟练程度、笔迹抑压力特征、字的大小、字间距和行间距等笔迹一般特征以及运笔趋势、笔力、连笔、搭配位置和比例等细节特征随时间推移会逐步变化，一般在五年左右变化就很明显；而特殊的运笔方向、连笔方式和形态、无明显失称的搭配位置和比例、笔顺、单字的繁简写法、习俗字、异体字、错别字以及书面语言、特殊的文字布局方式等笔迹特征较为稳定。

5. 根据检材和样本笔迹特征比较检验的结果，结合案情和受审查人的实际情况，准确分析特征差异点和符合点的性质，作出相应鉴定意见

在尽量选用与检材同期样本，并根据笔迹特征历时变化规律选用较为稳定的特征基础上，进一步全面比较二者笔迹特征的异同，并分析二者不同特征表现在哪些特征方面，是否为该时期不同时间段笔迹特征应有的变化。如果笔迹特征差异符合历时变化规律，且特征符合点的数量和质量能够构成同一人书写习惯的特定性，一般应将特征差异点视为时间因素引起的非本质性差异。在分析时，应充分结合案情，主要考虑检材形成的具体时间以及检材书写动作和书面语言、文字布局等特点综合反映出来的书写人的年龄阶段特点，以及书写人的基本情况，包括其现有实际年龄和各时间段样本书写时的年龄、书写人各阶段的书写水平和语言水平、书写人日常书写活动的强度、书写人有无书法兴趣和爱好，并从现有各时间段样本材料中总结其固有的书写习惯变化规律，从而验证检材与样本的笔迹特征差异是否符合其书写习惯变化规律。

二、书写人年龄因素变化笔迹及其鉴定要点

（一）书写人年龄因素变化笔迹的基本含义

书写人的书写行为都会历经从练习书写开始到书写技能形成并保持，再到逐渐衰退的过程，一般情况下，书写人的书写练习是从儿童时期开始的。由于多种因素的影响，不同年龄段的书写习惯稳定程度是不同的。

所谓书写人年龄因素变化笔迹，就是在笔迹检验过程中，检材笔迹与样本笔迹为书写人不同年龄阶段书写形成的笔迹特征有较大程度变化的笔迹。检材笔迹与样本笔迹为不同年龄段的变化笔迹的情况在鉴定实践中较为常见，因此，研究不同年龄段笔迹特征的变化规律对鉴定这类笔迹有着积极意义。

（二）引起书写人不同年龄段笔迹变化的基本因素

这一问题在本节第一部分已有阐述。可以将其归纳为：书写动力定型的形成、稳定到减弱规律的影响，书写人身体发育至成熟并最终衰退规律的影响，书写人知识的不断积累规律的影响，书写人思维模式从简单、活跃到成熟、稳重的变化规律的影响。这几个基本因素综合作用于人生的整个书写过程，导致不同年龄段的书写习惯呈现不同的特点。

（三）书写人不同年龄阶段笔迹变化的基本规律

由于不同年龄阶段笔迹特征的变化程度不完全相同，变化的特征方面也不尽一致，很

难从各个方面进行比较，往往采用各阶段综述的方法加以阐述。

1. 儿童时期的笔迹特点

儿童时期，书写活动刚从练习开始，书写人的书写器官灵活性较小，动作机械且呆板，会写的单字简单且数量有限，语言表达和文字运用能力较弱，思想单纯且思维模式单一。因此，这一阶段的笔迹有如下特点反映：

运笔动作呆板、不流畅、不稳定，相同单字前后笔顺和形态多样，连笔动作少，字迹大小随笔画多少变化，错字、别字多，会写的单字书写规范，汉字句子中夹杂大量不会写字迹的拼音；字迹普遍较大，字间距和行间距稀疏不一，字行不端正；用语简单，句子短小，病句多，句间连词运用较少或不当；内容简单且幼稚；不易伪装书写或者伪装书写变化笔迹特征不大。

当然，随着学习和书写练习的进一步加强，上述特点会逐步有所改善，常写的单字会逐渐稳定，出现一定量的习惯性动作，且习惯性动作逐渐增多。但整体书写习惯尚未完全形成，且已有习惯动作变化也较快。

2. 青少年时期的笔迹特点

从儿童过渡到青少年，人的生理机能越来越能满足书写的需要，知识的不断丰富使得语言表达能力和文字运用能力显著增强，思维活跃，使得这一阶段的书写水平较之前一阶段有了显著的提升，主要表现在：

书写习惯逐渐形成，运笔流畅、自然，连笔增多，能够适应常见的不同书写形式的书写，笔迹特征表现明显且稳定，字体多呈“学生体”，单字书写整体较为规范，有个别单字出现草体、繁体、习俗或异体写法；文字布局特征较为规范、形式单一；句式、文章结构较为严谨，表述较为清晰、逻辑性较强；内容反映出思想活跃、有一定的见解和判断力；接纳新生事物较快的特点反映明显，喜欢使用新词汇、新语言进行表述；能够进行伪装书写。

这一阶段的时间跨度较大，随着学习和书写实践的不断继续，其书写水平逐步上升并由“学生体”向自由体转变，运笔越来越“老到”，笔顺朝有利于书写的非规范性笔顺发展，单字书写形式越来越多样化且朝异体、行草、习俗方向发展，语言表达和文字运用的能力越来越强。因此，青少年时期的书写习惯不太稳定，一定时间之后变化就较为明显。但随着学生生涯的结束，上述特点逐渐稳定下来且朝中壮年时期的笔迹特点过渡。

3. 中壮年时期的笔迹特点

这一时期的跨度虽大，但大部分人都不会主要从事学习和书写活动，因此这是一个主要运用固有书写技能的时期，加之人在这一阶段的身体状况稳定，心理成熟，对社会和人生都有自己较为清楚的认识，对事物的判断能力也是一生中最高的。这一阶段的笔迹相应的特点反映为：

书写技能和书写习惯变化极小并在运用中被不断巩固，是人生书写特点最稳定的时期；形体自由多变；运笔协调、老练，特征稳定但多样性表现明显，笔迹个性特征多；个人的书写风格特点突出，语言水平和文字运用能力高；文章内容观点独立而客观，表述清晰、沉稳；能够进行伪装书写且笔迹特征变化较大。

当然，在如此巨大的时间段内，笔迹特征虽稳定，但受各种临时因素的影响，也会造成其笔迹特征的改变，这种变化量少，且往往表现在文字的书写方式，如非规范性简化字、习俗字、行草字、异体字等方面。

4. 老龄时期的笔迹特点

人生进入老年，较之前面几个阶段，最大的特点就是生理机能的逐渐衰退，主要表现为：视力下降导致对书写动作的调整作用减弱，记忆力下降、思维变迟钝和书写运动中枢反应力的减弱，书写运动器官灵活度和协调程度降低，注意力下降，情绪和情感易波动，怀旧和沧桑的心理严重。这些必然导致书写技能的衰退和书写习惯的改变，人的年龄越大这种变化越明显。不同人的生理机能下降或减弱的速度是不同的，因此不同的老人在同一年龄段笔迹变化有大小之分。老龄时期书写动作总的特点为下笔不准、控笔不稳、动作迟缓、用力飘浮，其笔迹变化总的特点是：

书写技能逐渐下降；书写动作变慢，动作协调性下降，笔力变平缓，字迹变大，下笔不准，运笔有抖动和不适当拖长现象，起收笔部位多拖带，结构松散、搭配位置不准、比例失调，可能出现修描痕迹；单字书写形式多样，同一单字出现繁简、异体、习俗等多种写法；多笔画或少笔画的错字、漏字现象明显；字的大小不一，字间、行间间距不一，字行不齐；惯用旧名词、旧概念；内容流露出怀旧、伤感等心理；年龄越大，伪装书写可能性越小，变化越小。

当然，老龄时期是一个跨度不定的时间段，在这个阶段，60 岁时的笔迹与 59 岁前的笔迹特征变化不大，随后上述特点开始出现并随年龄的增加逐步加重，至 80 岁以上，这些变化就非常明显了。加之老龄时期往往还伴有某些老年性疾病，会使得这种变化较快并越来越明显。

（四）书写人年龄因素变化笔迹鉴定要点

（1）针对检材笔迹的特点准确判断检材字迹的书写年龄阶段。在判断检材笔迹书写的年龄段时，应重点考察检材字迹的特点符合上述哪一时期的笔迹特点，结合案件的实际情况加以确定。如果是跨度较大的青少年时期、中壮年时期、老龄时期的笔迹，还应结合检材笔迹表现的年龄段特点的实际情况，进一步确定其大致的书写年龄，尽可能将其限制在一个较小的时间段内。

（2）判明检材笔迹有无变化、伪装或摹仿书写迹象。结合各种变化笔迹、伪装笔迹和摹仿笔迹的特点和检材笔迹自身的特点，确定检材笔迹是否正常以及产生非正常书写特点的原因和具体手法，再确定鉴定的具体方法。

（3）在确定了检材笔迹的具体形成时间之后，根据各年龄段笔迹特征的变化规律选取检材笔迹特征。各年龄段都有自己相对较为稳定的笔迹特征方面，这是选取检材笔迹特征的重点所在。

（4）选用适当样本材料并确定相应笔迹特征。儿童时期，由于书写人的习惯动作少且稳定的时间范围小，一般不具备鉴定条件；但 12 岁左右的人已经有一定数量的书写习惯，如果案件比较特殊，书写嫌疑人范围特定，则是具备鉴定条件的，不过，要有足够数量的、同时期一年内的笔迹样本才能够进行比较。青少年时期的检材笔迹与样本笔迹时间跨度最好在两年以内，不要超过五年。中壮年时期检材与样本笔迹形成时间跨度可以稍大，但以十年内为宜。老龄时期的检材与样本笔迹形成时间跨度以五年内为宜。青年后期与中壮年早期的笔迹具备比较条件；中壮年后期与老年初期的笔迹具备比较条件。同时，选用样本笔迹特征也应根据同年龄段或相近年龄段稳定的特征方面，并结合已选用的检材笔迹特征选取。

（5）科学比较二者笔迹特征异同，准确评断特征差异点和符合点的性质。在排除了检材笔迹的非正常书写特点的前提下，根据书写运动的规律特点，结合所处不同年龄段的笔迹变化规律，比较二者特征异同并评断特征差异点和符合点的性质。

三、老年人与青少年笔迹鉴定的特点和要求

（一）老年人笔迹鉴定的特点和要求

老年人笔迹泛指60岁以上的人书写的笔迹。年龄接近的不同老年人的笔迹之间有其共同特点，同一老年人在不同时期的笔迹有所不同。鉴定过程中应主要注意以下六个方面的问题。

1. 依据检材字迹的特点，准确判断检材为老年人书写并确定笔迹老化程度

依据前述老年人笔迹的特点，观察检材字迹起收笔部位、运笔速度、笔力、字的大小和搭配位置及比例、单字书写形式等笔迹特征方面有无老年化特点反映，结合其书面语言和文字布局特征、言语特点等进行综合分析，一般都能确定检材笔迹是否为老年人书写。再根据这些特点的明显程度确定老年人所处的具体年龄阶段。

2. 准确区分老年人笔迹与摹仿笔迹的特点区别

老年人笔迹多见于遗嘱、继承、借贷等财产类案件中，因此，这类案件中摹仿老年人笔迹的事实常有发生，准确确定检材笔迹究竟是老年人书写还是摹仿老年人笔迹书写，对于鉴定结果的客观性有着非常重要的作用。容易引起混淆的共同性特点为弯曲、抖动和修描特点，但二者也有本质的区别，只要认真、细致地观察，认定老年人笔迹和摹仿老年人笔迹并不困难。摹仿笔迹的抖动为微弱抖动，是涩行运笔的结果，痕迹不太明显且往往位于笔画转折和环绕部位、较长笔画的运笔中途；老年人笔迹的抖动为均匀抖动，是运动器官自然抖动的结果，动作幅度较大且自然，严重的基本上每个笔画都有抖动痕迹且明显。摹仿过程中的修描动作小，且为形态特征方面的修描；而老年人笔迹的修描动作幅度大，多为书写动作错误或运笔不到位后的补救性修描。摹仿老年人笔迹形成的字迹大小变化、字行变化、字间距和行间距的变化、搭配失常的变化显得不自然，做作感明显；老年人笔迹的这些特点自然。另外，老年人笔迹起收笔部位的拖带痕迹等是摹仿笔迹所不具备的。确定检材笔迹是否为摹仿老年人笔迹，还可以依据案情和与样本笔迹特征的比较加以确定。

3. 详细了解案情，分析检材笔迹特点与受审查人的实际书写能力是否匹配，有无相互矛盾现象存在

分析检材笔迹是否为老年人笔迹，除依据老年人笔迹特点外，还应充分依据案情。主要了解有关检材形成方式和条件的叙述，受审查人在检材标称时间当时与书写能力相关的生理、病理、精神、心情等状况，受审查人平常对待书写行为的态度是否严肃，等等。从中发现和审查检材笔迹的特点与当时受审查人的书写能力是否匹配，如果检材字迹的老龄化特点与受审查人当时的书写能力不匹配，高于或低于其当时的书写能力，要考虑是否存在其他老年人书写或摹仿书写的可能。

4. 根据老年人笔迹特征变化规律，准确选用检材笔迹中相对稳定的特征

老年人书写容易改变的笔迹特征方面主要有：笔迹熟练程度、笔迹抑压力、字的大小、字间距、行间距和字行形态；起收笔形态、较长笔画的运笔方向和形态、笔画间和结构间的搭配位置、多笔画或者少笔画的常用字错写；等等。

老年人笔迹中较为稳定的笔迹特征主要有：标题位置、段前空格形式、应用文三款布局等文字布局特征，书面语言；特殊的笔画形态和运笔方向、短小笔画的形态、连笔方式和形态、较为合理的搭配位置和比例、笔顺、单字的书写形式、结构或形态改变的错字、别字；标点符号书写形式；等等。

5. 合理选用比对样本，确定样本笔迹特征

一旦确定检材为老年人笔迹，就应该选用受审查人老龄时期书写的样本字迹为比对样本，实际案件中，若收集与检材间距时间较短内的样本较为困难或难以实现，也应尽可能收集同阶段间距时间相对较短的样本材料。如果二者间距时间过长，其比对条件就差。

选择样本笔迹特征时，应在参照检材笔迹特征的基础上，依据老年笔迹的变化规律，选择相对稳定的笔迹特征。

6. 注意检材和样本笔迹特征的综合比较，准确认识特征差异点和符合点的性质

对检材笔迹特征和样本笔迹特征的比对，应从单一特征到特征方面之间进行比较、从局部到整体进行比较、从相同特征和不同特征进行比较、从数量到质量进行比较，通过反复比较，确定二者哪些方面的特征相同、哪些方面的特征不同，不同特征是否为容易因年龄的变化而变化的特征，相同特征是否能够构成特定的书写习惯体系，相同特征与不同特征的数量和质量比。在此基础上客观得出相应鉴定意见，防止轻率使用时间因素解释差异点的形成原因。

（二）青少年笔迹鉴定的特点和要求

青少年时期是书写技能和书写习惯逐渐形成并稳定下来的重要阶段，这一阶段时间跨度较大，结合青少年生理的不断发育与成熟，心理活动和思维方式的逐步培养与确定，学习的不断深入，其书写动作、言语都会发生较大变化。因此，这一阶段的笔迹鉴定也有其特点和特殊要求。

1. 依据青少年笔迹特征的变化规律，准确认定检材字迹为青少年书写，并确定其具体的书写时间

青少年笔迹的主要特点为运笔较为流畅、自然，但书写动作较为拘谨，连笔少，字体多呈“学生体”，单字和笔顺书写规范，极少出现草体、繁体、习俗或异体写法，前后相同单字书写形式一致，文字布局和书面语言较为严谨。主要依据这些特点并结合其言语特点进行推断，在此基础上，进一步根据上述特点的表现程度以及案件的基本情况判断检材笔迹的具体形成时间。

确定检材笔迹是否为青少年笔迹，还应该观察检材笔迹的老练程度与书面语言、语文水平、材料组织能力之间是否相称，有无成人起草、青少年复抄的可能；观察检材笔迹有无整篇文字书写水平高低不一、书写速度快慢不匀、笔画较为僵硬等伪装青少年笔迹应有的特点反映。

2. 结合青少年笔迹特征变化规律，准确选用检材笔迹特征

选用检材笔迹特征，必须了解青少年笔迹特征的变化规律，掌握相对稳定的特征类型，准确从相对稳定的特征方面选择特征供比较使用。

在整个青少年时期，书写容易产生变化的特征方面主要有：笔迹熟练程度、起收笔动作、连笔、搭配、书面语言等。该阶段较为稳定的特征方面主要有：特殊的运笔方向和笔画形态、常用单字的连写方式和形态、常用单字的搭配位置和比例、笔顺、已经出现的非规范性书写形式、错别字等。

在确定检材特征时，一方面考虑青少年笔迹特征的变化规律，主要选择检材中较为稳定的特征，同时要考虑青少年书写规范性较强、书写习惯共性大的特点，重点选择已经脱离书写规范的、反映书写人个性的、稳定的特征。

3. 准确把握样本比对条件，适时补充样本材料，谨慎选择样本笔迹特征

青少年笔迹特征中相对稳定的特征的稳定程度是有限的，如果经历较长时间也会出现较大变化。因此要求样本必须与检材字迹同期，前后最好不要超过两年时间，相距越久比较条件越差。应尽可能收集或补充同期样本作为比较对象。选择样本笔迹特征应按检材笔迹特征的选择方法进行。

4. 比较和评断检材与样本笔迹特征，主要考虑选用特征的稳定程度和特定程度

比较和评断检材与样本笔迹特征时，应主要分析相同特征是否为青少年普遍共有的规范性写法，其特定程度如何，非规范性书写形式的特征总数量和质量能否达到认定同一标准，不同特征是否容易受书写时间影响出现变化的特征方面。再根据上述分析作出相应的鉴定意见。

第四节　书写人生理、心理因素变化笔迹鉴定

一、书写人书写运动系统机械性损伤因素变化笔迹的鉴定

（一）书写运动系统机械性损伤因素变化笔迹的基本含义

正常人的书写器官主要指臂、肘、腕、指部位相关的骨骼、肌肉和神经，绝大部分人为右手。书写运动就是在大脑和神经系统的指挥和调节下，以右手骨骼为支撑、肌腱为动力源、依靠各关节的协调运动来完成的，书写动力定型越完善，这种系统运动越协调，并准确自动反复再现。如果书写运动系统出现机械性损伤，势必影响熟悉动作某些环节的协调性、准确性，导致书写习惯的改变，器官损伤部位和程度不同，书写习惯改变程度不同、影响时间长短也不尽相同，严重的甚至丧失鉴定条件。常见的书写运动系统机械性损伤主要有手指损伤或残缺、掌部损伤或残缺、肌腱损伤、关节损伤、手部神经损伤、裁肢，等等。其中指掌部的损伤对书写习惯的影响相对较小，且损伤康复后原有书写习惯会自动恢复；指掌部的残缺对书写习惯的影响相对较大，并且这种影响可能是终生的；关节损伤和神经损伤会使书写习惯的改变较大，能否康复决定了这种改变是暂时的还是永久的，且关节损伤的程度与书写习惯改变程度成正比；裁肢特别是高位裁肢、严重的关节或神经损伤，往往导致书写功能丧失。

书写运动系统机械性损伤因素变化笔迹，就是指因书写运动器官伤残导致书写习惯改

变形成的与正常书写不同的笔迹。

（二）书写运动系统机械性损伤类型以及对书写动作的影响

（1）伤残部位的疼痛，使书写速度和力度受到影响，书写运动持笔不稳、速度变缓变匀、力度变轻变匀。形成的笔迹特点为运笔无力、笔画漂浮，有明显、均匀的抖动弯曲痕迹，书写速度和笔力的节奏感消失。随着伤口的逐渐痊愈，这些特点逐渐消失，原有书写习惯得以恢复。

（2）指掌缺失为永久性伤残，使得原有习惯性握笔方式改变，书写运动器官之间不协调，书写触觉不灵敏。形成的笔迹特点为落笔不准，起收笔多拖带、运笔较为迟缓，字迹变大，结构松散。伤残之初，还有疼痛因素的影响导致的笔迹特征改变；随着伤口创面的痊愈和书写练习的加强，书写动作变得流利、自然，大部分书写习惯得以重现，但起收笔形态、笔画运笔方式、笔力等方面会形成新的习惯动作。

（3）关节和神经损伤，严重的无法进行书写，较轻的书写运动器官不灵活、动作不协调，下笔不准、运笔缓慢、动作僵硬。形成的笔迹特点为起收笔位置不准、形态异常、多拖带，笔画僵硬、有抖动弯曲痕迹，笔力起伏紊乱且较轻，笔画长短失称、搭配失常、有修描痕迹。如果这种损伤不能康复，其笔迹的上述变化特点将在较长时间内得以保持；如果这种损伤有一定的好转，上述特点将有一定程度的减轻。

（4）肘部以下裁肢，腕部关节及其指掌缺失，书写动作灵活性大大降低，臂部前移引起书写呈侧姿，力臂变短。形成的笔迹特点为起收笔位置不准、形态异常、一般无拖带，笔画平直、僵硬，笔力均衡，笔画长短失称、搭配失常，有修描和拼凑痕迹反映。裁肢之初伴有疼痛的影响，随着伤口的痊愈和书写练习的加强，书写动作的协调性增强，但起收笔形态改变、笔画平直、笔力均衡且重、笔画组合有拼凑现象等特点得以保留，形成永久性改变。

（5）右手臂高位裁肢使得右手书写功能丧失，改用左手书写的，一开始书写的笔迹呈现明显的临时采用左手书写的笔迹特点（参见本书第六章第二节“左手伪装笔迹鉴定”），随着书写练习的不断加强，其左手的书写技能得以形成，呈现出较高的笔迹熟练程度，运笔重归流利、自然，绝大部分书写习惯得以重现，但起收笔形态、反方向的运笔习惯、笔力分布、连笔方式及环绕方向和形态、搭配位置和比例等方面的部分特征将会出现永久性改变。

（三）书写运动系统机械性损伤引起笔迹特征变化的规律

上述书写运动系统机械性损伤，导致书写动作变形，使得笔迹特征部分发生改变，但仍有一定量的笔迹特征保持相对稳定，准确认识这些变化规律，有助于鉴定过程中对笔迹特征的认识和评断。

总体而言，各类损伤容易改变的笔迹特征主要有起收笔形态、笔画形态、笔力、搭配位置和比例等特征方面；相对稳定的笔迹特征主要有特殊的运笔方向和笔画形态、连笔方式和基本形态（连笔形态可能因运笔抖动有所改变）、前后相同单字中表现一致的搭配位置和比例、单字独特的书写形式、错字、别字、书面语言、文字整体布局等特征方面。

由于不同损伤对书写动作改变的程度和特征方面有所不同，且改变的性质（临时性和永久性）也不尽相同。其具体的影响前面已有阐述。

（四）书写运动系统机械性损伤因素变化笔迹的鉴定要点

（1）根据各类损伤因素形成的笔迹特点以及笔迹特征变化规律，判断检材笔迹和样本笔迹是否具备某一类书写运动系统机械性损伤笔迹变化的规律特点以及特征变化的具体方面和程度。

（2）书写运动系统机械性损伤后出现的笔迹特点变化与摹仿笔迹有一定程度的相似性，应注意区别。摹仿笔迹的弯曲抖动痕迹不明显，起收笔动作有犹豫但无拖带痕迹，结构紧凑、搭配得当，字迹大小和行距、字距、字行较为规范和匀称，前后相同单字特点稳定一致。伤残期间的笔迹抖动和起收笔拖带痕迹明显，结构松散、搭配失称，字迹大小和行距、字距、字行混乱；伤残痊愈后的笔迹自然、流利，与摹仿特点明显不同。

（3）结合案情和受审查人的实际伤残情况，确定检材笔迹和样本笔迹是否系伤残后书写。一般情况下，只要检材笔迹有较为明显的上述规律特点反映，加之在检材字迹形成前受审查人确实存在伤残事实，且实际伤残部位和程度与检材笔迹变化特点相适应，一般都应认定检材笔迹为伤残后书写形成。样本笔迹的伤残后书写事实根据案情和对受审查人的调查不难认定。

（4）根据检材笔迹的特点，恰当选用样本材料。主要应分析检材笔迹是在伤残康复前还是在康复后书写，然后根据检材形成的条件，尽可能地选用与其同时期的样本材料。

（5）检材、样本笔迹特征的选择和比对应根据笔迹变化的规律特点和二者各自的形成条件。如果检材为伤残未痊愈甚至是刚受伤之后书写，样本为痊愈后书写且不能补充同期样本，二者的特征只能在不受伤痛影响的笔迹特征方面寻找，还要考虑样本笔迹的熟练程度和新特征的稳定程度应高于检材笔迹。如果检材为伤残痊愈后书写，样本材料为伤残前书写，则应补充伤残后书写的样本，至少应补充实验样本材料。同期书写的检材和样本，二者的笔迹特征容易确定。如果检材为伤残前书写，样本为伤残痊愈后书写，必须选用伤残痊愈后得以恢复的笔迹特征方面并进行比对。

二、书写人其他病理因素变化笔迹的鉴定

（一）受严重疾病影响变化笔迹的鉴定

书写人若患有严重疾病，如绝症晚期，或经历较大的手术，往往因为疼痛、忧郁、进食困难、较长时间卧床等原因造成身体虚弱，四肢无力，活动能力受限，在这一时期从事书写活动，其笔迹特征必然发生相应改变。

在严重疾病情况下，疾病对书写动作的具体影响因素有：病人的神志不清醒、身体虚弱、书写运动系统软弱无力且灵活性减弱、视力调整作用减弱，可能伴有书写姿势或衬垫物的改变。书写人这些方面的严重程度或改变程度决定了笔迹特征的改变程度。

总体而言，书写人书写活动受疾病因素的影响，其笔迹会有如下特点反映：下笔无力，运笔缓慢且用力轻而均匀，字迹大小随笔画多少变化，强行连笔增多，搭配失调，言语有痛苦或悲观情绪反映。

受此特点的影响，容易改变的笔迹特征方面主要为起收笔形态、笔力、连笔方式、笔画间和结构间的搭配。但也有部分笔迹特征不受病理因素干扰，书写过程中仍能较好反映原有书写习惯，这些笔迹特征方面主要为特定的运笔方向和笔画形态、部分连笔的方式和

形态、笔顺、单字书写形式、错字和别字。

在该类笔迹鉴定过程中，主要应根据严重病理笔迹的书写动作特点，针对检材寻找有无这类特点反映，结合案件的实际情况和受审查人的疾病史，确定检材笔迹为严重疾病因素影响下书写形成。如果能够收集到受审查人病中书写的其他字迹，就应在排除受疾病因素而改变的笔迹特征之后寻找并选用稳定的笔迹特征。但病中的笔迹样本很难收集，因此，应多收集生病同时期前后的慢速书写的正常笔迹作为样本。

（二）受帕金森综合征影响变化笔迹的鉴定

正常的书写运动系统主要指从臂到指的相关器官，书写活动就是这些器官协调运动的结果。而帕金森综合征患者的病症恰恰主要表现为指、掌部位的肌肉痉挛并且牵引到臂部和肩部的肌肉，使得手臂松软无力、关节不灵活、肌肉疼痛并形成震颤。若此类患者从事书写活动，其握笔困难以致强行用力紧握以尽可能满足书写运动进行，从而导致肌肉疼痛感增强、书写姿势僵硬、震颤加剧，最终导致书写动作变形而改变笔迹特征，病情严重时可能无法完成书写运动。

帕金森综合征患者书写运动的主要特点为动作僵硬、运笔艰难、抖动剧烈。其形成的笔迹也将出现相应的特点反映，主要有书写水平下降程度明显，强行落笔和收笔使得起收笔部位及其旁边有多余墨水斑痕，运笔缓慢，笔画因震颤剧烈呈波折形，笔力轻且随震颤起伏，连笔少且呆板僵硬，笔画长短不一，笔画间和结构间的搭配错位，甚至出现重叠笔画、比例失调，结构松散，有修描痕迹，字迹变大，字间距和行间距紊乱，字行不齐。

这类笔迹中容易变化的特征方面为笔迹熟练程度、字形、字的大小、笔迹抑压力等一般特征，字间距、行间距、字行形态等布局特征，起收笔形态、笔画形态、笔力、连笔、笔画间和结构间的搭配位置和比例等笔迹细节特征。相对稳定而不易发生变化的特征方面主要有文字整体布局和特殊书写格式，特殊的笔画形态、运笔趋势和方向，笔顺，单字的繁体、异体、习俗、非规范简化等特殊的书写形式，错字、别字，等等。

在该类笔迹鉴定过程中，第一，应根据其笔迹特点和特征变化规律，发现并确定检材笔迹是否有相应笔迹特点反映。第二，重点将这些特点与利用波折形笔画改变笔画形态的伪装笔迹相区别。伪装书写的波折形笔画反映的运笔动作不僵硬，笔画呈自然的波折形态，且起收笔动作准确、利落，结构较为紧凑、比例较为协调、无重叠笔画，与帕金森综合征患者书写的笔迹特点差异明显。第三，应充分了解案情和受审查人的病史及病情轻重。如果受审查人有该病病史且病情相符，结合前两点的分析，一般能确定检材字迹为该病中书写形成。并且根据受审查人的病情发展，尽量收集病中书写的笔迹样本，即使在病情较轻的情况下书写的样本资料，也具备较好的比对条件。第四，选用检材和样本笔迹特征必须是稳定的特征方面，应该排除受病理影响的非正常表现的笔迹特征方面。第五，鉴定意见的认定标准必须以稳定的特征方面中的特征符合点总量能否构成书写习惯特定性为依据。

三、书写人情绪因素变化笔迹的鉴定

（一）书写人情绪因素变化笔迹的含义

书写人书写时的情绪好坏是客观存在的，其为多种主客观因素所致，虽可以自我主观

调控，但短时间内难以改变。书写人情绪正常，其书写运动也自然、流畅，书写习惯反映好；即使情绪较好或者稍差，对书写动作的影响也较为微弱，书写习惯反映仍然较好，不会给鉴定增加较大的难度。只有当书写人书写时的情绪过度变化，才会较大幅度地影响原有书写习惯的再现，导致笔迹特征的较大改变。这种过度变化的情绪在书写过程中往往表现为过喜（兴奋或高兴）或过忧（低落或悲伤）。

笔迹鉴定实践中的书写人情绪因素变化笔迹，就是指书写人在情绪过度变化情形下书写的与正常书写变化较大的笔迹。准确把握情绪过度变化情形下书写动作的特点和笔迹特征变化规律，有助于客观分析检材笔迹特征，从而保证鉴定意见的科学、客观。

（二）书写人过度情绪变化对书写动作的影响和笔迹变化的特点

书写人情绪的过喜或过忧，导致其心气上浮、心跳加速、呼吸急促、肢体颤抖、思维加速或者混乱，过度悲伤可能出现思维停滞（俗称“一片空白”）。在这种情绪下进行书写，必然产生颤抖性动作和书写行为不畅，语言表述不顺等特点，主要表现为书写速度变慢，笔迹熟练程度有所下降，起收笔部位因颤抖而拖带，运笔变缓且抖动，笔画有弯曲和抖动痕迹反映，连笔怪异，搭配有些松散，常见字因笔画漏写成为少笔画错字，字行易歪斜，语句欠通顺，词不达意，语病明显，表述缺乏逻辑，意思表达简单且跨度大，有掉字、漏字现象。

在上述书写动作改变的情况下，导致笔迹特征改变的方面主要有部分起收笔形态（限于有拖带的部分）、笔画形态、笔力、部分连笔方式、部分搭配位置和比例、部分错字、字行形态和书面语言等。

不受过度情绪影响的较好反映书写人原有书写习惯的笔迹特征方面主要为无拖带痕迹的起收笔形态，特殊的笔画形态和特定的运笔趋势和方向，大部分较为合理的搭配，单字的繁体、非规范简化、异体、习俗等书写形式，除少笔画外的其他错字，文字的整体布局书写格式等。

（三）书写人过度情绪变化笔迹的鉴定要点

书写人过度的情绪变化对笔迹特征的改变是有限的，鉴定难度并不是很大。鉴定过程中，应主要注意以下五个方面的问题。

（1）根据情绪过度变化对书写动作和笔迹特征影响的规律特点，发现检材笔迹有无相应特点反映，检材笔迹特征变化是否符合上述变化规律。

（2）在发现检材笔迹有上述特点反映的情况下，结合疾病中书写的笔迹、动态环境中书写的笔迹等的笔迹特点，将其自身的特点与其他变化笔迹的特点进行比较，在排除其他影响因素后确定其为情绪影响下书写而成。

（3）一般收集不到同种影响因素下形成的样本材料，所以应尽可能收集与检材同期的慢速样本字迹以用于检验。

（4）检材笔迹变化程度有限，可选用的笔迹特征较多，因此，应全面发现和确定检材反映原有书写习惯的笔迹特征，为比较检验和综合评断提供数量充分的笔迹特征。

（5）针对检材与样本大量的笔迹特征，应从单个特征到各个特征方面、从笔迹现有形态到书写运动规律、从共性特征到个性特征、从明显特征方面到细微特征方面，全面、准确地比较二者特征异同。再从相同特征到不同特征、从相同特征的数量与质量到不同特征的数量与质量、从笔迹特征总和到书写习惯体系等方面，综合评断二者特征差异点和符合点的性质，结合笔迹鉴定认定标准客观作出相应鉴定意见。

四、书写人精神疲劳因素变化笔迹的鉴定

（一）书写人精神疲劳因素变化笔迹的含义

书写人精神状态的好坏，直接决定书写过程中书写习惯的表现程度。良好的精神状态会使书写习惯正常表现，精神状态差的情况下的书写对书写习惯再现的影响较大。良好的精神状态，决定了行为人的思维正常、神经活跃、注意力集中、意志力对正常实施行为的控制力较强，使得行为人的行为规范、可持续，书写行为也是如此。如果精神状态差，上述要素减弱，其行为的表现就可能脱离常规，难以持续。出现不良精神状态的原因较多，归根结底是因为精神持续处于紧张状态未能得到放松和调节，因此常说的精神不佳就是指精神处于疲劳状态。笔迹鉴定中所指的精神疲劳因素变化笔迹，就是书写人在疲劳状态下书写的与正常书写特征表现有所不同的笔迹。这类笔迹的字数往往较多，书写过程时间较长。

（二）精神疲劳书写对书写行为的影响及其笔迹特点

精神疲劳对书写行为影响具体因素主要有思维不畅，语言表述能力下降；神经传导不活跃，书写信号刺激和反射迟钝；注意力分散，对书写动作的控制减弱；意志力下降，书写行为难以坚持。

这些具体因素综合作用于书写的整个过程，使得书写的笔迹有其特定的特点反映：书写速度加快、字迹潦草、笔画凌乱；笔力轻且较为均匀，强行连笔增多且环绕动作变形，有少笔画的错字出现，掉字、漏字现象明显，错写和漏写部位改写、补写痕迹少且补改写动作潦草、随意；字行不齐，字迹东倒西斜、上下错位，字间距、行间距不匀；内容凌乱、逻辑思维混乱，语言贫乏，语句欠通顺，句间过渡语句或词汇缺乏；较长书写过程可能写写停停、动作不连续，整篇文字出现从较慢到快写的多个变化周期。全面观察和整体分析后，总体上给人一种“倦怠、拖沓、漫不经心、敷衍了事”之感。

归纳上述书写动作和笔迹的特点，精神疲劳因素引起笔迹改变的特征方面主要为笔迹熟练程度，字形，字迹端正程度，笔迹抑压力；连写笔画的起收笔形态和笔画形态，笔力分布，强行连写的连笔方式和形态，笔画间和结构间的搭配位置和比例；字间距，行间距，字行形态；语法和言语等。

不易受精神疲劳因素影响而保持相对稳定的笔迹特征方面主要有：不连写的笔画起收笔的位置和形态，笔画的特殊形态及特定的运笔趋势和方向，基本的搭配比例，笔顺，单字的非规范书写形式（繁体字、异体字、习俗字、非规范性简化字等），除因连写简化形成的错写以外的错字，别字等笔迹细节方面的特征；除字间距、行间距、字行形态外的文字布局方面的特征；特殊词汇和特定语法等书面语言方面的特征。此外，整篇文字中书写速度较慢部位的笔迹特征也较为稳定。

（三）精神疲劳因素变化笔迹的鉴定要点

（1）精神疲劳对书写动作的影响面较宽，其特点也较为明显，且与其他变化或伪装笔迹的特点差异较大，分辨较为容易。因此，在对检材字迹进行检验过程中要始终把握精神

疲劳因素变化笔迹的特点，发现并确定检材字迹是否有相同的特点反映并分析其反映的程度。

（2）由于精神疲劳状态书写的笔迹与强行快写伪装笔迹、正常快写笔迹有部分相同特点反映，因此对检材的检验还应结合另外两类笔迹的特点进行综合分析，排除为另外两类笔迹的可能性，并保证其有足够的精神疲劳因素变化笔迹的特点，才能确定其为精神疲劳状态下书写。

（3）由于精神疲劳因素影响的笔迹数量不一定多，但涉及的特征方面较多，且同一方面的特征部分稳定部分改变。所以，选择检材笔迹特征必须慎重，要具体分析前后相同单字哪些特征稳定、哪些特征产生了变化，每一个单字及其结构和笔画书写速度是否适当、笔力变化是否协调、运笔是否相对自然，具体情况具体分析，力争检材笔迹特征的选择全面、具体和准确。

（4）多数人都有过精神疲劳状态书写的经历。因此，在选择样本时应尽可能地多收集受审查人书写的各种书写资料。如果能够收集到与检材同期的书写潦草的生活日记、课堂笔记、会议记录或文件草稿，根据因素变化笔迹的特点分析，可能会找出精神疲劳状态下书写的样本材料，这就给比较检验和综合评断提供了极大的方便。

（5）如果检材笔迹与样本笔迹同为一个阶段精神疲劳状态下书写，即使二者不是同一人书写，同种书写条件下的相同特点反映，也有各自的书写习惯反映；即使二者是同一人书写，其笔迹仍然既有非本人习惯的相同特点反映，也有不同特征变化。因此对二者的特征比较和分析评断，应紧紧把握精神疲劳状态下书写字迹的特点和变化规律，剔出精神疲劳因素引起的非习惯性的相同特征，准确找出反映书写人书写固有习惯的笔迹特征，客观分析特征差异点和符合点的性质和形成原因。

五、书写人精神疾病因素变化笔迹的鉴定

（一）书写人精神疾病因素变化笔迹的含义

精神疾病指的是人体丘脑、大脑功能发生紊乱，导致认知、情感、行为和意志等精神活动出现不同程度障碍的疾病的总称，属于心理疾病范畴。精神病人在发病期间常有多方面的非正常行为出现。

书写人精神疾病因素变化笔迹就是指精神病人在发病期间书写的非正常笔迹，在刑事案件中多以传单、标语和大小字报、举报信件等形式出现，在民事案件中多以合同、协议、条据等形式出现。研究该类笔迹的特点及其鉴定和识别方法，有助于帮助确定事件性质，查明行为人，或者帮助明确当事人的行为能力和责任能力。

（二）精神病人笔迹的特点和笔迹特征的变化规律

如果精神病人在发病期间从事书写活动，人脑功能紊乱，认知、情感、行为和意志等方面的精神活动障碍必然引起言语和书写动作的改变，导致书写过程中言语和书写动作的改变的具体因素主要为感知觉障碍、思维和言语障碍、记忆障碍、情绪障碍、意识障碍、运动障碍和自我体验障碍等。精神疾病的类型不同，同种精神疾病的严重程度不同，同一人不同的发病周期，具体的障碍方面和程度也不尽相同。这些不同方面、不同程度的障碍综合作用于书写的整个过程，导致笔迹出现与影响因素相适应的特点和特征变化。因此，

精神病人笔迹的特点和笔迹特征变化规律较为复杂，很难全面陈述。

1. 精神病人笔迹的特点

笔迹熟练程度降低，字迹较大且无拘束、大小无规律，书写潦草、放纵和随意；运笔抖动且随意修描，单字结构松散不一、搭配比例失调；常见错字、别字、生造字，错字多为多笔少画或结构颠倒，别字多为同音、近音或近形别字，且错别字时正时误、前后不一，生造字古怪离奇、脱离具体语言环境则不易辨识；字间距和行间距疏密不一，字行不受格线约束且不齐，文字布局混乱、无序；语句重复、语无伦次、逻辑混乱，内容荒诞离奇、空洞乏味，主题不突出，前言不搭后语、前后相邻两部分语句内容无联系或者同一事件前后观点矛盾；不用或乱用标点符号，或者滥用标点符号随意断句，有的生造标点符号；有的在文间穿插图画或生造图形，有的还在图间或旁边随意加注含义混乱的汉字或标点符号。

2. 精神病人笔迹容易发生变化的主要特征

运笔方向和形态，部分连笔和搭配，生造的错字和别字，文字布局，书面语言和言语，标点符号等。

3. 精神病人笔迹较为稳定的主要特征

起收笔形态，转折的角度和弧度，特定的笔画形态和运笔趋势；前后相同单字和结构中重复出现的习惯性连笔方式和形态，搭配位置和比例，笔顺，繁体字、异体字、习俗字和非规范性简化字的书写形式；前后重复出现的习惯性错字和别字；标点符号的书写形式等。

（三）书写人精神疾病因素变化笔迹的鉴定要点

（1）由于精神病人的精神活动障碍是正常人或者其他疾病患者所无法感受的，为了保证对精神病人笔迹特点的正确认识和准确把握，笔迹鉴定人员应具备一定的精神疾病知识，特别是精神疾病的成因、症状、对言语和书写动作的具体影响方面和程度、笔迹特点和特征变化规律等方面的认识。

（2）根据精神病人笔迹的特点和特征变化规律，发现并确定检材字迹是否有上述笔迹特点反映。当然，具体到每一份精神病人的笔迹中，上述特点很难完全反映出来，并且某一方面的特点反映的程度也不尽相同。因此，还应结合各类精神疾病精神活动障碍的具体方面和程度分析检材笔迹的特点是否适当。

（3）精神病人发病期间的精神活动障碍不仅作用于他的书写行为，同时也作用于他在案件现场和相关场所的其他活动，使得现场实际状况、各种现象和痕迹、证人证言等反映出明显的精神活动障碍。因此鉴定过程中，应充分结合检材笔迹的特点和案件中的实际情况，综合分析并最终确定检材笔迹为精神病人发病期间书写的事实。

（4）精神病人的笔迹一般无伪装，且与其他变化笔迹的特点差别非常明显，因此寻找和确定检材笔迹特征主要考虑精神病人笔迹的特点和特征变化规律，主要在稳定的笔迹特征方面寻找，尤其注意精神病人书写活动某些方面前后的矛盾性，主要在前后两次或两次以上重复出现的单字、相同部位的结构和笔画中寻找习惯性动作特点。

（5）某些精神疾病难以治愈，发病时间长或呈间歇性发作，患者可能在发病期间有其他书写活动而留下其他笔迹材料。因此，鉴定过程中，一定要了解受审查人有无精神病史、患有何种精神疾病及程度如何，检材形成时间是否为受审查人的发病期，并尽可能收集受审查人发病期间书写的笔迹材料作为样本使用。如果这类样本无法收集，则应收集与检材同期的间歇期内书写的正常笔迹。

（6）比较检验和综合评断过程中，切忌机械比对。应充分考虑精神病人间歇期的正常笔迹与发病期的病理笔迹之间的特征差异，以及精神病人病中行为变化大且快的特点导致的发病期间不同阶段和不同发病期的特征差异，从而保证客观认定特征异同、科学评断特征差异点和符合点的性质。

六、书写人醉酒因素变化笔迹的鉴定

（一）书写人醉酒因素变化笔迹的含义

饮用酒的主要成分为乙醇，过量饮用会造成神经系统功能障碍，导致行为人的行为方式产生一定程度的变化，严重的甚至导致生命的终结，因此过量饮酒也会对书写活动产生相应的影响。醉酒，实质是乙醇中毒的俗称，是过量饮酒的结果。不同人的生理机能不同，同量饮用过敏程度不同，其行为表现形式也不相同。醉酒对书写活动的影响程度由乙醇对神经系统功能的影响程度决定。

书写人醉酒因素变化笔迹，就是指书写人在醉酒状态下书写形成的与常态书写不同的笔迹。研究这类笔迹的特点和鉴定、识别方法，有助于判明检材字迹书写时的具体状态，为判断文件内容真实性、合法性提供帮助，也有助于鉴定过程中准确判断差异点形成原因，为作出科学鉴定意见提供依据。

（二）书写人醉酒对书写活动的影响及其笔迹特征变化规律

醉酒对书写活动的影响主要表现为书写人思维障碍、意识障碍、智能障碍、记忆障碍和行为障碍等神经系统功能障碍，这些障碍程度决定了书写活动的变化程度和笔迹特征的变化规律。

根据不同程度醉酒对书写活动的影响，可以将酒醉分为三个程度：轻度、中度和重度。不同程度的醉酒造成的神经系统功能障碍程度不同，对书写活动的影响程度不同，笔迹特征的变化规律也就不同。

1. 轻度醉酒状态对书写活动的影响及其笔迹特征变化规律

轻度醉酒与书写相关的行为特点主要表现为思维活跃、意识和视力清晰、书写动作灵活、记忆力较好、情绪高涨、表达欲望强烈。

这一程度的书写，其笔迹的特点相应反映为书写速度变快，笔力轻浮，运笔流畅，收笔有甩笔形成的弧形尖状收笔形态，书写的连笔动作增多、环绕不到位，字迹变大、笔画间和结构间搭配松散但较为合理，个别收尾部位笔画局部由重力慢速变为轻力快速，书写形成比例失调的夸张感；字间距和行间距变大但匀称，字行较直、易倾斜；内容表述清楚、完整，语言通顺、逻辑严密。总体上给人一种“动作轻飘、语言张狂”的感觉。

容易改变的特征方面为收笔、笔画形态、笔力、连笔方式、单字大小和搭配，字间距和行间距等。

较为稳定的特征方面有起笔位置和形态、笔画特殊的书写形式和运笔方向、连笔部位和形态、紧凑单字中的搭配、笔顺、单字特定的书写形式、错字、别字，文字整体布局等。

2. 中度醉酒状态对书写活动的影响及其笔迹特征变化规律

中度醉酒与书写相关的行为特点主要表现为思维迟钝、意识不清晰、智力下降明显、情绪低落、视力模糊、书写动作僵硬、记忆力差，甚至丧失记忆而出现顺行性遗忘、偶有短时入睡导致的书写中断。

这一程度的书写，其笔迹的特点相应反映为熟练程度较低，字迹大、结构散乱，字体怪异，字迹东倒西歪；起笔位置不准且形态变形，运笔缓慢、用力重且变化小，笔画僵硬且中途出现波折形抖动痕迹，迟缓收笔形成拖带痕迹，强行连笔增多且环绕呈不规则多边形，笔画重叠，搭配位置和比例失称，字迹大、结构散乱，少笔画错字多；字迹大小不一，排列不整齐，字行紊乱，其他布局不规范；掉字、漏字现象明显，语句欠通顺，表述不清晰，逻辑混乱；纸面有因书写人短时浅睡而书写动作停滞出现的多余墨点、字外抖动笔痕或笔尖戳纸现象。

容易改变的特征方面为笔迹熟练程度、字的大小、字的端正程度、笔迹抑压力，起收笔位置和形态、笔画形态、笔力、连笔方式和形态、搭配位置和比例，文字布局和书面语言等。

较为稳定的特征方面有笔画特殊的书写形式和运笔方向、连笔的基本形态、紧凑单字中的搭配、笔顺、单字特定的书写形式、错字、别字等。

3. 重度醉酒状态对书写活动的影响

重度醉酒会出现呕吐、昏迷甚至休克。此时书写人书写能力丧失，书写活动无法进行，因此几乎无笔迹可言，本书不予详述。

（三）书写人醉酒因素变化笔迹的鉴定要点

（1）发现并确定检材的非正常书写特点，在排除了其他影响因素之后，结合不同程度酒醉后笔迹的特点和变化规律，确定检材为醉酒后书写形成，并判明其所处的酒醉阶段。在排除其他因素时应注意，将有轻度醉酒特点反映的检材笔迹与自然快写、强行快写笔迹进行比较，将有中度醉酒特点反映的检材笔迹与高位执笔书写、口含笔书写、运动环境书写等笔迹进行比较。

（2）轻度醉酒笔迹比较样本以快写笔迹为主，中度醉酒笔迹比较样本以慢写笔迹为主。

（3）轻度醉酒检材笔迹特征选择范围广、数量多，较为容易。但中度醉酒的检材笔迹特征选择较难，必须严格从其稳定的特征方面中寻找，还应注意从其书写较为流畅的字迹中寻找。

（4）详细掌握案情，特别是当事人对检材形成方式和过程、情形等方面的陈述证词，以便帮助鉴定人进行特征甄别。

【思考题】

（1）书写条件变化笔迹的概念。

（2）书写条件变化笔迹的类型。

（3）笔迹特征的稳定性与变化。
（4）书写条件变化笔迹对样本的可比性要求。
（5）老年人笔迹特点。
（6）老年人笔迹、低水平书写字迹、仿写字迹的特征比较。
（7）书写条件变化对笔迹鉴定条件的影响。

【参考文献】

[1] 邹明理、李纯实主编：《笔迹学》，四川科学技术出版社 1988 年版。
[2] 贾玉文主编：《笔迹检验》，警官教育出版社 1999 年版。
[3] 邹明理主编：《笔迹学》，中国政法大学出版社 1994 年版。
[4] 贾治辉主编：《笔迹学》，法律出版社 2010 年版。
[5] 贾玉文、邹明理主编：《中国刑事科学技术大全·文件检验》，中国人民公安大学出版社 2002 年版。
[6] 贾治辉主编：《文书检验》，法律出版社 2000 年版。
[7] 王相臣主编：《文件检验》，群众出版社 2010 年版。
[8] 贾晓光主编：《文书物证司法鉴定理论与实务》，中国人民公安大学出版社 2017 年版。
[9] 邹明理、杨旭主编：《文书物证司法鉴定实务》，法律出版社 2012 年版。

第六章　伪装和摹仿笔迹检验*

内容提要：本章主要介绍一般性伪装笔迹、左手伪装笔迹、摹仿笔迹的种类、特点、笔迹特征变化规律和检验要点等内容。其中，伪装和摹仿笔迹的种类、特点和特征变化规律是本章的重点，伪装和摹仿笔迹的检验要点是本章的难点。

关键词：伪装笔迹；一般性伪装笔迹；左手伪装笔迹；摹仿笔迹；检验要点

第一节　一般性伪装笔迹检验

利用书写文字进行违法犯罪活动时，书写人既想达到作案目的，又怕从笔迹上暴露自己，因而会采取各种伪装笔迹的手段。其中有的是不拘形式和手法的一般性伪装笔迹，有的是采用某种形式或借助某种工具进行伪装的笔迹。以往伪装笔迹多出现在刑事案件中，近年来在经济纠纷类案件中伪装笔迹案件的出现率呈上升趋势。

一、一般性伪装笔迹的概念与类型

一般性伪装笔迹，也叫随意性伪装笔迹，是在伪装手法上不追求某一固定的形式，也不借助某种特殊手段，而是凭书写人的主观意念，随意改变自己的笔迹。

一般性伪装笔迹在伪装笔迹的案件中占有较大的比例。由于所采用的伪装手段随意性很强，往往同一人书写的若干份或同一份笔迹中就有多种变化形式。但是仔细分析后会发现，多种变化中总有一种是普遍性的，导致这种普遍性变化的就是起主导作用的伪装手段。根据起主导作用的伪装手段，可以将一般性伪装笔迹分为四种类型：第一种类型是伪装书写水平，多数是伪装成低水平的笔迹，也有个别的“以少充老”，故意写旧体字和繁体字；第二种类型是改变字的正常形态，包括改变字形或改变字的倾斜角度；第三种类型是破坏字的结构，有意把一些笔画拉长或缩短，或者是把偏旁写得过大或过小；第四种类型是改变笔画形态，采用曲线、重描、空心等方式，故意改变笔画的正常形态。

由于书写人注意和选择的不同，在一般性伪装笔迹中，有的普遍性变化表现在书写水平，有的表现在字形轮廓，有的表现在字的结构。在笔迹发生普遍性变化的同时，还会掺杂一些其他类型的变化。检验时既要重点分析笔迹中普遍性变化的表现，也要分析其他变化的表现。

---

* 本章部分内容源自贾晓光主编：《文书物证司法鉴定理论与实务》，中国人民公安大学出版社2017年版，第91~133页，并进行了修改完善。

二、伪装低水平笔迹的检验

凡是伪装笔迹，大多数情况下从外观看，笔迹的书写水平或多或少都有所下降。但一般而言，伪装笔迹中只有一少部分是采取故意降低书写水平的方式进行伪装。

（一）伪装低水平笔迹的特点

伪装低水平的笔迹，是通过降低笔迹的书写速度和熟练程度，减少笔画的连贯性，有意造成部分字的运笔呆板、生硬，使一些字的结构失称，甚至有意写一些错别字，而这类错别字一般都是常用字。也有的在字的形体上改变成横平竖直，形成结构拘谨的类似小学生的笔迹。图 6－1 是一起绑架案件中，犯罪嫌疑人用铅笔故意降低书写水平书写的恐吓信局部。

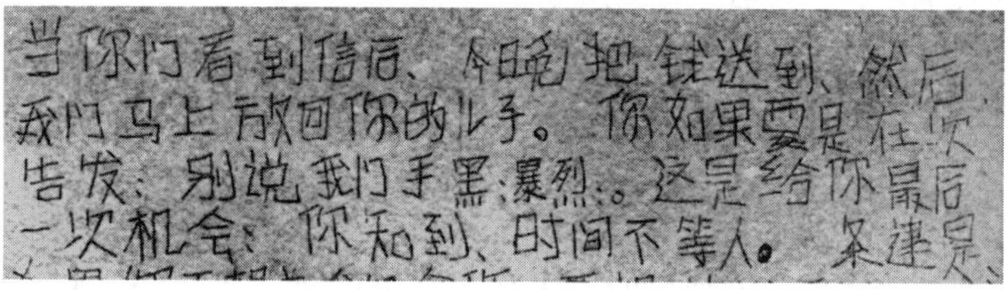

图 6－1　伪装低水平笔迹示例

（二）伪装低水平笔迹的检验要点

1. 要正确区分伪装低水平与正常低水平笔迹

伪装低水平笔迹与正常低水平笔迹有相似之处，正确区分这两种不同性质的低水平，对于鉴别是否伪装，准确地选用笔迹特征，保证鉴定意见的正确性有重要意义。它们之间的主要区别如下：

（1）伪装低水平的笔迹部分字或笔画书写缓慢，运笔呆板、生涩或伴有停顿和抖动现象，但有些单字、偏旁或笔画反映出较高的书写水平。正常低水平的笔迹运笔虽有时较慢，也有生涩、呆板现象，但总体观察比较自然，且前后一致，无不正常的停笔或抖动现象。

（2）伪装低水平的笔迹字的大小不均，相同字的结构、搭配比例或运笔形态前后不一，缺乏规律性，布局不规整。正常低水平的笔迹相同字或不同字的同部位写法一致，结构、搭配比例和运笔有一定的规律性。

（3）伪装低水平的笔迹在常用字上出现错别字，且时正时误；结构较复杂的非常用字却能正确书写和运用，出现的错别字现象与遣词造句、语言表达能力较强相矛盾。正常低水平的笔迹出现的错别字前后一致，与不高的语文水平相吻合。

2. 根据伪装低水平笔迹特征变化规律选取笔迹特征

伪装低水平笔迹特征变化规律是：

（1）易变特征。由于降低书写速度，减少笔画的连贯性，伪装低水平笔迹的变化主要在部分字的运笔形态，转折笔的弧度、角度以及搭配比例和笔力特征上，同时起收笔的细节动作特征也会受到一定的影响。

（2）稳定特征。除上述易变特征以外的其他特征，如习惯性错字、写法、笔顺、结构正常字的搭配比例、书写速度相对较快的字或笔画的运笔，以及文字以外的特征都比较稳定。

三、改变字形伪装笔迹的检验

改变字的正常形态，包括改变字形和改变字的倾斜角度。

（一）改变字形伪装笔迹的特点及笔迹变化规律

汉字的字形是方正的，故称之为“方块字”。大部分人书写的字形也是方正的，也有的人写长形字、扁形字或圆形字。这和每个人的生理、心理特点，审美情趣，书法训练的基础有关。各种字形有鲜明的特点，字形特征反映个人的书写习惯。

改变字形是一种伪装笔迹的手段。改变字形笔迹的特点是书写速度较慢，字忽大忽小，变化的字形不一致，可能出现忽长忽扁、忽方忽圆现象，字形改变后字的搭配比例不合理。

由于字的正常形态被改变，笔迹的变化表现为一些基本笔画的长短和运笔形态发生改变，导致运笔幅度和笔画的收笔位置改变，搭配比例也将发生相应的变化。被改变成圆形字的笔迹，可导致笔画形态、折笔的弧度或角度，以及笔力大小和力的分布上的变化。

（二）改变字的倾斜角度伪装笔迹的特点及笔迹变化规律

改变字的倾斜角度也是一种伪装笔迹的手段。书写人有意违反其平时的书写习惯，将垂直、端正的字，伪装成向右倾斜或向左倾斜；或者把平时习惯倾斜书写的，改成端正的字迹；还有的将略微倾斜的字，进一步加大倾斜角度。

改变字的倾斜角度笔迹的特点是：书写速度较慢，全篇笔迹中字的倾斜方向和角度不一致，缺乏规律性，相同字、相同偏旁重复出现时形态可能不一致。（见图 6－2）

改变字的倾斜角度笔迹的变化主要体现在运笔方向的改变上。改变字笔画的运笔方向，可导致笔画起收笔位置、笔画间夹角的变化。改变有些框架外的笔画的运笔方向，可发生运笔形态和搭配比例关系的变化。由于改变的字形不是书写人书写习惯的反映，笔迹中会出现搭配比例反常和字的大小不均的现象。

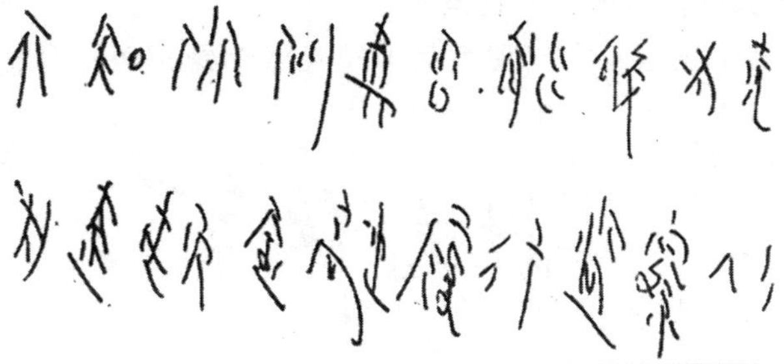

图 6－2　伪装斜形字笔迹示例

（三）改变字形伪装笔迹检验要点

1. 要正确区分伪装字形与正常字形

伪装字形的笔迹的突出特点是字形缺乏规律性，而正常字形则有规律性。正常倾斜的笔迹，其相同字和不同字的同一类笔画倾斜方向和角度是一致的，运笔自然、流利，字的结构比较协调。（见图6－3）伪装的斜形字相同字和不同字的同类笔画倾斜的方向、角度有别，运笔生硬，字的结构不合理。

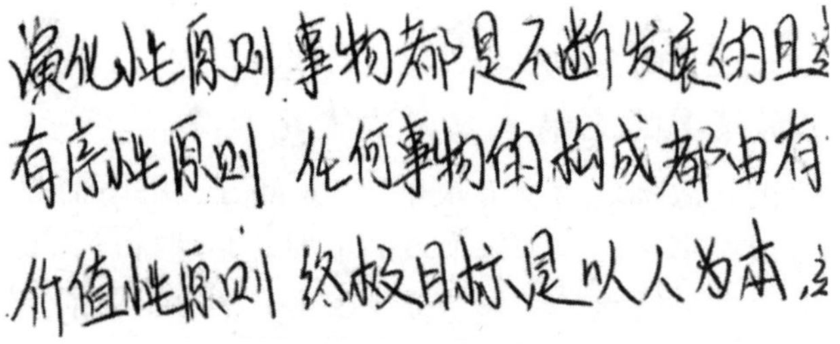

图6－3 正常斜形字笔迹示例

2. 要注意与其他伪装手段的区别

改变字形易与其他一般性伪装手段共同出现，只有当一份检材中改变字形在各种伪装手段中占主导地位时，才算作改变字形。

3. 根据改变字形笔迹特征变化规律选取笔迹特征

改变字的倾斜角度的伪装笔迹，除主干笔画和框架外笔画的运笔方向、运笔形态、搭配比例可能有变化外，框架内的小笔画起收笔位置、运笔形态和细节动作特征基本可以反映其固有习惯。有的字整体倾斜，但笔画之间的相对位置与方向不变。此外，字的基本写法、错别字、笔顺、标点符号、布局等特征可具体分析和选用。

四、破坏字的结构伪装笔迹的检验

破坏字的结构是伪装笔迹时最容易出现的伪装手段。破坏字的结构有两种情形，一种是有意拖长或缩短字的个别笔画，改变笔画的比例关系；另一种是改变字的各部分位置关系。

（一）改变个别笔画长度伪装笔迹

1. 改变个别笔画长度伪装笔迹的特点

书写速度较慢，在个别笔画上出现夸张地拉长或缩短现象，其他部分笔迹基本正常。（见图6－4）

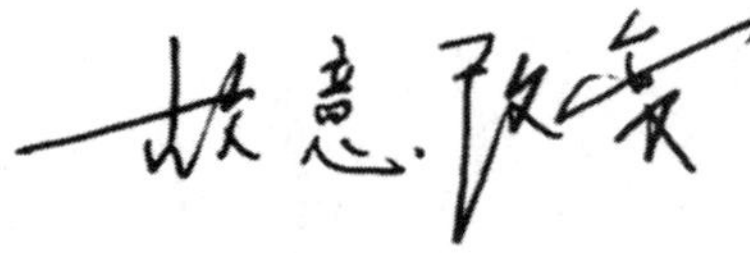

图6－4 改变个别笔画长度伪装笔迹示例

2. 改变个别笔画长度伪装笔迹变化规律

有意拖长或缩短字的个别笔画导致笔画之间或偏旁之间的搭配比例失调，字的结构不适称，甚至出现结构紊乱的现象。

3. 改变个别笔画长度伪装笔迹中稳定的特征

这种伪装笔迹中发生变化的主要体现在个别过长或过短的笔画，以及由此引起的局部搭配比例的改变上，其他的特征基本不变，如写法、错别字、笔顺、搭配比例、文字等以外的特征。

（二）改变字的各部分位置关系的伪装笔迹

1. 改变字的各部分位置关系的伪装笔迹的特点

书写速度快慢不均，字的大小差异明显，字的组成部分过大或过小，有的还伴随有夸张的运笔动作，字形奇形怪状，总体看笔迹变化明显。（见图6－5）

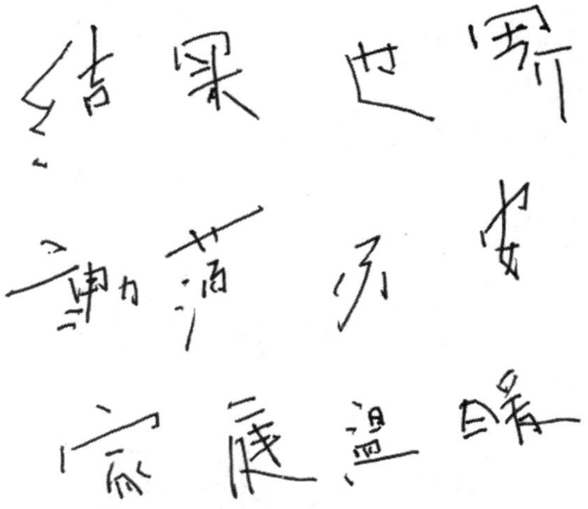

图6－5　改变字的各部分位置关系的伪装笔迹示例

2. 改变字的各部分位置关系的伪装笔迹的变化规律

改变字的各部分位置关系的具体方法有随意性，有的把字的各部分拆开，任意挪动其正常位置；有的把左右部位颠倒；有的使偏旁间的大小比例失调，因而在字的结构上笔迹变化明显。

3. 改变字的各部分位置关系的伪装笔迹稳定的特征

由于书写人的注意力集中在改变字的结构上，所以在字的写法、错别字、笔顺、文字以外的特征上都比较稳定。

（三）破坏字的结构伪装笔迹检验要点

1. 要正确看待伪装，不要有畏难情绪

破坏字的结构这种伪装手法，从宏观上看笔迹的变化比较大。但如果具体分析，并不是每个字或字的每个部分都发生变化。由于表现一个人书写习惯的笔迹特征是全方位、多层次的，因此，必然会出现大变小不变，变中有不变。如字的整体结构破坏，而局部是正常的；偏旁大小比例失调，而偏旁内部笔画的搭配比例、运笔形态、连笔形式、笔力分布以及起收笔的细节特征却可能无变化。

2. 根据破坏字的结构伪装笔迹特征变化规律选取笔迹特征

要注意从结构基本正常和运笔自然的笔画上选择特征。结构基本正常、运笔自然、书写速度较快意味着伪装程度不大，在这些地方容易暴露书写人的书写习惯。

3. 注意样本的补充

破坏字的结构伪装笔迹通常书写速度较慢，可补充慢速书写的接近楷书体的笔迹样本。

五、故意改变笔形伪装笔迹的检验

故意改变笔形，是指通过改变正常的笔画形态伪装笔迹的一种手段。

正常书写的汉字，是由八类三十六种单线条的笔画按一定规则构成的。有的书写人故意采用复合笔画或曲线、点线来代替正常的有规则的单线条笔画，从而形成改变笔画形态的伪装笔迹。实际案件中常遇到的改变笔形的伪装字有弧形字、空心字、重描字等。

（一）弧形字伪装笔迹检验

1. 弧形字的种类及特点

弧形字伪装笔迹是指弧形笔画构成的伪装字。

弧形字可分为内弧字和外弧字。以单字的中心部位为参照点，外围笔画内收的为内弧字，外展的为外弧字。（见图6－6）

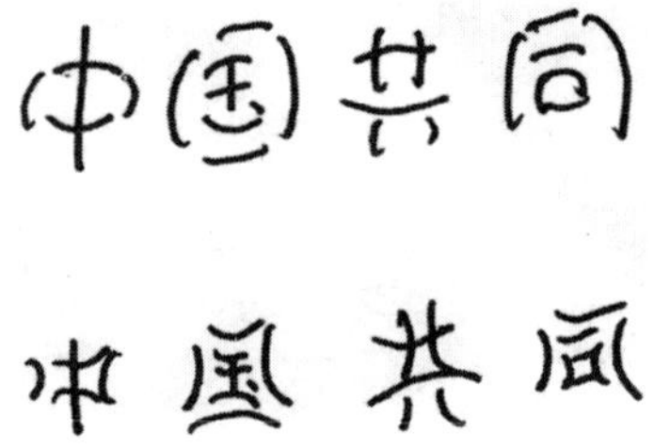

图6－6　弧形字示例（上为内弧字，下为外弧字）

弧形字主要的特点是在横竖撇捺笔画的弧形上，字的外侧笔画反映尤其明显。此外弧形字书写速度普遍较慢，笔力较平缓，转折笔画往往分笔书写。

2. 弧形字伪装笔迹检验要点

（1）要正确区分内弧字、外弧字。由于不同人的书写习惯不同，在使用弧形字伪装笔迹时，有的以内弧形为主，有的以外弧形为主，就全篇而言，没有绝对的内弧字或外弧字。区分内弧字与外弧字的意义在于，在与嫌疑人的弧形字实验样本比较时，分析二者的弧形倾向是否一致，可以作为认定或否定的辅助依据。

（2）注意选用弧形字中的稳定特征。有些特征不易受这种伪装手段影响，如字的基本写法特征、笔顺特征、错别字特征、大体的搭配比例特征；如果是起笔后画弧，笔画的起笔位置及其反映的搭配关系仍能反映平时习惯；框架内部笔画、复杂部位的细小笔画一般不加改变，其运笔和搭配比例特征可以选用。除了不易受弧形字影响的特征以外，运笔速度较快，笔画弧形不严重的字也容易暴露书写人的书写习惯。

（3）注意样本的补充。由于弧形字书写速度较慢，比对样本最好是慢速书写的接近楷书体的笔迹。如果有条件，可收集嫌疑人的弧形字实验样本。

（二）空心字伪装笔迹检验

笔画是空心的字即为空心字。空心字按其勾画手段又分为按字的轮廓勾画、逐笔勾画、附笔勾画三种类型。

1. 按字的轮廓勾画的空心字

按字的轮廓勾画的空心字，独体字是以整字为单位，合体字是以偏旁为单位，不交接的笔画以笔画为单位，分别沿其外部轮廓勾画而成。（见图 6－7）这种空心字脱离了正常书写的某些规则和笔法，与书写人平时书写的笔迹差别较大。笔迹变化的大小与书写水平、勾勒空心字的技能高低有关。书写水平较高者，对字的结构形象记忆明晰，勾勒空心字的能力相对较强；平时有过训练的人，适应了这种书写方式，能够掌握相应的技巧，空心字中反映其平时的习惯特征比较充分。

图 6－7　按字的轮廓勾画的空心字示例

检验按字的轮廓勾画的空心字时应注意：（1）注意分析勾画水平的高低。有的人（如专业美工人员）经过专门训练后，勾画这种空心字能达到较高水平，字形字体前后一致，字的结构合理，外形美观。但是勾画空心字水平和书写人的实际书写水平并不完全一致。勾画水平高时，说明书写人经过专门训练，所以，一方面可以缩小侦查范围，另一方面有可能找到嫌疑人的空心字样本。（2）注意写法的改变。美术体字有专门的范例，受范例的影响，书写人在勾画空心字时会在有些字的写法上发生改变。在检验时对有些写法上的差异，要正确认识，必要时可通过查阅相关工具书验证。（3）有些情况下笔顺是可以使用的。有些非交叉笔画的笔顺，如党字中“⺌”的笔顺，以及偏旁间的笔顺，如“落”字的草字头、三点水和“各”部之间的笔顺。即使是交叉笔画的笔顺，也应作具体分析，有时可以根据明晰的起收笔位置，以及笔画间的搭配比例关系等情况加以综合判断。

2. 逐笔勾画的空心字

逐笔勾画的空心字，是以笔画为单位，按照笔画的书写顺序，逐笔勾画而成。逐笔勾画的空心字，可分为认真勾画和随便勾画两种。（见图 6－8）前者一般是以楷书或仿宋体为基础，根据字体规则和书写习惯，认真勾画而成，基本上能反映书写人平时书写同体字笔迹的特点。后者则是书写人按字的结构和写法，不考虑笔画的形态要求，以较快的速度采用没有棱角的圆弧形笔画任意勾画而成，这种字一般仅能反映笔迹大体的特点。

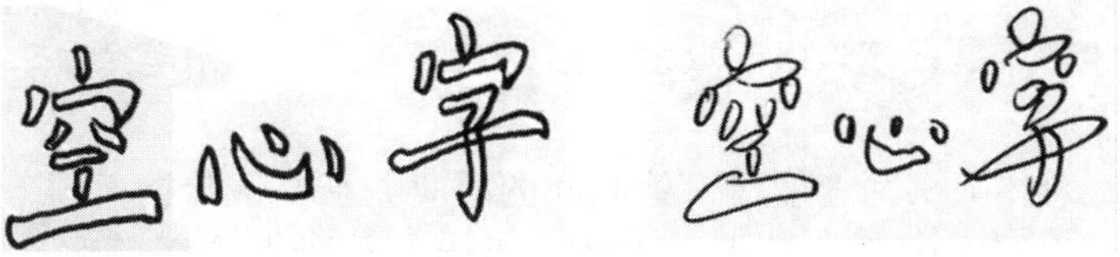

图 6－8　逐笔勾画的空心字示例（左侧为认真勾画，右侧为随意勾画）

检验逐笔勾画的空心字时应注意：（1）笔顺特征依然稳定。逐笔勾画时，通过笔画交叉点的特点可以判断一些字的笔顺，这与按轮廓勾画的空心字是不同的。（2）注意出现的单线条笔画。未勾描空心的单线条笔画容易暴露书写人的书写习惯，检验中要注意选用。（3）注意运笔的变异。逐笔勾画时为了勾画方便，有些转折笔画可能分笔勾描，不要把这种运笔的变异当作书写人的书写习惯。

3. 附笔勾画的空心字

附笔勾画的空心字，是在一个字写成以后，沿着已经写好的笔画的一侧，逐笔勾画成空心的笔画，从而形成空心字。（见图 6－9）这种空心字是由先写的笔画（主笔）和后写的用于勾勒空心的笔画（附笔）构成。

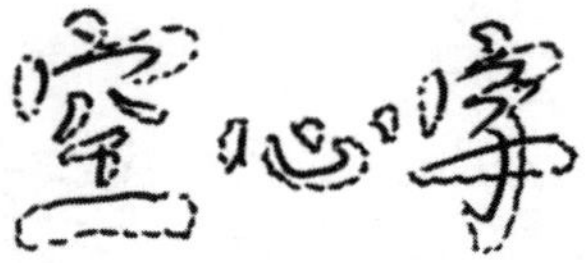

图 6－9 附笔勾画的空心字示例（实线条为主笔，虚线条为附笔）

主笔的特点是：运笔自然流畅，着笔较重，墨水较浓；笔画间组合关系协调，搭配比例适称，上下笔画间有照应关系。

附笔的特点是：着笔较轻，墨水较淡，被动地伴随先写的笔画，有抖动弯曲现象；笔画间无协调感和照应关系，笔画开头结尾处多有封口动作。

检验附笔勾画的空心字时应注意，这类空心字笔迹表面看起来似乎变化很大，实际上是最容易检验的一种空心字。因为书写人的注意力集中在把笔画勾勒成空心上，所以主笔构成的文字基本是正常笔迹。检验中只要正确分析出哪些笔画是主笔，哪些笔画是附笔，然后按照由主笔构成的字进行检验即可。

（三）重描字笔迹检验

重描字是指书写文字笔迹经多次重复描写形成的字。重描分为两种形式，一种是逐笔重描，另一种是先写好再重描。（见图 6－10）这两种重描笔迹与前面讲到的逐笔勾画空心字、附笔勾画空心字特点有相似之处。

图 6－10 重描字示例（左侧为逐笔重描，右侧为先写好再重描）

重描字的总体特点是：笔画由于反复重描，在同一笔画上用笔杂乱，笔画变粗，字形增大，字迹醒目。

逐笔重描时，总体上书写速度慢，笔画间的照应关系差，转折笔画分笔重描；先写好再重描时，字形受先写字的影响较大，总体来看笔画间的照应关系强，有的笔画间有连接，转折笔画可能不分笔描写。

检验重描字笔迹时应注意的问题：（1）要正确区分是哪种重描方式。逐笔重描字在字形、笔画搭配比例特征上变化幅度稍大。先写好再重描的字笔迹变化较小。两种重描方式在笔迹上的区别主要在于笔画间的照应关系强弱和搭配比例关系是否正常。在后描笔画不是很浓重的情况下，如果可以观察到完整的单线条文字，则是先写好后重描的。(2) 注意运用笔顺特征。重描字笔画照应关系可能不强，但是容易从笔画交叉部位的特点判断笔顺，因此要注意运用笔顺特征。

改变笔画形态的方法还有很多，如把笔画写成曲线、点线，在写好的笔画上加修饰图案，等等。书写人注意到改变笔画的形态，但是在其他方面则容易暴露自身的书写习惯。鉴定人员只要认真细致，就可以正确认识和检验改变笔形伪装的笔迹。

第二节　左手伪装笔迹检验

一、左手伪装笔迹的概念与特点

（一）左手伪装笔迹的概念

左手伪装笔迹是指书写人故意改用不惯使用的左手执笔书写的笔迹。正常情况下，人们大都习惯于右手执笔书写，一旦改用左手写字时，便会感到十分不便，笔迹变化很大，与其正常书写的右手字会有明显差别。这也是书写人采用左手伪装手段的主要意图。有的人从小就用左手写字；也有的人因右手残疾或其他原因，后来改用左手写字；还有的人经过长期练习，左右手都能熟练地书写。这些已习惯用左手写字的不属于伪装，而是正常的左手笔迹。笔迹检验着重研究的是左手伪装笔迹。

采用左手伪装的目的是“异己”，过去常见于标语、传单、匿名信，近年来多见于诬陷诽谤、敲诈恐吓信件或盗窃现场留言等。

检验人员掌握左手伪装笔迹的特点，正确运用笔迹变化规律去分析选用特征，客观地评价符合的价值与差异的性质，可以正确检验左手伪装笔迹。

（二）左手伪装笔迹的特点

根据不同的成因，可将左手伪装笔迹的特点分为三类。

1. 机械性特点

机械性特点可以概括为一个字——“斜”，具体表现为：字行易向右下倾斜或呈波浪状、锯齿状；单字中，较长的横画或左右偏旁出现左高右低现象；较长的竖画易向右侧倾斜。(见图 6－11)

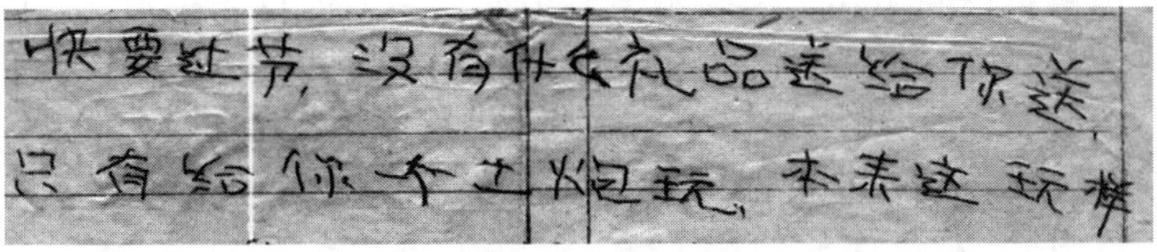

图 6－11　左手伪装笔迹机械性特点示例

机械性特点，主要是由于左右手书写支点与重力点间的方位不同，二者是对称的。右手书写的支点位于书写重力点的右下方，由左至右的书写，相对于支点而言，是由远及近的牵拉运动，非常方便、适宜。左手书写的支点位于书写重力点的左下方，按照书写规则，由左至右的运行，相对于支点来说是由近及远的推送运动，显得吃力与不适。同时，在支点（腕或肘）固定不动的情况下，伸展幅度有限的活动半径必然牵制自左而右的运动向右下偏斜，从而出现左高右低、字行下斜的现象。支点每向右移动一步，就形成了又一个运动半径，于是出现又一段的左高右低区间。整个字行便会出现总体向右下倾斜而又参差不齐的波浪状或锯齿状。

2. 镜像性特点

镜像性特点可以概括为一个字——“反”，具体表现为：易出现反像字或左右偏旁位置颠倒现象；个别横画反起笔，自右向左运行；弯钩、竖钩呈现反向弯、反钩；个别连笔、环绕笔画方向相反。（见图 6－12）

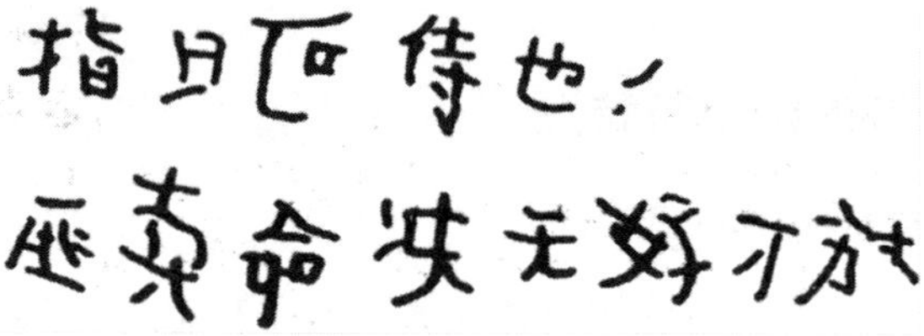

图 6－12　左手伪装笔迹镜像性特点示例

镜像性特点，主要是左右手生理功能和解剖结构的对称性，以及注意的局限性和视觉反馈缓慢造成的。

人体的解剖结构基本是左右对称的，左右侧肢体自由活动的方向和范围也是对称的。如果写一个横画，以同样的神经冲动引起同名肌腱的伸缩，右手是自左而右，左手则自右而左。当右利者改用左手执笔书写时，必须有意控制左手按规则书写，同时注意纠正动作的失误。一旦注意力分散，左手便朝相反的方向运行，从而出现镜像性（反）的特点。

在左手的书写活动中，既靠动觉系统又靠视觉系统反馈调节。视觉反馈属人工调节，称为物理反馈；动觉反馈属本体调节，称为生理反馈。前一种反馈比起后一种反馈要迟缓得多，粗糙得多。有关数据表明，动觉反应速度可达 0.130 秒，而视觉反应速度则为 0.188 秒。加之左手书写时视觉的监督作用受到局限，左手的动觉反馈就容易向相反的方向运行。

3. 协调性特点

协调性特点可以概括为一个字——“差”，具体表现为：落笔不准，运笔抖动，笔力轻飘，转折生硬，起收笔易出现拖带或反射钩；单字结构松散，搭配位置不准，出现多笔少画或笔画重叠现象；行间不均，字间不匀，字形普遍增大且大小不均。（见图 6－13）

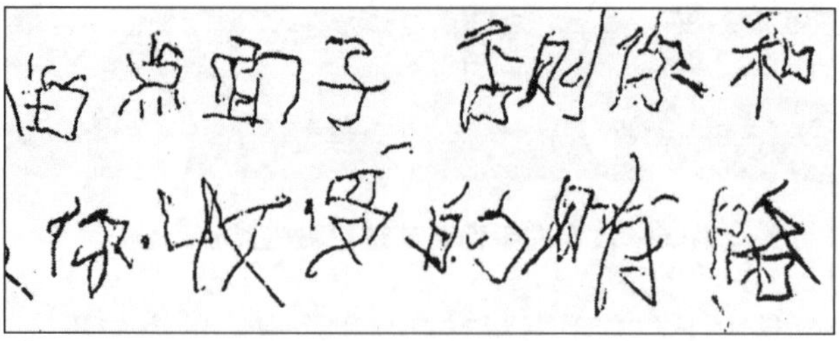

图 6－13　左手伪装笔迹协调性特点示例

这些特点主要是右利者缺乏左手书写的训练，大脑右半球没有独立支配书写运动的功能，书写运动不协调，动作粗糙等功能性原因造成的。

以上概括了左手伪装笔迹的基本特点及其形成原因。应当指出的是，不同人的左手伪装笔迹中出现上述特点的典型性是有区别的，有的多些，有的少些；有的在机械性特点方面表现突出，有的则在协调性特点上比较明显；有的可能不出现镜像性特点。

二、左手伪装笔迹的检验要点

（一）判明左手伪装笔迹

在左手伪装笔迹检验中，判明左手伪装是至关重要的前提，因其直接关系能否运用左手伪装笔迹的变化规律去分析、选择和评断特征。

左手伪装的确认，应尽量使用物证原件，要全面地考虑可能导致笔迹变化的因素，结合左手笔迹的特点，作灵活的分析、判断。还可采用排除法，根据笔迹变化的特点，把存在矛盾的情况一一否定，最后确认为左手伪装。

（二）区分左手笔迹的共性特点和个人习惯特征

左手笔迹的共同特点与个人习惯特征是左手伪装笔迹中的两种不同性质的有规律的征象。书写人的个人习惯特征是鉴别书写人的根据；而左手伪装笔迹的共性特点是这种伪装手段的表征，是识别左手伪装的依据，切忌将其作为个人笔迹特征使用。尤其在与左手实验样本比较时，不能把左手笔迹的共同特点当成认定结论的根据。

（三）根据左手伪装笔迹特征变化规律选择不易变特征

左手伪装笔迹容易在一些大体的、惰性较强的特征上稳定地反映个人的习惯。

1. 基本写法特征

除能写多种书体的人用左手书写时，行草写法易变为楷书写法外，其他的写法，如习惯性的繁异体写法、习俗写法、简化写法和旧字形写法等特征不变。

2. 错字特征

左手书写可能出现多笔少画的错字，但不会将习惯性错字写成对字。

3. 笔顺特征

与其他特征类型比较起来，笔顺可以说是动力定型当中惰性最强的一类特征，即使左手书写时，也难以改变。需要注意的是，写法不同所造成的笔顺差别不应被看作本质的差异。

4. 部分笔画的特殊运笔特征

运笔特征在左手笔迹中的变化是最为明显的，但也不排除某些特殊的运笔习惯会保留下来，如笔画变异、特殊的连笔环绕习惯等。

5. 大体的搭配比例特征

左手书写只能改变某些搭配比例的细节，大体的搭配比例关系仍会流露出来。

6. 标点符号特征

以标点符号的写法、用法为重，细节形态和位置不够准确。

7. 款式布局、习惯用语特征

与具体的书写动作无关的这些特征不受左手伪装的影响。

左手伪装笔迹中，哪些特征一定变化，哪些特征肯定不变，是不确定的。案件检验中，应本着具体问题具体分析的原则，结合书写人水平的高低灵活地选取特征。

（四）注意运用反字特征

左手伪装笔迹中，受左右手生理功能对称性的影响，有时会出现个别的反字。由于反字不便于观察，所以常常被人们所放弃。实际上，左手写的反字要比正字更加流畅自然。如将反字翻转过来观察，与其右手字差别不大，甚至在运笔、搭配等细节特征上都有较好的符合，所以要注意利用。

（五）注意选择可比样本

左手伪装笔迹检验对于样本的要求，除了充分、真实这些基本条件外，更要强调可比性。鉴于左手伪装笔迹一是左手书写，二是速度较慢的特点，要求尽量提取慢速书写的样本。必要时也需收集左手书写的实验样本，以创造较好的检验条件。

第三节　摹仿笔迹的检验

摹仿笔迹，是指仿照他人笔迹书写的字迹。这是通过笔迹隐蔽自己或嫁祸于人的一类特殊伪装。

一、摹仿笔迹的手段和特点

摹仿笔迹的手段，分为临摹、套摹、描摹和忆摹四种。

（一）临摹笔迹及其特点

临摹笔迹，是将被摹仿人的字迹放置在眼前，边观察边仿写形成的笔迹。摹仿人为了摹仿得像，既要仔细观察被摹仿人笔迹，又要控制自己的书写习惯。因此，临摹笔迹可出现如下基本特点：

1. 形快实慢

正常情况下，一定的书写速度对应一定的形体，二者是协调一致的。比如慢速书写对应一笔一画的楷书体，常速书写对应行书体或自由体，快速书写对应行草书体。正常书写的笔迹，无论书写水平高低，其运笔都应是比较流利自然，有轻重疾徐的节奏感。临摹时，边看边仿，必然要降低书写速度。用缓慢的书写速度去仿写较快的书写速度写出的字形，这必然导致一些看似书写速度较快的字或笔画，实际上运笔迟缓，笔画的形态与书写速度的缓慢明显不协调。图6－14是一起案件检材上临摹形成的签名，在“任”“男”二字的连接和环绕笔画上出现运笔迟缓，与快速书写相应的字形有明显的矛盾。

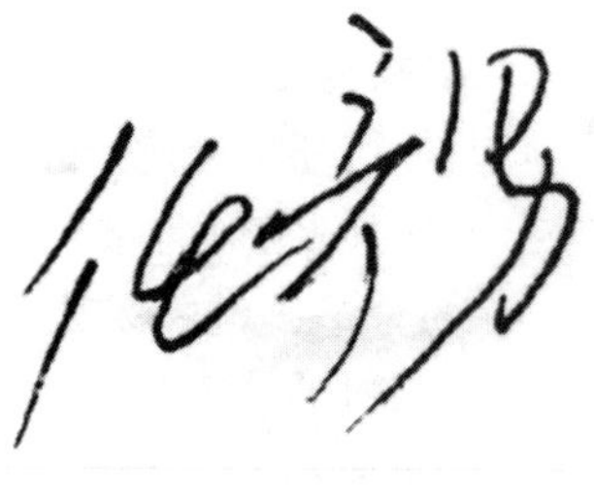

图6－14　临摹笔迹形快实慢示例

2. 笔力平缓

正常书写过程中，书写速度有快有慢，笔力有轻有重，并且变化有规律性。书写技能和水平较高的人，运笔轻重疾徐的节奏感强；书写技能和水平较低的人，虽然运笔的力度差些，但也会有轻重疾徐的变化。临摹时摹仿人的注意力集中在被摹仿笔迹的字形和结构上，注意不到被摹仿笔迹笔力的变化。因而笔力无轻重变化，表现为笔画粗细均匀，着墨无浓淡变化。（见图 6－15）特别是某些勾笔、挑笔和上下笔连接不是自然运笔形成，而是靠拖、送完成。

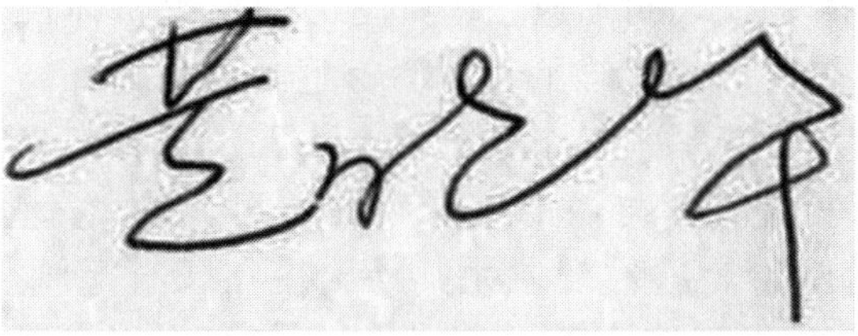

图 6－15　临摹笔迹笔力平缓示例

3. 中途停顿

正常书写除在慢写中可能出现起笔、收笔或笔画转折处驻笔或顿压外，一般很少有中途停笔现象。临摹时，一方面由于摹仿人没有能力去协调连笔形式快与书写速度迟缓这一矛盾，另一方面由于对摹本笔画连接和环绕的具体形象记忆不准，因此，常在一些较长的笔画或笔画转折、上下笔画间的连接处出现停笔待摹或另起笔的现象。在放大镜或显微镜下观察，可见局部笔画墨水洇散、笔画间断或叠合等现象。图 6－16 是某临摹笔迹中的“正以”两字，箭头所指部位出现的笔画间断现象，均是停笔后另起笔造成的。

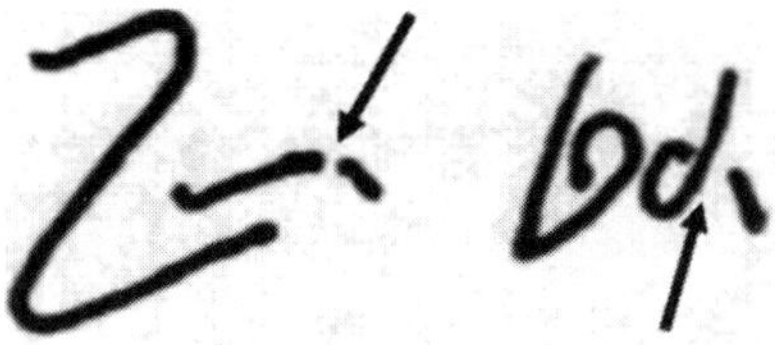

图 6－16　临摹笔迹中途停顿示例

4. 修饰重描

正常书写除因笔误造成差错而进行修改外，一般很少有修饰重描现象。临摹时，一旦摹仿人发现某处摹仿得不像或暴露了自己的笔迹特征，就可能通过添改和修描进行补救，使其与被摹仿笔迹更接近一些。修饰重描现象有的表现在笔画的开头、结尾处，主要是添补动作或伸延笔画；有的表现在笔画的转折处，主要是进行角度或弧度的修正。图 6－17 是某临摹案件部分字上出现的修饰重描现象。

图 6－17　临摹笔迹修饰重描示例

摹仿笔迹的修饰重描不仅与正常笔迹因笔误而进行的修改不同，而且与随意性伪装笔迹中的“修饰重描”不同。临摹笔迹是笔迹外貌看似正常，修描是为了“仿他”，因而修描是小心翼翼的，动作小。随意性伪装笔迹是笔迹外貌明显异常，修描是为了“异己”，因而修描动作大。

5. 抖动弯曲

正常书写除因年老体衰或久病不愈、手部乏力而出现整体性较为均匀的笔画抖动弯曲外，通常都是书写动作连贯，行笔平直圆滑，笔画边缘整齐，没有抖动弯曲现象。临摹时，一方面由于摹仿人心情紧张、小心翼翼，边看边仿，唯恐不像；另一方面由于临摹时书写速度慢，慢的书写速度与快的字形存在不可调和的矛盾，很难避免运笔出现运笔抖动、笔画弯曲的现象。这种现象尤其易出现在长直笔画、环绕笔画和笔画连接转折处。图 6－18 是某临摹笔迹在笔画转折和环绕部位出现的明显的运笔抖动弯曲现象。

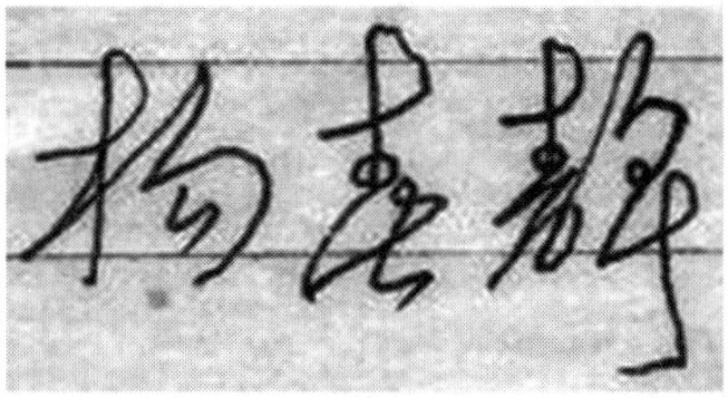

图 6－18　临摹笔迹抖动弯曲示例

上述临摹笔迹特点暴露是否充分，除与摹仿人书写水平高低、摹仿字数多少和是否经过摹仿练习等因素有关外，还受到书写工具和书写方式的影响。一般来说，钢笔字、毛笔字比圆珠笔字、铅笔字、复写字暴露的摹仿特点要多一些。

（二）套摹笔迹及其特点

套摹，即透光套摹，是把被摹仿字迹垫在纸张下面，通过透光观察到的字迹影像逐笔逐字地进行套写。这种摹仿笔迹和被摹仿人的笔迹外貌很像，除了具有临摹笔迹的基本特点外，还具有一些套摹本身的特点。

1. 具有临摹笔迹的基本特点

套摹笔迹也是摹仿人小心翼翼地仿写被摹仿笔迹。所以，它也会出现形快实慢、笔力平缓、中途停顿、抖动弯曲、修饰重描等特点。如果被摹仿笔迹在透光下清晰可见，事先又经过充分摹仿练习，则抖动、停顿、修描现象可能不十分明显。

2. 字的形体不一致

如果摹仿笔迹源自摹仿人不同时期或不同速度、书体的笔迹中，那么在同一份摹仿笔迹中就可能出现字的大小不等、倾斜不一、形体多样的现象。图 6－19 是《圣教序》局部字迹。《圣教序》的全称为《大唐三藏圣教序》，是唐太宗为表彰玄奘法师赴西域各国求取佛经，回国后翻译三藏要籍而撰写的序文，全文共 30 行，每行 83 字至 88 字不等，共 1902 字。《圣教序》的石碑笔迹是唐朝长安弘福寺的和尚怀仁用二十多年集王羲之行书而成。石碑于唐・咸亨三年（公元 672 年）十二月建成。怀仁和尚是王羲之的后人，书法功力很深，集字时采用了用灯影缩小放大、勾摹廓填等方法，尽量避免了一般套摹笔迹易出现的字的大小不一、倾斜不一等现象。但是其套摹笔迹形体不一的特点仍暴露得很充分，序文中的字大部分以行书为主，但也夹杂一些楷书和草书，用偏旁拼合而成的字偏旁间缺少呼应。

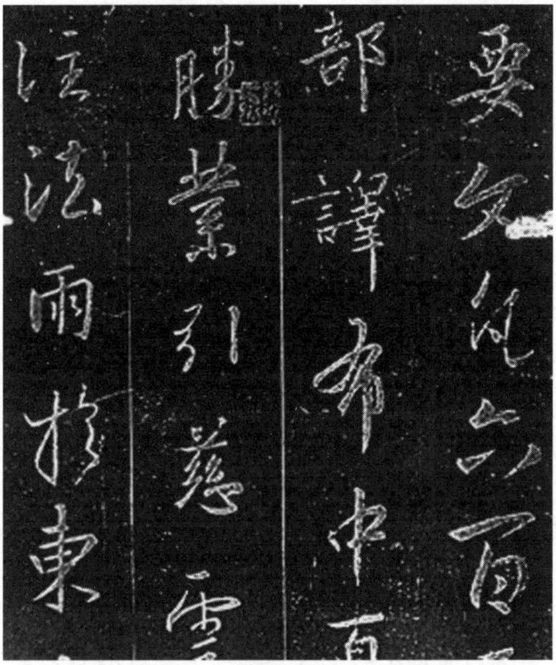

图 6－19 《圣教序》局部字迹

3. 文字布局失调

正常书写的一句话或一段文字，其书写运动连续，字间距均匀、适称，布局合理。而有些套摹笔迹是东拼西凑被摹仿笔迹重新组合的，这样所形成的一句话或一段文字，就会出现字与字或词与词之间疏密不当、排列不齐等布局失调的现象。图 6－20 是一起套摹笔迹案件检材的局部，“收”字位置明显高且略向左侧倾斜，“清单”二字又向右侧倾斜，同时“收”“丝毯厂”“清单”三部分色料浓淡不一，反映出三部分文字布局失调。

图 6－20 套摹时文字布局失调示例

4. 语句不流畅

受所占有的被摹仿笔迹的限制，套摹中所需的词语未出现，摹仿人只好找词义近似但不确切的词语代替，这样在摹仿笔迹上就会出现用词不当、语意不清，甚至褒贬不分、文理不通的混乱现象。图 6－21 是一起套摹案件的检材，落款“收钱人”应为“收款人”，由于摹本中没有“款”而用“钱”代替，表现出用字词不当的特点。

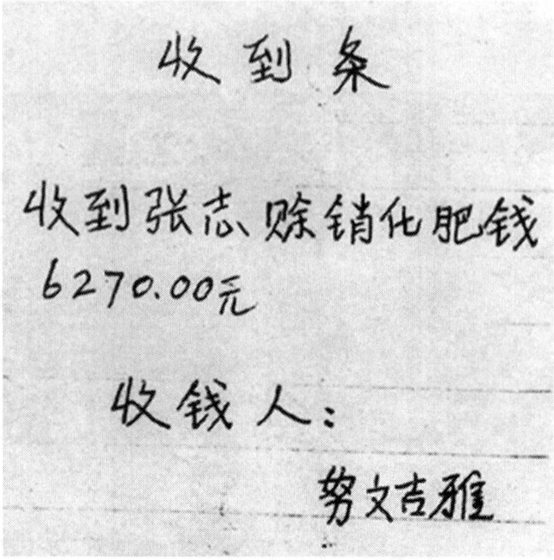

图 6－21　某案件套摹形成检材图片

5. 相同字词原样重复

正常书写的笔迹，即使重复使用同一个字词也不会写成完全一样、分毫不差。但套摹笔迹却可因反复在同一个字词上套摹而出现重复的字词几乎一模一样的现象。这种现象，只有在摹仿笔迹中才能出现，而且是确定套摹或描摹笔迹的有力证据。图 6－21 检材笔迹中出现的两个“钱”字几乎一模一样。

6. 丢笔少画，遗漏标点符号

套摹笔迹会受到很多条件的影响。如被摹仿字迹的清晰程度，透视影像的能见度，摹仿时紧张的心理状态等，都会不同程度地影响套摹笔迹的完整性，因而容易出现丢笔少画、连笔紊乱的现象。由于摹仿人的注意力集中在文字上，标点符号的使用一般被忽略。有的在套摹完字迹之后再加标点符号。

（三）描摹笔迹及其特点

描摹笔迹是通过抑压、复写等方式将被摹仿笔迹先勾描“打样”在伪造的文件上，然后再根据“打样”痕迹用钢笔、圆珠笔、签字笔或毛笔描成的摹仿笔迹。

描摹与套摹手段近似，它除具有套摹笔迹的一些基本特点外，因为增加了按“打样”痕迹勾描的环节，所以还具有自身的一些特点，如在放大镜或显微镜下观察，在摹仿笔迹上可能发现与字迹笔画不完全重合的抑压或复写的“打样”痕迹；在被摹笔迹上可发现重描、抑压痕迹，在纸张背面还可见复写纸的印迹。图 6－22 是一起案件中抑压打样描摹形成的检材图片（局部），箭头所指的部位描写的笔画与抑压痕未完全重合。

图 6－22　一起抑压打样描摹案件检材图片（局部）

（四）忆摹笔迹及其特点

忆摹笔迹是凭记忆进行的摹仿，又称背临。它是摹仿人凭借对被摹仿笔迹特点的印象进行回忆摹仿，多数在事先经过摹仿练习。从实际案件看，忆摹多用于摹仿他人签名或字数较少的笔迹。用这种方式摹仿的笔迹反常现象较少，笔迹趋于正常。形快实慢、抖动弯曲、停笔另起等摹仿笔迹的特点不典型。有时仅凭检材很难判定是摹仿笔迹。但这种摹仿笔迹与被摹仿的字迹，只能在突出的写法、特殊的运笔形态和搭配比例上大体相似，而在细节特征上却相差甚远。

高水平的练习摹仿也属于忆摹。这种练习摹仿的对象一般都是签名或几个字的批示。由于经过反复练习，检材笔迹无摹仿笔迹的常见特点，检材笔迹特征与被摹仿人笔迹特征趋于一致，检材字数较少时，检材与被摹仿笔迹之间差异点的性质难以准确判断，所以这种摹仿笔迹的检验难度非常大，鉴定人稍有疏忽就可能作出错误的鉴定意见。实际案件中出现检材字数少，又有摹仿可能时，检验人员一定要细致检验，尤其要关注摹仿时不容易注意到的地方，慎重作出结论。多数情况下，高水平的练习摹仿涉及的检材都是多份，这就为发现摹仿人的书写习惯创造了条件。练习摹仿不是套摹，即使是高水平的摹仿人也会由于注意力的局限性，而在一些地方出现与被摹仿人笔迹不一致的地方。这种不一致的地方（有的是摹仿走样形成，有的是摹仿人个人书写习惯的暴露）经过反复练习被固定下来，成为检材与被摹仿人笔迹中规律性的差异。在检材与被摹仿人笔迹高度相似的情况下，二者笔迹中一些规律性的差异就是确认练习摹仿事实的主要依据。

从实际发生的案件看，摹仿的手段一般都是单一的，或是临摹，或是套摹，或是描摹，或是忆摹。但有的案件，当摹仿人找不到所需的某个摹本时，往往就采取随意书写的方式来填补。这样，非摹仿的字或符号就混杂在了摹仿笔迹中。这种情况多发生在检材字数比较多，或必须填写某种特殊的字词或符号的案件中。

二、摹仿笔迹的发现和识别

检验摹仿笔迹时，及时发现和识别摹仿具有重要意义。由于摹仿笔迹貌似正常，而且与被摹仿人的笔迹很相似，办案单位或送检人无力识别，因此，很容易将摹仿笔迹当作正常笔迹，而把被摹仿人的正常笔迹送检。在这种情况下，如果鉴定人不能通过对检材的检验揭露摹仿事实，很可能会作出错误的鉴定意见，冤枉无辜。发现和识别摹仿，可从三个方面进行。

（一）观察和分析检材有无摹仿的特点

如果检材是摹仿形成，它一定会表现出不同于正常书写笔迹的反常迹象，从而暴露摹仿笔迹的特点。这些反常迹象可概括为以下五个方面。

1. 运笔反常

除忆摹笔迹外，摹仿笔迹在运笔上的反常迹象一般都是比较明显的，如出现运笔缓慢、形快实慢、笔力平缓、弯曲抖动、修饰重描和不适当的停笔另起等。

2. 字形反常

正常书写的一份笔迹中，字形字体、字的大小应该是基本一致的，相同字重复出现时，在其书写技能和习惯的范围内有一定的变化。如果在一份检材中出现字的形体、大小、倾斜方向以及书写速度明显差异，或者某些重复出现的字词一模一样的现象，应考虑是否为摹仿。

3. 布局反常

正常书写时，书写运动连贯，字间距、行间距均匀协调，文字布局合理。如果检材出现字与字之间、词句与词句之间疏密不一致、排列不规整，或字词之间断断续续，缺乏书写连续性，布局明显反常等现象时，应考虑是否为摹仿。

4. 语句反常

如果检材出现词不达意、语句不完整不通顺、表意不清、褒贬不分等现象时，应考虑是否为摹仿。

5. 手法反常

描摹笔迹会在检材上留有“打样”痕迹。如果在检材上出现正常书写不可能形成的一些特殊抑压痕迹、复写残迹和重描等现象时，要考虑是否为摹仿。

在通过上述反常迹象发现和识别摹仿时，要同时考虑某些书写工具因素的影响和干扰，以免发生误判。

用圆珠笔写字容易在下笔处或笔画转折处，出现油墨堆积（见图6－23）或者笔画间断现象。这些现象是圆珠笔正常书写时出现的笔痕特征，不要误以为是摹仿笔迹的修饰重描和停笔另起现象。

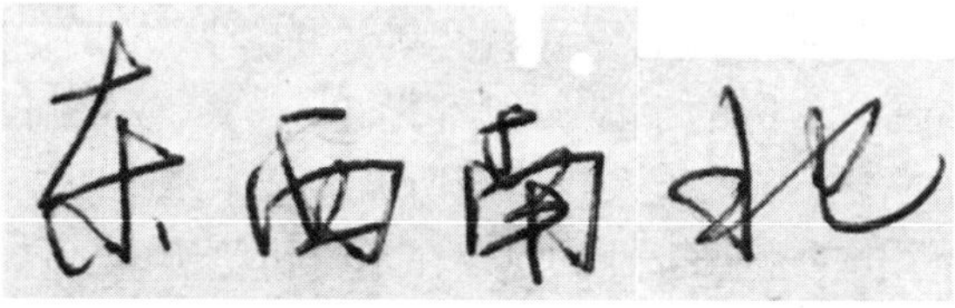

图6－23 圆珠笔书写笔画转折处出现油墨堆积

用水剂圆管式签字笔写字，在一些不善于用笔的人中容易出现笔画边缘不整齐（不圆润），以及部分笔画的起收出现墨迹浓重等现象。（见图6－24）要把此类现象与摹仿笔迹的运笔生涩、停笔另起、抖动弯曲等摹仿特点区别开。

图6－24 水性签字笔书写笔画边缘不齐、起收笔墨迹浓重

用钢笔书写时，有的笔出水较快，在一些笔画上，特别收笔处有时会出现墨水沿笔画“倒洇”的现象，使笔画局部颜色变深。对此类现象不要误认为是摹仿笔迹的修饰重描。

此外，还有一些是属于在不正常的书写条件上形成的笔迹，如在膝盖上、沙发扶手上书写，以及站姿势、蹲姿势书写都可能导致运笔的一些变化，如出现抖动弯曲或停笔另起等。但是，这些现象与摹仿笔迹中出现的抖动弯曲和停笔另起是有区别的。前者出现的部位具有不确定性，而后者多数反映在不易被摹仿的笔画和部位上，或是某些长笔画、连笔上。检验时要结合案件的具体情况作出客观的分析与判断。

（二）在与样本的比较中发现摹仿

在笔迹检验中，如果单纯从检材上还不足以确定摹仿，还可通过与样本笔迹的比较进一步发现摹仿。如果通过检材与样本笔迹比较，发现下列情形，要考虑检材可能是摹仿形成的。

1. 大同小异

大同小异，指检材与样本笔迹在突出、明显的特征上相符（如字的形体、写法、特殊的搭配比例和运笔动作等），但在细节特征上存在差异（如起收笔动作、笔力分布、搭配比例和不连笔的笔顺等），给人以“形同实异，貌合神离”的感觉。这是摹仿笔迹与被摹仿笔迹比较时必然出现的一种现象。它跟正常笔迹和故意伪装笔迹与嫌疑人笔迹比较的情形不同。如果二者同一，那么正常笔迹的同一是从明显到细节均相同，故意伪装笔迹的同一是异在明显处、同在细微中。图 6－25 左侧签名是一起案件套摹形成的检材签名，右侧是检验中找到的摹本，二者在大的运笔动作和字形都相符，但是在“成”的笔顺上出现了差异。

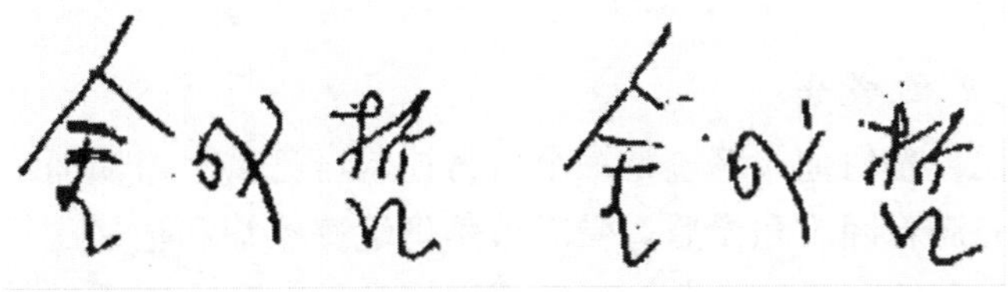

图 6－25　一起套摹案件中出现“大同小异”（左侧为检材笔迹，右侧为样本笔迹）

2. 一模一样

在比较时，如果发现多份检材之间或检材与样本的某些字、词形态一模一样，甚至可以互相重合，就要考虑检材是套摹或描摹形成的。图 6－26 是图 6－21 所示案件的特征比对表局部，左侧是检材字迹，右侧是摹本，不但检材和样本字迹基本一模一样，而且检材中的两个“钱”也基本一模一样。

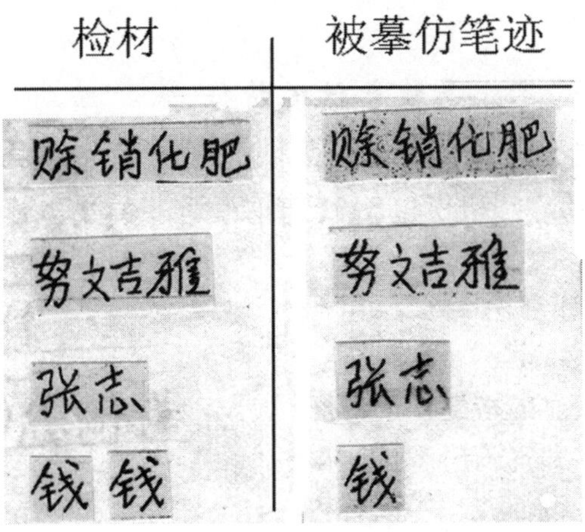

图 6－26　某套摹笔迹案件特征比对表局部

3. 留有痕迹

在比较时，如果发现样本笔迹上有抑压痕迹（正常的书写压痕除外）、附加墨水痕迹或复写痕迹等，则要考虑套摹或描摹的可能性。

（三）结合案情判断摹仿

凡摹仿笔迹的案件，无论是贪污、冒领、诈骗，还是报复陷害和诽谤，摹仿人与被摹仿人之间都必然存在某种关系。因此，在案情中发现下列情形，要考虑检材存在摹仿的可能性。

（1）在书写内容中直接表明或影射某人的，尤其是涉嫌诬告陷害和诽谤恐吓的。

（2）对可疑票据和有争议的合同、协议上的有关字迹，如果经办人或当事人不承认是其本人书写的。

（3）有争议的遗嘱或遗书的。

（4）从笔迹上看像是某个人书写，但该人不具备作案因素和条件，或者该人长期不供认乃至提出是被人陷害的。

三、摹仿笔迹变化的一般规律

（一）摹仿笔迹的成分

对于摹仿人来说，摹仿他人笔迹是一个极力控制自己书写习惯而尽量表现他人书写习惯的过程，实施中充满着困难和矛盾。受对被摹仿笔迹感知和记忆的局限，以及人的注意力和控制力有限性的制约，摹仿人既不可能把以假乱真做到天衣无缝的程度，又不可能把真相完全掩盖。同时，还会留下造假的痕迹。这样，摹仿笔迹就不可避免地成了多种成分共存的混合体，主要包括表现被摹仿人笔迹的某些明显特征，反映摹仿人自身书写习惯的某些细节特征，以及与摹仿手段相关的一些特点。在有些摹仿笔迹中，还夹杂一些摹仿"走样"的变异成分。

分清了摹仿笔迹的成分，特别是明确了哪些是摹仿人的笔迹特征，哪些是被摹仿人的笔迹特征，就为确定摹仿乃至认定摹仿人和被摹仿人提供了条件。接下来，只要正确运用摹仿笔迹特征变化的规律，把握容易被摹仿和不容易被摹仿的特征，即可顺利完成检验，作出正确鉴定意见。

（二）容易被摹仿和不容易被摹仿的特征

1. 容易被摹仿的特征

容易被摹仿并可能摹仿得像的特征，往往是被摹仿人笔迹中突出、明显的特征。这些特征主要是：

（1）字的基本写法和错别字特征；

（2）连笔书写的笔顺特征；

（3）笔画或偏旁间明显的搭配比例特征；

（4）明显的连笔形式和笔画形态特征；

（5）突出的字间组合特征；

（6）行款格式和特殊词语特征。

2. 不容易被摹仿的特征

不容易被摹仿也很难摹仿得像的特征，有些是没引起摹仿人注意的特征，有些是虽然注意了但却是无力摹仿的特征。这些特征主要是：

（1）起收笔的细节动作特征；

（2）运笔的弧度、转折的角度和笔画的倾斜度特征；

（3）上下笔连接方式、形态和转折的细节动作特征；

（4）运笔中笔力大小和分布特征；

（5）不连笔和连笔混乱难以分辨的笔顺特征；

（6）标点符号特征；

（7）字间间隔和字的倾斜特征。

这些特征既然不容易被摹仿，那它所反映的就不是被摹仿人的书写习惯，而应是对摹仿人固有书写习惯的暴露。运用这些特征，就是看它与谁符合、与谁差异。这是否定被摹仿人，认定摹仿人的主要依据。

在具体案件中，摹仿得像与不像，暴露摹仿人固有书写习惯的多少，与摹仿的具体手段、摹仿人书写技能的高低、摹仿字数的多少等多种因素有关。检验时，要结合实际情况进行具体分析。

四、摹仿笔迹检验中应注意的问题

鉴于摹仿笔迹检验的特殊性和检验难度大的特点，在检验过程中，除遵循笔迹检验一般程序与方法外，还应注意以下环节。

（一）全面了解案情，注意检验与案情的有机结合

在笔迹检验中，全面了解并紧密结合案情很重要。因为，有些摹仿的线索最先是由案情提供的。例如，在刑事案件中，物证用纸来源和出处调查的结果，涉及哪个范围的哪些人，送检的嫌疑人是否在其中；从笔迹上看像，但又没有作案的思想因素和条件；等等。这些从案情上提供的线索，都有助于我们分析送检笔迹有无摹仿。再如，在民事案件中，法庭调查和审理时，双方当事人对诉讼的由来和提交法庭证据形成过程的陈述，否认或确认的理由和根据，等等。这些案情都是我们要全面了解和在检验中紧密结合的。它有利于开阔鉴定人的思路，防止在摹仿笔迹判断上出现失误。

全面了解案情，也要了解疑为摹仿人和被摹仿人的自然情况，包括他们的身份、阅历、年龄、文化、书写技能、业余爱好、前科劣迹等。了解这些情况，有利于客观分析其可能具备的摹仿条件和能力。

（二）提供符合检验要求的嫌疑人的笔迹样本

摹仿笔迹检验，最好让送检单位提供可能是被摹仿人和可能是摹仿人的两个人的笔迹样本，便于跟检材的交叉比较。提供的笔迹样本要有与检材相同的书体、速度和不同时期数量充足的可比字迹。若能提供疑为摹仿使用的“摹本”则更好。必要时，还要提供与检材所用纸张相同的笔迹样本。对于票据类的检材，最好能提供使用同类工具书写的笔迹样本。提供和使用的实验样本要与检材的形成条件一致，以增强它们之间的可比性。

总之，样本要充分，条件要好。要以平时样本，特别是案前样本为主，尽量避免用庭

审、调查时写的一篇笔迹，甚至几个字进行检验。至于某些民事经济案件，当事人双方明确，只要求鉴定是否署名人本人书写，如能认定是摹仿笔迹，也可以不要求提供摹仿人的样本。

（三）比较检验过程要全面、细致

在笔迹检验中，普遍要求要认真地比较笔迹的异同。那么，为什么摹仿笔迹的检验还特别强调在比较过程中要更加全面、细致呢？这是因为摹仿笔迹特征成分具有多元性。摹仿人自身的笔迹特征与被摹仿人的笔迹特征、笔迹因摹仿而出现的特点与摹仿“走样”的似是而非的现象互相交织在一起，混为一体，准确区分难度较大。这就要在与可能是摹仿人和可能是被摹仿人笔迹的比较中去进一步确定，明确检材上哪些是被摹仿人的特征、哪些是摹仿人的特征、哪些是摹仿的特点和表现。由于比较是全方位、多角度、多层次的，因此必须全面、细致才行。

因为有些特征的表现很细微，比较也要深入细节特征，所以摹仿笔迹检验使用的检材和样本都应该是原件。特别是检材，经复制后很多摹仿特点和表现可能被掩盖或消失，所以必须提供原件检验。

（四）综合评断思路要清晰

摹仿笔迹检验综合评断的复杂性在于，它不是对一份检材与一个样本之间“一对一”的比较结果进行分析，而往往是要对检材与可能是被摹仿人和可能是摹仿人的笔迹三者之间比较结果进行对比分析，环节多、程序复杂。这就要求鉴定人在综合评断时，必须思路清晰，非常明确检材与谁的笔迹比较结果是“大同小异”，与谁的笔迹是“大异小同”，分别说明了什么。

检材与被摹仿人笔迹比较的结果应是“大同小异”的关系。这种大同小异，实际是形同实异，但二者的符合点往往多于差异点。符合点主要表现在容易被摹仿的一些明显特征上；差异点则表现在不容易被摹仿的一些深层次的细节特征上。这种形同实异，是“形”与“神”相悖的表现，是摹仿笔迹与被摹仿人笔迹之间必然出现的一种现象。摹仿笔迹检验不同于其他笔迹检验之处，就在于它要舍弃“大同”的假象，而要抓住“小异”的本质。只有如此，才不至于把被摹仿人当成检材的书写人，作出错误的鉴定意见。

检材与摹仿人笔迹比较的结果应是“大异小同”的关系。这种大异小同，是说在多数情况下，二者的差异点明显，符合点不明显，符合点少于差异点。符合点主要表现在不引人注意的细节特征上，如笔画起收笔的细节动作，转折的形态，笔力的大小和分布，以及一些不连笔的笔顺等。它们虽然数量不多，但却有很高的价值，是摹仿人书写习惯的反映。差异点主要表现在检材与被摹仿人笔迹相符的一些明显特征和摹仿“走样”之处。

需要强调的是，正是由于检材与摹仿人笔迹之间的符合点不多，而且表现细微，特别是书写水平高的人又经过摹仿练习或是采用套摹、描摹手段摹仿的，暴露摹仿人的笔迹特征就更少。因此，在进行比较和综合评断时，不仅要看相同字、相同偏旁，还要看不同字的同部位，看它们是否存在内在联系，从中发现确认同一人书写习惯的根据。

在综合评断，特别是要认定摹仿人时，还要考虑案情的因素。要结合案件的涉嫌范围，嫌疑人的年龄、文化、书写技能、是否具备摹仿的能力和条件等情况进行综合分析，使鉴定意见建立在经过充分论证、具有可靠根据的基础上。

【思考题】

（1）如何分析确定一份一般性伪装笔迹的伪装手段？

（2）伪装笔迹和正常笔迹在检验程序与检验方法上有何不同？

（3）如何在伪装笔迹中分析书写技能和书写习惯？

（4）经济纠纷类案件中是否会出现伪装笔迹？

（5）伪装笔迹容易出现的共性特点可否作为检验依据？

（6）如何确定一份伪装笔迹中出现的错别字是伪装形成的，还是习惯性错别字？

（7）摹仿笔迹与伪装笔迹的特点有何异同？

（8）如何理解检验摹仿笔迹时，检材与样本之间出现的“大同小异”现象？

【参考文献】

[1] 邹明理、李纯实主编：《笔迹学》，四川科学技术出版社 1988 年版。
[2] 贾玉文主编：《笔迹检验》，警官教育出版社 1999 年版。
[3] 邹明理主编：《笔迹学》，中国政法大学出版社 1994 年版。
[4] 贾治辉主编：《笔迹学》，法律出版社 2010 年版。
[5] 贾玉文、邹明理主编：《中国刑事科学技术大全·文件检验》，中国人民公安大学出版社 2002 年版。
[6] 贾治辉主编：《文书检验》，法律出版社 2000 年版。
[7] 王相臣主编：《文件检验》，群众出版社 2010 年版。
[8] 贾晓光主编：《文书物证司法鉴定理论与实务》，中国人民公安大学出版社 2017 年版。
[9] 邹明理、杨旭主编：《文书物证司法鉴定实务》，法律出版社 2012 年版。

第七章　少量字迹检验

内容提要： 本章主要介绍少量字的含义，少量字迹的形成与种类，少量字迹检验的利弊因素和特征变化规律及检验要点，签名笔迹的形成、研究意义、种类和特点、伪造方法、检验要点，特殊文字符号笔迹的含义、形成、特点和检验要点。重点是签名笔迹的伪造方法、检验要点，特殊文字符号笔迹的特点和检验要点；难点是签名笔迹的伪造方法、检验要点。

关键词： 少量字迹；签名笔迹；特殊文字；符号笔迹

第一节　少量字迹检验概述

近几年来，随着科学技术的进步和经济建设的发展，文件检验案件中涉及少量字迹检验的案件逐渐增加。由于字迹数量较少，可利用的笔迹特征不够多，书写人书写习惯的反映不够充分，提供给鉴定人的信息有限，故此类笔迹鉴定难度较高，已成为文件检验实践中比较棘手的问题之一。

一、少量字的含义

“少量字”一词至今还未被纳入现代汉语词典。在笔迹检验领域，基于“约定俗成”的原因，它被视为专业名词术语。“少量字”的基本含义是检验材料（主要指笔迹物证，简称检材）的字迹数量较少。当然，字数的多与少是相对而言的，并未形成一个明确的公认的标准。通常情况下，“少量字”是依据检材的鉴定条件、内容形式、容纳量等来界定的。

实践中，检材的某些特定内容形式会限制书写字迹的数量。例如，银行、邮政、电力、电信、保险、医疗、房产、劳务、酒店等业务凭证均有固定的格式化文本，需要当事人填写的单位名称、个人姓名、家庭住址、证件号码、电话号码、邮政编码、支出项目、费用金额、落款日期等内容都有格式化要求。这些内容形式均较简单，极大地限制了字迹的容纳量，一般总计为 30 个字左右，甚至可能远不足 30 个字。又如，收条、借条、领条、欠条、留言条、请假条等条据，总计仅需 25 个字左右即可表达清楚。再如，口号式的标语、传单，一般只有 10～20 个单字。至于契约、合同、单据等文件中的签名以及账册、简历、病历中的涂改、添加字迹，仅有几个单字。因此，“少量字”通常以不超过 50 个字为准则，当然这不是绝对数的划分。一般来说，如果检材字数超过 100 个，就不应视作是“少量字”。

二、少量字迹的形成与种类

少量字迹的形成，是由案件性质、书写人的动机和目的、书写条件等因素所决定的。其在刑事、民事等各类案件中均有出现。在危害国家安全犯罪等案件领域，主要表现为内容比较单纯的口号式标语、传单等；在其他刑事案件领域，主要表现为冒领他人钱财的银行支票、汇票，伪造的取款凭证、单据、收条，以及对他人进行恐吓、敲诈、诬陷的匿名信等；在民事案件领域，主要表现为存在争议的借条、收据、合同、契约、遗嘱等。同时，受作案时书写人的主观追求和书写水平的影响，以及书写工具、书写载体、书写环境等条件的限制，少量字迹会存在于不同的承受物上，体现出不同的种类。

（一）少量字迹的承受物

少量字迹的承受物主要是指承载少量字迹的物体、物品，包括直接承受物和间接承受物。前者是指与书写工具直接接触的物体、物品，能直接反映书写活动留下的痕迹；后者是指书写时所使用的衬垫物。少量字迹的承受物通常有以下四种。

1. 格式化的纸质承受物

格式化的纸质承受物是指具备固定形式、含有格线条的纸质印刷品，如国家机关、事业单位的年度考核表、各类登记表，银行、电信、邮政等单位的业务凭证、账册单据，房产、保险、租赁、典当等行业的合同、契约。这类承受物均有格式化的模板文件，每个栏目的内容都要求当事人按规定填写，例如，“户名”栏应填写单位名称或个人姓名，费用金额需要分别用大写的数字（零、壹、贰、叁、肆、伍、陆、柒、捌、玖、拾）和阿拉伯数字填写。

2. 自由式的纸质承受物

自由式的纸质承受物通常为空白纸张、信笺纸、办公用纸等，书写人可以不受框架、格线的约束，在纸面上自由、随意地按内容需要进行书写。实践中，以自由式的纸张为书写承受物的检材较多，如恐吓信、敲诈信、诬陷信、诽谤信等匿名信，收条、领条、欠条、留言条等条据，契约、合同、遗嘱等字据，具有危害国家安全性质的标语、传单。另外，有些作案人在已有的真实文件基础上通过添加的方式，在纸张空白部位书写少量字迹，从而改变文件的重要内容，以达到牟取不当利益或者其他非法目的。

3. 题壁式的承受物

“题壁”原是指在墙壁上题诗作画的形式。文件检验领域中，主要指以墙壁、墙板、黑板、宣传板、地面等作为载体，书写、喷涂、刻划文字，以表达一定思想、反映某些观点。利用题壁式的承受物进行书写活动，大多出现于宣传反动思想、表达反动观点的危害国家安全案件，以及对他人进行侮辱、诽谤的刑事案件。

4. 物品式的承受物

有些书写人因地制宜、就地取材，随手将字迹书写、刻划于桌面、梁柱、树木、竹子、瓜果，以及器皿、用具等物品上，甚至被害人身体上。通常情况下，其书写的目的是宣传反动思想、表达反动观点，或者对被害人进行人身攻击、恐吓、敲诈，或者传达虚假信息、误导侦查活动，企图隐藏自己、逃避打击。

（二）少量字迹的种类

按照不同的标准，少量字迹可以分为不同的种类。

1. 正常笔迹和变化笔迹

根据少量字迹的书写主客观条件是否正常，可将其划分为正常笔迹和变化笔迹。受不同主观条件和客观条件的影响，书写活动会形成不同外在表现的笔迹。正常笔迹能真实地反映书写人的书写技能和书写习惯，比较容易鉴别。但是，在少量字迹检验案件中，笔迹出现故意伪装变化和书写条件变化的比例更高。一方面，少量字迹的书写目的大多很明确，为了蒙混过关、逃避打击，书写人通常会对笔迹进行伪装。例如，书写恐吓信、敲诈信、诬陷信、诽谤信等匿名信时，作案人通常会采取随意性伪装、左手伪装、摹仿伪装等手法。另一方面，受客观因素的制约，有些少量字迹的书写是在非正常条件下进行的。例如，在墙壁、墙板、黑板、宣传板、地面等承受物上书写反动标语时，其书写工具通常为毛刷、排笔、毛笔、粉笔，甚至是小刀、钥匙、树枝、石块、喷罐等。

2. 高水平书写笔迹和低水平书写笔迹

根据少量字迹所表现的书写水平的高低，可将其划分为高水平书写笔迹和低水平书写笔迹。受教育程度、生活环境、社会阅历、兴趣爱好等因素的影响，人们的书写水平参差不齐、各有高低。在少量字迹中，书写水平会有不同的反映。一般情况下，文化程度越高，书写水平也就越高。高水平书写人可以伪装书写出低水平笔迹，但是低水平书写人难以伪装书写出高水平笔迹。

3. 汉字笔迹和其他文字符号笔迹

根据笔迹的外在形态、结构及书写体系，可将其分为汉字笔迹和其他文字符号笔迹。实践中，汉字笔迹所占比例是最大的，也是少量字迹检验的主要对象。阿拉伯数字笔迹在少量字迹中一般以金额、日期等形式出现，除了需要鉴定其书写人外，有时还需要鉴定其是否存在添加、涂改行为。因此，阿拉伯数字笔迹鉴定也是少量字迹检验的重要对象之一。如图 7－1 所示，该检材包含大量阿拉伯数字。

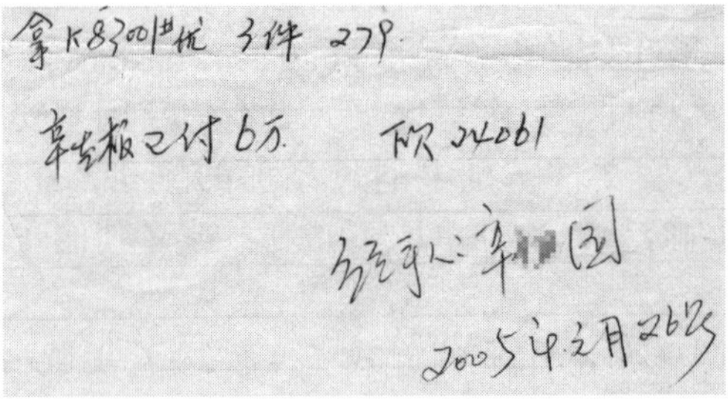

图 7－1　包含大量阿拉伯数字的少量字迹

此外，随着对外经济贸易活动的增加，在有些少量字迹中还出现外文笔迹。

三、少量字迹检验的利弊因素

（一）少量字迹检验的不利因素

少量字迹检验案件中，由于可供检验的字迹数量较少，能利用的特征数量不多，有些是书写人摹仿他人笔迹或故意采取某种伪装手段书写形成，有些是在非正常客观条件下书写形成，特征反映存在较大变化，故检验难度通常较高。少量字迹检验的不利因素，主要表现在以下四个方面。

1. 文字数量少

如前所述，少量字迹检验的检材中一般包含的文字数量较少，最多只有几十个字，有些仅为包含数个汉字的签名笔迹。因此，笔迹书写人的书写习惯暴露较少，可用于比对检验的特征不多。这是少量字迹检验的最大不利因素。如图 7－2 所示，该借条的文字数量仅 10 多个。

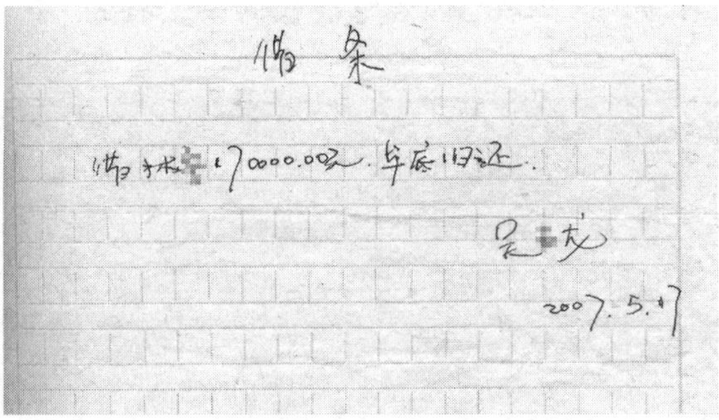

图 7－2　文字数量少的少量字迹

2. 载体容量小

有些少量字迹检验案件的检材形成于格式化的纸质承受物，受模板文本的影响，需要当事人填写的字迹很少。例如，银行的汇票、支票、取款单等业务凭证，“户名”“用途”“金额”等栏目需要填写的字迹仅有几个。再如，普通经济往来中的领条、收条，只需书写 10 多个字。至于内容简单的恐吓信、诈骗信、诽谤信，有时仅需书写 20～30 个字。图 7－3 为某村民委员会委托制作的《集体土地承包经营权证》的内页部分，要求鉴定地名栏处“七星垸”三字是否为该村工作人员付某新所写，检材字迹仅为 3 个汉字。总之，特定的形式和内容极大地限制了文件载体的书写文字容量，检验人员能获取的笔迹信息相对较少。

图 7－3　载体容量小的少量字迹

3. 特征利用率低

少量字迹检验中字数少，能发现和利用的单字特征相应减少，这是客观规律。除此以外，书面言语特征、文字布局特征通常难以被反映出来。例如，银行的汇票、支票、取款单等业务凭证上的少量书写字迹，其用词特征、句式特征、语法特征等一般无法得到完整体现，而且当事人不需要填写标点符号。因此，很多特征的利用率较低，给检验工作增加了一定难度。图7－4为一份可疑的《中国建设银行个人业务挂失申请书》，当事人占某明否认内容笔迹为其本人书写，这些填写内容笔迹仅为2个签名、6个单字及多个数字，可利用的特征种类较少。

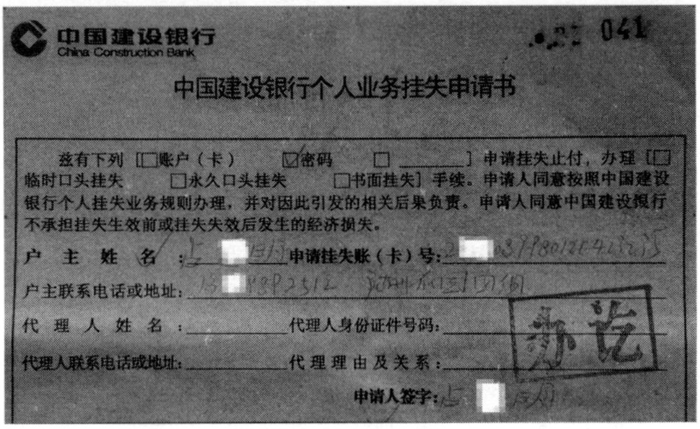
中国建设银行
China Construction Bank

中国建设银行个人业务挂失申请书

兹有下列［□账户（卡） ☑密码 □______］申请挂失止付，办理［□临时口头挂失 □永久口头挂失 □书面挂失］手续。申请人同意按照中国建设银行个人挂失业务规则办理，并对因此引发的相关后果负责。申请人同意中国建设银行不承担挂失生效前或挂失失效后发生的经济损失。

户主姓名：　　申请挂失账（卡）号：

户主联系电话或地址：

代理人姓名：　　代理人身份证件号码：

代理人联系电话或地址：　　代理理由及关系：

申请人签字：

图7－4　特征利用率低的少量字迹

4. 夹杂笔迹变化

受各种主客观条件的影响，作为检材的少量字迹容易发生一些变化，成为非正常笔迹。例如，企图非法占有他人财产而伪造的汇票、支票、单据、协议、合同等文件中，有些作案人会运用套摹、临摹、左手伪装等手法，以求“以假充真”或者隐藏自己、逃避打击。图7－5为一起案件的可疑收条，该笔迹存在弯曲抖动、中途停顿等现象，经与样本笔迹作进一步比较检验，发现为摹仿书写形成。又如，标语、传单、恐吓信、敲诈信、诽谤信等，不仅字数较少，而且常伴随不同程度的伪装，尤其是采取破坏性的伪装手法，使检验工作变得相当困难。再如，作案人在书写用于冒领汇款、存款的取款凭证时，由于是临场填写，心理比较紧张、恐惧，会使书写笔迹产生一定程度的变化，给笔迹分析和鉴定工作增加较大困难。

这些不利因素构成了少量字迹检验案件矛盾的主要方面。

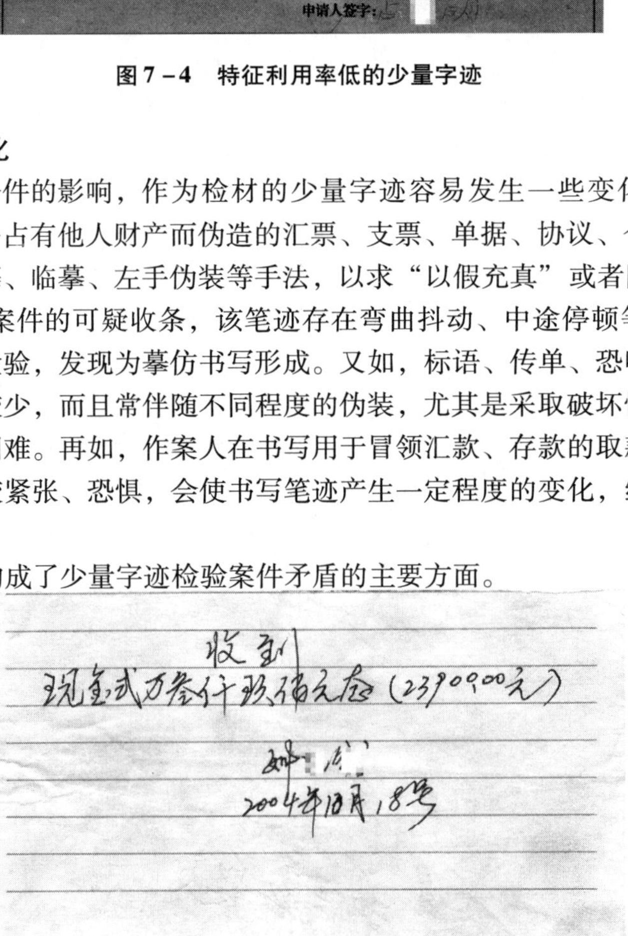

图7－5　夹杂笔迹变化的少量字迹

（二）少量字迹检验的有利因素

任何事物都有两面性。少量字迹检验存在诸多不利因素，同时也存在一定有利因素。有利因素主要是指受各种客观条件的限制，有些检材在形成过程中不便于采取伪装手法或者伪装程度较轻，从而为笔迹的准确鉴定奠定了良好基础。

1. 书写内容因素

书写人书写的传单、标语，通常是以宣传一定思想、表达一定情感为目的。由于书写人首先考虑的是宣传效果，使书写文字能被他人认识、理解，故其伪装书写均有一定限度。如果字迹变得面目全非、晦涩难懂，则会失去宣传思想的价值，也就没有鉴定的必要。即使采用左手书写伪装、尺划字伪装等，都不可能违背这个基本规律。虽然此类案件检验难度会较大，但总存在可供利用的检验条件。

2. 书写环境因素

盗窃、诈骗、贪污等案件中，在填写有关取款凭条、转账单据、报销账单等凭证时，填写人需要在银行、邮局、财务等部门工作人员的面前当场书写。为了不引起怀疑而导致作案失败，作案人一般不会采取伪装书写手法，他们也没有充分的时间条件进行精心伪装。因此，此类检验材料的鉴定条件相对较好，笔迹特征表现较稳定。

四、少量字迹的特征变化规律

笔迹在书写形成过程中易受各种主客观条件的影响而产生变化。在研究少量字迹时，检验人员应当仔细分析，区分哪些是容易改变的特征，哪些是相对稳定的特征。

（一）少量字迹中的易变特征

当少量字迹是在正常的主客观条件下书写形成时，其各方面特征表现均能保持相对稳定性，基本上不存在变化，只有偶尔的笔误会产生极少数或者个别特征的变化。

如果少量字迹为摹仿书写形成，则其通常表现出速度缓慢、笔力不实、运笔生涩、抖动弯曲、中途停顿、多笔少画、修饰重描等异常现象。与被摹仿人笔迹相比，二者运笔中的笔画形态特征、笔力特征及部分笔画的搭配比例特征和较特殊的笔顺特征容易存在差异；而与摹仿人笔迹相比，二者大部分运笔特征、搭配比例特征、少量笔顺特征、写法特征会存在明显符合。

如果少量字迹为随意伪装书写形成或者是在不利的客观条件下书写形成，则其部分运笔特征、大体的搭配比例特征及少量笔顺特征、写法特征会发生变化。此外，受书写字数较少的制约，书面言语特征通常难以被反映出来。

（二）少量字迹中的稳定特征

如果少量字迹是正常书写形成的，则运笔、搭配比例、笔顺、字的写法、文字布局等特征一般能保持稳定、较完整地反映出来。如果少量字迹是通过故意伪装或者在条件变化的情况下书写形成，受书写习惯的自主性和能动性的影响，依然有部分特征保持相对稳定性，为正确检验创造了条件。

在摹仿书写形成的少量字迹中，大量特征与被摹仿人书写笔迹特征比较相似，只有少量特殊的运笔形态、搭配比例、笔顺和写法等特征能保持稳定而反映出书写人的书写习惯。

在其他故意伪装和客观条件变化的少量字迹中，运笔和搭配比例方面的细节特征、比较特殊的笔顺特征和写法特征一般能保持很强的稳定性，表示金额、数量、日期的一些阿拉伯数字特征及各种标点符号特征能正常表现出来，字间距、行间距、字行与页边的关系、签名的位置等文字布局特征，以及个别特殊的称谓、方言、习俗词语等书面言语特征有时也能被较好地反映出来。图7－6（a）为某民事诉讼案件的可疑借条，要求鉴定该借条标题和内容文字笔迹是否为李某双所书写。经分析，发现该争议部分笔迹出现多处弯曲抖动、中途停顿等异常现象。与样本笔迹进行比较，虽然存在一些差异特征，但运笔形态、搭配比例的细节部位及部分笔画的笔顺、单字写法等方面存在大量稳定的符合特征，如图7－6（b）所示，能够反映出同一人的书写习惯。

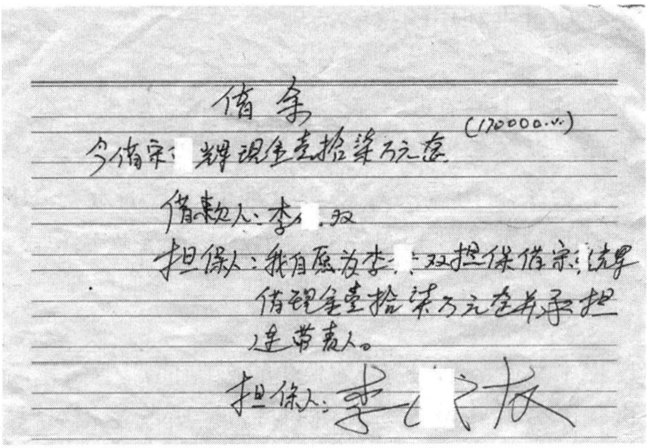

（a）可疑借条

（b）笔迹特征比对表

图7－6　少量字迹中的稳定特征

第二节　少量字迹的检验要点

少量字迹检验需要按照笔迹检验的基本原理和一般方法进行。除了根据明显的、典型的伪造文件的特点来判定伪造事实外，通常都要按照同一认定的方法和步骤，通过对可疑的少量字迹与嫌疑人样本笔迹的比较来鉴别其书写人。实践操作中，少量字迹检验应注意以下要点。

一、全面了解案情及少量字形成的具体经过

在受理少量字迹检验案件时，鉴定人员要向委托方全面了解案件情况，包括案件发生情况、案件调查和审理情况、诉讼争议的焦点问题、检材的基本情况等。尤其要了解检材的基本情况，如检材的形成时间、形成条件、提取方法、保存情况、在案件中的作用等。对于直接书写于某种物体上的字迹，应了解它在现场的原始状况、具体形态、分布位置、倾斜方向、字迹大小以及书写环境等。必要时，检验人员应对现场情况进行实地观察。

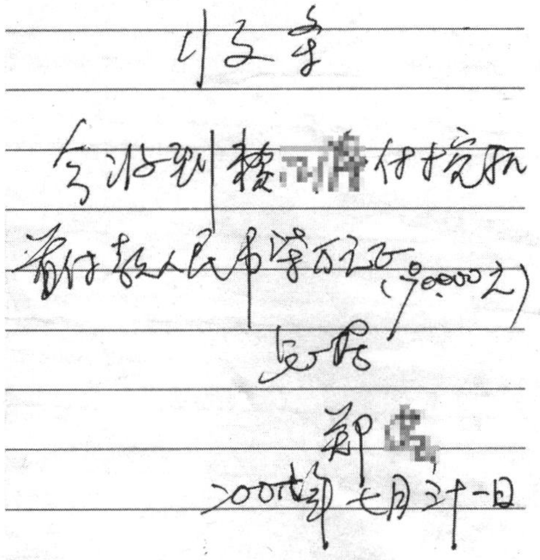

图 7－7　可疑收条

原则上，委托鉴定的材料应当为原件。除在现场直接书写的字迹，可依据现场拍摄的照片进行检验外，其余的均应提供少量字迹物证的原件。同时，还要重点了解嫌疑人的基本情况，包括年龄、职业、性格、爱好、文化程度、健康状况、生活环境以及与案件的利害关系等，以此分析嫌疑人是否具备作案条件。

图 7－7 为某民事诉讼案件中的可疑收条，诉讼争议的焦点问题是该收条是否为嫌疑人郑某所书写。初步观察即可发现其中存在中途停顿、修饰重描等异常现象，与数份样本笔迹相比较，虽然存在大量符合特征，但这种异常现象依然导致存在一定差异特征。后来询问当事人和有关证人才知道，可疑收条是在汽车驾驶室里放置在方向盘上书写形成。据此，检验人员分析这些异常的中途停顿、修饰重描现象应该是受非正常的书写客观条件影响造成的，并最终作出认定的鉴定意见，法院采纳该鉴定意见且宣判后双方均表示接受。

二、重视样本笔迹的补充搜集

样本笔迹的数量是否充分、质量是否合格，直接关系少量字迹检验最终能否取得成功。受理案件时，鉴定人通常会对送检材料进行审查，看其是否具备良好的检验条件。但这种审查仅仅是初步的、浅表的，有时会出现初审合格，后来随着检验的深入，却发现鉴定条件不够的情况，需要补充搜集样本笔迹。同时，少量字迹检验案件的文字数量少，重复出现的单字、偏旁部首不多，有些特征究竟是书写人书写习惯的反映，还是受书写主客

观条件影响而造成的，定性比较困难，需要通过与嫌疑人的多份样本笔迹的比较分析来判断。另外，有些案件中，尽管起初搜集的样本材料较多，但均是案后书写笔迹，存在一定伪装变化，可比性较差，需要补充搜集嫌疑人案前书写笔迹。

鉴定人要向委托单位和委托人询问、核对哪些是案前、案后样本，哪些是实验样本，并作好标记。对于案后样本和实验样本，要详细了解收集方法和过程，是否为嫌疑人抄写形成，有无对嫌疑人实施诱导、指引等可能导致样本不真实的做法。最好将案后样本、实验样本与案前样本进行对比，以确定其是否存在变化以及变化的程度。

某法院曾送检一张可疑欠条［见图7－8（a）］，要求鉴定该欠条是否为嫌疑人丁某平所书写。法院最初提交了丁某平案后书写的多份样本笔迹［见图7－8（b）］，鉴定人发现这些样本笔迹的表现不正常，后来法院补充搜集到丁某平的两个日记本，内有其于案发前书写的大量笔迹［见图7－8（c）］，且均为正常书写形成，比对条件很好。经比对检验，鉴定人很快作出认定的鉴定意见。

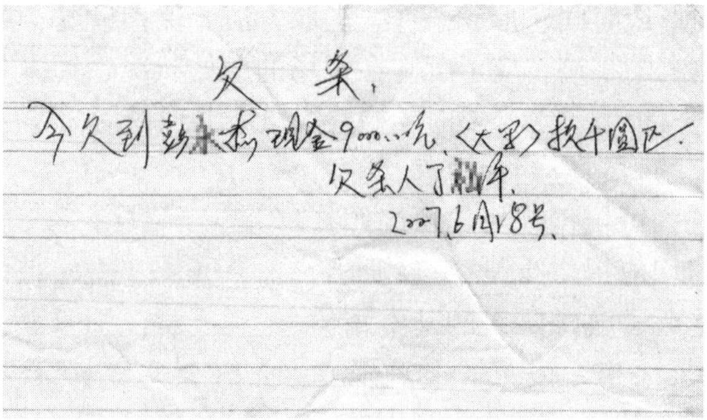

（a）可疑欠条

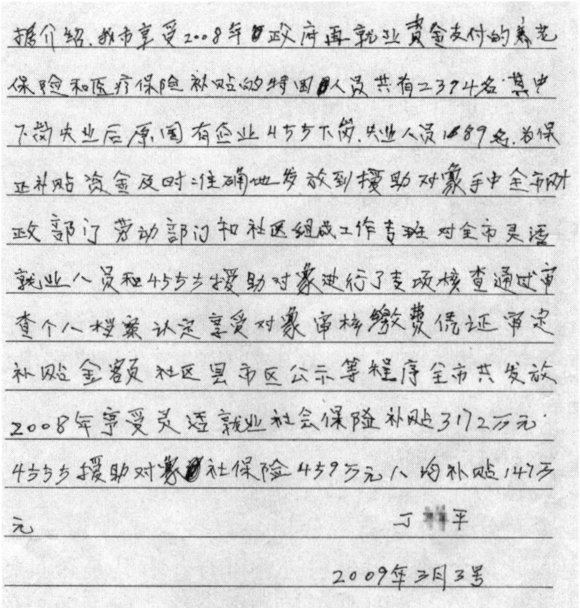

（b）丁某平案后书写的部分样本笔迹

图7－8　差别较大的案后样本与案前样本

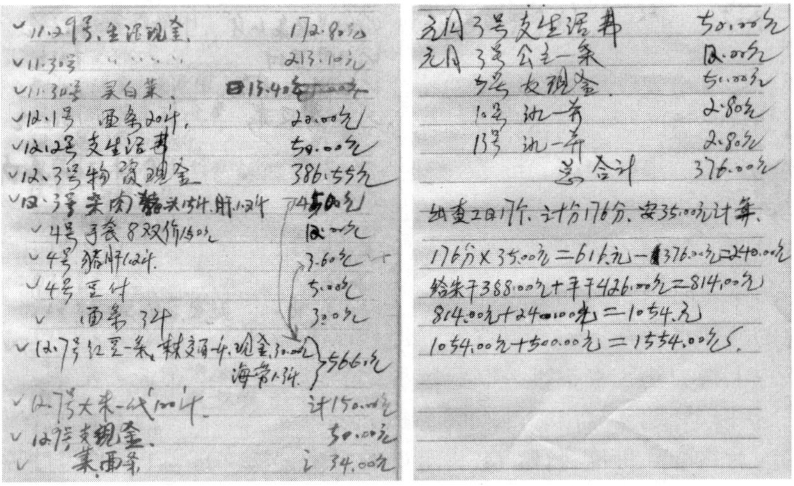

（c）丁某平案前书写的部分样本笔迹

图 7－8　差别较大的案后样本与案前样本（续）

三、准确判断少量字迹的性质

通过仔细分析，判断少量字迹的性质，确认其是正常书写形成，还是存在故意伪装或者条件变化。这项工作直接关系鉴定意见的正确与否。

笔迹检验是以检材笔迹特征为基准，到样本笔迹中去寻找相应特征进行比对。如果检材笔迹特征选择不准、不当，就使得比对检验的基础不可靠。少量字迹的组成成分是多方面的，有书写人书写习惯的反映，有书写规范、规则的反映，有书写主客观条件的反映，还有偶尔笔误的反映。这些组成成分相互交织在一起，并以各种征象表现出来，呈现出纷繁芜杂的笔迹特征。如果对少量字迹的形成方式分析不准确，不能正确把握各类、各种笔迹特征的性质，很容易导致鉴定意见出现偏差或者错误。

分析少量字迹的形成方式可按从整体到局部、从宏观到微观的顺序进行。首先，从整体和宏观层面分析少量字迹，如字迹内容、书写工具、书写速度、书写水平、语文水平、文字布局、字形字体等，以获得对少量字迹的概览认识。其次，从局部和中观、微观层面对少量字迹进行分析，如单字结构、笔画顺序、笔画的形态、书写压力等，以获得对少量字迹的具体认识，进而对其形成方式予以“定性”。正常书写形成的笔迹一般能表现出较强的自然性、协调性、一致性，如语文水平与书写水平基本一致，文字布局合理，单字结构匀称，搭配比例适当，笔画形态自然，特征表现前后一致，等等。各种伪装变化笔迹和条件变化笔迹因伪装手段和条件变化的不同而形成多种多样的反映，但均具有特征表现的反常性、失调性、矛盾性。

四、掌握选取笔迹特征的技巧

鉴定人应当秉持实事求是的工作态度和遵循“具体问题具体分析”的原则，根据少量字迹检验案件的文字数量较少、包含数字和符号、存在故意伪装或条件变化的可能性等特点，采取一定方法技巧来选取笔迹特征。其总体要求是全面、深入、稳定、特殊。全面，即选择特征要全视域、全方位，不能有所取舍或偏爱，只要是能反映书写人书写习惯的特征都得予以选取；深入，即要深入挖掘、发现特征，善于选取不太醒目的细节特征；稳定，即选择那些多次出现、可靠性较高的特征；特殊，即选择那些严重违反书写规范、规则，具有极高鉴定价值的特征。在具体操作上，要注意以下五个问题：

第一，要注意挖掘细节特征。细节特征是指隐藏在不易引起人们注意之处的笔迹特征，如起收笔方式、力度、位置，转折处的弧度、角度、形态，笔画交接点的位置，相邻笔画间的照应关系，等等。细节特征在少量字迹检验中具有重要意义，尤其是在检验故意伪装笔迹、摹仿笔迹时，它们能发挥积极的关键作用。作案人伪装笔迹时通常将注意力集中在一些明显的特征上，并力图加以改变，但一般不容易注意到在运笔、结构的一些细节特征，即使主观上极力伪装也很难控制其定型化的习惯动作。因此，细节特征一般能被完整地反映出来，并较好地暴露出书写人固有的书写习惯。

第二，要注意选取高价值特征。书写笔迹的每个偏旁、部首、笔画与规范字体、字形存在或大或小的偏差，都可能形成特征，但鉴定人不可能把每个偏旁、部首、笔画中出现的特征都予以选择。所以，鉴定人要善于抓主要的、稳定的、价值高的特征。一般规律是，重复出现在相同字、相同偏旁部首、相同笔画处的特征具有稳定性；严重违反规范、仅少数人所持有的特征具有较高价值。

第三，要注意发现文字以外的其他特征。很多作案人、伪造者利用书写笔迹作案或牟取非法利益时会对笔迹进行伪装，使之发生变化而与平时书写笔迹表现出较大差异，但书写人的关注点通常主要集中在单字写法、大体搭配和笔画形态等，对于书面用语、整体布局、标点符号等方面特征容易关注不足或者完全忽略。因此，文字以外的特征被完整地反映出来，如果能被充分利用，势必成为可靠的鉴定依据。

第四，要注意运用笔力特征、笔痕特征。笔力是指书写工具对承受物的作用力，包括运笔中压力的大小与作用的方向两个因素，主要方面是压力的大小。笔力特征是指书写过程中执笔力度轻重、倾斜方向变化的特点，反映了书写人所执书写工具对承受物作用力的大小、方向的分布状况。笔痕是人们使用书写工具在承受物留下的线条笔画及抑压痕迹，是笔迹的微观成分。笔痕特征是个人书写运动作用于笔尖反映在笔画中的特殊征象。凡用钢笔、圆珠笔、中性笔等书写字迹，均可能反映出可以利用的笔痕特征。实践表明，不同人使用同一支笔书写形成的笔痕不同，同一人使用不同的笔书写形成的笔痕也不同，只有同一人使用同一支笔书写形成的笔痕才能反映一致。笔力特征、笔痕特征的反映一般不受个人主观因素的干扰和影响，有时仅需少量几个单字甚至几个笔画即可对其进行分析和鉴别。将这两种特征适当应用于少量字迹检验，不仅可以弥补其他笔迹特征选用上的不足，而且能对作出正确的鉴定意见发挥至关重要的作用。

第五，要注意区分不同性质的特征。笔迹中违反规范和规则的征象、标志被视作特征，但并非所有的特征都是书写习惯的反映，因各种主客观条件的变化或者偶尔的笔误也会使笔迹的某些表现偏离规范和规则的要求而成为特征，但它们是两种不同性质的特征，在鉴定中所起的作用完全不同。前者是鉴定人发掘和寻找的重点对象，也是鉴定人作出鉴定意见的唯一依据；后者对鉴定工作增添很多迷惑和障碍，鉴定人必须将之剔除。因此，鉴定人要注意区分不同性质的特征，不能把因故意伪装或因书写条件变化而造成的现象当作反映书写习惯本质的特征。

第三节 签名笔迹检验

签名是指拥有某些权利或者应尽某些义务的个人在有关文件上书写自己姓名而形成的文字，是文字符号的一种特殊组合方式。

本节所述的签名笔迹亦称传统签名笔迹，是指以普通墨水笔（包括钢笔、圆珠笔、中性笔等）为书写工具、以纸张为承受物、通过书写活动形成的签名笔迹。此类签名笔迹有别于近几年出现的电子签名笔迹。后者是运用现代电子技术、计算机技术、网络技术生成的，与前者的形成原理、检验方法大相径庭，故本书将在第八章第二节中对电子签名笔迹的检验单独进行探讨。

一、签名笔迹概述

（一）签名笔迹的形成及研究意义

在古时，受经济条件和社会制度的制约，很多民众未能接受教育，不识字或者识字较少，不会书写文字，包括其姓名。有条件的制作刻有个人姓名的私章，在需要签名时以盖章代替签名，没有条件制作私章的，就捺指印，或者简单地画个圈及“十”符号来代替签名，表示对文件真实性和有效性的认可，这些代表签名的符号被称为画押。

依据我国传统习惯，人们一般认为盖章比签名显得更严肃、规范，对盖章的信任度远高于签名。但在许多西方国家，人们更信任签名，包括公文在内的大量文件里没有印章、只有签名。1996 年 1 月 1 日起施行的《中华人民共和国票据法》（2004 年 8 月 28 日进行修订）第七条规定：“票据上的签章，为签名、盖章或者签名加盖章。”正式确认签名是签章的法定形式之一，与盖章具有同等法律效力。

如今，签名被广泛应用于各类文件，是办理有关公私文件的必经程序，成为文件真实性和有效性的标志之一，甚至被认为是身份、地位和信誉的象征。与此同时，违法犯罪分子通过伪造签名进而伪造、变造文件，以获取非法利益或者达到其他非法目的的案件大量出现。因此，研究签名笔迹检验具有重大的理论和实践意义。

首先，现代化的办公设备可以取代很多书写活动，但不能取代签名。电子计算机、电子打印机、计算机网络等现代化办公设备具备先进的文字、图片处理能力，具有快捷、便利、准确、美观等优点，可取代大量书写活动。但当文件制作完成后，为了证实文件的真实性和有效性，一般需要将文件打印（或打印后再复印）形成纸质文件，再由双方当事人或者其代理人签章确认。因此，签名作为签章的一种法定形式，成为现代化办公设备制作的印刷文件的真实性和有效性的确认手段，不可被完全取代。

其次，签名笔迹的字数少、检验难度大，涉及签名检验的案件多，已成为文件检验的重点和难点之一。第一，签名笔迹的字数少，书写人书写习惯暴露得不够充分。我国汉族人姓名大多由 2 ~4 个汉字组成，少数民族人员的姓名在用汉字表达时字数稍多，但仍属于少量字范畴。尤其是有些人的姓名文字不仅笔画较少，单字结构也较为简单，如“丁一”“王一”“木一”等，书写人书写习惯暴露得很少，可供发掘和利用的笔迹特征严重不足。第二，摹仿笔迹与被摹仿笔迹的相似度提高。我国实行改革政策以来，社会经济稳步发展，九年制义务教育已逐渐普及，民众接受文化教育程度普遍提高，书写能力和书写水平大大提升。与此同时，很多作案人伪装、伪造笔迹的能力也得到提升，临摹、忆摹笔迹与被摹仿笔迹的相似度提高。对于一些笔画较少、结构较简单的签名，有的摹仿笔迹没有明显的笔画弯曲抖动、运笔生涩、形快实慢、中途停顿等摹仿笔迹的典型特征，几乎能够达到以假乱真的程度。第三，签名笔迹可能存在多样性表现。书写签名通常只需几秒钟时间，而且大多数都是一次性书写完成。这种无须事先思考、一气呵成的书写过程，难以给签名人留下调整心理状态、适应书写条件、修正失误的机会。因此，受书写时的生理状况、心理情绪、书写工具、书写环境等书写条件的影响，签名笔迹容易产生变化，不同时间、不同场合书写的签名笔迹可能出现多样性反映。另外，书写人的书写习惯和书写技能随着年龄的增长、伤病的产生会发生变化，使不同时间段书写的签名笔迹存在多样化表现。第四，随着社会经济的发展，涉及签名真伪鉴别的案件大量出现于民事、刑事等案件中，在文件检验和笔迹检验领域所占比例较高。因此，签名笔迹检验成为文件检验的重点问题之一。

最后，签名笔迹检验有别于其他笔迹检验。绝大多数人的姓名终生不变，在人的一生中，书写姓名的机会和次数远多于书写其他文字，因此，同属一人的签名笔迹与其他笔迹相比，书写水平和熟练程度高一些。同时，由于长期反复的书写活动，形成极其稳定的书写模式，存在稳定的布局、组合特征，有别于其他单字、词句根据表达思想的需要而形成的临时性组合。另外，签名字数少，易通过练习摹仿、秘密窃取、电子打印等方法进行伪造，即其伪造难度低于其他笔迹的伪造难度。因此，从理论上而言，与其他笔迹相比，签名笔迹的特征表现和伪造方法具有一定独特性。

（二）签名笔迹的种类

依照不同标准，可将签名笔迹划分为不同的类别，以便针对各类签名笔迹的特点实施检验。

1. 按文种划分

按照文种的不同，可将签名笔迹分为汉字签名笔迹和字母签名笔迹。前者是指用汉字书写形成的签名笔迹，后者是指用各种外文字母、汉语拼音字母、某些少数民族文字拼写的签名笔迹。图7－9为德国、西班牙、波兰等国公民的签名，由于字母签名弧形笔画多，连贯性强，比汉字签名检验相对容易。

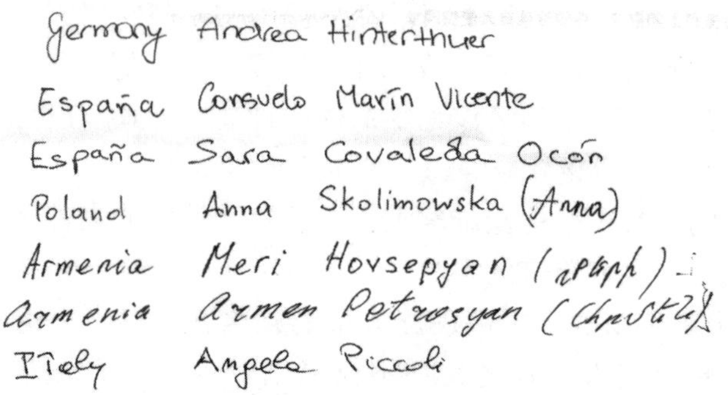

图7－9 德国、西班牙、波兰等国公民的签名

2. 按表达方式划分

按照表达方式的不同，可将签名笔迹划分为全称签名笔迹、简化签名笔迹和符号式签名笔迹。

全称签名笔迹是指书写姓和名而形成的笔迹，如图 7 – 10 所示。有些少数民族或者外国人的全称签名很长，组成签名笔迹的单字或字母多，更有利于检验。

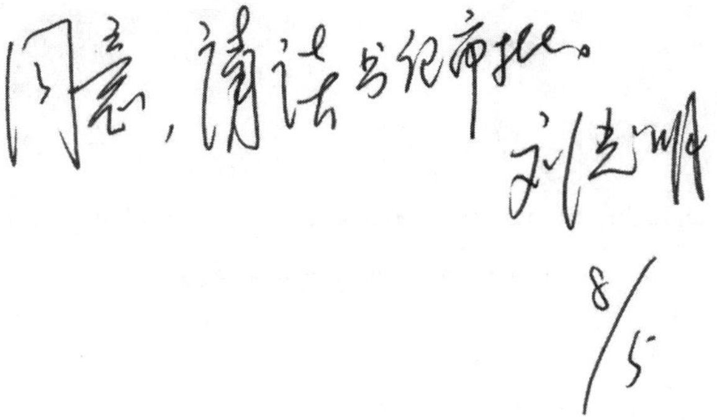

图 7 – 10　全称签名笔迹

简化签名笔迹也称省略式签名笔迹，如图 7 – 11 所示，即用自己的姓或者名中的某个字来代替签名，如有些开票员、验收员、检验员的签名。有人主张把简化签名叫作签字，以有别于姓名全称的签名。很多外国人往往只签自己的姓或名，不写全称，但它毕竟是若干字母组成，比中国人只写一个字相对容易鉴别。这种签名除较熟悉的人外，他人一般不易知晓其真实姓名的全称。

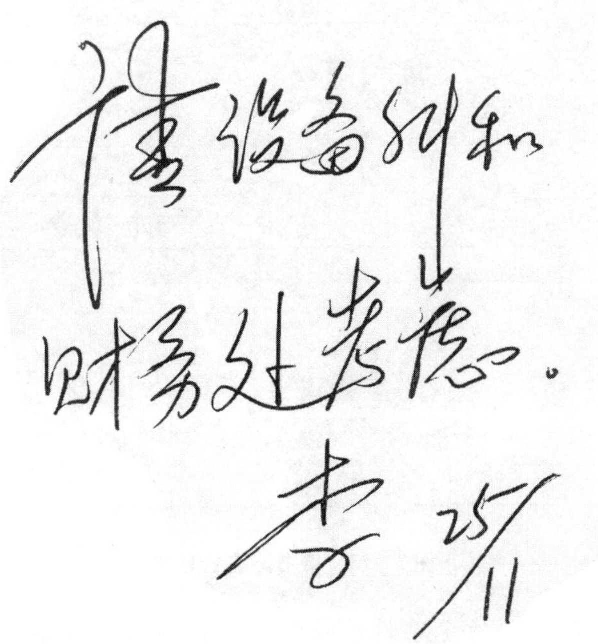

图 7 – 11　简化签名笔迹

符号式签名是用自行设计的某种特殊符号来代替本名的签名，如图 7－12 所示。这种符号似字非字，令人无法认读，不宜作为正式的签名。但对于不了解该人签名式样的其他人而言是无法伪造的。即使获取了签名式样，如果不知晓其本名，他人也难以做手脚。

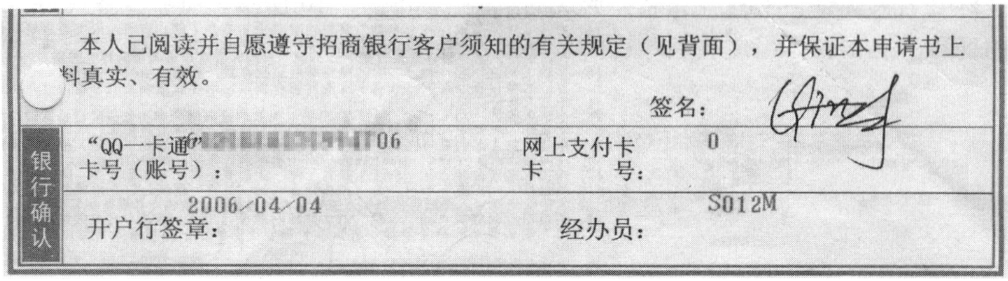

图 7－12　符号式签名笔迹

3. 按书体划分

按照书体的不同，可将签名笔迹分为楷书体签名笔迹、行草体签名笔迹和组合式签名笔迹。

楷书体签名笔迹是指用笔画不连贯的正体字书写形成的签名笔迹，如图 7－13 所示。它与用大写或小写的印刷体字母签名类似，是一种工整庄重的签名，近似于写名。它书写速度慢、结构清晰、笔形变化少、易于认读，但比较容易被摹仿。

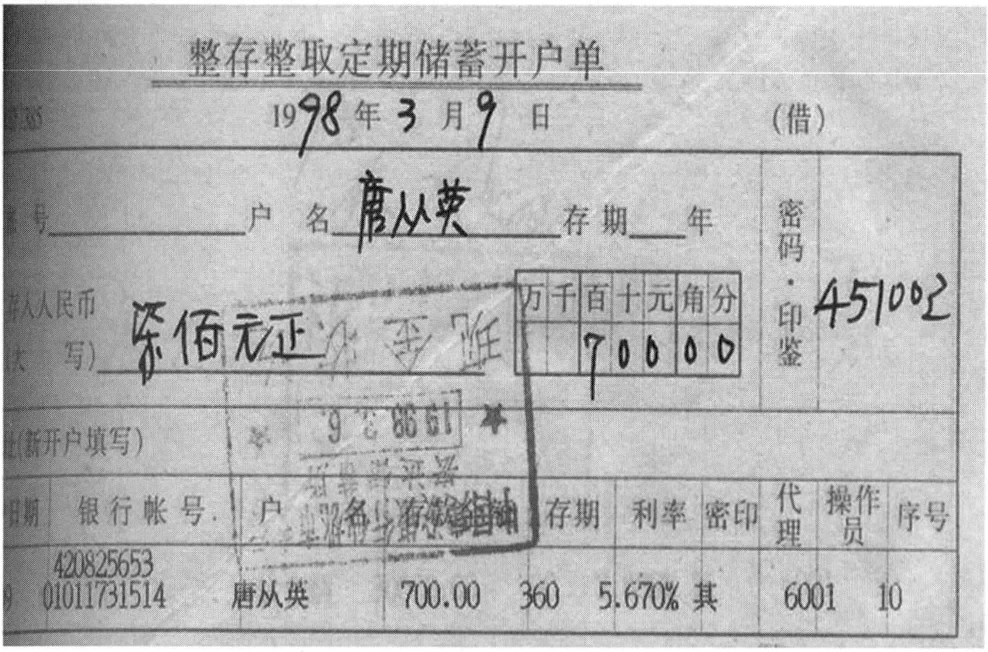

图 7－13　楷书体签名笔迹

行草体签名即用结构简化、连贯性较强的汉字书体或手写体字母拼写的签名笔迹，如图 7－14 所示。这种签名书写速度快，要以相当高的书写熟练程度为基础，否则会发生签名结构紊乱。它既可被认读，又不易被摹仿。

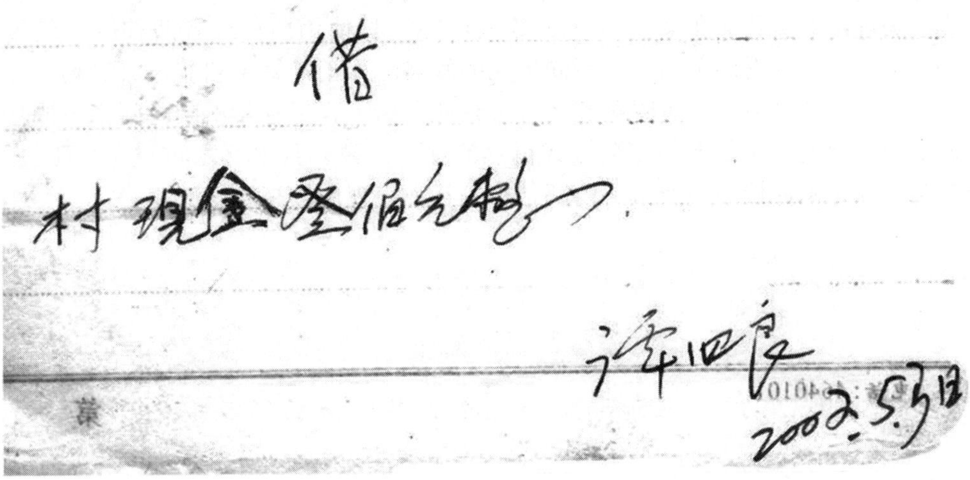

图 7－14　行草体签名笔迹

组合式签名笔迹在一定程度上突破了文字形体规范和书写规则的约束，在结构上进行简化和重组，以便于连写和隐蔽特征，有的还设计了特殊的笔形和笔顺。它是一种独具特点的签名式样，如图 7－15 所示。这种签名笔迹经仔细认读才可能知晓其本名，比较难以摹仿。即使是摹仿形成的，也比较容易识别。

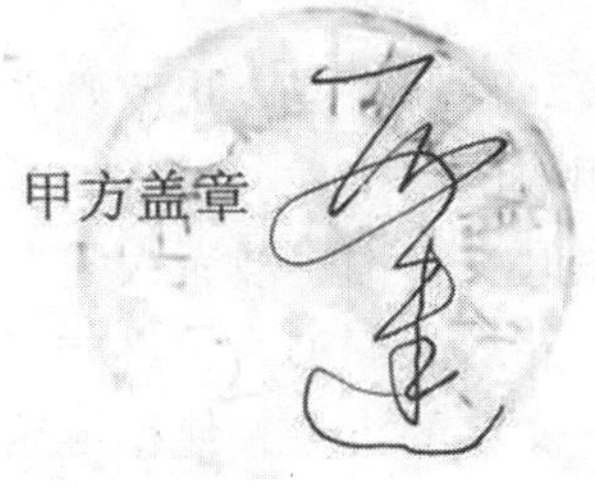

图 7－15　组合式签名笔迹

（三）签名笔迹的主要特点

签名笔迹作为书写笔迹的类别之一，具有笔迹的基本属性，如书写习惯的被反映性与笔迹的反映性，书写习惯的同一性与笔迹表现的相对稳定性及绝对变化性，书写习惯的特定性与笔迹表现的总体特殊性等。但是签名笔迹是一种较为特殊的笔迹构成方式，具备一般笔迹所没有的特点。

1. 构件组合的整体性

开展书写活动是为了交流情感、表达思想。在书写过程中，如何遣词造句和谋篇布局，通常由书写人需要表达的内容决定，同时受书写人的语文水平的影响和制约。因此，一般笔迹是以字、词为构件的临时组合。然而，姓名是一个专名，是以固定的几个单字或若干字母为构件，按一定顺序组合形成的不可分割的整体，而不是几个单字或字母的临时组合。

实践中，大多数人于一定时期内通常使用某一特定的签名形式，在不同场合、不同文件上书写姓名时，其签名格式和具体方法变化不大。图 7－16 为魏某先在不同时期书写的签名笔迹，表现出非常稳定的整体性。少数人可能擅长使用两种或者两种以上的签名方式，并根据不同场合的需要灵活书写不同形式的签名。如正式签名和非正式签名，重要签名和一般签名，对公众签名或者昵称签名等。在此情况下，尽管其不同时间、不同场合的签名方式不同，但同类文件上的签名方式仍然能保持一致，且单字之间的大小比例关系、排列组合关系、笔画连接照应及单字内部结构等特征表现出较高的稳定性。

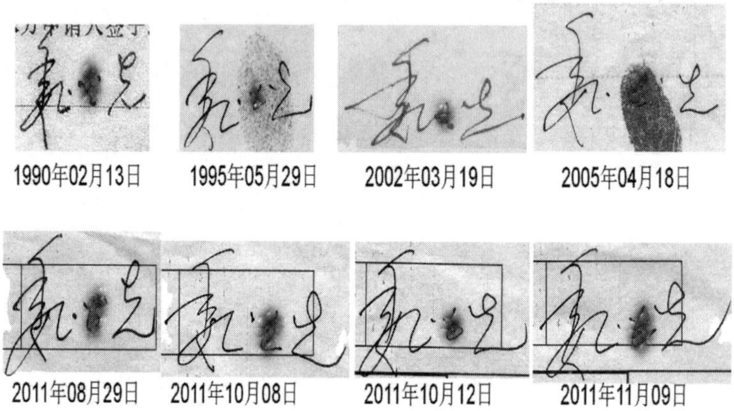

图 7－16　魏某先在不同时期书写的签名笔迹

2. 书写动作的熟练性

一般人的姓名可保持终生不变，即使有些人更改姓名，其更改次数也极为有限，且在相当长时间内能够保持姓名文字组成的稳定性。日常的学习、生活、工作中，很多文件上当事人只需书写姓名即可，不需书写文件内容或者仅需书写少量文件内容。尤其是随着打印机、复印机等办公设备的普及，要求人们书写大量文字的可能性大大降低。因此，人们书写姓名的机会远远多于书写其他文字的机会，使得签名笔迹的书写动作相对熟练，书写水平相对较高。图 7－17 为同一人书写的签名笔迹与其他文字笔迹的对比，可见二者的书写水平、单字写法、运笔形态、熟练程度等存在明显差异。有些人尽管文化水平很低，识字较少，会写的字不多，但却能熟练地书写自己姓名。

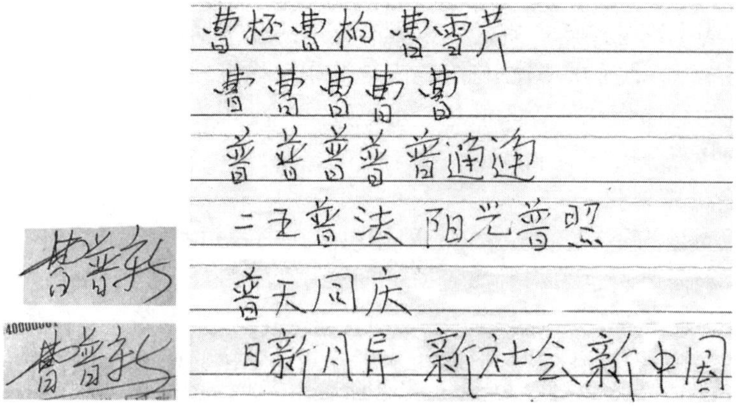

图 7－17　同一人书写的签名笔迹与其他文字笔迹

签名笔迹与其他笔迹相比，其总体布局安排、单字的外部轮廓形态、主要笔画的搭配、连接、转折和照应关系显得更精细，书写速度和书写压力起伏较大，节奏感和层次感较强，多份签名笔迹间能反映出较稳定的、重复再现的特征。

3. 笔迹特征的隐蔽性

与其他笔迹相似，签名笔迹的特征可以表现在布局、组合、字形、字体、写法、搭配、比例、笔顺、运笔等方面。但是许多人的签名并不是按正常的形体规范与书写规则书写形成，加之有些人的姓名是由不常见的、结构特殊的生僻字组成，有些是专门设计的签名（或称艺术签名），有些是用行草体书写，陌生人难以认读，如图 7 - 18 所示。签名笔迹的书写动作比较熟练，书写速度较快，环绕和连结笔画密集，其间还夹杂较多形断意连的方式，其结构、笔顺并非一目了然，甚至不能用一般形体规范与书写规则去理解和识别。这就使得签名笔迹的特征更具隐蔽性。这些隐蔽性特征一般体现在起收笔位置和方向，意连动作的角度和弧度，不连笔或连笔紊乱的笔顺，环绕和连结笔画的方向和形态，以及用笔压力的大小等方面。

图 7 - 18　难以认读的签名笔迹

特征的隐蔽性使得签名笔迹具有更强的防伪性，他人难以掌握这些细节特征，也很难成功摹仿。同时，鉴定人员也需仔细观察、深入领会，才能把这些带有隐蔽性的特征充分发掘出来。

4. 文字内容的指向性

一般的检材笔迹，如传单上的笔迹、匿名恐吓信和匿名敲诈信上的笔迹、案发现场的留言笔迹等，最初并不知道是何人书写形成，需要通过调查、分析、鉴定，才能确定其书写人。但签名笔迹本身就是一个人的姓名，需要解决的问题是由其本人书写还是由他人书写。通常情况下，即使检材签名笔迹是由他人书写，该书写人一般与署名本人存在某种直接或间接联系，如亲属关系、同事关系、同学关系、社会交往中的朋友关系、业务往来中的合作关系等。因此，签名笔迹的文字内容具有一定的指向性。这种指向性使得案件嫌疑范围变小，涉嫌书写人相对较明确，在很大程度上弥补了字数少、鉴定困难的缺陷，给签名笔迹检验工作提供了良好的条件。

二、签名笔迹的伪造方法

伪造签名主要是指通过某种方法、方式对签名笔迹进行伪造。大体分为两类：伪造他人签名和伪装自己签名，使签名笔迹产生“像他”和“异己”的效果，从而获取非法利益，达到非法目的。

（一）伪造他人签名笔迹的方法

1. 冒签他人姓名

冒签他人姓名是指伪造者（或称冒签者）在文件上直接书写他人姓名，企图蒙混过关，以达到非法目的。一般情况下，伪造者知道他人姓名，但没有获取其签名笔迹式样，甚至不知道他人姓名文字的准确写法；或者知道他人签名笔迹式样，但不宜用这种式样填写姓名，只得凭借自己的书写技能和书写习惯去书写他人姓名。如冒领他人的邮件、汇款、存款等，在填写单据时通常需采取这种方式伪造他人姓名。有的冒签人为了掩盖自己、逃避打击，签写时会进行一定的伪装。这种签名笔迹反映冒签人自身书写习惯和书写技能的特征比较充分，与被冒签人签名笔迹的差别比较明显。图 7－19 为两起冒签他人姓名的签名笔迹，都存在单字写法方面的特征。图 7－19（a）中，被冒签人签名为“孟瑞英”，冒签人却写成“孟端英”；图 7－19（b）中，被冒签人签名为“杨柳”，冒签人却将“柳”的右部“卯”写成“卩”。

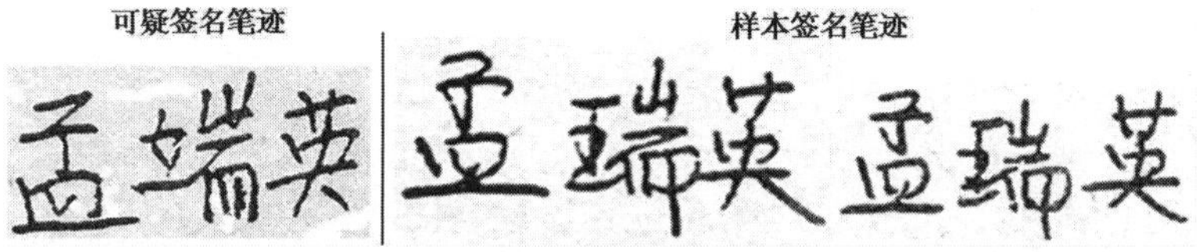

（a）

（b）

图 7－19　冒签他人姓名

2. 摹仿他人签名

摹仿他人签名是一种比较常见的伪造、伪装签名笔迹的方法。摹仿人以他人真实签名笔迹为式样，通过临摹、套摹、忆摹等手段来伪造签名。摹仿的逼真程度受多个因素的影响，如摹仿人与被摹仿人的书写水平、书写风格是否接近，摹仿人是否经过长期摹仿训练。一般而言，由于签名具有构件组合的整体性、书写动作的熟练性、笔迹特征的隐蔽性等特点，比其他笔迹更难以摹仿。摹仿人越是小心谨慎，以求摹仿相似，越容易露出破绽，添改涂描、弯曲抖动、中途停顿、笔力不实等摹仿特征越明显。图 7－20 为两起摹仿他人签名的笔迹，都存在弯曲抖动、中途停顿等摹仿特征。图 7－20（a）中，检材签名笔迹是摹仿人以样本签名笔迹为式样，通过一定练习后临摹书写形成；图 7－20（b）中，检材签名笔迹是摹仿人以第一枚样本签名笔迹为式样，通过套摹书写形成，二者能基本重叠。

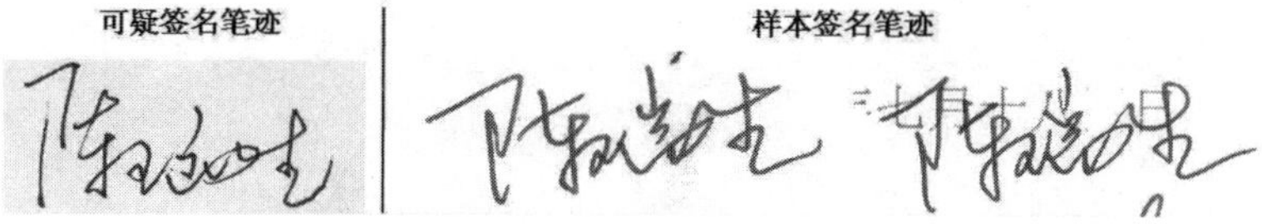

(a)

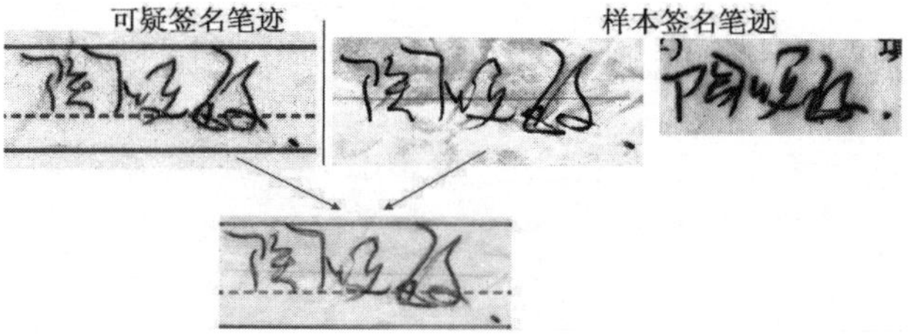

(b)

图 7－20　摹仿他人签名

3. 复制他人签名

复制他人签名是用有关技术方法将他人签名移植到伪造文件上。常见的方法有静电复印、扫描打印和复写转印。

（1）静电复印他人签名。

该法以他人签名为原稿，利用静电复印机将签名复印到伪造文件上。复印时，为了将其他文字、图案、线条去掉，伪造者会使用剪辑法或遮挡法，并多次复印。这种签名与真签名的笔迹特征几乎完全一样，且没有摹仿笔迹的特征。在放大镜或显微镜下观察，可见签名笔画没有书写墨迹、笔痕，全部由微小的墨粉颗粒集聚而成，在文件空白部位还分布着一些细小的墨粉点。图 7－21 为一起案件中的复印他人签名笔迹，图 7－21（a）为检材全貌，图 7－21（b）为检材局部。其中“劳动者”栏“李国林”为检材签名笔迹，运用显微镜观察，可见其笔画组成成分均是墨粉颗粒，空白处存在少量墨粉颗粒，显示其为复印形成；而“用人单位”栏字迹成分为墨水，书写压痕比较清晰，显示其为书写形成。

（2）扫描打印他人签名。

该法也需要以他人签名为原稿，先利用扫描仪或者数码相机将签名捕获后输入计算机，然后运用图像处理软件对签名图像进行处理，以便调整反差和清除其他文字、图案、线条等的干扰，再移植到伪造文件，然后进行打印。这种签名与真签名的笔迹特征几乎完全一样，且多枚签名的笔画的形态、色泽、宽度基本一致。在放大镜或显微镜下观察，笔画没有书写墨迹、笔痕，能反映出打印件的一般特点。图 7－22 为一起案件中的检材签名笔迹，经放大观察，可见其笔画组成成分为彩色圆点，反映出彩色喷墨打印机打印件的特点，显示其为打印形成。

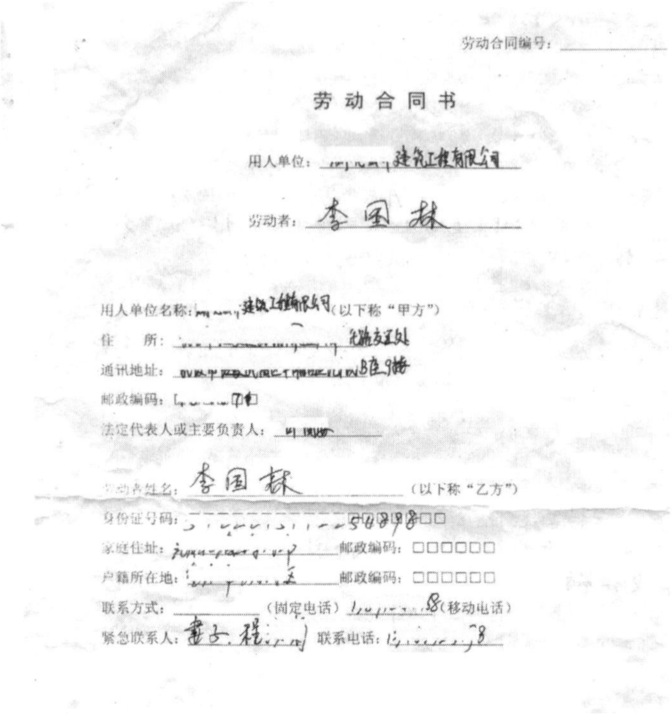

劳动合同编号：

劳动合同书

用人单位：建筑工程有限公司

劳动者：李国林

用人单位名称：建筑工程有限公司（以下称“甲方”）

住　所：

通讯地址：

邮政编码：

法定代表人或主要负责人：

劳动者姓名：李国林（以下称“乙方”）

身份证号码：

家庭住址：　邮政编码：□□□□□□

户籍所在地：　邮政编码：□□□□□□

联系方式：（固定电话）（移动电话）

紧急联系人：　联系电话：

(a)

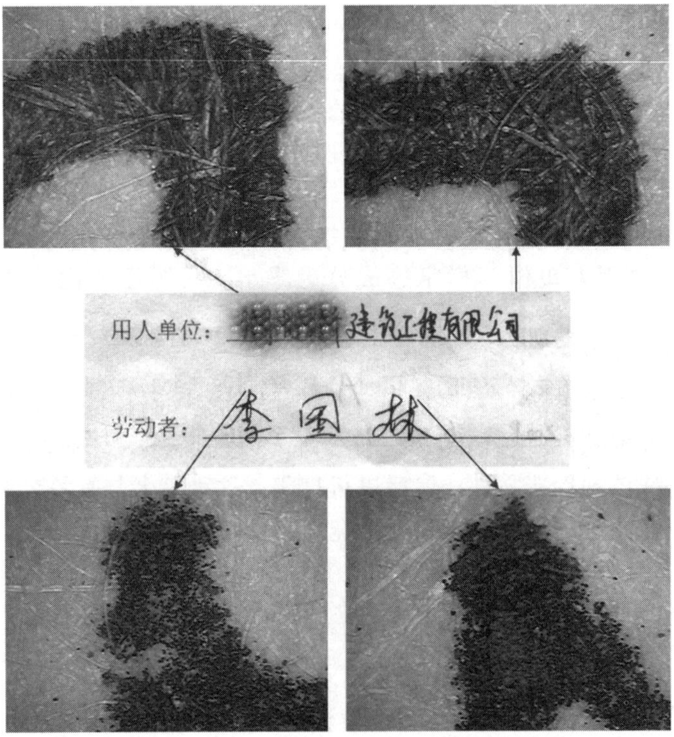

(b)

图 7-21　复印他人签名

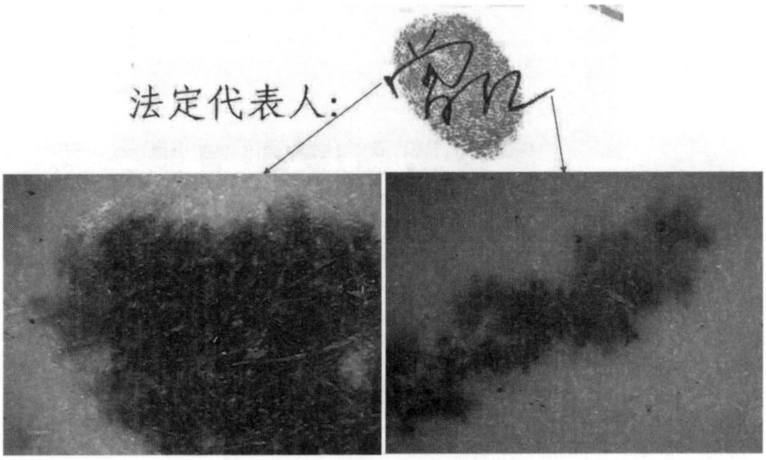

图 7－22　扫描打印他人签名

（3）复写转印他人签名。

伪造者先通过各种途径获取含有他人真实签名的复写文件，将纸张背面的复写纸色料稍加热，再加压转印到伪造文件上。这种复制签名与真实签名的式样一致，但它不是书写直接形成的，没有书写压痕，笔画成分为复写纸色料，颜色比较浅淡，部分笔画间断、残缺或出现双影。如果找到被转印文件，运用重叠检验法，则会发现转印签名与被转印签名能较好的重叠。

4. 窃取他人签名

窃取他人签名是指伪造者利用自己掌握的、含有他人真实签名的文件纸张进行伪造、变造，形成所谓的"真签名、假文件"。尽管这类文件的签名是其本人亲笔书写，但从文件整体制作过程和内容所记载的事实而言，却是伪造的、虚构的，必然会存在一定矛盾之处和诸多伪造特点。其具体伪造方法很多，在此主要介绍三种。

（1）利用"空签名"法。

伪造者与签名本人存在一定关系，获取"空签名"纸张后直接在签名前的空白处填写或打印有关文字内容。图 7－23 为一起利用"空签名"打印文字内容的案件。李某某与徐某某共同出资、合作成立一家公司。徐某某长年在外地管理其他公司，为便于开展合资公司业务，在多份印有该公司标志和名称的空白纸张上签署个人姓名后交给李某某。几年后，徐某某发现自己在该公司的董事长身份莫名消失了，与该公司不再有任何关系，遂报警。公安机关经过调查，发现包括授权委托书、股份转让协议书等多份文件存疑，于是委托司法鉴定机构进行鉴定。鉴定人员采用奥博层析显微镜和蔡司立体显微镜对徐某某签名笔迹与打印文字的交叉处进行观察，发现其为先签名后激光打印形成。图 7－23（a）为其中一份可疑文件，图 7－23（b）为显微镜检验情况。

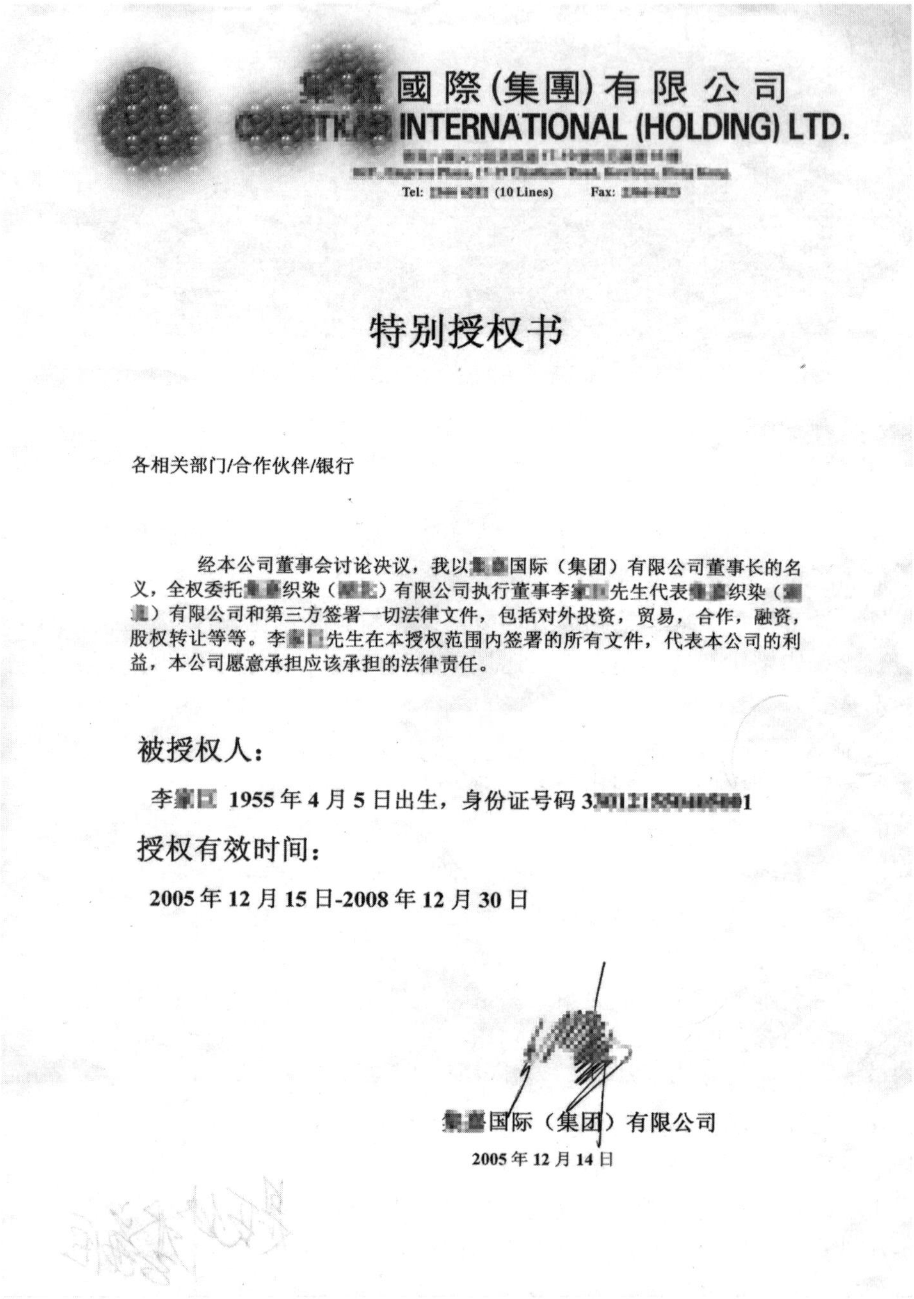

[redacted]國際(集團)有限公司
[redacted] INTERNATIONAL (HOLDING) LTD.
[redacted]
Tel: [redacted] (10 Lines) Fax: [redacted]

特别授权书

各相关部门/合作伙伴/银行

经本公司董事会讨论决议，我以[redacted]国际（集团）有限公司董事长的名义，全权委托[redacted]织染（[redacted]）有限公司执行董事李[redacted]先生代表[redacted]织染（[redacted]）有限公司和第三方签署一切法律文件，包括对外投资，贸易，合作，融资，股权转让等等。李[redacted]先生在本授权范围内签署的所有文件，代表本公司的利益，本公司愿意承担应该承担的法律责任。

被授权人：

李[redacted] 1955年4月5日出生，身份证号码3[redacted]1

授权有效时间：

2005年12月15日-2008年12月30日

[redacted]国际（集团）有限公司
2005年12月14日

(a)

图7－23 利用他人“空签名”伪造文件

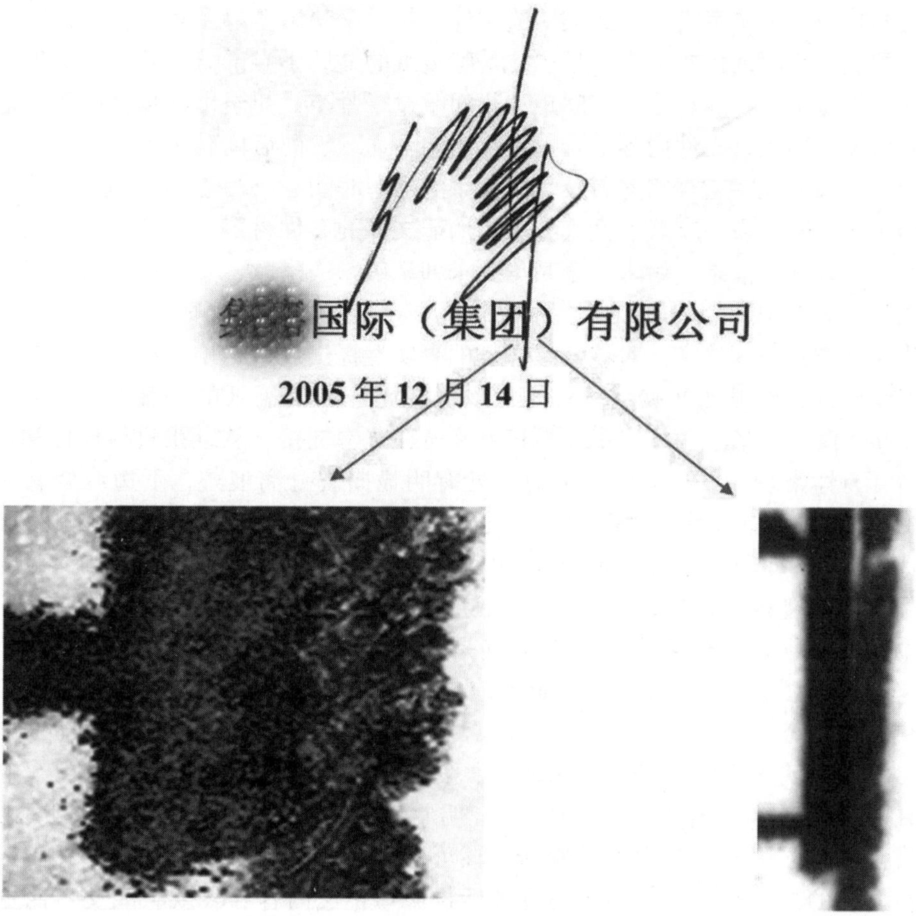

(b)

图 7－23　利用他人“空签名”伪造文件（续）

（2）追加打印法。

追加打印法是指伪造者以含有他人签名的真实打印文件为基础，在其空白部位追加打印文字，从而改变原文件内容来制成假文件的一种方法。正常情况下，一份电子文件经一次性打印后形成纸质文件，再经双方当事人签字、盖章后，就具备相应的法律效力。但有些伪造者受利益驱使，运用打印机在真实文件的空白处追加打印文字，使得文件内容按照自己意愿发生重大改变。这类伪造文件具有较强的隐蔽性，没有明显的擦刮、涂改、添加、拼接痕迹。但由于文件经两次打印，必然会暴露出一些矛盾现象，如可疑文字与其他文字的打印机具不同，字体、字号、字符形态、字间距、行间距、页边距、字行排列等不一致，追加打印文字与签名笔迹和其他笔迹的交叉时序为先书写后打印。如果追加打印的机具为激光打印机，即使没有交叉笔画，追加打印文字与签名笔迹和其他笔迹也会因存在异常情况而被成功检验。

（3）截取签名法。

这是一种较为典型的盗用真实签名、伪造文件的方法。利用该方法，伪造者将真实文件正文后的空白部分及签名截取下来，将其他不需要的部分分离、去掉，再在签名前的空白处填写或打印有关文字内容。此类伪造文件一般会反映出多种矛盾。首先，文件的形成方式不合常规，所用纸张非常小，且往往是整页纸的最后小半部分；其次，文件内容排列布局异常，添写文字一般较小，字间距和行间距过于紧凑，甚至出现越往后越大越稀或越小越密的情况；再次，文件内容不合情理，语句不通顺、前后内容不连贯、个别重要语句缺省；最后，添加文字与真实签名及其他文字的书写时间、书写工具、书写人等方面存在差异。图7-24所示为一起截取他人签名、伪造文件的案件材料。韩某敏向李某华借款人民币7万元，并书写借条。后来，李某华要求韩某敏归还借款，韩某敏拖欠不还，李某华起诉到法院。庭审中，韩某敏出示一张收款凭证［见图7-24（a）］，称其已还清欠款。但李某华否认收到还款事实，对该收款凭证的真实性提出质疑，申请进行司法鉴定。鉴定人员经仔细观察，发现多处破绽。首先，该可疑凭证为信稿纸的一部分，长约12.9cm，宽约4.8cm，仅为一张小纸片，正文内容笔迹显得非常拥挤，从纸张材料选择和整体文字布局来看，有悖常理。其次，上、下边缘处有明显撕裂分离痕迹，下边缘处有一黑色墨迹，为书写形成，但断口处无墨迹，可判断断缘与墨迹的形成时序为先书写后分离［见图7-24（b）］，证明该可疑凭证是将有其他笔迹的文件分离后再书写文字内容形成。再次，经比较笔迹特征，发现正文内容笔迹和落款处“收款时间：2009.9.30”笔迹为韩某敏书写，落款处“李某华”签名笔迹是李某华书写，但落款处“收款人”笔迹不是李某华书写。按常理，“收款人”笔迹应是韩某敏书写，且与正文内容笔迹、落款时间笔迹应是一次性书写形成。但“收款人”笔迹与正文内容笔迹、落款时间笔迹的文字大小、字间距明显不同，经进一步比较，发现二者的墨流痕、白点痕、白线痕等笔痕特征存在较大差异［见图7-24（c）］，证明它们的形成条件不同，不是一次性书写形成。综合上述检验情况，鉴定人员判断，该可疑凭证是在已有“收款人”“李某华”及其他书写文字的材料基础上，经撕裂分离后再添写正文内容和收款时间文字而形成的伪造文件。

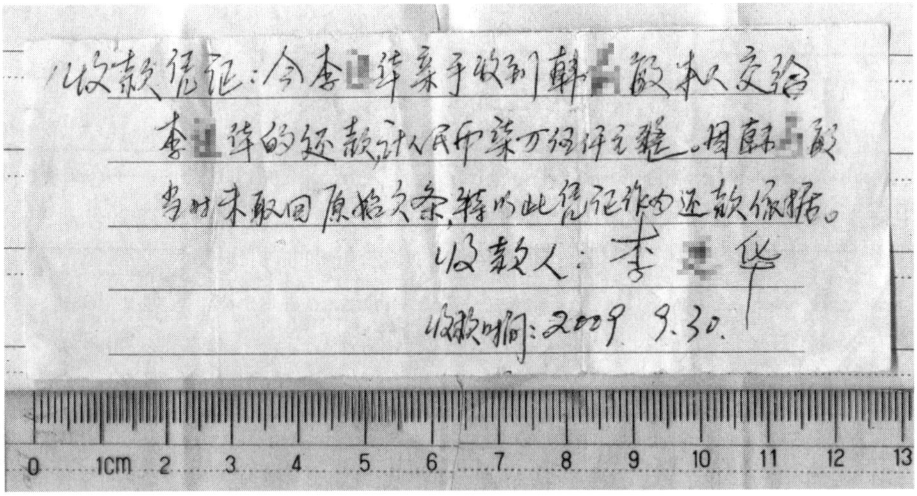

（a）

图7-24　截取他人签名伪造文件

(b)

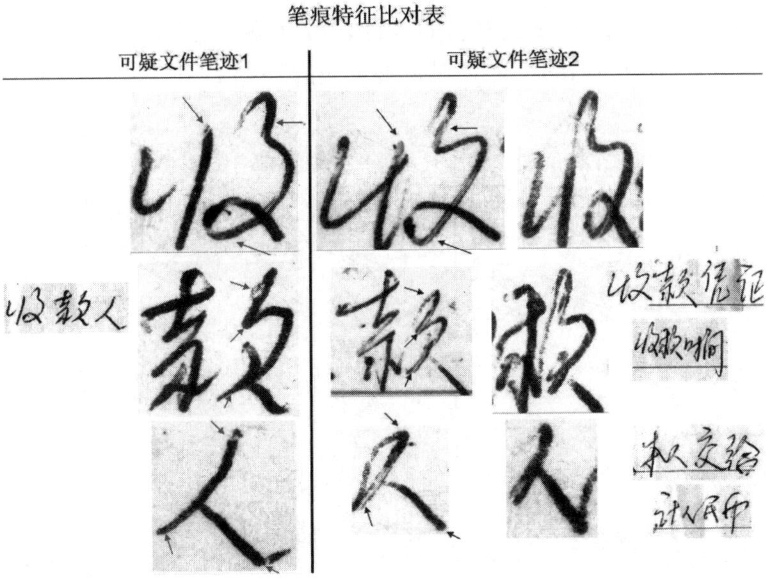

(c)

图 7－24　截取他人签名伪造文件（续）

（二）伪装自己签名笔迹的方法

伪装自己签名笔迹是指在书写时通过某种手段故意对笔迹进行伪装，使之发生一定变化，与自己平时书写笔迹产生差异的行为。这种伪装方法大多出现在合同、借贷、租赁、取款等民事活动及贪污、诈骗等经济犯罪活动中，通过伪装笔迹来规避责任、义务，逃避侦查、追责。由于有些文件必须由一方当事人当场签名后交由另一方当事人保存，伪装者无法通过上述伪造他人签名笔迹的方法进行伪造，不得不当场书写自己姓名，但为了便于事后予以否认和抵赖，需要在另一方当事人在场的情况下对笔迹实施伪装性书写。当然，伪装书写一般不会过于严重，以免引起另一方当事人的当场质疑。

伪装自己签名笔迹的手段多种多样，与传统伪装笔迹的手段基本相同，但也有不同之处。常见的有随意伪装签名、降低书写水平、左手伪装书写、改变书写速度、改变签名写法、改变签名式样、改变字体字形等。其中，降低书写水平、左手伪装书写的签名笔迹与传统伪装笔迹的特点比较接近。不过，与传统伪装笔迹相比，伪装自己签名笔迹的伪装程度要轻些。

图7－25为多起伪装自己签名笔迹的案件材料。图7－25（a）中，书写人采取随意伪装的方法，检材（可疑）签名笔迹的字形为扁平形，有些笔画被故意拉长或缩短，有些笔画的形态呈现弯曲状，还存在少量多余笔画，与其平时样本笔迹相比，存在一定差异；图7－25（b）中，书写人故意使用左手书写，签名笔迹的字形明显向右倾斜，较长的横画呈左高右低状，有些笔画出现弯曲抖动现象，有些笔画的收笔存在拖带动作或呈反射钩状，整体书写水平降低；图7－25（c）中，书写人故意放慢书写速度，使得检材签名笔迹的连笔数量减少，笔力变化节奏反常，运笔形态显得有些紊乱，存在不正常的弯曲抖动现象，中间出现不应有的停顿，书写熟练程度降低；图7－25（d）中，书写人故意改变字的写法，检材签名笔迹中的“高”字与样本签名笔迹中的“高”字存在写法上的差别；图7－25（e）中，书写人故意改变签名的式样，可疑签名的三个字组合在一起；图7－25（f）中，书写人故意改变签名的字体，可疑签名为基本符合规范要求的隶书体，样本签名为行书体。

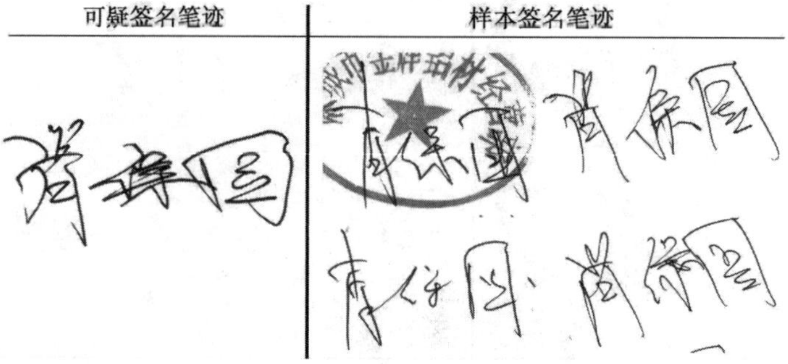

(a)

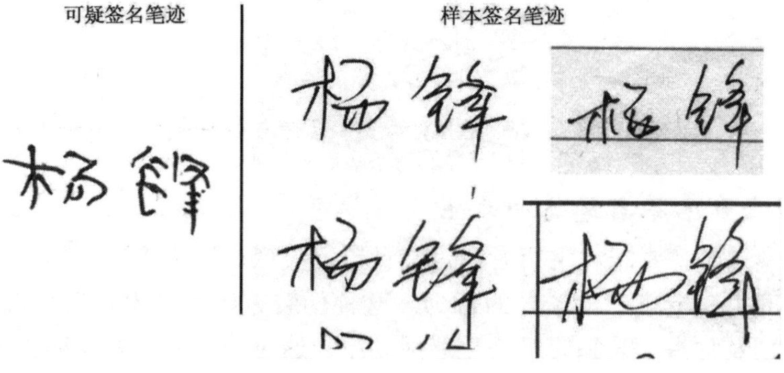

(b)

图7－25　伪装自己签名笔迹

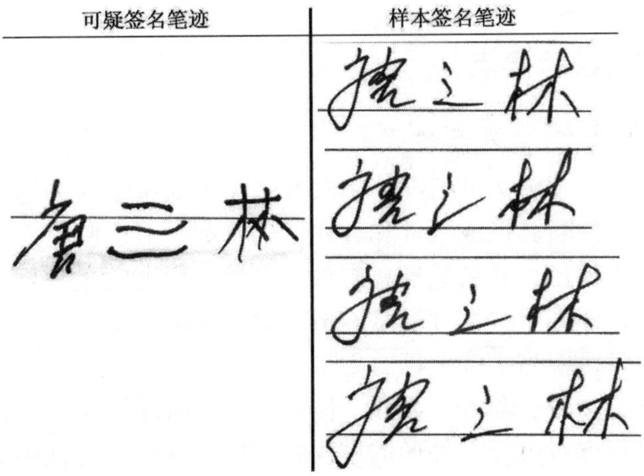

(c)

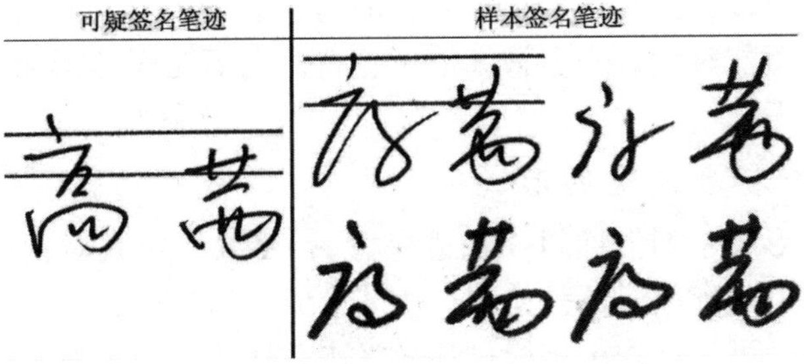

(d)

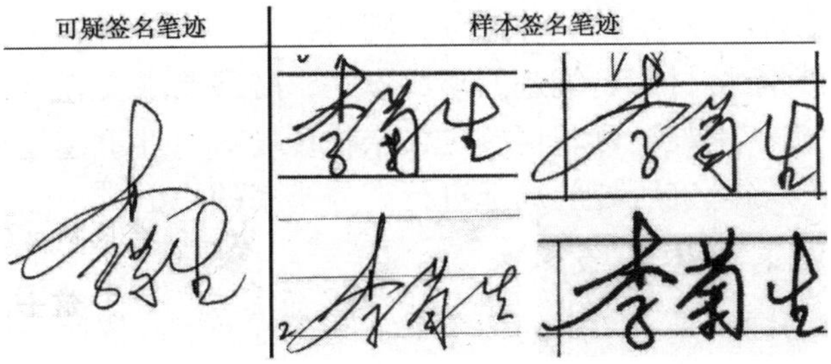

(e)

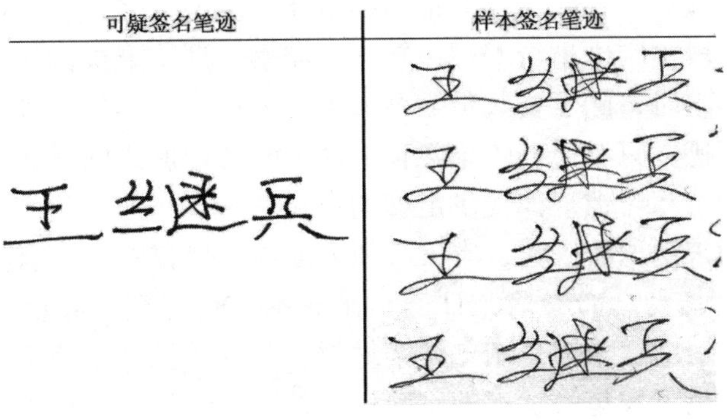

(f)

图 7－25　伪装自己签名笔迹（续）

三、签名笔迹的检验要点

（一）详细了解案件的基本情况

详细、客观、全面地了解案件情况，不仅有利于扩展鉴定人的思路，也有利于分析伪造、伪装签名的方法、判断其形成条件和方式，还有利于对检验所发现的特征和情况进行综合评断。与其他笔迹相比，签名笔迹具有独特之处，如书写过程短、字迹数量少、整体性强、检验难度大等，详细了解案件的基本情况对于准确鉴定签名笔迹具有重要意义。

在受理案件鉴定时，应当了解案件的发生、发展、侦查、调查、审理情况；署名人和嫌疑人的身份、年龄、文化、职业、爱好、性格、身心状况，及其在本案中的地位和与本案的利害关系；争议双方对可疑文件形成过程的陈述，确认或否认签名笔迹真实性的理由和根据；检材签名笔迹书写的地点、时间、环境、工具、姿势、条件。为了准确、详细了解案件情况，鉴定人可以调阅案卷，也可亲自询问当事人并制成询问笔录。对于所了解的案件情况，鉴定人既不能轻信，完全被案情所左右，也不能充耳不闻、全部丢弃，一定要作冷静分析和辩证思考。

（二）仔细分析签名笔迹的形成

分析签名笔迹的形成，即俗称的“吃透检材”，要求鉴定人对检材签名笔迹进行仔细分析，判断其是正常书写形成，还是伪造、伪装形成。如果检材签名笔迹是通过复印、打印等方式复制形成的，可直接作出该检材签名笔迹系伪造的鉴定意见；如果检材签名笔迹是运用窃取他人签名的方法形成的，可作出该可疑文件系伪造的鉴定意见；如果检材签名笔迹存在摹仿、随意伪装、左手伪装等迹象，则需作进一步分析和比较鉴别。

为了保证能准确判断检材签名笔迹的形成方式，必须要求委托方提供材料原件。如果委托方提供材料原件确有困难，可聘请鉴定人亲临现场对原件笔迹进行全面分析，并对检材原件的全貌、检材签名笔迹所处的局部进行高分辨率的扫描或拍照。

（三）广泛收集比对检验的样本

姓名是一个专有名词，是由固定的几个单字或者若干字母依照一定顺序组成的不可分割的整体。一般情况下，签名笔迹不仅书写速度快，而且笔画之间、单字之间连贯性强、结构紧凑，成为一个独立的单元，具有很强的整体性。但写名是将某个人姓名的单字临时凑在一起或分散于一段文字中进行书写，缺乏长期书写训练形成的稳定性。因此，收集签名笔迹比对检验的样本时，除了要收集嫌疑人平时书写的各类笔迹外，还应尽量收集其平时书写的各种签名笔迹。只有充分收集各种文件上的各种形式的签名笔迹样本，才能为认识嫌疑人签名笔迹的书写习惯规律提供足够的资料。

签名笔迹样本的来源比较广泛，本人、他人或单位保存的、含有其签名笔迹的各种文件均可作为样本予以收集，如书信、日记、作业本、登记表、收借条、契约、合同、遗嘱、通知书回执、申请书、个人总结、档案材料、存取款凭证、缴费单据等。有时为了弥补平时样本的不足，也可收集嫌疑人的实验样本，用以解释比对检验时出现的差异点。收集时，尽量保持实验样本笔迹与检材签名笔迹的书写纸张、书写工具、书写条件、书写速度、书写式样等相同或相似。

（四）充分利用现代化仪器设备

现代化的文件检验仪器设备能提供不同波段、不同角度的光源，可作高倍率的放大观察和高分辨率的图像捕获，并对图像的色彩、亮度、灰度、对比度等进行处理以增强图像质量。这些仪器设备不仅能发现用传统简陋的仪器不易发现的伪造、伪装迹象，而且能获得直观形象的检验结果及图片，使鉴定意见更具说服力。

第四节　特殊文字符号笔迹检验

一、拼音文字笔迹鉴定

拼音文字是用字母符号来记录语言的文字，它与语言发生直接、密切的联系。世界上数千种语言中所用的文字多数是拼音文字，通过文字的表现形式来看，拉丁字母形体简单清楚，便于认读书写，是目前世界上最通行的字母。

西方大部分国家和地区的文字已经使用拉丁字母，我国的《汉语拼音方案》① 也采用了拉丁字母。值得注意的是，汉语拼音作为一种科学、方便、实用的语言文字工具，被广泛用于汉语教学、对外文化交流等领域，与英语、法语、德语等拼音文字有许多共同之处。可见，拼音文字的种类繁多，并且在拼写、发音及文字形态上也不尽相同，随着司法实践中涉及拼音文字笔迹的鉴定逐步增多，研究拼音文字笔迹特征，掌握其检验方法十分重要。鉴于目前世界语言中英语的应用范围广、使用人数多，加之汉语拼音书写规则与其基本一致，本节仅以英语为例概述拼音文字笔迹特征。

（一）拼音文字的笔迹特征

每个人的笔迹一般要受书写规范的制约，同时书写人的书写技能和个人偏好对其也有一定的影响，并且在书写过程中，身体状况、精神状态和书写环境等主客观因素都在影响着笔画的质量和形态。根据我国笔迹特征的分类，结合拼音文字笔画少、结构相对简单等特点，现将拼音文字的笔迹特征分为以下几类。

（1）书写风貌特征，是通过书写字迹的全篇布局，拼写间隔和拼写形态的体现，书写速度和书写力度变化等因素综合反映书写人的书写水平、书写控制能力的概貌特点。（见图 7－26）

（2）布局特征，是指字迹在纸张上的全篇分布或局部字迹的排列组合关系。具体表现在段、行、单词、字母、符号之间及其相互之间的空间分布特点。如字行基线（见图 7－27），字迹间隔，抬头、落款位置，段落缩头（见图 7－28），单词的外部轮廓，页眉、页脚、页边的宽窄和位置，字行方向与形态，程式语书写格式，以及字母、单词与格线的位置关系等方面都能反映书写人的个人习惯特征。当然，这些方面不仅在检验手写字迹时应给予重视，实践中还应在检验各类印刷文件时予以重点观察。

① 1958 年 2 月 11 日，第一届全国人民代表大会第五次会议批准颁布《汉语拼音方案》。

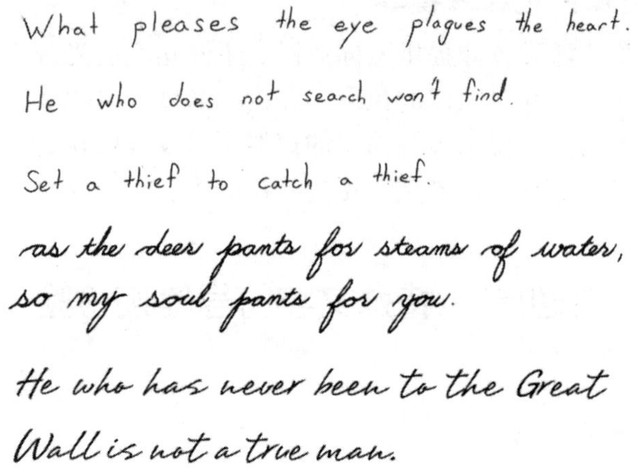

图 7－26　三种不同书写风貌的英文笔迹

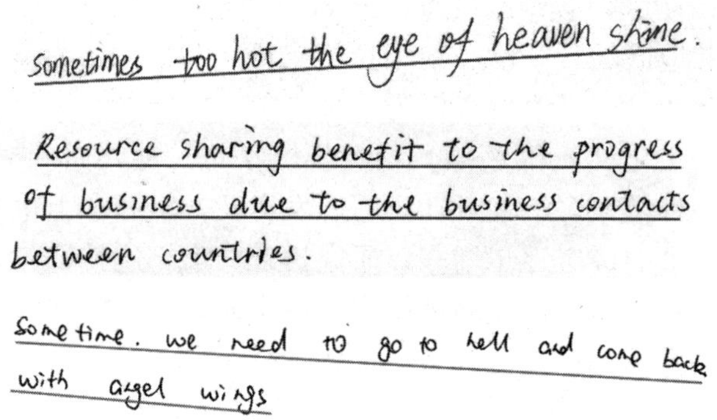

图 7－27　行基线的不同布局特点

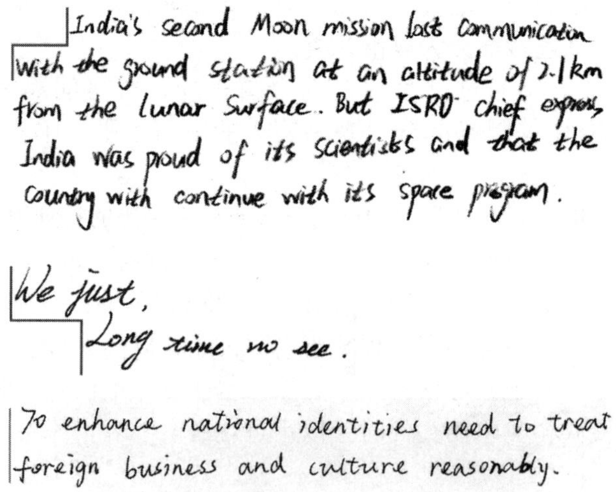

图 7－28　段落缩头的不同布局特点

（3）写法特征，是指字母和单词的结构形式和书写规则。在拼音文字中，一般表现在新旧体字的差异、字母大小写（见图 7－29）的使用，以及拼写错误等方面。

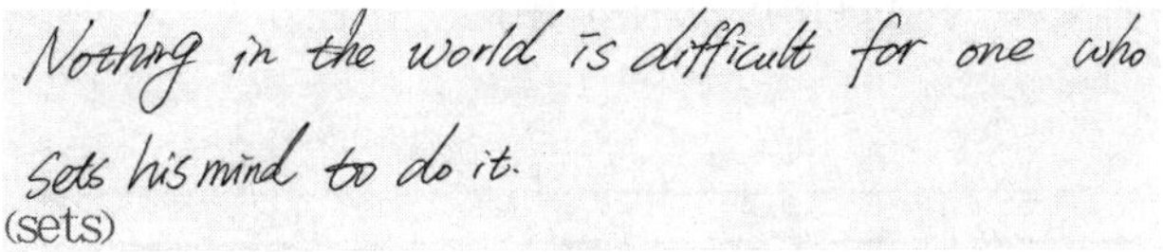

图 7－29　字母大小写的使用特点

写法特征不仅可以反映一个人的书写习惯，也能够反映一个人掌握该种语言文字的情况，因此在实践中，应注意运用此类特征。但写法特征会随着书写人书写技能的提升而发生变化，错误的写法可能会得到纠正，所以检验时要充分结合案情，全面分析检材和样本。

（4）形体特征，是指书写拼音文字的字形、字体、倾斜方向及角度等特点。字形特点，是指全篇或局部文字所反映的规律性的外部轮廓形态，其通常表现为圆形、椭圆形、长形、瘦长形等不同的类型。字体特点，是指书写拼音文字的规范程度和特点。日常使用的手写体主要有意大利斜体（见图 7－30）、手写印刷体（见图 7－31）、圆体（见图 7－32）、哥特体、罗马体，以及花体等，个别字母也可能属于异常字体，有些笔迹中的字母还常常出现装饰性的笔画。

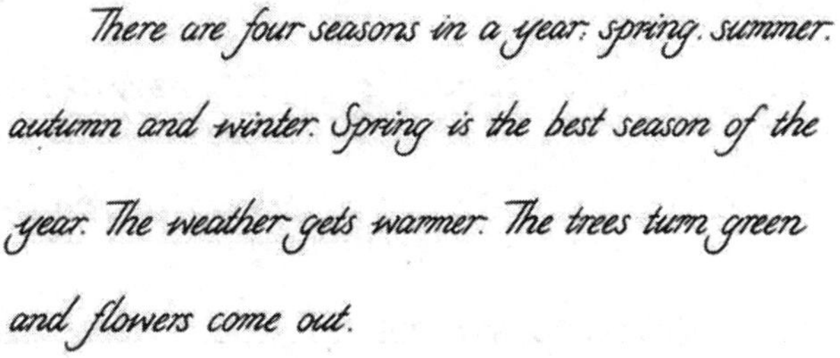

图 7－30　意大利斜体

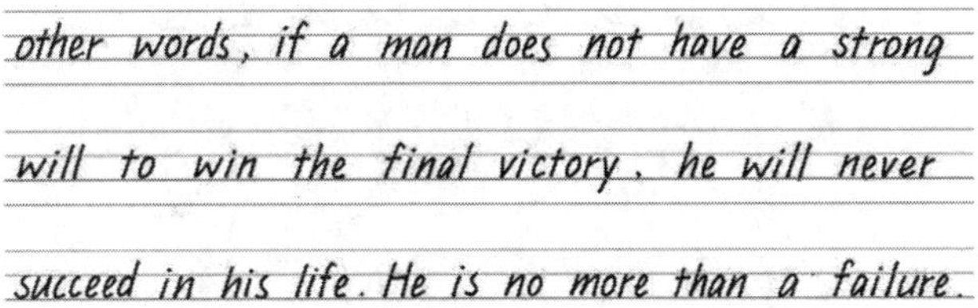

图 7－31　手写印刷体

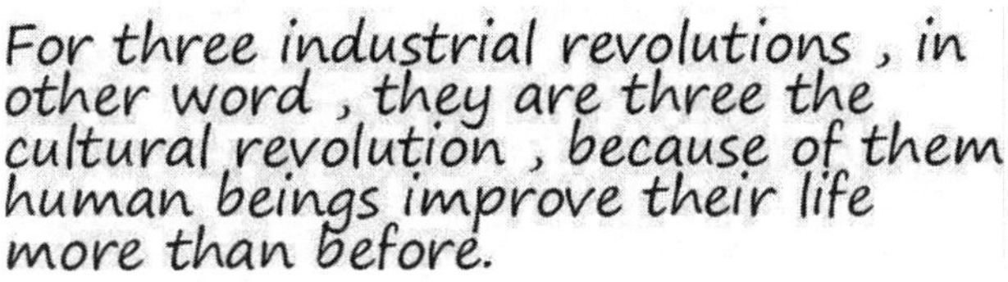

图 7－32　圆体

倾斜方向和角度，指书写的拼音文字相对于水平线而言偏向于哪一方向及其所构成的夹角大小。多数人书写习惯向右倾斜，有的人习惯向左倾斜，也有人书写相对垂直。不仅如此，每个人书写拼音文字的倾斜角度亦互不相同。（见图 7－33）

图 7－33　一般向右倾斜约 5°

（5）搭配比例特征，是指构成单词的字母之间或字母的多个笔画之间所形成的空间布局和比例关系。包括字母之间的距离远近和交接位置，以及字母之间的高低、大小、宽窄、长短等比例关系特点。如字母“i、j”笔画中小点的位置、大小特点，字母“n、p、y、t”等附加笔画、点缀笔画的长短、高低特点，不同人书写会出现不同的特征反映。（见图 7－34）

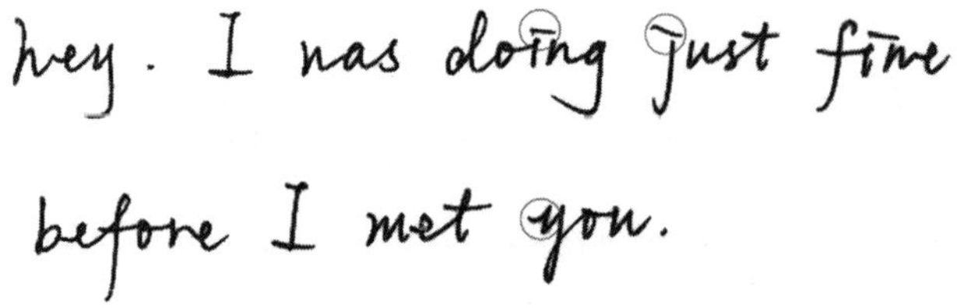

图 7－34　搭配比例特征

（6）笔顺特征，是指笔画的书写次序和方向。（见图 7－35）主要表现在书写时的规范笔画顺序、不符合规范的特殊笔画顺序和书写单词时的交错笔画顺序三方面。

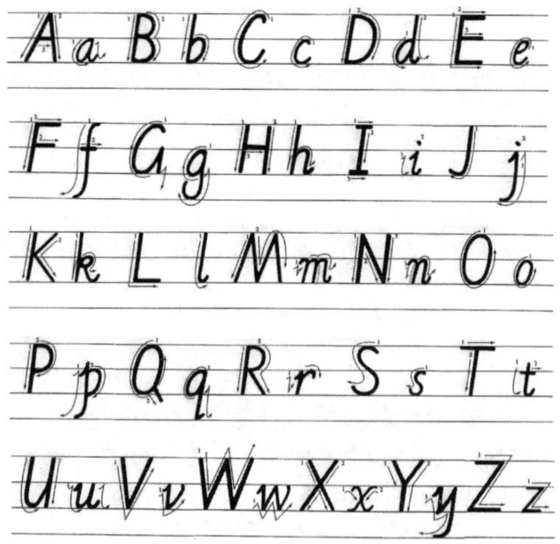

图 7－35　英文 26 个字母笔顺

(7) 运笔特征，是指在书写活动中起、行、收笔的完整书写过程，或者是在一系列完整的书写过程中反映出的书写方向和角度、书写速度和力度的变化特点在笔迹中的综合反映。(见图7-36) 如单词的整体运笔情况、字母笔画和细微书写动作的运笔情况，等等。主要表现在以下四个方面：起收笔特征，指书写单词或字母时笔画的起始和收尾的形态特点；行笔特征，指书写过程中笔画的方向、转折、弧度、环绕等形态特点；连笔特征，即字母之间、笔画之间相互照应关系或连接形态的特点；笔力特征，即书写过程中呈现出的笔压轻重、笔速快慢等节奏性特点。

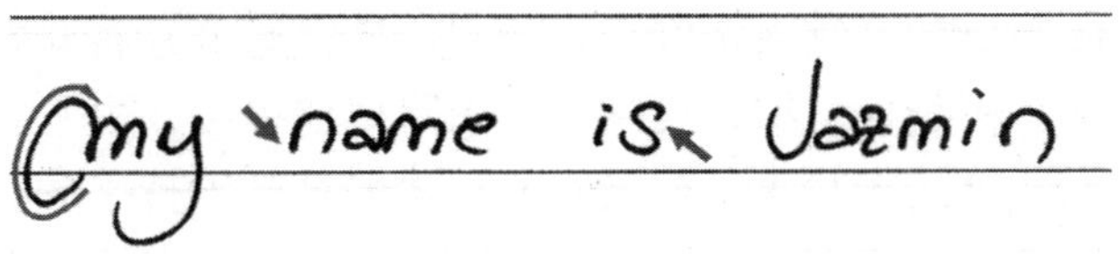

图7-36 运笔特征

(二) 拼音文字笔迹的检验要点

(1) 分析文字来源，确定书写内容。现在世界各国所用的文字多数是拼音文字，中国少数民族所用的文字，如藏文、蒙文、维吾尔文等也属拼音文字。可见，拼音文字的种类较多，构成不同文种的拼音文字也是有差别的，没有学过某种拼音文字的人，难以判断该文字的来源，更无法准确辨识文字内容。针对此类案件，鉴定人员有必要向专业人士请教，以便确定其文种及内容，了解和掌握被检文字的书写规则，进而分析其是否具备鉴定条件。

(2) 注意收集符合要求的同文种笔迹样本。了解案情和被鉴定人基本情况，结合被鉴定人的国别、能使用的语种及书写技能等因素，尽量收集可比性高的样本，要注意样本笔迹的书写时间、书写速度、字形字体、书写工具等多个方面与检材形成条件是否接近，必要时应提取实验样本，以便核实平时样本中是否混有他人笔迹，确保用以分析比对的笔迹样本数量充足，来源可靠。

(3) 全面分析和运用各类特征，综合评断笔迹异同点。检验拼音文字时，应依据笔迹特征反映的客观情况，去分析研究书写人固有的书写习惯，并结合拼音文字是否符合通常的书写规范、特征出现的频率和稳定性、特征变化的分布、书写模式变化的影响，以及检材笔迹的性质等因素，对检材笔迹与样本笔迹之间呈现的差异点和符合点的总体价值进行综合评断，最终作出鉴定意见。

二、阿拉伯数字笔迹鉴定

数字是表示数目的文字符号，是构成数的基本元素之一。阿拉伯数字因其笔画简单、形象清晰等特点，有着很高的使用频率，目前已成为使用最为广泛的数字，是世界各国的通用的数的表现方式。

阿拉伯数字通过“0、1、2、3、4、5、6、7、8、9”共十个计数符号的多种组合，可以将任何数目表示出来，因而成为各种文字系统的重要组成部分。在鉴定实践中，经常遇有阿拉伯数字的文件，如借收凭证、财会账目、货款单据等。这类文件上的阿拉伯数字，通常会成为笔迹鉴定的主要检验对象之一。如标称文字内容形成时间的日期笔迹，是证明文件形成时间的重要依据之一。此外，在签名笔迹鉴定中，一些签名由于笔画较少或书写存在一定变化，笔迹特征数量有限，出具意见较为困难时，附带的日期数字便成为不可忽视的重要参考。

（一）阿拉伯数字的笔迹特征

1. 书写水平特征

书写水平是指通过笔迹反映出书写人书写技能的高低程度。一般可以从阿拉伯数字书写的大小是否匀称，间距排列、倾斜角度是否美观一致，运笔是否流畅自然，笔画间搭配比例是否适当等方面来分析衡量，综合反映数字书写规范程度及书写控制能力的情况。日常书写活动中，阿拉伯数字的书写水平与汉字书写水平是基本持平的，但经过特殊练习或相关从业人员会出现阿拉伯数字书写水平高，汉字书写水平相对低一些，甚至差异较大的情况。（见图 7－37）如职业财会人员，往往都经过一定程度的阿拉伯数字书写规范书写练习，其书写水平不仅高于自身的汉字书写水平，而且还会高于其他一般书写人。

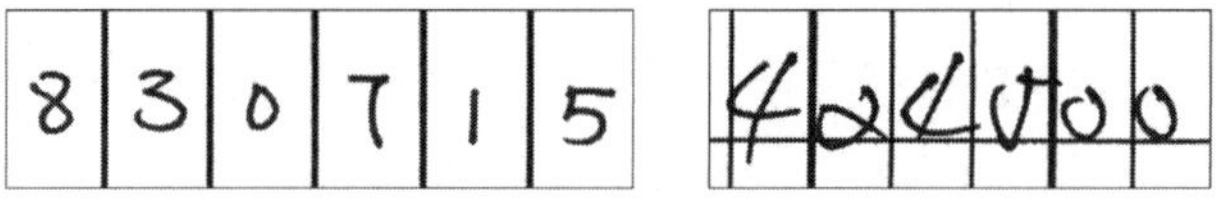

图 7－37　不同书写水平的阿拉伯数字

2. 布局特征

布局是指阿拉伯数字在纸张上的分布特点及排列组合关系。主要表现在四个方面：一是阿拉伯数字与格线或符号的位置关系；（见图 7－38）二是阿拉伯数字之间或组合形式的数字与其他字迹之间的相对空间大小和距离；三是阿拉伯数字的行间距大小或宽窄；四是阿拉伯数字的整体倾斜角度、基线方向和轴线。

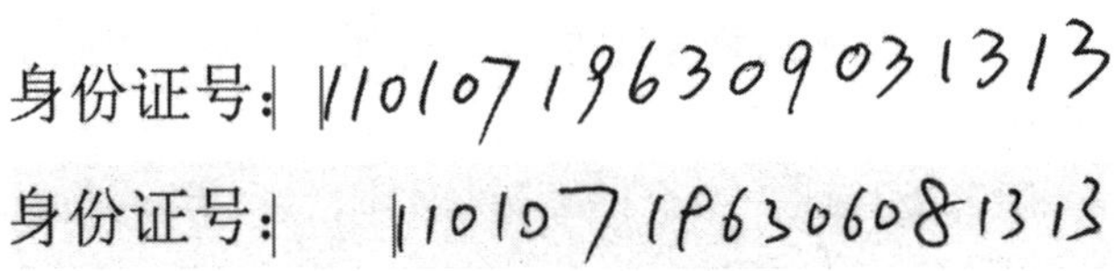

图 7－38　阿拉伯数字与符号之间的位置关系

3. 形体特征

形体是指阿拉伯数字的书体和字形，包括单字的体式、大小、形状、倾斜方向和角度等。体式可分为楷书型、行书型、工整型、花体型及其他等。字形有长形、方形、扁形，以及各种不同倾斜度的斜形。受过书写训练的财会工作人员，一般要求阿拉伯数字自右上方向左下方倾斜书写，通常阿拉伯数字与底线倾斜角度约 60 度，（见图 7－39）经过此类专业训练的人员，所写同一阿拉伯数字的形体会呈现一定的相似性；而未经专业训练的人员，其书写的阿拉伯数字更容易表现出形体的多样性。

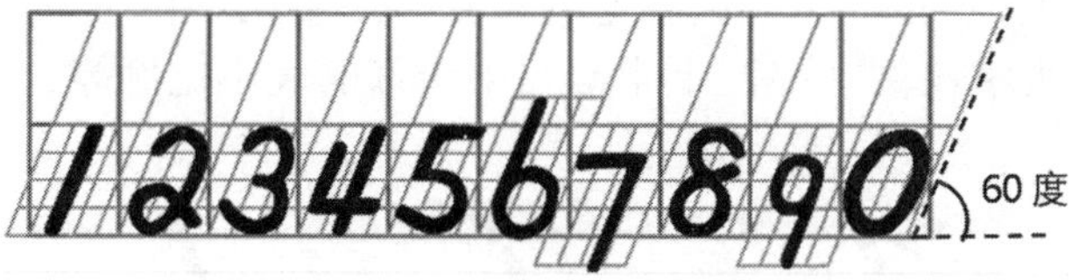

图 7－39 阿拉伯数字规范写法示例

4. 写法特征

写法是指阿拉伯数字的基本构造、书写方法（见图 7－40）和使用规则。阿拉伯数字的书写规范是要求每个数字大小匀称、笔画流畅；书写排列整齐有序且要自右上方向左下方倾斜；笔画顺序是自上而下，先左后右，防止写倒笔字。例如，“1”不可写得过短，要保持倾斜度，以防止改写为“4”“6”“7”“9”；书写“6”时要比其他阿拉伯数字向右上方长出四分之一，下圆要明显，以防止改写为“8”；“7”“9”两字的落笔要向左下方长出四分之一；“6”“8”“9”“0”的圆尽量要封口等。

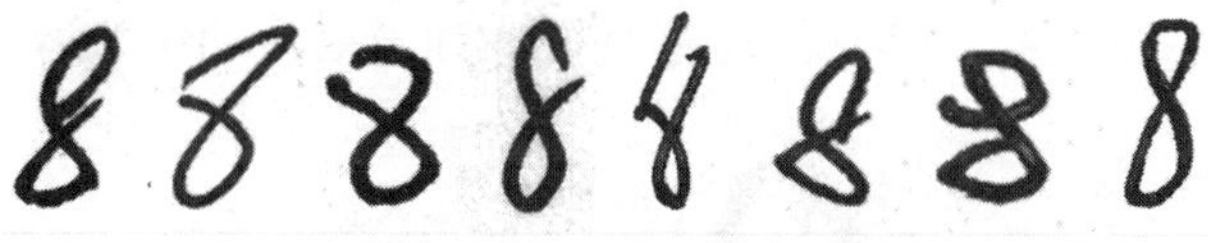

图 7－40 阿拉伯数字“8”的不同写法

5. 笔顺特征

笔顺是指阿拉伯数字笔画的书写顺序。根据阿拉伯数字的书写规范要求，除“4”和“5”存在笔顺的先后，是两笔完成之外，其余阿拉伯数字均要一笔完成。在日常的书写习惯中，存在“4”字先写竖和后写竖的不同笔顺，“5”字先写横后写横的不同笔顺；（见图 7－41）还有一部分人在书写“7”字时，有在竖部上端多写一斜杠或横画的习惯，这种情况下也可能有笔顺特征反映。也有人因为受教育程度的高低或其他原因，把“3”“6”“8”“9”“0”分成两笔完成，进而形成特殊笔顺。阿拉伯数字的笔顺，有符合规范的正常笔顺，也有不符合规范的特殊笔顺，在检验中，尤其要注意运用比较特殊的非规范笔顺。

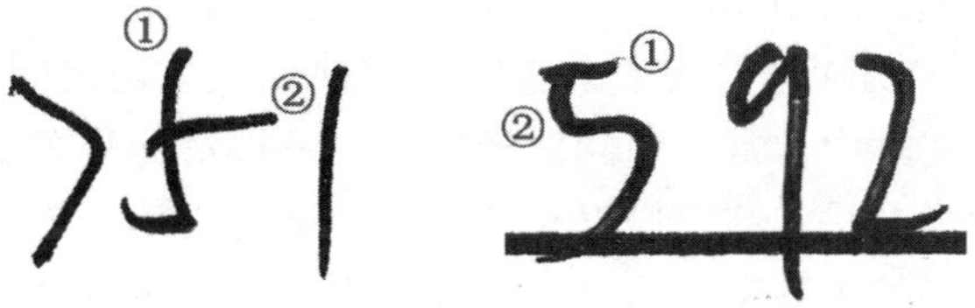

图 7－41 阿拉伯数字“5”的先后笔顺差异

6. 搭配位置和比例特征

搭配位置和比例特征是指阿拉伯数字笔画之间的距离远近、交接位置、大小比例，以及长短关系的特点。搭配位置和比例特征是检验阿拉伯数字时被广泛运用的特征，该特征既表现在可能由两笔完成的阿拉伯数字“4”（见图 7－42）、“5”上，也可表现在一笔形成的其他阿拉伯数字上，例如“0”起收笔的位置和二者间的位置关系，“8”环绕交叉的位置和上下两部分的大小比例，“3”上半部与下半部的大小比例等。

图7－42　阿拉伯数字“4”的不同搭配比例特征

7. 运笔特征

运笔特征是指书写阿拉伯数字笔迹时的起笔、收笔及运行过程中的动作特点。包括书写过程中在笔画的起、收、转、折、连、绕、顿、提、颤、抖、托、带等细微书写动作所反映出的细微形态、书写方向和角度、书写速度和力度的变化特点。（见图7－43）阿拉伯数字的运笔特征可分为某些固定搭配的数字之间或数字与其他字迹之间的整体运笔特征、数字单字的运笔特征、数字笔画的运笔特征和细微书写动作的运笔特征。

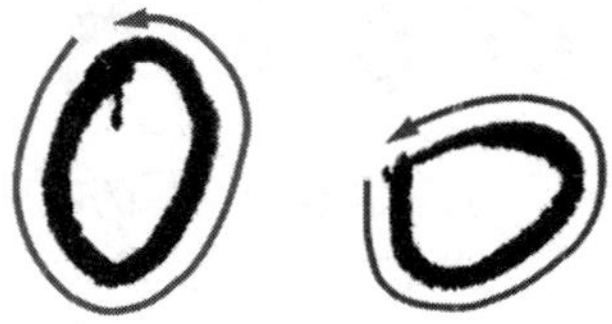

图7－43　同一人书写阿拉伯数字“0”的运笔特点

（二）阿拉伯数字笔迹的检验要点

（1）结合案情，注意分析阿拉伯数字特征可能变化的因素。阿拉伯数字笔画简单，书写难度相对较低，在笔迹特征的反映形象上形式独特，但它与普通笔迹一样，同样受书写模式、书写速度、形成条件等因素的变化而引起数字笔迹特征不同程度的变化。所以，在受理时一定要充分结合案情，根据笔迹特征本身反映出的情况，了解可能引起变化的因素，特别要注意同一人书写阿拉伯数字笔迹的多样性变化特点和不同人书写阿拉伯数字的共性特点，对检验中遇到的问题作出科学、客观的分析和判断。

（2）合理运用需鉴定的阿拉伯数字笔迹以外其他相关笔迹之间的关联性，防止草率、盲目地作出鉴定意见。实践中常常会遇到两种情况，一种情况是需鉴定笔迹仅有少量的阿拉伯数字笔迹；另一种情况是需鉴定检材是填写的表格类文件，内容有多处阿拉伯数字需鉴定，但无法确定检材上的填写字迹是否出自同一人。出现这两种情况时，检验人员需通过对文件的系统分析，严格进行区分、确认，慎重对仅有少量的阿拉伯数字笔迹作出确定的鉴定意见，或者对不同栏内的所有阿拉伯数字笔迹不加以分析的就当成同一人笔迹进行检验，从而导致鉴定意见的错误。

（3）严格依照相关国家标准规定的检验方法和步骤进行检验，确保鉴定意见的科学、客观。阿拉伯数字在各类案件中常有出现，甚至有时成为同一认定的主要或唯一依据，因此在检验涉有阿拉伯数字的案件时，规范检验程序，使鉴定意见建立在具有可靠依据并经过充分论证基础之上，避免先入为主和机械比对。

三、标点符号及其他符号笔迹鉴定

标点符号和其他符号统称为符号。标点符号，是指辅助文字记录语言的符号，是书面语的组成部分。常用的标点符号主要分为标号和点号两大类。标号的作用是标明，主要标示句中词语的特定性质和作用，包括引号、书名号、省略号、破折号、着重号和间隔号；点号的作用是点断，主要表示停顿和语气，包括句号、问号、叹号、逗号、顿号、分号、冒号。其他符号主要包括数学符号、货币符号、校勘符号、辞书符号、注音符号等特殊领域的专门符号。

尽管符号的使用和书写有明确的标准和规范，但人们在日常书写活动中并未完全遵循标准和规范，因此，其表现出的笔迹特征也能反映出不同书写人在书写水平、形态和位置关系等独特的书写习惯。我国现行使用的国家标准《GB/T 15834—2011 标点符号用法》，规定了现代汉语标点符号的用法、位置和书写形式等，同时，还明确了横排文稿与竖排文稿使用标点符号不同。但一般在伪装或摹仿笔迹的案件中，标点符号常常被书写人忽视，因此，本节主要以标点符号及常见的其他符号为例，概括阐述该类型笔迹特征和检验要点。

（一）标点符号及其他符号的笔迹特征

（1）书写水平特征，指书写人在书写活动中对标点符号或其他符号使用的规范程度特点。能够体现书写水平的三个方面：一是需鉴定的笔迹中是否存在标点符号或其他符号；二是表达内容较多的笔迹中是否使用了多种不同的符号；三是标点符号及其他符号的使用是否符合标准和规范。(见图 7－44、图 7－45)

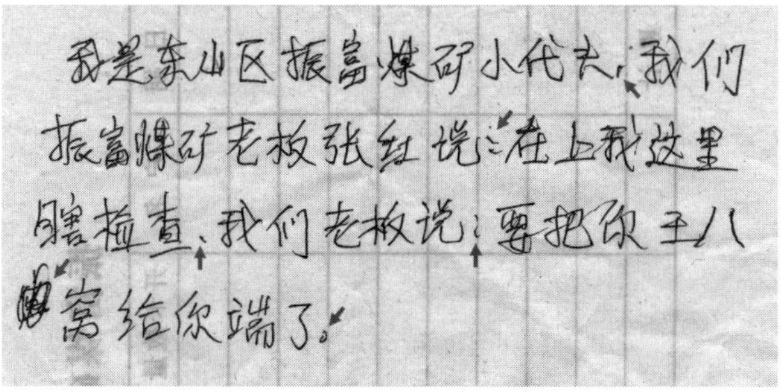

图 7－44　符号笔迹书写水平较低的表现

图 7－45　删除符号笔迹的不同特点

（2）形态特征，指符号笔迹的相对大小和形态特点。标点符号虽然只是辅助文字记录语言的符号，笔画极其简单，但在书写活动中，由于每个人的书写习惯不同，其表现出的形态也不尽相同。

（3）位置特征，指标点符号或其他符号与文字及行线之间的相对位置关系特点。标点符号一般不出现在行首或行末。下面主要以横排文稿说明标点符号的位置特征。

常见标点符号的一般书写位置：

①“句号、逗号、顿号、分号、冒号、问号、叹号”居左下或居左，均置于相应文字之后，占一个字的位置。(见图 7－46)

图 7－46　几种点号的规范示例

②“引号、书名号”前后呼应的两部分标在相应文字的两端，各占一个字的位置。其中前一半不出现在行末，后一半不出现在行首。（见图 7－47）

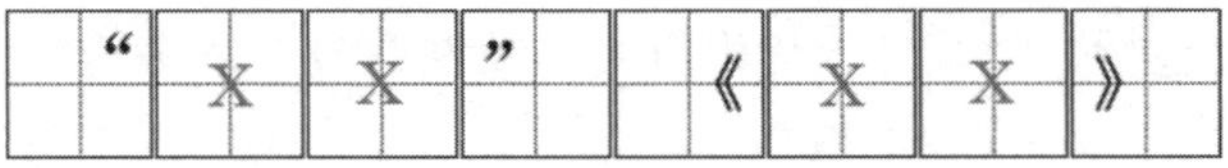

图 7－47　引号、书名号的规范示例

③“省略号、破折号”占两个字的位置，不能中间断开分处于上行末和下行首，应标在相应文字之间，上下居中。（见图 7－48）

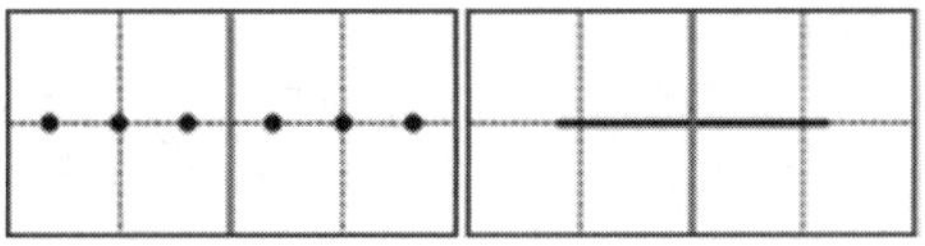

图 7－48　省略号、破折号的规范示例

④“着重号”标在相应文字的下边，“间隔号”标在需要隔开的文字之间，占半个字的位置，上下居中。（见图 7－49）

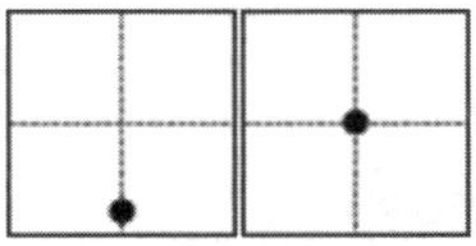

图 7－49　着重号、间隔号的规范示例

几种标点符号的特殊书写位置：

①“点号、引号、书名号”合写一格。（见图 7－50）

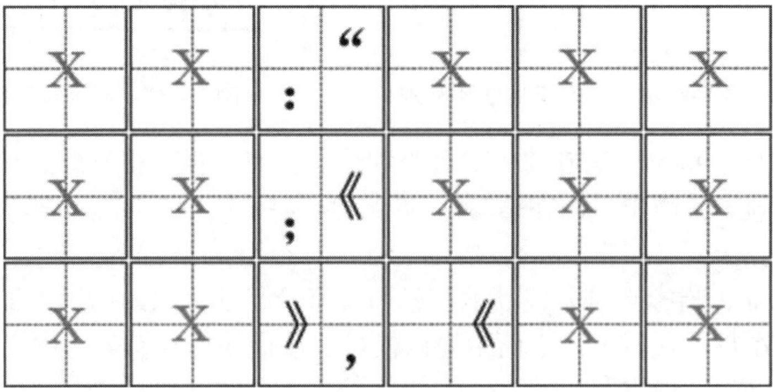

图 7－50　点号、引号和书名号合写的规范示例

②“引号、书名号”在行末的变通书写。(见图 7－51)

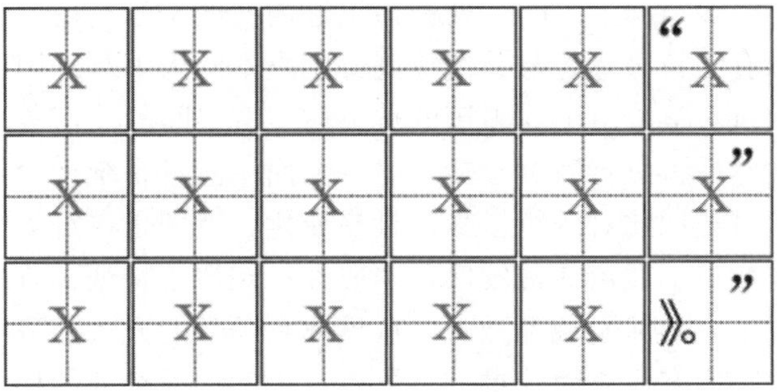

图 7－51　引号、书名号在行末的规范书写示例

③“省略号、破折号”在行末的变通书写。(见图 7－52)

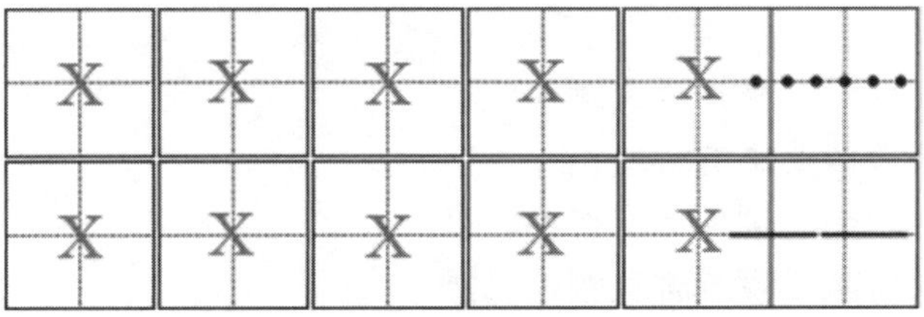

图 7－52　省略号、破折号在行末的规范书写示例

在实际的书写活动中，有些人习惯将标点符号或其他符号标识的位置写得过高或过低，也有的不按标准随意安排，因而标点符号的位置特征具有特殊的鉴定价值。

(4) 笔顺特征，指两笔以上符号笔画的书写顺序。多数标点符号及其他符号的笔画结构单一，但不排除部分符号的笔画存在书写次序的问题，例如人民币的书写符号“￥”。(见图 7－53)

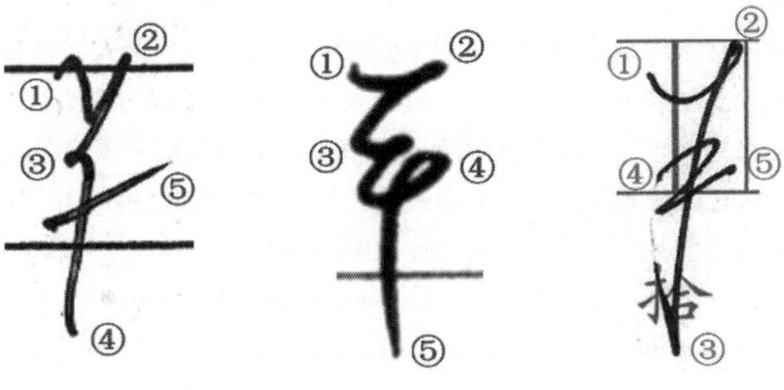

图 7－53　人民币书写符号“￥”的不同笔顺

(二) 标点符号及其他符号笔迹的检验要点

日常书写活动中，书写人往往比较注意对普通笔迹或签名笔迹进行伪造，而忽略对符号笔迹的伪装和摹仿，正是由于这个原因，该类型笔迹一般能够较为客观真实地反映书写人的习惯特点，其特征也具有较高的鉴定价值。但实践中基本未出现仅对标点符号及其他符号笔迹进行检验的情况，通常是将其作为笔迹鉴定的组成部分进行系统检验。因此，在运用标点符号及其他符号笔迹特征时，应重点注意以下两个方面：一方面，判断符号笔迹与其他笔迹的关系。一般情况下，同一处被检笔迹内容的符号笔迹应与其他笔迹为同一人书写形成，但不排除有的符号笔迹与其他笔迹分别是不同人书写。因此，检验时应注意对上述关系的识别，通过对笔痕、书写墨迹的种类、二者之间的照应关系等，判断是否存在填写、改写等情况，然后再进行后续检验。另一方面，注意系统运用符号笔迹的特征。符号笔迹的笔画简单，可选用比对的特征少，且易变化，特别是在符号笔迹相对较少的情况下，可供检验的特征数量、质量通常较低，本质性、规律性特征较难把握。因此，在检验有符号笔迹的文件时，应以从宏观到微观、从整体到局部的方式来进行检验，并从符号的用法、位置安排和书写形态等方面着重进行分析，正确把握特征的稳定和变化规律，充分挖掘并使用符号笔迹特征。

【思考题】

（1）少量字迹检验的利弊因素有哪些？
（2）少量字迹检验的要点有哪些？
（3）少量字迹检验的利弊因素有哪些？
（4）签名笔迹的特点主要有哪些？
（5）签名笔迹的伪造方法主要有哪些？
（6）签名笔迹的检验要点有哪些？
（7）特殊文字符号笔迹的特点有哪些？检验要点有哪些？

【参考文献】

[1] 袁之宜著：《笔迹学研究与应用》，群众出版社 1993 年版。
[2] 涂丽云著：《笔迹分析与鉴定》，中国人民公安大学出版社 2001 年版。
[3] 贾玉文、邹明理主编：《中国刑事科学技术大全・文件检验》，中国人民公安大学出版社 2002 年版。
[4] 李志荣著：《笔迹检验实用技术》，中国人民公安大学出版社 2012 年版。
[5] 王虹主编：《国际文件检验理论与实践前沿问题研究》，中国人民公安大学出版社 2014 年版。
[6] 韩丹岩、涂丽云主编：《文件检验学》，中国人民公安大学出版社 2015 年版。
[7] 王少仿著：《可疑笔迹检验》，武汉大学出版社 2016 年版。
[8] C. Michael Bowers. Forensic Testimony Science, Law and Expert Evidence, Academic Press, 2014.
[9] Daniel A., Bronstein. Law for the Expert Witness, CRC Press, 2012.
[10] Heidi H. Harralson, Larry S. Miller. Developments in Handwriting and Signature Identification in the Digital Age, Anderson, 2013.
[11] Jack V. Matson. Effective Expert Witnessing: Practices for the 21st Century, CRC Press, 2013.
[12] Jan Seaman Kelly, Brian S. Lindblom. Scientific Examination of Questioned Documents (Second Edition), CRC Press, 2006.
[13] Katherine Koppenhaver. Forensic Document Examination: Principles and Practice, Humana Press, 2007.
[14] Michael Caligiuri, Linton Mohammed. The Neuroscience of Handwriting, CRC Press, 2012.
[15] 任玉苓：“追加打印内容变造文件的检验方法探究”，载《警察技术》2010 年第 6 期。

[16] 张德英："签名笔迹的新特点及检验对策"，载《广西警官高等专科学校学报》2012 年第 25 卷第 1 期。
[17] 贾晓光："中英文签名笔迹鉴定的比较研究"，载《中国人民公安大学学报（自然科学版）》2006 年第 49 卷第 3 期。

第八章　笔迹检验的前沿问题

内容提要：本章介绍笔迹检验的前沿问题，一是笔迹特征量化分析，其为传统笔迹检验提供可供量化的特征分析与结论依据；二是电子签名笔迹检验，解决传统纸质介质之外、电磁触屏上书写的签名笔迹的特征识别与同一认定问题；三是传统手写方式之外，机器人书写字迹检验，包括其形成方式判定、特征分析。本章重难点为笔迹特征量化的特征依据，电子签名笔迹的动态特征分析，机器人书写字迹与手写字迹的特征区别。

关键词：笔迹特征量化；电子签名笔迹；动态特征；机器人书写字迹

第一节　笔迹特征量化分析

一、笔迹特征量化的研究现状

自20世纪90年代以来，业界学者一直致力于研究如何将笔迹特征进行量化分析，进而使笔迹检验技术与计算机技术相结合，但进展不尽如人意，截至2019年，各种笔迹自动检验系统均未能走出实验室进入市场应用。

2003年前后，清华大学与公安部联合研发的“笔迹自动识别系统”初步实现了计算机对手写笔迹的识别，该系统可以给出两部分笔迹的相似度，但相似度的值并不能对应确定性检验意见，甚至也不能对应倾向性检验意见，所以与实际工作要求仍相距甚远。

同期，武汉大学开发的“笔迹自动检验系统”可基本实现类似“指纹自动检索系统”的功能，将检材笔迹与特定数据库中的样本笔迹进行自动比对，根据相似度将样本笔迹进行排序。该系统曾被个别公安机关使用，终因笔迹数据库的局限性而未在更大范围内得以推广。

2010年起，我国司法部司法鉴定科学研究院与荷兰司法鉴定研究所（NFI）、德国自动化人工智能研究所（DFKI）合作开展计算机笔迹识别竞赛，每年发布一次竞赛题目。竞赛采用的检材和样本均为笔迹能力验证以及自行设计收集的材料，吸引全世界的科研人员使用各自的识别系统参与竞赛，由组委会评价自动检验的结果，对优胜者予以奖励，以这种方式来促进计算机笔迹识别技术的发展。

2010年后，计算机触屏输入技术迎来大发展，电子签名广泛应用于银行等行业。通过研究，技术人员发现在电子屏上书写签名而遗留的书写时长特征、书写速度特征、书写压力特征等底层电子数据极具个人特点，成为传统笔迹特征之外判断是否为同一人所写的新依据。

2016年左右，有专家将微距测量技术引入文件检验领域，通过测量书写工具在承受介质上遗留的笔痕深度，作出笔画在书写过程中的笔痕深度变化谱线，进而判断两部分笔画是否为同一人所写。该方法固然会受到书写人心态、书写工具、承受介质、笔画选取等因素的影响，但如果书写条件一致或接近，如均为硬质签字笔在普通 A4 纸上正常书写，则笔痕深度谱线会具有非常积极的参考意义。笔痕深度特征已逐渐获得学界的认可。

二、笔迹特征量化的分类

根据笔迹特征的即时性，可分为动态笔迹特征和静态笔迹特征。

（一）动态笔迹特征

动态笔迹特征，是指利用电子输入设备记录下来的书写过程中形成的书写时长、书写速度、书写压力、书写形态等电子数据特征。正常书写情况下，此类特征因受书写人动力定型的影响而相对稳定，具有总体特殊性、自身同一性和反映性。

（1）书写时长特征。

书写时长特征对签名笔迹检验更具技术意义。一般情况下，书写人书写自己的签名时因动力定型已形成，所以书写时长会稳定于一个较小的区间，而书写他人签名则极容易出现用时忽长忽短的情况。书写时长特征用于签名笔迹的检验时，只有分别取得检材和样本的多组数据，经统计学分析后评估其数据区间，才具有比对意义。单个检材和样本数据的比对不易得出确定性意见。

（2）书写速度特征。

书写速度特征是书写时长特征的侧面反映，它是指单位时间内笔尖的相对位移，包括平均书写速度和书写加速度。图 8－1 的横轴为采集点位，即笔尖所处的位置，纵轴为笔尖在该点位的速度值。可以看出，人们的书写过程是一个反复加速减速的复杂过程。进一步研究发现，同一人在相同心理、生理状态下写相同字，尤其写自己的名字时，其速度曲线大致相同；而不同人写的相同字，则速度曲线相去甚远。

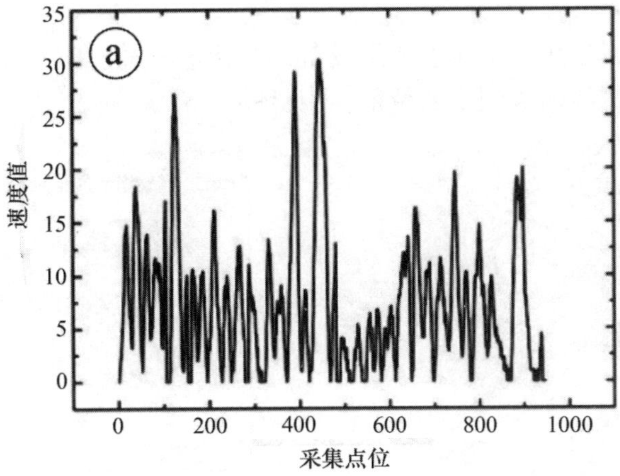

图 8－1　书写速度曲线

（3）书写压力特征。

书写压力特征可以通过书写过程中压力曲线的形式予以体现。研究表明，人们在触摸屏上书写时，书写压力的变化并不是一个连续的过程，每一个笔画的起收笔动作构成一个完整的峰，即每一次笔尖从接触触摸屏到离开触摸屏，就会生成一个单独的峰，书写压力都是从零增大到峰值再减小至零。（见图 8 -2）

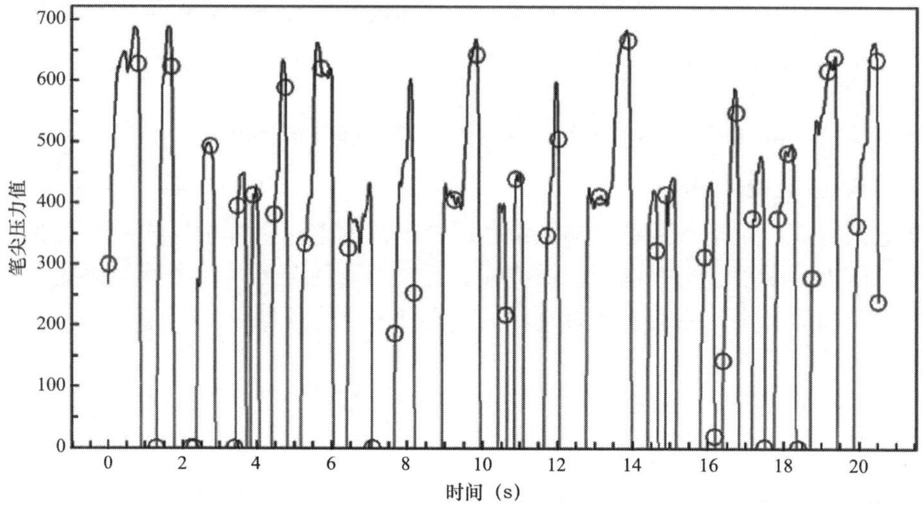

图 8 -2　书写压力曲线（横轴为时间，纵轴为笔尖压力值）

尤其在签名笔迹检验中，不同人在书写不同签名时最大压力极限值是有较大差别的，这个值能稳定在一个较小的范围内，特征价值较高，可以作为判断是否为同一人所写的依据之一。

（二）静态笔迹特征

静态笔迹特征，是指书写过程结束后，书写人在承受介质上留下的笔痕深度和笔画形态等特征。正常书写情况下，此类特征同样可以反映书写人的书写习惯。

（1）笔痕深度特征。

笔痕深度特征是指使用笔画压痕测量设备，对特定笔画的压痕深度进行逐段扫描，由扫描数据形成的深度谱线所表现出的特征。（见图 8 -3）

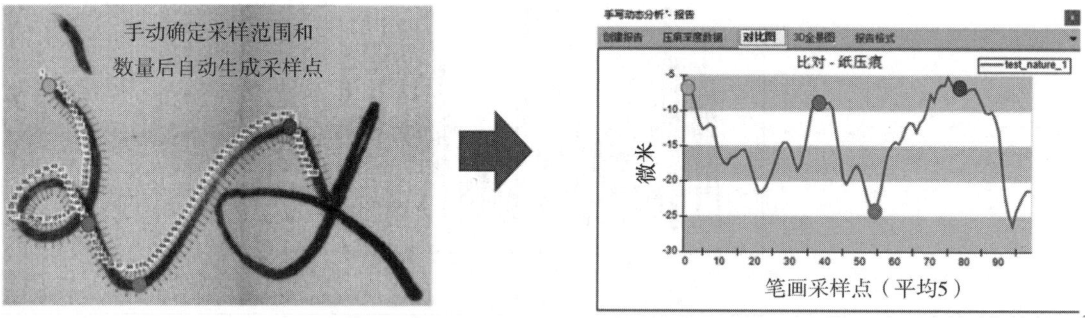

图 8 -3　笔迹压痕测量数据展示图

这类特征对区分不同人书写，尤其是区分人类手工书写和机器人书写有重要意义。普通手写字迹因书写过程中人为施压轻重不一，形成的谱线一般表现为起伏较大；而机器人书写过程中因机械施压相对均匀，形成的谱线一般表现为相对平直，起伏不大。

通过笔痕测量设备对笔痕特征进行测量、分析和比较，可更加直观地呈现机器人书写字迹与手写字迹笔痕深度特征的差异性。笔痕深度特征作为一类新型笔迹特征，需进一步引起行业学者的关注，它基于笔痕深度给出较为直观的谱线，为鉴定人员得出明确鉴定意见提供了非常有力的数据支撑。

(2) 书写形态特征。

书写形态特征，即计算机以图片格式记录下的传统笔迹特征，它能够以电子数据的形式被复制、转移和输出。

此前计算机领域一般以模式识别技术对笔迹识别和检验进行尝试和探索，但未取得突破性进展。我们坚信传统笔迹鉴定与计算机技术相结合是笔迹检验技术发展的方向，希望新兴的人工智能技术能为笔迹检验带来新的发展机会。

第二节 电子签名笔迹检验

一、电子签名笔迹的概念及属性

电子签名笔迹[1]是人们根据文字符号的书写动作规范，使用书写工具在书写载体上直接书写形成的以姓名为文字符号内容的电子化的动态痕迹。[2] 通常情况下，常用的书写工具是手写笔，书写载体是电子书写设备。

电子签名笔迹具有双重属性，这种电子化的签名笔迹虽然具有笔迹的外在形貌，但实质上是一种电子化的数据。一方面，通过电子签名笔迹的电子图像，(见图 8－4) 可以反映书写人书写时的动态痕迹，是书写人依照文字符号的书写动作规范，利用书写运动器官的运动来形成。另一方面，这种笔迹可以数字化形式存储、处理和传输，并记录为一系列的电子化数据。(见图 8－5)

图 8－4 电子签名笔迹的电子图像

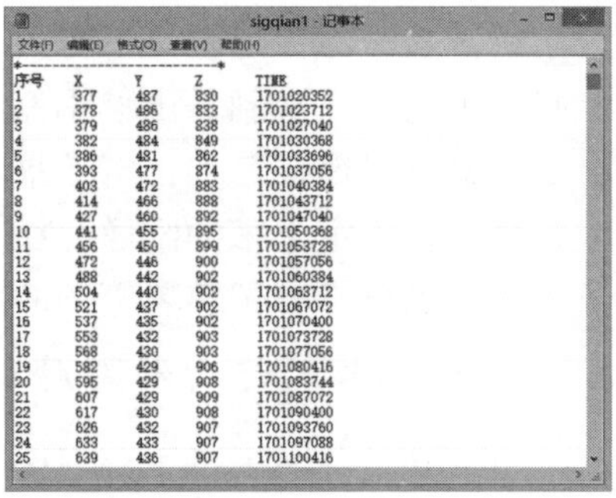

sigqian1 - 记事本

序号	X	Y	Z	TIME
1	377	487	830	1701020352
2	378	486	833	1701023712
3	379	486	838	1701027040
4	382	484	849	1701030368
5	386	481	862	1701033696
6	393	477	874	1701037056
7	403	472	883	1701040384
8	414	466	888	1701043712
9	427	460	892	1701047040
10	441	455	895	1701050368
11	456	450	899	1701053728
12	472	446	900	1701057056
13	488	442	902	1701060384
14	504	440	902	1701063712
15	521	437	902	1701067072
16	537	435	902	1701070400
17	553	432	903	1701073728
18	568	430	903	1701077056
19	582	429	906	1701080416
20	595	429	908	1701083744
21	607	429	909	1701087072
22	617	430	908	1701090400
23	626	432	907	1701093760
24	633	433	907	1701097088
25	639	436	907	1701100416

图 8－5 电子签名笔迹的电子化数据

① 电子签名笔迹与电子签名是两个不同的概念，但字面上极为接近，极易混淆。电子签名是数据电文中的一种电子数据，其功能是识别签名人身份并表明签名人对文件内容的认可。电子签名并不是纯粹意义上的"签名"，是基于"功能等同原则"将一切具有手写签名功能的电子技术也叫作签名。从功能上来讲，电子签名笔迹可作为电子签名的一种实现方式。

② 涂舜："电子签名笔迹中电子数据的 Excel 表格分析法"，载《中国刑警学院学报》2018 年第 5 期。

二、电子签名笔迹形成的基本原理

从形成原理上看，获取电子签名笔迹的电子设备主要有电阻式、电容式和电磁式三种，分别利用的是压力感应技术、电流感应技术以及电磁感应技术。目前应用效果较好、为大多数人采用的是电磁式的电子设备。根据资料显示，大多数电子签名笔迹的形成依赖于 Wacom 的 EMR（Electro Magnetic Resonance）技术，即电磁感应技术，该技术由可发射电磁信号的电磁笔和显示屏幕后装有电磁感应板的电磁式触控屏来实现。通过该技术可以获取书写笔迹的位置坐标以及书写压力等。

三、电子签名笔迹的笔迹特征

（一）电子签名笔迹的形态特征

电子签名笔迹电子图像体现了笔迹的外部轮廓形状，通过对电子签名笔迹电子图像的分析，可以明确电子签名笔迹的形态特征。主要可以从笔迹的轮廓形态中分析出的笔迹特征方面，这些特征大都属于笔迹的一般特征，但也有笔迹的细节特征。主要包括书写概貌特征、布局特征、字体特征、字形特征、字的结构特征、运笔特征、笔顺特征、写法特征等，对这些特征的分析判断可参照普通签名笔迹的分析方法进行。（见图 8－6）

图 8－6 电子签名笔迹的形态特征

但应注意的是，字的大小虽然也可以从电子签名笔迹的电子图像中分析得知，但这种对字迹大小的判断，不一定就是书写人书写习惯的真实反映，原因在于：其一，电子设备的书写框有一定的大小限制，虽然书写人平时书写字迹较大，但会为适应书写框的大小，而改变自己的书写习惯；其二，电子签名笔迹的电子图像是一种数字化的图像，可人为地进行放大、缩小，固定下来的图像存在大小被改变的可能。因此无法单纯通过电子签名笔迹的电子图像，来分析电子签名笔迹的大小。

（二）电子签名笔迹的动态特征

电子签名笔迹中的电子数据，是记录与书写人书写活动有关的数据，通过分析这些电子数据，可以得到电子签名笔迹的动态特征，如笔力特征、笔速特征、运笔节奏特征等，可反映书写人书写时的力度、幅度与角度等书写动作。动态特征是书写人无法准确感知的，即书写人自身也无法准确衡量书写时所使用的书写力大小以及书写速度的快慢等，因此，电子签名笔迹的动态特征对于电子签名笔迹的同一认定具有重要作用，特别是对摹仿笔迹或伪装笔迹，具有较好的识别效果。

1. 签名时长特征

签名时长是指整个签名过程所使用的时间长度，这个时间是精确的，而非相对的。其原理是当书写人在电子设备上书写时，后者每间隔相同的时间点——通常为四百分之一秒（高分辨率）到百分之一秒（标准分辨率）之间，[①] 都会采集手写笔在电子触控屏幕上的位置坐标点，并将这些点以排序的方式进行记录。而每个电子设备的采集频率是可知的，故签名时长就等于采集频率乘以采点总数（签名时长 = 采集频率 × 采点总数）。

例如，笔者实验所用电子设备的采集频率为三百分之一秒（1 秒可采集 300 个数据点），而实验中采点总数为 1133（见图 8 -7），由此可知书写该签名的时间约为 3.77 秒。由于电子设备的采集频率是固定的，故通过签名时长的计算公式可知，签名时长与采点总数成正比，即采点总数越大，签名耗时就越长。因此在进行两个电子签名笔迹的签名时长特征比较时，无须计算出具体的时间数值，直接观察采点总数的大小即可，数值大，则耗时长。

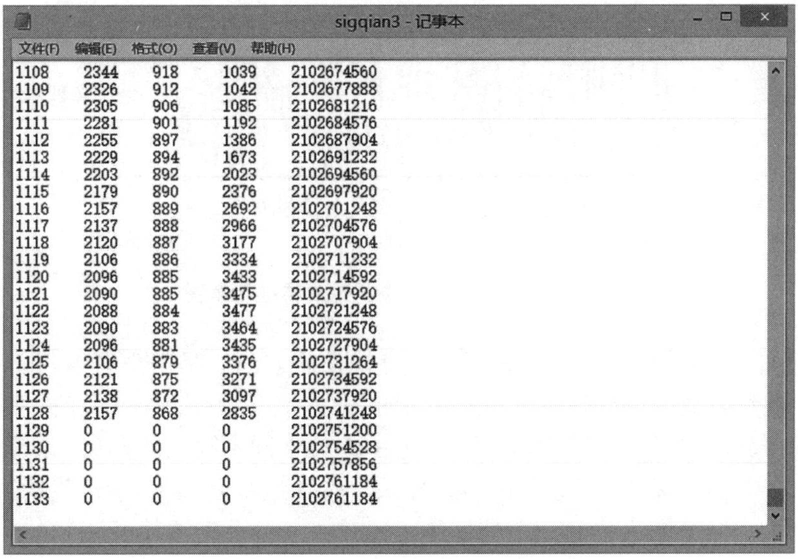
sigqian3 - 记事本

文件(F) 编辑(E) 格式(O) 查看(V) 帮助(H)

1108	2344	918	1039	2102674560
1109	2326	912	1042	2102677888
1110	2305	906	1085	2102681216
1111	2281	901	1192	2102684576
1112	2255	897	1386	2102687904
1113	2229	894	1673	2102691232
1114	2203	892	2023	2102694560
1115	2179	890	2376	2102697920
1116	2157	889	2692	2102701248
1117	2137	888	2966	2102704576
1118	2120	887	3177	2102707904
1119	2106	886	3334	2102711232
1120	2096	885	3433	2102714592
1121	2090	885	3475	2102717920
1122	2088	884	3477	2102721248
1123	2090	883	3464	2102724576
1124	2096	881	3435	2102727904
1125	2106	879	3376	2102731264
1126	2121	875	3271	2102734592
1127	2138	872	3097	2102737920
1128	2157	868	2835	2102741248
1129	0	0	0	2102751200
1130	0	0	0	2102754528
1131	0	0	0	2102757856
1132	0	0	0	2102761184
1133	0	0	0	2102761184

图 8 -7 电子签名笔迹的采点总数

2. 书写速度/加速度特征

书写速度是指书写人书写笔画的快慢，而加速度就是指书写速度变化的快慢。正常情况下，书写速度与力度的关系为书写速度越快，书写力度相对较小；书写速度越慢，书写力度相对较大。在笔画中表现为书写速度越快，笔画相对较细；书写速度越慢，笔画相对较粗。因此在普通签名笔迹中，笔画的速度就是根据上述原则推测，既然是推测，那么就无法保证结果的准确性。事实上，单纯根据纸张上的签名笔迹，无法得知确切的书写速度/加速度特征。电子签名笔迹也一样，仅根据电子图像上的笔画轮廓，亦无法得知。只有通过电子数据分析，才能获取书写速度的大小及变化快慢（加速度）等。

问题是如何根据电子数据来获取书写速度及变化快慢。由前可知，电子设备是通过采集书写轨迹的位置坐标点来进行记录的。计算点与点之间的距离，可得出速度大小以及加

---

① William J. Flynn. Conducting a Forensic Examination of Electronically Captured Signatures, Journal of the American Society of Questioned Document Examiners, Vol. 15, 2012, p. 3.

速度大小。因为两个采集点之间的时间（采集频率）是已知的，根据公式：速度=路程÷时间，可得出具体速度值，进而可计算出加速度大小。但在具体检验时，无须计算出准确数值，一是采集点数量多，计算起来复杂；二是即使同一人书写，书写速度也不可能完全一致，所以没有必要计算出精确数值，速度之间的相互关系才是关键。因此，将两个采集点间距离随时间的变化绘制成图谱，便可直观地观察速度的大小及变化。如图8-8所示，横坐标为采集点数，纵坐标为两个采集点之间的距离，图谱中两点之间折线的斜率即为速度，斜率越大，速度越大。若折线为“/”方向，则为加速；若折线为“\”方向，则为减速。由于每个人的书写速度具有特殊性与相对稳定性，故检验时，分析比较图谱形状、峰高、峰值等特征即可。

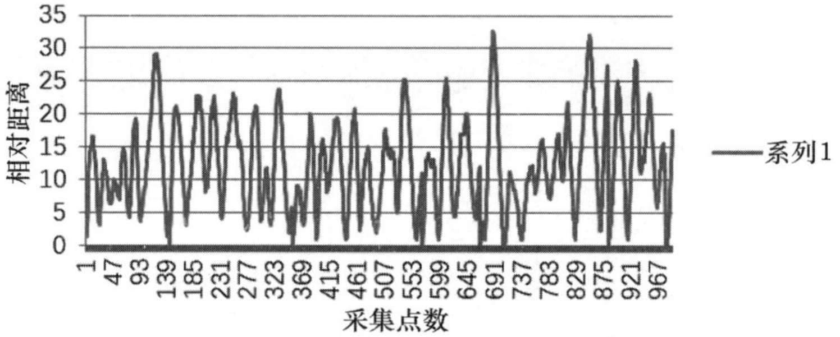

图8-8 电子签名笔迹的速度特征示意图

通过绘制加速/减速示意图来使速度特征可视化的方法，是由学者 William J. Flynn 首先提出的。① 随后，为了明确这一方法对于电子签名笔迹检验的价值，学者 Kathleen Annunziata Nicolaides 进行了实验研究，② 其使用25位不同书写人的119个签名，分别有71个真实签名、12个摹仿签名、12个套摹签名、12个伪造签名和12个自我伪造签名。将所有的签名绘制加、减速图后，对三个特征进行比较：一是垂直轴（距离）的变化范围；二是水平轴（签名时长）数据对的总数；三是数据的整体可视化表现（图形的模式）。据此便可对电子签名笔迹进行检验。

3. 字的大小特征

字的大小特征是指在正常书写条件下书写字迹的平均高度和宽度所形成的规律性特点。③ 不同于普通签名笔迹，电子签名笔迹中字的大小不能直接根据笔画轮廓来测量，原因在于：电子签名笔迹的笔画轮廓是一种数字化的图像，可人为地进行放大、缩小，固定下来的图像存在大小被改变的可能，直接从电子图像上测量不一定准确，只能通过电子数据的分析来获得。其方法是将电子设备采集的数据点的位置坐标进行还原，并将这些点连接起来，形成签名轨迹。如图8-9所示，横坐标为 X 轴的位置坐标，纵坐标为 Y 轴的位置坐标，根据签名轨迹在坐标轴上的位置，即可计算出字的大小。

---

① William J. Flynn. Conducting a Forensic Examination of Electronically Captured Signatures, Journal of the American Society of Questioned Document Examiners, Vol. 15, 2012, p. 3.

② Kathleen Annunziata Nicolaides. Using Acceleration/Deceleration Plots in the Forensic Analysisof Electronically Captured Signatures, Journal of the American Society of Questioned Document Examiners, Vol. 15 (2), 2012, p. 29.

③ 韩丹岩、涂丽云著：《文件检验学》，中国人民公安大学出版社2015年版，第32页。

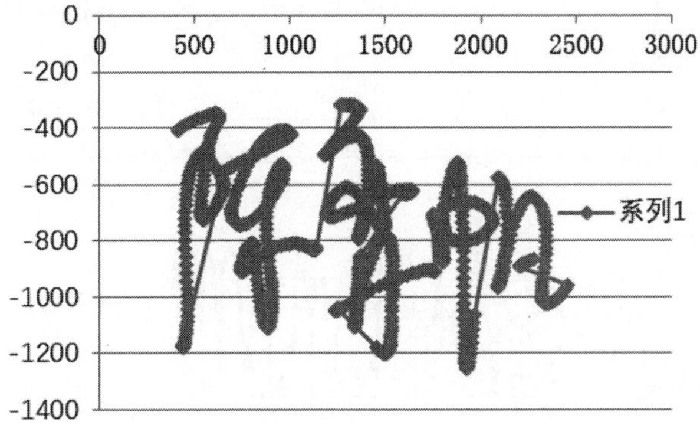

图 8-9　电子签名笔迹字的大小特征示意图

但应注意，有些电子设备的书写框较小，对于习惯写大字的人而言，会为了适应书写框的大小，而改变自己的书写习惯，进而减小字的大小。具体分析时，应考虑书写框的大小与书写人的书写习惯。

4. 笔力特征

笔力特征是指书写压力的大小及其在笔画中的分布特点，[①] 是书写人在行笔过程中，在笔画的中间、转折或连接处，表现出的力的轻重变化的特点。[②] 在普通签名笔迹中，通过笔痕的深浅、粗细可推断笔力的大小，笔痕深、粗，则笔力相对较大；笔痕浅、细，则笔力相对较小。若衬垫物较软，笔痕特征会更加明显。但电子签名笔迹是通过感应方式形成，并不会在电子设备上形成压力形变，也就没有了笔痕特征。不过，电子设备中的压力感应器可直接测出具体的压力值。只是并非所有的电子设备都配备压力感应器，根据学者 William J. Flynn 提供的数据显示，仅有 3% 的电子设备具备这一功能。[③]

不具备压力感应功能的电子设备，只能参照普通签名笔迹的分析方法，结合笔画的粗细、浓淡来判断笔力特征。若电子设备配备压力感应器，则可直接获得笔力大小及变化。其原理是在电子设备获取笔尖位置的同时，开始记录压力大小，直到笔尖压力减小到一个特定值时结束，这样的压力变化过程在书写过程中可出现多次，每次就代表一个"笔画"的完成。电子签名笔迹的书写过程，就是笔力数据出现到减小，从减小到再次出现的过程，由此可获取准确的笔力信息。即使电子设备未配备压力感应器，无法获取定量信息，但提笔位置或压力极轻的位置都被准确地定位，这对于分析书写人的笔力，无疑有实质性的作用。[④] 因此，电子签名笔迹虽然失去了笔痕特征，但却能更直观、准确获取书写人的笔力大小及变化信息，对于笔迹分析来说，价值可能更大。

另外，需要强调的是，即使同一人两次书写的笔迹都不可能完全相同，故同一人书写的签名字迹也会出现不同的压力数值，但从整个书写过程来看，笔力的大小、分布以及变

---

① 韩丹岩、涂丽云著：《文件检验学》，中国人民公安大学出版社 2015 年版，第 50 页。

② 贾治辉主编：《笔迹学》，法律出版社 2010 年版，第 49 页。

③ See William J. Flynn. Conducting a Forensic Examination of Electronically Captured Signatures, Journal of the American Society of Questioned Document Examiners, Vol. 15, 2012, p. 3.

④ See William J. Flynn. Conducting a Forensic Examination of Electronically Captured Signatures, Journal of the American Society of Questioned Document Examiners, Vol. 15, 2012, p. 4.

化趋势是基本一致的，因此对笔力特征进行对比分析时，切不可机械比较（见图8－10，横坐标为采点数，纵坐标为相对压力）。

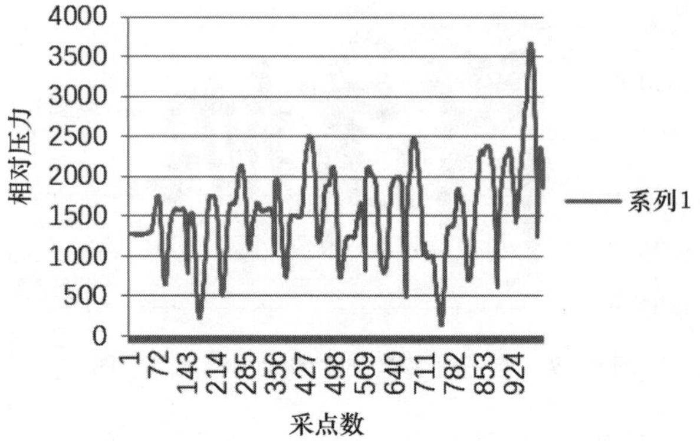

图8－10　电子签名笔迹的笔力特征示意图

5. 运笔节奏特征

运笔节奏特征是指书写人在书写活动中起笔、行笔和收笔的速度与力度的变化特点。在Seaman Kelly、Lindblom B. 的 *Scientific Examination of Quqestioned Doaunets* 2nd 中，认为熟练的书写人通常会写出赏心悦目的笔迹，并且在整个书写过程中，包含一系列反复出现的重压和加速动作。不规则的间隔或不稳定的书写动作，表现出较差的节奏感，这是由于手的不正常收缩和释放运动产生，因此较差的节奏是区别自由完成书写和套摹或随意摹仿签名的一个特征。① 也就是说，书写人会表现出轻重缓急、抑扬顿挫的节奏感，这些节奏变化体现在笔画的粗细与长短、笔力的轻重、运笔的迟涩与流畅等方面。一般来讲，出现笔画粗、短与笔力重、运笔迟涩等情形，推测书写速度较慢；出现笔画细、长与笔力轻、运笔流畅等情形，则推测书写速度较快。这两种速度的对比越明显，运笔的节奏变化就越显著。而签名笔迹是一个稳定的组合，书写频率较高，故通常情况下，书写人书写签名笔迹时，都会出现相对稳定的运笔节奏。而不同人书写相同字迹，在运笔节奏上会出现差异，故运笔节奏特征对于识别书写人具有重要价值。

在普通签名笔迹中，运笔节奏特征可通过笔画粗细、笔痕特征来推断，但无法知道确切的速度及力度变化，书写人自身仅可感知，但无法准确衡量，其他人亦无法从笔迹中准确推测。而电子签名笔迹可通过电子设备所获取的书写速度及力度的数值，来进行书写节奏的准确把握。根据前述笔力特征和书写速度特征，可以确定书写力度及速度的具体数值，而将这些数值绘制成图谱进行相互比较，则可明确这些特征的变化。另外，将采集点的位置坐标绘制成散点图（见图8－11，横坐标为 *X* 方向上的位置坐标，纵坐标为 *Y* 方向上的位置坐标），则可直接清晰获知运笔节奏，因为两个采集点之间的时间是相同的，距离越大则速度越快，由此可观察出运笔节奏。

---

① Seaman Kelly J. and Lindblom B.. Scientific Examination of Questioned Documents, 2nd ed., Boca Raton, FL: CRC Press, 2006, p.56.

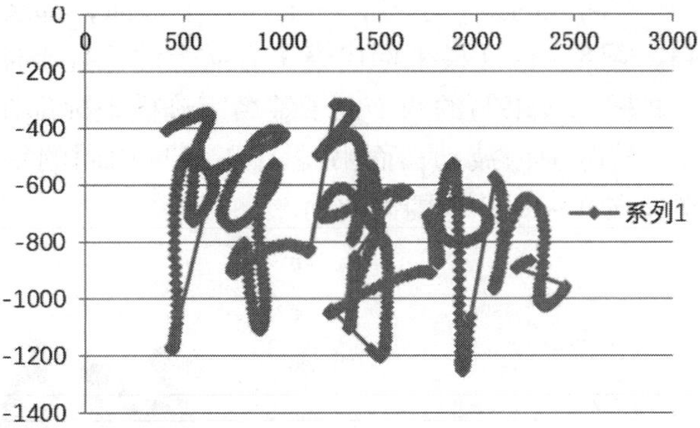

图 8－11　电子签名笔迹的运笔节奏特征示意图

综上所述，通过电子签名笔迹的电子数据，可以分析出笔迹的签名时长、书写速度/加速度、签名字迹大小、笔力特征、运笔节奏特征等。这些特征对于电子签名笔迹的同一认定有重要作用，特别是对于伪装或摹仿的电子签名笔迹的识别，较为直观，若为真实笔迹，则笔力波动正常；若为伪装或摹仿的笔迹，则笔力变化不大。其中，运笔节奏特征分析的关键点是数据的处理及计算，因为对数据的有效处理，可以减少其他因素对数据分析的干扰；若距离数据计算错误，则可能会在具体的图表上呈现不同的速度变化，从而对笔迹特征的分析造成影响。而能否成功分析出上述所有特征，一是取决于电子设备的硬件设置，如是否具有时间记录装置、压力感应装置等；二是取决于软件功能的开发，电子设备的配套软件具备何种分析功能，将决定能从电子数据中分析出何种特征。同时，电子设备的采样率和分辨率也是重要的影响因素。① 另外，需要强调的是，每个人签名时的笔速特征、笔力特征是相对稳定的，但并非完全不变，分析时不能机械比较。

四、电子签名笔迹动态特征的价值及运用

既有研究普遍认为，电子签名笔迹的动态特征在识别摹仿笔迹方面，价值最大，故我们以摹仿的电子签名笔迹为例，重点阐述如何运用动态特征来识别真实签名与摹仿签名。一百多年前的可疑文件教材②中已提到，摹仿签名的典型特征是笔画书写缓慢、运笔拖沓等，这些指标都是完全正确的，然而，在分析电子签名笔迹时，这种笔画书写缓慢、运笔拖沓的效果，并不需要从书写线条上的表现进行推断，而是可以从电子签名笔迹的电子数据信息中得到证实，③ 这就减少了笔迹检验者主观意志及经验的影响，同时也增强了笔迹检验的准确性。具体方法是将采集的数据点绘制成相应图谱，增强特征的可视化，对于识别伪装或摹仿，效果最佳。下面主要从四个方面进行分析：

一是签名字迹大小特征。同一人书写的签名字迹在书写运动的幅度、运动轨迹的顺序

① See Michael P. Caligiuri, Linton A. Mohammed. The Neuroscience of Handwriting: Application for Forensic Document Examination, CRC Press, 2012, p. 99.

② Osborn, A. S. (1910). Questioned documents (1st ed.). Albany, NY: Boyd Printing Co..

③ See William J. Flynn. Conducting a Forensic Examination of Electronically Captured Signatures, Journal of the American Society of Questioned Document Examiners, Vol. 15, 2012, p. 7.

上，差别都是不大的；而不同人的签名字迹，在上述各个方面，都会有明显的差异。通过比较图8－12、图8－13、图8－14（横坐标代表X方向上的位置坐标、纵坐标代表Y方向上的位置坐标）可知，书写人A书写的两个电子签名字迹横坐标都在0～2500的范围内波动，纵坐标都在0～1400的范围内波动；而书写人B书写相同的字迹时，横坐标在0～1500范围内波动，纵坐标在0～1200范围内波动。

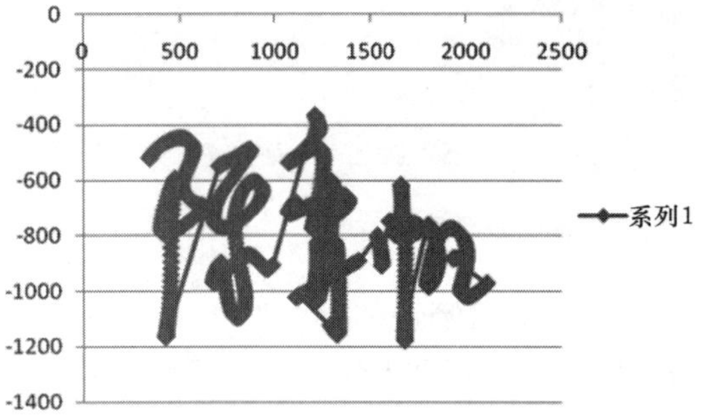

图8－12 书写人A书写的电子签名笔迹1

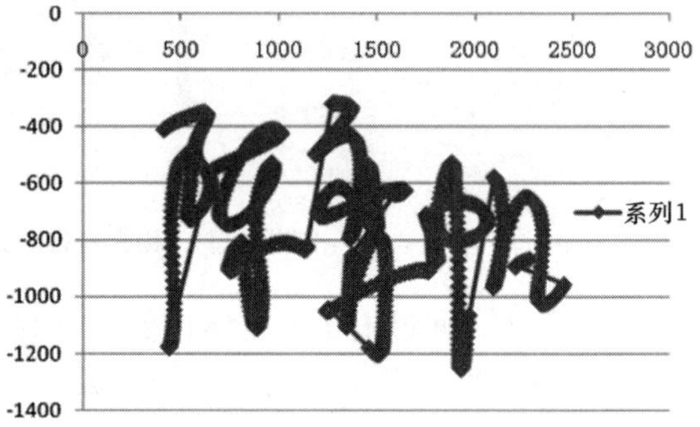

图8－13 书写人A书写的电子签名笔迹2

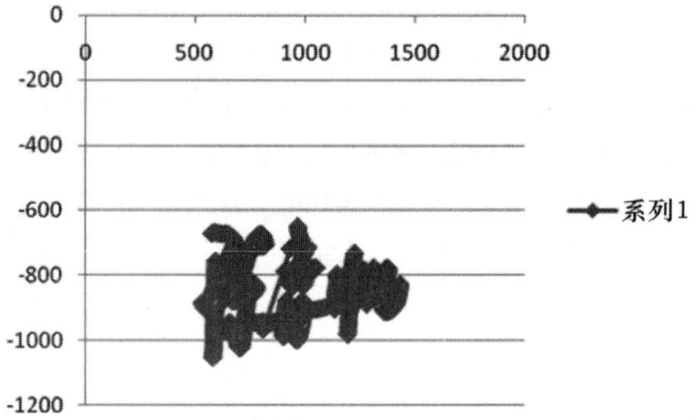

图8－14 书写人B书写的电子签名笔迹

二是签名时长特征、书写速度/加速度特征。由于伪装或摹仿他人签名时，书写速度一般会降低，且书写速度的变化性不大，表现在图谱中就是速度通常在较窄的范围内波动，而正常的电子签名笔迹，书写速度有快有慢，变化自然。同一人书写的电子签名笔迹，在签名时长和书写速度上，差别不大，即两个采集点之间的距离波动较大；但不同人书写的电子签名笔迹，在签名时长上明显延长，在速度上会有明显差异，即两个采集点之间的距离波动不大，加速和减速的时间点也有所不同。

根据图8－15、图8－16、图8－17（横坐标为采集点数，纵坐标为两个采集点之间的距离）的比对发现，书写人A两个签名笔迹的签名时长均是在1000个采集点左右，而书写人B的签名时长是3500个采集点左右。在采集点之间的距离方面，书写人A所写的字迹是在0～35波动；而书写人B所写的字迹是在0～12波动，二者有明显差异。由此可知，书写人A签名的速度快，而书写人B签名的速度慢。

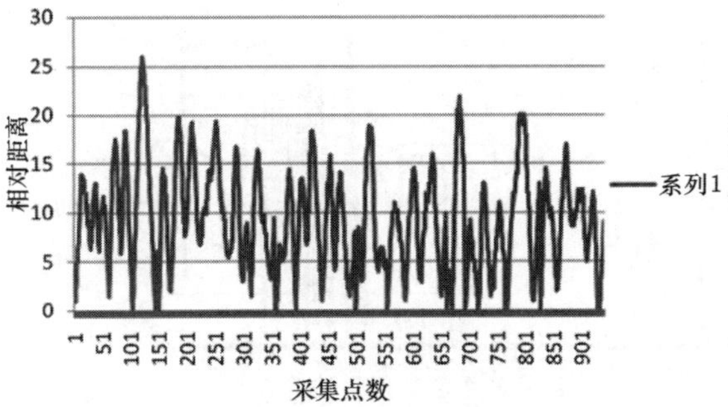

图 8 – 15　书写人 A 电子签名字迹 1 的速度变化示意图

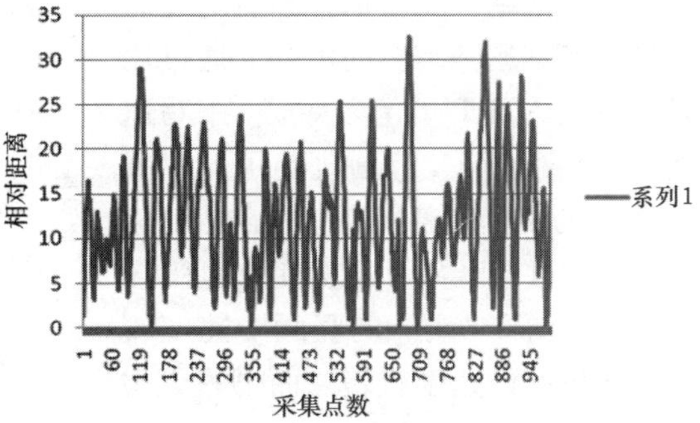

图 8 – 16　书写人 A 电子签名字迹 2 的速度变化示意图

三是笔力特征。同一书写人在签名过程中，笔力变化是相对稳定的，而不同人书写相同签名，笔力必然会存在差异，但该种特征无法凭借人的主观感觉来准确感知，甚至书写人本人亦无法准确衡量，他人更不可能完全把握或摹仿，因此笔力特征在摹仿笔迹检验中有重要意义。根据图 8 – 18、图 8 – 19、图 8 – 20（横坐标为采集点数，纵坐标为压力值）的比较发现，书写人 A 书写的字迹，笔力变化范围在 0 ~ 3500，虽具体数值不同，但峰高位置基本吻合。而书写人 B 书写的字迹，笔力变化范围在 0 ~ 1400，笔力明显变小，且峰高位置差别大，甚至有 3 处停驻笔现象（笔力不变的横线区域），最长的停驻在 1630 ~ 1811 这一区间。

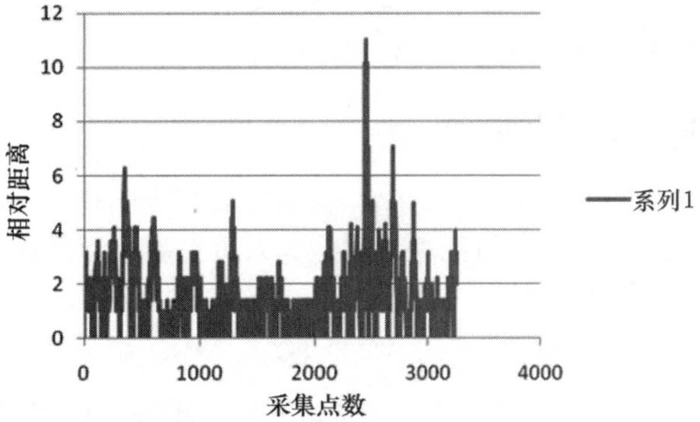

图 8 – 17　书写人 B 电子签名字迹的速度变化示意图

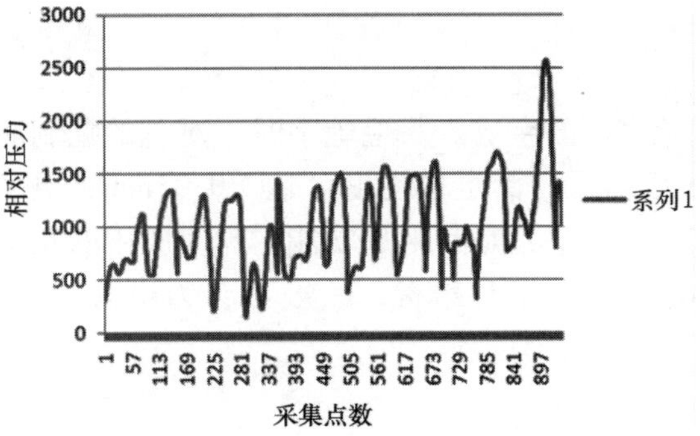

图 8 – 18　书写人 A 电子签名字迹的笔力变化示意图

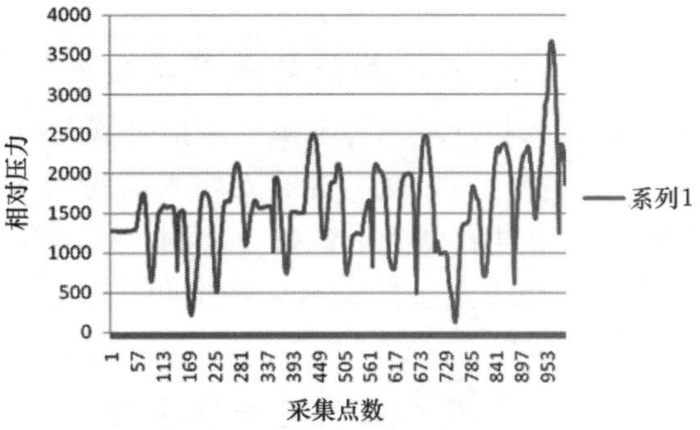

图 8 – 19　书写人 A 电子签名字迹的笔力变化示意图

四是运笔节奏特征。摹仿笔迹的典型特点是运笔节奏的不同。通过比较书写人A和B的笔力特征、书写速度/加速度特征、笔画轨迹可知，书写人A的两个签名字迹书写自然、流利，无停驻笔现象；速度变化范围较大，在“陈”“帆”的竖画中速度较快、转折部位速度较慢。而书写人B的签名字迹笔力变化不大、较为平缓，有停驻笔现象；速度变化较小，且均较慢。由此可知，书写人A的两个签名笔迹的运笔节奏相近，而与书写人B的签名笔迹的运笔节奏不同。

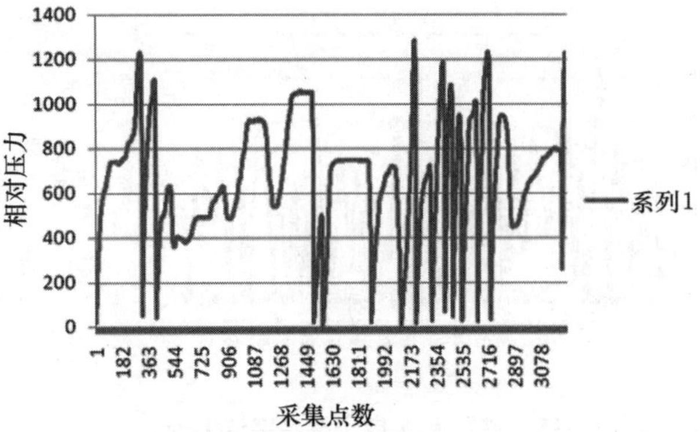

图8－20　书写人B电子签名字迹的笔力变化示意图

五、注意事项

电子签名笔迹检验中，应结合动态特征和形态特征综合判断，形态特征分析仍处于重要地位，而动态特征可帮助检验人员对笔迹形态进行动力学方面的评价，从而增强检验的准确性与可靠性。

第三节　机器人书写字迹检验

一、机器人书写字迹的种类

伴随人工智能技术迅猛发展，近年来已出现可以摹仿人类书写的机器人。机器人书写字迹按其使用的书写工具不同，可以分为机器人执软笔书写字迹和机器人执硬笔书写字迹。

（一）机器人执软笔书写字迹

机器人执软笔书写字迹，是指机器人执毛笔书写的字迹。写毛笔字时，对笔的控制能力要求较高，所以此类机器人均为高精密工业机器人，其定位精度可达±0.03mm，更多用于智能化生产线上的焊接、检测、搬运等工作，写字只是其附加功能，现实应用的意义更多体现在工业生产领域。在造价方面，此类机器人相对昂贵，一般不会为个人持有。（见图8－21）

（二）机器人执硬笔书写字迹

机器人执硬笔书写字迹，即机器人执生活中常见的签字笔、圆珠笔、铅笔等书写工具写出的字迹。执硬笔书写的机器人，一般对精度要求不高，多用于艺术或设计领域，因其价格低廉，又可以作为中小学生的玩具，目前已有不法分子将它用于伪造合同等违法犯罪活动。机器人执硬笔书写字迹是本节重点讨论的内容。（见图8－22）

图 8－21　机器人执毛笔书写

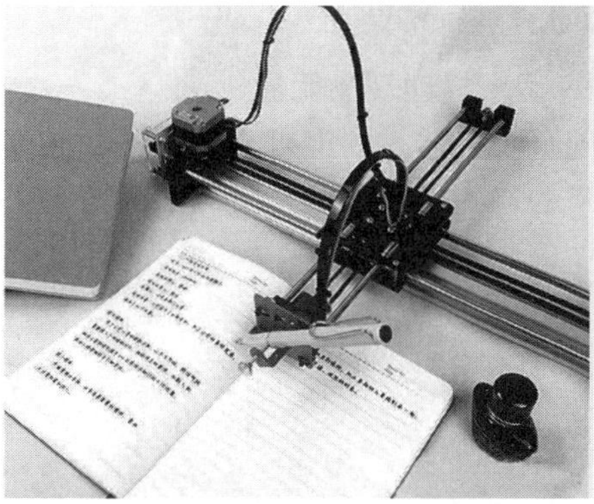

图 8－22　机器人执硬笔书写

二、机器人写字的基本原理

机器人写字的基本原理，是利用计算机技术，通过软件操控机械手臂夹持传统书写工具，对计算机字库中的文字进行输出，可实现对母本的大量复制，其概貌与原稿一致性较高。机器人书写的字迹兼具手写和印刷的特点。

高精密工业机器人的自由度较高，其输出端可在 X、Y、Z 三个方向任意运转，部分机器人的书写速度可实现与人手相仿，所以此类机器人书写的字迹更贴近人类手写，检验难度高。

普通执硬笔书写的机器人多采用控制板控制，配合二轴双向电机控制笔架的移动，该设备并没有集成书写力度控制元件，马达无法在垂直方向上精确控制笔尖抬起或下落幅度，继而无法控制摹仿书写的力度。此类机器人书写的字迹机械特征较多，检验难度低。

三、机器人书写字迹特征

（一）概貌特征

机器人书写的字迹在概貌特征上与原始手写笔迹相似度高，但不能表现出手写笔迹的轻重缓急，整体书写速度慢于手写笔迹。（见图 8－23、图 8－24）

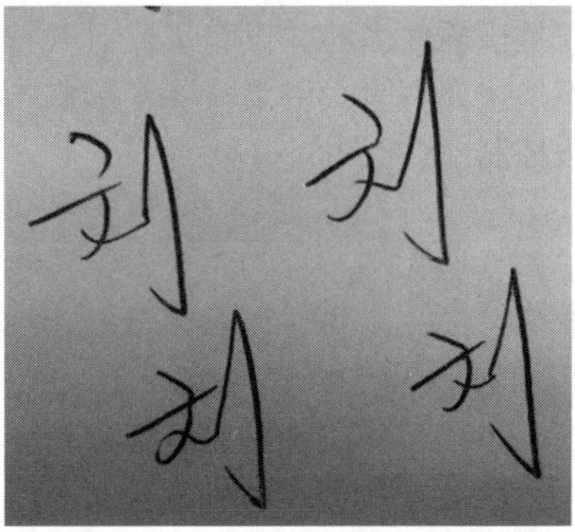

图 8－23　书写人原始签名笔迹

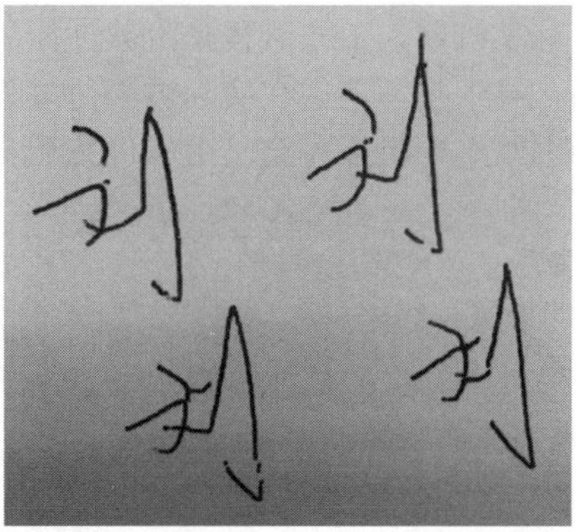

图 8－24　机器人执硬笔书写的字迹

（二）细节特征

1. 运笔抖动现象明显

因写字机器人的电机步进远不如人类的手臂运动精细，机器人书写输出是断断续续且不连贯的，在长笔画及转折处的部位上，存在明显的抖动迹象。（见图 8 – 25）

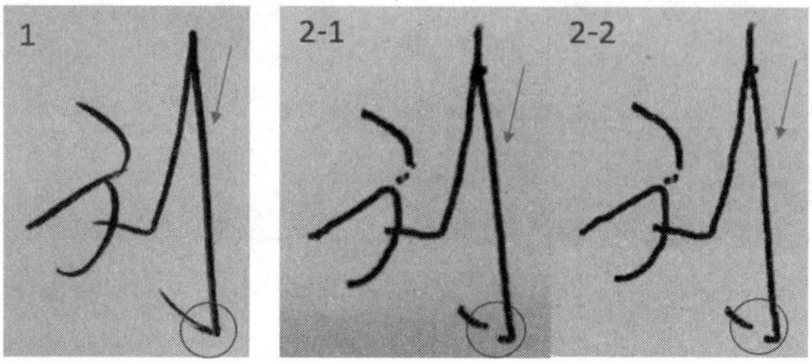

图 8 – 25　书写人手写字迹（1）与机器人书写字迹（2 – 1、2 – 2）的运笔特征对比

2. 存在反常断笔现象

人工手写字迹有时会因书写速度较快、书写压力变化、书写工具流畅程度等问题笔画出现漏白，这种漏白在正常笔迹中较为自然，但在转换为机器人字库过程中，因漏白部位像素灰度过低，往往会被软件作为断笔处理。（见图 8 – 26）

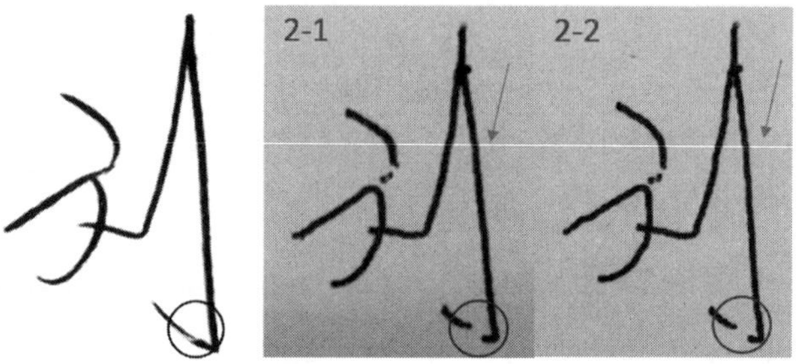

图 8 – 26　写字机器人无法摹仿手写笔迹的漏白特征

3. 存在大量异常笔顺

由于写字机器人工作流程是由软件控制的，而且该软件当前并没有集成对书写笔顺的编程控制，导致手写笔迹在实际被摹仿过程中并不是按照书写人的书写顺序形成的，写字机器人的书写笔顺特征完全是由软件按照自身算法控制。（见图 8 – 27）

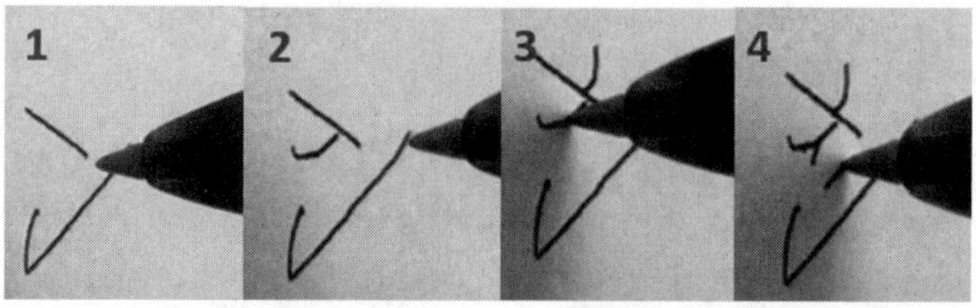

图 8 – 27　写字机器人的书写笔顺特征

如图 8－27 所示，写字机器人的书写笔画顺序，基本是由软件随机设定，未按照规范笔顺或原书写人的笔顺进行书写，且这一现象在书写大量文字时反复出现。如果检验人员确认检材存在大量的异常笔顺时，基本可断定是机器人所写。

4. 笔痕深度特征异常

机器人的输出原理决定了机器人书写过程中无法实现人类手写过程中的压力变化，从而不能导致纸张上的笔痕深度出现较大起伏。使用笔痕测量仪对图 8－28 中的书写部位 1～6 分别进行测量、比较和分析，得到笔痕深度特征谱线图并进行比较。（见图 8－29）

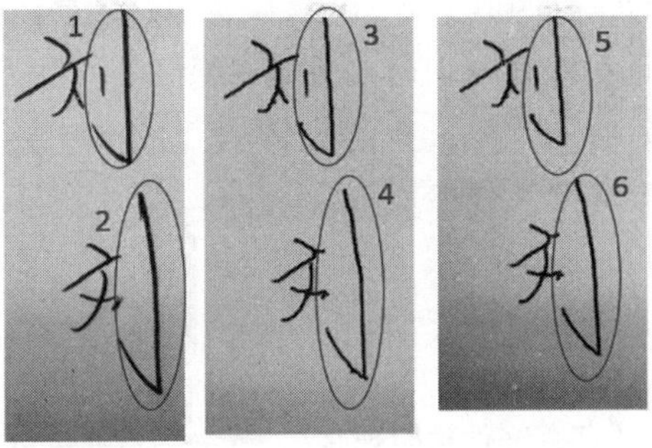

图 8－28　样本 1、2 为手写字迹，样本 3～6 为机器人书写字迹

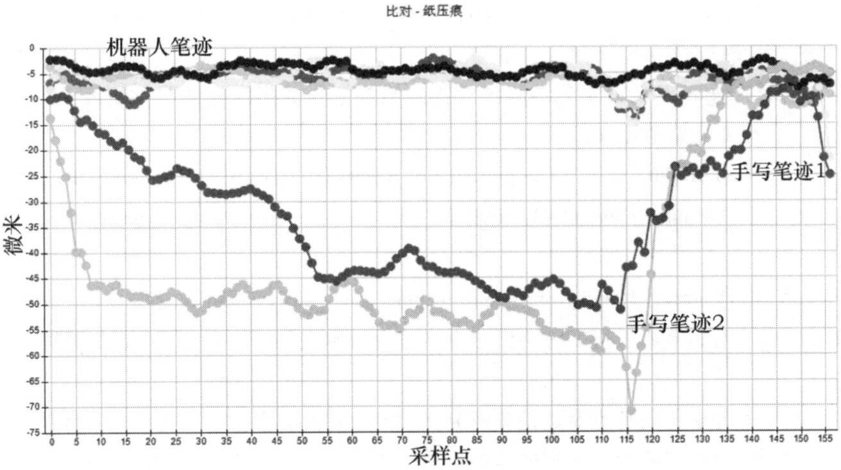

图 8－29　手写笔迹 1、2 与机器人笔迹的笔痕谱线图

从图 8－29 中可以明显看出，所有写字机器人书写的笔痕深度变化均非常平缓，几乎没有运笔力度变化可言，而书写人手写的原始签名笔痕深度压力变化趋势明显。

四、注意事项

通过对硬笔字迹的运笔特征、笔顺特征等传统笔迹特征进行细致观察，判断检材是否由机器人书写并不困难。在无样本情况下，判断毛笔书写的检材是否由机器人书写则存在一定难度，此类检材仍需尽可能地了解案情，收集同类样本进行比较后再行判断。

【思考题】

（1）笔迹特征量化理论研究的历史沿革。
（2）笔迹特征量化理论下的笔迹特征分类。
（3）电子签名笔迹的概念及形成原理。
（4）电子签名笔迹的动态特征及运用价值。
（5）机器人书写字迹的工作原理。
（6）机器人书写字迹的手写与印刷的双重属性特点。
（7）机器人书写字迹的特点。
（8）机器人书写字迹形成方式检验。

【参考文献】

[1] 陈晓红、杨旭、施少培等："荷兰文件检验现状"，载《第六届全国文检学理论与实践研讨会论文集》，群众出版社 2010 年版。
[2] 陈维娜："电子签名笔迹量化检验的可行性探究"，载《刑事技术》2018 年第 43 卷第 4 期。
[3] 刘星、何自信、郭姿含、曾永涛："浅谈奥博 8000 在笔迹量化检验中的应用"，载《第九届全国文件检验学术交流会》2016 年版。
[4] 郭名利："利用奥博 8000 笔迹量化检验仪对签名笔迹笔画凹痕深度的量化研究"，中国人民公安大学 2018 年硕士研究生毕业论文。
[5] Hao Hongguang, Guo Mingli, et al.. The preliminary Research of Depth of Chinese Signature handwriting Indentation, The 76th Annual General Meeting, The American Society of Questioned Document Examiners, 2018.
[6] R. A. Huber, A. M. Headrick. Handwriting Identification: Facts and Fundamentals. CRC Press, 1999.
[7] 王玲、沙万中："对原笔迹手写字迹与纸张上字迹进行鉴定的探讨"，载《湖北警官学院学报》2014 年版。
[8] 闫龙飞："数字手写笔迹的特点及其检验研究"，载《北京警察学院学报》2015 年第 3 期。
[9] 闫龙飞、王立梅："数字手写签名笔迹检验实验研究"，载《中国司法鉴定》2016 年第 4 期。
[10] 郝艳丽："浅析 POS 机数字手写签名笔迹"，载《法制与社会》2017 年第 6 期。
[11] 郝艳丽、陈艺娟："浅析 POS 机数字手写签名笔迹与其他类型手写签名笔迹的异同"，载《法制博览》2017 年第 8 期。
[12] 于彬、杜英杰、班智慧："电子触控笔签名与正常签名笔迹特征比较的实验研究"，载《中国刑警学院学报》2017 年第 4 期。
[13] 陈维娜："电子签名笔迹量化检验的可行性探究"，载《刑事技术》2018 年第 4 期。
[14] 周桂雪、潘自勤："数字手写签名的认证功能分析及应用建议"，载《中国人民公安大学学报（自然科学版）》2018 年第 4 期。
[15] 周桂雪、段海惠、潘自勤："数字化静态手写签名笔迹失真度研究"，载《中国刑警学院学报》2019 年第 4 期。

[16] 涂舜："电子签名笔迹中电子数据的 Excel 表格分析法"，载《中国刑警学院学报》2018 年第 5 期。
[17] 涂舜："电子签名笔迹的动态特征：种类、价值及其运用"，载《证据科学》2019 年第 2 期。
[18] 涂舜："电子签名笔迹与普通签名笔迹的笔迹特征比较分析"，载《中国刑警学院学报》2019 年第 4 期。

第三编

印刷文件检验

第九章　印刷文件检验基础知识

内容提要：作为具有传播视觉信息、艺术再创造等功能的印刷，其与人们的日常生活密不可分，印刷形成的各种物品随处可见。实践中，印刷文件作为人们记录信息、传递分享信息的重要载体的同时，往往也易被行为人作为违法犯罪的手段、直接侵害的对象，以及隐匿违法犯罪行为的手段。因而，知晓印刷文件检验的对象和任务，储备并掌握与印刷相关的专业知识，如印刷原理与工艺，印刷过程中色彩、阶调层次再现技术等，对于准确识别可疑印刷文件的制作手法，分析其可能的来源，鉴别文件是否真实至关重要。由此，与印刷相关的基础知识，也就成为文检人的必修功课。

关键词：印刷；原理工艺；色彩再现；阶调层次再现；印刷文件；检验；任务

第一节　印刷与印刷文件

一、印刷的定义及要素

（一）印刷的定义

印刷，顾名思义，可理解为用涂刷方式将图文信息转移到承印物上的过程。在数字印刷技术，特别是喷墨印刷未出现前，印刷是指利用一定压力使印版上的油墨或其他粘附性色料，向承印物转移的过程。随着喷墨印刷、CTP（计算机直接制版技术）的出现，印刷便有了其现代版的定义。根据《GB/T 9851. 1—2008 印刷技术术语 第 1 部分：基本术语》的规定，印刷是指使用模拟或数字的图像载体将呈色剂/色料（如油墨）转移到承印物上的复制过程。

印刷有广义和狭义之分。广义印刷，实际上是原稿分析、印前图文处理、制版、印刷（印版上的图文信息被转移到承印物的表面）、印后加工（将印刷半成品进行表面整饰或加工、装订、容器加工等处理）的总称。狭义印刷，仅指将印版上的图文信息转移到承印物表面的过程。无论是广义理解还是狭义衡量，印刷均具有三个特点：一是需要印版（喷墨数字印刷除外）；二是可批量生产，经济，适用面广；三是印制形成的各类印品可长时间保存。

（二）印刷的要素

按常态分析，原稿、印版、承印物、油墨、印刷机械是印刷的五大基本要素。

1. 原稿

原稿是印刷中被复制的对象，如实物、画稿、照片、底片等。其是印刷的基础，直接影响着印品的质量。

印刷用的原稿，按存在方式的不同，可分为模拟原稿和数字原稿两类。按阶调层次的不同，可分为连续调原稿和半色调原稿。连续调原稿包括画稿、照片、摄影底片等，颜色由紧密结合的极其微小的色料颗粒构成，目力和放大设备难以分辨色料颗粒，其阶调层次分布（直方图）是连续的。半色调原稿颜色由网点构成，图像的阶调层次分布（直方图）是间断的。按颜色的不同，又可分为黑白原稿和彩色原稿；按底基透明与否，可分为透射原稿（如胶片或摄影底片）和反射原稿（如照片、画稿）。

2. 印版

印版是用于传递油墨至承印物上的印刷图文载体。印版上吸附油墨的部分为印刷部分，也称为图文部分；不吸附油墨的部分为空白部分，也称为非图文部分。按照印版结构、图文与非图文部分的相对位置关系的不同，可将印版分为凸版、平版、凹版和孔版。

（1）凸版。其图文部分凸起着墨，并在同一平面上，空白部分凹下，如图 9－1 所示。

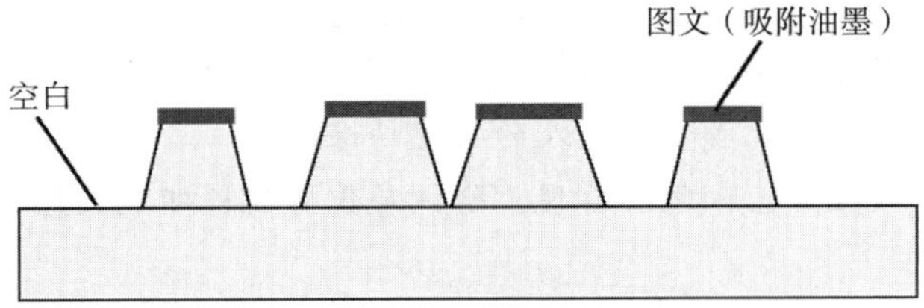

图 9－1　凸印版结构图示

（2）平版。其图文部分和空白部分在一个平面上或几乎在一个平面上，图文部分亲油疏水，空白部分亲水疏油，如图 9－2 所示。

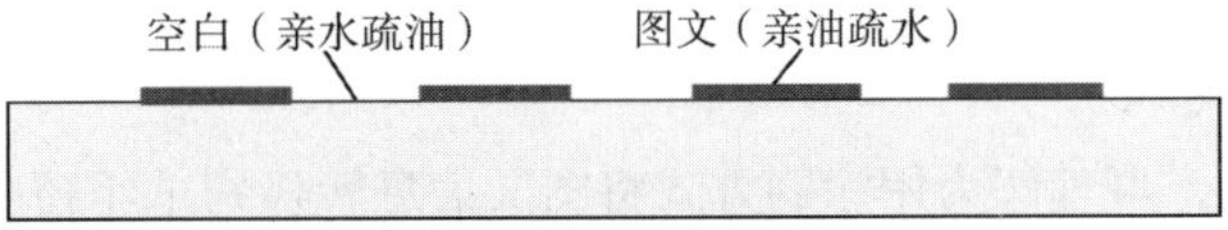

图 9－2　平印版结构图示

（3）凹版。其空白部分凸起，并在同一平面上，图文部分凹下，且凹下深浅不同，如图 9－3 所示。

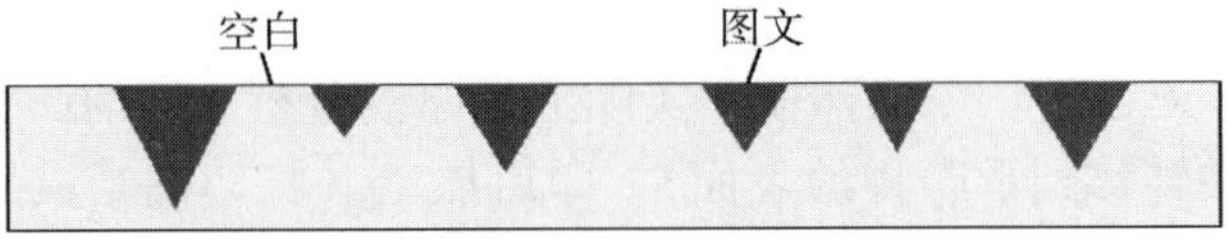

图 9－3　凹印版结构图示

（4）孔版。其图文部分由孔洞组成，如图 9－4 所示。

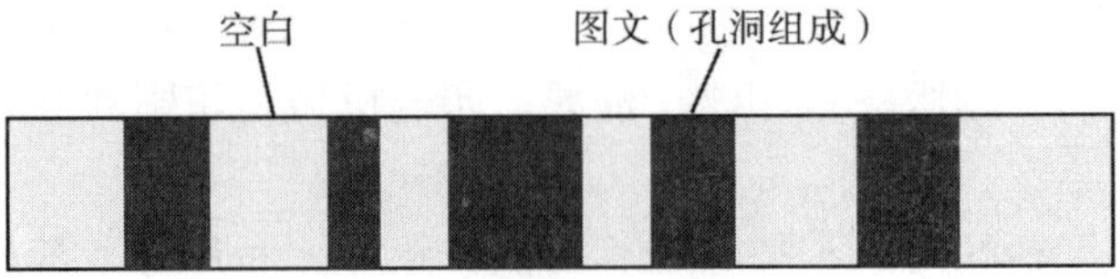

图 9－4　孔印版结构图示

印刷过程中，印版的图文部分吸墨性，空白部位的润湿性、保湿（水）性，以及印版自身的抗弯、抗压、抗张强度、最小伸长率、耐印力等，都是印前制版需要重点考虑的问题。

3. 承印物

承印物是指接受油墨或其他黏附色料并能呈现图文的各种材料。传统印刷使用最多的承印物是纸张，但在日常印刷生产中，还有很多其他承印物，如塑料、织物、木材、金属、玻璃、陶瓷、皮革等。作为最常见的承印物的纸张，其主要结构由植物纤维、填料、胶料和色料组成，通常需经历“纤维原料制浆→打浆→抄纸→整饰加工”四个过程制作形成。

根据用途的不同，可将纸张分为工业用纸、包装用纸、生活用纸、文化用纸等。其中文化用纸又包括书写用纸、艺术绘图用纸、印刷用纸。对于印刷用纸，根据纸张的特性，又可将其分为新闻纸、凸版纸、凹版纸、胶版纸、铜版纸、字典纸、地图纸、画报纸、周报纸、白板纸、书面纸等。另外，一些高档印刷品也会采用艺术绘图类纸。

就纸张的量化而言，一般包括大小、厚度、定量、净重等几个指标。纸张的大小由开数决定，受用途、裁切影响可能在尺寸上有所不同，或与标准要求存在误差。通常把一张按国家标准分切好的平板原纸称为全开纸。在以不浪费纸张，便于印刷、装订的前提下，把全开纸裁切成面积相等的若干小张，称为开数。但是，由于国际国内纸张幅面标准有多个不同系列，因此，在纸张开数相同的情况下，裁切形成的纸张的实际大小可能不同。

纸张的厚度是在规定一定面积、一定压力的条件下所测纸张两个表面之间的垂直距离；而把单位面积纸张的质量，称之为纸张的定量（单位为 g/m^2）。每 500 张全张纸的总重量，称之为一令重。令重与定量的换算公式为：1 令重（kg）= 纸张面积（m^2）× 500 定量（g/m^2）/1000；对于卷筒纸，其计量单位为净重，计算公式为：净重（kg）= 定量（g/m^2）× 卷筒纸长（m）× 卷筒纸宽（m）/1000。

为保证印刷的正常进行，从外观质量、流变性能、强度和吸湿性等方面对纸张的性能提出的要求，继而构成了纸张的印刷适性之概念。其具体衡量指标包括但不限于：平滑度、吸墨性、含水量、丝缕方向、表面强度、抗张强度等。

第一，平滑度，是指纸张表面凹凸不平的程度。一定体积的空气通过纸张的时间越长，平滑度越高。采用表面较平滑的纸张进行印刷，印版上的油墨能以较大的面积与其接触，从而在纸张上得到清晰、墨色饱满的图文。

第二，吸墨性，是指纸张对油墨的吸收能力。其强弱主要决定于纸张纤维种类、配比和纤维间的间隙。印刷过程中，印刷压力大小、施力时间对吸墨性也有影响。吸墨过快，印迹无光泽、粉化，还会导致油墨渗透到纸张背面等。而吸墨过慢，油墨干燥速度减慢，易引起印品背面粘脏，严重时还可导致印张粘连。

第三，含水量，是指纸张在规定的烘干温度下，烘至恒重时，所减少的重量与原纸重量的比值。一般纸张的含水量在 6% ~8%。若含水量过低，则在印刷过程中，会发生静电吸附现象，导致输纸困难，套印不准以及印品背面蹭脏等故障。

第四，丝缕方向，是指纸张纤维排列的方向。纸张由于对水分敏感，其会随着温度、湿度的变化而发生伸缩变化。而纸张朝着与丝缕成直角方向的伸缩率，要比与丝缕平行方向的伸缩率大得多。因而，丝缕方向与印刷机械滚筒轴线的方向关系，直接决定着印品的平整度。

第五，表面强度，是指纸张在印刷过程中，受到油墨剥离张力作用时，具有抗掉粉、掉毛、起泡以及撕裂的性能。速度越高、油墨黏度越大，就要求纸张的表面强度越大。否则可能引发“糊版”，进而导致印版的耐印力下降。

第六，抗张强度，是指纸张在断裂前所能承受的最大张力，取决于纸张中纤维本身的强度和纤维的结合强度。印刷过程中纸张处于张紧状态，纸的纵向受到一定的拉力作用，若纸张的抗张强度低于此拉力，就会出现纸张断裂现象。

4. 油墨

油墨是印刷过程中被转移到承印物上的成像物质。一般由颜料、连结料、填充料与辅助剂组成。按印刷版型不同，可分为平版印刷油墨、凸版印刷油墨、凹版印刷油墨、孔版印刷油墨等；按油墨的连结材料性质的不同，可分为水型油墨、溶剂油墨、油型油墨、树脂油墨、UV 油墨等；据承印物材料的不同，可分为纸张油墨、金属油墨、颜料油墨、布料油墨、玻璃油墨、陶瓷油墨等；依干燥形式的不同，可分为氧化干燥型油墨、渗透干燥型油墨、挥发干燥型油墨、凝固干燥型油墨等；按产品功能的不同，可分为光敏油墨、安全油墨、磁性油墨、变色油墨等。

在印刷生产过程中，油墨及辅料的印刷适性的优劣，会直接影响印迹的质量和印刷周期。因而，与纸张印刷要求相类似，油墨也有其印刷适性要求。具体而言，油墨印刷适性衡量指标包括但不限于：流变特性、色彩性能、干燥性能、耐光性、耐热性、耐溶剂性、黏着性、透明度，等等。

第一，流变特性。这是对油墨在印刷机上及承印物表面行为的一种全方位的、深入的描述，它揭示了油墨在印刷中的行为和造成这种行为的原因。油墨经过多个组件的传递最后到纸张上，这就需要油墨有好的流动性和下墨性。油墨要在纸张上通过挥发、渗透来干燥，因此也要有好的流平性，否则墨膜会出现波纹或呈橘皮状、光泽度差，甚至有针孔等印刷事故。

第二，色彩性能。其是油墨最基本的性能，也是影响油墨印刷适性最重要的因素之一。主要包括着色力、透明度等色彩性能。

第三，干燥性能。油墨转移到承印物上形成液态的膜层，膜层经一系列物理化学变化形成固态或准固态膜层的过程，称为干燥过程。在此过程中油墨表现的性能就是干燥性能，是影响复制效果的重要因素。干燥性能不好，在高速多色胶印中就容易擦花、加大喷粉用量，影响墨层光泽度，增加后加工难度。在油墨未彻底干燥前过 UV，就会造成抗拉强度不够、过油走色等品质事故。

第四，耐光性。即油墨耐受光线照射的性能。油墨的耐光性的强弱主要取决于所使用的颜料，颜料在光的作用下发生化学反应或晶形转化则导致退色，特别是紫外光最强烈。因此，对于印刷颜色要求严格而又需要过 UV 的印品，须选用耐短波光照性能好的油墨印刷。

第五，耐热性。有些油墨印刷时，需要强制干燥（如印铁油墨、热固性油墨的加热烘干等），或印刷品因需要进行加热时，就要求颜料必须能承受高温而不变色。

第六，耐溶剂性。由于纸张本身有酸碱性，后加工有可能用到一些溶剂，为保证在生产过程中不会对颜色产生影响，就要求油墨有一定的耐溶剂性。

第七，黏着性。印刷油墨在从墨斗向承印物表面转移过程中，墨膜所呈现出的对张力分裂的阻抗性，即为油墨的黏着性。印刷过程中，油墨的黏着性须与承印物的性能、印刷条件匹配，否则可能引发纸张的掉粉、掉毛、传墨不均、油墨叠印不良、印刷版脏污等印刷缺陷。

第八，透明度。即某种颜色对应该透射的光的透射程度。油墨透明度可用一定薄层油墨的透射率来表示，其取决于颜料和连结料的折射率之差，相差越小，油墨越透明。

5. 印刷机械

印刷机械是指用于生产印品的机器设备，包括印前设备、印刷机、印后设备、质检设备等。

现代印刷可能用到的印前设备主要有：照相机、电子分色机、图文信息处理系统（扫描仪、制作终端及排版制版应用软件）、打样机（数字打样机、传统打样机）、激光照排机、晒版机、冲版机、烤版机、直接制版机（CTP）等。

对于印刷机而言，按印版类型的不同，可分为凸版印刷机、平版印刷机、凹版印刷机和孔版印刷机（见图9-5）；据纸张使用方式的不同，可分为单张纸印刷机和卷筒纸印刷机［见图9-6（a）］两类；按印刷色数的不同，可分为单色印刷机、双色印刷机、多色印刷机等［见图9-6（b）］；根据印版及辊筒压印方式不同，印刷机又可分为平压平式印刷机、平压圆式印刷机、直接圆压圆式印刷机、间接圆压圆式印刷机等。

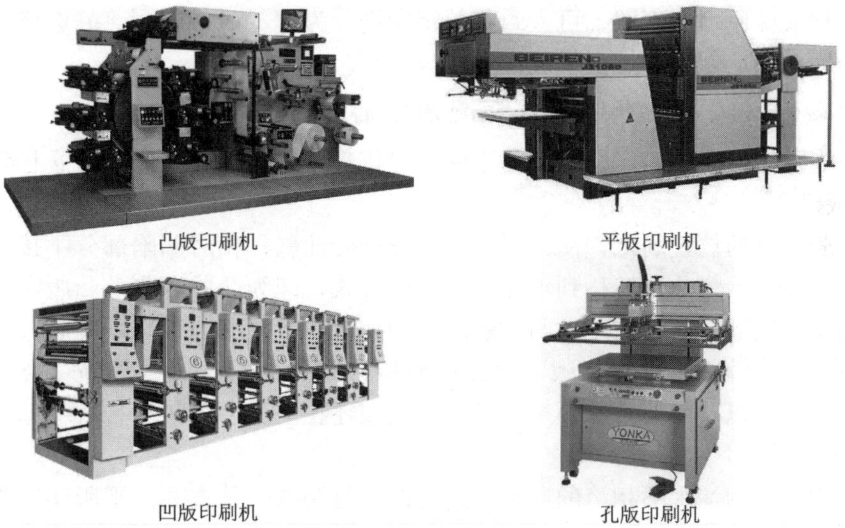

凸版印刷机　平版印刷机

凹版印刷机　孔版印刷机

图9-5　四种印刷机图示

(a) 卷筒纸印刷机　(b) 四色印刷机

图9-6　卷筒纸印刷机和多色印刷机图示

印后设备主要包括切纸机、装订设备（骑马订、平订、胶订等）、装订辅助设备（锁线机、压平机等）、表面装饰设备（压纹机、烫金机、模切机、覆膜机、上光机等），等等。

二、印刷的分类

（一）按图文转移到承印物方式的不同进行分类

1. 传统印刷

传统印刷是以印版为载体，使用呈色剂/色料将原稿图像转移到承印物上的复制过程。实践中常见的凸版印刷、平版印刷、凹版印刷和孔版印刷，即传统印刷的典型代表。

2. 数字印刷

对于用数字信息替代传统模拟信息，使用数据文件控制相应设备，直接将图文信息转移到承印物上的印刷技术，即为数字印刷。数字印刷与传统印刷相比，其最大的不同在于图文数字信息在承印物上的直接记录。其减少了传统印刷的拼版、出片、晒版等过程，且具有生产周期短，工艺流程简单，可实现可变数据印刷、远程印刷、按需印刷等优点，业已在印刷业中广泛应用。

按印版图文是否可记录、擦去，可将数字印刷分为不可变图文数字印刷和可变图文数字印刷；根据成像原理的不同，可大致将数字印刷分为喷墨成像印刷、静电成像印刷、磁记录成像印刷、热成像印刷、离子成像印刷等类型。

（二）按印版表面结构形式或印刷原理的不同进行分类

按印版表面结构形式或印刷原理的不同，可将现今的印刷大致分为以下七类。

1. 凸版印刷

利用印版自身的位置高低，使印版凸出部分接受油墨，相对凹陷部分不接受油墨，继而在压力的作用下，将油墨转移到承印物的印刷方式，即为凸版印刷。凸版印刷的历史悠久，我国最早可追溯至唐代初年发明的雕版印刷技术。常见的凸版印刷制版方式包括活字版、铅复制版、铜锌版、橡胶凸版、感光树脂版、高弹性柔性版，等等。当前，一些书刊、票据、信封，以及需要特殊加工的烫金、烫银还在使用凸版印刷。

2. 平版印刷

平版印刷是利用油水不相溶的原理，进行图文复制的一种方式。平版印刷常用的印版方式包括石印版、珂罗版、感光蛋白版、平凹版、多层金属版、预涂感光版（PS 版）。当前的平版印刷系间接印刷，印刷时先将图像印在橡皮滚筒上，图文由正变反，再将橡皮滚筒上的图文转印到纸上。画册、画刊、年历等均可用此方法印刷。

3. 凹版印刷

凹版印刷属于直接印刷，印刷时先将整个印版表面涂满油墨，而后用特制刮墨机构，将空白部分的油墨去除，使油墨只存留于图文部分的，再在压力作用下，将油墨转移到承印物表面，最终获得印品。凹版印刷根据制版的方式，又可分为雕刻凹版（手工雕刻凹版、机械雕刻凹版、电子雕刻凹版）印刷和照相凹版（普通照相凹版、照相加网凹版、道尔金腐蚀凹版）印刷两类。凹版印品颜色的浓淡与凹陷深度有关，深则浓，浅则淡。钱币、邮票、有价证券、塑料膜、丝绸等都可采用凹版印刷。

4. 孔版印刷

孔版印刷的基本原理是：在平面版材上打孔并施墨，无孔之处不漏墨，有孔处油墨可透过孔隙漏印到承印物上，形成图文。孔版印刷根据印版的不同，又可分为分型版印刷、誊写孔版印刷、打字孔版印刷和丝网印刷。当前，丝网印刷是孔版印刷的主要方式。一般而言，凡是墨层立体感较强的印品，如瓶罐、织物、玻璃及普通电路板印刷，大多采用孔版印刷。

5. 静电复印

静电复印是一种利用静电光敏半导体材料的感光特性形成影像的印刷方法。根据复印方式、输出材料的不同，可分为直接复印法和间接复印法。当前静电复印主要是间接静电复印，其基本原理是：静电复印过程中，运用静电感应原理，使得带静电的光敏材料在曝光时，原稿电荷随光线强弱变化发生相应变化，形成静电潜影，再经显影、转印、定影，最终得到复制品。因其具有简便、迅速、清晰、可扩印和缩印等优点，静电复印业已成为现代办公印刷的重要方式之一。

6. 电子打印

将电脑、其他电子设备中的视觉信息（图形、图像、文字、符号），通过打印机输出在纸张或其他承印物的过程，即为电子打印。从1976年全球第一台喷墨打印机诞生到目前打印机的普及，其已成为现代办公不可或缺的设备。因而，与之对应的电子打印，也已成为现代办公印刷的主要方式之一。

7. 传真打印

传真打印是运用扫描和光电变换技术，先将发送端的图文光信号转换成电信号，经放大、编码或调制后送至信道传至接收端，再从接收端加以解码输出（光电转换），从而形成图文副本的一种印刷方式。

（三）按印品色彩进行分类

1. 单色印刷

在印刷机上一次输纸和收纸的一个印刷过程中，只在承印物上印刷一种墨色，称为单色印刷。

2. 多色印刷

一个印刷过程中，在承印物上印刷两种或两种以上的墨色，即为多色印刷。多色印刷以黄（Y）、品红（M）、青（C）三原色和黑（K）油墨叠印最为常见。此外，也有五色、六色、七色的高保真印刷。

（四）按印刷对象、用途进行分类

按照印刷对象、用途的不同，可将印刷分为书刊印刷（在印刷中所占比例最大），报纸印刷（在印刷中所占比例仅次于书刊印刷），包装装潢印刷，广告印刷（如商品样本、海报、画报、招贴画、图片、广告牌等），钞券印刷，地图印刷（精度要求高），特种印刷（如静电植绒、全息照相印刷、磁性印刷等）等。

三、印刷文件

（一）印刷文件的定义

印刷文件，即利用工业印刷方法和办公印刷方法制作形成的各类印品的总称。广义理解，印刷文件泛指以各种印刷方法在一切承印物上印制成的印品；狭义分析，印刷文件仅指以纸张为载体的印品。使用传统的四大类印刷方法，即工业印刷方法印制成的印品，在文检领域常称作专业制版印刷文件；以办公印刷方法（打印、复印、传真）制作成的印品，在文检领域常称作办公机制印刷文件。

（二）印刷文件分类

1. 按照印刷原理、方法的不同进行分类

据此分类方法，可将印刷文件分为专业制版印刷文件和办公机制印刷文件。专业印刷制版文件又可进一步分为凸版印刷文件、平版印刷文件、凹版印刷文件、孔版印刷文件四类；办公机制印刷文件又进一步分为电子打印文件、静电复印文件、传真文件三类。

2. 按印刷文件性质和用途进行分类

按此标准，可将印刷文件分为：

（1）书写（填写）纸印品。包含使用专业制版印刷制成的，具有特定格式、满足一定规范要求的公文纸、稿纸、信封、合同纸、介绍信、表格、单据、凭证等。

（2）宣传品。包含印刷发行的图书、报纸、杂志以及广告宣传单等。

（3）货币、票券。包括货币、债券、支票、汇票、本票、邮票、车船票、机票、门票、奖券等。

（4）证件、证书。如身份证、护照、驾驶证、行驶证、营业执照、毕业证书以及其他各类证件、证书等。

（5）银行卡、消费卡。包括银行发行的储蓄、支付、转账、提现功能的各种银行卡（信用卡、借记卡），以及充值卡、购物卡、健身卡、公交卡，等等。

（6）其他印品。如标牌、商标、商品条码、包装材料，等等。

第二节　印刷文件检验的对象及任务

印刷文件检验是在深入研究印刷知识，分析利用印刷文件进行违法犯罪活动规律、特点的基础上，依据待检文件自身所反映出的种种特点，对其印刷方法、印刷机具、印品来源、文件真伪等，进行分析判断的专门性检验活动。

一、印刷文件检验的对象

简言之，印刷文件检验的对象是各类印刷文件物证，包括专业制版印刷文件、办公机制印刷文件以及印章印文三大类。鉴于印章印文的重要性，以及印章印文的制作工艺、伪变造手段、识别方法等方面的特殊性要求，不少学者在研究过程中，可能会将印章印文检验单独列出研讨。但从性质上讲，印章印文基于印刷工艺而形成，因此，印章印文检验理应包含于印刷文件检验之中。

印刷文件的具体检验对象，即种类繁多、形式各异的具体印品。鉴于前文已从印刷原理、文件性质和用途角度对印刷文件作出了分类，这里不再赘述。但需要说明的是，在目前文检实践中，常见的印刷文件类型包括：电子打印文件、静电复印文件、护照、公务人员（军人）工作证、车辆相关证件（涉车案件中较多见）、证书（结婚证、毕业证、学位证）、商标（集中表现在知识产权纠纷中）、货币（以制售假币居多）、反动宣传材料（如“法轮功”等）。

二、印刷文件检验的任务

（一）印刷方法检验

印刷方法检验，是指根据被检对象反映出的种种特点，确定文件属于工业印刷方法、办公印刷方法中的哪些具体方式印刷而成。印刷方法检验的价值主要体现在：一是为证据调查活动指明方向、缩小调查范围；二是较高的否定价值。例如，对于一份印刷文件，其落款处一方的公章印文不是加盖形成，而是彩色打印形成，在此情况下，其极大可能并非该方的真实意思表示；在书写体字迹（不考虑电子签名、数字签名）不是书写，而是打印/复印形成情况下，也是如此。

（二）印刷来源检验

印刷来源检验，负责根据检材印刷文件所反映出的印刷特征及其变化规律，将其与样本文件进行比较，进而判断被检文件出自何区域、单位，甚至为何人所占有。检验的具体类型包括同版印品检验、同原稿印品检验和同阶段印品检验。

同版印品检验，是指通过对承印物上反映出的印版的种类和个体特征进行分析、比较和鉴别，确定多份文件物证的印刷图文内容是否为同一印版印刷的专门技术。需说明，此处的同版包括实物版和数字版。同原稿印品检验，主要负责通过对承印物上反映出的制作印版的原稿特征进行分析、比较和鉴别，确定多份文件上的印刷图文内容是否来自同一原稿。同阶段印品检验，即通过对大量样本材料特点的逐一分析，探究其印刷特征随时间变化的规律，从而判断被检印刷品与印刷品样本是否在相同阶段（批次）形成，这一检验存在一个前提，即检材印品与样本印品应是同版印品。

（三）印刷机具检验

根据同一认定基本原理，印刷机具检验包括印刷机具种类检验和同一性检验两类。印刷机具同种类检验，负责根据承印物上反映出的印刷文件种类特征，确定被检文件属于何种类机具印刷形成；印刷文件同机检验，则是通过对承印物上反映出的印刷文件个体特征进行分析、比较和鉴别，确定文件的特定印刷工具或文件是否为同一印刷机具印制。

（四）印刷文件真伪检验

印刷文件真伪检验的具体任务是，通过对检材印刷文件特征的分析、判别，或者通过检材印刷文件与样本印刷文件的比较，确认检材印刷文件的真假，进而为诉讼活动提供线索、证据支持。对于专业印刷制版文件而言，真伪检验通常需要样本支持，其真伪的判断是建立在样本为真这一前提下的。若需要判定是否存在伪造、变造，则还需要发现包括添涂、擦刮、消退、挖补、拼凑等在内的异常痕迹，确定伪造、变造手法；而对于办公机制印刷文件的真伪判定，主要是针对伪造、变造而言的，其主要任务在于发现是否有添加、换页、异常处理、混合伪造变造痕迹，以及对印刷次数（传真文件复制次数）的判别。

第三节　印刷原理及工艺

印刷原理是在大量观察、实践的基础上，经归纳、概括而得出有关于印刷的基本规律；而印刷工艺则是实现文字、符号、图形、图像到承印物复制的全过程，是一项集摄影、美术、工艺、化学、电子、计算机科学技术、环保要求于一身的技术。二者相比，原理为印刷的实现提供方法论指导，工艺负责印刷的实现和质量控制。当前的印刷方法，按照转移到承印物方式的不同进行分类，可分作传统印刷和数字印刷两类，而两种印刷的原理和工艺不尽相同。鉴于此，下文对二者分别展开讨论。

一、传统印刷的原理及工艺

（一）传统印刷相关原理

1. 印刷过程中的润湿

传统印刷的油墨转移是以润湿作用为基础的。与对地球表面生物环境感受如土壤、空气等含有水分程度不同的定性描述的湿润不同，润湿是指物体表面上的一种流体被另一种流体取代的过程，因此，润湿作用必须涉及三相，而其中至少有两相为流体。在一般生产实践中，润湿是指固体表面上的气体被液体取代（有时是一种液体被另一种液体所取代）的过程。固体的表面被液体润湿后，便形成了“气－液”“气－固”“液－固”三个界面，通常把有气相参与组成的界面叫作表面，即把“气－液”界面叫作液体表面，“气－固”界面叫作固体表面。

印刷过程中的润湿性要求主要集中在印版和橡皮布、墨辊上。印版表面的润湿，是指各类印版图文部分上的空气被油墨取代的过程，以及胶印印版的空白部分上的空气被润湿液取代的过程。因为油墨的液体部分是由连结料构成的，除天然树脂、合成树脂外，油墨的连结料均为有机液体。在有机化学中，有机液体统称为“油”。因此，就把油墨对印版图文部分的润湿看成油墨对印版图文部分的润湿。润湿液的主要成分是水，它对平版空白部分的润湿是水对印版空白部分的润湿。

橡皮布和墨辊固有的润湿性以及在印刷过程中润湿性的变化，对印刷的正常进行尤其是胶印的正常进行极其重要。橡皮布是胶印机油墨转移的中间体。印刷时，橡皮布与印版图文部分油墨接触的同时，也与印版空白部分的水相接触。因此，橡皮布主要由非极性材料橡胶构成，以保证橡皮布最大限度地吸附油墨并转移油墨，最小限度地吸附水分。墨辊在印刷机上主要负责传输油墨，有良好亲油性的每一根墨辊都是从前一根墨辊接受油墨，然后把接受的油墨传递给下一根墨辊。因而，为使油墨在墨辊间迅速地展布均匀，印刷机一般采用软质和硬质墨辊交替的方式配置，以使相邻的墨辊产生良好的接触。

2. 印刷过程中的压力

印刷压力，一般是指油墨转移过程中压印体在压印面上所承受的压力，即沿压印面的方向，指向压印面的力。印刷压力偏小，印品墨色浅淡，图文残缺不全；印刷压力偏大，印品上的网点严重扩大，甚至糊版；印刷压力不稳定，印品上则会出现墨杠；印刷压力过大或不稳，会加剧印版的磨损，降低印版的耐印率，缩短印刷机的寿命。因而，印刷过程中，选择适当的印刷压力，对于印刷机、印品质量、印版至关重要。

专业制版印刷中，柔印、平版胶印、凹印印刷压力主要来源于包衬，丝网印刷的压力则来源于刮墨板上的橡胶头。影响印刷压力变化的因素除包衬的材质、厚度、压缩量外，还包括印版的图文结构、承印物材料以及印刷速度。

3. 印刷过程中油墨的传输和转移

印刷过程中，油墨从墨斗经匀墨辊、着墨辊到达印版，再从印版转移到承印材料表面，经历给墨、分配和转移三个行程。油墨在前两个行程中完成传输，在最后的行程中完成转移，如图 9 –7 所示。

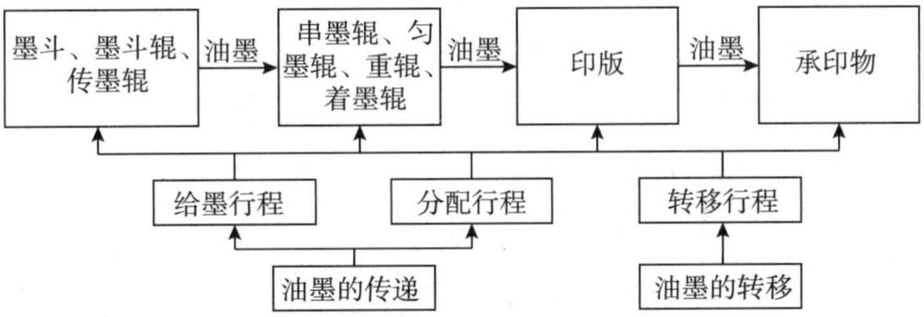

图 9 –7　油墨的传输和转移过程

正如图 9 –7 所示，给墨行程是指油墨从墨斗传输到匀墨辊的过程。参与的机械组件主要包括墨斗、墨斗辊、传墨辊；对于凸版印刷和平版胶印所常使用的长墨路供墨系统，其主要由串墨辊、匀墨辊、重辊、着墨辊组成。油墨分配行程的主要作用是改善油墨的流动性，并使油墨分布均匀。衡量油墨分配系统的指标主要有匀墨性能、着墨性能和贮墨性能。

假定油墨传输系统中所有的墨辊都能被油墨较好地润湿，并且对油墨无吸收；油墨传递过程中，除墨斗辊、传墨辊外，所有墨辊的外缘线速度都与印版的外缘线速度相等。油墨在强制受压的情况下通过墨辊的间隙，分裂后分别附在两个墨辊上，完成油墨的传递和分配。由此，便构成了油墨传输的理想模型。

油墨是黏弹性物质，其分裂和转移是在周期极短的冲击力的作用下完成的。油墨的转移附着，主要依靠机械投锚效应（转移到承印物表面的油墨，有一部分填入凹陷或空隙当中，犹如投锚作用一样，使油墨附着在承印物表面）和分子间的二次结合力。印刷方式不同、使用油墨不同，油墨附着效果各不相同。

4. 平版印刷水墨平衡

平版印刷是利用油水不相溶这一规律进行油墨转移的。输水装置负责供给印版空白部分一层均匀的水膜；输墨装置负责给印版的图文部分涂上一层厚度均匀的墨膜，如图 9 –8 所示。上述工作完成得越出色，印品质量越好，原因在于在压印区域内，油墨的转移取决于给墨量。理想情况是，印版上所有的印刷图文部分都涂有一层厚薄均匀的墨膜，并将墨膜转移到承印物上。但是，由于润湿液和油墨同时存在于印版之上，虽然油墨和水互不相溶，但在着墨辊、着水辊以及橡皮滚筒的高速剪切作用下，油水间产生了相互作用，油墨被乳化。因而，如何实现印刷过程中油、水的平衡，自然就必须认真考虑。

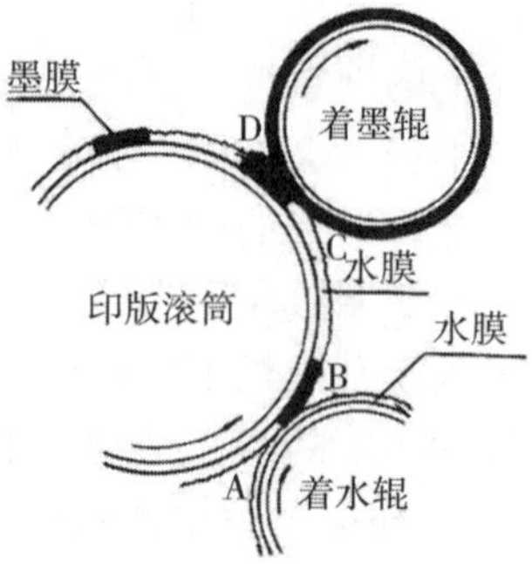

图 9-8 胶印机油墨和水的传递

当前，虽然已有研究者提出了相应的无水平版印刷技术，但因其技术特性所限，目前仍未走向普及，因而主流平版印刷仍然离不开水（润湿液）。但是，印版上的水分过多或过少都会影响印刷质量。若在胶印机运转中改变润湿液的供给量，就会产生如下问题：一是水分过大时，印刷品出现花白现象，实地部分易产生“水迹”，使印迹发虚，墨色深淡不匀，此外还会导致纸张的变形量增大，图文套印不准，沾湿滚筒衬垫或使滚筒壳锈蚀等；二是水分过小时，容易引起脏版。随着印刷时间增加，油墨逐渐堵塞非着墨的部分，出现“糊版”，位于实地上的网点区的浅底纹可能被油墨堵死。因此，平版印刷中，润湿液的供给量必须适中。总体要求是，在不导致脏版的前提下，尽量减少水的用量，达到水量和墨量的平衡。

5. 柔性版、凹版、丝网印刷油墨的转移

柔性版是橡皮凸版、感光性树脂版等弹性固体制成的凸版的总称，属于凸版印刷范畴。柔性版印刷的油墨转移原理是，将低黏度、高流动性的油墨填充到网纹辊（见图 9-9）细小的着墨孔中，多余的油墨被刮刀刮除，留在网纹辊着墨孔中的油墨，随后转移到柔性版浮雕状的图文上，当印版上的油墨区和承印物接触时，便完成了油墨的转移。

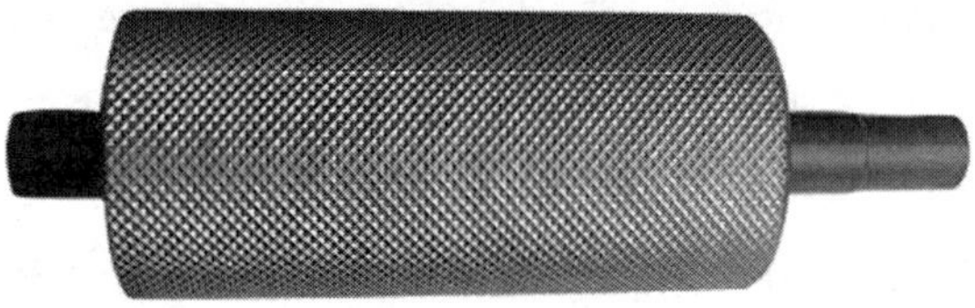

图 9-9 柔性版印刷机网纹辊

凹版印刷机采用短墨路输墨系统，将低黏度的油墨输送到印版的网穴中。凹印油墨的转移与承印物表面性能、印刷压力等因素相关。有学者认为，凹印油墨的转移首先来自毛细管作用。当纸张（或其他承印物）和凹版滚筒分离时，借毛细管吸力，网穴中的油墨被取出而附着在上面。印版与承印物的间隙愈小，毛细管吸力愈大，油墨转移量也愈大。凹版印刷为直接印刷，印版滚筒和覆着橡皮布的压印滚筒直接接触，两滚筒合压后，必须产生较大的压力，才能把印版网穴中的油墨转移到承印物上。因凹印压力比平版、凸版印刷大，所以对橡皮布的技术指标的要求更严。

丝网印刷系当前主流的孔版印刷方式，其油墨转移的原理是将丝织物、合成纤维织物或金属丝网绷在网框上，采用手工刻漆膜，或者用感光材料通过光化学方法制成丝网印版。印刷时通过刮板的挤压，使油墨从图文部分的网孔漏印到承印物上，完成油墨的转移。

（二）传统印刷相关工艺

以印版为载体的传统印刷，完成一件印刷品需要经过“原稿分析（选择或制作）→

印前图文信息处理→制版→印刷→印后加工”五个阶段，如图 9－10 所示。

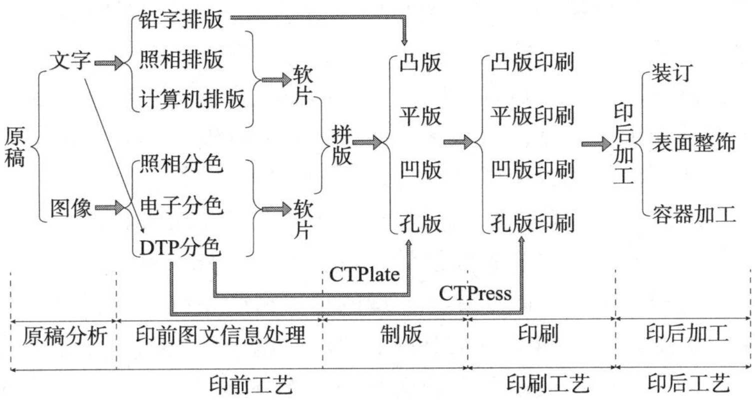

图 9－10　传统印刷工艺一览

1. 印前工艺

印前工艺流程主要包括工艺设计、图文信息输入处理、图文信息输出、制版四个基本过程。以照相、电分复制工艺为例，其工艺流程可具体细化为图 9－11 的内容。下文重点介绍“图文信息输入处理→图文信息输出→制版”的工艺。

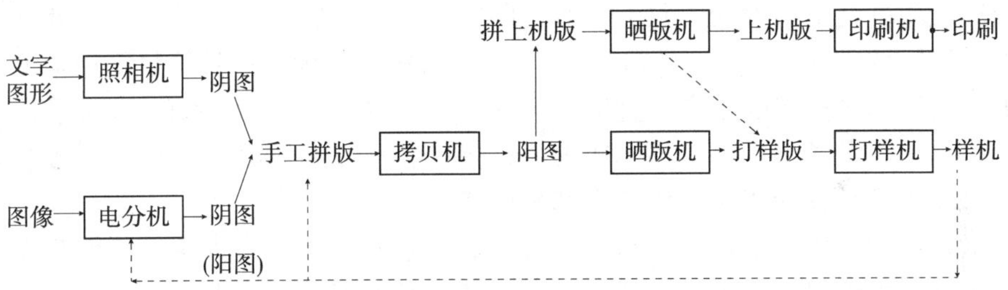

图 9－11　照相、电分复制工艺流程

（1）图文信息输入处理。按处理对象的不同，又可将其分为文字信息、图形与图像信息的输入处理两类。

第一，文字信息输入处理。依据文字原稿及对印刷品的要求，确定适当的字体、字号、行距、字距、版式等，并利用文字信息处理设备对文字原稿进行版面设计和排版，这是文字信息输入处理的主要任务。常用的印刷字体包括：宋体（包含报宋、书宋、小标宋、中宋、大标宋、粗宋、宋黑等），楷体，仿宋体，黑体及等线体，圆头体等；印刷文字的大小计量方法有号数制、点数制、级数制（计算机排版不采用该计量方法）；文字排版主要采用活字排版、照相排版（目前主要使用激光照排机进行排版）和计算机排版三种方式进行。关于文字信息的录入，详见下文关于电子分色、DTP（Desk Top Publishing）的介绍。

第二，图形与图像信息输入处理。谈及图形、图像信息的处理，一般需要通过电子分色或 DTP 加以实现。

电子分色，实质上可以视为电子扫描，即将原稿透过电子分色机（专业扫描机）转换成能被计算处理的数字元元影像，也就是分色成 RGB 或是 CMYK 数字元元影像的过程。电子分色需要通过电子分色机来完成。典型电子分色机由三个系统构成，一是扫描系统，主要负责将原稿透射或反射光，接受后转换成红、绿、蓝 3 个颜色的电信号，直到扫完原稿的全部；二是控制系统，主要负责将电信号经前置放大、彩色校正、层次校正、底色去除、细微层次强调后输出；三是记录系统，即将控制系统输出的信号进行同步记录，再进入控制缩放比例的比例计算机，使感光片上记录的图像尺寸符合出版要求。

DTP，即彩色桌面出版系统的缩写，是 20 世纪 90 年代推出的新型印前处理设备，集图像录入、文字管理、图像编辑、版面设计、图文合成、图文输出于一身。简言之，DTP 系统就是通过计算机进行文字、图像综合处理的整页拼版系统，主要由桌面分色和桌面电子出版两部分组合而成。它的问世，从根本上解决了电子分色机处理文字功能弱，无法很好地制作图文合一的阴图底片的缺陷。总体结构上分为输入、加工处理和输出三大部分。输入部分负责对原稿进行扫描、分色并输入系统，主要用到的设备包括：高精度的扫描仪、数码相机；加工处理部分负责是对已输入计算机的图像、图形、文字信息进行编辑、修饰、调整、排版、组版等处理，从而达到整页图文输出的目的；利用 DTP，图文信息经过计算机的处理、编辑，组合成为各个独立的排版结果，再由版面描述语言将其汇总，成为可在一页上显示或输出的结果，再送至光栅图像处理器（RIP），对每一点指定亮度，转换成为光栅图像，继而完成图文的输出。

随着现代印刷技术的发展，并不是所有印刷工艺都要经过上述图文信息处理过程。以计算机直接制版技术（Computer To Plate，CTP）为例，作为一种计算机把原稿文字图像经排版编辑，由计算机控制的激光束直接记录在印版上的制版技术，CTP 省去了传统印前工艺中的软片、晒版等过程，减少了传递误差，但是版材成本较高。计算机直接制版系统一般由计算机、成像系统和印刷版材三个部分构成。

计算机直接制版机的工作原理是：由激光器产生的单束原始激光，经多路光学纤维或复杂的高速旋转光学裂束系统，分裂成多束极细的激光束。每束光分别经声光调制器按计算机中图像信息的亮暗等特征，对激光束的亮暗加以调制，变成受控光束。再经聚焦后，上百束微激光直接射到印版表面进行刻版工作，通过扫描刻版后，在印版上形成图像潜影。最后经显影，将计算机中的图文信息还原于印版。

在传统印刷的图文信息处理过程中还涉及出血、陷印、拼版与合开等工艺。印刷领域的出血，又叫出血位，其作用主要是保护成品裁切，防止因切多了纸张或折页而丢失内容，出现白边。反向理解，在印品制作过程中，分为设计尺寸和成品尺寸，设计尺寸往往大于成品尺寸，超出部分在印刷后需裁切掉，因而将需要印出并裁切掉的部分就称为出血或出血位；陷印，也叫补漏白，又常称为扩缩，主要是为了弥补因印刷套印不准而造成两个相邻的不同颜色之间的漏白；拼版又称装版或组版，即将图文进行拼合，属制版前的一道工序。因印刷过程中不可能总是制作正规开数的印品，所就需要在拼版时就需尽可能地将成品放在合适的纸张开度范围内，因而就产生了合开的概念。

（2）图文信息输出。图文信息输入处理完后，印刷就步入输出阶段，即出片。图文信息输出所用的设备有适用于分色胶印的激光照版机，直接记录胶片直接制版机，凹版印刷用的电子雕刻机和激光雕刻机，黑白、彩色激光、喷墨打印机，柔性版直接制版机等。使用上述设备，在进行 RIP（Raster Image Processing）、输出设备选择、设置胶片或印版尺寸、完成分色及加网设置等的基础上，最后采用机械打样、印刷机打样等方式制作形成样版。

（3）制版。对于凸版印刷而言，常用到铜锌版制版、感光树脂版制版等。铜锌版制版，是通过照相的方法，将原稿上的图文复制成正向阴图底片，然后将底片上的图文，晒到涂有感光层的铜锌版上，经显影结膜处理后，再用腐蚀液，将版面的空白部分腐蚀下去，最终得到浮雕般的印版。铜锌版可分为铜版和锌版。铜版常用于复制连续调图像，锌版一般用于复制线条原稿。感光性树脂版制版，是将感光性树脂压合或浇涂在印版的底基材料上，然后用阴图覆于感光层表面，经曝光后进行显影，洗去未感光部分，从而形成凸起的聚合物浮雕图像。感光树脂版，按照树脂成型前的形态，可分为液体固化型和固体硬化型两大类。液体树脂版制版，一般要经过铺流、曝光、冲洗、干燥与后曝光等工序。固体树脂版制版较液体树脂版制版，多一道热固化工序。

对于平版印刷制版，可界分为传统平版与 CTP 平版制版。传统平版制版的工艺流程是：原稿输入（键盘、扫描、光学识别、数码照相、视频捕获、语音转化）→图文处理（版面设计、排版、拼版）→分色加网→发排→晒版→显影→印版→打样；CTP 平版制版的流程与传统平版制版的不同之处在于，其省略了发排、晒版、显影环节。此外，平版印刷所用印版还有 PS 版和无水平版。PS 版，即预涂感光版（Pre - Sensitized Plate），是在铝版基上预涂了感光胶（重氮或叠氮盐、硝基等感光剂与树脂配制形成），可随时进行晒版的平印版。PS 版按版材可分为阳图型 PS 版（感光膜发生光分解反应）和阴图型 PS 版（感光膜发生光聚合反应），二者均遵循曝光（紫外线光源）→显影（稀碱溶液中溶解）→修版（除脏）→后处理（包括烘干、烤版、提墨、擦胶等）的制作工艺流程。无水平版，是在铝版基上利用硅橡胶或硅树脂作为斥油性的空白部分，所制作成的一种印版。无水平版的图文部分使用铝版基或其他亲油基础制作，空白部分用硅橡胶或硬化的硅树脂感光层加以包覆。

凹版根据制版方式的不同，可分作雕刻凹版（手工雕刻凹版、机械雕刻凹版、电子雕刻凹版）印刷和照相凹版（普通照相凹版、照相加网凹版、道尔金腐蚀凹版）印刷两类。当前，在雕刻凹版制作过程中，以电子雕刻凹版最为常用。电子雕刻凹版，又可分为机械电子雕刻凹版、激光雕刻凹版以及电子束雕刻凹版三种。以机械电子雕刻凹版制作为例，其工作原理是将原稿贴附在扫描滚筒上，由扫描头对原稿进行扫描，同时，扫描头向计算机发送脉冲信号，计算机按照一定的顺序驱动并控制一种雕刻头在镀铜版滚筒的相应位置处雕刻网点，进行制版。普通照相凹版（又称为影写版）的制作方法是：碳素纸经敏化后晒白线网屏，再晒连续调阳像底片，之后将碳素纸上的感光层过版转贴到铜滚筒上，用温水浸泡，溶掉未感光胶层，而后用氯化铁溶液腐蚀，得到照相凹版；照相加网凹版不需要碳素纸作中间媒介，直接在滚筒表面涂布感光胶，然后把加网阳图包裹，进行晒版、显影腐蚀后制版；道尔金腐蚀凹版是普通照相凹版和照相加网凹版的结合体，其是将带网墙的加网分色阳图和连续分色阳图，在滚筒表面涂布感光胶后经二次曝光制作形成。

丝网版制版的基本方法是“感光制版法”，即将丝网紧绷在丝网框架上并涂布感光胶（或贴感光膜），干燥后经晒版，见光部分硬化形成硬化版膜，同时去除未见光部分的感光胶（膜），进而得到印版。丝网版的感光制版，又可采用直接制版法（将感光树脂直接涂布在丝网上，再进行曝光制版）、间接制版法［在感光膜上晒版，然后将其转拓（贴膜）

到丝网上］等进行制版。

2. 印刷工艺

印刷是随着文明的产生与发展，笔、纸、墨的出现而出现的。印刷术最早源自公元前4世纪阴文反写、阳文反写印章。到公元7世纪的唐朝初期时，出现了有印刷史“活化石”之称的雕版印刷（最早的凸版印刷）。

宋仁宗庆历年间（公元1041～1048年），毕昇发明了胶泥活字印刷术（世界最早的活字印刷术）；元代，王桢发明了木活字、锡活字；明代（1490年），华燧发明了铜活字；15世纪中叶，约翰·谷登堡（1398～1468年）发明了铅活字版印刷术，造就了现代印刷术。

谷登堡发明活字印刷术的时间为公元1440～1448年，虽较毕昇发明活字版印刷术晚400年之久，但是，谷登堡在活字材料的改进、脂肪性油墨的应用，以及印刷机的制造方面，都取得了巨大的成功，奠定了现代印刷术的基础，因而被公认为现代印刷术的创始人。谷登堡用作活字的材料是铅、锡、锑合金，易于成型，制成的活字印刷性能好。在铸字工艺上，使用了铸字的字盒和字模，使活字的规格容易控制，也便于大量生产。其所发明的活字印刷术，一直沿用至500余年之后的20世纪末。

1460年，意大利人菲尼格拉发明了雕刻金属凹版印刷法。至光绪三十一年（1905年），雕刻凹版印刷法正式传入中国（以商务印书馆聘请技师教授为标志）。

1589年，西方的铅活字和印刷机传入中国，中国出版业开始以铅活字印刷出版图书；1819年，英国人玛利逊第一次用汉字活字印成了《圣经》；1838年英国人台约尔在新加坡制成一套汉文铅字。

1798年，出生在布拉格的捷克裔德国人阿罗依·塞尼菲尔德（Alois Senefelder，1771～1834年）发明了石版印刷（最早的平版印刷）。

1860年，美国生产出第一批轮转机。此后，德国又相继生产了双色快速印刷机、印报用轮转机，以及双色轮转机，到1900年又制成了六色轮转机。

1859年，美华书馆迁往上海，在这一年由该馆技师姜别利（美国人）改进了汉文活字规格，定出了37种标准，奠定了汉文铅字制度的基础。他又创造了电镀字模，发明了元宝式排字架。他还把中文铅字分成常用、备用和罕用三类，每类都以《康熙字典》部首检字法排列，提高了铅印书的生产效率。从此，中国开始创办活字印刷机构，印刷业逐步走上了机械化的道路。

从中华人民共和国成立至今，印刷的主要发展集中体现在两个方面：一是数字印刷技术的出现；二是模拟印刷制版工艺和印刷设备的发展。数字印刷技术的出现，使得印版从实物走向“数字”。在制版工艺上，凸印版从原来的铅字版走向柔性版；平版印刷出现了CTP胶印版和无水胶印版；孔版由誊写版转向丝网版。印刷机方面，原有的圆压平/平压平结构逐渐被圆压圆结构所替代。

3. 印后加工

印后加工指将印刷后的承印物加工成人们实际生活需要的式样和使用性能的生产过程。包括书刊的装订、印刷品的表面整饰（加工）、容器加工等。

（1）书刊的装订。按装订形式，书刊的装订可分为平装、精装、线装；按装订方法，书刊的装订可分为手工装订、半自动装订、全自动联动装订。

第一，平装书刊的装订。平装书刊的手工装订和半自动装订，其一般工艺流程是：撞页裁切→折页→配帖→批本→订书→包本→切书→检查包装。撞页裁切，又称“开料”，是指将撞齐的印张裁切成符合要求的规格尺寸；折页是指将印张按页码顺序折叠成书刊大小的书帖，或将大幅面印张按照要求折成一定规格的幅面；配帖，就是将书帖或单张按页码顺序配集成书册的工序，包含配书帖和配书芯；订书，是把书芯的各个书贴订牢的过程，订书方式包括订缝连结、非订缝连结；包本是将印好的书刊封面（有些还要复合塑料薄膜）包在书芯外面，做成毛本的过程；切书是将毛本的天头、地脚、切口按照开本规格尺寸裁切整齐的过程。

使用骑马联动订书机或胶订联动订书机，可对平装书刊进行自动联动装订。以较常使用的胶订联动订书机为例，其主要工序有：配页→计算机检测废页剔除→震齐→铣背→打毛→刷胶→粘纱布→卡纸→刷胶→包封面→三面切书→堆积计数。

第二，书刊的精装工艺。一般而言，精装书芯的书背可加工成硬背、胶背、柔背等，美观与耐用特点兼具。精装书刊的手工和半自动装订包含制书芯、制书壳、上书壳三个基本过程；至于精装书刊的装订自动生产线，通常需要供书芯机、书芯压平机、刷胶烘干机、书芯压脊机、书芯堆积机、三面切书机、扒圆起脊机、输送翻转机、书芯贴背机、输送翻转机、上书壳机、压槽成型机等设备的支持。

（2）印刷品的表面整饰（加工）。常见的印刷品表面加工包括上光、上蜡、覆膜、复合包装材料、凹凸压印、压箔等。上光是在印刷品表面涂上一层无色透明涂料，干后起保护及增加印刷品光泽的作用；上蜡就是在印刷品表面涂上一层石蜡，以起防潮、防雾、隔水、耐油的作用，主要用于防水纸的制作；覆膜，是指用透明塑料薄膜通过加压覆贴到印刷品表面，以起到保护及增加光泽的作用，主要用于书刊的封面、画册、纪念册等的印后加工；复合包装材料，是指把纸张、塑料薄膜或金属箔等两种或两种以上材料复合在一起，外层满足印刷的要求，内层可满足特定需求；凹凸压印，是在已印有图文或没有图文的承印物上利用凹凸两块印版（不用油墨），把印刷品压印出浮雕状图像的加工过程；压箔，是指以金属箔或电化铝箔，通过加热压转到或印刷品或物品表面上，以增进装饰效果的工艺，所用印版常为凸版铜版、凸版锌版。

（3）容器加工。包括纸容器加工和软包装加工。纸容器一般应满足一定刚性、可再利用、印刷适性强的特性需求，因而其制作材料通常选择瓦楞纸、白板纸。其制作工艺流程印前工艺与传统印刷印前工艺相同，印后工艺包括表面加工、模切压痕、制盒。软包装加工的工艺流程为：制版→印刷→复合→裁切→制袋。在软包装材料上印刷图文，通常采用凹印和柔印，制袋可用制袋机热封。

二、数字印刷的原理及工艺

（一）数字印刷原理

1. 喷墨数字印刷

喷墨数字印刷是将细微墨水颗粒按照一定要求喷射到承印物上，并快速渗透至承印物，从而成像并完成输出。计算机中存储的图文信息，输入喷墨印刷机即可印刷。喷墨印刷是一种无版、无压力印刷，能够在不同材质及不同厚度的平面、曲面、球面等承印物上印刷，具有较强的适用性，在可变数据印刷（VDP）以及办公领域有着广泛的应用。喷墨成像的技术分类如图 9－12 所示。

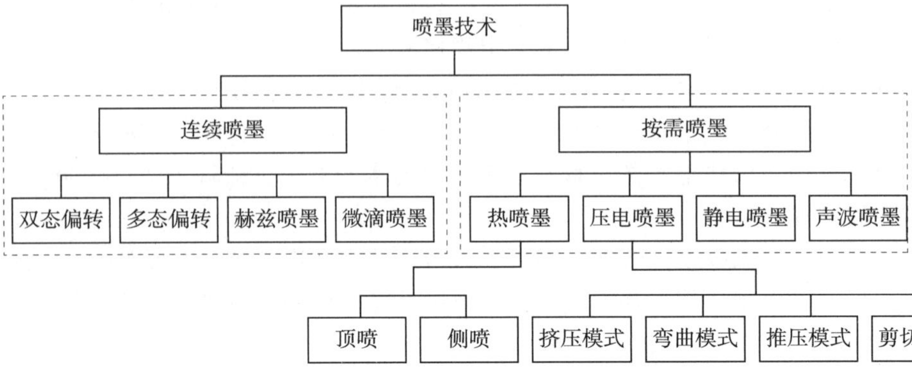

图 9－12　喷墨成像技术分类

2. 静电照相数字印刷

如图 9－13 所示，静电照相数字印刷的原理是用激光扫描的方法在光导体上形成静电潜影，再利用带电色粉与静电潜影之间的库仑作用力实现潜影的可视化，最后将色粉影像转移到承印物上完成印刷，将小颗粒的粉末附着固定在纸上成像。静电照相的印刷过程可以分为成像、着墨（显影）、呈色剂的转移（印刷）、呈色剂定影、清洁（调整）五个阶段。

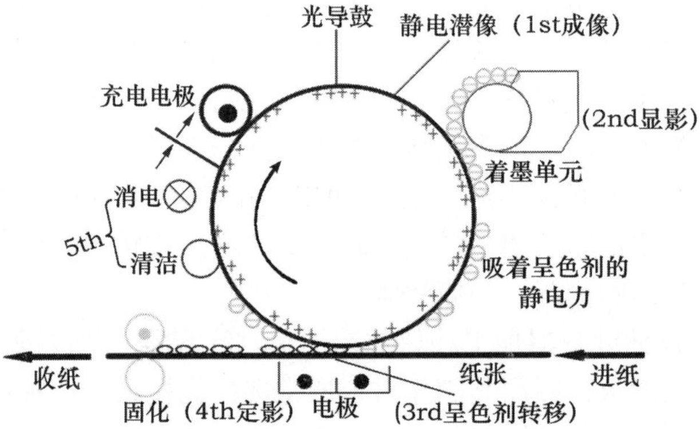

图 9－13　静电照相数字印刷过程

3. 磁记录成像数字印刷

磁记录成像数字印刷的基本原理是利用磁带的信息记录机理，即依靠磁性材料的磁子在外磁场的作用下定向排列，形成磁性潜影，然后再利用磁性色粉与磁性潜影之间的磁场作用力的相互作用，完成潜影的可视化（显影），最后将磁性色粉转移到承印物上完成印刷。该印刷的工艺过程一般包括成像、呈色剂转移、呈色剂固化、清理和磁潜影擦除。

磁记录成像以铁、钴、镍以及它们的合金等无机材料作为成像载体，该成像材料在无外磁场作用时并不显示磁性，但在外磁场作用下因磁矩呈有规则的排列而磁化，且受反向磁场的作用而发生退磁现象。可见，内核为非磁性的鼓体在表面涂上铁镍层、钴镍磷层后就变成了磁鼓，表现出具有铁磁体的特性。若对这样的磁鼓加一个外磁场，那么磁鼓表面将被磁化，磁化部分形成与页面图文对应的磁潜像。如记录介质也有磁性，则磁鼓表面的磁潜像就能吸附记录介质，形成可见的磁粉图像。若设法使吸附到成像鼓上的记录介质转移到纸张表面并加热和固化，即可建立印刷过程。由于成像鼓表面涂覆的不是永久磁铁物质，因而在转印结束后可通过加反向磁场予以退磁，使成像鼓表面恢复到初始状态。

4. 热转移成像数字印刷

热转移成像数字印刷是利用特殊的转移印刷纸或转移印刷薄膜先印上图文，经热作用后，将图文转移印刷到承印物上的一种印刷方法。主要有热压转移印刷、升华热转移印刷、脱墨热转移印刷、植绒热转移印刷、热转印打印等。热压转移印刷首先以网印、凹印等印刷方式，将图文印刷在热转移印刷纸或塑料膜上，然后通过加热加压，将图文转印到承印物上。升华热转移印刷，是指通过丝网印刷将热升华转印油墨印刷到纸（或塑料膜）上，将印好图文的纸（或塑料膜）与织物重叠在一起加热、加压或减压，纸（或塑料膜）上的染料成气相状态升华转移到织物上。脱墨热转移印刷，是指用纸或薄膜作载体，用塑胶油墨印刷，转移印刷时加热加压，墨层受热后连结料熔化与承印物黏结；揭除载体时，图文墨层即可与载体脱离而转到承印物上。植绒热转移印刷，是用纸作载体，先在纸上预涂一层热熔胶，然后在胶面植绒，再在绒面上用热熔性墨印刷图文。热转印打印，即是用热和压力将油墨从碳带介质转印到纸或薄膜的过程。

5. 离子成像数字印刷

离子成像数字印刷，又可称为电子束成像数字印刷，它通过使电荷的定向流动建立潜像，该过程类似于静电照相印刷，不同之处在于静电照相印刷是先对光敏鼓充电，然后对其进行曝光生成潜影。而电子束成像印刷的静电图文，是由输出的离子束或电子束信号直接形成的（数码复印机系典型代表）。

（二）数字印刷工艺

如图 9－14 所示，数字印刷与模拟印刷的不同在于计算机对于印刷的直接控制，即印前图文信息处理到印刷均由数据文件控制。因而，数字印刷与模拟印刷在工艺层面的区别，就集中体现在印前阶段。有鉴于此，下文仅就数字印刷的印前工艺展开介绍。

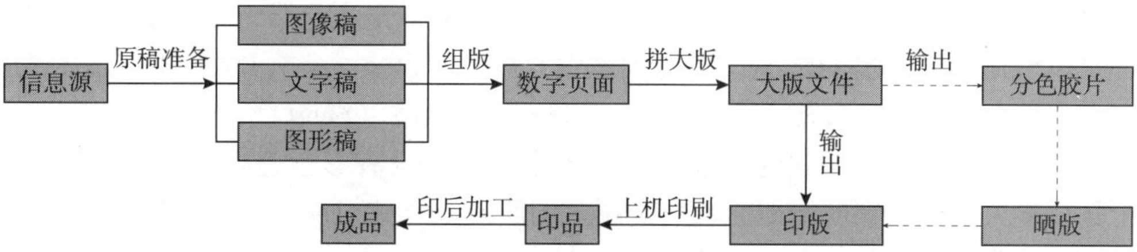

图 9－14　数字印刷工艺

数字印刷的印前工艺流程，如图 9－15 所示。

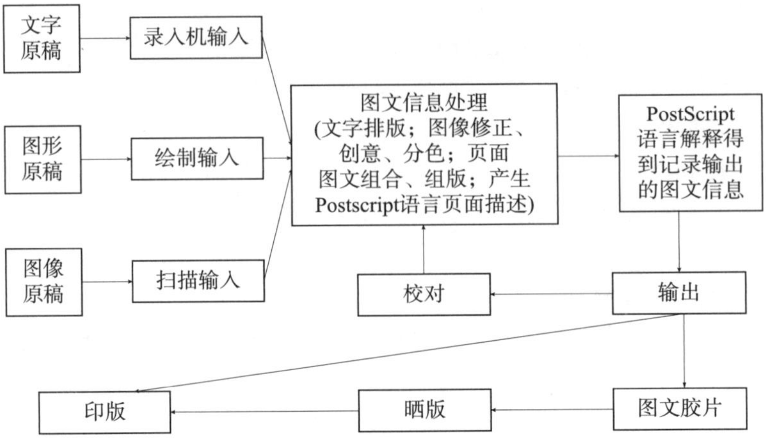

图9-15　数字印刷印前工艺

如图9-15，文字、图形、图像经计算机处理、编辑，组合成为各个独立的排版结果；再用PostScript（PS）语言将其汇总，成为可以在一页上显示或输出的结果；最后经过语言解释，得到相应的输出文件。PostScript语言是一种编程语言，它既可以像程序代码一样具有可读性，又能表示出可任意放大和缩小的矢量图，最适用于列印图像和文字。数字印刷领域，所有的印前软件都可输出PS文件，所有印前设备都支持PS语言。

第四节　印刷色彩再现原理

一、光和颜色

（一）光的三原色

光波的实质就是电磁波，其由波长和强度两部分组成。波长不同，光波呈现的颜色不同，而光则是一系列强度不同的光波的组合。当然，人们所看到的颜色并非光本身的颜色，而是光照射在物体上的所形成的反射、折射效果。因而，对于人类而言，光和颜色的关系实质就是在可见光范围内（波长为380～780nm的电磁波），不同的波长和强度的映射函数对应的一种颜色。研究表明，人的视网膜中有两类光感受器，分别是锥状体和杆状体。锥状体可在光线充足的情况下感受到红（R）、绿（G）、蓝（B）三种光谱，分别对应可见光范围内的长波（Large）、中波（Medium）和短波（Short），继而充分地分辨图像细节；杆状体用来给出视频内的一般的总体图像，它们没有彩色感觉，而对低照度敏感，这也正是夜晚人们能分别明暗但无法辨识颜色的原因。与此对应，颜色可以分为彩色和非彩色两大类，非彩色包括白色、黑色以及介于二者之间的明暗不同的灰色，彩色则包含除非彩色外的其他各种颜色。

因特定波长的R、G、B三种光波不能再分解成其他色光，因而自然界中的任何一种颜色都可以由R、G、B这三种颜色值之和来确定。R、G、B基色的波长分别为700nm、

546. 1nm 和 435. 8nm。在颜色混合过程中，可选择不同的三基色，按一定比例进行组合，进而模拟出自然界的各种颜色（其中一种不能是其他两种颜色生成）。

（二）颜色的度量

国际照明委员会（International Commission on Illumination，CIE）对颜色的描述给出了一个通用定义，用色调、饱和度、明度三个颜色所固有的且截然不同的特性来区分颜色。所谓色调（Hue，又称色相），是指颜色的外观（见图 9 – 16），用于区别颜色的名称或颜色的种类，色调用红、橙、黄、绿、青、蓝、紫等术语来描述。用于描述感知色调的术语则是色彩（Colorfulness）。饱和度（Saturation）是相对于明度的一个区域的色彩，是指颜色的纯洁性，可用来区别颜色明暗的程度。完全饱和的颜色是指未渗入白光所呈现的颜色，仅由单一波长组成的光谱色就是完全饱和的颜色。明度（Brightness）是视觉系统对可见物体辐射或者发光多少的感知属性，它和人的感知有关。因明度很难度量，所以 CIE 定义了一个相对容易度量的物理量，即亮度（Luminance）来度量明度（见图 9 – 17），亮度即辐射的能量。明度的两个极端是分别是黑色（无光）和白色，位于二者中间的是灰色。

图 9 – 16　色调（色相）

图 9 – 17　亮度

（三）颜色空间

颜色空间又称为色彩模型、色彩空间，是用来精确标定和生成各种颜色的一套规则和定义。颜色空间中的颜色通常使用代表三个参数的三维坐标来指定，这些参数描述的是颜色在颜色空间中的位置，但并未告诉我们是什么颜色，其颜色取决于使用的坐标。

从颜色的感知角度分析，可将颜色空间分为三类：一是混合型颜色空间，即按三种基色的比例合成颜色，如 RGB、CMY（K）、XYZ 等；二是非线性亮度/色度型颜色空间，即用一个分量表示非色彩的感知，用另两个独立的分量表示色彩的感知，如 LAB、LUV、YUV、YIQ 等；三是强度/饱和度/色调型颜色空间，即用饱和度和色调描述色彩的感知，如 HSB、HSL、HSV、LCH 等。印刷实践中，常用的颜色空间主要是 RGB 颜色空间（图文显示）和 CMY（K）颜色空间（印刷领域）。

1. RGB 颜色空间

RGB 颜色空间是基于颜色的加法混色原理而提出的一种颜色空间。它是通过对红、绿、蓝三个颜色通道的变化及其相互之间的叠加来得到各种颜色的，如彩色荧光屏通过发射三种不同强度的电子束，使屏幕内侧覆盖的红、绿、蓝光粉受激发光而产生各种不同的颜色。其中每个通道使用 8 位颜色信息，每种颜色的取值范围是 0 ~ 255，3 个通道组合可

以产生16,777,216种不同的颜色。(见图9－18、图9－19)

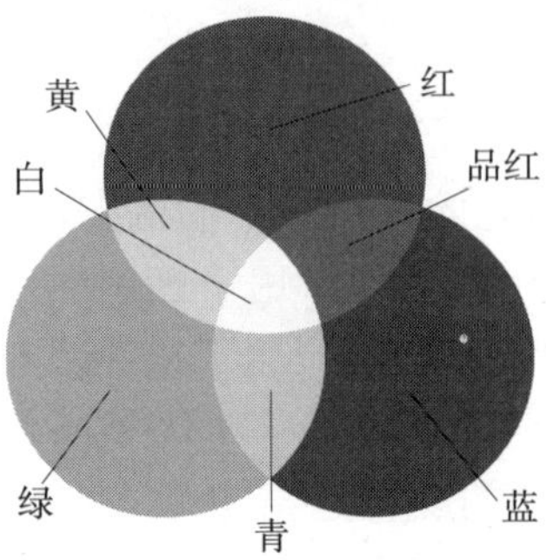

图9－18 RGB加法混色

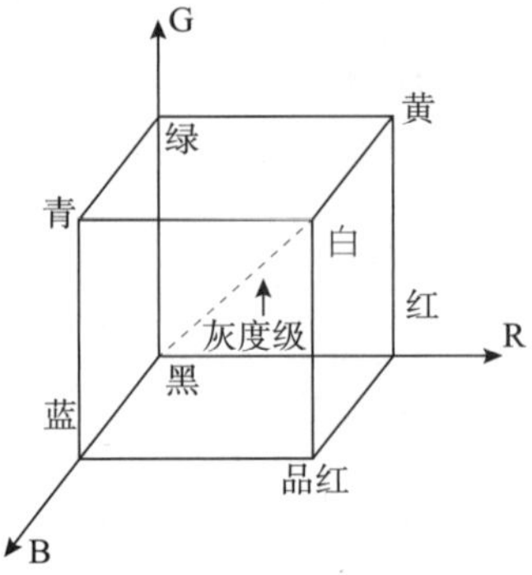

图9－19 RGB彩色立方体示意图

2. CMY(K)颜色空间

CMY(K)颜色空间是一种基于颜色减法混色原理的颜色模型，工业印刷中它描述的是需要在白色介质上使用何种油墨，通过光的反射显示出颜色的模型。印刷时，当白光照射到半透明油墨上时，某些可见光波长被吸收(减去)，而其他波长则被反射回眼睛。(见图9－20)因而，CMY(K)模型又名颜色减法模型。减色CMY(K)分别描述的是青(Cyan)、品红(Magenta)、黄(Yellow)和黑(Black)四种油墨的数值。

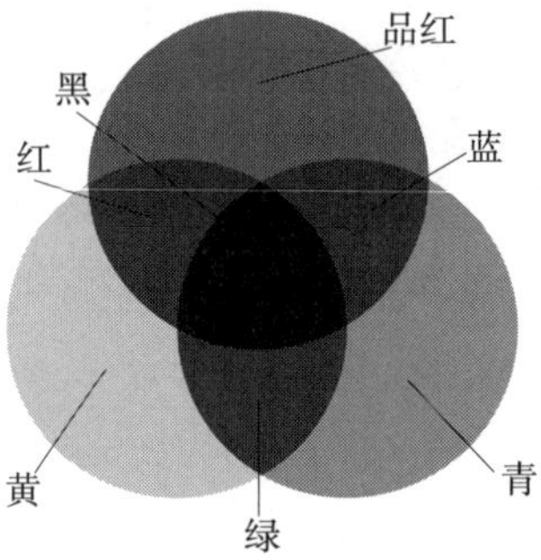

图9－20 CMY(K)减法混色

二、印刷色彩再现

(一)物体的呈色原理

根据客体自身是否能够辐射光能，可将物体分为发光体和非发光体两类。发光体，又称“光源”，其自身能够辐射光能，颜色由辐射的光谱成分决定。非发光体又可分为反射体和透射体。非发光体自身不能辐射光能，人神经系统感知的颜色与物体自身特性有关，还与照射的光源和周围环境相关。反射体呈色机理是：当非透明物体受光照射后，其表面对可见光光谱选择性吸收，将可见光某一部分波长的辐射能吸收，将剩余的色光反射出来，进而形成颜色；透明体呈色基本原理是：当透射体受光照射后，其内部对可见光光谱选择性吸收，将可见光某一部分波长的辐射能吸收，将剩余的色光透射出来，进而呈色。

（二）色光的加色混合

根据前文所述的光的三原色，把两种或两种以上色光混合在一起而形成另一种色光（人的视觉感受的改变）的过程，即为色光的加色混合。所有颜色都可通过加色混合得出。加色混合随着不同色光混合量的增加，色光的明度也渐加强（能量增加）。当全色光混合时则可趋于白色光，它比任何其他色光都明亮。

色光的加色混合，根据三原色的混合比例是否相等，可分为色光的等量混合和非等量混合。等量混合的基本规律是：红光＋绿光＝黄光（R＋G＝Y），红光＋蓝光＝品红光（R＋B＝M），绿光＋蓝光＝青光（G＋B＝C），红光＋绿光＋蓝光＝白光（R＋G＋B＝W）；非等量混合过程中，三种色光按不同比例混合，可以得出更多的颜色。

（三）色料的减色混合

与色光的三原色类似，作为色料的颜料、染料中的黄（Y）、品红（M）、青（C）三种色彩不能由其他色彩的颜料混合而成，故称Y、M、C为色料的三原色。同时，因色料三原色按不同比例混合后可以合成各种色彩，所以，就将色料三原色之中的两种或两种以上的色料混合，产生另一种色彩色料的过程，称为色料的混合。在色料混合时，白光照射在纸张表面彩色的墨水或者墨粉上，色料对光选择吸收，减去一部分入射光，使其反射或透射的光能量降低，导致混合色的明亮程度降低，所以被冠以减色混合的称谓。色料三原色经混合后的橙、绿、紫色为减色混合的三间色，色料三原色或三间色混合后会产生灰黑色。

（四）印刷色彩的再现

彩色原稿在印品上再现需经历颜色分解、颜色合成两个过程。（见图9－21）颜色分解是对原稿组合的色彩进行分解，分别制成色料三原色印版的过程。简单来说，就是利用R、G、B三滤色片，将画面各点中的颜色从混合状态中分离出来，进而形成各自在画面分布情况的单色影像；相比颜色分解，颜色合成负责对分解后的色料三原色印版，用三原色油墨（黄、品红、青三色油墨）涂到对应颜色的印版上，再在纸张逐次叠印再现原稿色彩。

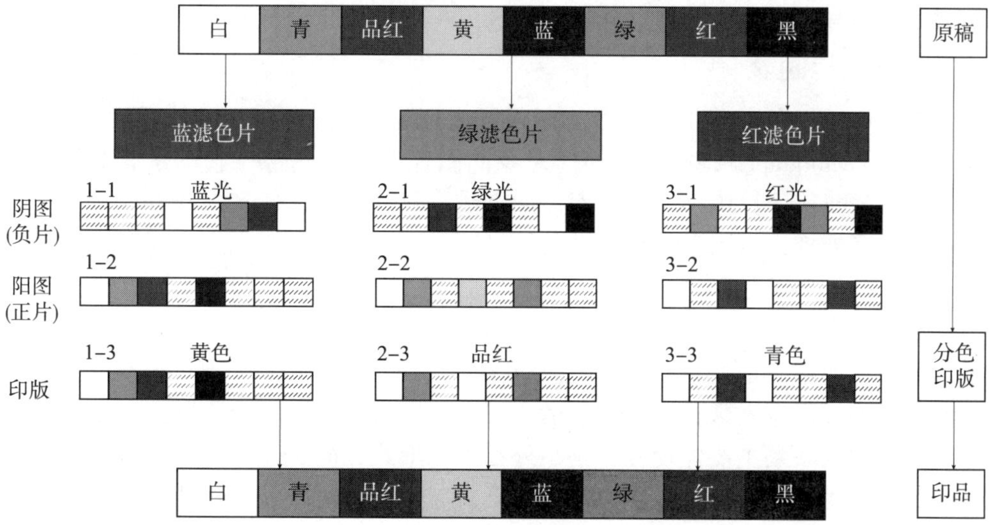

图9－21　彩色原稿颜色的分解与合成

颜色分解时，根据减色法原理，用 RGB 三滤色片对原稿进行拍摄或扫描，得到 CMY 三种分色信息。使用的滤色片只能透过本色，吸收其他两种原色，色料吸收互补色光，反射其他两种原色光，进而完成从 R→C（阴片）、G→M（阴片）、B→Y（阴片）的分解。在此基础上，再将分色阴片转拷成阳片进行晒版，印刷时分别用各自的 CMY 三原色油墨着墨，在纸张上逐一叠加，再现原稿彩色，完成颜色的合成。

相比彩色原稿的复制过程，单色原稿复制相对简单，其主要工艺流程是：照相/扫描→（网点）负片→晒版→拣字→拼版→印刷机→印刷。

第五节　印刷网点技术

一、图形、图像

（一）图像的定义及分类

所谓图像，是光辐射能量照射在物体上，经过反射或透射，或由发光物自身发出的光能量，在人的视觉器官中所呈现出的物体的视觉信息。图像是人们生产生活中最常用的信息载体，是人们重要的信息源。广义理解，图像是所有能被人的视觉器官感知和接受的、具有视觉效果的画面。

按记录方式的不同，可将图像分为模拟图像和数字图像两类。模拟图像又称为连续（调）图像，是指在二维坐标系中坐标（x，y）为连续值，即图像的像点无限稠密，并通过某种物理量（如光、电等）的强弱变化来记录图像从暗到亮的变化值的一类图像。如由光学透镜系统获取的人物照片、绘画等。数字图像又称数码图像或数位图像，是由模拟图像数字化得到的、以像素为基本元素的，可用计算机、数字电路存储和处理的图像。通常二维数字图像的坐标（x，y）为离散值，经采样形成了有限的像素点，从而形成了离散的二维矩阵，因而其光照位置和强度都是离散的。

（二）图形与图像

从数字图像处理角度分析，图形与图像既有联系，又有明显区别。图形（Graphic），也叫矢量图（Vectorgraph），或称为面向对象的图像或绘图图像，它不是客观存在的，一般是人们根据需要用计算机绘制的画面，如直线、圆、圆弧、任意曲线和图表等，常用于框架结构的图形处理，适用于直线以及其他可用角度、坐标和距离来表示的图。图形经任意放大或者缩小后边缘依旧平滑，不会失真；图像又称为位图（Bitmap），像素是组成图像的最小单位，像素越高，文件越大，图像品质越好，反之相反。位图可以记录每一个点的数据信息，从而精确地制作色彩和色调变化丰富的图像，但由于位图图像与分辨率相关，其所包含的图像像素数目是一定量的，因而将图像放大到一定程度就会失真。

图形与图像的联系主要体现在：一是外在存储形式相同，一张 JPG 图片可能存储的是一幅人像照片，也可能存储一幅多边形的图形；二是图形可以被理解为图像的一种抽象表现形式。二者的主要区别在于，一是数据描述方法不同。图像是用数字来任意描述像素点、强度和颜色，而图形则是用一组指令集合来描述图像的内容，由此便决定了图像缩放过程中的失真与否。二是显示方式上的直接与间接的区别。图像不用转换可直接快速显示在屏幕上，而图形需经过专门软件将描述图形的指令转换后才能在屏幕上显示。三是适用场景不同。图像适用于表现含有大量细节的对象，特别是明暗变化、场景复杂、轮廓色彩丰富的对象，而图形主要适用于色彩相对不是很丰富、轮廓不是很复杂的对象。四是编辑处理层面的不同。运用图像处理软件，可对位图文件以及相应的调色板文件进行常规性加工编辑，但不能对某一部分进行控制变换，且图像一般需要进行压缩存储，而对矢量图形进行编辑时，可对矢量图形进行独立移动、缩放、旋转、扭曲等变化操作。

二、图像的阶调与层次

阶调是表示图像（像素）亮度强弱的指数标准。图像信息可通过不同的亮度等级来传达，有亮调、暗调、中间调之分。调值高，像素或像素组的亮度大，反之相反。图像层次，是指图像中从最亮到最暗的一系列密度等级，表示图像的深浅浓淡的变化，有连续调和半色调之分。

连续调是指图像的高光到暗调有浓淡层次连续变化，且浓淡层次的变化是由单位面积物质成像颗粒密度所构成的，对应形成连续调图像。连续调图像如传统照相所使用的底片（银盐颗粒物组成），其浓淡变化是无级数的。半色调，又称网目调，是指图像的高光到暗调的变化呈离散状分布，浓淡层次的变化是利用网点面积大小来表现的。由此，也就对应有了半色调图像的概念。半色调图像的网点面积大，颜色就深，面积小则颜色浅。由于网点在空间上有一定距离（离散态），且加网级数有一定限制，因而其浓淡变化是有级数的。

三、印刷网点

网点是构成连续调图像的基本印刷单元，并具有组织图像的阶调、颜色及图像轮廓的作用。网点的种类包括调幅（AM）网点和调频（FM）网点。（见图 9－22）

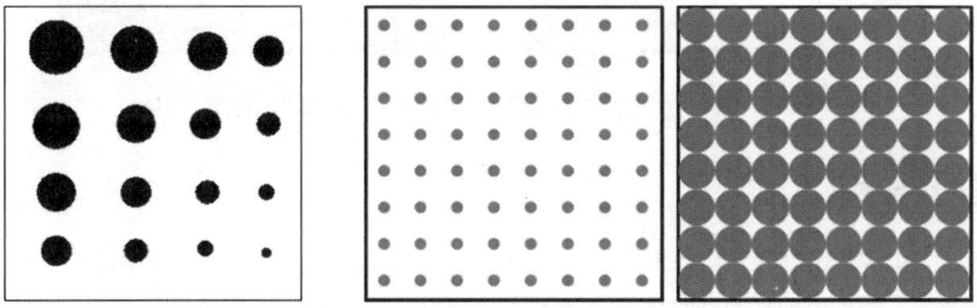

调幅网点　　　　调频网点

图 9－22　AM 网点与 FM 网点

（一）调幅网点

调幅网点的使用范围较广，其单位面积中的网点数目固定，主要通过网点大小的调整变化来表现图像的明暗层次，且网点排列有规律。使用调幅网点时主要考虑网点大小、网点形状、网点角度、网线精度等因素。

网点大小是由网点的着墨率（覆盖率）决定的。网点覆盖率，即网点覆盖面积与总面积之比，通常用百分数来表示，也叫做网点百分比。网点覆盖率越高，则墨点堆积密度越大，图文颜色越深；反之，墨点堆积密度小，图文颜色越浅。一份印刷品，其亮调部分的网点覆盖率为10% ~30%、中间调部分的网点覆盖为40% ~60%、暗调部分的网点覆盖为70% ~90%。

印刷中的网点形状，常见的有方形、圆形、菱形、椭圆形等。方形网点在50%覆盖率下，呈棋盘状，其颗粒比较锐利，适合线条、图形、某些硬调图像的表达；圆形网点在亮调、中间调的情况下，网点之间相互独立，只有暗调的情况下才有部分相连，适合软调图像的表现；菱形网点综合了二者的优点，色彩过渡自然，适合一般图像、照片的表现。

网点角度，是指相邻网点的连线与水平线的夹角。其对于制版印刷至关重要，网点角度选择不当，印品上易出现干涉条纹。常见的网点角度有90度、15度、45度、75度等。45度的网点表现最佳，90度的角度最稳定，但视觉效果呆板。印刷时，当两种或者两种以上的网点套叠严重到影响图像美观时，就可能出现“龟纹”（常态而言，当两种网点角度差为15度、75度时易出现）。

网线精度，又称加网网线数，其决定着图像的精细度，通常以单位宽度内排列的网点数（Lines Per Inch，LPI）进行度量。加网网线数高，图像细微层次表达越精细，反之相反（见图9－23）。普通的四色印刷的精度一般为150线，高级铜版纸和特种纸印刷为250 ~300线。

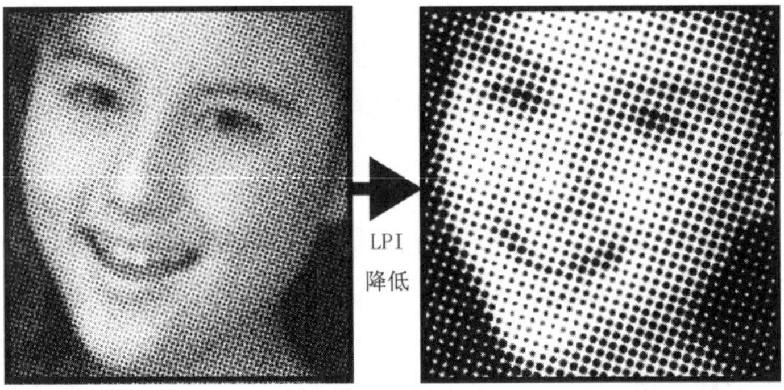

图9－23　加网网线数降低所造成的图像精细度下降

（二）调频网点

调频网点，也叫随机加网（Stochastic Screening），与调幅网点相比，在单位面积中，其网点大小固定。调频网点是利用网点数目的变化（密度）来表现图像的明暗层次的，其网点排列没有规律。调频“网点”不同于传统调幅加网的网点，有学者将其称作“子网点”（Sub Dot）。

调频网点的类型主要有三类。第一类是一阶调频网点，其每个网点大小固定，网点的空间分布随机变化；第二类是二阶调频网点，其网点的大小和空间分布频率均在变化；第三类为三阶调频网点，其网点的大小、空间分布频率、网点形状均在变化。

调频网点主要优势在于：一是其不使用周期性网点结构，避免了龟纹的产生，且不受网角限制，支持多色印刷，再现色域更广；二是无需考虑网角和挂网系数，可用较低分辨率扫描图像，图像数据量大大减少；三是克服了调幅网点在50%的中间调发生阶调跳跃的不足，印品阶调更光洁；四是网点细微，不依赖改变网点大小体现层次，能以较低分辨率输出；五是套印精度对色彩和清晰度的影响更小。但是调频网点的印刷适性要求高，印品成本相对较高。

四、图像阶调层次的再现

（一）单色连续调图像阶调层次的再现

对于单色连续调图像，在加网印刷时，对于凹版印刷，通常以控制黑化深度（墨层厚度）的变化来再现图像的阶调层次，墨层厚则颜色深，墨层薄则颜色浅；而对于平版、凸版和丝网印刷，通常以调整黑化面积的大小进行色调的再现，网点面积大则颜色深，反之相反。（见图 9－24）

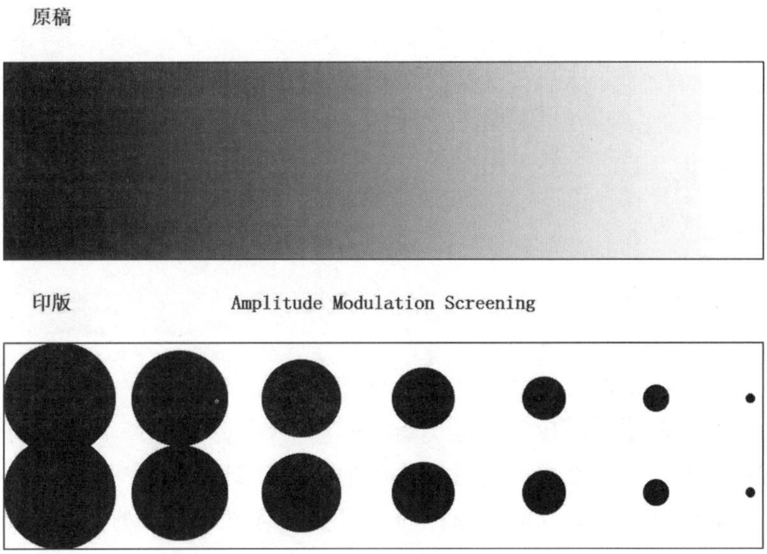

图 9－24　单色连续调图像 AM 加网阶调层次的再现

（二）彩色连续调图像阶调层次的再现

对于彩色连续调图像，在颜色分解后合成时，是通过 Y、M、C 色料三原色加网叠印的方式来再现图像的阶调层次的。（见图 9－25）加网叠印在色彩合成时，分叠合与并列两种情况。（见图 9－26）

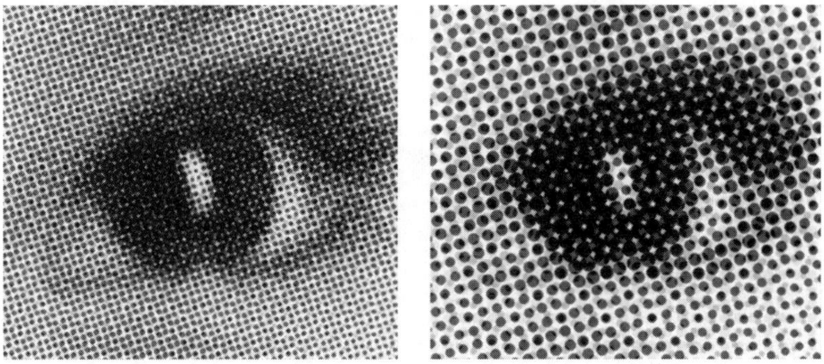

图 9－25　彩色连续调图像 FM 加网阶调层次的再现

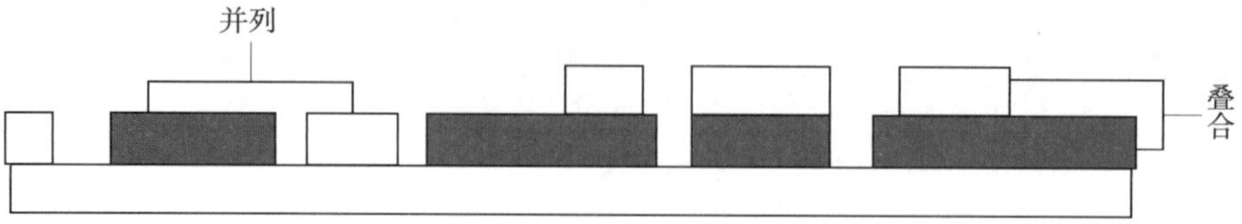

图9－26 加网叠印的两种方式

网点叠合可以再现各种颜色，其遵循减色混合原理，油墨吸收色光的多少与色料的浓度、透明度、墨层厚度、叠印顺序有关。因而，其在色彩还原时可能会产生偏色。网点并列也遵循色料的减色混合原理，可再现各种颜色。但是，当并列网点大小不同时，产生的颜色会偏向大网点一侧。

【思考题】

（1）什么是印刷？
（2）印刷的五要素。
（3）原稿如何分类？
（4）什么是印刷适性？
（5）油墨、纸张的印刷适性。
（6）什么是纸张的定量？定量与令重如何换算？
（7）现代印刷可能用到的印前设备主要有哪些？
（8）什么是数字印刷？数字印刷与传统印刷有何区别？
（9）按印版表面结构形式或印刷原理的不同，可将现今的印刷大致分作几类？
（10）什么是印刷文件？
（11）何为印刷文件检验？
（12）印刷来源检验的具体任务是什么？
（13）什么是印刷过程中的润湿？
（14）印刷过程中油墨是如何传输和转移的？
（15）什么是平版印刷的水墨平衡？
（16）柔性版、凹版、丝网印刷油墨是如何转移的？
（17）什么是电子分色？
（18）何为 DTP？
（19）什么是计算机直接制版技术？
（20）什么是光栅图像？图文输出过程中，为何要进行 RIP？
（21）什么是 PS 版？如何制作 PS 版？
（22）无水平版印刷的主要原理是什么？
（23）丝网版制版的原理和工艺。
（24）请选择一位历史人物，介绍其对印刷技术发展的贡献。
（25）平装书刊的手工装订及半自动装订的工艺流程。

(26) 印后对于印刷品表面常进行哪些加工？
(27) 静电照相数字印刷的基本原理。
(28) 磁记录成像数字印刷的基本原理。
(29) 什么是热转移成像数字印刷？其主要有哪些具体印刷方式？
(30) 什么是离子成像数字印刷？
(31) 什么是 PostScript 语言？
(32) 什么是光的三原色？
(33) 如何度量颜色？
(34) 什么是颜色空间？试选择一种颜色空间加以具体说明。
(35) 何为色光的加色混合？
(36) 什么是色料的减色混合？
(37) 彩色原稿的颜色分解与颜色合成。
(38) 图形与图像的联系与区别。
(39) 什么是图像的阶调？
(40) 什么是连续调图像、半色调图像？
(41) 什么是网点？连续调图像为何要进行加网印刷？
(42) 什么是调幅网点？印刷使用过程使用调幅加网印刷应考虑哪些影响因素？
(43) 如何理解实地、绝网、印刷龟纹？
(44) 调频网点的定义及分类。
(45) 如何再现单色连续调图像的阶调层次？
(46) 如何再现彩色连续调图像的阶调层次？

【参考文献】

[1] 贾治辉主编：《文书检验》，法律出版社 2000 年版。
[2] 王相臣主编：《文件检验》，群众出版社 2010 年版。
[3] 崔岚编著：《印刷文件检验技术规范》，中国人民公安大学出版社 2012 年版。
[4] 邹明理、杨旭主编：《文书物证司法鉴定实务》，法律出版社 2012 年版。
[5] [美] Jan Seaman Kelly 等主编：《可疑文件的科学检验（第 2 版）》，李震等译，法律出版社 2018 年版。
[6] 魏先福主编：《印刷原理与工艺》，中国轻工业出版社 2011 年版。
[7] 刘昕著：《印刷原理》，科学出版社 2016 年版。
[8] 刘筱霞、陈永常著：《数字印刷技术》，化学工业出版社 2016 年版。

第十章　专业制版印刷文件检验*

内容提要： 本章主要介绍传统印刷工业中的专业制版印刷方法以及专业制版印刷文件的检验方法等内容。其中，专业制版印刷文件检验方法是本章重点，专业印刷制版工艺是本章难点。

关键词： 专业制版印刷文件；制版工艺；检验方法

第一节　凸版印刷文件检验

凸版印刷，尤其柔性版印刷是目前印刷工业中比较常用的印刷方法，主要应用于商标标签、食品药品日化品等包装装潢材料、瓦楞纸箱的印刷等。

一、凸版印刷原理、种类和制版

（一）凸版印刷原理

凸印版版面着墨的图文部分凸起，且在同一个平面上，不着墨的空白部分凹入（见图10－1）。印刷过程中，凸版印刷采用简单的接触着墨方式，油墨辊滚过印版后，只有凸起的图文部分与油墨辊接触而着墨，然后在压印物体的压力作用下把图文部分的油墨转印到纸上形成图文。

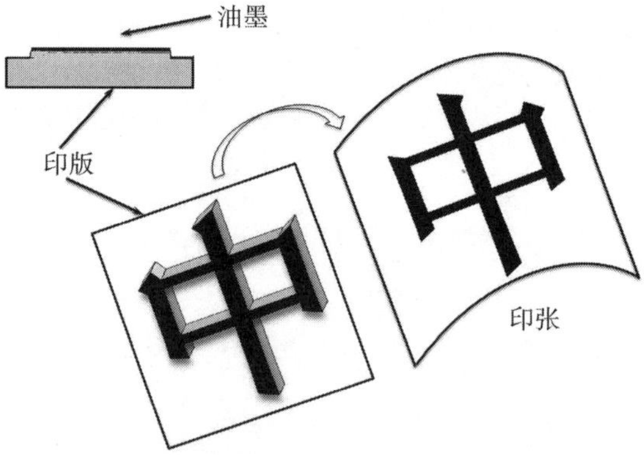

图10－1　凸版的印版结构

---

* 本章部分内容源自贾晓光主编：《文书物证司法鉴定理论与实务》，中国人民公安大学出版社2017年版，第226～248页，并进行了修改完善。

（二）凸版印刷种类

凸版印刷是历史上最早的一种印刷方法，在长期的发展过程中，形成了两大类印刷方式。一类是使用刚性印版和高黏度的胶体油墨的印刷，包括铅活字版印刷和铜锌版印刷；另一类是使用硫化橡胶版或感光树脂版和低黏度油墨的印刷，即柔性印版印刷。20 世纪 50 年代，几乎所有的印刷文件都是用铅活字版印刷的。目前大部分的凸版印刷机已使用柔性印版取代原先的金属印版，刚性版凸版印刷仅用于某些特殊的印刷领域，如打码、压凹凸、热烫印以及模切和压痕等工艺。

（三）凸版制版

1. 刚性版的制版

铅活字版是按照原稿的要求，用铅活字、水线、各种花边线等着墨材料和空铅、铅条等非着墨底空材料组成的印版。铜锌版是将原稿底片上的图文晒到涂有感光膜的金属铜或锌板材上，经显影、坚膜处理后，利用腐蚀液将版面的空白部分腐蚀下去，从而获得图文部位凸起的印版，有时也称作腐蚀凸版。铜锌版主要用来复制图像和特殊文字：复制连续调的图像，常用铜板作版材，制成的版称为铜版。复制线条原稿则常选用锌板作版材，制成的版称为锌版。

2. 柔性版的制版

柔性版主要包括硫化橡胶版和感光树脂版。铸造橡胶版是通过机械雕刻或照相腐蚀制作金属母型，然后将其图文转移到酚醛树脂模版上，再利用该模版制作形成的。感光树脂版是采用照相制版的方法制作形成的。感光树脂是一种高弹性聚合物，经过紫外光的照射，见光部分产生光聚合反应，变成不溶性的网状高聚合物，而未见光部分在显影时被溶剂洗掉，最终形成浮雕凸版。目前柔性版的制版可通过数字技术直接制版和激光雕刻直接制版获得。

二、凸版印刷文件的特征

（一）图文墨迹特征

1. 图文墨迹中有挤墨现象

由于印刷过程中，压印物体在纸的背面施加压力的瞬间，印版凸起的图文部分印面所承受的压力不均匀。压力的不同造成印面油墨重新分配，导致文件图文上呈现出油墨分布不均匀的现象，这种现象通常被称作挤墨现象（见图 10－2）。

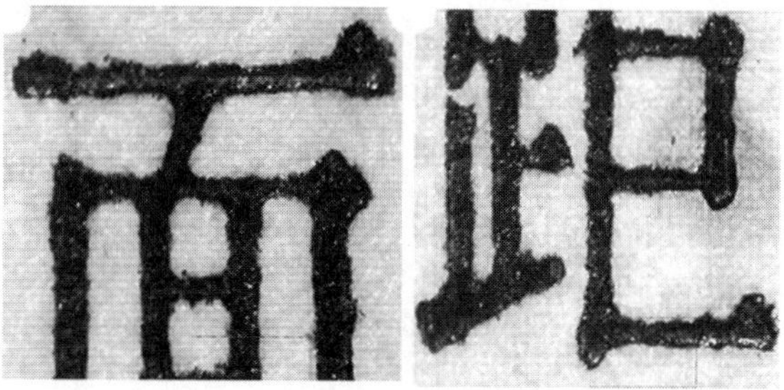

图 10－2　凸版印刷文件中的挤墨现象示例

2. 图文墨迹中易出现糊版现象

在印刷过程中，受纸张掉毛或空气中杂质、灰尘的影响，在印版凸起的部分，尤其笔画较多的文字内部相邻笔画间微小空隙处易黏附异物。异物填堵在笔画空隙处，达到或接近印面的高度后，会在承印的纸张上出现相应的印迹，通常称为糊版现象（见图 10－3）。

图 10－3　凸版印刷文件中糊版现象示例图

3. 图文墨迹易有压痕

印刷的图文墨迹中通常会出现正面凹下、背面凸起的压痕，这是在油墨转印瞬间，凸印版表面凸起部分对纸张产生一定压力所造成的。压痕的有无及其明显程度取决于印版的硬度、印刷时印版与压印物体之间压力和印件的新旧程度。

（二）图文线条细节形态特征

1. 文字特征

铅活字印品，文字笔画边缘清晰，笔锋尖锐，棱角分明。由于是从字模铸出的铅字字面直接与纸面接触，没有经过任何复制，所以笔画边缘清晰，尤其在细笔画和尖角部位表现明显。铜锌版印品，文字笔画边缘不整齐，尖角圆钝；文字经过照相制版，化学腐蚀的不均匀性易使笔画出现多笔、断笔及边缘不齐现象（见图 10－4）；腐蚀过程中，在线端、棱角处易腐蚀，而笔画交叉处腐蚀不彻底，使其印迹没有铅活版印迹清晰、整齐。早期的感光树脂版上的文字是手选照排机照排胶片晒版形成的，其印件上有可能出现铅活字排不了的字形、字体和不可能出现的缺陷特征（见图 10－5）。

图 10－4　铅活字版（左）与铜锌版（右）印刷文件文字形态比较示例图

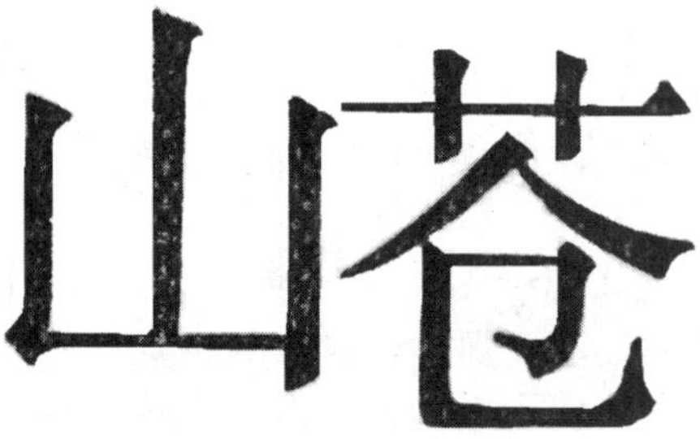

图 10－5　感光树脂版印刷文件的文字缺陷特征示例图

2. 格线特征

铅活版的格线是将水线材料裁剪成需要长度后拼接而成的，在排印表格时，如有交接，必须将一根水线截断，从而留下断口。因此，铅活版印刷文件图文中的交叉线条在交叉部位会呈现出搭接不严、有断口的现象；线条的端部易出现偏斜或弯曲的现象，反映出裁断特征。（见图 10－6）

铜锌版中的格线，如果不是源于铅活版打样形成，格线不会出现上述水线拼接的特点。因为有时腐蚀凸版中的格线不用水线排版，而是用手工描绘，其线条在搭接、交叉点处可以严密连接，线端也无弯曲痕迹。

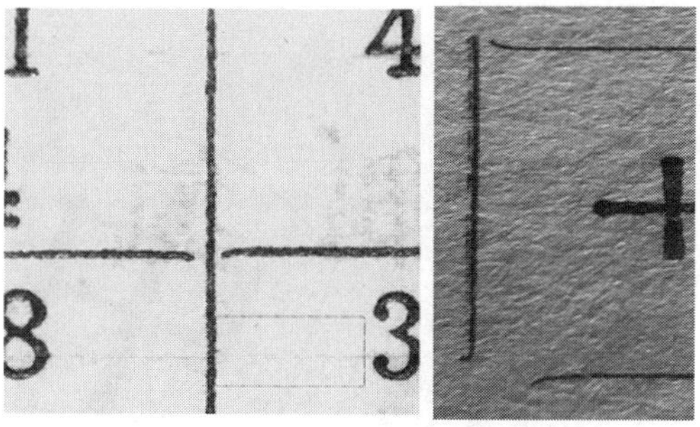

图 10－6　铅活版线条特征示例图

感光树脂版中的格线没有水线拼接的形态特点。如果其胶片是手动照排排版的，其线条有可能是利用字模版上长为 5 毫米的短线连续拍摄在感光片上形成，亦有可能是直接在感光片上手绘形成。因此，通常会表现出衔接对位不准的连排（见图 10－7）或线条粗细不均匀的手绘特征。如果其制版底片是计算机排版输出的，则线条平直、均匀，线条端部平齐，但在特殊情况下，个别线条也可能表现出手绘特点。

图 10－7　手动照排排版印刷文件线条的连排特征示例图

3. 油墨疵点特征

铅活版印刷文件上的油墨疵点通常只出现在图文线条附近，且印迹不实，没有挤墨现象。铜锌版和感光树脂版印刷文件的油墨疵点可以分布在整个版面的任何位置，而制版过程中形成的油墨疵点，在版面上的位置固定，且有挤墨现象。

4. 总观特征

铅活版和铜锌版印刷文件因属刚性版材，印刷时，油墨量大且黏稠，印刷压力也较大，故印迹比较实，色调比较重。感光树脂版印刷使用的是低黏度的油墨，且采用带孔穴的金属网纹辊定量供墨，墨色比刚性版印品均匀，色调不如刚性版浓重。

第二节　平版印刷文件检验

平版印刷，也称胶版印刷，是目前印刷工业中最常用的印刷方法，我国 80% 以上的工业印刷品采用的是平版印刷。平版印刷文件的种类主要有书籍、报纸、杂志、书写纸印品、地图、海报和包装装潢等。

一、平版印刷原理、种类和制版

（一）平版印刷原理

平印版的版面是平的，着墨的图文部分与非着墨的空白部分在一个平面上或几乎在一

个平面上。(见图 10－8)

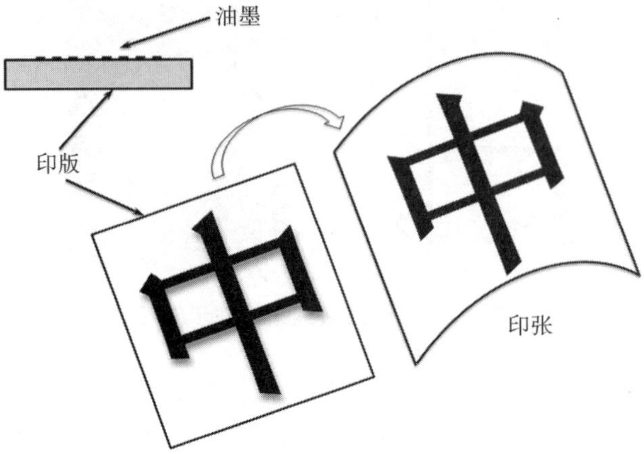

图 10－8　平版印刷原理示意图

平版印刷是根据油水相拒的原理，采用选择性吸附的方式着墨。在制版过程中，使版面的图文部分由亲油膜构成，空白部分由亲水膜构成。印刷时，在版面上先涂水、后涂墨，空白部分亲水拒油，图文部分亲油拒水。因此，只有图文部分被着墨。然后，再将图文直接或间接地压印到承印材料上。

(二) 平版印刷种类

平版印刷因印版材料的不同，分为石版印刷、玻璃版印刷和金属版印刷三种。石版印刷简称石印，石印术发明于 1798 年，这是 200 多年来出现的第一种新的版画复制技术。到 19 世纪 30 年代，石印术已经成为一种非常流行的方法。人们不仅使用石印术来复制书中的彩图，还用它来制作一些常见的标签、广告传单和海报等印刷文件。但是因石印版版材笨重，印刷效率低，现已被淘汰。玻璃版印刷也称珂罗版印刷，主要用以复制精细的书法绘画等艺术品。石印和珂罗版印刷属于直接印刷，通常所说的平版印刷是指金属版印刷，图文经胶辊转印，属间接印刷方法。20 世纪 50 年代之前，平版印刷一直使用以锌为版基的平凹版。平凹版的图像分辨率和版材的耐印力都不高，因而限制了平版印刷的应用范围。20 世纪 50 年代末，以铝为版基的 PS 版开始使用，随着 PS 版制版技术不断完善，到 20 世纪 70 年代中期，PS 版被全面应用于平版印刷。PS 版的图像分辨率和耐印力都远远高于平凹版，且制版速度快，加之与电子分色机、计算机排版和高速多色胶印机的密切结合，使平版印刷得到了充分的发展。

(三) 平版制版

1. 石版制版

石印是使用天然多孔石灰石作版材。先将质地十分细腻的石灰石板打磨得非常平整光滑，然后用油性墨在上面绘图或写字，或者用油性墨在纸上写字或绘画，再转印到版面上；还可以采用照相制版方法：用普通墨书写，照相获得正向阴图片，在版材上涂感光液进行曝光。图文部分感光后附着在石材上，未感光部分用水冲洗掉，即制成印版。

2. 珂罗版制版

用玻璃板作为版基，在约 10 毫米厚的磨砂玻璃板上，涂上一层很薄的硅酸钠，以此为基底，上面再涂明胶和重铬酸盐，干燥后形成感光膜。将阴图底片与感光膜密合接触，放置在专用的晒版机内进行曝光。在光照下，感光膜产生不同的硬化反映，再经显影冲洗后，最终制成印版。

3. PS 版制版

PS 版又称预涂感光版，是事先涂布好感光剂的感光版。PS 版由版基和感光层组成，一般以铝板为版基，涂布的感光剂属于光分解型，分解后的产物溶于稀碱。将阳（阴）图底片（经过拼版的文字和图像底片）的乳剂面与 PS 版的感光层密合在一起，放置在专用的晒版机内。真空抽气后，打开晒版机的紫外光源，对印版进行曝光，见光部分的感光层在光的照射下发生光分解反应。然后用稀碱溶液对曝光后的 PS 版进行显影处理，将溶于显影液的感光层从印版表面除去，形成亲水的空白部分。不溶于显影液的感光层则留在了版面上，形成了亲油的图文部分。显影一般在专用的印版自动冲洗机中进行。最后，经过除脏、烤版、擦胶等工序完成印版的制作。

4. 计算机直接制版（CTP）

计算机直接制作平版是 20 世纪 90 年代在彩色桌面出版系统的基础上发展起来的，可以直接输出供印刷的平印版。CTP 直接制版机与激光照排机的结构相似。曝光时，激光调节器根据计算机中图像信息的明暗特征，对激光器所产生的连续激光束进行明暗调节。调节后的激光束先照射到一组旋转镜上。棱镜将投射来的激光偏转垂直照射到印版上，随着棱镜的旋转，完成整个印版版面的曝光。

二、平版印刷文件的特征

（一）图文墨迹形态特征

平版印刷文件与凸版印刷文件相比，图文墨迹中没有压痕和挤墨现象。文字笔画边缘印迹不实，有时会出现重影现象。因为胶印版的版面是平的，胶皮辊筒表面又具有一定的弹性，压印过程中各部分压力趋于一致，所以胶版印刷文件的图文墨迹比较均匀、平整，没有挤墨现象，更没有压痕。但由于在印刷过程中油水交替涂于版面，印版上图文与空白的交界处就是油水界面。印版使用到一定程度时，在压力作用下，版面上的油水界面会发生乳化作用，使印迹边缘发花。另外，印版滚筒、压印滚筒、胶辊的直径不一致也会使印迹出现重影发虚现象。

（二）露白与油墨疵点特征

胶版印刷文件的图文中易出现露白，空白部位易出现油墨疵点。由于胶印版上亲油的高分子膜比较薄，很容易破损，破损后即裸露出下部的亲水层，再涂墨时该处不黏附油墨，从而在图文中出现明显的露白。印版在印刷过程中不停地与油墨接触，如果印版的空白部分被油迹污染，涂墨时会吸附油墨，使其相应痕迹出现在文件的空白部位，通常表现为形态小、数量多的油墨疵点。

（三）文字和图像特征

胶印版印刷文件上文字特征会因排版方法不同而分别反映出活字、手动照排、计算机排版的特点。图像的特征取决于底片中图像信息处理方式而分别反映出分色照相、电分机分色制版和 DTP（彩色桌面出版系统）制版彩色图像的特点。

第三节　凹版印刷文件检验

凹版印刷是目前工业印刷的基本印刷方式之一，凹版的制版过程较复杂，成本也高，但印量大、质量好，并有特殊的复制效果和防伪造性能。凹版印刷大多用于画报、商标、有价证券、钞票、包装装潢材料等的印刷。

一、凹版印刷原理、种类和制版

（一）凹版印刷原理

凹版印刷是一种直接的印刷方法，它将印版图文部分的凹坑中所含的油墨直接压印到承印物上，所印画面的浓淡层次是由凹坑的大小及深浅决定的。如果凹坑较深，则含的油墨较多，压印后承印物上留下的墨层就较厚；如果凹坑较浅，则含的油墨量就较少，压印后承印物上留下的墨层就较薄，从而呈现原稿的阶调层次。（见图 10－9）印刷时首先印版普遍着墨，在纸张与印版滚筒接触之前，利用特制刮刀刮去或用擦墨布擦去印版空白部分的油墨，留下凹坑中的油墨，借助较大的压力将油墨转印到纸上。印刷后，利用热风或红外线，使印刷品的墨迹迅速干燥。

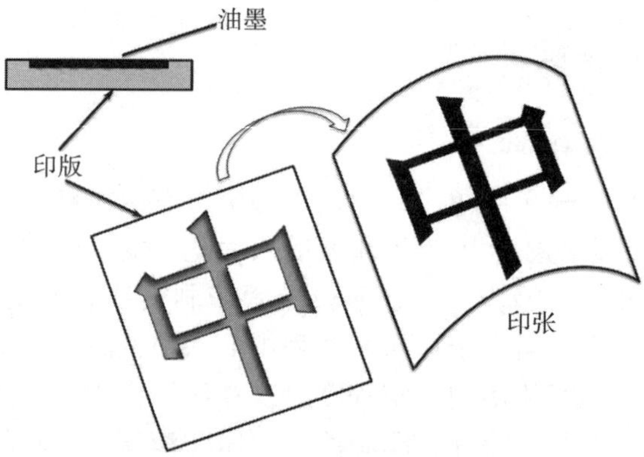

图 10－9　凹版印刷原理示意图

（二）凹版印刷种类

凹版印刷主要包括雕刻凹版、照相腐蚀凹版与电子雕刻凹版三大类。雕刻凹版最初是由意大利人 M. 菲尼圭拉于 1452 年发明的。早期全是手工雕刻制作印版，后出现化学蚀刻，近代多使用机械进行雕刻，常用于钞票、邮票、护照等特种票券证件的印制。照相腐蚀凹版也称影写版，是 19 世纪后期由生于波希米亚的画家 K. 克利克发明的，曾用于邮票和画报的印刷。20 世纪中期，凹版电子雕刻机问世，电子雕刻凹版开始在印刷工业中使用。

（三）凹版制版

1. 影写版制版

影写版与平版、凸版不同，它不是在金属版材的表面涂布感光液，用阳、阴图片晒版，而是先把拼排好的阳图片图文晒在特制的涂有感光层的碳素纸上，然后再转移到印版滚筒表面。影写版的制版过程包括敏化处理、晒网线、晒阳图、碳素纸的转移（过版）、显影、填版、腐蚀、镀铬等步骤。从制版过程可见，在影写版的版面上，图像和文字部分都是由大小相同、深浅不同的网格方块组成。（见图 10－10）

图 10－10 影写版印版凹坑形态示意图

2. 雕刻凹版制版

雕刻凹版是利用刻刀或专门的雕刻机械，在金属版材上制作的印版。雕刻凹版具有较高的防伪性能，多用于货币和有价证券主要图案的制版。雕刻凹版包括手工雕刻凹版和机械雕刻凹版。因为常用的凹版印刷机都是圆压圆式的，雕刻出来的平面凹版不能用于上机印刷。从保存的角度也不能轻易用原版直接印刷，所以需要对雕刻的凹版进行复制。与影写版相比，雕刻凹版版面沟纹较深。

3. 电子雕刻凹版制版

电子雕刻凹版是在电子雕刻机（见图 10－11）上直接雕刻制成的，它是在光点对原稿滚筒和雕刻针对印版滚筒的同步扫描过程中，把原稿的浓淡层次转换成大小不同的电信号，控制雕刻针按电信号的强弱振动，依次在印版滚筒上雕刻成凹坑。

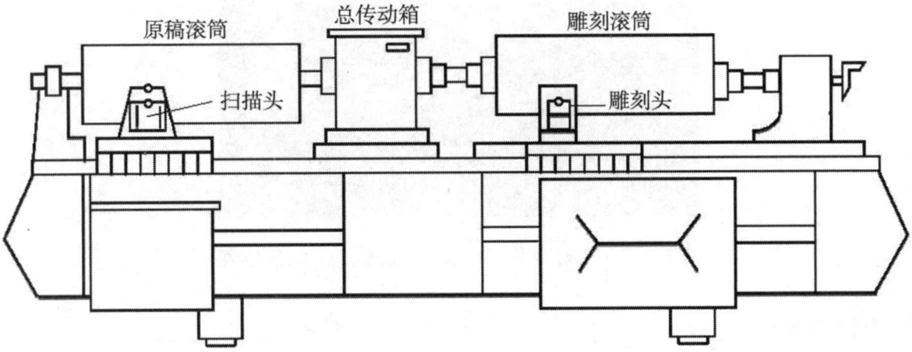

图 10－11 电子雕刻机结构示意图

二、凹版印刷文件的特征

（一）影写版印刷文件的特征

1. 图文墨迹形态特征

影写版印品上的图像和文字的墨迹部分均由网格方块构成，墨层较薄的部位可看出方块各自的边线，墨层厚的部位方块连成片，但在文字的横、竖笔画边缘表现出锯齿形态

（见图 10－12）。

图 10－12 影写版印刷文件笔画边缘形态示例图

2. 墨迹中的压痕特征

影写版版面图文部分由面积相同、深度不同的整齐排列的方形凹坑构成（见图 10－10），即凹入的图文部分被规则排布的凸起的网线（支撑线）分割开。虽然影写版版面有明显的凹凸变化，但由于支撑网线的作用，凹版印刷品上没有明显的压痕特征。

3. 连续调图像墨迹中网点特征

与凸版、平版相比，影写版连续调图像的网点不是很明显（见图 10－13）。影写版印刷文件是以墨层薄厚不同来表现色调层次的，图像的深调部位油墨连片，中间调部位可以看出反映网目形状的方块，浅调部位有时表现出部分网格边框。彩色连续调图像也是采用四色套印方法印刷的，各色网目方向一致（一般为 45°）。

图 10－13 影写版印刷文件连续调图像示例图

4. 油墨疵点特征

由于凹版印刷机特有的除墨方式，油墨清除得比较干净彻底，因此，一般在影写版印刷文件空白部位没有油墨疵点。

5. 总观特征

影写版印刷文件图文墨色比平版印刷文件浓重，但清晰度相对比较差。如果纸张质量不好，很容易出现洇散现象，图文印迹显得发花、模糊。

（二）雕刻凹版印刷文件的特征

1. 图文墨迹形态

雕刻凹版印品上的文字、图案都是由宽窄、疏密、长短不同的清晰、有光泽的条纹组成的。油墨干燥前渗散进纸张纤维内，使图文笔画边缘呈胡须状特征。

2. 墨迹中的压痕特征

雕刻凹版的沟纹较深，又无支撑线，在印刷图文部位会形成明显的正面凸起、背面凹入的压痕。

3. 油墨疵点特征

雕刻凹版印刷机采用擦墨布除墨方式，印版空白部位的油墨能够完全清除干净，因此印刷文件上无油墨疵点。

4. 总观特征

雕刻凹版印品纹线墨层较厚，立体感强，有明显的凸凹不平的触感。手工雕刻凹版印刷的图文线条形态、长短、宽窄、墨层薄厚均不一致，内容多为人像、风景图案。机械雕刻凹版印刷的图文线条均匀，结构规则，内容多为有规律的线条花纹图案。

（三）电子雕刻凹版印刷文件的特征

电子雕刻凹版的版面结构与影写版相似，其印品特征也与影写版印品相近。在压痕、印刷体文字墨迹形态、油墨疵点等特征上，二者完全相同。只是在连续调图像的色调表现上，电子雕刻凹版印刷品既有墨层薄厚的不同，又有网点大小的不同，由二者结合来表现色调层次。与影写版印品相比，在电子雕刻凹版印品上可以看出比较明显的网点（见图10－14）。

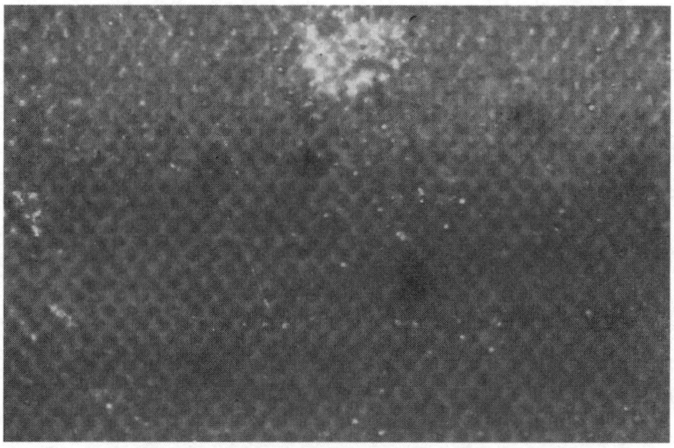

图 10－14　电子雕刻凹版连续调图像网点特征示例图

第四节　丝网印刷文件检验

丝网印刷是孔版印刷的一种，近些年来丝网印刷技术发展很快，与凸版印刷、平版印刷、凹版印刷共同被称为“四大工业印刷方法”。丝网印刷设备简单、操作方便，印刷、制版简易，应用范围广。应用丝网印刷方法的常见印刷品有彩色油画、招贴画、名片、装帧封面、商品标牌等。

一、丝网印刷工艺

（一）印刷原理

丝网版的图文部分由大小相同但单位面积内数量不等的孔洞构成（见图 10－15），空白部分由阻墨材料构成。印刷时，油墨透过孔洞漏到承印纸张上形成图文印迹。

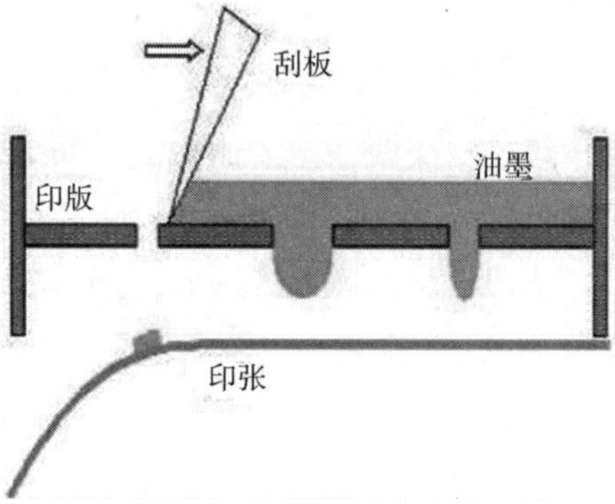

图 10－15　丝网印刷原理示意图

（二）丝网版制版

丝网版是将丝织物、合成纤维织物或金属丝网绷在网框上，采用手工刻漆膜或照相制版的方法使印版上图文部分的丝网孔成为通孔，非图文部分的丝网孔被堵住。印刷时通过刮墨刀的挤压，使油墨透过图文部分的丝网孔转移到承印物上，形成与原稿一样的图文。

二、丝网印刷文件的特征

（一）图文墨迹形态特征

由于印版丝网上经纬线的作用，丝网印刷文件的图文印迹均由小方点构成，各方点在图文线条内部连片，在图文边缘则呈现出“锯齿”状形态特征。墨量较少时，图文内部有时表现出网格痕迹特征。(见图 10－16)

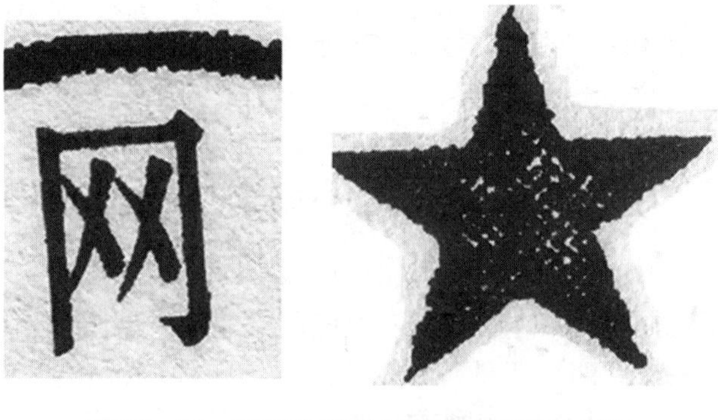

图 10－16　丝网印刷图文中墨迹形态示例图

丝网印版由绷在木框上的细丝网和紧贴在丝网上具有挖空图文的纸张或聚酯膜组成。

油墨通过挖空的图文，透过丝网孔，到达承印物上。因此，丝网印刷文件图文边缘部位会表现出丝网编织形成的具体的网孔形态。正常印刷时，刮墨板刮墨后，当丝网印版离开承印物时，印迹表面通过油墨的流动将丝网网格痕迹予以填充，从而呈现出均匀平整的油墨层。但是，当油墨的流动性较差时，丝网抬起后，网格痕迹无油墨覆盖，就会在图文墨迹中出现丝网网格形态。

（二）墨迹中的压痕特征

丝网印刷过程中，在刮板刮墨的同时，对刮板施以一定的压力，使油墨透过印版孔洞漏印到承印纸张上，形成印迹。压力作用于油墨，而非纸张上，所以丝网印刷文件表面光滑平整，无凸凹的印压痕迹。

（三）连续调图像特征

丝网印制的连续调图像是利用网点表现的。由于丝网印刷的油墨层较厚，对中间色调无法较细致地进行区分，从而导致丝网印刷文件中的连续调图像中间过渡阶调少、反差较大。（见图 10－17）

图 10－17　丝网印刷连续调图像示例图

左为连续调图像原稿；右为丝网印刷图像

（四）油墨疵点特征

丝网印刷在印刷过程中，丝网和承印纸张之间的间距很小，杂质不易附着，油墨也不易飞溅，从而使丝网印刷文件上油墨疵点的出现概率较低。

（五）总观特征

总体观察，丝网印刷文件的墨色均匀，墨层较厚，印迹实，立体感很强。

第五节　印刷文件来源鉴别

一、印刷文件来源鉴别概念

作为现代社会重要信息传播媒介的各种印刷文件广泛应用于人们的日常工作、学习与生活。即使是犯罪分子在实施各种犯罪活动时，也常常会有意无意地用到它，使那些在社会上公开发行、销售或流通的书刊、报纸、书写用品、宣传材料、各种公文等合法印刷品成为与犯罪相关的物证。印刷文件来源鉴别是根据与物证同批印刷的印刷文件空间分布规律（流通使用范围），通过调查、取样、鉴别，对印刷文件的出处作出判断的一种检验方法。印刷文件来源鉴别在案件侦查过程中是一种缩小侦查范围的重要手段。

二、印刷文件来源鉴别依据

印刷文件的印刷过程与发放使用过程都存在着一定的规律。掌握了这些规律，就能够查找出印刷文件的来源。

（一）同批、同版印刷文件具有特定性

同批印刷文件的排版、制版、印刷、印后加工的方法都相同，同批、同版印刷文件的表观特征基本一致。不同批印刷文件的版面内容可能不同，同时印刷的不同版印刷文件之间，细节特征有可能不一致。

（二）印刷加工特征变化具有有序性

在整个印刷过程中，印版、印刷机械、裁切、装订机械的工作状态并不是一成不变的。随着印刷加工的进程，某些参数会发生微小的变化，导致同一台印刷机上同一块印版的印刷文件特征存在微小的有规律的变化。同阶段印刷文件，其印刷加工特征相近。

（三）同阶段印刷文件空间分布具有相对集中性

印刷加工过程和使用过程的有序性，使同版同阶段印刷文件通常集中分布在某一个使用空间内，如某一地区、某一单位、某一办公室，有时甚至集中在某个人手中。

（四）印刷物证出处留有剩余物的必然性

印刷文件来源的确定依赖于与印刷文件样本进行的特征比较，以期寻找到印刷特征最接近的样本纸。实践证明，作案人获取作案用纸之处必然还存在着已经使用或尚未使用的相近印刷文件，其可以用来与物证进行比较鉴别。

三、同版同阶段印刷文件鉴别

同一块印版印出的所有文件基本印迹特征相同，但并不是所有细微的印刷加工特征完全一致。在整个印刷加工过程中，印版的磨损、老化，以及印刷机、装订机械的工作状态不同，总会使同版印刷文件上某些细微特征消失、出现或发生变化，导致同版印刷文件之间出现细微印刷加工特征的差异。这些细微特征在整个印刷加工进程中按一定的规律逐渐变化，根据印刷文件上某些细微特征的出现或消失时机，以及特征变化的幅度，可以把全部印刷文件按印刷加工的时间顺序分成若干个区段。属于某块印版在某一时间区段连续印出的文件就是同版同阶段印刷文件。因为同版同阶段印刷文件的分布空间相对集中，所以通过寻找与物证同版同阶段的样本，鉴别样本与物证是否为印刷次序接近的同版印品，对划定物证来源的具体空间、缩小侦查范围具有重要意义。

（一）同版印刷文件鉴别

收集大量与物证同版的印刷文件，是分析印刷阶段性特征变化规律的物质基础。在印刷文件来源调查的初期，首先要从大量与物证内容相似、相同的同类印刷文件中，筛选出与物证属于同一印刷厂印刷的同批印刷文件，然后再进一步鉴别出与物证同版的印刷文件。同版印刷文件的鉴别主要从以下四个方面进行。

1. 印刷方法检验

同版印刷文件的鉴别，首先需对检材与样本是否为专业制版印刷形成进行分析判断。印刷方法相同是同版印刷文件的前提条件，同版印刷文件的印刷方法必定相同。

2. 版面图文内容检验

版面图文内容是指印版着墨部分图文结构反映在印刷品上的油墨色料影像。同版印刷文件的版面内容必定相同。不同版印刷文件上述方面特征有可能不同（见图 10－18）。如果发现检材和样本的版面图文内容存在本质差别，即可作出否定结论。

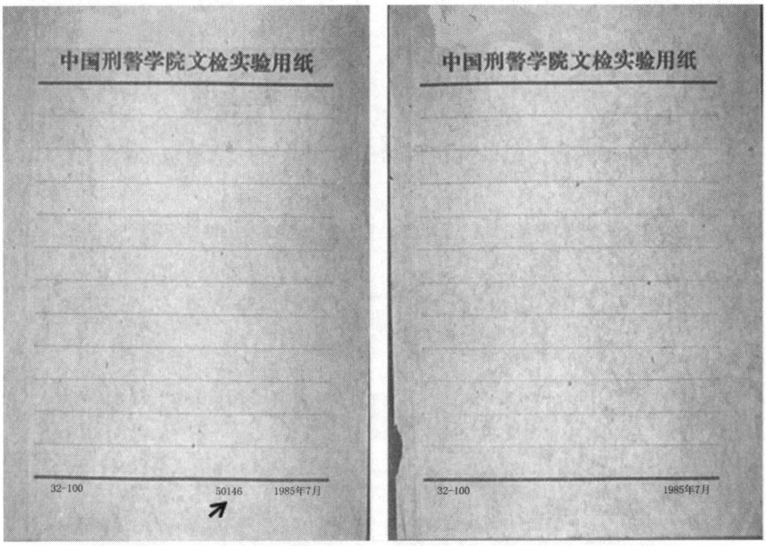

图 10－18 不同版印刷文件图文内容差异特征示例图

3. 版面几何规格检验

通过测量印刷文件的版面规格、文字线条的间距和图文的相对位置，可以发现不同来源或相同来源但不同版印刷文件之间的差别。具体测量时，可以根据检测幅面大小，利用不同的测量工具选择印刷文件上的相同部位进行测量比对；也可以通过重叠比对的方法比较版面几何规格的异同。对于用平板纸多色套印的彩色印品，要在同种颜色图文间进行比对。

4. 细节形态特征检验

细节形态特征是鉴别同版印刷文件的关键特征。检验时要注意观察和比较相同部位笔画的长短、端部形态、搭配比例（见图 10－19）、固定缺陷；比较同部位线条的长短、粗细、端部形态、接口特点、边缘缺陷；比较加网照相制版印刷的连续调图像的网点或影写版印刷图像的网点方向、密度和形态（见图 10－20）；比较拼版痕迹、版边位置、版底上脏等版面缺陷等。同一块印版印出产品的图文结构形态完全相同；不同块印版印出产品的图文结构形态有差别。但不同块印版印刷文件之间差别的明显程度因制版方法而异。照相连晒制版的各块印版印品之间的图文结构形态无明显差别，只在某些墨迹的边角形态上有微小差别；铅活字排版的各块印版在文字与线条的间距、线条的拼组形式、线端的形态等方面有明显差别。

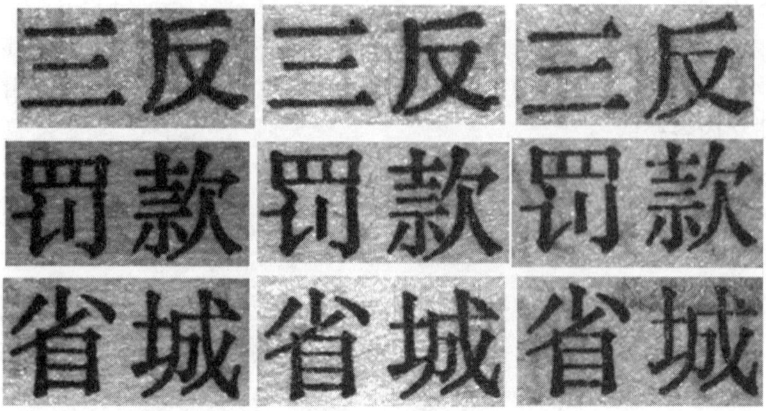

图 10－19　不同来源同体同号字细节形态差别示例

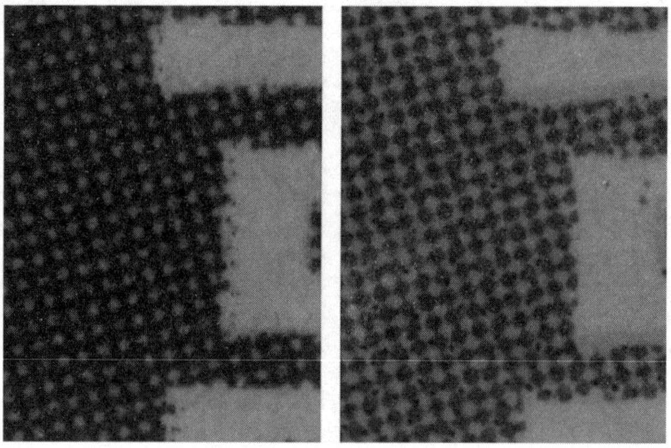

图 10－20　不同来源印刷文件连续调图像同部位网点覆盖率差别示例图

（二）同阶段印刷文件鉴别

同版同阶段印刷文件是某块印版在某一时间区段连续印出的印刷文件。通过比对样本与物证的印刷阶段性细微特征，可以筛选出与物证最近似（印刷次序最接近）的样本，对划定物证来源的具体空间、缩小侦查范围具有重要意义。同阶段印刷文件的鉴别主要从以下七个方面进行。

1. 印版磨损特征检验

在整个印刷过程中，印版不是一成不变的。由于印版的磨损，印刷图文会从清晰到模糊逐渐变化，印刷质量越来越差，直到印版不能使用。平印版在印刷过程中油水交界处的乳化作用会使细小纹线和图文边缘越来越模糊。印刷时序越接近的印刷文件，同部位笔画边缘清晰程度越一致，而清晰度的差别只有在印刷次序较远的印刷文件间才能表现出来。凸印版的局部印面被磕碰后形成永久性变形，使印品上出现纹线的中断或扭曲。胶印版的图文部分由高分子薄膜构成，易被损坏，随着印刷的进程，胶版印刷文件上的图文露白和纹线、网点的变形现象和油墨疵点会越来越多。

2. 油墨疵点特征检验

油墨疵点是指在印刷文件的空白部位出现的油墨脏点。随着印刷的进程，局部版面油墨的堆积、异物的污染等都会在印刷品上形成油墨疵点。它们有的是在制版过程中形成的，其印迹的形态、数量和位置相对稳定；有的是在印刷过程中形成的，其印迹的形态、数量和位置都不固定，有的呈规律性变化，有的无规律。但随着印刷的进程，印刷文件上的油墨疵点总体上是数量越来越多的。印刷阶段相近的印刷文件上油墨疵点特征表现相似。

3. 油墨特征检验

在印刷机工作过程中，经常需要根据印刷品的情况调节给墨量，使印刷文件上的图文墨色产生由浓到淡、由淡到浓的变化。墨斗内油墨的容量也是有限的，印刷过程需要填墨，如果后填的油墨与原有的油墨不是同一种牌号或不是同批调制的，就会使印品的图文墨迹有色泽深浅、亮乌的区别。同阶段印品上的墨迹深浅、色泽和均匀程度表现一致。

4. 印刷机具调整特征检验

印刷过程中调整印刷机具主要是对压印力和滚筒包衬厚度进行调整。对凸版印刷而言，滚筒压印力的调整直接影响印刷文件的压痕特征，同时会带来墨色深浅的变化。压力越大，通常压痕越明显、墨色越深；压力越小，通常压痕越不明显、墨色越浅。在动态印刷过程中，要求压印物体与印版二者的表面运动线速度一致。对于平版胶印，则要求印版滚筒、压印滚筒和胶皮滚筒三者同步运转，否则，就会产生相对滑动使印刷品上的墨迹出现单方向的双影或发虚现象。遇到这种情况，需要对压印滚筒或印版滚筒的包衬厚度进行调整，使其表面线速度相同。同阶段印品在有无双影、是否发虚以及发虚的程度等方面表现的特征一致。对于彩色印刷文件，还可根据同一彩色图像各色印版套印位置的具体表现，判断是否为同阶段印刷文件。对凸版印刷品，可根据墨迹压痕大小和有无双影等特点判断是否为同阶段印刷文件。

5. 纸张特征检验

印刷量较大的印刷文件在印刷进程中一包纸不足以完成印量，还需要续纸或换纸。如果后换的纸是不同造纸厂或同一造纸厂不同批生产的，印出的同版印刷文件会出现纸张色泽和平滑程度的差别。同阶段印刷文件的纸张白度、厚度、平滑度和成分等特征表现一致。

6. 修版特征检验

印刷过程中，若印版磨损或脏版现象严重，则需要停机进行印版修复，修版后再印刷的印刷文件的某些特征会与修版前的同版印刷文件存在很大差异。如胶印版在进行修版时，损坏的亲油膜能够被修复，空白部位的脏点能够被擦除，从而使印刷文件上的露白和油墨疵点明显减少；随着印刷的进程，油墨疵点和露白也会继续出现，但是在形态和位置上都与修版前的同版印刷文件不同（见图 10－21）。如果物证与样本上述特征反映不同，则应属于不同阶段印刷形成。

图 10－21 修版前后不同阶段印刷文件特征差异示例图

7. 装订特征检验

通常专业制版印刷文件的装订过程包括折页、配帖（或配页）、订本、上封面、裁切等工序。在装订过程中，也会表现出某些代表装订时序的阶段性特征。例如，同阶段装订的成品，折痕与折标的相对位置、装订痕的位置、间距等特征相同，胶头黏合物的颜色、种类以及包头使用的纸张特征相同，裁切边刀花的形态及搭配关系特征相同等。如果检材与样本的上述装订特征表现不一致，则应属于不同阶段的印刷文件。检验时注意观察和比较装订方式、装订痕位置、刀花位置与形态等装订特征异同。

根据上述各方面的综合分析，可以把从整个印刷文件分布范围抽取收集到的样本按不同印刷阶段，逐步筛选出与物证最近似的样本，这些样本可能是分布在几个单位、几个办公室或某个社区之内，从而可以为侦查指明方向、缩小范围。

【思考题】

（1）凸版印刷文件的基本特征有哪些？
（2）平版印刷的原理是什么？
（3）平版印刷文件的基本特征有哪些？
（4）凹版印刷种类有哪些？
（5）不同种类雕刻凹版印刷文件特征具有哪些异同点？
（6）丝网印刷文件的基本特征有哪些？
（7）同版同阶段印刷文件鉴别的方法是什么？

【参考文献】

[1] 王世全主编:《印刷文件检验》，中国人民公安大学出版社 2001 年版。
[2] 崔岚编著:《印刷文件检验技术规范》，中国人民公安大学出版社 2012 年版。

第十一章　办公机制印刷文件检验

内容提要： 办公机制印刷文件包括电子打印文件、静电复印文件和传真文件三大类。前两类文件在文检实践中极为常见，因而自然就是本章的重点内容。针对一份办公机制类文件的检验，具体任务包括文件形成方法检验、印刷机具同一认定、文件真伪检验三个方面。文件真伪检验根据对象的不同，又分为打印文件的添加、换页变造鉴别，针对静电复印文件的复印次数、来源及是否伪造变造形成的识别，以及多次传真文件的鉴别，等等。由此，本章各节在分别介绍电子打印机、静电复印机、传真机工作原理的基础上，分析汇总了打印文件、静电复印文件、传真文件的检验依据，并给出了有针对性的检验方法。

关键词： 电子打印；静电复印；传真；原理；文件检验；依据；方法

第一节　电子打印文件检验

随着喷墨技术、CTP 技术的出现，以及 PC 机的逐渐普及，人们日常办公自动化需求持续增长。与此对应，面向商用、家用印刷需求的技术研究和设备生产有了现实土壤，各类小型、便携式印刷机械应运而生。由于其印刷的工作原理不同于传统印刷，因而“打字”“打印”等词语便相继出现在人们视野，所生产的设备也就被冠以“打字机”“打印机”称谓。从 1968 年 9 月全球第一台小型电子打印机 EP－101 诞生至今，现代电子打印技术已经经历了半个多世纪的发展。从 20 世纪 80 年代我国国家标准信息交换用汉字编码标准的制定，到联想公司在 1993 年推出的第一台中文激光打印机（LJ3A），以及 WPS 等办公软件的研发应用，我国办公自动化水平在近 40 年间飞速提高。当前，打印作为办公印刷的重要方式，已深深融入经济社会的方方面面。由此，在司法实践中，利用 PC 机并使用办公软件制版，再使用各种电子打印机印刷输出形成的打印文件，俨然已成为印刷文件检验领域的重要检验对象。所以，研究探讨现代电子打印机的工作原理，分析总结电子打印文件种类、机具同一性鉴定的方法，以及相应的伪造、变造电子打印文件鉴别技巧，极为必要。

一、电子打印文件检验基本问题

（一）电子打印的定义

论及电子打印，必须首先认识打印。所谓打印，顾名思义，是指打字油印。油印最早起源于中国古代的印章文化，随着活字印刷术的出现，就有了使用油墨进行涂刷之含义。而打字是随着打字机的发明而出现的词汇，即使用打字机将文字、符号打印到承印物（纸张）的过程。随着计算机制版印刷技术的兴起，电子打印便有了其现代的含义。电子打印，简称“打印”，一般是指将计算机、其他电子设备中的文字、符号、图形、图像通过打印机输出在承印物（主要是纸张）上的过程。从其内涵可以看出，电子打印当然属于印刷的范畴。但同样带有打印一词的3D打印、4D打印，是否属于印刷的范畴？答案则是否定的。原因在于，以打印技术为基础，借助数字模型文件进行控制，靠材料的逐层累积，形成立体产品的3D打印，以及利用“可编程物质”和3D打印技术，制造出在预定的刺激下可自我变换物理属性的三维物体的4D，其实质是作为传统的模具制作和铸造、注塑等替代加工工艺。3D、4D打印虽然是靠打印技术实现的，但采用的墨水（材料）与印刷完全不同，所以不能将二者纳入印刷范畴，其亦不属于印刷文件检验的研究领域。

（二）打印文件分类及检验任务

打印文件按输出机械的不同，通常可分为针式打印文件、激光打印文件、喷墨打印文件、热打印文件。热打印文件又可进一步分为热敏打印文件、热转印打印文件和热升华打印文件。按文件成品色彩的不同，可分为单色打印文件和彩色打印文件。按文件张数的多少，可分为单张打印文件和多张打印文件。按承印物承印图文面数的不同，可分为单面打印文件和双面打印文件。按记录内容的构成，可分为纯文本（含文字、符号）打印文件和文字图像混合打印文件。

（三）电子打印文件检验的任务

打印文件是个体、个体间记录、传递视觉信息的一种客观记录，也是文件制作过程的客观反映，其表观痕迹所反映的印迹特征、图文排版特征、文件装订特征、文件保存特征以及其他特征，能够为各类证据调查活动提供线索和证据支持，系诉讼活动的重要物证。

谈及打印文件检验的具体任务，主要是通过对打印文件所反映出的前述各类痕迹进行分析研究，判断打印机的种类，鉴别打印文件是否为同一台打印机打印形成。鉴别打印文件是否为同一台打印机打印形成，又区分为打印文件自身是否为同机打印形成，以及检材与样本是否为同机打印形成两种情况。在此需要强调，即使打印文件自身是同一台打印机打印形成，也不能证明文件自身就具备真实性，原因在于，实践中还存在同机添加、换页打印的情况。文件的真实性，当然包括打印文件的真实性鉴别，从技术角度分析，更应关注文件形成过程中的连续性，即文件是否为一次性打印形成，因为“同次必然同机，而同机未必同次”。此外，鉴定实践中，打印文件可能碰到“溯源性”检验的情形，以“利用邪教组织破坏法律实施罪”中的纸质打印文件是否源自某电子文件最具代表性。根据本书写作体例要求，以及章节间的衔接需要，本节仅就打印文件的种类检验、同机检验以及打印变造文件检验展开讨论。

二、打印机构造及原理

（一）电子打印机分类及其发展简史

按打印原理不同，可将打印机分为击打式打印机和非击打式打印机两大类，非击打式打印机又可细分为激光打印机、喷墨打印机、热打印机等。按打印幅面的不同，可将打印机分为窄幅打印机（打印A3以下幅面）和宽幅打印机（可打印A3及以上幅面）。按用途的不同，可将打印机分为以下两个大类：一类是通用型打印机，它可广泛应用于机关、企事业单位、家庭等对打印无特殊要求的场景；另一类是专用型打印机，其用途比较专一，如专用票据打印机等。按照通信方式的不同，又可将打印机分为 PC 机直连式打印机、网络打印机、蓝牙打印机等。

电子打印机的出现，最早可追溯至施乐公司（Xerox）于 1948 年研制的世界首台静电复印机；1968 年 9 月，全球第一台小型电子打印机 EP－101 诞生，推开了现代办公打印的大门；1971 年，施乐公司出了世界上第一台激光打印机；1976 年，世界上第一台喷墨打印机诞生；1984 年，惠普发布了其首款桌面激光打印机；1991 年，惠普出品了世界上第一台局域网打印机，同年，全球第一台彩色喷墨打印机、大幅面打印机出现；1993 年，世界上第一台中文激光打印机（联想中文激光打印机 LJ3A）问世；1998 年，支持自动双面打印的彩色激光打印机出现；2000 年，全球首款支持自动双面打印的彩色喷墨打印机诞生；2000 年至今，激光打印机迅速普及，黑白激光打印机逐渐成为办公主流设备，彩色打印技术历经多次升级，激光打印机发展更新迅速。与之对应，喷墨打印机也在不断更新换代，以多色（8 色及以上）、高速、高质、低噪、价优等为售卖亮点的喷墨打印机备受日常办公、家用市场的欢迎。

（二）激光打印机构造及原理

作为非击打式打印机典型代表，激光打印机问世于 20 世纪 70 年代初，目前已成为市场上的主流产品。按支持打印颜色的不同，激光打印机可分为黑白激光打印机和彩色激光打印机两种。但二者的基本工作原理是相同的，都采用了类似复印机的静电照相技术，首先将待打印图文内容转换为感光鼓上的以像素点为单位的点阵位图图像，再转印到纸张上形成打印图文。激光打印机与复印机的不同之处主要体现在光源上，复印机一般采用的是普通白色光源，而激光打印机采用的是激光束。

激光打印机主要由控制系统、激光扫描系统、电子照相系统和走纸机构组成。激光打印机的工作过程可分为数据交换、激光扫描、成像显影（见图 11－1）三个阶段。具体流程是：当计算机输出图文信息时，控制系统通过接口接收来自计算机的图文信息，并实现图文的构造；在此基础上，图文信息经 RIP，将页面分割成由微小点组成的阵列，再经由激光扫描系统进行扫描，将需要输出的文字、符号、图形和图像在感光鼓上形成静电潜像；然后，用电子照相系统进行显影处理，即用带有电荷的增色剂（带有与潜像极性相反电荷的微细墨粉）对潜像进行吸附显影，形成显在图像；接下来，通过输纸机构将可见像转印到普通纸上，并将图文信息固定（定影）后输出，完成打印；最后，通过清洁、消电后，使打印机为下一次的工作做好准备。

激光打印机的成像显影（静电成像原理）是美国人卡尔逊首先提出的，因此也被称为卡尔逊法，或放电成像法。成像显影的一个周期包括 7 个步骤，具体是充电→曝光→显影→转印→定影→清洁→消电（见图 11－1），其中有 5 个步骤是围绕电子照相系统进行的。

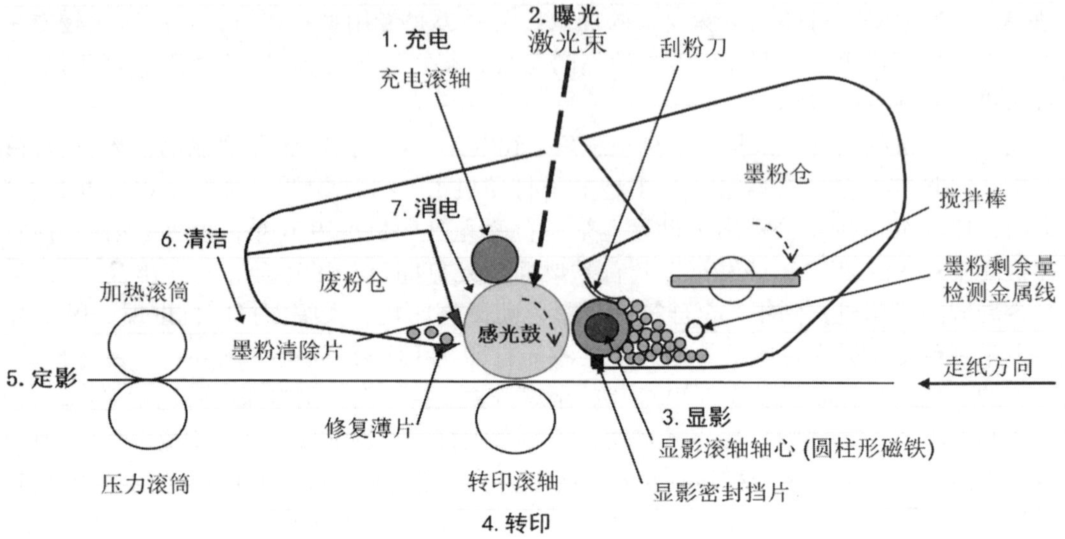

图 11-1 激光打印机成像显影过程图示

如图 11-1 所示，成像显影过程中，充电即是对感光鼓进行充电，对感光鼓表面施加一层均匀的负电荷，使感光鼓表面产生一层均匀的负电势层并维持该常数电势。曝光时，激光束照射到感光鼓的部分会产生放电现象，在鼓面上出现潜像。显影，是指从潜在图像到形成真正图像的过程。在此过程中，墨粉被吸附在显影滚轴上，帮助显影滚轴上的墨粉充上负电荷。感光鼓面上正电荷的部分会将充上负电荷的墨粉吸附过去，在鼓面上形成图像。转印，即用高压静电将感光鼓表面的“碳粉图像”转印到纸张的过程。此过程中，当带负电的碳粉随着感光鼓转到打印纸附近时，纸后放置的电极放正电，静电吸引力便使纸紧贴在光导板上，带负电荷的碳粉便被吸附到纸张表面。定影，即将吸附在纸上的碳粉图像，利用加压热熔的工艺，使熔化的碳粉侵入打印纸中，形成固定图像的过程。此过程中，吸附在纸上的碳粉是由热性的树脂及碳粉混炼而成的微小颗粒，当吸附由碳粉的纸经过两个金属滚筒间夹缝时，碳粉中的树脂熔化与碳粉一起被紧紧地压附在纸张上，从而形成永久的图像。清洁，就是将感光鼓表面未能完全转移的碳粉清除干净的过程。消电，即将感光鼓表面残留电荷清除掉，使其恢复中性的过程。

（三）喷墨打印机构造及原理

喷墨打印机的工作过程实际上是利用控制指令来控制打印头上的喷嘴孔，让喷嘴孔喷出定量的墨水打印在纸上的过程。喷墨打印机的喷墨控制技术主要包括连续式喷墨技术和随机式（按需）喷墨技术。目前，喷墨打印机使用的喷墨控制技术主要是随机式喷墨技术。

1. 连续式喷墨技术

连续式喷墨技术的原理是：利用压电启动装置对喷头中的墨水加以固定压力，使其连续喷射。当喷嘴孔中的墨水流出时，供电电路对流出的墨水进行充电，使墨水中的墨滴带电。带电墨滴通过偏转电机形成的偏转磁场后，在磁场的作用下就会产生相应的偏转，偏转之后墨滴就会喷向纸张，墨滴落在纸上形成墨点。此方式中，不带电的墨滴不会产生偏转，而会直接喷向一个墨水的回收器。因而此种技术要求复杂，生产该种打印机的成本较高。

2. 随机式喷墨技术

随机式喷墨技术控制墨水只在打印时才喷射，它结构简单、成本低、可靠性高。随机式喷墨技术可以分为气泡式喷墨技术和压电式喷墨技术两种。

第一，气泡式喷墨，又称电热式喷墨，其实现过程如图 11－2 所示：打印时，气泡式喷墨系统控制喷墨打印头（喷墨室的硅基底）上的电加热元件（通常是热电阻）急速加热，使喷嘴底部的液态油墨汽化并形成气泡，该蒸汽膜将墨水和加热元件隔离，避免将喷嘴内全部墨水加热。加热信号消失后，加热陶瓷表面开始降温，但残留余热仍促使气泡在短时间内迅速膨胀到最大，由此产生的压力压迫一定量的墨滴克服表面张力快速挤压出喷嘴。随着温度下降，气泡开始呈收缩状态。喷嘴前端的墨滴因挤压而喷出，后端因墨水的收缩使墨滴开始分离，气泡消失后墨水滴与喷嘴内的墨水就完全分开，从而完成一个喷墨过程。HP（惠普）、Canon（佳能）、Lexmark（利盟）公司生产的打印机都采用这种技术。

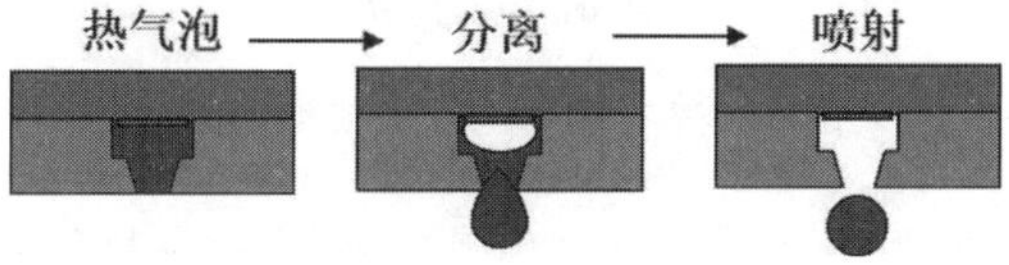

图 11－2　气泡式喷墨打印技术图示

第二，压电式喷墨技术，又称压电陶瓷打印技术，其技术原理如图 11－3 所示。在打印设备中，许多小的压电陶瓷被放置到打印机的打印头喷嘴附近，利用压电陶瓷在电压作用下会发生形变的机理，适时将电压加到它的上面，压电陶瓷随之产生伸缩，挤压喷头中的墨水，使喷嘴中的墨汁喷出，输出到承印物上形成图文。压电喷墨技术对墨滴的控制能力强，容易实现高精度的打印。当前，EPSON（爱普生）公司生产的喷墨打印机中有使用此种技术的。

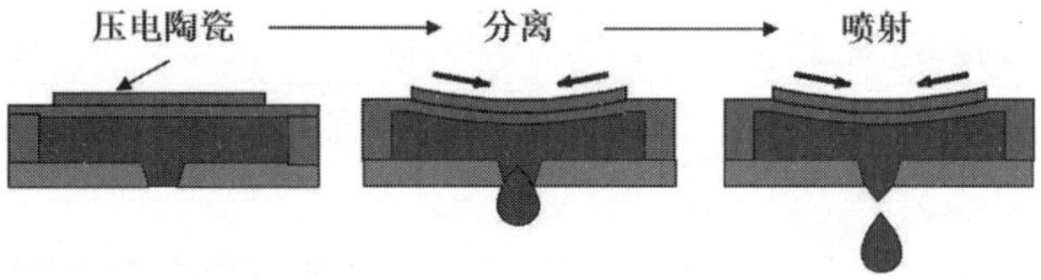

图 11－3　压电喷墨打印技术图示

（四）针式打印机构造及原理

针式打印机是利用机械和电路驱动原理，使打印针撞击色带和打印介质，进而打印出点阵，再由点阵组成字符或图形来完成打印任务的。打印机在连接通信状态下，通过接口接收 PC 机发送的字符或图形打印命令，再经过打印机的 CPU 处理后，从字库中寻找与该字符或图形相对应的图像编码首列地址（正向打印）或末列地址（反向打印），而后一列一列地找出编码并送往打印头驱动电路，控制打印头出针打印。其主要由打印机械装置和控制驱动电路两个部分构成，主要有字车机构、打印头、色带机构、输纸机构、打印状态传感机构等，如图 11－4 所示。

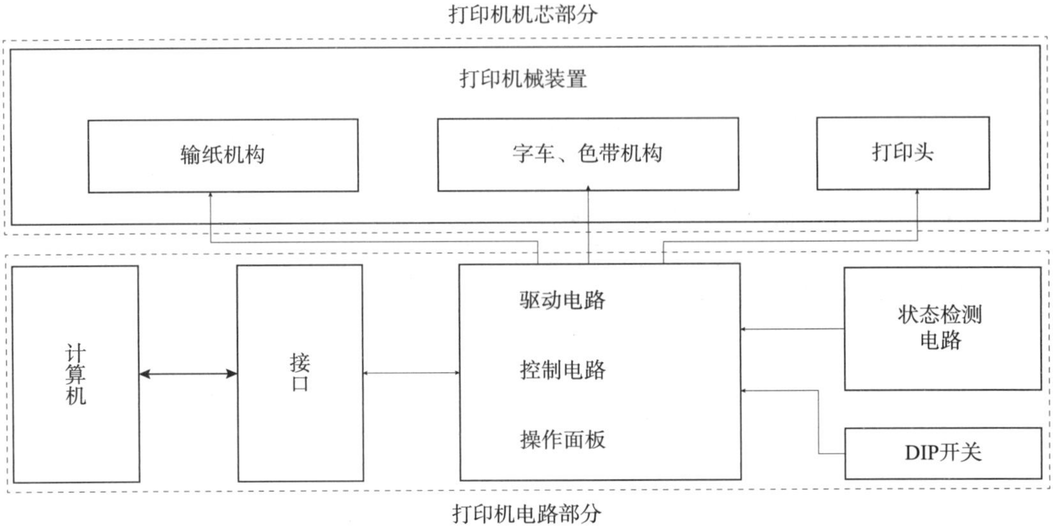

图 11－4　针式打印机结构组成

常态而言，针式打印机的打印过程是：启动字车→检查打印头是否进入打印区→执行打印初始化→按照字符或图形编码驱动打印头打印一列→产生列间距→产生字间距→一行打印完成，启动输纸电机，驱动打印辊和打印纸输纸→换行回车，找到下一行首列地址（单向打印）。如为双向打印，则在换行过程中先找到末列地址，反方向打印第二行。在打印过程中，共有打印头横向运动、打印纸纵向运动和打印针的击针运动三种机械运动。

目前，市场上主要有 9 针和 24 针两种针式打印机。9 针的不配汉字字库，其基本功能是打印字母和数字符号；对于常见的自配汉字字库的 24 针针式打印机而言，当计算机进行汉字信息处理时，主机只需要将待打印汉字的两个字节的国标码，直接送往打印机，再由打印机将汉字国标码转换成对应的点阵码进行打印。

（五）热打印机构造及原理

根据热打印机工作原理的不同，可将当前的热打印机大致分为热敏打印机、热转印打印机以及热升华打印机三类。

（1）热敏打印机构造及原理（见图 11－5）。热敏打印属于直接印刷的一种，其是利用热敏纸受热变色的原理实现打印的一种方式，较针式打印机出现较晚，但由于其打印速度快、噪音小，且不需色带，因而适宜于短期保存需要的商业领域，特别是商场、超市购物清单的打印。打印过程中，涂有热敏涂层的热敏纸压在热打

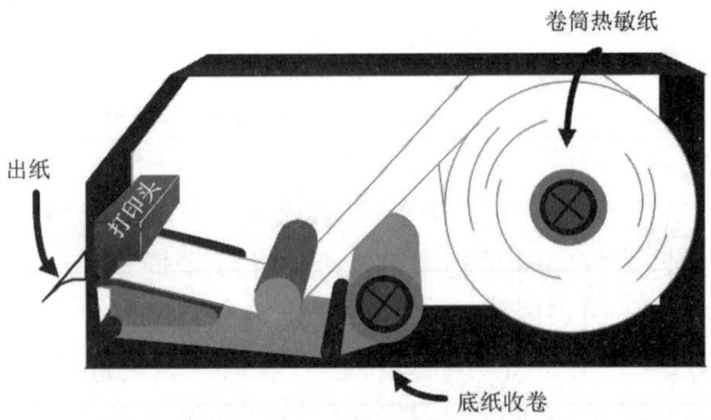

图 11－5　热敏打印机工作过程图示

印头和胶辊间，热敏纸的热敏涂层面与打印头的发热体接触，另一面与胶辊接触，胶辊转动带动热敏纸以一定的压力在打印头的表面滑动，同时热打印头上的发热体根据图像数据信号的控制有选择地通电发热，在热敏纸的相应位置上打印出像素点，形成图文。

（2）热转印打印机构造及原理（见图 11－6）。热转印打印属于间接印刷的一种，又可称为熔融型热转印。与热敏打印机相比，热转印打印机主要增加了一套色带系统，打印时，色带上有色料一面与承印物（纸张）接触，无色料一面朝向打印头发热体，共同压置于打印头下。胶辊和色带同时转动，带动色带、纸张共同在打印头表面移动，打印头发热体在数据信号的控制下通电发热，产生的热量通过带基传递给色料，色料受热后成为熔融的流动状态，从而黏附到与之接触的承印物上，形成图文。热转印打印可在普通打印纸上打印，形成的图文可长时间保存，适用范围较热敏打印更广。

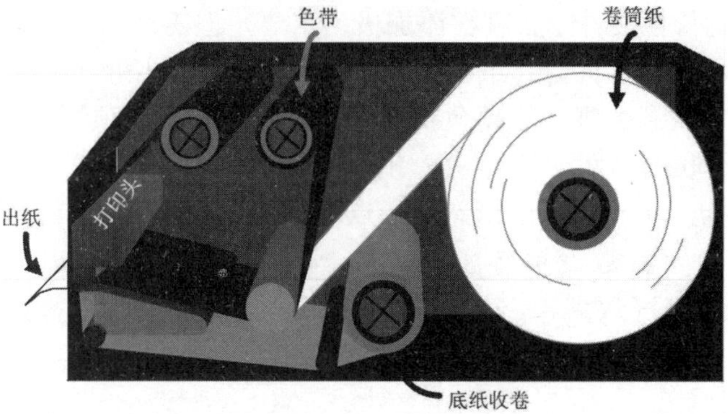

图 11－6　热转印打印机工作过程图示

（3）热升华打印机构造及原理（见图 11－7）。热升华打印机与热转印打印机机构组成大致相同，也属于间接印刷的一种，其工作原理是：利用升华过程中从气态到固态、从固态到气态（不需要中间状态）的互相转化来实现图文的打印，即打印机使用的固体色料经热打印头加热直接升华为气相，进而将需要输出的图文打印到承印物上。打印时，含有 Y、M、C 三原色外加保护膜的色带设置在一个转鼓上，打印头上安装有数量众多的半导体加热元件，每个加热头可以调整出 256 种温度。一定温度下，当色带通过热打印头时，直接升华成气态，然后喷射到打印介质上形成图文。由于每个加热头都可调整出 256 种温度，因而热升华打印机对于连续调图像色彩的还原更加精细，特别适合于照片等高品质图像的打印。

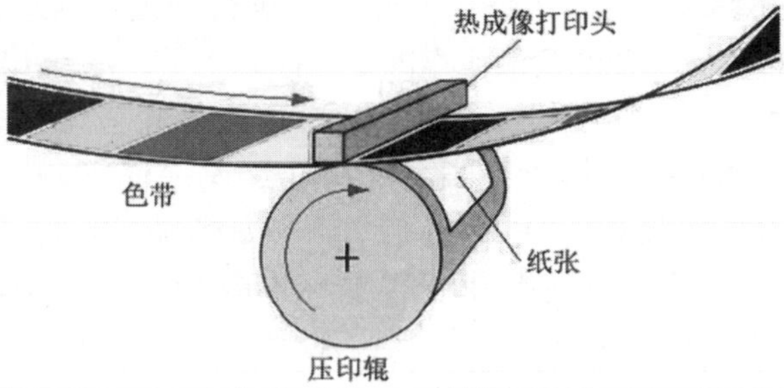

图 11－7　热升华打印机工作过程图示

三、打印文件检验的依据

（一）排版特征

（1）排版软件特征。经文献考证，历史上和现阶段用户使用的办公软件主要有：Microsoft Office、WPS、Red Office、永中集成 Office、iWork、Open Office、Google Docs，等等。其中以 Microsoft Office 以及 WPS 最为常用。Microsoft Office 之中，以 2000、2003、2007、2010、2013、2016、2019 七个版本最为国人熟知。打印文件检验过程中，排版软件特征的主要价值在于帮助判别文件的最早形成时间，鉴别待检文件是否一次性打印形成，其否定价值高于认定价值。

（2）页面边距特征。即打印文件图文四个边缘整体距离上、下、左、右四个页边的距离。该特征对于识别待检文件是否存在添加极为重要。但需注意，在表格、文字正常混排的情况下，表格有可能超出页宽（纸张宽度减去页面边距的长度）。

（3）页眉、页脚设置特征。主要包括但不限于：页眉距离顶端的距离、页脚距离底端的距离，页眉下划线长度，图文位置，文字的字库类型、字体、字号、点阵规格，页脚页码（其他图文）位置，页脚页码的形态学特点，等等。

（4）页面行数、字符数设置特征。以 Microsoft Office 的 Word 为例，在纵向排版的情况下，其默认每行字符数为 39 个，每页 44 行。当然，页面字符数、行数受页宽、行间距、段间距设置的影响而产生变化，特别是每行字符数，其会受字间距的影响而发生变化。

（5）对齐方式特征。排版过程中，纯文本的对齐方式包括两端对齐、居中、左对齐、右对齐、分散对齐五种。而在表格中，纵向对齐方式还包括上对齐、底端对齐、居中对齐等。对齐方式不同，打印文件页面宽度测量方法就不同，而且会影响对特定内容是否为后期添加的判断。

（6）字库类型。字库是外文字体、中文字体以及相关字符的集合，被广泛应用于计算机、网络及相关电子产品之上，字库中每一个字符都对应着一组编码，计算机通过编码实现对字库的调用、输出，完成计算机的文字显示以及排版印刷。

迄今为止，字库在大类上共包括三类，分别是点阵字库、矢量字库和曲线字库（见图 11-8）。点阵字库通过位图来表示字符，每个字符对应一矩阵，通过二进制数字来表示点阵中点的虚实。点阵字库放大后字符易出现边缘锯齿、笔画缺失等问题。矢量字库采用在汉字轮廓中选取相应的参数点，再用数字坐标对其进行描述，而后再用矢量线段连接成线，最终实现对文字的表示。其精度虽比点阵字库高，但放大时会出现折痕。曲线字库现阶段应用最为广泛，其是矢量字库的一种进化，通过建立相应坐标，再借助直线、曲线（半径、弧度等参数）对文字形体进行表达。曲线字库字体笔画边缘轮廓清晰、平滑，不受放大倍数的限制，精度高，主要包括 PS（PostScript）、TrueType（全真字库）、OpenType 三种字库类型。PS 字库主要用于工业印刷领域；TrueType 字库主要应用于操作系统；OpenType 由微软和 Adobe 公司开发，比 TrueType 更强大，可把 PostScript 字体嵌入 TrueType 的软件中。

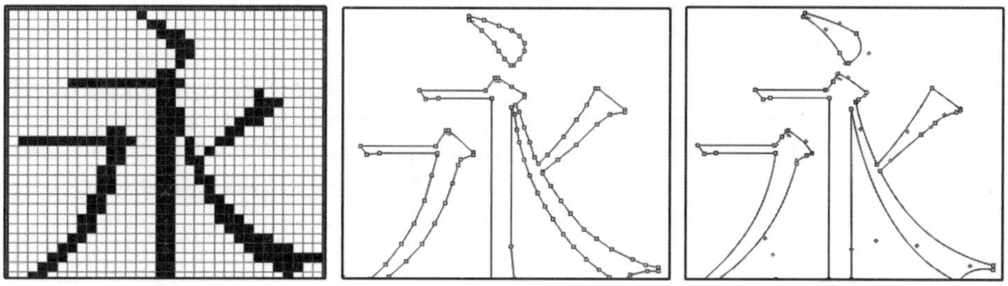

图 11－8　字库类型示例

（7）字体、字号、点阵规格。字体并不等同于字库术语，字体是对字库的进一步细化，主要强调的是文字、符号的形态学特点。因计算机中的字体受著作权的保护，所以不同厂家研发的字库中所带字体形态各不相同。此外，不同版本的操作系统、办公软件、图像处理软件中自带的字体不同。这就为鉴定打印文件真伪提供了依据支持。当前，使用最广的汉字字体主要由中易中标、方正、华文、长城等厂家所研制。字号常用“磅值”定义，字号大小会影响每行字符数量，以及行（段）间距的变化。办公领域常用字号介于 9～42 磅。点阵规格常见的有 12×12、14×14、16×16、20×20、24×24、32×32、48×48。

（8）项目符号、编号特征。该两类特征，最为常见的就是编号特征，在排版过程中常以自动连续编号出现。

（9）字间距、行间距特征。字间距受每行字符数、字号大小、人为调整影响；行间距主要受字号大小影响变化，人为调整也会导致行间距的改变。

（10）字行缩进特征。主要包括首行缩进、悬挂缩进两类。

（11）表格制作方式特征。在打印文件中，表格制作主要以使用 Word 直接制作，以及从 Excel 中导出两种最为常见。使用 Word 直接制作和从 Excel 中导出，二者图文特点表现不同，在检验过程中须认真分析。

（12）图形、图像制作方式、位置特征。图形制作上，可选用 Word 直接制作，也可使用 Visio 等软件绘制后插入；图形、图像位置特征，这里是指二者与文字布局关系，主要有嵌入型、四周型、紧密型、穿越型、上下型、图像浮于文字上方或下方型，等等。

（13）边框特征。主要包括文字边框、段落边框、页面边框三种。检验时在区别三者的基础上，还需注意其与文字下划线的区别。

（14）底纹特征。在计算机排版过程中，底纹是指在文字上加上不同于文字自身颜色的衬托，以起到增加反差、强调等作用。

（15）分栏、分页、分节设置特征。三者相比，如不考虑学术领域的论文排版，实践中一般最为常见的就是特定多张打印文件，因存在“分节”而导致页码、格式不连续之问题。

（16）字迹颜色设置特征。一般而言，通过打印机打印输出的最常见的信息就是文字，而文字在被作为二值图像解析设备的黑白激光打印机打印输出时，若图文自身颜色不是

“纯黑色”，黑白激光打印机在输出文字时，为区别其他图文，就会采用“灰度值”调整方式对其进行凸显，对应图文将反映出“镂空”状特点。

（17）其他排版特征。除上述十几类排版特征外，多页文件在排版过程中，可能还会用到文本框输入，下划线强调，文字倾斜设置，文本目录，表格目录，带圈字符，艺术字设置，输入的错字、别字特征，自造字符、图形布局，等等。如在检验时遇到这些特征，也需加以重视。

（二）打印特征

（1）图文形态及墨迹性状特征。激光打印机形成的打印文件成像质量高、颜色鲜艳、立体感较强（压力）、笔画边缘齐整，并常伴有墨粉弥散；喷墨打印机打印形成的文字墨迹平实，字符笔画边缘常见喷溅状墨点，油墨色泽较暗淡，在纸张上会有不同程度的洇散，易溶于水（见图 11－9）；彩色打印模式下，图文可见多色混合（边缘有墨迹洇散）现象。针式打印机打印的文字颜色暗淡，由细小的墨点构成，笔画边缘有毛刺，点阵痕迹明显，纸背有明显的凸起（见图 11－10），墨迹易溶于乙醇。热敏纸打印机打印形成的文字墨色暗淡，热敏纸预热会发生变色，纸面（热敏涂层一侧）遭硬物划后会留下黑道，判断较为容易（见图 11－11）。热转印打印机打印的文字油墨有光泽、墨迹平滑，图文呈热熔黏附形态，倾斜笔画的阶梯边缘棱角分明（见图 11－12）。

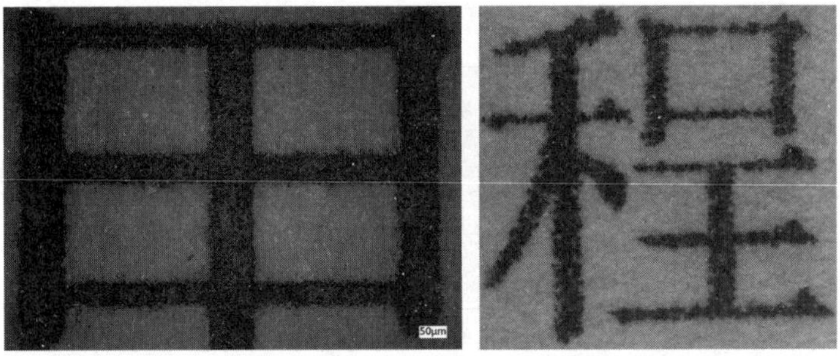

激光打印机印迹形态　　喷墨打印机印迹形态

图 11－9　激光、喷墨打印机印迹

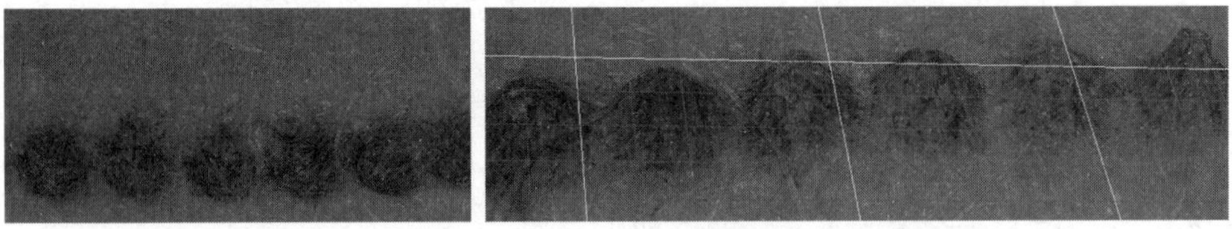

针式打印机印迹形态（正面）　　针式打印机印迹形态（背面）

图 11－10　针式打印机印迹

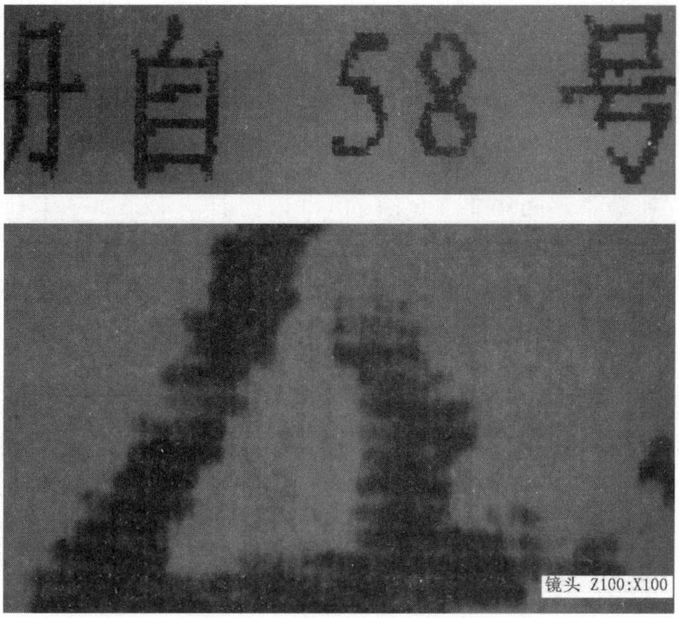

图 11－11　热敏纸打印机印迹

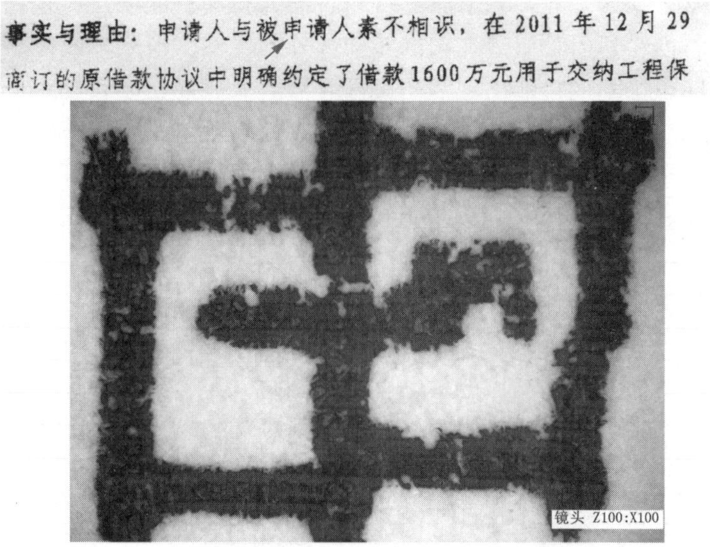

图 11－12　热转印打印机印迹

（2）激光打印机的机械压痕特征（见图 11－13）。机械压痕，是指打印机在文件印制过程中，纸张在经过相应机械组件时，机械组件在纸张上形成的潜在压痕。由于各类打印机的硬件层面都配有自动抓纸、传纸的装置，在压力作用下，组件必然与纸张发生接触，对应形成潜在的机械压痕。同时不同种类的打印机抓纸、传纸装置不同，同一打印机机械压痕细节形态不可能完全相同、在多份文件上的压痕可重复再现，因而为判断打印机种类，以及同一认定提供了鉴别依据。

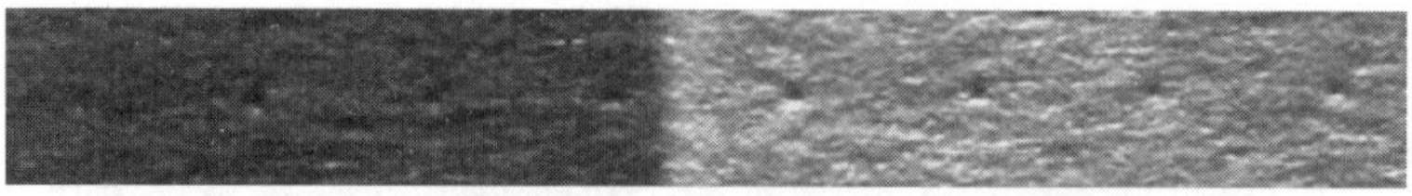

图 11－13　某彩色激光打印机星形齿轮压痕

（3）激光打印机数字水印特征（见图 11－14）。数字水印属于主动取证技术的一种，具有较强的鲁棒性。激光打印机的数字水印常出现在彩色激光打印机中，表现在印迹特点上系直径约 1μm 的呈规律性排列的点阵图形。其中可能包含打印机序列号、型号、用户信息、打印时间在内的信息。

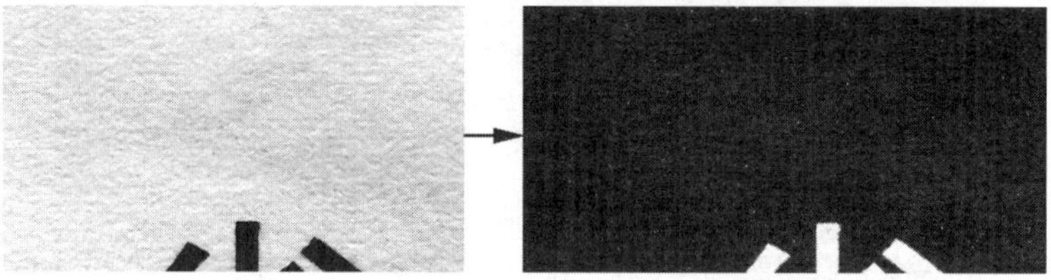

原貌　　　　　　　　反相处理

图 11－14　彩色激光打印机数字水印

（4）激光打印机条纹特征（见图 11－15）。激光打印机的条纹，是指因包括感光鼓以及多棱镜、辊轮、齿轮和齿轮组等在内的转动部件的误差、缺陷、故障，所形成的打印墨迹中的明暗相间的条纹。该特征出现频率有高有低。一般辊轮的转轴不平衡、偏心等会造成墨迹中出现低频条纹；而高频条纹主要是由感光鼓旋转角速度的波动和多棱镜的制造公差等导致的；引起感光鼓转速波动的原因包括清洁板与感光鼓的摩擦，充电辊与感光鼓之间的交互静电力作用，齿轮振动等。其中轮齿啮合振动，已被证实为墨迹密度周期性变化的重要来源。

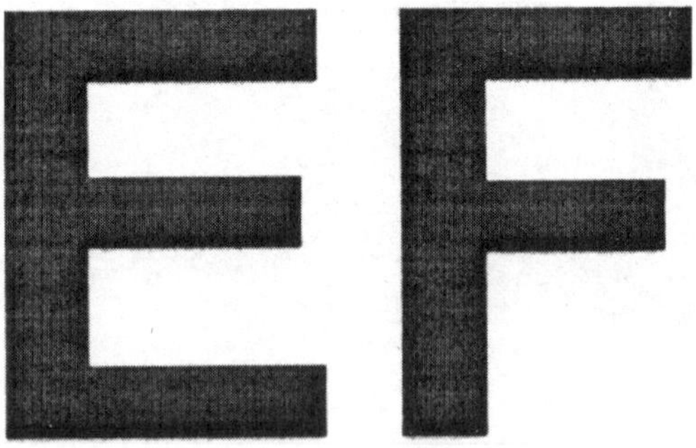

图 11－15　激光打印机条纹特征

（5）激光打印机感光鼓形成的周期性打印瑕疵特征（见图 11－16）。此类特征以感光鼓损伤特征最具代表性，以常见的小型、大型激光打印机为例，常见的感光鼓直径为 24cm、30cm，根据圆周率计算，运行一周可能形成的疵点间距约为 75mm、94mm，其方向有与纸张长边平行以及短边平行之分，形态上可细分为线型痕迹和点状痕迹。

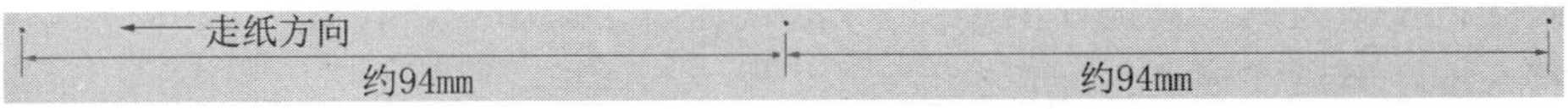

图 11－16　感光鼓损伤形成的点状瑕疵（横向走纸）

（6）激光打印机充电、显影、定影组件形成的周期性打印瑕疵特征，如图 11－17。

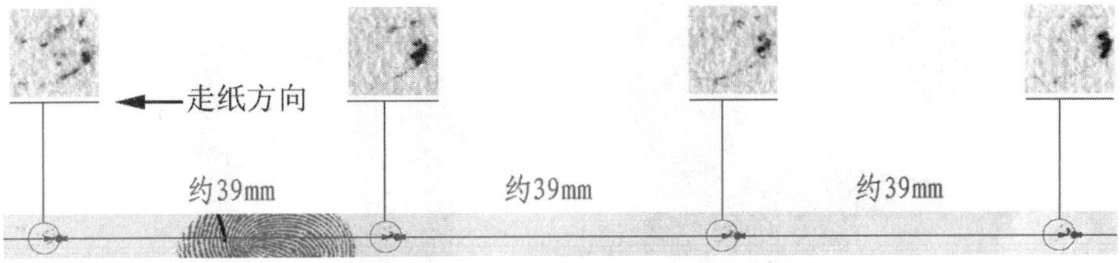

图 11－17　激光打印机充电、显影组件形成的瑕疵（纵向走纸）

（7）激光打印机常见的其他瑕疵特征。包括但不限于因墨量减少所出现的页面文字中部淡、边缘浓的特征；因省墨模式、打印纸潮湿、组件老化形成的图文整体颜色浅特征；漏粉导致打印图文出现的零乱的小黑点、黑块；打印机组件老化所导致的底灰；走纸路径不洁所导致的多余污点；定影辊定影膜老化引起的打印文件模糊不清、出现鬼影现象；因扫描成像系统故障、污染所出现的字符变形；等等。

（8）喷墨打印机的机械压痕。喷墨打印机机械压痕形成机理与激光打印机类似，但特征表现差异明显，主要体现在：一是喷墨打印机无论是输出窄幅面还是宽幅面，其压痕方向都与纸张短边近似平行；二是大多数喷墨打印机形成的压痕形态纤细，这与激光打印机压痕大多是条状、线状痕迹明显不同。

（9）喷墨打印机打印头固件特征。包括但不限于各色打印头的结构设计、宽度和所含喷嘴的数量、间距等。

（10）喷墨打印机走纸步进特征。喷墨打印机至少配有两个步进电机，一个用于驱动打印头组件左右喷打，另一个（走纸步进电机）负责驱动走纸部件按照一定的步进量纵向输送纸张穿越打印机。两个电机相互配合，确保连续的文字和图像正常打印。不同型号的喷墨打印机走纸步进量设置不同，其特征表现则不同。

（11）喷墨打印机卫星墨点特征。喷墨打印时，由于喷头喷出的微小液滴断裂时的表面张力作用，主要液滴之后会形成第二串飞行速度较慢、体积更小的液滴，因而将这些遗留在打印文件上的细小的墨点称作“卫星墨点”。卫星墨点目前是热喷打印技术难以克服的缺陷，在采用气泡式喷墨技术的 HP、Lexmark、Canon 等打印机打印形成的墨迹中常常出现，其结构、分布状态各具特点。

（12）喷墨打印机记录墨点特征。喷墨打印机输出图文时，驱动喷嘴喷射墨滴在介质上形成的墨点为记录墨点（记录像素）。不同打印机的喷嘴结构、尺寸以及滴墨量控制技术各不相同，因而在记录墨点的大小、级数上就可能存在差异。具体表现在以下两点，一是最小记录墨点大小。喷墨打印机的最小记录墨点由设备分辨率决定。随着喷墨技术突飞猛进的发展，墨滴尺寸一再缩小，有的据称最小墨滴能小至 1pL。二是墨点级数。墨点级数是为减小墨滴、同时提高打印速度而设置的。级数不同，墨点大小不同。以 EPSON 的智能墨滴变换技术为例，其能根据图像分辨率和色彩区域的不同，自动变换墨滴大小，使墨滴在每一颜色区域实现最佳配置。

（13）喷墨打印机打印头运动形成的瑕疵特征（见图 11 –18）。打印头在运动过程中，常会产生横向和纵向的漏白条纹、图文拼接错位等特征，同时，可能出现图文左右不对称的特征。

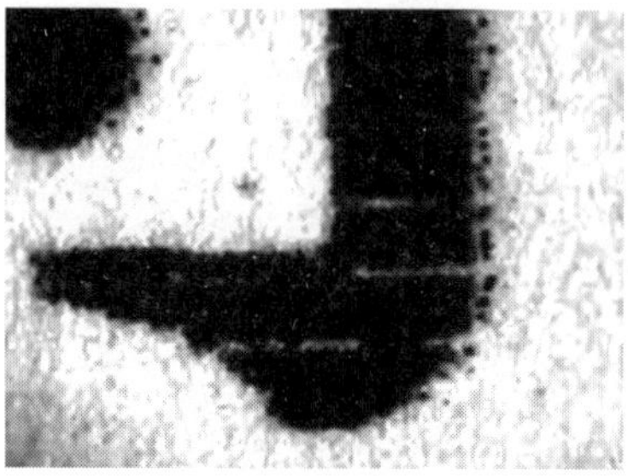

文字漏白

串行打印文字错位

图 11 –18 喷墨打印机打印头运动形成的瑕疵示例

（14）针式打印机的痕迹特征。主要包括但不限于：①字车结构特征；②打印方向特征；③字库特征；④字、行间距特征；⑤色带特征；⑥打印头击打速度、力度特征；⑦走纸步进特征；⑧打印头运动可能产生的横向漏白条纹、图文拼接错位、行首/尾对位不齐（字车不能精确定位）等；⑨因打印头老化/磨损，或驱动电机故障引发的打印字符笔画残缺、字符印迹浓淡不匀特征；⑩串行接字重叠、脱节特征；⑪文字笔画周围疵点特征；⑫因缺少字库而形成的乱码特征；⑬自造字符和图形特征；等等。

（15）热打印的痕迹特征。主要表现在：①热打印头结构；②色带有无及类型；③纸张特征；④色带上遗留的印迹特征；⑤色带污染所导致的文字笔画模糊、上脏痕迹；⑥文字笔画的点阵形态；⑦热打印头老化、故障导致的图文局部模糊、色彩失真现象；⑧其他打印瑕疵特征。

（三）印后装订特征（见图 11 –19）

打印文件的常见装订方式有以下五种。一是订书机装订。订书机有 8 号、10 号、12 号以及厚层订书机之分，实践中较为常用的是 12 号订书机。二是骑马钉装订。使用骑马钉装订时，一般需要先将文件对折，然后在折痕处钉入用铁丝做成的骑马钉，最后将钉角向内折回。由于骑马钉自身条件的限制，使用骑马钉只能装订页数较少的文件。三是胶圈装订。在打孔装订时，首先根据文件的厚度选取合适的胶圈（胶圈直径有多种不同的规格），然后将文件整理后放在打孔机上对位、打孔，最后将文件用胶圈装订。四是线装。这种方法又被称为“三孔一线装订法”。装订过程中，首先需要将文件按照顺序整理放好，用打孔机进行打孔，然后使用装订针将棉线穿过装订孔，最后将棉线整理整齐、打结，将多余的棉线剪去。五是胶装。装订时先使用热熔胶将内页黏合在一起，然后将封皮与内页粘连，最后再将其裁剪整齐。除上述五种装订方法外，实践中还常出现使用回形针、大头针等进行文件夹装的情况。

目前实践中，使用订书机装订是办公机制印刷文件装订主要的方式。对于已装订好的多页文件，行为人在换页过程中需将原有订书钉拆除，等换页后再次装订，这就会在订书钉（孔）数量、位置、新旧程度等方面留下对应痕迹反映，进而为鉴别文件真伪提供依据。

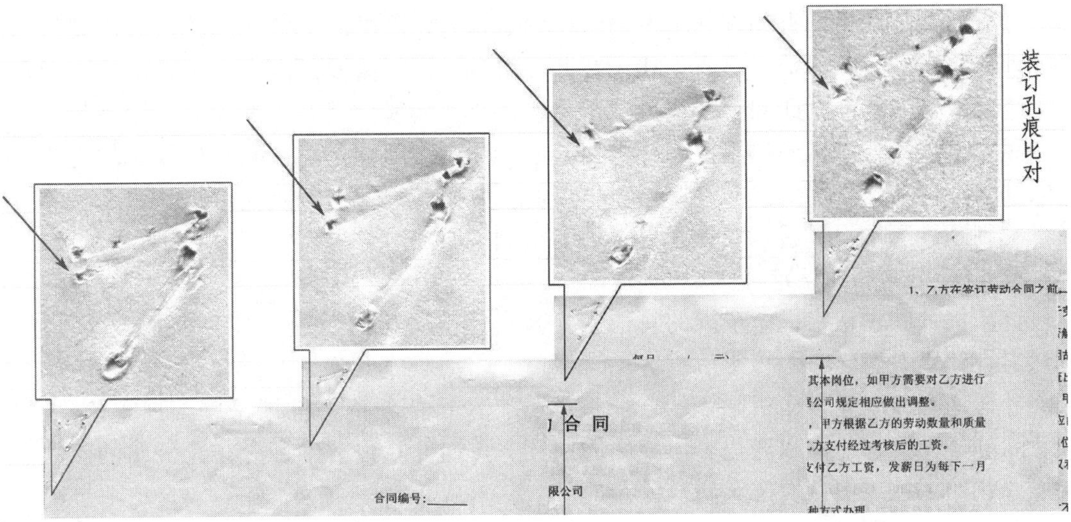

图 11－19 纸张装订特征（左起第三页的装订孔数量、位置与其他页不同）

（四）其他特征

打印文件检验，除依据来自上述三个方面的特征外，还需考虑如下六类特征：一是骑缝印文是否盖印形成、能否拼接完整，骑缝指印的形成方式以及完整性；二是打印用纸有无明显差异，需特别注意白度、挺度、纤维形态，以及是否有人为故意处理的痕迹；三是包含色泽、浓淡、成分等在内的打印色料的理化性状；四是文件制成后，书写字迹（以签名最为多见）、印章印文的转印痕迹；五是纸张折痕，纸张折痕形成前后，折痕位置处打印字迹的特点表现不同；六是打印机缓存中留存的图文输出信息（需通过电子取证方式解决）。

四、打印文件检验要旨

（一）打印文件检验的思维路径

电子打印文件是由“数字”原稿、数字印版、打印/复印纸、油墨、打印机五个要素组成的系统。因而，若打印文件自身真实性存疑，或多或少都会从上述五个方面反映出相应的特征。所以，作为文检人，在具备系统思维意识的同时，需要清楚地认识到，任一子系统“存疑”“有假”，都可能直接指向文件真实性的否定证明。所以，在否定证明时，无需做到面面俱到。相反，在肯定证明时，则应穷尽一切合理的可能。此外，从同一认定的基本思维逻辑角度分析，要证明客体自身与自身是否等同，需要经历否定之否定，再到肯定的认知过程。由此，在系统思维指导下，文检人在检验各类打印文件时，应将“同机未必同次”的理念刻于脑海，具备熟知各类特征的价值、能从各类特征中精确找到“高价值”特征能力，大胆假设，小心求证，勇于否定，进而实现对打印文件形成方式、机具的精准鉴别。在此基础上，再进一步分析、鉴别文件是否存在伪变造现象。

（二）打印机具同一认定

1. 打印机的种类鉴定

对于各类打印机种类的判断，主要依据的是其打印形成图文的印迹特点，以及打印油墨的理化特点。对此，前文已有论述，在此不再赘述。但需说明两点，一是电子打印与静电复印的区别问题。就此问题，详见“静电复印文件检验”部分。二是诸如激光打印机规格、品牌，喷墨打印机的喷墨控制技术等的进一步判断问题。对于激光打印机的规格、品牌的判断，可从纸张走纸方向、周期性打印瑕疵方向、数字水印角度求解；对于喷墨控制技术的判断，可从卫星墨点、记录墨点角度找到答案。

2. 打印机的同一认定

打印机的同一认定，所依据的特征主要来自如前所述的四个方面，其中“打印特征”是认定打印机是否同一的核心依据。

具体而言，激光打印机同一认定所依据的个体特征包括：机械压痕、打印条纹特征，以及因部件受损、污染和老化等形成的周期性、贯通性、弥散性、潜在性分布的点状、块状、线状的黑色或白色痕迹及底灰分布等。

喷墨打印机同一认定所依据的个体特征包括：机械压痕，打印头运动形成的横向与纵向的漏白条纹，图文拼接错位、左右不对称，字符笔画残缺，字符印迹浓淡不匀，串行接字重叠、脱节特征，等等。

针式打印机同一认定所依据的个体特征包括：横向漏白条纹，图文拼接错位，行首/尾对位不齐，字符笔画残缺，字符印迹浓淡不匀，串行接字重叠、脱节，乱码，自造字符和图形特征，等等。

热打印机同一认定所依据的个体特征包括：色带上遗留的印迹特征，文字笔画模糊、上脏痕迹，图文局部模糊，色彩失真特征，等等。

在此需说明，即使确定了检材打印文件是同一台打印机打印形成，也不能保证该文件就是真实的，原因在于添加打印、换页打印形成的文件，也可能使用与原稿相同的同一台打印机打印。（见图 11－20）

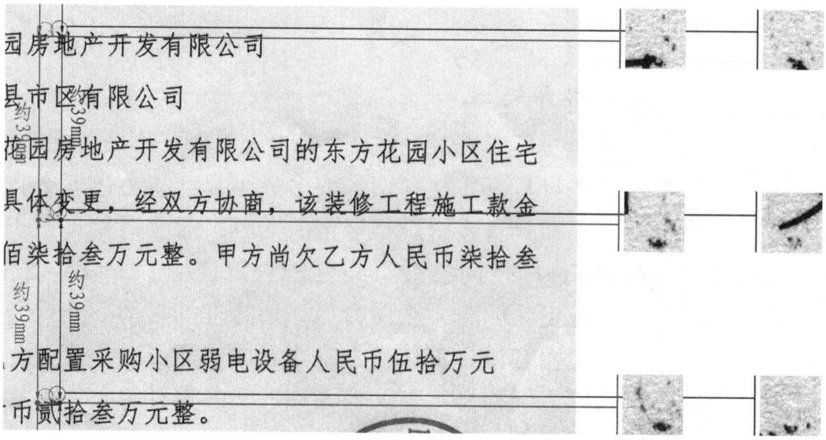

图 11－20　某单张同机添加打印文件发现的两处周期性瑕疵

（三）变造打印文件的手段和鉴别

1. 变造打印文件的主要手段

对于单张（含单面、双面）打印文件的常见变造方法为添加变造，即在原有的文件上添加打印相应的内容，形成虚假文件。按使用打印机的情况，又可区分为单张同机添加打印和单张不同机添加打印两类。多张（含单面、双面）打印文件的常见变造方法为换页变造。行为人基于特定目的可能将多张文件中盖有印文、指印，或具有签名等的能证明文件真实性的重要页（一般为尾页）保留下来，而将文件其余记载内容的部分页进行替换，制作出一份具有真实签名、印文，但部分内容虚假的文件。

2. 变造打印文件的鉴别

实践中，对于变造打印文件的鉴别，可按下述步骤进行：

（1）对待检文件的整体审查。主要包括：确定文件属于哪种类型，而后分析待检文件是否符合该类型文件常态，进而分析文件内容构成，查看是否有指印、印文存在，确定指印、印文的形成方式是否正常、是否完整。

（2）鉴别待检文件是否打印形成。如果是，进一步确定其具体是哪类打印机打印形成的。

（3）观察待检文件是否存在异常之处，并分析可能产生的原因。具体包括但不限于：纸张表观是否存有异常现象；文字布局是否异常；文件内容是否存在有悖常理之处；指印与印章印文的形成方式是否正常，有无明显的排版异常现象；单张打印文件是否存在字行方向局部不平行的现象（重点针对争议之处），多张打印文件是否存在多次装订痕迹；加盖有骑缝印文的文件，其骑缝印文能否拼接完整；落款部位印章与落款文字的先后时序是否正常。

（4）对待检文件的系统检验。正常情况下，从骑缝印文/指印拼接、装订痕、纸张检验、打印机具种类检验、走纸方向检验、排版特征检验、机具周期性转印痕迹检验、油墨理化检验、其他纸面附着/转印痕迹等九个方面，对待检打印文件进行系统检验。若其中的某（几）项特征明显异常，且经分析后确认为无法一次性或连续性形成，则可直接予以否定。若上述各方面均未检出异常，或异常能够得到合理解释的，再行考虑肯定意见的得出。

（5）需强调，无论是单张添加还是多张换页变造，检验过程中均需注意“同机”的情况。确定单张打印文件是否存在添加变造，字行方向、字行位置、油墨理化特征至关重要；而对于多张打印文件，上述九个方面均需考虑。

（6）在检验过程中，应注意了解相关案情，审查样本的质量，强化对排版特征的认知，必要情况下应进行模拟实验，在出具肯定鉴定意见时应确保有两条（含两条）以上的科学依据。另外还需注意，文件在打印时是否存在临时加纸、多份文件混装、现场临时修改后重新装订等情况。

第二节　静电复印文件检验

一、静电复印文件检验基本问题

复印，即照原样重印。从广义角度看，复印泛指对原件进行复制印刷；从狭义角度看，复印是指用复印机进行重印。为区别扫描、照相等图文复制方式，本书在此对复印采用狭义理解。所谓静电复印，是一种利用静电光敏半导体材料的感光特性形成影像的图文复制技术，最早可追溯至1938年美国物理学家卡尔逊发明的“放电成像”静电复印技术。1960年，美国施乐公司推出了著名的XEROX 914型办公自动化复印机，标志着复印设备走向自动化。1968年，佳能公司开发了静电潜像成像的NP（New Process）法。1984年，佳能公司首次推出了数字式复印机。在现代办公活动中，纸质文件的复印是一项极为常见的工作。复印可快速、准确、清晰地再现图文原型，实现资料与信息的共享、保存以及传递，给人们的生产生活、办公活动带来了极大便利。

静电复印文件检验的主要任务有：一是确定待检文件是否系静电复印形成；二是复印机具的同一认定；三是分析鉴别复印件的来源；四是分析判断复制件复印的次数；五是鉴别利用复印方法制作的各类伪变造文件。此外，在复印、打印混合伪变造文件中，也会用到静电复印方面的知识。

二、静电复印机种类及工作原理

（一）静电复印机分类

（1）根据设备光学系统构成的不同，可将静电复印机分为模拟复印机和数码复印机两类。模拟复印机是将从原稿来的反射光直接照射到感光鼓上进行成像的；数码复印机则是将从原稿来的反射光通过CCD传感器，进行光电转换和数据处理后，再依靠激光头将经数据处理的光束射向感光鼓进行成像的。（见图11－21）

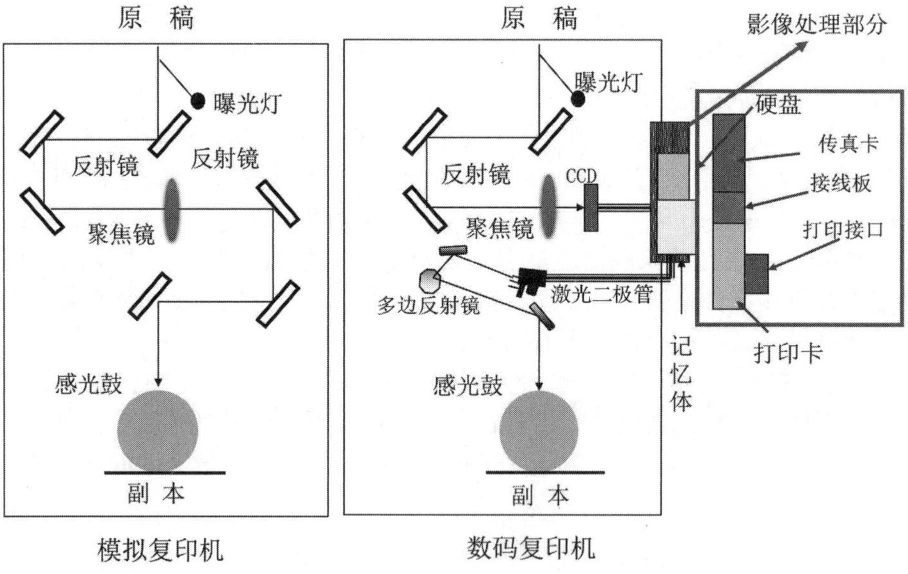

图11－21 模拟复印机与数码复印机成像原理

（2）按潜像的形成方法的不同，可将静电复印机大致分为卡尔逊法（放电成像法）静电复印机、持久内极化法（PIP法）静电复印机、逆充电成像法（NP法）静电复印机以及电荷转移成像法（TESI法）静电复印机等。当前所使用的复印机主要采用的是卡尔逊法、NP 法。

① 卡尔逊法。该方法诞生于20 世纪30 年代，当时全球范围内只有基于银盐照相直接影印的复印方法，其主要原理是采用将带电的绝缘体利用光导电性媒介，进行放电形成静电潜像，并使用带有静电的粉体对潜像进行显影，进而实现对图文的复制。该复印法所使用感光鼓，主要由硒及硒合金、氧化锌、有机光电导材料等构成，一般是在导电基体上（如铝板或其他金属板）直接涂敷或蒸镀一薄层光电导材料。复印过程可概括为8 个步骤，即充电→曝光→显影→转印→分离→定影→清洁→消电。

② 持久内极化法（PIP 法）。该方法首先由卡尔曼发明，基本原理是利用荧光体式光导体，在对其充电和曝光以后，其晶体发生变化，并可以持续很长时间，进而实现图文的复印。但是，因当时条件有限，该技术未能实际应用。

③ 逆充电成像法（NP 法）。该方法由佳能公司发明，感光鼓使用硫化镉光电导材料，曝光和充电同时进行，由此产生静电潜像。复印的实现过程包括前消电/前曝光→一次充电（主充电）→二次充电/图像曝光→全面曝光→显影→转印→分离→定影→清洁等9 个基本步骤。

④ 电荷转移成像法（TESI 法）。该方法工作原理是利用静电照相原理，在感光鼓表面形成潜像后，先将静电潜像转移至另一种材料表面，而后再进行显影。其成像过程与卡尔逊法相同。

（3）按感光鼓材料的不同，可将静电复印机分为硒（含硒锑合金）静电复印机、氧化锌静电复印机、硫化镉静电复印机和有机感光鼓静电复印机。

（4）按显影状态的不同，可将静电复印机分为湿法显影静电复印机和干法显影静电复印机。湿法显影静电复印机采用液体显影剂，解像度高，层次好，结构简单，但会产生空气污染；现代静电复印机主要使用的是干法显影技术。按照显影剂组分的不同，还可将干法显影分为双组分干法显影和单组分干法显影。

（5）按显影方式的不同，可将静电复印机分为磁刷显影式静电复印机、跳动显影式静电复印机、电泳显影式静电复印机、瀑布显影式静电复印机和 MT（Micro Toning）微粒载体磁刷显影式静电复印机。

（6）按定影方式不同，可将静电复印机分为直热式静电复印机、冷压式静电复印机和热压式静电复印机。现代复印机主要使用的是热压（热辊）定影技术。

（7）按承印物（纸张）材质的不同，可将静电复印机分为直接法静电复印机和间接法静电复印机。直接法静电复印机，又称 EF（Electrofax Paper）复印机或特殊涂层复印机，它使用的是专用的涂有光导层的复印纸，采用干法或湿法显影方式进行显影。因复印纸上涂有氧化锌或其他光导层，具有纸厚、手感差、易折、填注文字困难、图像反差低之缺点。间接法静电复印机，又称 PPC（Plain Paper Copier）复印机或普通纸静电复印机，同样可采用干法或湿法显影方式进行显影，其对纸张的要求相对 EF 复印机低，系现代复印的主流方式。

（8）按色彩还原性能的不同，可将静电复印机分为黑白（黑色）静电复印机、单彩色（黑色以外的其他颜色）静电复印机和全彩色静电复印机三种。

（二）静电复印机工作原理

当前，静电复印主要采用的是间接式静电复印，成像原理上则以卡尔逊法和 NP 法最具代表性。此外，数码静电复印机与模拟静电复印机的主要区别在于是否经过“CCD”光电转换及图像处理。有鉴于此，下文仅就卡尔逊法和NP法复印机工作原理展开介绍。

1. 卡尔逊静电复印法工作原理

如前所述，卡尔逊静电复印过程本质上是光电转换的过程，静电潜像是在光照下，感光鼓光导层电阻降低，从而引起充电膜层上电荷放电形成。其充电、显影和转印过程都是基于静电吸附原理实现的。该复印过程包括充电、曝光、显影、转印、分离、定影、清洁、消电8个步骤。

（1）充电。充电，即是感光鼓的敏化过程，是对处于暗处的感光鼓进行加电，使其表面均匀地带上一定极性和数量的静电荷的过程，使原来不具备感光性的感光鼓具有较好的感光性。充电过程不依赖原稿图像信息的预处理过程，是为感光鼓接收图像信息准备的。

（2）曝光。曝光是利用感光鼓在暗处时电阻大成绝缘体、在明处时电阻小成导体的特性，带有图像信号的激光束对已充电的感光鼓进行曝光，光照区（原稿的空白部分）表面电荷因放电而消失；无光照的区域（原稿的图文部分）电荷依旧保持，从而在感光鼓上形成表面电位随图像明暗变化而起伏的静电潜像的过程。曝光过程中，原稿图像经照射后，图像光信号经光学成像系统投射到感光鼓表面，光导层受光照射的部分为“明区”，未受光照射的部分形成“暗区”。在明区，光导层产生电子空穴对，使得光导层的电阻率迅速降低，由绝缘体变成良导体，呈现导电状态，从而使感光鼓表面的电位因光导层表面电荷与反极性电荷的中和很快衰减。在暗区，光导层则依然呈现绝缘状态，使得感光鼓表面电位基本保持不变。感光鼓表面静电电位的高低随原稿图像浓淡的不同而不同，感光鼓上对应图像浓的部分表面电位高，图像淡的部分表面电位低。由此，就在感光鼓表面形成了一个与原稿图像浓淡相对应的表面电位起伏的静电潜像。(见图11－22)

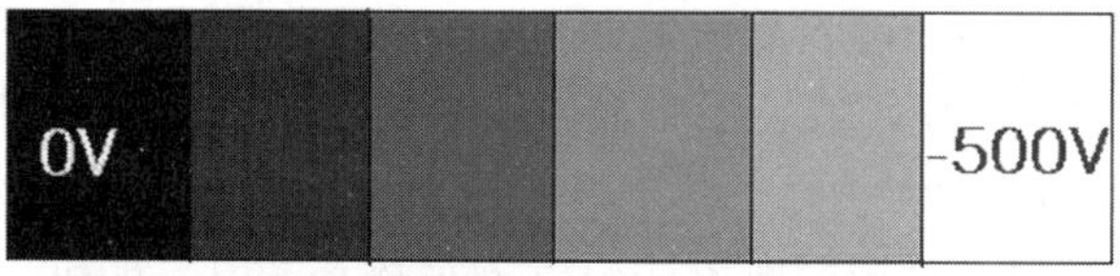

图11－22 静电潜影与原稿调阶的对照图

（3）显影。显影就是用带电的色粉，使感光鼓上的静电潜像转变成可见的色粉图像的过程（见图11－23）。显影色粉所带电荷的极性，与感光鼓表面静电潜像的电荷极性相反。显影时，在感光鼓表面静电潜像电场力的作用下，色粉被吸附在感光鼓上。静电潜像电位越高的部分，吸附色粉的能力越强；静电潜像电位越低的部分，吸附色粉的能力越弱。对应静电潜像电位（电荷的多少）的不同，其吸附色粉量也就不同。这样感光鼓表面不可见的静电潜像，就变成了可见的与原稿浓淡一致的不同灰度层次的色粉图像。在静电复印机中，色粉的带电通常是通过色粉与载体的摩擦来获得的。摩擦后色粉带电极性与载体带电极性相反。

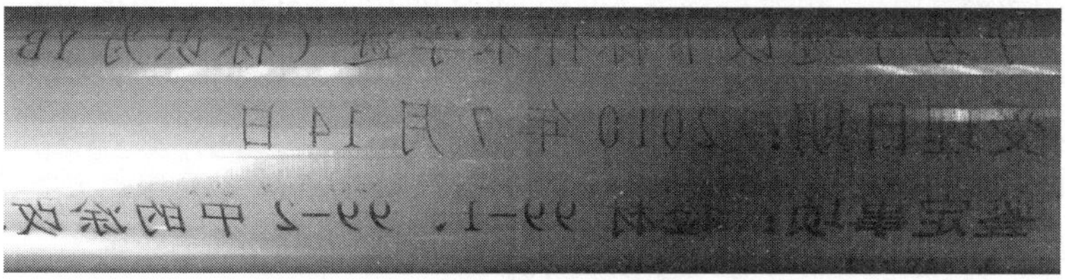

图 11－23　感光鼓表面显影后的可见图像

（4）转印。转印就是用复印介质紧贴感光鼓，在复印介质的背面给予色粉图像相反极性的电荷，从而将感光鼓已形成的色粉图像转移到复印介质上的过程。目前静电复印机中通常采用电晕装置对感光鼓上的色粉图像进行转印。当复印纸（或其他介质）与已显影的感光鼓表面接触时，在纸张背面使用电晕装置对其放电，该电晕的极性与充电电晕相同，而与色粉所带电荷的极性相反。由于转印电晕的电场力比感光鼓吸附色粉的电场力强得多，因此在静电引力的作用下，感光鼓上的色粉图像就被吸附到纸张上，从而完成了图像的转印。

（5）分离。在转印过程中，复印纸由于静电的吸附作用，紧紧贴在感光鼓上，分离就是将紧贴在感光鼓表面的复印纸从感光鼓上剥落（分离）下来的过程，静电复印机中一般采用分离电晕（交、直流）、分离爪或分离带等方法进行纸张与感光鼓的分离。

（6）定影。定影就是将复印纸上的不稳定、可擦掉的色粉图像固化附着的过程。通过转印、分离过程转移到复印纸上的色粉图像，并未和复印纸融为一体，此时的色粉图像极易被擦掉，因此须经定影装置对其进行固化，以形成最终的复印品。当前，静电复印机多采用热、压相结合的方式，对热熔性色粉进行定影。定影装置加热的温度、时间、压力大小等，对色粉图像的黏附牢固度有一定的影响。其中，加热温度的控制是图像定影质量好坏的关键。

（7）清洁。清除经转印后残留在感光鼓表面色粉的过程，即为清洁。感光鼓表面的色粉图像由于受表面的电位、转印电压的高低、复印介质的干湿度及与感光鼓的接触时间、转印方式等的影响，不可能完全转印。大部分色粉经转印转移到复印介质上后，感光鼓表面仍残留有少量色粉，若不及时清除，将影响后续复印品的质量。因此，必须对感光鼓进行清洁，使之在进入下一复印循环前恢复原状。静电复印机中一般采用刮板、毛刷或清洁辊等装置对感光鼓表面的残留色粉进行清除。

（8）消电。消电就是消除感光鼓表面残余电荷的过程。由于充电时在感光鼓表面沉积的静电荷并不因所吸附的色粉微粒转移而消失，而是在转印后仍留在感光鼓表面，若不及时清除，会影响后续复印过程。因此，在进行下次复印前必须对感光鼓进行消电，使感光鼓表面电位恢复原状。静电复印机中，一般采用曝光装置来对感光鼓进行全面曝光，或用消电电晕装置对感光鼓进行反极性充电，以消除感光鼓上的残余电荷。

2. NP 静电复印法工作原理

NP 法静电复印机是基于对卡尔逊法静电复印机的改进而形成的，其感光鼓采用硫化镉材料，相比于硒鼓材料，其光敏性虽然很好，但暗阻率太低，充电以后暗衰太快，不能长时间保存电荷。因此，使用硫化镉光电导材料感光鼓的 NP 法静电复印机，与传统的卡尔逊法静电复印机结构上存在差异。二者的主要区别在于静电潜像的形成和显影过程。NP法静电复印机的复印过程包括前消电/前曝光、一次充电（主充电）、二次充电/图像曝光、全面曝光、显影、转印、分离、定影、清洁等9个步骤。

（1）前消电/前曝光。该步骤的主要任务是在一次充电（主充电）前，用负高压电晕放电来消除感光鼓表面由于上次复印循环遗留的残余电荷，同时用荧光灯（前曝光灯）充分照射感光鼓（前曝光），以降低硫化镉光导层内部的电阻。前曝光一方面可使光导层的残余电荷充分泄除，另一方面是为后期再对感光鼓进行主充电时，能均匀地注入一定数量、极性的电荷创造条件，以防止静电潜像电荷分布不均造成复印浓度不均和黑实心图像中出现白色斑点的现象。经过前消电/前曝光这一过程后，由于负高压电晕放电的影响，感光鼓表面略呈负电位。

（2）一次充电（主充电）。该步骤负责在一次充电电晕器上，加正极性直流高压进行正电晕放电，使感光鼓表面均匀充上一层正电荷，即形成一次电位。

（3）二次充电/图像曝光。该步骤是利用交流电晕器或反极性直流电晕器，对感光鼓表面的充电电荷进行消电，同时对感光鼓进行图像曝光。二次充电的作用是中和绝缘层表面的正电荷；图像曝光则是为了在消电过程中，使绝缘层表面形成与原稿明暗相对应的静电电荷分布。

（4）全面曝光。经过二次充电/图像曝光后，在硫化镉感光鼓表面形成了表面电位相同、电荷密度不同的潜像，全面曝光就是利用曝光灯对感光鼓表面进行全面、充分、均匀的光照，使感光鼓光导层（硫化镉）的电阻率下降成为电的良导体。对于明区，由于其在二次充电/图像曝光时就已失去全部电荷，故全面曝光对明区不发生任何作用，其表面电位不变；对于暗区，由于全面曝光使得绝缘层下面的光导层变为导体，使光导层与绝缘层界面处多余的负电荷穿过光导膜层与导电基体感应上来的一部分负电荷，因绝缘层表面正电荷的吸引，继续保持平衡状态。由此，在感光鼓绝缘层表面和导电基体间形成了电位差，使感光鼓绝缘层表面“暗区”的电位迅速升高，最终在感光鼓绝缘层表面上，形成表面电位随光学图像明暗变化的高反差静电潜像。

（5）显影。NP法使用单组分显影剂跳动显影。单组分显影剂中无载体，基色碳粉粒子由磁性材料、炭黑和树脂等组成，具有绝缘性和磁性。绝缘性有助于色粉的转印，磁性可以方便用显影磁辊来运载色粉。显影时，色粉与旋转的显影磁辊相摩擦而带负电并且在显影刮刀刃口的集束磁场作用下，在显影磁辊表面形成一层薄而均匀的色粉层。当具有静电潜像的感光鼓与显影磁辊上的色粉层接近时，在感光鼓表面静电潜像和显影磁辊交流偏压的作用下，使色粉在感光鼓与显影磁辊之间的跳动显影。

（6）NP法的其他步骤。NP法的转印、分离、定影和清洁与卡尔逊静电复印法相同，这里不再赘述。

三、静电复印文件鉴定的主要依据

（一）总体印迹特征

总体来看，静电复印文件由于不是由计算机信息系统直接进行信号输出，而是“反射→调制→投射”输出，因而其成像质量较打印文件低。复印文件图文部分光滑平整，无立体感，图文墨迹由细小墨粉颗粒构成，有浮凸感，笔画边缘不齐整且常常伴有墨粉颗粒弥散。同时，可发现原稿分离边的存在（如在原稿小于复印文件的情况下），以及因原稿未放平所导致的图文变形、模糊现象。与原稿相比，复印文件有缺笔少画现象，纸张空白部位可检出大量的细小墨粉颗粒（底灰），图文反差大，连续稿阶调变化突兀。复印文件的笔画交接部位钝化程度高，这种现象几乎存在于所有的笔画交汇处，并且随着复印机使用时间推移，笔画交角钝化的程度逐渐变高。如图 11－24 所示。

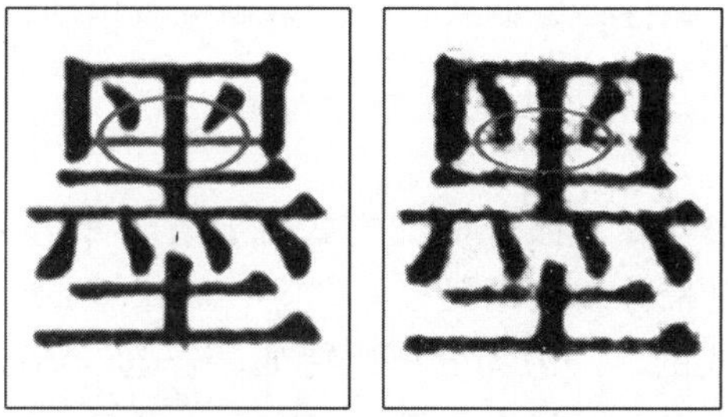
打印文字　　复印文字

图 11－24　打印文字与复印文字总体印迹特征比较

（二）感光鼓特征

感光鼓特征具体包括但不限于：感光鼓直径特征，鼓面光导材料生产、使用、老化特征，鼓面光导体材料的色光敏感度等。

1. 感光鼓直径特征

在复印文件上留有周期性鼓伤痕迹时（沿走纸方向周期性出现），可利用鼓伤痕迹计算感光鼓直径。感光鼓直径等于同一鼓伤痕迹之间水平距离（周长）与圆周率的比值。常态而言，硒鼓的直径一般在 80～120mm，硫化镉鼓的直径在 60～80mm/130～180mm，有机光导体鼓的直径一般在 30～60mm。

2. 鼓面光导材料生产、使用、老化特征

硒鼓与有机光导体鼓，受鼓面周围其他部件擦刮，复印文件易出现贯穿整个纸面，或间断的、与输纸方向平行、局部分布集中、连贯性强的细实线；硫化镉鼓面上的聚酯薄膜擦刮痕较深时，复印文件易反映出沿输纸方向分布的发虚条痕。有机光导体鼓严重老化涂层崩裂，复印文件上可检出分布广泛的细密短线；鼓面磕碰时，可形成不规则损伤，在复印文件上留下的形态各异的线痕、点痕；在电极丝短路时，可导致弧光烧坏鼓面形成圆斑，在复印文件上反映为带黑边的圆形空白漏印点（电击穿痕迹）；对严重损伤硒鼓研磨保养时留下的细小研磨痕，当墨粉量多或底灰增大时，可在复印文件上检出规则的、大面积的细小曲线印痕。

3. 鼓面光导材料的色光敏感度

不同材料有各自的光谱敏感范围，光导体材料对复印原稿色彩的敏感度与最终复制形成的图文色彩、着墨量成反比；硒鼓对蓝色敏感，对黄色、橙色、红色敏感度较差，硫化镉鼓则相反。

（三）显影特征

（1）湿法显影复印的图像密度小，色调较浅淡，易出现底灰；对连续调原稿图像层次表现较好，中间色调丰富；图文墨粉颗粒呈片状。

（2）干法显影复印的图像密度大，色调深，图像反差高，连续调图像缺乏中间层次；笔画、线条由细小、密集堆积的墨粉颗粒组成。

（3）对于当前最常使用的干法显影而言，其具体显影方法不同，形成的复印图文特征表现当然也就各不相同。瀑布式显影复印的图文质量较差，因载体颗粒大、墨粉粗，使复印图文分辨率低，较宽大笔画和成片图文，可能出现边缘色深、中间色淡甚至无墨现象；单组分跳动式显影的墨粉有磁性；磁刷式显影因磁刷机械划动，复印件上可呈现出沿走纸方向的漏白痕迹（磁刷形成）。

（四）分离特征

静电复印过程中，纸张与感光鼓分离的方式主要有电晕分离、机械分类、复合分离、气吸分离等几种。当前以电晕分离使用最多。

（1）使用电晕分离方式的，一般无分离边特征。若电晕辅以分离爪分离的，除无分离边外，分离爪使鼓伤在复印件上反映出沿走纸方向的，且与分离爪间距对应的贯通带状条痕。分离爪组数、间距不同，复印机型则不同。

（2）使用机械分离方式的，可能在纸面上出现与走纸方向相平行，并贯穿于纸面的条状空白或浅淡墨粉。

（3）使用复合分离方式的（一般是两种方法结合），可能会出现两种分离方式的痕迹特征。

（4）气吸分离时，在吸力过大的情况下，被吸附部位边缘图文有模糊、扭搓和污染现象。

（五）定影特征

静电复印定影的方式有冷压定影和热定影两种，热定影主要包括热压定影和热辐射定影。目前，热定影方式系静电复印机采用最多的定影方式，实践中采用冷压定影复印的文件极为少见。

1. 冷压定影

冷压定影是依靠压力作用，将复印墨粉压实在复印纸表面，因此复印文件上的图文线条有光泽，墨粉颗粒分布均匀，手感光滑。显微观察时，复印墨粉有颗粒受挤压的破碎现象和受擀压的形态表现。由于冷压定影要求压力较大，当压力辊受压力度不足，或者墨迹成像不良时，可能出现图文附着能力差，擦拭会形成污染痕迹的情况。

2. 热压定影

热压定影是热定影方式中使用最多的一种。使用热压定影复印的文件，其图文无光泽，显微观察墨粉颗粒呈熔融状，因压力作用，墨粉图像表面比较平整。因热辊、压力辊表面需经常清洁和隔热，以及进行防黏附性的润滑，所以当定影铲爪、热辊表面产生损伤、污染或添加过量润滑剂时，会产生对应的复印痕迹。此外，纸张受潮时进行热压定影易产生褶皱现象。

3. 热辐射定影

热辐射定影易产生定影不良的问题。当电压不稳、机械传输机构故障和抓纸钩性能差时，会使复印文件上出现焦灼黄（定影过度）、纸张前端破损之现象。

（六）复印色彩特征

单色复印机只能复印黑色，若复印中反映出其他色彩图文时可首先排除单色复印机。不同的多色复印机色彩范围不同。彩色复印时，在进行色彩分解和还原过程中，有可能因机具运转不良而出现偏色、漏色、叠色、图文衔接不准之瑕疵。

（七）复印纸张特征

对于采用直接复印的静电复印机，主要使用的是表面涂有感光材料的专用纸张；间接式复印机主要采用的是 PP 纸，当然也可使用硫酸纸、薄膜、卡片纸、氧化锌胶印版纸等。目前的复印机使用最多的是纸张规格为 A3、A4，重量介于 $60 \sim 80g/m^2$，纸张过厚会造成卡纸现象。

（八）墨粉特征

不同静电复印机潜像带电量、定影温度等性能不同，这就对墨粉提出了相应的要求。不同墨粉可能在颜色、颗粒度、化学成分等方面存在区别，因而可以通过裂解气相色谱法、红外光谱法、紫外光谱法、能谱分析法等方法进行墨粉成分分析，以区别墨粉的种类。

（九）其他特征

1. 双面复印痕迹

手动双面复印前后图文位置往往错位明显，很好区别；对于自动双面复印，因要对已经输出的纸张再进行回卷，在墨粉含量多，底灰明显时，可能会在沿着走纸方向的纸边检见搓纸轮等输纸机构留痕，若纸张长边未能与感光鼓保持垂直/水平，自动双面复印有可能导致两面上的复印文字出现字行方向相对的现象。

2. 复印机的装配、调试误差

主要包括复印比例误差（区分等倍和变倍复印）、起始线误差（复印件上起始线至纸边的距离与原稿上起始线至稿边距离之差）、图像倾斜误差、相对边误差、对角线误差等。若出厂合格的复印机经过维修，则可能由此而出现个体特征。

3. 光学系统污损痕迹

复印机盖板内未被原稿遮盖部分，稿台表面的损伤、划痕、污点或黏附的异物会对应出现在复印文件上；复印机、反光镜上的污损会使图文局部发虚。

4. 感光鼓周围组件所形成的瑕疵特征

主要包括但不限于：一是因显影不匀所形成的，复印文件上某一横向位置出现沿走纸方向周期性变化的印迹不匀特征。二是刮板擦刮图像形成的痕迹。复印文件上可能出现沿走纸方向贯通的、边界明显的漏白条纹。三是刮板漏粉印迹。此时，复印文件上可能出现沿走纸方向的条状或带状浓重墨迹。四是清洁组件掉粉印迹。在此情况下，复印文件上可能出现间断状的“溅落状”墨粉斑痕。

四、静电复印文件检验各论

（一）形成方法检验

静电复印文件形成方法检验，主要负责解决检材文件是否为静电复印形成。常态而言，对此可采用如下方法进行鉴别：首先，应观察分析图文印迹特点是否与静电复印文件图文印迹特征相符；其次，可将检材文件与原稿比较，检材文件图文内容及结构形式是否与原稿一致，尺寸是否相同或按比例缩放，局部图文是否有变形、信息损失；再次，从检材文件空白部位查找，是否存在明显底灰，是否有明显的鼓伤痕迹（间距、方向、数量需要考虑）和其他污损痕迹；从次，分析检材文件图文是否有原稿转印形成的附着物痕迹，边缘、边角部位是否有原稿纸张的页边痕（见图 11 – 25）、折痕、书缝等印痕，边缘是否有漏光现象；最后，在综合上述四个方面的特征表现的基础上，最终确定检材文件是否系复印形成。

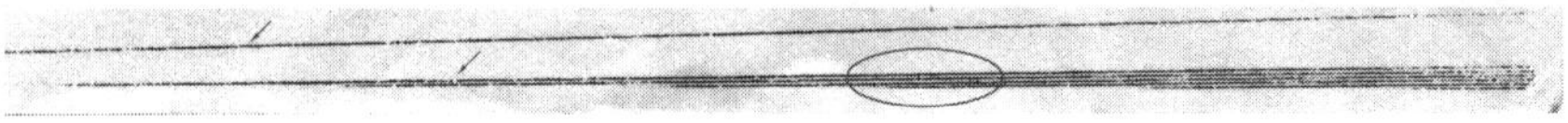

图 11 – 25　原稿纸张页边痕

（二）复印机同一认定

静电复印机的种类认定，可依据印品印迹的具体特点表现，进行范围上的缩小；至于静电复印机的同一认定，应根据特征的成因、类型进行具体分析，务必注意周期性痕迹的运用。一般来讲，可把反映出静电复印机的结构、工艺和耗材种类特点的特征归类于种类特征；对于能够反映复印机工作不良、污染、老化、磨损等情况的特征，可视为个体特征使用。但是，在使用时还应充分考虑特征的变化。同一认定过程中，如有需要，应尽可能地收集同期样本和/或进行复印模拟实验。

（三）来源鉴别

来源鉴别，即确定两份或多份复印文件是否来自同一母本，一般多见于缺少原件且有多份副本，或者要确定复印件是否基于所谓的原件进行复印的情况。对此，首先，应考虑待检的两份或多份文件的文图位置关系、结构形态是否吻合（可选择重叠比对法进行）。其次，要重视原稿留痕，即原稿自身痕迹在复印件中的反映，如页边痕、纸张折痕、漏光痕迹、纸面附着物痕迹等。再次，注意分析增加、消减特征。增加特征，如复印过程中附着物痕迹的临时增加、墨粉手印痕迹、油墨转印痕迹，等等；减少特征，如部分图文的消失（如指印）等。最后，还要结合对复印次数、是否存在伪变造痕迹的分析结果综合考虑。

（四）复印次数鉴别

基于原稿直接进行复印所得印品即首版复印品，基于首版复印品再行复印所得稿件即为第二版复印品。依此类推，有可能出现第三版、第四版甚至更多版次的复印品。静电复印过程中，随着复印版次的增加，图文信息损失越来越严重，进而可能出现以下特征：一是图文线条粗糙，粗线条边缘不齐，细线条中断，图文露白增多，甚至出现笔画变形；二是原稿自身瑕疵痕迹的消失，新增瑕疵痕迹的出现；三是图文内容的消减与增加（要考虑伪造变造的可能性）；四是可能出现多重稿边痕。

多次复印有同机多版和异机多版之分。当一份复印件上反映出不同的复印机种类特征，则表明不是一次复印形成，而是异机两次或两次以上复印形成；当同一鼓伤痕迹或其他痕迹在一份复印件上多次出现（数量、形态相同），但位置有所不同，则表明该文件是同机多版复印形成；当多份内容相同的复印件，其复印疵点数量、形态、位置不同，图文规格有差别，则表明其可能系异机复印；当多份内容相同的复印件，其复印疵点数量、形态、位置相同，图文规格相同，则反向表明该多份复印件极有可能是同机一次复印形成。

（五）静电复印伪变造文件鉴别

静电复印伪造文件是指行为人通过剪贴拼接的方式，或者自行制作整版文件形成原稿，再在原稿的基础上直接复印，或者处理后复印形成的虚假文件；静电复印变造文件是指行为人基于原稿，进行涂改、挖补、拼接、掩盖、擦刮、消退等处理后，再进行复印所形成的虚假文件。此种变造方法，为起到消除痕迹的作用，行为人往往可能进行多次复印。

对于静电复印伪变造文件的检验，可考虑从以下七个方面着手：一是检材文件自身是否符合同类型文件的结构、规范要求；二是语义表达、上下文衔接的连贯性；三是排版特征有无异常，诸如字行方向、字体、字号、字（行）间距、页边是否齐整（或整体性变化）等；四是图文整体色调、墨迹形态是否相同；五是注意查找局部图文边缘有无遮挡、拼接所形成的痕迹；六是复印底灰是否存在局部异常；七是周期性痕迹是否规律，有无局部缺失、错位等异常（注意与正常多次复印周期性痕迹的区别）。

第三节　传真文件检验

一、传真文件检验基本问题

传真（Fax，Telecopying），是指将记录在承印物（纸面）上的文字、符号、图形、图像，通过扫描和光电变换，经 PSTN（公共交换电话网络）或其他信道传输到目的地，再在接收端通过一系列的逆向变换，重现原稿图像的一种通信方式。用于实现传输的设备是传真机。

传真机是应用扫描和光电变换技术，把静止图像转换成电信号传送到接收端，以记录形式进行复制的通信设备。传真过程中，发送机先将需要发送的原稿按规定的顺序，通过光学扫描系统分解成诸多微小单元（像元/像素），然后再将微小单元的亮度信息，由光电变换器按顺序转变成电信号，经放大、编码或调制后送至信道。最后，接收机将收到的信号放大、解码或解调后，按与发送机相同的扫描速度和顺序，以记录形式复制出原件的副本文件。

传真文件检验的主要任务包括：一是文件形成方法检验，即确定检材文件是否系传真形成；二是传真机同一认定，包括传真机种类的判别，以及传真机同机认定（含发送端和接收端）；三是传真次数鉴定，主要任务是确定现有传真文件是否系多次传真形成。

二、传真机种类及通信原理

从 1843 年英国科学家亚历山大·贝恩获得用电来传送图像和照片的发明专利，到 1906 年德国物理学家阿瑟·克恩研制出第一台光学传真机，再到 1974 年美国人发明世界上第一台电子传真机，以及 2003 年中国造出全球第一台数码传真机，传真机在百余年中经历了三代发展，一直是商务办公的重要通信工具。即使在信息技术飞速发展的当下，传真机作为信息传递的重要设备，其凭借自身操作简单、信息传达及时、适应性强等优势，依然活跃在人们的日常生活之中。

（一）传真机种类

（1）按打印输出方式的不同，可将传真机大致分为热敏传真机（卷筒纸传真机）、热转印传真机（热转印式普通纸传真机）、激光式普通纸传真机、喷墨式普通纸传真机四类。四者各自的结构、工作原理见本章“打印文件检验”部分，此处不再赘述。

（2）按照记录方式的不同，可将传真机分为感热纸传真机和普通纸传真机。感热纸传真机是使用热感头，用特殊纸张以加热打印的方式接收文件及资料。因所使用的感热纸仅有单面涂布化学材料，故又可进一步划分为内感式传真机和外感式传真机。普通纸记录方式又可分为热传导方式、激光静电复印方式、喷墨记录方式等。

（3）按照功能不同，可将传真机分为简易型传真机、标准型传真机、多功能型传真机。简易型传真机具有简单的收发传真、复印功能；标准型传真机除收发传真和复印功能外，一般还具备其他拓展功能；多功能型传真机一般是一体机（传真、打印、扫描）。

（4）按照用途的不同，可将传真机分为文件传真机、相片传真机、报纸传真机、信函传真机、气象传真机等。文件传真机又可进一步区分为一类传真机（6 分钟以内传送一页 ISO A4 幅面文件）、二类传真机（在 3 分钟内一个话路上传送一页 ISO A4 幅面文件）、三类传真机（高速传真设备，在 1 分钟内一个话路上传送一页 ISO A4 幅面文件）、四类传真机（更高传输速度，传送时间压缩至 15 秒内）。

（5）按记录颜色的不同，可将传真机分为黑白、双色彩色、多色彩色传真机。

（二）传真机通信原理

1. 传真机的发送原件

将原稿置于传真机后，一般可通过 PSTN（公共交换电话网络）、ISDN 与对方建立联系，文件通过传真机扫描系统，将图像进行水平和垂直方向的分解，得到一个个微小的亮度单元，称为像元（像素）。将这些像元经过光电转换得到电信号，然后通过模数（A/D）转换、编码、压缩，再将处理过的数据通过调制解调器的调制处理后，由电话线传送出去。

2. 传真机的接收原理

接收端传真机接到接收信号后，对从电话线上接收到的信号进行解调，将数据恢复，然后进行解码还原，再按扫描的顺序将其打印出来，即完成了接收工作。

传真机的具体工作原理如图 11－26 所示。

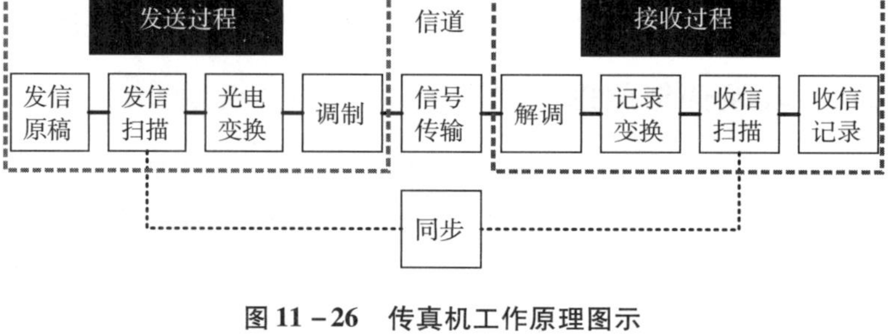

图 11－26　传真机工作原理图示

三、传真文件检验的主要依据

（一）印迹特征

因传真文件传真时需将图文扫描后分解成像元，而后再在接收端进行还原，所以传真形成的图文可能表现出单字点阵分布不合要求；文字横、竖笔画会出现倾斜现象，笔画边缘呈阶梯状，笔画可能出现多余、残缺现象，且宽度不一；字体不规范；文字实际大小偏离规范字号要求等特点。

（二）传感器特征

采用CCD（电荷耦合器）传感器的传真机的光学成像组件，易受环境污染，对应可能导致文件出现纵向的黑色线条状痕迹；而采用CIS传感器（接触式传感器）的传真机的光学成像组件由于密封设计，不容易污染，图文相对整洁。

（三）分辨率特征

分辨率可分为水平分辨率和垂直分辨率。水平分辨率是指水平线上每毫米显示的像素点数（代表了扫描点的尺寸），垂直方向的分辨率代表了扫描线密度。对于三类传真机，其水平分辨率按国际标准规定为8点/mm。通常，水平分辨率往往被省却，主要以垂直分辨率来对传真机质量进行评价。垂直分辨率主要有标准3.85线/mm、精细7.7线/mm、超精细15.4线/mm三种。分辨率越高，图文质量就越高。

（四）灰度特征

灰度特征，又可称作中间色调特征，是反映图像亮度层次、黑白对比变化的技术指标。传真机有16级、32级、64级、128级、256级不同灰度级。灰度级越高，记录的副本细密线条越清晰，阶调层次越丰富。16级机记录的图像色彩从黑到白跳跃性大，难以表现灰色调；32级机灰色表现不明显；64级机从黑到白跳跃性小，黑、灰、白层次较分明；128级机灰度图像色彩柔和，从黑到白过渡连续，影像细腻层次再现清晰；256级机灰度图像更具美感，层次更清晰、细腻。

（五）报头码特征

报头码特征是鉴别传真机种类，传真机溯源，分析确定传真文件是否存在多次传真，以及传真次数的重要依据（见图11－27）。具体包括以下信息，一是发送者和接收者标识信息，通常而言，形成的传真文件往往记录的是发送者标识信息，接收者标识信息在发送端一般不显示；二是文件发送的日期、具体时间（精度往往控制在分级）；三是一次传真形成的传真文件数量（一次传输一页还是多页）；四是传真机传真文件的编号；五是文件

图11－27　报头码特征示例

的结束标志（如 END 等）；六是报头码自身特征，包括但不限于位置、格式、长度、语种、字形，等等。

（六）其他特征

1. 有效记录宽度特征

有效记录宽度，是一行图像信息的最大宽度。一般来说，有效记录幅面为 A4 的，其有效扫描宽度约为 216mm；有效记录幅面为 B4 的，其有效扫描宽度约为 256mm。

2. 记录方式特征

记录方式是指传真机接收文稿时所采用的打印方式。对此可根据传真图文的印迹特点、纸张特点等进行鉴别。具体见本章“打印文件检验”部分。

3. 纸张特征

根据传真机类型的不同，传真机常用的纸张有热敏纸、普通纸等之分。

4. 印品瑕疵痕迹

印品瑕疵痕迹包括发送机和接收机因工作不良、磨损、老化、稿台污染，或原稿自身瑕疵、油墨、纸张等所形成的周期性、阶段性、规律性瑕疵痕迹等。

四、传真文件检验各论

（一）形成方法检验

传真文件的记录机构有热敏、热转印、激光、喷墨之分，因而在形成方法检验过程中应首先将其与办公打印进行区分；在此基础上，再排除静电复印的可能；如有必要，还需进一步分析研究检材文件的特点，确定并缩小机具的种类范围。

上述三个任务，以前两个最为常见，而在前两个任务之中，传真文件和静电复印文件的区分难度相对较大。因而，这里重点就传真文件和静电复印文件的鉴别方法进行说明。在相同点方面，静电复印文件和传真文件墨迹光泽感明显弱于激光打印，无立体感，图文可能出现变形、错位等现象。从一体机角度分析，二者的不同之处主要表现在以下三个方面。一是墨迹漏白的表现不同：传真较之于静电复印，墨迹露白现象明显。二是较细笔画线条的特征表现不同：静电复印常呈现缺损状态，未缺损部分墨迹相对浓；而传真文件整体墨迹浓淡相近，笔画衔接相对连贯，较细的线条色泽较浅。三是横向、纵向、斜向笔画线条特征有差异：传真笔画线条横、纵呈阶梯状，整体可能有明显的锯齿状特点；而静电复印笔画线条则主要表现为“圆钝”态。

（二）传真机同一认定

在前文列举的传真文件检验的主要特征中，报头码特征、印品瑕疵痕迹是传真机同一认定的主要依据。谈及具体认定对象，则包括接收端传真机的同一认定和发送端传真机的同一认定两种情况。鉴定实践中，无论哪一端机具的同一认定，都可能需要样本（特别是同期样本）甚至是传真机作为参考。

检验时，首先，应分析确定检材文件属于哪类传真机记录形成，然后再认真分析原稿的特征，若确定原稿是复制件，则要考虑复制原稿自身图文质量、缩放变形等对原稿传真的影响；其次，要注意区分传真文件特征的来源（是发送端还是接收端）；再次，应特别注意细微的、潜在的传真特征，以及纸张背面不明显的传真特征等；从次，需询问了解可疑传真机的性能及使用、维护、维修情况，检查传真机的状态，还应注意调取可疑传真机的传真报告、热转印传真机的色带；最后，在此基础上，应根据制作的样本（发送机样本、接收机样本、发送机 + 接收机样本），客观分析特征的成因、来源、价值，结合实际材料条件出具相应的鉴定意见。

（三）多次传真文件的鉴别

多次传真文件的鉴别，主要服务于证明活动中复制件作假可能性的排除。判断传真文件是否经过传真，对于原稿留痕分析，以及多次复印表现出的特征的变化规律的准确把握十分关键。总体而言，传真次数越多，瑕疵就相应越多。对此，可从包括书写体字迹笔画变形、错位，印章印文（指印）内容缺损、变形等在内的文件构成要素中得到提示。

多次传真文件，经过多台传真机之间发送、接收，文件被多次扫描，因而最后得到的文件上会留下传送过程中各传真机的相应痕迹特征，检验过程中可考虑以下三方面特征的运用：一是报头码的分析利用（见图 11 －28）；二是传真机稿台、光学系统、记录系统留痕的分析；三是多次传真图文随信号衰减，对应形成的图文的变形程度逐渐加重，瑕疵越来越多规律的把握。

图 11 －28　二次传真文件检验示例

多次传真文件检验过程中，应充分重视样本和模拟实验，以验证分析判断结论的准确性，还需考虑鉴定材料的实际条件。在此基础上，最终形成科学、客观的判断意见。

【思考题】

（1）什么是打印？

（2）3D、4D 打印是否属于印刷？

（3）打印文件检验的主要任务有哪些？

（4）激光打印机的工作原理。

（5）什么是热气泡式喷墨技术？

（6）什么是压电式喷墨技术？

（7）针式打印机一个打印周期可分为几个步骤？

（8）热升华打印机的构造及原理。

（9）什么是字库？字库特征有何检案价值？

（10）除字库外，常见的电子打印文件排版特征还有哪些？各自有何检案价值？

（11）激光、喷墨、针式打印形成的图文，其印迹各自有何特点？

(12) 热打印形成的图文，其印迹有何特点?
(13) 何谓激光打印机的数字水印?
(14) 激光打印机与喷墨打印机的机械压痕有何不同?
(15) 激光打印机条纹特征。
(16) 什么是喷墨打印机卫星墨点和记录墨点?
(17) 喷墨打印图文的印迹为何会出现漏白条纹、图文拼接错位现象?
(18) 对于打印文件，常见的装订方式有哪些?
(19) 单张变造打印文件鉴定要点。
(20) 多张变造打印文件鉴定要点。
(21) 模拟复印机和数码复印机的区别何在?
(22) 卡尔逊法静电复印机原理。
(23) NP 法静电复印机与卡尔逊法静电复印机有何不同?
(24) 静电复印形成的图文与激光打印机形成的图文印迹特点有何不同?
(25) 静电复印机的显影特征。
(26) 静电复印机的分离特征。
(27) 静电复印机的定影特征。
(28) 静电复印机复印次数鉴别要点。
(29) 传真机的通信原理。
(30) 传真文件印迹特征。
(31) 传真文件的灰度特征。
(32) 传真文件的报头码特征。
(33) 多次传真文件鉴别要点。

【参考文献】

[1] 贾治辉主编:《文书检验》，法律出版社 2000 年版。
[2] 王相臣主编:《文件检验》，群众出版社 2010 年版。
[3] 崔岚编著:《印刷文件检验技术规范》，中国人民公安大学出版社 2012 年版。
[4] 邹明理、杨旭主编:《文书物证司法鉴定实务》，法律出版社 2012 年版。
[5] [美] Jan Seaman Kelly 等主编:《可疑文件的科学检验（第 2 版)》，李震等译，法律出版社 2018 年版。

第十二章　印章印文检验*

本章概要：本章主要介绍印章的分类、制作工艺，以及印文的形成方式和同一认定等。其中，印文的形成方式和印文的同一认定是本章的重点，印章制作工艺是本章的难点。

关键词：印章印文；制章工艺；印文特征；同一认定

第一节　印章印文检验概述

一、印章与印文的概念

印章，又称图章，是“一种可供抑印出特定文字或图形标记，并且其本身可供验示，以固定地充当凭信为主的器具”（孙慰祖《中国印章历史与艺术》），通常由印面体和用于执掌的印柄构成。印章按照性质和用途可分为公章、名章和专用章等；按照制章工艺可大致分为雕刻印章、热压印章、光敏印章、腐蚀印章、注塑印章等。

印文，又称印鉴，是印章的章面在纸张等载体上盖印出来的印迹，是印章章面结构特征的印迹反映。

二、印章的管理

印章是民事主体包括公司等法人主体以及非法人单位在对外交往中不可或缺的，与外界发生法律关系的过程中在形式上代表单位意志的标识物，无论是日常交往还是法院对纠纷的审查判断，依据印章印文认定有关文件的效力进而确定有关权利义务的归属已经成为一种常识。

企业法人领取营业执照以后经公安机关开具准刻证，可以刻制公章、合同专用章和财务专用章并在工商部门备案。公章在所有企业法人印章中具有最高的法律效力，是企业法人权利的象征。在现行的立法和司法实践中，审查是否盖有企业法人公章成为判断民事活动是否成立和生效的重要标准。

由于印章是具有法律效力的凭证，会对自然人、法人和非法人组织的合法权益产生重要影响，为规范印章业的经营行为，预防伪造印章等违法犯罪，国家将印章业列为特种行业进行监管。从印章刻制、企业的设立，到印章业务的承接都有严格的要求。

---

* 本章部分内容源自贾晓光主编：《文书物证司法鉴定理论与实务》，中国人民公安大学出版社 2017 年版，第 178 ~ 206 页，并进行了修改完善。

印章尤其是公章能够代表法人的意志，与法定代表人的代表功能是一样的，而且公章不同于法定代表人的签名，其可以脱离法定代表人而独立使用，独立发生效力。按照常理，公章是由法定代表人持有并使用的，但现实中二者多是分离的，特别是在规模较大且管理层较多的公司，因此要建立严格的印章管理规范，防止印章的借用、盗用，确保所有盖章行为都是企业法人的真实意思表示。

三、印章的分类

印章种类繁杂多样，可根据印章的不同要素进行分类，主要可以根据印面凹凸、印面形状、印章用途、印章材质、制作工艺、捺印介质等不同要素进行分类。

按印面的凹凸分类，可分为阴文印章（又称白文印）、阳文印章（又称朱文印）和阴阳互映印章；按印章的用途分类，可分为公章、名章、专用章；按印章的材质分类，可分为金属印章、木质印章、橡胶印章、动物角骨印章、矿物质印章等；现代印章根据制作工艺分类，又可分为手工雕刻印章、激光雕刻印章、光敏印章、注塑印章等。

四、印章印文检验的内容

（一）印文形成方式

印文形成方式是指印文成痕于纸张等载体上的方法和最终的存在状态。文件中印文的形成方式主要有直接盖印、无墨印压，还有特定情况下的打印印文和工业印刷印文等。

除了电子签章和一些特殊情形下的印章可采取印制方式外，印文都是由印章加盖而形成的形象性印迹。因此，印文的形成方式直接关系印文的真伪，也在一定意义上决定了文件的真实性。

（二）印文同一认定

同一认定是印章印文检验的主要任务，是运用同一认定原理和方法将涉案的可疑文件中待检印文（检材印文）与已知的真实印文（样本印文）进行比较，根据二者印文特征总和的反映情况，经综合评断而作出是否由同一枚印章盖印或出自同一枚印章的鉴定意见。

（三）朱墨时序

朱墨时序是指文件中印章印文与手写字迹、印制字迹的形成次序，通常通过对二者交叉部位的墨迹分布形态及理化性质等特征进行检验，是确定文件真伪的重要检验手段。

（四）印文形成时间

在一份文件中，印章印文的真实性并不能完全代表文件的真实性，有时还需确定印文的形成时间。根据各类印章印文随时间变化的规律和特点，利用物理方法、化学方法以及其他检验技术手段，来确定印文的形成时间。

第二节　印文形成方式检验

一般而言，能够形成印文式样的一切方法皆有可能被用来伪造和变造印文。近年来，在文件检验实践中，出现了众多以真实印文为印稿采用各种复制手段伪造印文，制作虚假文件的情况，如彩色激光打印机、彩色喷墨打印机打印印文，特别是利用彩色印刷设备单色印刷的印文，其组成颜色单一，在外观上与真实印文极为相似，具有较强的欺骗性。只有先确定印文的形成方式才可进行下一步的检验工作，若文件中印文的形成方式异常，文件的可信度就会大打折扣或可以直接认定为伪造的。

一、盖印印文的鉴别

由印章盖印的印文，无论是蘸取印泥还是印油，印文均呈现出单一的色彩，不存在规律性排列的粉末或墨点，印泥或印油在与纸张结合之后，溶剂开始向纸张纤维内部渗透，油脂会在纸张纤维中进行扩散，溶质则会与纸张纤维紧密结合，将纤维染色，颗粒物堆积在纤维上。透光观察，可见印文边缘有油渍扩散现象（光敏印油很少有此现象）。若印文的边缘存在油渍扩散现象，那么印文则是盖印形成。有些盖印的印文印油不易在短时间内干涸，在颜色较深处擦蹭可使印文色料转印。

二、印制印文的鉴别

印制印文是指利用各种印刷、打印设备制成的印文，主要形成方式有彩色喷墨打印机打印、彩色激光打印机打印、针式打印机打印和工业印刷等。

（一）彩色喷墨打印印文的鉴别

喷墨打印机按照墨的种类可分为固态喷墨打印机和液态喷墨打印机两种。办公用喷墨打印机为液态喷墨打印机，根据喷墨方式又可分为连续式和随机式两种。这些喷墨打印机都是在打印机软件的控制下将墨滴喷射到打印介质上来完成打印工作的，是一种造价较低的打印记录方式。

一般彩色喷墨打印机的墨盒和喷头是分离的，常见的打印墨水有四色和六色。打印时由喷嘴喷射出不同的基色，用以组合成所需的颜色。受打印机设计原理和分辨率的限制，打印图文会在色彩过渡或单一色彩边缘出现其他颜色的墨点痕迹。在自然光下观察，打印印文颜色较深，色泽暗淡。在高倍显微镜下观察，会发现打印印文除红色外还存在洋红色、淡黄色、青色等点状墨迹，主要分布于印文边缘及露白区域，多以独立点状存在，且会发现印迹无盖印时的抑压痕和挤墨现象（见图 12－1）。采用少色组合的喷墨打印机或采用“精打”模式打印可减少杂色的种类和数量，但无法完全消除杂色，这是由喷墨打印的原理所决定的，是无法克服的。液态喷墨墨水属水基型墨水，渗透性强，会与纸张纤维紧密结合，也没有油渍扩散现象。

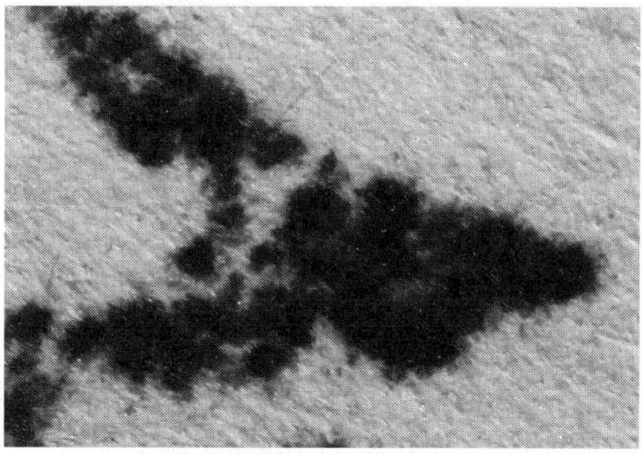

图 12－1　彩色喷墨打印印文

由数码喷墨打印机印刷形成的“印文”会呈现出笔画墨迹均匀、平实、色彩单一的特点，印文由横条状分布的色点组成，且横条方向与打印进纸方向垂直，印文线条边缘不够整齐、圆润，有锯齿状形态特征，印文色料渗透于纸张纤维中，无立体感，无印油洇散迹象，无盖印所致的挤墨、抑压特征。

（二）彩色激光打印印文的鉴别

彩色激光打印机与普通激光打印机一样，都是利用激光扫描，在硒鼓上形成电荷潜影，然后吸附墨粉，再将墨粉转印到纸张上。与普通激光打印机所不同的是，彩色激光打印机使用青色、品红、黄色、黑色四种墨粉，组成 CMYK 色系，打印时按照打印程序的设定，根据需求选取不同的墨粉，在打印红色印文时经过 CMYK 色系调和，实现红色打印。

彩色激光打印机打印出的“印文”在纸张上呈凸起状，打印粉末颗粒堆积于纸张纤维之上，显微镜下可观察到“印文”有较强的立体感，且打印表面平整，在侧光下观察可发现较为明显的打印墨粉光泽。打印机因打印质量、分辨率的不同还会在打印的图文边缘出现散落的打印墨点及杂色（见图 12－2）。打印墨粉可以从纸张表面刮擦去除。

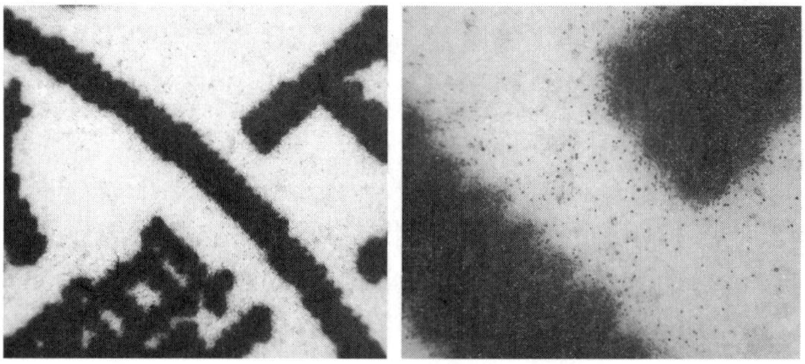

图 12－2　彩色激光打印印文

早在 20 世纪 80 年代，美国、法国、荷兰等国政府与各打印机、复印机生产厂家之间展开了据称是为了防止彩色激光打印机被用来制造伪钞和仿造其他重要文件的防伪研究，在彩色激光打印机或复印机、彩色激光数码复合机中嵌入芯片，在印制输出的稿件中会形成由黄色墨点组成的点阵暗记，这些点阵暗记代表着打印机的型号、打印文件的时间等信息。例如，佳能（Canon）、惠普（HP）、东芝（TOSHIBA）、理光（RICOH）、爱普生（EPSON）、施乐（Xerox）、利盟（Lexmark）等品牌的彩色激光印制设备都具有点阵暗记功能。

在辨别印文形成方式时主要看印文的图文特征，而不能见到纸张上有黄色打印暗记就判断印文是打印的，也有可能是印章盖印在彩色激光打印机打印的文件上。

（三）针式打印机打印印文的鉴别

针式打印机是问世最早的一种打印设备，它是利用打印针击打色带将色带中储存的墨水转印到纸张上，从而实现打印，是典型的击打式打印机。其打印头组件是打印机的核心部分，分别由打印头、色带、字车和传动皮带等构成。

打印头的印字面是由一列或数列直径为 0.2mm 的钢针组成，目前常见的有 12 针和 24 针两种，12 针通常会以单列或双列形式排列，而 24 针则以双列形式排列。每一根针都由一个电磁铁驱动，打印时电脑字库的点阵信息控制电磁铁的动作，当有打印信号时，有一脉冲电流通过电磁铁的线圈，使其产生磁性吸合衔铁并使打印针向前击出，撞击色带后在纸张上着墨，在机械力的作用下纸张纤维形态结构发生改变，产生凹陷，并黏附墨水，形成具有立体感的打印图文，打印图文的笔画就是由许多这样的圆点组成的，当打印针断损时，就会在图文中出现条状打印空缺。打印机配置的色带有黑色、蓝色、红色等不同色彩可供选用。也可用无碳复写纸或采用衬垫不同颜色的普通复写纸进行打印。

利用针式打印机打印的印文会出现纸张凹陷，印文由众多凹陷圆点组成，纸张背面凸起，印文中常有打印换行或打印针缺失导致的横向间隙空白线条，印文边缘容易出现阶梯状换行打印痕迹，无印油堆积、洇散等迹象。衬垫复写纸打印的印文会在图文以外的部分遗留复写纸色料和擦蹭印迹。

（四）工业印刷法印制印文的鉴别

可用于印制印文的工业印刷法有胶版印刷和丝网印刷等。

胶版印刷又称平版印刷，这种印刷方法是通过滚筒式胶质印模把沾在胶面上的油墨转印到纸面上，由于胶面是平的，没有凹下的花纹，所以印在纸面上的图案和花纹也是平的，没有立体感。

丝网印刷属于孔版印刷，它与平印、凸印、凹印共同被称为四大印刷方法。孔版印刷又包括誊写版、镂孔花版、喷花和丝网印刷等。孔版印刷的原理是：印版（纸膜版或其他版的版基上制作出可通过油墨的孔眼）在印刷时，通过一定的压力使油墨通过孔版的孔眼转移到承印物（纸张、陶瓷等）上，形成图像或文字。印刷时通过刮板的挤压，使油墨通过图文部分的网孔转移到承印物上，形成与原稿一样的图文。丝网印刷设备简单、操作方便，印刷、制版简易且成本低廉，适应性强。丝网印刷形成的印文墨层较为厚实，线条笔画等图文边缘不整齐，有锯齿状形态特点，印文浅淡处可以看到网格化形态特征。

工业印刷法使用的是印刷油墨，而印章的盖印使用的是印泥或印油，二者的物质成分组成、理化特性、印迹微观形态、与纸张纤维的结合，以及对印文特征的表现均存在较大的差异。

三、转印印文的鉴别

转印印文是一种特殊的伪造印文手法，它是利用某种介质对文件上盖印的真实印文进行拓压转印，再将转印到介质上的印文二次印压转印到所要伪造的文件材料上。转印形成的印文大小与真实印文相同，细节特征反映一致，仿真度极高。因此，使用传统的检验手段对此类印文进行检验，很容易出现失误。

由于转印印文与盖印印文的盖印物、形成方式的不同，转印印文具有与一般印章盖印印文不同的独特印迹。在两次的转印过程中，每次都要损耗一部分印油色料，这就使转印形成的印文出现印油量偏少，总体色泽较淡，缺少光泽，表面粗糙且无明显的印油渗透现象，露白部位增多，印文边缘不够分明等成痕特点。而真实盖印的印文则颜色鲜艳，边缘清晰，露白特征稳定。转印印文时要对平铺在真实印文上面的转印介质施加一定的压力并进行反复擦压，以确保有更多的印油被转印。因被转印的对象多为真实文件中盖印的印文，这些文件通常都存在朱墨交叉，所以由该印文转印形成的印文会因朱墨交叉而出现增多的“露白”现象，如书写字迹笔力压痕较深时，盖印印文会出现中断，或印油与打印、复印字迹墨粉相互渗透融合，使交叉部位的印油转印能力降低，导致文字与印文交叉处的印油未能被转印等，因此朱墨交叉部位在转印印文上形成了原文件字迹、格线的“露白”

线痕。

根据洛卡德原理，在转印印文色料的同时，被转印的真实文件上的字迹色料尤其是与印油结合后，也具有较强的转印能力，因此转印后还可能出现文字色料的转印。真实文件上印文及其周边范围内出现的打印、书写墨迹亦会由自身具有的可转印性被转印到伪造的文件中，形成微量的转印物质痕迹。除转印的印文印油、文字色料外，转印介质也会有不同程度的转印。常见的转印介质多含有蜡，由于转印印文时，需要对转印介质进行按压、刮擦，这就会导致部分介质材料在力的作用下发生不同程度的转印。以蜡为转印介质的印文表面会形成一层薄蜡膜，用手触摸较光滑，在上面书写时不吸收墨水，笔画呈断续状。

由于对印文施力，所以在原文件和伪造文件的印文处的纸张会变薄，表面会变光滑，逆光观察会出现类似于“水印”的效果。因此在实际检案中，即使没有发现被转印的对象，也可根据印文特征及文件中不应出现的转印物质痕迹判断印文是否为转印印文。

四、印文形成方式鉴定意见的表述要求

印章印文鉴定的首要步骤是确定印文的形成方式，再进行下一步的检验工作。对鉴定意见的表述也应当准确全面，简明扼要，避免在鉴定意见的理解上产生歧义。

当委托事项和目的就是要确定检材印文形成方式，且经过检验检材印文确为盖印形成时，鉴定意见应当表述为“检材印文……是直接盖印形成”，如果确定不是盖印形成而是复制形成时，则还要述明复制印文的具体方法，如“检材印文……不是直接盖印形成，是由彩色激光打印机打印形成/彩色喷墨打印机打印形成”。

对印文进行同一鉴定的，当委托人或当事人声称检材印文为盖印形成，而经过鉴定确定为复制形成时，鉴定意见应当表述为“检材印文……与样本印文……不是同一枚印章盖印”。同时要述明复制印文的具体方法，如“检材印文……是彩色激光打印机打印形成/彩色喷墨打印机打印形成”。

对印文进行同一鉴定的，当委托人或当事人声称检材印文为复制形成，而经过鉴定确定为复制形成时，鉴定意见应当表述为“检材印文……与样本印文……是出自同一枚印章”。检验条件较差而无法确定的，可出具非确定性的鉴定意见或无法作出鉴定意见。

第三节　印章制作工艺及印文特点

当前，我国对印章的制作材质和制作工艺是没有限制的，有多种材料可以作为印材，制章工艺也是多种多样的，甚至同种印材可以选择不同的制章工艺，这就使得印章的种类繁多，不同材质和制作工艺的印章盖印出的印文效果也表现不同，具有各自的特点。（见图 12-3）

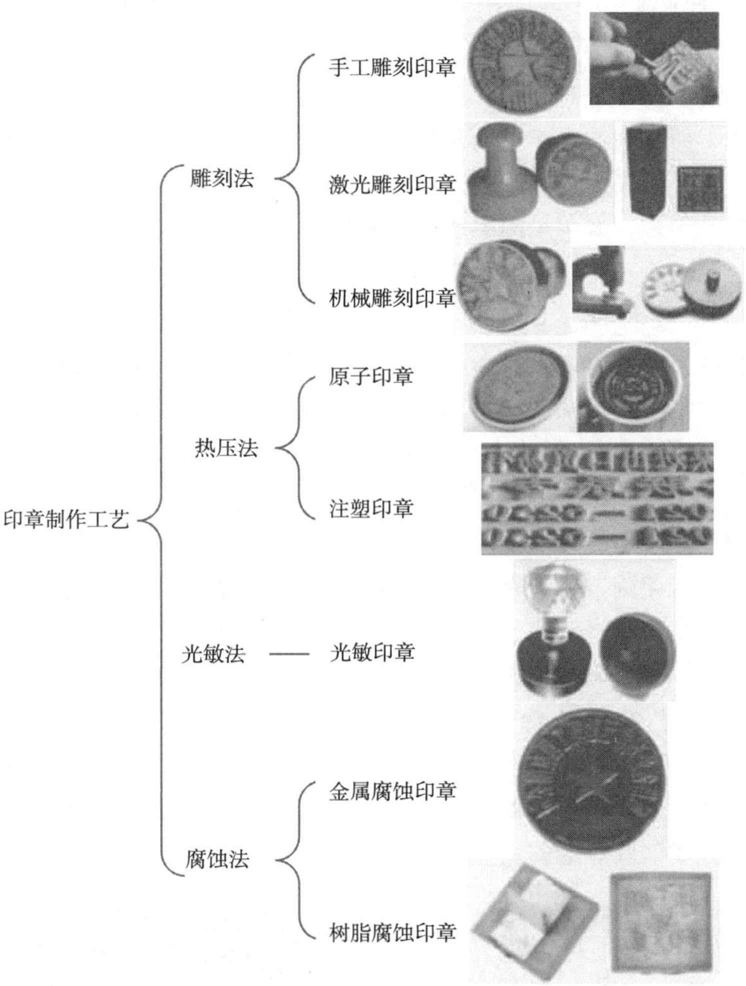

图 12－3　基于不同材质和制作工艺的印章分类

一、手工雕刻印章及印文特征

（一）手工雕刻印章的制作工艺

手工雕刻印章是一种独特的传统艺术，称为篆刻，又称治印，是一种用印章的方式来承载与体现书法与镌刻技艺的特有艺术形式。

在激光雕刻等现代化制章工艺出现以前，各种形制的现代印章主要是依靠手工雕刻来完成的。印材主要选择木料、石料、橡胶等容易入刀的材料。手工雕刻首先将待刻文字用反写法或水印法写印于印坯面，再利用刻刀刻制出阴文印或是阳文印。刻刀是雕刻的主要工具，它的粗细、长短、轻重和刀角的大小、锐钝、平斜，都将直接影响刻印的效果。选用刻刀如同写字时选用书写工具一样，会直接影响文字的表现力。当然其中还有水平高低、熟练程度和雕刻风格等因素的影响。手工雕刻的印章印文极具个人风格特色，极难模仿，所以也具有极好的防伪性能。目前除了在书画篆刻艺术领域外，在制章行业已很难见到手工雕刻印章了，在文件检验实践中可见的手工雕刻印章一般为橡胶材质印章。

（二）非规范字体特征

印文的字体一般是制章人手书的非规范性印刷体，相同文字或部首的形态也会表现不同，存在细节差异。常表现为笔画线条粗细不均，直线不直，弧线不圆，边角尖锐，转折生硬，文字布局不匀称，五角星图案或文字笔画交叉处存在过刀痕迹，常能够体现出制章人风格。

（三）过刀痕迹特征

橡胶质地较软，当刻刀切入时印材没有橡胶屑产生，因此很多刻章人不过多地讲求刀法、章法，而采取沿单笔笔画边缘切刻的方式雕刻，这样就使交叉笔画上多出切割线条，称为过刀痕（见图 12－4）。刻章人在操作失误时也容易在文字、边框部分，尤其是五角星等星徽图案出现雕刻时留下的过刀痕迹。

（四）印文的边框特征

由于手工雕刻所用刻刀皆为直刃，在刻画圆形边框时不易控制刻刀的力度和角度，很容易在圆形边框上出现平直刻痕，因此在手工雕刻印章中经常会出现圆形边框不规整的现象，非正圆形，有棱角感或边框粗细不均。

（五）中心圆点露白特征

手工雕刻时为了使印章圆形边框圆润、规整，刻章人会使用圆规在橡胶印坯上印画边框，这样就会在印章中心部位（多为五角星中心）留有圆规支点痕迹（见图 12－5），表现在印文中是一处类似圆点的露白点。

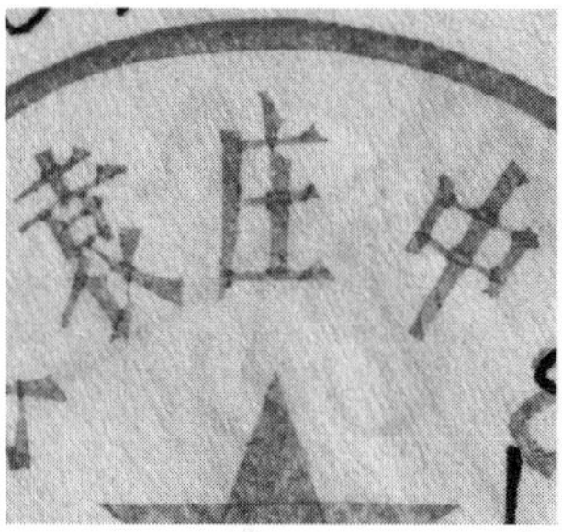

图 12－4　过刀痕

图 12－5　章面中心部位的圆规支点痕迹

由于手工雕刻制章效率低，印章质量远不及机械雕刻，且不符合现代公章刻制的要求（2000 年 9 月 1 日公安部颁布施行的《GA 241.9—2000 印章质量规范与检测方法》），除在金石、书画艺术领域外，现已很难在正式场合见到手工雕刻印章。现在的手工雕刻主要运用于篆刻、书画艺术等领域，注重的是印章的个性与艺术性的表现。

二、激光雕刻橡胶印章及印文特征

（一）激光雕刻橡胶印章的制作工艺

激光雕刻是利用激光的热效应烧灼掉物体表面材料从而留下永久印迹的技术，是现代制章业中重要的制章方式之一。激光印章雕刻机是集激光、精密机械、计算机等技术于一体的刻制设备。在计算机印章制作软件中编辑完成印文式样，再利用电脑驱动程序控制激光器在工作台上对印坯进行灼刻。激光印章雕刻机将激光束聚焦，使直径小于 0.1mm，这时能量密度极高的激光束照射在印材表面，光能被印材吸收，转换成热能，使照射区域的温度迅速升高，印材被“灼烧”至汽化，汽化点处形成凹点，制作出所需要的图形、文字，常运用激光刻制的印材主要有角骨类印材和橡塑类印材。

橡胶印材具有一定的弹性，且与印油具有较好的亲和力，可使印章盖印出质量较好的印文，又因其造价低廉，雕刻方便快捷，立等可取，所以成为制章的首选印材。激光雕刻印章制作规范、规格统一，布局整齐、美观，符合《GA 241.9—2000 印章质量规范与检测方法》的要求。

（二）激光雕刻橡胶印章的底纹特征

当激光印章雕刻机雕刻深度较浅或盖印时衬垫物较软时，常会在印文的留白处出现印章雕刻底纹印迹，可以显示出雕刻线条的雕刻方向和疏密程度。底纹的形态是受到激光器的功率、内置镜片洁净程度、反射能力、聚焦能力、光路偏出以及印章材质等多因素的共同影响，具有较强的随机性和不可复制性，在印文鉴定中具有较高的利用价值。（见图 12－6）

（三）激光雕刻橡胶印章的熔融特征

在印章刻制过程中，激光束会产生高温，若降温措施不当就会在笔画上出现灼刻的焦化熔融痕迹，常见的有笔画露白（见图 12－7），笔画端点的露白点，长笔画弯曲，细小笔画出现断裂、缺失。

图 12－6　底纹印迹

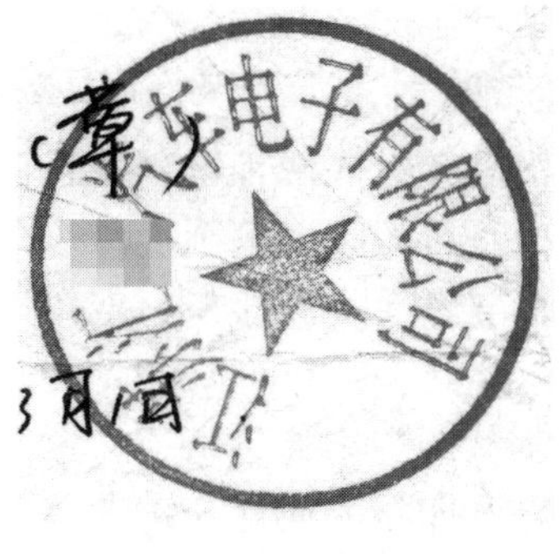

图 12－7　笔画露白

（四）激光雕刻橡胶印章的螺旋纹印迹特征

橡胶印坯在制坯模具中取出后是不能直接用来刻章的，需将坯面车平，车平的坯面上会留有螺旋纹，若不做精细打磨处理，盖印出的印文就会反映出这些印迹。螺旋纹的出现是判断印章材质、制作工艺的重要依据，不同车床车出的纹线的粗细、密度、旋转方向不尽相同，印文中图文与纹线的相对位置关系等特征是无法被仿制的，在印文鉴定中具有较高的利用价值。(见图 12－8)

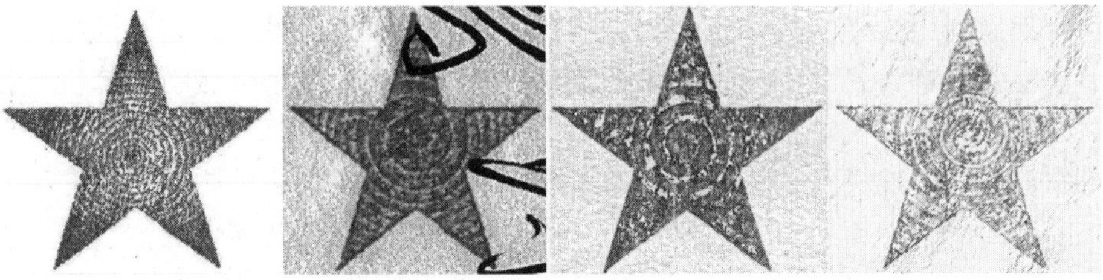

图 12－8　螺旋纹印迹

（五）激光雕刻橡胶印章的老化特征

橡胶印章属于蘸印油印章，需配合印台使用，在长期的使用过程中（尤其是印章长期浸于印台之内），印面胶体与印油发生反应，同时橡胶中的添加物质不断升华，造成章面收缩，印文规格变小，还会使章面凹陷，在盖印力度偏轻的情况下，五角星图案印迹浅淡甚至没有反映。印面材质紧缩、变硬，章体逐渐失去弹性，图文边缘磨损，渐渐模糊，欠分明，印面光滑，印油吸附能力减弱，导致盖印印文不够清晰。

三、激光雕刻角骨印章及印文特征

角骨印章是以动物的犄角或其他骨质作为印材雕刻的印章。其中又以牛角最为常见，黄牛角呈黑色，水牛角呈灰褐色，质地坚硬，较适合于激光刻制，激光雕刻的牛角印章经久耐用，不易变形。

（一）激光雕刻角骨印章印文的一般特征

激光雕刻角骨印章用时较短，方便、快捷，自动化程度高，制作的印章字体规范，布局整齐，盖印质量好。因印材质地坚硬，在较硬的衬垫物上盖印时因接触不充分常会出现较多的露白特征。

（二）激光雕刻角骨印章的笔画特征

激光器有横向和纵向两种雕刻路径模式，与灼刻路径平行的印文笔画边缘表现平直、整齐，而与灼刻路径存在一定角度的笔画边缘就会出现阶梯状（见图 12－9）、锯齿状甚至毛刺状的灼刻痕迹特征，这与激光束的直径以及印材的质地、密度等因素有关。笔画与雕刻路径的夹角越小阶梯状痕迹越明显，在没有印章雕刻底纹出现的情况下也可根据图文边缘灼刻痕迹的形态判断印章的雕刻路径，这些特征都是印

图 12－9　笔画阶梯状印迹特征

章印文同一认定的重要依据。激光雕刻橡胶印章也存在类似的特征，但因印材质地偏软而表现不明显。

四、原子印章及印文特征

（一）原子印章的制作工艺

最早的原子印章工艺是指在 20 世纪 80 年代中期由国家轻工业部工艺美术总公司通过香港地区从美国引进的 20 世纪 70 年代的成型粉热压印章技术。一次成型后不能反复加墨使用，油尽章毁，属于一种“一次性印章”，而且这种印章随着使用次数增多不但会出现印油量逐渐减少，还会出现印面缩小、变形等情况。由于存在稳定性差、使用时间短等诸多缺陷，从 1988 年开始，全国银行系统禁止使用原子印章作为印鉴，原子印章渐渐退出了市场，现在已很难见到它的身影了。就在原子印章逐步退出之时，我国又于 20 世纪 80 年代末从日本引进了一种渗透印章制作工艺，它是在原有的原子印章工艺的基础上进行升级改造，可反复注墨使用，并实现了激光雕刻。

现在印章业所称的原子印章即是指这种经工艺改进的渗透型印章，它分印柄和印面体两部分，印柄由手柄、弹簧、活动内芯、外框组成；印面体是一种具有微孔结构的海绵体材料，质地柔软，弹性较大，可塑性强，具有储墨、渗墨特性。印面体的质量及微型孔的疏密程度、大小，决定着印章储墨性能的好坏、印迹的清晰度和印油是否回渗与散漏。印面体被固定在印柄内芯中并加注专用印油浸润，印面略低于塑料外框，使用时用手向下按压手柄，印面体下移，与纸张接触，在压力的作用下渗墨，即可完成盖印，无需另外蘸取印油。

（二）原子印章印文的一般特征

凡经印章制作软件排版雕刻的印章均采用计算机字库中的制式字体，字形规范，符合制章标准，不同制章软件字库中字体种类或同种字体的字形可能会存在差异。原子印章文字也采用制式字体，图案、文字及边框排列合理，排列均匀，相对位置间的距离相等。原子印章印材的弹性大，密度小，可塑性强，易出现胀缩变化，用力盖印时容易在空白处出现激光雕刻的底纹痕迹，字迹边缘欠平滑，常呈现出细小的锯齿状，笔画棱角不分明、圆钝，印文边框外侧有时会留下印章外框或支撑爪印迹。

原子印章所用的印油是专用印油，其印油的成分、特性与其他印油不同，印文无印油堆积现象，不易出现“挤墨”现象，但容易出现印油油脂洇散，盖印后油脂随着时间的推移而向外扩散，透光观察较为明显。因原子印文即印即干，所以难以形成印文擦痕和转印现象。

（三）原子印章的老化特征

原子印章印面体的材料结构类似于泡沫，所以这类软质印材容易发生磨损和老化，又因为它弹性大、可塑性强，所以在盖印力度大时会使其章面变形，使用一段时间后印文的文字线条就会逐渐变粗，边角逐渐变钝，印面体弹性减弱，印面收缩。原子印章在使用过程中的这种老化收缩、印面边框和文字笔画的变形与磨损等特征是原子印文历时性变化最突出的表现，也是检验印文形成时间的主要判断依据之一。

（四）原子印章的外壳边框特征

原子印章的印面体低于印章外壳，缩藏在章体内部。原子印章在盖印时，塑料外壳边框或边框上的支撑爪先与纸张接触，然后按压手柄使印面下降完成盖印。若印章外壳边框或支撑爪沾有印油或污物则会在纸张上留下相应的印迹。

五、回墨印章及印文特征

回墨印章，又称翻转印章、翻斗印章（见图12－10），是奥地利卓达公司设计发明的一种新型环保印章，引入国内后迅速成为中国印章行业协会推荐的升级换代产品。

图12－10　回墨印章

回墨印章由上下等粗的柱状塑料外壳（印章外壳）、弹簧、印面体和印台等组成（见图12－11），印面体选用的材质多种多样，工艺也不尽相同，常见的是采用特殊的橡胶材质，利用激光刻章机刻制而成，并可选配不同颜色的专用印油。回墨印章在手柄内部放置了一枚小型印台，待用时印章印面与内置印台接触上墨，盖印时用手向下按压手柄，印面体沿曲形导轨下降并180°翻转印面，完成盖印。盖印后印面体上移并回转，与内置小型印台回归原位，紧密接触上墨，以待下一次盖印。

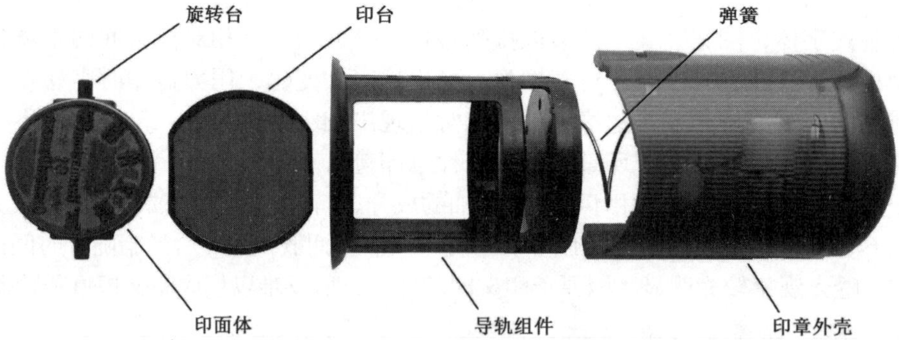

图12－11　回墨印章结构图

回墨印章外形美观新颖、时尚，内置印台与印面接触紧凑，蘸墨充分、分布均匀、色泽红艳。导轨虽呈曲形，但按压时轻松流畅，毫不费力。其配备的专用印油干涸快，仅次于光敏印油，附着力强，印迹清晰，具有耐腐性。回墨印章在盖印时印面与桌面平行，所以不易出现局部接触性挪动痕迹，因多数回墨印章设置了支撑爪，所以盖印时很少出现挪动迹象，印文盖印清晰，印迹完整，色彩艳丽，有时也会出现露白特征。回墨印章印油的渗透性较光敏印章印油略差一些，在盖印后可能会出现印油擦蹭迹象。现阶段的回墨印章具有很高的市场占有率。

六、机械雕刻印章及印文特点

（一）机械雕刻金属印章的制作工艺

机械雕刻是以计算机、数控机、雕刻机三机组合运作，以机械削磨的方式进行雕刻，适用于以蘸印使用的金属印章和无墨印压钢印的雕刻制作技术。其通过计算机制章软件制作印文式样，再将式样传送到雕刻机控制器，由控制器把这些信息转化成有功率的信号，去控制雕刻机生成的 *X*、*Y*、*Z* 轴三维雕刻走刀路径，带动尖锐刀具切削来完成印章雕刻。

机械雕刻制作的金属印章印面棱角分明，留白处印底平滑，但金属章面的亲水性差，蘸取的印油容易聚集，印文易出现露白。金属材质的印章不会因质地坚硬而不易受到磨损，相反印章在使用和保管过程中很容易对章面造成磕碰而形成无法修复的永久性损伤，并在印文中反映出来。

（二）机械雕刻金属印章印文的特征

机械雕刻是利用呈锥状的高硬度雕刻头对金属的铣削来实现的，金属印章材质坚硬、棱角分明，在印章留白处有类似于激光雕刻印章的刻制路径底纹。其雕刻路径除了水平方向外，还会围绕图文轮廓进行边缘削磨，受刀具规格的限制，在雕刻复杂文字或交叉笔画时存在明显的局限性，会使相邻笔画受到影响。

1. “枣核状”短横笔画印迹特征

受刀具规格及运转路径的限制，相邻笔画会彼此影响。例如，类似“口”“月”的横画就会出现两头窄中间宽的“枣核状”印迹现象。“枣核状”笔画特征是机械雕刻金属印章独有的印迹特征，主要出现在短笔画中。一般而言，在汉字中横画相对短一些，也最容易出现“枣核状”。在文字较多的印章中，通常文字的笔画也较细，这样不但容易出现“枣核状”印迹特征，还会在笔画交叉处出现断笔、缺失，这是判断机械雕刻金属印章的主要依据之一。（见图 12－12）

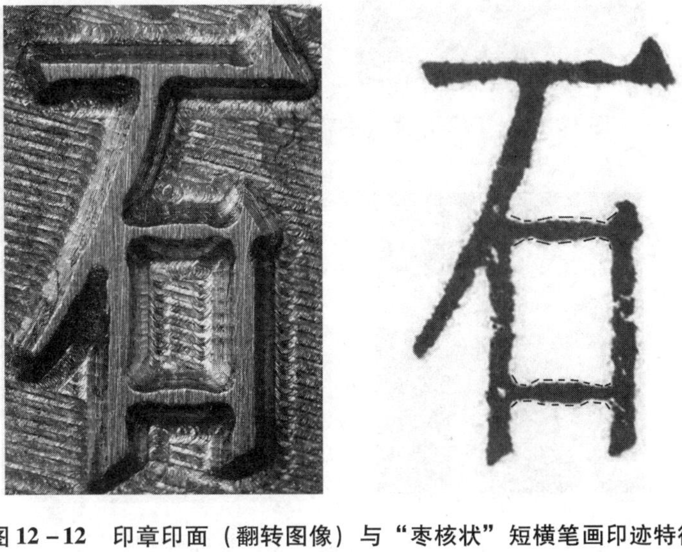

图 12－12 印章印面（翻转图像）与“枣核状”短横笔画印迹特征

2. “十”字交叉笔画印迹特征

在各类交叉笔画中能够产生典型的相互影响印迹特征的要数“十”字交叉笔画。当印章文字偏少，笔画相对粗大时，“十”字交叉部位笔画转折圆润，无法雕刻出90°直角；当印章文字偏多，笔画相对细小时，“十”字交叉部位相互影响较为严重，会造成笔画变细甚至缺失。(见图12－13)

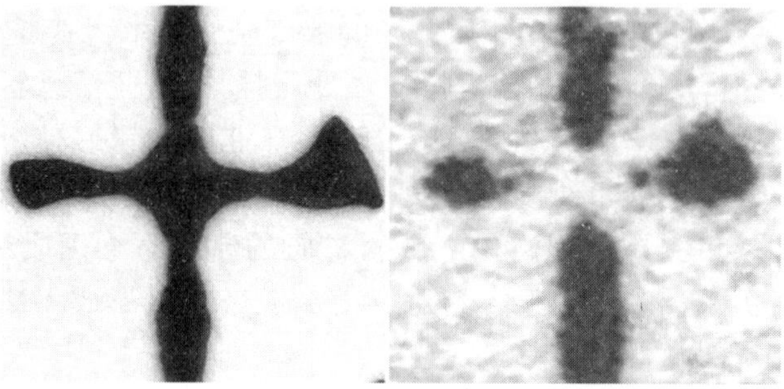

图12－13 “十”字笔画的两种雕刻效果对比

3. 宋体字边角修饰形态特征

在公章制作规范中通常要求使用宋体或仿宋体简化字，宋体字端庄典雅、秀气，刚劲有力，方正平稳，变化得当，符合国人的审美习惯。宋体字有笔画粗细变化，而且一般是横细竖粗，末端有边角装饰，即字脚或衬线，点、撇、捺、钩等笔画有尖端。由于机械雕刻钻头具有一定的直径，无法将这些边角修饰全部完美准确地呈现出来。(见图12－14、图12－15)

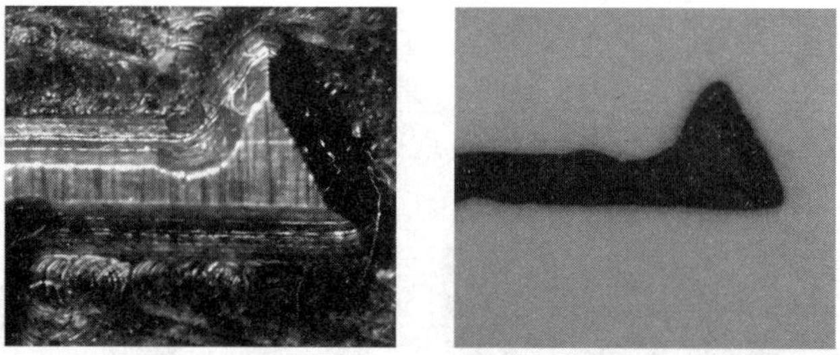

图12－14 印章印面（翻转图像）与横画印迹特征

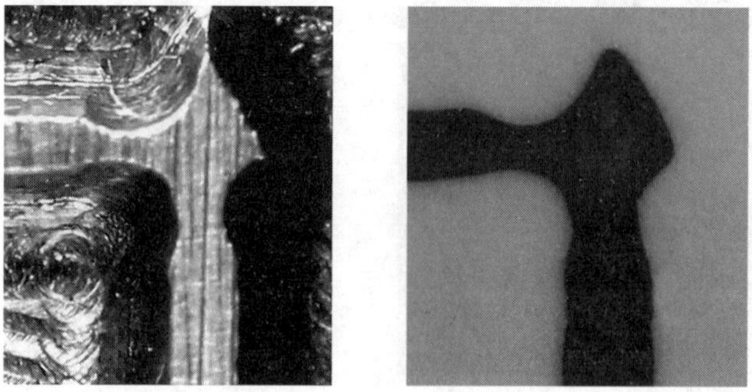

图12－15 印章印面（翻转图像）与折画印迹特征

4. 五角星印迹特征

五角星图案复杂，边框线条交错，棱角众多，相邻两条边所组成的锐角为36°，顶点形态通常无异常变化；所成钝角为108°，顶点向中心方向凹陷。（见图12－16）

图12－16 印章印文五角星印迹特征

5. 数字编码印迹特征

2000年公安部发布了《印章治安管理信息系统》，规定了部分类型印章编码的数字组成，并明确了印章编码的使用范围。编码数字笔画简单，部分存在笔画交错，且在印章中所占面积相对较小。一般而言，利用激光雕刻、光敏法等制章工艺可以将数字的字体字形完美体现出来，不易造成缺陷，但是机械雕刻金属印章所用的具有一定直径的钻头则很难精准把握，笔画间相互影响，从而出现雕刻瑕疵，如“0”“8”等数字容易在上下两端产生缺失，成为机械雕刻金属印章的一种典型印迹特征。

6. 雕刻导致的边框内缘损伤特征

在机械雕刻金属印章中相邻、相交笔画很容易在粗直径雕刻头进行雕刻时对笔画产生影响而形成缺陷，这一点也表现在印章边框内缘。当文字与边框间隙紧密时，在边框内缘就会出现凹陷，并反映在印文中，当文字与边框间隙较大时则不会出现此类特征。边框内缘损伤的部位与文字笔画位置相对应，是机械雕刻金属印章所独有的印迹特征，在分析印章类型和同一认定中具有极高的应用价值。（见图12－17）

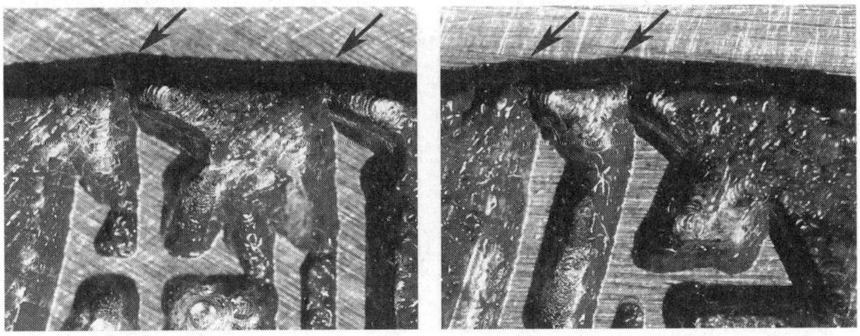

图12－17 金属印章（翻转图像）边框内缘损伤特征

7. 磕碰导致的边框外缘损伤特征

常见的金属印材为铜合金，虽然金属具有一定的硬度，性质稳定，受外界环境影响较小，但是金属材质的印章不会因质地坚硬而免受损伤。相反，由于金属的弹性形变较小，金属印章在使用和保管过程中受到磕碰很容易在章面上形成无法修复的永久性损伤，并在印文中反映出来，尤其是边框外缘部分很容易出现凹陷变形。

金属印章的损伤具有不可修复性，随着印章的使用，损伤也会逐渐增多，形成可以显示使用过程的阶段性印迹特征，为印文形成时间鉴定提供可靠的检验依据。

（三）机械雕刻钢印印文的特征

机械雕刻也可以完成利用压痕来反映印文的凹凸型钢印的制作。影响钢印盖印效果和印文特征的因素有钢印印面结构、阴阳面咬合精度、平行度、印压力度和纸张厚度等。

1. 压痕凸起形态特征

在不同的钢印所形成的印文中，凸起部位的形态会有所不同，有的呈现出弧形、单角形或多角形等，笔画凸起的高度和宽度也是稳定的特征之一。同一枚印章盖印的印文上述特征应表现一致。

2. 压痕凹陷形态特征

钢印是由上凹下凸的两块钢板印模相互咬合来完成盖印的，一枚钢印印文是两面造痕客体共同作用形成的，正面凸起印痕的反面自然是凹陷印迹，可以看作对两枚印文的检验，各面的印痕特征都要充分利用。

3. 压痕分布形态特征

钢印上下两枚印模在安装时容易造成偏差。印面不平行，会导致印压成的印文力度及印痕深浅不一致，出现一边轻一边重的现象；印面中凹凸图文对位不准，形成错口咬合，容易将纸张纤维撕裂、剪断，图文反映不精准。

七、光敏印章及印文特点

（一）光敏印章的制作原理

光敏印章全称“光敏平面橡胶渗透印章”，是一种具有存储印油功能的章墨一体渗透型印章，以特殊的超微孔光敏材料为印材，利用光敏材料的感光特性进行印章的制作。光敏材料在受到强光照射的时候，可以吸收光能并转换成热能，并在分子或分子间产生化学、物理变化。利用曝光机对光敏材料曝光后，其表面见光部分瞬间吸收大量的光能，温度迅速上升并达到熔点，闪光结束后，表面熔体的温度迅速降低，形成具有一定厚度和强度的黑色薄膜，这层薄膜起到封堵微型孔洞的作用，可以隔绝印油的渗透，没有曝光的部分就是印文部分。

（二）光敏印章的制作过程

首先，利用计算机软件排版制作印文式样，用激光打印机将印文式样打印在具有透光特性的硫酸纸或激光胶片上。（见图 12－18）

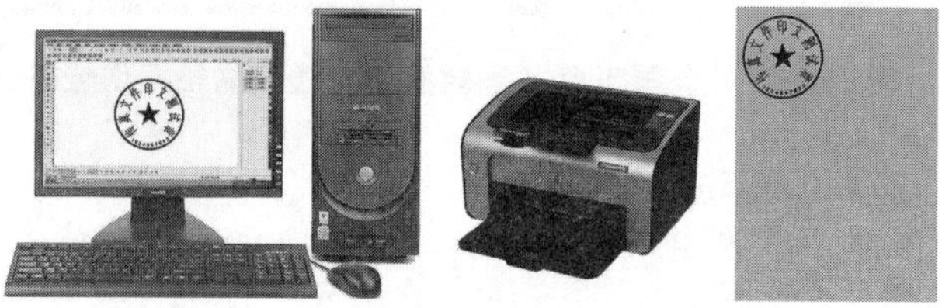

图 12－18　编辑印文式样与打印输出印稿

在打印稿上面覆盖一层透明薄膜，再将其覆盖在光敏材料上置于曝光机内曝光，由于印文式样本身是黑色不透光的，因而印文覆盖下的光敏材料不会发生光化学反应，仍然保持原始状态，而其他部分则由于受到强烈光照后发生光敏反应而凝固，微型孔洞被封堵成膜而不能渗油，这一部分就是印文的空白区域。（见图 12－19、图 12－20）

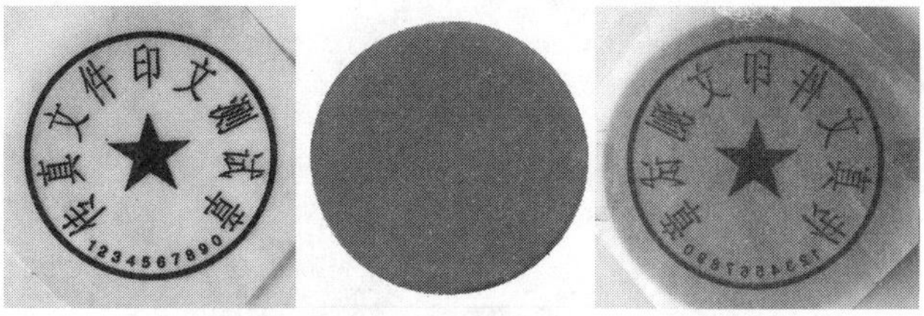

图 12－19　印稿、透明胶片及光敏垫的叠加

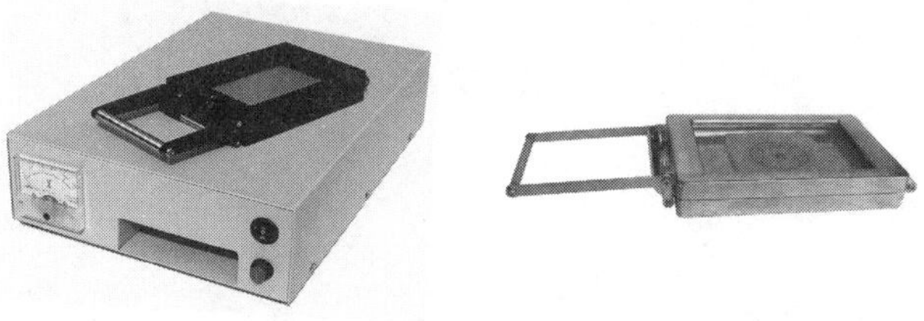

图 12－20　利用曝光机进行曝光

由于印文部分保持了原有的状态，可以利用微型孔储油渗油，从而实现了印章的制作。印章中的印文空白部分因光学反应形成黑色镀膜并略显凹陷，与未反应部分保持 0.1～0.3mm 的水平深度，未反应部位即印文图文部分则略显凸起，盖印时在压力的作用下将光敏垫（见图 12－21）中的印油通过印面图文部分的孔洞渗出就形成了印文。

图 12－21　曝光后的光敏垫

光敏印章的技术成熟，工艺精良，盖印出的印文质量比采用激光雕刻的方式制作的印章质量要高出许多，且用时较短，是目前使用量较多的一种印章。光敏印章正是因为具有印文精度高，少有瑕疵，印面稳定等特点，所以导致印文易于仿制，且仿真度高，鉴定难度大，存在防伪效果不佳的弊端。

（三）光敏印章的结构

光敏印章一般由印章主体、印章墨盒、储油垫、光敏垫、印章垫卡圈和印章底盖构成

（见图12－22），不同品牌的光敏印章结构可能会有所不同。

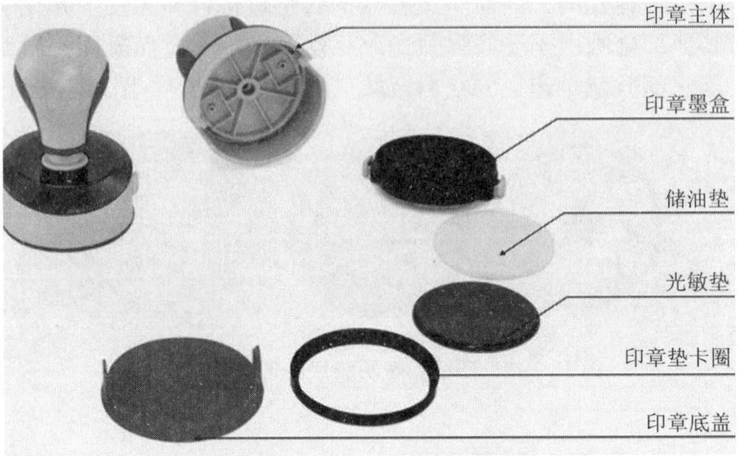

图12－22 光敏印章结构

（四）光敏印章印文的特征

1. 一般特征

光敏印章配备专用的光敏印油，盖印出的印文字体端正、边缘圆润整齐，墨色鲜艳，分布均匀，细节特征表现完整，可与印刷品相媲美。相邻笔画不易粘连、模糊，不易出现缺笔、断笔、盲字等制章瑕疵。印面稳定，连续盖印时印文变化不大，重复性较高。与其他类型印章印文的露白形态不同，印文墨迹浓淡过度均匀、自然，通常没有明显的界线感。

2. 外壳边框特征

当盖印力度偏大或印面体与塑料印框之间的间隙过大时，会产生漏墨现象，在印文边框外围出现细小线条痕迹，这也是区别于其他类型印章印文的主要标志之一。一般而言，光敏印章的外壳半径较印文边框大2～3mm为宜，但也存在小印用大壳的现象，在印文中所表现出的间隙痕迹与印文边框距离不同。

3. 疵点特征

激光打印机打印稿容易出现底灰或大的打印墨粉颗粒，如果在光敏印章的制作过程中，经激光打印机打印的硫磺纸稿件上存在打印疵点或者印章曝光机玻璃面存在墨点或污物，则会影响光敏印章印面的制作效果，成为印章的固定疵点特征。

4. 油晕特征

光敏印章与传统各式印章的制作工艺、印面特征皆不相同，使用方式也有别于章墨分离的印章，并配用光敏印章专用印油，对光敏印章不了解的使用者在使用过程中很容易出现因印油加注不当而造成印章损毁。光敏印章的补充印油必须与原来注入的印油一致，否则可能会因为印油的使用不当而损坏印章。光敏橡胶垫的微孔平均孔径小于30微米，普通印油中的颜料颗粒略粗一些，会堵塞光敏印材的微孔，仅渗出印油中的油脂，盖印在纸张上的印文缺乏色彩，且会产生油渍洇散等现象，在纸张上形成一种油晕。

油渍洇散的部位及范围是由所用印油种类、印油量的多少决定的，盖印出的印文可以反映出堵塞的区域。一般而言，印文中油渍出现的范围会随着时间而逐渐增大，最后趋于稳定，堵塞区域印迹浅淡，有时仅能勉强辨识内容，这种油晕特征是检验光敏印章印文形成时间的极好特征。

5. "边浓中淡" 特征

通常情况下，光敏印章盖印的印文色料分布均匀，印油量浓淡适中，印迹清晰，印油边缘、棱角分明，盖印质量较高。然而当光敏垫中所存储的印油量偏少时就会出现印迹偏淡，露白增多的现象，典型性的特征表现就是印文的文字迹、边框、五角星等图文的边缘清晰，中心印迹浅淡甚至没有印迹反映，形成边浓中淡或中空的印迹特征。

6. 蘸印印油的盖印特征

光敏印章属于章墨一体的渗透型印章，盖印时无须再另行蘸取印台印油即可直接盖印。印面中图文部分与印文的空白区域只有 0.1 ~ 0.3mm 的高度差，若将光敏印章蘸取印油后再去盖印就会造成大面积脏印以及印章边框痕迹特征，同时会体现出印文圆心（或中心）与印章边框圆心（或中心）的偏移方位和距离。由于光敏印章专用印油与普通的印泥或印油的成分差异较大，所以在特种光源下印文的红色印迹呈现出两种不同的视觉效果。若是所蘸取的印台台面蒙有棉布，那么在印文中还可以反映出棉布纹路痕迹，这样的使用方法影响印文的辨识度和美观。

7. 印油迸溅特征

光敏印章的印面略高于印壳外框，呈凸起状，若注油过多，会导致印材（储墨垫）中印油充溢。盖印时印章对纸面施加一个垂直的力，储油垫中的液态印油受挤压变形，当这个挤压力大于印油的重力与张力之和时，印油就会突破储墨垫的吸附，成滴飞溅出去，在印文的留白或外围产生迸溅墨点，并呈不规则分布或相对集中一个方向迸溅，墨点分布不具有重复性。（见图 12－23）

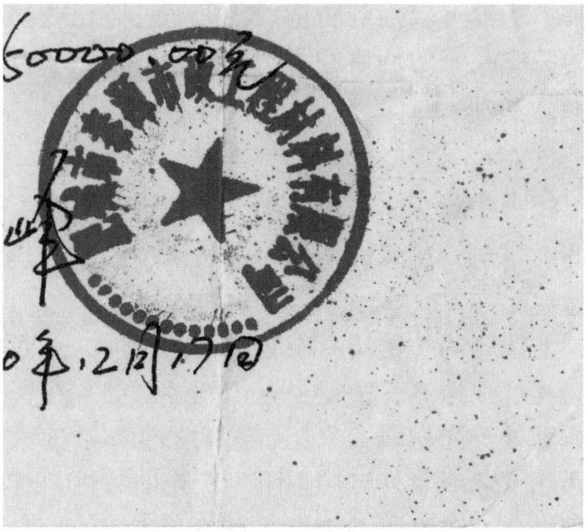

图 12－23　印油迸溅特征

8. 挤墨特征

光敏印章的挤墨特征有别于其他类型的印章，尤其是蘸墨印章。蘸墨印章因材质对印油的吸附作用而导致的在"小区域"范围内出现挤墨特征，挤墨的印迹分布不均、轻重程度不同，随机性较强。由于光敏印章是自含墨的印章，印油相对均匀地储于光敏垫中，受盖印时挤压力的作用，印油均匀地从印垫孔隙中溢出，形成类似梳齿状的细长挤墨印迹。

9. 老化特征

光敏印章在长期的使用过程中，印面体的弹性逐渐降低，印面体与印章外壳边框的间隙增大。长期在高温环境中使用或保存还会使印面体膨胀，与塑料外边框的间隙缩小，甚至会使印面体凸起，热胀冷缩效应明显。光敏印章印面的图文部分遍布细小孔隙，长期的使用或保存过程中印面极易黏附杂质或污物，渗墨的孔隙也容易被封堵而无法出墨，在印文中形成相对稳定的露白和笔画缺失特征，导致印文盖印不全。

八、防伪印章及印文特点

改革开放以来，中国在经济迅猛发展的同时，各类经济犯罪、民事纠纷也逐渐增长，涉章案件也逐年增多，印章的防伪已成为人们关注的问题，各式防伪措施不断出现。印章防伪技术包括在印章制造过程中加入具有特殊性的暗记即印痕防伪，在印油中加入制造难度比较大的可检测物质即印油防伪，以及章体防伪三大类，各种印章均可采用适当的防伪措施来进行防伪。

（一）印痕防伪

印痕防伪是最常见的一种防伪措施，是通过印章章面印痕的特殊性来实现的。目前，可采取的印痕防伪技术包括：

（1）含印章专用字库的排版、激光雕刻系统。

（2）含特殊标志的排版、制凸版系统。

（3）含不规则点阵或光学随机线条等具有个性特征的排版、雕刻系统。

虽然上述印痕防伪技术均具有较强的防伪性，但通过照相或扫描制版，其印痕均能被不同程度地仿制。防伪的关键在于防伪痕的可识别性和被复制的可行性，能否识别、区分盖印的差别和仿制的差别。

（二）印油防伪

印油包括印泥印油、印台印油、原子印油和光敏印油几大类。印油防伪是通过印油中含有的可检测物质实现的。目前，比较成功的印油防伪技术包括热敏印油防伪、紫外荧光印油防伪和红外印油防伪。

针对普通印油而言，上述印油防伪均具有较强的防伪性，然而一旦获得相应的可检测物质，其印鉴均能被不同程度地仿制，关键是可识别性。如果在普通印油中加入可检测物质，如用热致变色材料或紫外荧光材料，来仿冒热敏防伪印油或紫外荧光防伪印油，这种仿冒印油的印鉴同样有遇热变色或紫外灯照射下发荧光的特性，这种情况下通过热源或紫外灯是难以判断真伪的。因此，防伪印油中有关可检测物质的信息必须具有特殊性，这种信息必须有与其对应的识别措施。如果这种信息是公知的，与其对应的识别措施也就没有意义。

（三）章体防伪

章体防伪是在印章的章体内植入一枚由公安机关统一研制的加密防伪芯片，芯片中写入相关审批和刻制信息。同时在公安、质监、税务、银行、工商等单位配置印章芯片读卡器，这类通过印章专用 IC 卡和自动识别设备作为识别措施简单易行，能够准确辨伪，未经审批的非法刻制印章或伪造的印章能方便地通过读卡器辨识。

第四节　伪造、变造印章印文的一般方法及特点

一、伪造、变造印章印文的概念与行为性质

伪造印章印文，是指通过伪造印章或变造印文方式，在文件材料上形成的虚假印文。伪造印章，从广义上讲，任何没有制章权限的人通过非法途径制作、仿制他人印章的行为都属伪造印章。伪造印章又分为臆造、一般性仿造和高仿真仿造。

臆造，是凭主观臆想编造不存在个体的印章或只知道被伪造对象的名称而没有真实印章印文作参照的伪造。

一般性仿造，是根据被伪造印章的图文内容、大致规格、布局等形制特征，以某种方式制作成相似的印章的行为。

高仿真仿造，是运用现代办公设备、软件，对被仿造印章的一般性图文特征和细节特征进行精心仿制的行为。一般是直接将被仿制印文作为底稿，利用相机翻拍复制或扫描仪扫描后形成印稿录入电脑，再经图像处理软件进行细微处理、修版，这样就会形成一份高仿印稿，随后选用某种制章工艺进行制作，伪造出的印章印文相似度高，具有一定的迷惑性，也是较难判别的一种伪造形式。仿制时选用的真实印文的质量以及所采用的仿制方法都决定着仿制印章的仿真程度。

变造印章，主要是指将印章中原有的部分文字剔除，改变印章的性质和用途。

伪造、变造印章属违法行为，根据《刑法》第二百八十条规定："伪造、变造、买卖或者盗窃、抢夺、毁灭国家机关的公文、证件、印章的，处三年以下有期徒刑、拘役、管制或者剥夺政治权利，并处罚金；情节严重的，处三年以上十年以下有期徒刑，并处罚金。伪造公司、企业、事业单位、人民团体的印章的，处三年以下有期徒刑、拘役、管制或者剥夺政治权利，并处罚金。"《刑法》中没有规定本罪需要具备任何实际的危害，也没有规定需要任何的危险或者威胁，只要伪造了国家机关、公司、企业、事业单位、人民团体的印章就构成本罪。

变造印文是通过直接在已有的真实印文上对局部内容进行撕裂、粘贴、覆盖等方式变造的印文，如将印文中"资料专用章"字迹用胶带粘除，再将他处粘来的"合同专用章"字迹贴于上面来改变印文性质。

二、伪造、变造印章的常见方法及印文特点

（一）手工雕刻法伪造印章

手工雕刻法伪造分为两种，一种是按照被仿制印章式样写在印材表面刻制图文线条并清底，另一种是将被仿制印文转印在待刻印材表面进行刻制。以手工雕刻的方式仿制印

章，对印章的细节特征雕刻难以精准控制，其仿制的印章也易于鉴别。手工雕刻伪造印章的文字图案线条、棱角等特征会不同程度地与真实印文存在偏差。

（二）树脂版伪造印章

树脂版是一种印刷用版材，分上下两层，下层为版基，上层为药膜层。将印稿经激光打印机反向打印在硫酸纸上（图文为白色，留白部位为黑色），再将硫酸纸印稿平铺在树脂版的上层，置于暗室利用紫外灯进行曝光，曝光完成后将树脂版放入水中，用刷子刷洗，受紫外感光的药膜层经反应后变硬，而未受紫外感光的药膜层则可以用水和刷子冲洗掉，即完成印章制作。这种伪造仿制的印章盖印的印文线条棱角不强，比较圆滑，笔画线条粗细不均，当冲刷严重时还会出现笔画变细、断裂等情况，是一种成本低廉的伪造方法。

（三）激光雕刻法伪造印章

激光雕刻法伪造是利用激光雕刻工艺对被仿制印章进行复制，其印稿通常是按照真实印文式样进行重新排版，然后经激光雕刻制作印章，或者直接将真实印文进行扫描，再进行修版，最后经激光雕刻机雕刻。重新排版制作的印章印文虽然印文质量好，但印文与真实印文在图文排列、布局、大小规格等方面很难达到一致。利用扫描后再刻制的印章，虽然布局一致，但因为分辨率等因素的影响，常会出现笔画变钝、变细，甚至断笔，边缘不平整，而且容易将真实印文中挤墨、露白等随机出现的可变性印迹固化成为仿制印章中稳定的特征。

（四）光敏制章法伪造印章

光敏印章制作是最为便捷的一种制章工艺，按照真实印文式样进行重新排版，或者直接将真实印文进行扫描，修版后直接利用光敏曝光机曝光。重新排版制作的印章印文与真实印文在图文排列、布局、大小等方面很难达到一致，并且容易将真实印文中挤墨、露白等随机出现的可变性印迹固化成为仿制印章中稳定的特征。

此外，印章的材质与工艺多种多样，伪造印章的选材与工艺很难与真实印章保持完全一致，因此可以通过印文中所反映出的印材特征与制章工艺特征来进行综合判断。

（五）变造印章盖印印文

变造印章盖印，通常有剔除或遮盖印章部分文字两种方式，其盖印印文的共同特点是容易产生布局失调、缺乏美感、空白区域过大等感官特征。

1. 剔除印章部分文字盖印印文

剔除印章部分文字盖印是指将印章中部分文字用刻刀等工具剔除，只剩所需内容，再盖印印文的行为。除光敏印章外其他类型的印章皆可用这种方式进行变造，经过这种方式变造的印章不易复原，此外，在印章上会反映出剔刻痕迹，根据剔刻痕迹可辨识出被去除的文字。

2. 遮盖印章部分文字盖印印文

遮盖印章部分文字盖印是指利用纸张或胶带盖住需要隐藏的文字再进行盖印的行为。常见的是将“合同专用章”“资料专用章”等专用印章的名称文字遮盖而保留其他部分，从而伪造成一枚只显示单位名称的“公章”。这种印文常出现空白区域过大、布局异常等特点，有的还会反映出遮盖物的印迹或所遮盖文字的残留笔画，或在内边框处形成一个直角露白，或是造成星徽边角缺失等。

三、认定印章印文伪造、变造事实的依据与方法

事物是具有普遍联系且独一无二的属性的，印章也不例外，仿制印章与被仿印章的印文相似度只会无限接近而无法达到完全相同。

（一）印章材质及制章工艺

印文同一性鉴定首先要考虑的就是印章的材质与制章工艺，仿制印章一般会选择容易操作的制章工艺，其选用的印材与工艺很可能与被仿印章不符，其典型性特征可以在印文中体现出来，形成一种印文典型特征与制章工艺不相匹配的矛盾。

（二）印文规格大小

仿制印章时对印文的尺寸很难把握，无论采取何种方式仿制印章都很难使印章的大小规格做得与被仿印章完全吻合，每一道程序的操作都会影响印文的大小，即使操作精心也难免在诸多环节上产生误差。但是印章的规格是一个可变性的特征，不能完全根据印文的规格尺寸来判断同一性，若印文的横纵直径明显不同，则要考虑仿制伪造的可能。

（三）各类印迹的属性

正常印章的图文边缘一般都较平整，盖印出的印文能够真实地反映出印章的自身特征，每次盖印时因受到盖印力度、衬垫物和蘸取印油量等多因素的影响，会导致印文出现挤墨、露白等非本质性随机印迹的产生，可重复性差，各类印文都会有不同的印迹表现。仿制印文时会将这些随机特征制成印章固有的特征，被称为可变性印迹的固化现象，是认定伪造印章的重要依据之一，因此在鉴定过程中要对印文的各类印迹属性进行准确的辨别。

如果检材印文有多枚，可以通过相互比较来找出这样“可变性”印迹的重复再现规律，其位置、大小、形态有无变化，若可变性的印迹重复出现，且无任何变化，即可以作为判定伪造的重要依据。当检材印文只有一枚，就要根据印章制作工艺及印油的特征来判断各类印迹的“虚”“实”，最为重要的是印文中“挤墨”与“露白”印迹，这两类印迹是随机性分布的细小特征，具有时时变化的特性，“挤墨”主要集中在图文笔画、边框的边缘，“露白”主要分布在图文笔画中。轮廓清晰、印迹较实的印迹一般是印章印面结构的真实表现。印迹发虚、边缘不清晰圆滑的可能是印章在盖印时压力轻重不均，或印油等色料蘸印不均所导致的非印章印面结构的真实反映。

（四）印油（自含墨印章）

对于章墨一体的印章（光敏印章、原子印章），其储墨垫中的印油在一段时间内会保持种属的一致性，还会随着使用而出现印迹由浓变淡的变化规律。若检材印文与同期样本印文的印油在种属上出现明显差异，就需要考虑检材印文是否属于仿制或是盖印时间等问题了。

第五节　印章印文的特征分类、检验程序与方法

一、印章印文的特征分类

印文是印章印面特征的集中体现，主要有印文内容、印文结构、印文规格、印文文字、印文线条、印文图案、印文留白、印面墨迹分布、印面缺损、印面附着物、印文暗记、盖印材料、防伪特征等十三类，大体分为能够表现其概貌的一般性特征和表现印文局部细目的细节特征。其中印文一般特征包括印文内容、印文结构、印文规格、盖印材料等；印文细节特征包括印文文字、线条、图案、留白的形态、布局和搭配比例关系，以及印章在制作过程中形成的特殊暗记、疵点、划痕、残缺及反映雕刻工具特点的细微痕迹，印章在使用过程中形成的印面墨迹分布状态、印面附着物、磨损及修补、清洗形成的缺损、特殊暗记和印文防伪特征等。

（一）印文内容

印文内容既包括印文上表明印文所代表的单位、机构、部门的名称或个人的姓名或其他特殊用途的文字内容，也包括除印面文字外的图案、图形等其他内容。

（二）印文结构

印文结构是指印章印面上构成印文的文字、图案、边框、留白等基本要素，以及各要素之间的排列组合、搭配比例等空间分布关系。由于印文的种类和用途不同，印文结构也有不同的规定和要求，如国务院直属机关的印章，要求印文中央刊国徽，没有行政职能的中央刊五角星等；国家行政机关内设立的机构或直属单位的印章，规定名称自左而右环行或名称前段自左而右环行、后段自左而右直行等。

（三）印文规格

印文规格是指印文的外框形态和大小尺寸。常见的公章形状有圆形、方形、椭圆形等；专用章的形状有圆形、椭圆形、正方形、三角形等；名章的形状式样各异，甚至有无边框或不规则形状的名章印文。不同形状的印文，其大小尺寸的测量和表达方法不同，如圆形一般用直径表示；方形可用长、宽或对角线表示；椭圆形或不规则形印文均可用横向和纵向最大值表示。

（四）印文文字

印文文字包括印文文字的字形、字体和文字大小、笔画长短、粗细等，以及单字与单字之间、单字笔画之间的布局、搭配比例等空间分布关系。

（五）印文线条

印文线条包括印文的边框和内部线条的形态、结构、大小、长短、粗细等，以及线条之间的布局、搭配比例等空间分布关系。

（六）印文图案

印文图案包括构成印文图案的点、线、面等各要素的形状、结构、大小、长短、粗细

等，以及各要素之间的布局、搭配比例等空间分布关系。

（七）印文留白

印文留白是指印文空白部分和空白部位出现的非印文内容的印迹的分布状态，以及与印文各部分内容之间的空间分布关系等。

（八）印面墨迹分布

印面墨迹分布是印章印面墨迹的深浅、浓淡、堆积、空白等分布特点在印文中的具体表现，以及印面墨迹盖印后在纸张等文件载体上的吸附、渗透、洇散等特性。印章的结构、章面材质、印文材料特性的不同，以及盖印条件的变化和印面材料的老化等因素都会形成印面墨迹分布不同的特点。

（九）印面缺损

印面缺损是指印章在制作、使用和保存过程中因清洗、摩擦、磕碰或印章印面材料的老化等原因形成的印面笔画、线条的磨损、残缺或变形等特征。

（十）印面附着物

印面附着物是指印章印面或印文材料表面吸附的非印面固有的细小物质，及其位置、结构、规格、形态和分布状态，以及与印文上其他要素之间、相互之间的布局、搭配比例等空间分布关系在印文中的具体表现。印章印面和印文材料在保存、使用过程中，其表面容易吸附来自周围环境的尘埃、毛发、纤维、纸屑、烟灰等细小物质，在盖印过程中印面和印文材料表面的接触又会使这些附着物相互混杂或转移。印面附着物特征出现的随机性较高，一般持续的时间较短，容易发生变化，特征价值较高。

（十一）印面暗记

印面暗记是指印章在制作或使用过程中，为了防伪等在印面上制作的特殊记号。印面暗记特征通常表现在印面上文字笔画或线条的残缺变形、特殊标记等。

（十二）盖印材料

盖印材料是指形成印文的各类色料的理化特性，如色料的颜色、光泽、显微结构和形态及其光谱特性和成分等。

（十三）防伪特征

防伪特征是指防伪印章在制作过程中形成的具有一定防伪功能的特征。常见的印章防伪特征包括：采用先进工艺代替手工刻制印章反映出的制作工艺特点、制作材料特性；防伪印油和印泥特殊的理化特性和光学/光谱特性；在印面图文的点、线条或边框上制作的防伪标记特征；印章印面上以防伪目的经物理或化学方法才能显现或识别的不可见图文信息特征等。

二、影响印章印文特征的一般因素

当前印章的材质及制作工艺多种多样，各种类型印章盖印的印文各具特色，印文中各种特征的表现相异，仿制的难易程度也不相同。同时，不同类型印章印面材料的稳定性不同，有的印章自身变化较小，稳定性好；而有的印章自身变化较大，各时段的印文规格及细节特征都会发生改变。印文是印章形象性印迹的反映，印章在盖印时会受到各种主客观因素的共同影响，所以印文并不完全是印章印面结构的镜面反映，盖印条件的变化必然导致印文的变化，所以影响印文盖印质量的因素也是在鉴定中必须要考虑的，其中最主要的就是形成盖印痕迹的四要素（造痕体、承痕体、作用力、介质），四要素综合作用从而影响印文特征的反映与变化。

（一）印章材质差异与章体变化

不同印材的软硬程度以及对各类印油介质的亲和性是不同的，章面黏附印油的多少、聚集程度会直接影响印文的浓淡以及印文细节特征的表现。印章随着使用也会出现老化迹象，主要的表现就是印面变得光滑，对印油的吸附能力减弱，因磨损而导致的笔画缺失等。

（二）承痕载体及衬垫状况

承痕载体就是承载着印文印迹的客体，通常为纸张。造纸所选用的纤维材料、填料的不同以及造纸工艺的不同都会使纸张的理化特性产生差异，会不同程度地影响印油印迹的转印、吸附、渗透、干涸等。吸附、渗透能力强的纸张，印文笔画易出现洇散，线条粗犷，部分纤维可能会因虹吸现象而产生毛刺。吸附能力差的纸张，印文易出现挤墨现象，干涸较慢，容易出现转印、擦蹭而导致印迹模糊。

衬垫物是指衬垫在承痕载体下方用来完成盖印的客体，通常为桌面或专用衬垫。衬垫物的软硬和平整程度决定了印章面与纸张载体是否能够充分接触，盖印是否清晰完整。通常，软硬适中的衬垫物会使印文线条完整，图文清晰；如果衬垫物较硬，则会导致印文线条反映不完整、断续，露白增多。

（三）盖印作用力

印章在盖印时作用力的大小、角度、方向等都会直接影响印文的质量。尤其是握章不稳出现挪动时会导致印文变形，印文线条产生叠影或粗细变化。盖印力度大时容易出现底纹印迹和挤墨现象，盖印力度小时容易出现印文反映不全、色泽浅淡等。当然，盖印的作用力对印文的影响还与印油及印材的物理特性息息相关。

（四）印油

印油是印文存在的基础，是重要的盖印介质和表现形式，印油一般由色料、溶剂、树脂和助剂组成，各类物质的选择及配比都会影响印油的质量和盖印印文的效果。其中起主导作用的是色料和溶剂，色料又可分为颜料和染料两种，溶剂可根据不同的工艺要求而选用油脂、醇类、烃类、水等。不同印油盖印的印文可产生不同的外在表现，主要有色泽、挤墨、洇散、露白等。

三、印章印文同一性鉴定的检验程序与方法

（一）印章印文的检验程序

1. 检材印文的形成方式

准确认定检材印文的形成方式是鉴定印文同一性的前提基础，直接关系文件的真实性，是认定印章是否同一、揭露伪造变造印文事实和方法的首要步骤。

2. 检材印文的材质与制作工艺

印文若为盖印形成，则根据检材印文的墨迹分布特点、图文质量及清晰程度等，分析检材印章可能的类型，以及章面材料和盖印材料可能的种类。根据检材印文印迹的具体表现情况，分析盖印方式、盖印条件、盖印材料对印文特征可能造成的影响。有多份检材印文的，应分析检材印文之间印文特征的符合、差异或变化的情况，并对检材印文特征的反映情况及性质作出初步判断。

3. 样本印文的审查

首先需确定样本印文是否为直接盖印形成，综合分析样本印文的清晰程度及印文特征的客观反映情况，对样本印文的比对条件作出初步判断。根据样本印文的墨迹分布特点、图文质量及清晰程度，分析样本印章可能的类型，以及章面材料和盖印材料可能的种类。根据样本印文的具体情况，分析盖印方式、盖印条件、盖印材料等对样本印文特征可能造成的影响，以及不同盖印条件的样本印文在印文特征上的变化规律。

（二）印章印文的检验方法

1. 直观比对法

直观比对法是利用肉眼对印文的基本构成要素的整体性感观表现特征的比对，即对能够反映印文形制的一般性特征的比对，这类特征是显见的一般不受印油种类、盖印力度与角度、印章老化或磨损等因素影响的特征，是印文同一认定的基本条件，但只能作为否定同一的依据，而不能作为认定同一的主要依据。

主要的检验对象有印文的文字、编码，以及徽记、边框等组成部分。印文文字包括单位名称、印章名称、个人姓名等。编码是印章的唯一性编号，第 1～6 位代表印章的审批单位，第 7～13 位由各地公安部门归口管理单位自定。徽记是印文中出现的各种星徽、党徽、国徽以及企业标识等图案。边框可分为单边框、复边框、多边框以及圆形框、椭圆框、方形框、矩形框等不同形态，还有边框的宽窄等。

2. 画线比对法

画线比对法主要针对印文的文字、图案、边框等各组成部分间的排列组合、搭配比例等空间分布关系、布局等特征进行检验。如文字与星徽的位置关系、边框与星徽的间距、边框与文字的间距、字与字的排列位置关系及间距等。

将检材印文与样本印文扫描放大，在检材印文与样本印文中选取两枚印文共同具有的较稳定的若干对清晰特征点进行连线，或是将五角星的五边分别向两端延长，并与文字、边框相交，分别比较两枚印文上连线与印文星徽、文字线条相交的位置是否一致（见图 12－24）。在选点时要选择清晰稳定的特征点，并且画线要准确，否则就会失之毫厘，谬以千里。

还可将检材与样本扫描并同比例放大后在检材印文与样本印文中选取较稳定的任一清晰特征点，以此点为圆心，单位长度为半径画圆，分别比较两枚印文上圆弧线与印文文字星徽线条相交的位置是否一致。还可利用同心圆法检验印文的星徽、文字和边框的间距及比例。（见图 12－24）

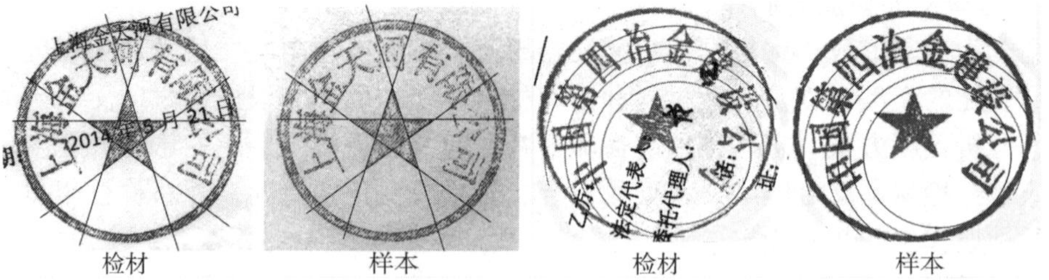

图 12-24　画线比对

3. 测量比对法

测量比对法是针对印文的规格、尺寸等特征进行的一种检验方法，主要测量印文边框的直径、对角线、特定点的距离、星徽线条及文字的长度、角度等。测量比对法又分为长度测量比对法和角度测量比对法。

（1）长度测量比对法。

在检材印文与样本印文中选取两枚印文共同具有的较稳定的若干对清晰特征点，利用直尺或分规等测量工具分别比较两枚印文上两点间的距离是否一致。也可以将两枚印文在同条件下平面扫描后利用测量软件进行测量。

（2）角度测量比对法。

将检材与样本扫描放大，在检材印文与样本印文中选取较稳定的清晰特征点多处，连接任意三点构成一个角度，分别比较两枚印文上相同三点所构成的角度是否一致。

在对印章印文进行尺寸特征测量时要特别注意印章自身变化及印油浓淡等条件变化所产生的差异，尽量使用同期且盖印条件相似的样本印文进行测量比对。

4. 拼接比对法

首先将检材印文与样本印文在相同条件下进行平面扫描，生成 JPG 格式图片，再利用 Photoshop 软件的裁剪工具将样本印文（或检材印文）中文字线条较多的部位剪切，然后用移动工具将剪切部分拖拽并与检材印文（或样本印文）进行拼接，检验印文的边框、徽记、文字线条是否拼接自然。此外，还可以使用比较显微镜的比对检验功能直接对检材印文和样本印文进行半圆形拼接比对。

5. 重叠比对法

将检材印文与样本印文在透光条件下进行重叠，观察两枚印文的边框、徽记、文字等各组成部分能否完全重合。也可将检材印文与样本印文在相同条件下平面扫描，生成 JPG 格式图片，再利用 Photoshop 软件的移动工具将印文拖拽叠压，利用 1～9 数字键调节透明度，检验印文的边框、徽记、文字线条是否重叠一致。

因大部分的印章材质都会存在不同程度的老化，此外印油的枯竭与加注等都会影响印文笔画、规格尺寸的测量。在实践中有很大一部分鉴定人热衷于印文尺寸特征的比对，这是极度危险的做法。根据现有的仿制手段，将仿制印章制成与被仿印章尺寸一致已不是难事。相反，有些材质的印章老化明显，尺寸变化很大，尺寸特征不稳定，所以应注重同期样本的使用。同时应注重印文的细节特征和时段性变化特征的应用，只有这样才更有比对价值，才能客观检验，检验结果才更具说服力。

6. 细节特征比对法

（1）印文字形特征比对。

利用电脑制版排版雕刻印章，无一例外地需要使用电脑字库中的文字，字库中的字体多种多样，不同字库的字体种类存在差异。同种字体在不同的电脑操作系统或刻章软件字库中所表现出的字形也会有所差异。字体字形的多样性导致了在不同条件下制作的规格完全相同的两枚印章其印文存在字形差异的可能性。字形特征主要表现在笔画相对位置、勾笔形态、笔画长度等。

除电脑排版制章会产生字体字形差异外，手工雕刻印章本身就存在字体欠规范的弊端，仿制的印章更无法使印文的字体字形与被仿印章保持高度的一致，即使是同一枚印章中的两个相同的文字也会表现不同，因此手工雕刻印章的印面防伪效果是比较好的。

（2）印文徽记特征比对。

根据国家法律法规的有关规定，不同机构不同部门的印章中央刊国徽、党徽、军徽、五角星等不同的徽记图案，并有规格尺寸的要求。还有一些公司在制作印章时中央不刊五角星图案，而是以本公司的企业标识替代。各式各样的徽记图案辅以多种形式的防伪设置，使印文中的徽记图案成为众多细节特征聚集的部分，是印章印文鉴定中不可忽视的重要组成部分。

（3）印文防伪线特征比对。

防伪线是印章印面防伪的一种设置，大多是在编辑印文式样时随机加注的细小线条，可以分布于印文的各个部分，在印文中表现出断续的细小露白线痕，或是在边框和五角星图案处设置花式纹路，用增加印文的细节来加大被仿造的难度。

印文的防伪线特征一度成为印文鉴定中的利器，得到了足够的重视，甚至被过分依赖。然而当前的各类印章仿制技术也可以对防伪线进行仿制。也就是说，如今的防伪线特征可以作为印文否定同一的依据，但只能作为印文认定同一的参考，而非最主要依据。

（4）橡胶印章熔融特征比对。

橡胶印章熔融特征是出现在以橡胶为印材并采用激光雕刻法制作的印章中出现的一种制章瑕疵特征。激光器在雕刻中会在印材表面产生高温，若不采取适当的降温措施就会使印面的温度越来越高，使刻制的印文细小笔画出现熔融现象，导致印文笔画残缺，或出现“笔画中空”和笔画末端缺失等特征。这类特征是随机、无规律地出现的，这类瑕疵是特定某一枚印章与生俱来的固有的印迹特征，且无法仿制，因此印章的这类瑕疵特征在印章印文鉴定中具有较高的利用价值。

（5）制章瑕疵特征比对。

任何工艺制作的印章都有可能因人为因素或制章设备问题而出现制章瑕疵，手工雕刻印章是由人工刻制形成的，所以出现的瑕疵也最多。五角星等徽记图案上的刀痕、笔画与边框边缘的凹凸等都可视为制章瑕疵。此外，激光雕刻的橡胶印章也需要人工修饰，边框处的修饰刀痕是较为常见的一类制章瑕疵。这些制章瑕疵是极具个性化的细节特征，是极难被仿制或无法被仿制的，在同一认定中应用价值较高。

（6）光敏印章的疵点特征比对。

光敏印章是制章工艺较为特殊的一类印章，它是利用光敏技术制作而成的，不同于传统的手工雕刻和激光雕刻。激光打印机打印的文稿容易产生底灰，大的底灰颗粒会阻碍光敏材料的曝光，从而在印章表面形成固定的疵点，这类疵点可以形成在印文内部、边框外围等印面的各个部位。

透明塑料硬膜和光敏曝光机透明玻璃板上出现的污渍或划痕能够影响曝光光线时，也会在印章印面上产生相应的印迹。此类疵点是制作印章时在各个环节中意外产生的，相对细微，不易引起注意；此类疵点印迹是印章本身所固有的，具有较强的稳定性；又因为此类疵点都比较细小，所以具有隐蔽性。在仿制印章时很难将这类疵点的大小、位置、形态进行完全复制，因此这类疵点又具有较强的防伪性。

（7）底纹印迹特征比对。

印文留白处线条通常被称作“底纹”，是激光雕刻印章印文中常见的一种印迹特征。底纹线条印迹的产生以及线条的位置、形态是受到多种因素共同影响的。主要有印材种类、印面的平整度、激光器的功率和刻制频率、盖印力度、蘸印印油量和盖印时的衬垫物等。底纹线条印迹会随着印文的浓淡及清晰度的变化而改变，当盖印力度小、印油量少、衬垫物较硬时线痕不出现或出现的范围较小，线痕较浅淡。相反，当盖印力度大、印油量多、衬垫物较软时出现的印迹范围大，线痕深。因此利用此类特征时需结合印文的浓淡和清晰度来综合判断，以排除仿制的可能。

底纹线条印迹是印章固有的且能够体现刻制特征的一种印迹，可以反映出激光器的刻制方向和频率等，具有较强的个体差异性，且此类特征难以仿制，应用价值较高，可以作为印文同一认定的依据之一。

（8）印文外围系统特征比对。

印文的外围系统是指因印章自身结构或附件所导致的在盖印时于印文外围产生的相对稳定的非印文印迹特征的统称。主要包括印章外壳印迹特征、印章外壳上的支撑爪印迹特征以及光敏印章印面体与外壳的间隙漏墨特征等。

通常印文是由边框、文字、徽记等几部分构成。在印文的同一性鉴定过程中通常较重视印章图文的比对，针对印文各组成部分的细节特征和印迹布局特征进行检验。传统的手工雕刻印章以及激光雕刻的橡胶印章、牛角印章等很难在印文边框以外的区域留下印迹，因此长期以来鉴定人员容易忽略印文外围的一些印迹特征点，很少关注印文以外的痕迹特征。近些年相继出现的原子印章、光敏印章和回墨印章等新型印章都有可能出现不同程度的印章印壳外边框印迹、支撑爪印迹等印文外围区域印迹特征，这些外围特征具有较强的稳定性，可以作为检验依据。

这类新型印章多是由手柄、内芯、塑料外框和印面体组成，在盖印时印章的外边框与纸面接触，当印章外边框上染有印油或其他污物时，容易在印文边框外围留下印章外壳边框印迹，印章外边框的印迹物质种类以及出现的位置相对稳定，可作为同一认定以及印文形成时间鉴定的主要依据之一。

此外，印文外围出现的塑料边框印迹可以反映出印章外壳边框的规格大小和厚度，印章外边框与印文边框的距离、印章外框圆心与印文圆心的偏差及相对位置关系等，这些都是一枚印章固有的印迹特征，是无法被仿制的，属于印文鉴定中应用价值极高的一类印文印迹特征。（见图 12－25、图 12－26）

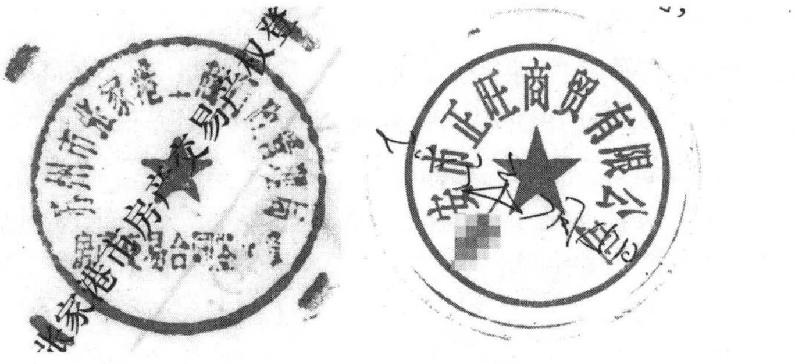

图 12－25　印文外围痕迹特征

××××司法鉴定所

印文细节特征比对表

文件编号：××××-××-××-××-×-×　　　　案号：20××-×××

JC

YB

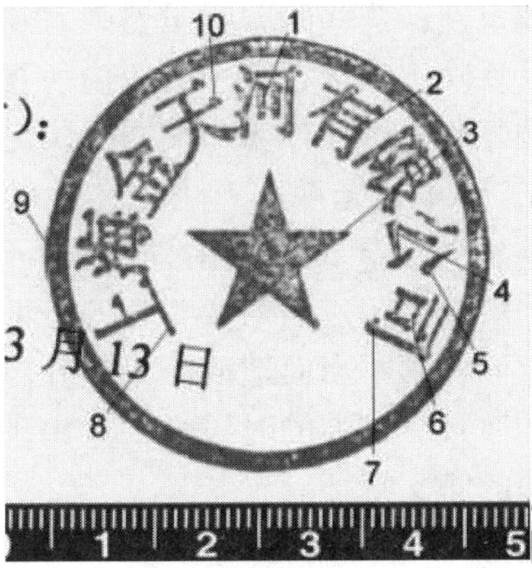

JC 特征

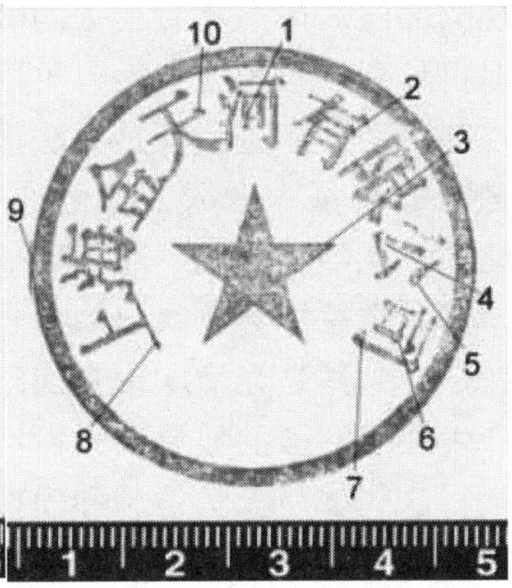

YB 特征

制作人：×××　审核人：×××　日期：20××年××月××日

图 12－26　印文细节特征比对表

7. 印文时段性特征比对

印文的时段性特征也称历时性特征，是指印章通过印泥（油）等盖印介质所表现出来的，能够反映出印章在不同使用阶段因自身或蘸印等原因而产生的可变性印迹特征。这类特征不但是印文同一性鉴定中价值等级最高的一类特征，而且还是鉴定印文形成时间的重要依据。这类变化特征的表现是多方面的，有印章磨损、缺损、老化而导致的真实性印迹特征，也有印面附着物形成的附带特征，还有印油等盖印介质产生的洇散、渗透等变化特征。

无论是利用时段特征进行印章印文同一认定还是鉴定印文的形成时间，最关键的是要尽可能全面地收集被鉴定印文的历时性样本，尤其是检材标称时间与怀疑时间的样本材料。只要印文特征明显、样本充分，可变性特征具有明显的规律性，即可确定检材印文的形成时间。况且，这种方法不受盖印时间长短的限制，也不受纸张、印油、保存条件以及人为老化等因素的影响，是一种可信度极高的无损检验方法。以下特征是可变的时段性特征：

（1）印章磨损特征。印章在长期的使用过程中在外力的作用下与承印载体接触、摩擦，以及在保存和使用过程中发生磕碰、损坏等，都可能在印章印面上产生相应的痕迹，在印文中就会体现出这些永久性无法修复的印迹特征。此外，印章持有者于不同时期在印面上制作的暗记特征等都是某一枚特定印章所具有的排他性的独特印迹特征。

（2）印章规格特征。有些印章的规格性特征会随着使用而发生一定的改变，如印章的直径、线条的长宽等。这类规格性变化归根结底是印章印面老化或与印油反应导致的印章尺寸、形态的变化，所以不同材质印章的可变性与变化范围不同，影响因素也各不相同。受印章材质内部结构不均或使用习惯等因素影响，印章的膨缩方向和膨胀程度会有所不同，伴有老化的膨缩具有不可逆性，印面的细节特征也会产生不可逆的变化。

（3）印章附着物特征。印章附着物是指在印章印面上黏着的，在盖印时能够产生相应印迹的杂质，如毛发、纤维、印油颗粒物等。对于蘸印印章而言，其印面上很容易产生附着物，附着物出现的部位、形态具有很强的随机性，这些附着物虽然附着在印章上的时间一般不会太长，但仍具有相对的稳定性，可以反映出印章在某个时段内所具有的印面特征和附着物状态，这些可变性印迹特征是无法被复制的，可作为印文同一认定的重要依据。

（4）印文墨迹分布特征。章墨一体的原子印章、光敏印章由于印油的连续使用、挥发、注墨，以及储墨垫孔隙的收缩、堵塞等，往往会导致印油出墨不均，印文笔画变粗，并伴有疵点印迹，其印文总体会反映出从浓到淡、由印迹均匀变为印迹分散、由图文清晰变为图文模糊的特征。尤其是光敏印章会因印油使用不当而造成印章垫孔隙堵塞，印迹不清，缺乏色彩，产生油渍洇散的效果。这种洇散具有较强的时段性，其出现的范围由小变大，最终趋于稳定。这些都是无法仿制和模拟的印文特征。

利用时段性特征进行同一认定的前提是能够准确判定哪些特征是可变的时段性特征，其次应尽量收集使用与检材同时段的样本印文或检材怀疑时间段的样本印文进行比对。（见图 12－27、图 12－28）

××××司法鉴定所

印文时段性特征比对表1

文件编号：××××-××-××-××-×-××　案号：20××-×××

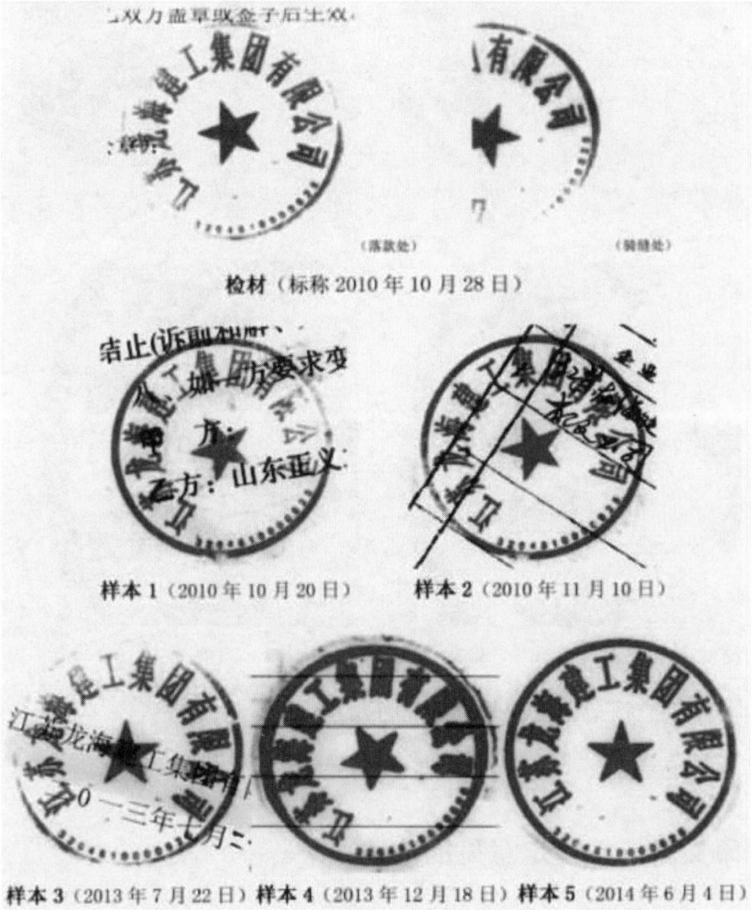

制作人：×××审核人：×××日期：20××年××月××日

图12－27　印文时段性特征比对表1

××××司法鉴定所

印文时段性特征比对表2

文件编号:××××-××-××-××-×-×　　　　案号: 20××-×××

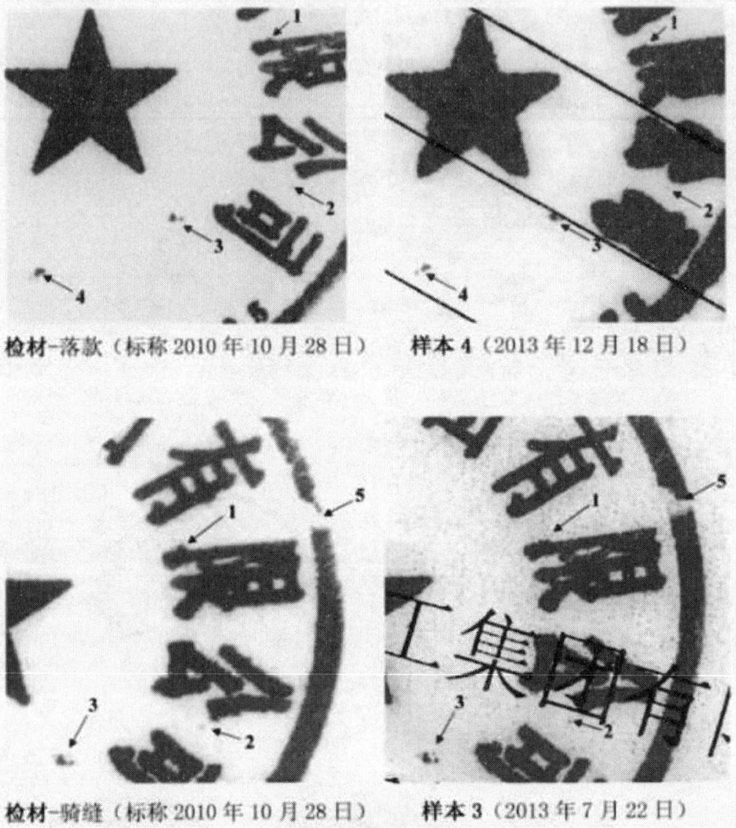

制作人：×××审核人：×××日期：20××年××月××日

图 12－28　印文时段性特征比对表 2

四、印章印文同一性鉴定意见的表述

从理论上讲，鉴定意见应当是确定性的，要么肯定，要么否定。但在印章印文鉴定实践中，确实存在由于检材印文的质量或样本印文的数量或质量等客观原因，其反映出的印文特征总和的价值尚不能充分反映出是或非同一枚印章印文的特点的情况。在此种情况下，根据司法实践的需要，鉴定人可依据印文特征反映的客观情况，运用所掌握的专业知识和积累的实践经验，对反映出的印文特征进行综合评断，作出不同程度的非确定性意见，即倾向性意见。

当检材印文与样本印文存在足够数量的符合特征，且符合特征总和的价值充分反映了同一枚印章印文的特点，并且检材印文与样本印文之间没有本质性的差异点，存在的差异点都能得到合理的解释。这种情况下可以出具明确性的肯定意见，通常表述为“检材印文……与样本印文……是同一枚印章盖印”。

当检材印文与样本印文存在足够数量的差异特征，且差异特征总和的价值充分反映了不同印章印文的特点，且检材印文与样本印文没有本质性的符合点，检材印文与样本印文相同或相似特征点能够得到合理的解释。这种情况下可以出具明确的否定意见，通常表述为“检材印文……与样本印文……不是同一枚印章盖印”。

当检材印文与样本印文符合特征占大多数，且符合点的质量明显高于差异点的质量，其特征总和在较大程度上反映了同一枚印章印文的特点，同时检材印文与样本印文没有显著的本质性差异点，检材印文与样本印文差异或变化特征基本能够得到合理的解释。这种情况下可以出具肯定程度较高的意见，通常表述为“倾向性认为，检材印文……与样本印文……是同一枚印章盖印”。

当检材印文与样本印文差异特征占大多数，且差异点的质量明显高于符合点的质量，其特征总和极大程度上反映了不同印章印文的特点，检材与样本印文没有显著的本质性符合点，检材印文与样本相同或相似特征基本能够得到合理的解释。这种情况下可以出具否定程度较高的意见，通常表述为“倾向性认为，检材印文……与样本印文……不是同一枚印章盖印”。

当检材印文不具备鉴定条件或样本印文不具备比对条件时，根据检材印文与样本印文的具体情况，经综合评断既不能作出确定性意见也不能作出否定性意见的，应当视为无法确定，通常表述为“无法判断检材印文……与样本印文……是否同一枚印章盖印”。

当委托方或申请鉴定一方声称检材印文是盖印形成，但是经过鉴定确定是复制形成时，其鉴定意见应表述为“检材印文……与样本印文……不是同一枚印章盖印”，同时应说明检材印文的复制方法。

当委托方或申请鉴定一方声称检材印文是复制形成的，经过鉴定也确定是（或不是）复制形成时，其鉴定意见应表述为“检材印文……与样本印文……是（或不是）出自同一枚印章”。

鉴定意见的表述应严谨、准确、全面，要简明扼要，且不能产生歧义，虽然印章印文鉴定的目的是鉴别检材印文的真伪，但在鉴定意见中不能使用直接确定案件性质的用语，如“检材印文系伪造形成”等表述方式。

【思考题】

（1）印文特征变化的影响因素有哪些？

（2）印章印文同一认定的步骤和方法。

（3）印制印文的特征有哪些？

【参考文献】

［1］孙慰祖著：《中国印章历史与艺术》，外文出版社 2010 年版。

［2］廖庚午主编：《中国现代印章》，群众出版社 2000 年版。

[3] 贾玉文、邹明理主编：《中国刑事科学技术大全·文件检验》，中国人民公安大学出版社 2002 年版。
[4] 邹明理、杨旭主编：《文书物证司法鉴定实务》，法律出版社 2012 年版。
[5] 刘敬杰著：《法庭科学之印章与印文鉴定》，中国政法大学出版社 2015 年版。
[6] 刘敬杰、付琳著：《印章印文图谱与鉴定技术精要》，中国政法大学出版社 2018 年版。
[7] 贾晓光主编：《文书物证司法鉴定理论与实务》，中国人民公安大学出版社 2017 年版。

第四编

文件材料及制成时间检验

第十三章　文件材料检验

内容提要： 文件检验所涉及的内容非常丰富和广泛，过去人们对文件检验的看法往往局限于笔迹检验，科学技术的发展和社会的进步拓展了新的检验对象，也赋予了文件检验新的内涵。文件材料检验就是其中一个重要组成部分，主要包括纸张检验、印刷油墨检验、书写墨水检验、印油印泥检验、黏合剂检验以及书写工具检验。每一种文件材料的检验都是一项复杂的工作，目前文件材料检验的主要工具是文检仪，具有不破坏被检验材料、操作简便、高效、直观、快速等优点，但是要对文件材料进行精确定性，还需要采用光谱法和色谱法等仪器方法，这些仪器方法对检材有不同程度的损坏，而且对操作的要求更高。

关键词： 文件材料；文件检验；纸张检验；印刷油墨检验；书写墨水检验；印油印泥检验；黏合剂检验；书写工具检验

第一节　文件材料与文件检验

一、文件材料与文件材料检验

文件材料是指制作文件时所使用的各种物质材料。文件材料检验目前在一些民事案件中所占比例居多，尤其是文件添改、换页、消退、篡改等问题，往往需要进行文件材料检验，它是文件检验中的一个重要部分。文件材料主要包括制作文件的纸张、印刷油墨、书写墨水、印油印泥、黏合剂和书写工具等。

对文件材料进行检测和分析，可以鉴别材料的种类、产地、生产厂家等，从本质上属于种属鉴定。文件材料的种属鉴定对于刑事、民事案件具有不同的作用，在刑事案件中，通过文件材料的种属鉴定，确定材料种属，追溯其生产厂家、牌号、批次，可以有效地缩小侦查范围，为侦查提供线索与证据；同时对于伪造变造类文件（如添加）而言，其在民事案件、刑事案件或刑民交叉案件中出现率高，此时针对文件是否存在伪造变造，文件材料的种属鉴定对案件事实认定具有直接功效。例如，若怀疑文件的某处争议字迹为添加形成，鉴定的首要任务是判明争议字迹和该文件上其他字迹是否分别为两种黑色墨水形成，如果检出二者墨水的某一种（或几种）理化性能上的差异，譬如水性和油性墨水的种属差异，由此可证实二者为不同种类墨水书写形成。在没有其他方法能找出它们之间差异的情况下，只能认定二者种属相同。若进一步检验还能确定是否同属某生产厂家的产品，但还不能最终解决是否为添加书写的问题。若条件许可，如争议字迹与该文件上其他字迹有可能是相隔一定时间书写形成的，则可以通过书写时间检验来解决，此时，同一批号墨水书写的认定是足以满足实施书写时间鉴定的前提。文检仪是目前文件材料检验的主要工具，它具有不破坏被检验材料、操作简便、高效、直观、快速等优点，是文件检验中必不可少的检验工具。然而要对文件材料进行精确定性，主要采用光谱法和色谱法等仪器方法，这些仪器方法对检材有不同程度的损坏，而且对操作的要求更高。

二、文件材料和文件检验的关系

文件检验所涉及的内容非常丰富和广泛。过去人们对文件检验的看法往往局限于笔迹检验，尤其是近代西方文件检验技术最初聚焦于笔迹学的研究，如书法家鉴定派、笔相学派、特征描述派、书法测量派等专注于研究笔迹检验的方法和原理，以致时至今日，民间仍有不少人将文件检验俗称为“笔迹检验”。

但是，科学技术的发展和社会的进步拓展了新的检验对象，也赋予了文件检验新的内涵。从污损文件和印刷文件的检验到印章印文、朱墨时序的检验和文件形成时间的检验，以及以现代化办公设备如打印机、复印机、传真机等输出文件的检验。作为形态检验（国外称为 Pattern Evidence）所形成的各种方法在许多情况下可能与载体和使用的工具（譬如书写工具）关系不大，但是在少数情况或者在某类检验中却与文件材料密切相关。例如，对印章印文上刻印字迹特征的检验时，纸张对形成印文字迹的印油扩散和渗透是有影响的。当然在有些案件中，若能找出检材的文件材料在特定位置上的某些差异点，也能证明该文件材料存在添加、涂改或者换页等事实。再如，钢笔墨水的书写时间的检验方法之一是扩散法；圆珠笔墨水书写时间的检验方法之一是溶剂萃取法等，此时扩散或渗透的性质与纸张载体相关。这意味着，当检材和样本的载体有明显差异时，其书写时间结论的可靠性会大打折扣。所以，文件材料的检验是文件检验的一个重要组成部分。

第二节　纸张检验

文件材料中第一大类是承印物，承印物是指能接受油墨或吸附色料并呈现图文的各种物质。承印物可分为纸张、塑料、金属、陶瓷、墙壁等。承印物的一大种类就是纸张，纸张包括有新闻纸、凸版纸、凹版纸、周报纸、画报纸、地图纸、海图纸、拷贝纸、字典纸、书皮纸、书写纸、白卡纸、胶版纸、胶版印刷涂料纸及其他各种纸张等。现实生活中大多数案件都会涉及纸张，如合同类、遗产纠纷类、经济纠纷类案件等。因此，纸张种类、品牌的检验对案件证据调查有着重要作用。

一、纸张

从纸张的组成来说，主要包括纸浆、胶料、色料和填料。其中，纸浆是将植物纤维原料经过化学或机械的方法制成的在水中呈纤维状态的悬浮浆状物。纸浆的原料一般分为木浆和非木浆两大类。木浆是指用各种树木的枝干为原料，而非木浆的种类很多，包括草料、芦苇、竹、麻等。填料主要是不溶于水的无机矿物质，常见的有高岭土、碳酸钙、滑石粉、硫酸钡、二氧化钛、氧化锌、锌钡白、钛钡颜料、钛钙颜料、硅藻土等，目的是提高纸张的不透明度，增加平滑度，改善纸张性能。从纸张的生产来说，可以分为制浆和抄纸两个基本过程。制浆的主要工艺流程包括备料、蒸煮、制浆、洗涤、漂白、废液回收等。其中，蒸煮包括碱法和亚硫酸盐法，碱法所用的药剂有石灰、烧碱和硫酸盐，亚硫酸盐法所用的药剂有酸性亚硫酸盐、中性亚硫酸盐、碱性亚硫酸盐、亚硫酸氢盐。目前国内碱法制浆处于优势地位，约占总产量的75%，而在制浆厂中最常用的是硫酸盐法。制浆方法包括机械法、半化学法和化学法等，半化学法的药剂多为亚硫酸钠和亚硫酸铵，化学法多为氢氧化钠和碱性过氧化氢。漂白在文化用纸类的制浆中占有重要地位，所用漂白剂多为次氯酸盐或含氯的漂白剂。因此，这些组成成分为用不同仪器分析纸张提供了依据。①

二、纸张检验

纸张检验，是指运用物理、化学方法对纸张的物理性质和纸张成分进行分析，确定其种属的活动。纸张可以用来书写、绘画，还可以用作包装物，在多数案件中可以作为物证使用。作为一项重要的文件检验技术，纸张检验可以通过对纸张的色泽、粗糙程度、薄厚、质感、匀度、荧光特性、施胶度、纸张网痕、造纸机网形、外观纸痕等物理性质进行检验，以及对造纸原料进行成分分析，可以大概确定纸张的种类，深入分析还可获悉其产地及主要使用范围等，可以为我们区分纸张的种类、品牌、批次以及对涉及纸张证据的各类案件的侦破发挥极为关键的作用。纸张的检验难度比较大，涉及纸张的提取到纸张的检验的各技术环节，纸张的检验又可以分为纸张的物理性质检验、纸张的光学性能检验、纸张纤维的检验、纸张的化学分析法检验及仪器分析法检验等。

三、纸张检验程序和方法

（一）纸张的提取

纸张的提取是纸张检验的前提和基础，因而尤为重要。纸张提取的关键是保证纸张的原始性，任何的污染包括自然的影响、人为的损坏对于纸张检验来说都会降低其检验结果的可靠性，也就是说在提取的过程中不能人为地增加褶皱、附着物、黏附物、指纹、折痕等；同时不要随意抖动纸张，以免丢失附着物，更不能磨损、污染、润湿、烘烤纸张。对纸张的提取要针对不同的纸张状态采取不同的方法：对小块纸张，可以采取用干净的镊子夹取的方法；对大块纸张，不可直接用手去取，必须戴干净手套拿取，并将其舒展开，夹在两块无色透明的胶片、塑料薄膜、玻璃纸或玻璃板中，也可装在大于纸张的干净纸盒里；对被烧的纸张，在提取的时候应该格外小心，避免将其压碎，应尽量保持原始状态，将纸张轻轻放入软纸或棉花垫衬的盒子里。另外，还要注意仔细观察寻找纸张上带有的附着物，将纸张上的附着物一并提取，如油脂、血痕、泥土或汗液、唾液等，提取后进行其他专门的分析。（详见本书第十七章）

（二）纸张的物理性质检验

物理方法主要是针对纸张的物理特性进行检验，原理是不同厂家纸张的生产工艺不尽相同，所以生产出来的纸张存在差异，该方法主要是对纸张的物理性能进行检验，是对纸

---

① 刘彤彤、李建邦："案件中纸张检验方法的研究综述"，载《广东化工》2017年第20期，第115～116页。

张的物理特性、显微形态所做的检验，主要包括纸张的定量（G）、厚度（T）、紧度（D）、平滑度、透气度、两面性、水印等。通过物理特性，可以在大体上将纸张种类进行区分。

1. 定量（G）

定量表示单位面积上纸张的质量（g/m^2）。可以通过测量纸张的边长，计算出面积 S，再用分析天平称量纸张质量 m，利用计算公式 $G = m/S$，得到该纸张的定量。定量检验主要是计算纸张的面积，利用质量和面积确定定量，比较检材与样本纸张的定量是否一致。

2. 厚度（T）

厚度表示纸张的厚薄程度，可用厚度计进行测定，用厚度检验仪检验不同部位的纸张厚度，单位为毫米（mm），求出其平均厚度，一般同一批纸的厚度是一致的，检验时比较检材与样本纸张的厚度是否一致。

3. 紧度（D）

紧度是指单位体积的质量，表示纤维之间的结合力，是纸张的一项重要的性能指标。紧度检验可通过定量与厚度的值进行计算，求出纸张的紧度（紧度单位为 g/cm^3），比较检材与样本纸张的紧度是否一致。

4. 平滑度

平滑度表示纸张表面平整光滑的程度，这与纤维结构有关，纸张平滑度的测试方法有十多种，一般可利用侧光法与光切断法观察检材与样本纸张表面的平滑度是否一致。

5. 透气度

纸张是由许多纤维交织组成，其间必有空隙，因而纸张具有一定的透气性能。透气度是检查纸张防潮性能的指标，纸张中纤维结构越紧密，透气度越小，反之透气度越大。透气度的单位以微米/(帕斯卡·秒) 表示，指在测定的条件下，在单位时间和单位压差下，单位面积纸和纸板通过的平均空气流量。

6. 两面性

纸张有正、反两面，正面为毛毯面，反面为网面。纸张的两面性对印刷纸质量的影响是很大的，一般来说，毛毯面的平滑度、施胶度均较好。可通过比较纸张正反两面的紧密、光滑程度，比较检材与样本纸张的两面性是否一致。

7. 水印

纸张的水印是在抄纸过程中，由带特殊图案或花纹的水印压制而成，是纸张防伪的标记，也是鉴定特殊纸张种类的重要依据。可以通过透光观察或在紫外灯下观察纸张水印的大小和形态。

（三）纸张的光学性能

纸张的光学性能检验一般包括对纸张三个基本光学特性的检验。

1. 白度

白度是指纸张洁白的程度，纸张白度是纸张一个重要技术指标，可以用光电反射仪测定，即用一定的光源照射纸面，测得纸张反射率即为纸张白度，用纸样与标准样在白度计上比较，反射率小的白度低。可用此法比较检材与样本纸张的白度是否一致。

2. 不透明度

不透明度是指单张纸衬以全吸收的黑色衬垫时，对绿光的反射率与完全不透明的若干纸张样品相应的反射率之比。

3. 光泽度

印刷品的光泽度与纸张镜面反射特性密切相关。纸张的印刷光泽度是指在规定的条件下用规定的标准亮光油墨在纸张试样上进行实地印刷，干燥后测定印迹区域的光泽度，以百分数表示。一般纸张光泽度高，则印刷品的光泽度高，印品图文层次鲜明，色彩鲜艳。

（四）纸张纤维检验

造纸原料是指造纸工业所用的原物料，主要分为植物纤维和非植物纤维两大类。造纸厂的主要质料是纸浆，生产纸浆的主要原材料是木材，由木材制成的纸浆会造出质量十分高的纸张。除木材外还有许多东西会成为造纸的质料，如麦秆、甘蔗皮、柞蚕丝、稻草等，回收的各种废旧报纸、书本、纸张等也能够作为造纸的原材料。造纸的主要质料多为植物纤维，以木与竹为主，木之纤维柔韧，制成之纸吸墨较强；竹之纤维脆硬，所制之纸吸墨性较弱。植物原料包括木材类、禾草类植物、韧皮类和种毛类。不同种类植物纤维的细胞结构形态不同，通过生物显微镜放大观察细胞形态特征，可以鉴别出纸张中所含纤维的种类。有些纸张是由多种植物纤维以不同的配比制成的，针对这类纸张检验还应确定纤维配比。在进行纤维配比检验的同时，还应测定纸浆纤维的长短，确定其打浆程度。

1. 前处理

在鉴别纤维的种类前，要先对纸张纤维进行离散处理。对不同的纸张分别用不同的方法处理。对于施胶度较低的纸样可以直接加蒸馏水润湿撕成小片，再用手指将纸片轻轻搓成小球放入试管中，加蒸馏水摇荡至纤维完全分散为止，加水稀释至纤维悬浮液浓度约0.05%；对一般施胶度的纸样可以先用水煮沸数分钟后，再按前法处理分离；对于施胶度较高的纸样，需先破坏胶料，可将样品放入小烧杯中，先加1%氢氧化钠溶液浸没后加热至沸，倾去碱液，用蒸馏水漂洗数次，再加0.2%盐酸溶液浸没，放置数分钟后，倾去酸液，再用水充分洗涤，然后按前法处理分离。

2. 试片制备

取混匀分散好的纤维悬浮液约0.5mL于载玻片上烘干（烘时用分离针拨动使纤维分布均匀），冷却，选用合适染色剂，并加入1～2滴，2分钟后盖上盖玻片，用滤纸吸去多余染色剂，待检。

3. 各类纤维的形态特征

造纸用的纤维原料包括植物纤维、矿物纤维、合成纤维等，但目前世界上绝大多数国家还是以植物纤维为主要原料。常见的植物纤维可以分为木质纤维（针叶木、阔叶木等）、禾草纤维（稻草、麦草、龙须草、高粱秆、甘蔗渣、竹类等）、韧皮类纤维（麻类、树皮类）和种毛纤维（棉花等）。

（1）木浆鉴别。

针叶木浆主要由管胞组成，管胞形状细长，两端呈钝圆形或钝尖形，似纺锤状，针叶木中还有木射线细胞、薄壁细胞和分泌细胞等，但它们在制浆漂洗过程中易流失，在镜下观察到的主要是管胞，无杂细胞。此外，不同树种的木质纤维不尽相同，这体现在纤维侧壁上有不同形状大小的交叉场纹孔，这些纹孔可以作为鉴别不同针叶木纤维种属的主要依据。

阔叶木浆主要由木纤维和导管细胞等组成，阔叶木纤维形状与针叶木管胞相似，但长度、宽度均小些。导管是阔叶木特有的输导组织，它是两端开口的、圆柱状的细胞，是认定阔叶木的主要标志之一，而导管细胞的端部形状、穿孔形状、壁上纹孔的形状和排列等均随树种不同而有所区别，这也可以作为鉴别不同阔叶木种属的重要依据。

（2）草浆鉴别。

禾草类纸浆中一般含有纤维细胞、表皮细胞、导管、薄壁细胞和石细胞等。除纤维细胞外，其他细胞均称为杂细胞。表皮细胞多呈锯齿状，有的一面有齿、有的两面有齿、有的无齿，因而其既是确定草浆的重要指标，也是区别禾草类纤维种属的重要依据。

稻草浆，其纤维细胞较为细短，壁上有明显的横节纹，杂细胞较多，且多为细碎或不定型的小细胞，表皮细胞的齿峰较平，齿形小、齿距几乎相等；麦草浆，其纤维细胞较稻草纤维长而粗，壁上也有明显横纹，杂细胞多，表皮细胞的齿峰较尖、高低不等，齿距短而不均；芦苇浆，其表皮细胞的齿峰高低相近，齿形大小不一，齿距较均匀，有些表皮细胞连成片，似砖的堆积，不易分离；龙须草浆，其纤维细胞的主要特点是细长柔软，杂细胞少，表皮细胞的齿峰较小（秃）；甘蔗渣浆，其纤维细胞是草类原料中最宽的一种，细胞壁上有明显的螺纹或节纹加厚；竹浆的种类较多，但纤维形态相差不大，所以鉴别竹种较困难。竹纤维细胞僵硬，很少有弯曲，细胞壁上有明显节状加厚，无齿状表皮细胞，可找到枕形或腰鼓形的薄壁细胞和石细胞，石细胞有明显的层次。

（3）韧皮类纤维鉴别。

麻纤维表面平滑、形状规则，末端尖锐、壁厚、有横纹（亚麻长 21 ~ 35mm，艺麻更长）。棉只有扭曲为带状、胞腔大而明显的纤维（平均长度为 18.4mm），无其他细胞。

（五）纸张的化学分析法检验

利用一些特效化学反应可以鉴别纸浆种类、胶类、填料以及色料的异同，从而达到鉴定纸张异同的目的，如蔗糖 - 浓硫酸法、碘染色法、茚三酮法等。这些方法的优点是直观、快速，但只能作为一种辅助的检测方法，并只能在纸张检材量多的情况下才可以采用，因为这类反应对检材而言均是有破坏性的化学分析方法。

（六）纸张的仪器分析法检验

1. 薄层色谱法

薄层色谱法，又称薄层层析法，是在纸层析和柱层析的基础上发展起来的应用最广泛的方法之一。它是将固定相涂布于大小适宜的玻璃板或塑料板上，形成均匀薄层，然后在此薄层上进行色层分析的方法。纸张成分复杂，除了纤维素、半纤维素、木质素及其分解产物外，还有胶料、填料、色料、助剂等。由于不同厂家生产的同种类型纸，其有机成分存在一定差异，利用薄层色谱或高效液相色谱法，可以分离检测纸张的有机成分。可利用薄层扫描仪测定纸样各成分的相对含量。如果两个纸张的薄层色谱不同，可以确定这两个纸张是不同种类的纸或是不同厂家生产的同类纸。如果这两个纸张的薄层色谱相同，一般是同种纸，但不一定是同一产地或同一厂家生产的纸。

2. 高效液相色谱法

高效液相色谱法是色谱技术的一个分支，气相色谱法的理论和一些基本概念、原理也基本适用于本法，只有一些细微的差别。高效液相色谱法是以高压泵加压的液体作流动相，流动相进入带有样品的色谱柱，样品中各组分在两相间进行吸附、脱附或溶解、抽提的交换过程，各组分因性质结构的差异，在两相间交换能力即分配能力不一样，从而将样品中各组分分开。不同产地、不同厂家生产的外观、物理性能和纤维成分相同的纸，其中一部分的有机成分相同，但这些纸张中有机成分的相对含量有一定差别，一般用薄层色谱法很难区分，可利用高效液相色谱法对纸张中的有机成分进行分离检测，能进一步确定同种纸张的不同生产厂家。高效液相色谱法可采用 C_{18} 反相柱，流动相用甲醇：水 =85：15（V/V），可选用紫外检测器。

3. 裂解气相色谱法

裂解气相色谱法是指试样经过高温、激光、电弧等途径，裂解为较小分子后进入色谱柱的气相色谱法。利用该方法检测纸张中的植物纤维、色料和胶粒等高分子化合物，裂解成易挥发的低分子碎片，再进行气相色谱分析。利用此种方法可以区分不同纸浆制成的纸张。

4. 等离子发射光谱法

除了有机成分外，纸张中还有多种无机成分。不同厂家使用的填料的来源不同，纤维原料中无机元素含量的不同，纸厂水质和空气尘埃的差异，会使不同厂家生产的纤维成分相同的同种纸，呈现无机元素及其含量的差别。利用等离子发射光谱法，对纸张无机元素成分进行定性定量分析，可进一步确定纸张的不同来源。纸张中的无机元素的含量受多种因素的影响，一个厂生产的同种纸，其无机元素含量变化的范围较宽，而不同厂生产的同类纸无机元素含量的差别，有大有小。当这种差别较小，与同一厂家的同种纸无机元素含量的波动范围相当时，就不能确定是否为不同厂家生产的同种纸。

5. X 射线衍射分析法

纸张中的填料，如滑石粉、二氧化钛、碳酸镁等，由于来源不同和制造工艺的差别，其所含成分的晶体结构和相对含量存在差异。利用 X 射线衍射分析法，可以测试有机成分无机元素相同的纸张，对纸张进行进一步区分。

6. 其他分析方法

目前还可以应用表面光谱技术对不同纸张进行区分，如视频光谱、拉曼光谱和红外光谱等方法对纸张进行快速分析。

综上所述，物理方法具有设备简单、操作简便、快速的优点，但受主观因素影响较大，纸张的保存条件对检验结果也有一定的影响。光谱法的优点是基本不需要前处理，具有无损或损坏检材较少的优势。但光谱法给出的多为综合信息，难以表达某些纸张的特殊性。色谱法的优点是可以将多种物质分离后进行比对和分析。因此，可以根据实际办案中的情况选用不同的检测方法。

第三节　印刷油墨检验

文件材料中第二大类是着色物，无论书写、印刷都离不开着色物。着色物是一种混合物，由着色剂和其他组分按比例配制而成。包括墨水、墨汁、印泥、印油、圆珠笔油墨（水）、复写纸油墨、印刷油墨等。

一、油墨的定义

油墨（Ink，Printing Ink）是用于印刷的重要材料，它通过印刷将图案、文字表现在承印物上。油墨中包含主要成分和辅助成分，它们均匀地混合并经反复轧制而成一种黏性胶状流体，由颜料、连结料、助剂和溶剂等组成，用于书刊、包装装潢、建筑装饰等各种印刷。随着社会需求增大，油墨品种和产量也相应扩展和增长。油墨主要有溶剂油墨、水性油墨、UV 油墨、丝印油墨、胶印油墨等种类。印刷油墨分为固态油墨和液态油墨。固态油墨主要包括激光打印墨粉、静电复印墨粉、固体油墨块等。这里我们只讨论液态油墨，常见的印刷油墨有传统制版印刷油墨、办公印刷设备油墨（不包括激光打印墨粉、静电复印墨粉、固体油墨块）、盖印油墨（印泥、印油）、特种油墨、防伪油墨等。

二、印刷油墨的分类

印刷油墨，按其用途划分，主要有胶印油墨、铅印油墨和誊写油墨三种；按不同的干燥方式分类，可分为氧化结膜干燥型油墨、渗透干燥型油墨、挥发干燥型油墨、辐射干燥型油墨、湿凝固干燥型油墨、冷凝干燥型油墨、沉淀干燥型油墨、双组分反应干燥型油墨、胶化干燥型油墨、过滤干燥型油墨和多种方法结合的干燥类型油墨；按印版分类，可分为凸版油墨、平版油墨、柔性版印刷油墨、凹版印刷油墨、孔版油墨、特种印刷油墨；按油墨物理状态分类，可分为浆状油墨、液状油墨、固状油墨、乳液状油墨等；按油墨的防伪特性分类，可分为荧光油墨、磁性油墨、隐形油墨、温度油墨等。

目前还有许多新型的印刷油墨，如日本一家公司研发可食颜料印刷高清晰度数字照片的技术。在电子材料领域涌现出一种导电油墨，又称电子纸——它是一种用电子墨水显示的超轻、超薄的屏幕纸，可以像报纸一样折叠起来而不扭曲变形。

三、印刷油墨的检验

印刷油墨的检验包括对油墨类型的鉴别和油墨品种的鉴别，主要包括以下方法。

（一）外观检验

外观检验又可称为色调检验，是对油墨的初步检验，主要通过在自然光下观察印刷品的色调来鉴别印刷方式和印油种类，例如誊写油墨暗淡无光泽，胶印、铅印油墨色深且鲜明光亮。

（二）物理性质检验

印刷油墨的物理性检验主要通过荧光检验和坚牢度检验实现。荧光检验指通过光激发，在长短波紫外灯下，观察其荧光反应，誊写油墨呈现强蓝白色荧光，印书、印报油墨呈淡白色或淡黄色荧光，胶印和高级铅印油墨无荧光；坚牢度检验是用手指由轻至重擦拭油墨图文，誊写油墨易被擦模糊，胶印和铅印油墨不易被擦模糊。

（三）化学性质检验

由于油墨是由有色体（如颜料、染料等）、连结料、填（充）料、附加料等物质组成的均匀混合物，不同油墨的颜料、连结料、填料、附加物的种类、配比不尽相同，因而我们可以通过剪取油墨的文字笔画，置于点滴板上，然后分别加入酸、碱试剂来观察不同的酸碱反应现象，以此判断油墨的种类、色号等特性。

（四）仪器分析方法检验

紫外 - 可见光谱和导数光谱法、薄层色谱和薄层扫描法、高效液相色谱法等可以检验印刷油墨中的有机成分，利用表面分析技术如红外光谱法和拉曼光谱法对印刷油墨表面的有机成分快速无损地进行分析。

1. 紫外 - 可见光谱和导数光谱法

采用混合溶剂对印刷油墨进行提取，以提取溶剂作为参比，可测试提取液的紫外 - 可见光谱和导数光谱。不同种类相同颜色的印刷油墨，其紫外 - 可见光谱和导数光谱有较明显的差异，容易鉴别。

2. 薄层色谱和薄层扫描法

薄层色谱法是一种色层分析法，主要是将油墨的浓缩提取液（通常可用丙酮、氯仿或N,N - 二甲基甲酰胺作提取剂），点加在硅胶 GF254 薄层板上，选用适当的展开剂，如苯：四氢呋喃：冰醋酸（体积比为 40：5：1），或苯：甲醇（体积比为 19：1）等进行展开。展开后，挥去溶剂，在白光和长短波紫外灯下，观察斑点的颜色和荧光，测量其数目和比移值（Rf），能区分油墨的种类、生产厂家和牌号。

利用薄层扫描仪，选择适当波长，进行线性扫描，能测得色谱图，计算出各色谱峰的峰高、峰面积和相对强度。根据这些数据，能进一步区分油墨的牌号，有时还能区分批号。

3. 高效液相色谱法

由于不同厂家生产工艺的不同，所以在生产过程中所含的反应副产物及其他杂质存在不同程度差别，因而印刷油墨中的同种着色剂表现也不尽相同。利用高效液相色谱法，通过测算各个色谱峰的相对强度，能检出同种颜料的细微差别，从而进一步区分油墨的牌号及批号。

4. 红外光谱法

红外光谱法是分子吸收光谱的一种，是根据不同物质会有选择性地吸收红外光区的电磁辐射来进行结构分析，对各种吸收红外光的化合物的定量和定性分析的一种方法。可使用红外光谱法对印刷油墨进行检验，印刷油墨是一种混合物，测得的红外光谱也是混合物中各物质红外吸收的相互叠加的结果，但混合物不变，其叠加之后的谱图能保持稳定，可以将检材的红外光谱图与样本的红外光谱图进行对比分析。

5. 等离子发射光谱法

印刷油墨中含有无机元素，不同油墨组成成分相似，但成分的配比不同，来源各异，因而无机元素的种类、含量均存在差异，我们通过采用等离子发射光谱法可以对油墨元素定量定性分析，鉴别油墨的色号、品牌等。但要注意纸张本身也含有一定量的无机元素，因而要进行纸张本身无机元素的测定与排除。

6. 原子吸收光谱法

原子吸收光谱法可以对印刷油墨当中所含的无机元素进行分析，进而区分不同厂家生产的同种类型的油墨，该法操作复杂但结果具有很强的可靠性。

7. X 射线衍射分析法

印刷油墨中的同种着色剂和其他无机成分，由于原料来源和制备工艺的差别，其本体结构存在差别，当用固定波长X射线照射油墨中的无机成分时，可产生不同的衍射图谱。利用X射线衍射仪，还能区分印刷油墨无机元素相近情况下的差异。由于不同厂家原料来源不同，制造工艺也不同，因而其成品油墨当中的无机成分的含量有所差异，所以可以采用X射线衍射分析法，利用X射线照射油墨中的无机物，可产生不同衍射图谱，从而区分油墨的种类。

8. 透射电子显微镜检验法

黑色印刷油墨的主要颜料是碳黑。由于碳黑的原料、制备方法及生产工艺的不同，不同种类、不同厂家和不同牌号的碳黑，在颗粒形态及其大小上，存在不同程度的差异。我们可以采用透射电子显微镜检验法，用透射电子显微镜观察经处理获得的碳黑的形态、大小及分布，并与已知样品比对，能对油墨的牌号作出进一步的区分鉴定。

第四节 书写墨水检验

一、书写墨水的组成

墨锭是中国古代书写和绘画用到的墨。墨的主要原料是碳黑、松烟、胶等，是碳元素以非晶质形态的存在。通过砚用水研磨可以产生用于毛笔书写的墨汁，在水中以胶体的溶液存在。现今人们常用的书写墨水却不再是古代的墨锭，而是诸如钢笔、圆珠笔、中性笔等书写工具所用的墨水。自1945年以来，越来越多不同种类的墨水被生产出来，且不断改进，以满足人们越来越高的书写要求。常见的书写墨水主要是鞣酸铁墨水、碳素墨水、水性墨水、油性墨水和中性墨水。

鞣酸铁墨水即通常所用的蓝黑墨水，蓝黑墨水具有由蓝变黑，经久不退的特点，是我国最常用的书写墨水。但是鞣酸亚铁经空气的氧化作用，会在瓶底生成鞣酸铁沉淀物，这些细小的鞣酸铁沉淀物被吸入自来水笔后，常常会堵塞水路，造成出水不畅，从而影响书写。

碳素墨水采用的是不溶于水的高级碳黑材料，它具有显著的抗热、耐寒、抗化学药品和耐水等性能，同时它还有较强的遮盖力，不易沉淀，字迹经日晒或42℃以上的环境也不会退色。碳素墨水主要用于描图，也可灌注各种绘图笔代替绘图墨水使用，或用来书写需要长期保存的材料。

水性墨水以水和水溶性的溶剂作为沉淀色基的主要成分，VOC含量极低，对环境污染小。

油性墨水以非水溶性的溶剂作为沉淀色基的主要成分，主要是有机溶剂，如甲苯、二甲苯、工业酒精等，油性墨水中溶剂的溶解会造成大气污染。

中性墨水的黏度介于水性墨水和油性墨水之间，它区别于一般墨水的突出特点是，不仅具有流利性，更具有一定的润滑性。润滑剂的加入是降低球珠与座体间的摩擦，使动能损失到最小，以得到更舒适的书写手感。

无论有多少种类型的笔，其墨水都含有许多不同的功能性成分，最主要的是有机物。墨水成分包括颜料、染料、溶剂、树脂、润滑剂、抗微生物剂、表面活性剂、防腐剂、螯合剂、稀释剂、乳化剂、缓冲剂，还有少量的用于调节 pH、黏度、聚合度、防止笔堵塞的添加剂。

（一）染料与颜料

染料是指能使其他物质获得鲜明而牢固色泽的一类有机化合物，大多是芳香族有颜色有机物，通常溶解在有机溶剂中。许多染料都能用于墨水中，但在墨水分析中比较常见的是四类染料：芳基甲烷类染料、含氮类染料、酞菁类染料、氮杂苯类染料（苯胺黑）。由于现在使用的染料都是人工合成的，所以也称为合成染料。

颜料是一种有色的细颗粒粉状物质，具有遮盖力、着色力，对光相对稳定，常用于配制涂料、油墨，以及着色塑料和橡胶。与染料不同的是，颜料溶解性较差，在水、油脂、树脂、有机溶剂等介质中不溶解，但能均匀地在这些介质中分散并能使介质着色，而又具有一定的遮盖力。依据形态不同，有些物质既可以被认为是颜料，也可以被认为是染料。如铜酞菁，由于其自由形态被认为是染料，也可以被认为是颜料，被称为“沉淀的染料颜料”。

（二）溶剂与着色剂

溶剂是书写笔中的挥发性物质，其作用在于溶解着色剂，使书写笔墨水不会变干，并能作为载体带动着色剂，保证其在书写时出墨顺利。用得较多的溶剂主要有乙醇、乙二醇、二丙二醇、苯基乙二醇、邻苯二甲酸二辛酯、甲苯、苯甲醇、苯氧基乙醇等。在书写笔书写于纸张上后，溶剂会逐渐挥发，使得着色剂在墨水中的含量发生变化，据此可以判定墨水书写的时间。

无论何种墨水，其主要成分都是着色剂，而字迹颜色的不同就是取决于着色剂成分的不同。着色剂分为碳黑、颜料和染料三类。碳黑色迹牢固，难溶于普通溶剂中，主要用在一些黑色签字笔中。颜料主要是一些无机盐类的颜料，也难溶于普通溶剂。这两类墨水书写笔迹稳定性好，难提取，因此最好采用无损分析法分析这两类着色剂的墨水成分。着色剂所用的染料主要是一些有机酸性染料，可溶于有机溶剂和水。由于染料的颗粒较小，易进入纸张纤维，书写后字迹耐磨损，保存时间较长。染料在保存过程中，受到光照成分含量会发生变化，据此可以鉴定字迹的形成时间。

（三）树脂与其他辅助成分

树脂通常是指受热后有软化或熔融范围，软化时在外力作用下有流动倾向，常温下是固态、半固态，有时也可以是液态的有机聚合物，可溶于水，不溶于有机溶剂。树脂可用于调节墨水黏度、强度以及润滑性，并且树脂干了后还可以增强墨水与纸张的吸附力。一些树脂具有增强墨水颜色的作用。墨水中的树脂可以单独使用，也可以多种混合使用。树脂不能用薄层色谱检测，但可以用傅立叶变换红外光谱检测。傅立叶变换红外光谱可以检测树脂特征结构的吸收。

墨水中添加少量其他辅助成分，是不可避免的。常加入的有：增稠剂，调节笔内墨水的黏度和稠性，防止书写时漏液；抗氧化剂和缓蚀剂，用来防止笔尖的金属被腐蚀；表面活性剂，通过改变墨水的表面张力，使配方中各种性质差别较大的成分更有效、更均匀地在体系中分散，使油墨稳定而均一。①

二、书写墨水的鉴定方法

书写墨水成分复杂，在纸上书写后的字迹经过光、热等外部条件的影响后，其成分又会发生变化。目前国内外对各类墨水的成分及书写笔迹老化研究，以圆珠笔居多，而对签字笔的墨水成分的分析鉴定研究相对较少。进行墨水成分鉴定的化学方法主要有光谱法、色谱法和色谱-质谱联用技术等。

（一）光谱法

常用的墨水成分鉴定的光谱法有紫外光谱法、红外光谱法、显微分光光度法等。

1. 紫外光谱法

1985 年，Hicks C. T. 等用 FTIR 显微镜测定了不同书写时间下的圆珠笔墨水笔迹，通过对比 IR 图发现了随着书写时间的延长，圆珠笔墨水中的—OH、—CO、$—CH_3$ 峰发生明显变化，—OH 含量逐渐减少，—CO、$—CH_3$ 逐渐增加，—OH/—CO 与—OH/$—CH_3$ 比随时间增长逐渐减少。② 签字笔墨水溶解后利用紫外可见分光光度法进行的分类研究已经较为成熟，2000 年，P. C. Whtite 用表面增强共振拉曼光谱测定了 3 种黑色墨水和 6 种蓝色圆珠笔墨水，通过 SERRS 图可以对不同类的墨水进行鉴别。王岩等利用紫外可见导数光谱法对常见的红色圆珠笔油墨种类进行了分析，测定了 52 种样品的紫外可见吸收光谱，并按照不同峰位将其分为 3 类，利用特征峰位法和 K 值对比法将每类进行进一步的细分，再利用一阶导数光谱 R 值法进行进一步的鉴别，③ 为鉴别红色圆珠笔油墨提供了新的方法。

2. 红外光谱法

K. E. Creer 在 1976 年发现了用红外光和紫外光照射，根据照片可以看出被伪造或涂改、擦除的字迹，从而来鉴定文件。李继民分析了 15 种签字笔墨水，得到其红外光谱，根据红外光谱中吸收峰的位置、数量、相对强度和形状的特点，将这些签字笔墨水分为 4 类。④ 实验发现不同品牌的签字笔油墨可以有相似的红外光谱图，它们的红外光谱属同一类型，相同品牌的签字笔，生产批次不同，其油墨的红外光谱可能不同。

3. 显微分光光度法

20 世纪 80 年代，法庭科学中常利用普通的光学显微镜和经验来鉴定可疑文件，用的较多的便是显微分光光度法。Zeichner 等报道了用该法研究油墨的制样及测定方法，并用于鉴别蓝、黑色圆珠笔油墨和滚珠笔油墨。圆珠笔油墨中的染料成分主要分为铜酞菁染料和三苯甲烷染料，铜酞菁染料稳定性相对较好，在普通的保存条件下不会发生变化，三苯甲烷染料稳定性较差，容易发生变化。随保存时间推移，这两种染料含量的比值发生变化，通过测定书写笔画表面对自然光的反射率和笔画全部对偏振光的漫反射率，得到油墨中这两类染料量的比值，书写时间越长该比值越小。

---

① 李继民："TLC 法鉴别黑色签字笔油墨种类的研究"，载《中国人民公安大学学报（自然科学版）》2002 年第 6 期。

② Hicks C. T. et al. Ink Aging Perspectives on Standardzation. Advances in Forensic Sciences，3：304-305.

③ 王岩等："紫外及其导数光谱法检验红色圆珠笔油墨"，载《广东公安科技》2004 年第 3 期。

④ 李继民："常见黑色签字笔油墨种类鉴别的研究"，载《广东公安科技》2002 年第 3 期。

（二）色谱法

色谱法属于有损分析，要破坏检材，但其应用性很广泛，准确性也很好。目前主要采用的方法有薄层色谱法、高效液相色谱法、毛细管电泳法等。

1. 薄层色谱法（TLC）

1978 年，Ranjit Singh Verma 等采用两种展开剂条件，对 12 种尼龙笔墨水成分进行了分离分析，所有墨水的点板方式一致，不同类别的墨水通过色谱分离后得到不同的斑点，如果墨水被纸张吸附则不能分离。李继民采用 50% 甲醇作为提取剂，并采用正交试验得出用体积比为丁酮：正丁醇：水：冰醋酸 = 14：10：6：1 作为展开剂，分析了 15 种黑色签字笔墨水的成分，可以明显区分不同的签字笔墨水。Aginsky 根据 TLC 直接测定树脂和染料的质量比，从而测定圆珠笔色痕的书写时间，该方法比用峰信号比例得到的结果更为可靠。他还运用氯仿、四氯化碳等溶剂萃取墨水，用含荧光指示剂的 TLC 板展开，建立了工作曲线，以高效薄层色谱法（HPTLC）分离提取物，荧光淬灭扫描技术对墨水书写时间进行鉴定。

TLC 既可以分离墨水中的染料成分，也可以分离墨水中一些其他的有机组分。基于这一技术，可以在同一块薄层板上对不同的墨水进行鉴定。分析检验人员一般通过薄层色谱光密度扫描仪来测定染料组分的相对浓度。由于样品的性质复杂，书写墨水中含有很多成分，当用 TLC 分离这些成分时，可以直接观察到不同颜色的斑点，还可以根据斑点的 Rf 值来进行区分和判定。有些成分经过薄层分离在日光下是无色的，需要在紫外灯（254nm）下才能观察到。

2. 高效液相色谱法（HPLC）

高效液相色谱法是目前应用最多的色谱分析方法，其组成与气相色谱类似，但是流动相为液体，可以针对组分不同性质作出相应调整，应用非常广泛，几乎遍及定性定量分析的各个领域。除了可以对墨水成分进行分类和检测外，液相色谱更多的用于字迹形成时间的研究，如墨水在不同的老化手段下成分的变化。由于中性笔墨水成分比较复杂，含有许多结构相似的同类物质，而紫外可见分光光度法和薄层色谱法的检测范围比较宽，相似物质难以区分。高效液相色谱法是根据化合物极性不同对其进行分离，对于紫外光谱相互覆盖和薄层色谱难以分开的化合物，通过高效液相色谱可以得到较好的分离。对于不同厂家，不同品牌的中性笔，墨水中所用的染料成分不同，染料的中间产物和副产物也不同，这些差异就反映在液相色谱图的峰数、保留时间、峰面积等参数上，所以根据高效液相色谱的分析结果，可以分析鉴定出中性笔的墨水种类、生产厂家和品牌批次。相比薄层色谱，液相色谱能够较为准确地测量各成分的含量。

3. 毛细管电泳法

毛细管电泳（CE）又称高效毛细管电泳（HPCE）或毛细管电分离（CESM），具有分离效率高、分离时间短、所需的样品和溶剂量较少等优点，目前已经得到越来越多的应用。尤其是在笔墨水种类的鉴别和书写时间的鉴定等方面，该方法取样量非常小，分离速度又很快，在法庭医学领域表现出了强大的优势。J. A. Zlotnick 等人采用毛细管区带电泳法分离了 10 种黑色宝珠笔，对于同品牌的笔，可以得到相同的色谱峰。Fanali 等人应用毛细管电泳法对黑色和红色水溶性墨水进行了分离，效果较为理想。用紫外检测器的毛细管电泳对水溶性墨水进行分析，在所选择的条件下，15 种由不同国家的不同厂家生产的墨水中的主要成分都能在 30 分钟内实现基线分离，同种颜色的不同墨水也能从电泳图上区分开来，经过多次重复实验，重现性较好。Matysik 等人用毛细管电泳法结合循环伏安法研究了各种不溶于水的染料，如碱性红 28，碱性蓝 8（Ⅰ），溶剂蓝 70（Ⅲ）等，在非水介质中对这些染料进行了检测。在墨水字迹真伪和书写时间的鉴定分析中，毛细管电泳法是一种新型的分离分析技术，分辨率高，样品需要量小，近年来，在法庭科学中对该方法的应用也越来越多，并逐渐成为 HPLC、GC、TLC 等分离分析的补充与替代方法。

（三）色谱－质谱联用技术（GC－MS）

色谱－质谱联用技术适用于组成复杂的墨水的鉴定。Sakayanagi 等人用 FDMS 对 21 支蓝、黑、红三种颜色的圆珠笔墨水中的染料成分进行分析，所需的样品量很少，仅 1mm 长的字痕就可用于提取分析。Aginsky 等人在采用 TLC 分离后，利用质谱分析检测被提取物的方法进行墨水书写时间的鉴定，通过 TLC、GC 和 GC－MS 在一些案例分析中的应用发现：GC－MS 得到的结果准确性最好、效率最高。① 他们还采用 GC－MS 对笔迹、喷墨打印机的油墨等进行书写时间的鉴定，并进一步比较了用 GC－MS 测定墨水中的挥发性组分和用 TLC 检测墨水中的染料成分的效果，结果证明：GC－MS 的鉴定结果更准确，而且重现性好，受温度、湿度等条件的影响小，测定易挥发性组分进行鉴定的准确性要高于测定染料成分的准确性。② HPLC－MS 由于建立方法较难，对操作者专业技术的要求较高，目前还未见报道。相信色谱－质谱联用技术将会在未来的墨水真伪、书写时间鉴定方面起重要作用。

三、书写时间鉴定

书写时间鉴定的研究对象是墨迹中的各种成分。按照极性，书写墨水可分为水性、油性和中性，分别以钢笔/宝珠笔、圆珠笔和中性笔为代表。无论哪种墨水，其成分基本包括溶剂、着色剂（染料或颜料）和树脂，其余还有少量的 pH 调节剂、消泡剂、防腐剂等。

书写时间鉴定可分为绝对时间鉴定和相对时间鉴定。前者是指判断字迹客观上何时形成；后者是指判断字迹的形成先后。鉴定方法分为静态法和动态法。静态法根据墨水或其中某些成分的上市时间来判断字迹的最早形成时间，例如建立标准墨水库，或者每年在墨水中添加不同的微量标记物（如 $SrWO_4$ 荧光粉或是增白剂）。③ 静态法用于绝对时间的鉴定，需要墨水生产厂商的合作，而且成本较高。动态法根据墨水中某些成分随时间发生的物理或化学变化来判断字迹的书写时间，在一定条件下，可用于绝对时间和相对时间的鉴定。目前的研究以动态法判断字迹的相对形成时间为主。墨水的书写时间鉴定是一个具有

---

① Aginsky V. N. . Some New Ideas for Dating Ballpoint Ink—A Feasibility Study. J Forensic Sci, 1993, 38(5): 1134.

② Aginsky V. N. . Dating and Characterizing Writing, Stamp Pad and Jet Printer Inks by Gas Chromatography/Mass Spectrometry. Int J Forensic Doc Exam, 1996, 2(2): 103－116.

③ Cantu A. A. . A Sketch of Analytical Methods for Document Dating Part I. The Static Approach: Determining Age Independent Analytical Profiles. International Journal of Forensic Document Examiners, 1995(1): 40－51.

挑战性的工作，但它对各类虚假文件、档案和契约等的判别有着重要意义，相信现代分析仪器（特别是色谱－质谱联用技术）的应用和先进分析方法的建立将促进这方面工作的开展，以取得更快速、更准确、更可靠的鉴定结果。（详见本书第十五章）

第五节　印油（泥）色料检验

一、印油（泥）色料介绍

印文色料介质用以形成有色印文，按照印文色料的性质和表现形式可分为印蜡、印泥、印油等。印泥是一种油溶性的印文色料，其组成物质包括颜料（染料）、连结料、填料和防腐剂。印泥按色素成分可分为朱砂印泥和仿朱砂印泥等。朱砂是朱砂印泥的色素成分，是一种红色无机颜料。仿朱砂印泥主要成分是红粉、黄粉、乙萘酸、石炭酸、牛油、蓖麻油等，常见的包括铁红、大红粉、铅铬黄等。用印泥盖印的戳迹色泽稳定，不易退色，立体感强，适用于木刻图章及金属等字面较细致的印章使用。

印油又叫印台油或打印墨水，是由染料、黏稠剂和溶剂等制成的一种水溶性液体，可用于印章、邮戳及肉类盖戳等。印油一般由色素、树脂、稀释剂和防腐剂等物质组成。印油色料有颜料和染料两种。颜料型红色印油的色素可为朱砂、铅铬黄等无机物，也可为金光红、耐晒黄等有机物。染料型红色印油的色素可为酸性红、酸性橙、罗丹明、伊红等。

原子印油有热固型原子印油和渗透型原子印油两大类。热固型原子印油是加热将印油模铸在印章表面，使用中印油逐渐减少，系一次性产品。渗透性原子印油由微孔材料构成章体，在其中注入原子印油，每次加注可盖印上万次，章体不收缩，可反复加注，稳定性好。渗透型原子印油的主要成分为合成树脂、颜料、溶剂、高沸点的有机溶剂、表面活性剂。合成树脂主要有酚醛、丙烯酸等，其作用是增黏和延伸印油。颜料，即着色剂，有金光红 C、酞菁蓝等。溶剂一般采用干性植物油或半干性植物油。高沸点的有机溶剂常见的有苯甲醇。加入表面活性剂的目的，就是使颜料均匀分散在树脂、油中，如十二烷基苯胺。①

二、印油（泥）色料鉴定

（一）外观检验

外观检验为无损检验，就是直接观察或借助于放大镜、显微镜、紫外光、红外光、荧光、文检仪及拉曼光谱等常规设备，观察色料及色痕的颜色深浅、光泽、压痕洇散现象，字迹色痕对不同波长光线吸收反射现象，字迹色痕对紫外和红外作用结果以及荧光现象等，对其特征进行分析和比较。在自然光下，观察检材与比对印文的墨层厚度、色调、光泽、扩散、渗油等情况，能初步鉴别盖印方式，印油、印泥的种类。长、短波紫外灯下观

---

① 陈丁文、李江春："印章色料及其色痕检验方法回顾与展望"，载《湖北警官学院学报》2008 年第 2 期，第 110 页。

察可见荧光，或利用红外文检仪和微光摄像系统观察极红和紫外荧光，能进一步鉴别印油、印泥的种类和牌号。

外观检验操作简单、不破坏检材，但结果只能作为初步判断的依据，通常还需要开展仪器分析或化学检验，确定印泥、印油的种类、成分，以及检材与比对印文色痕是否相同。

（二）化学检验方法

化学方法检验主要是对色料进行熏法、转印能力、酸碱溶解性能检验及颜色反应方面的检验。

1. 熏法检验

将检材分别放置于盛有水、盐酸、浓氨水的烧杯口上熏，观察色料的变化，以判断色料的水溶性和酸碱性。

2. 转印能力检验

转印能力检验实际上是考查检材色痕在不同溶剂中的溶解能力大小。具体操作：将待测检材色痕置于玻璃板上，用滤纸条覆盖其上，分别滴加蒸馅水、95%乙醇、0.1%草酸氰钾、丙酮、氯仿、二甲基甲酰胺等化学试剂，施以一定的压力片刻，去掉滤纸条，观察脱色情况。

3. 酸碱溶解性能检验

此法根据色料酸碱溶解性能的不同，用酸性或碱性化学溶液涂抹在同色的印文文字笔画上，通过色料的颜色变化情况观察其溶解性能，能初步区分印油、印泥的种类和牌号，还能为后续检验选择较好的提取溶剂。

4. 颜色反应检验

颜色反应主要是根据不同厂家生产的相同颜色的色料的组分不同，检材色料与酸碱、氧化剂等化学试剂反应，会呈现不同的颜色变化。印油、印泥的颜色反应试剂常用10%盐酸、10%硫酸、10%氢氧化钠、10%氨水和5%次氯酸钠等试剂。

（三）薄层色谱法

薄层色谱法又称薄层层析法，主要是分析印文色痕中可溶的色料、树脂等组分，是一种有损检验的方法。其原理是：根据相近颜色的印油、印泥所用染料结构和性质的差异，在同种展开剂中分配系数不同，造成展开后出现的斑点数目、形状、Rf值以及荧光斑点的颜色、强弱不尽相同，以此对不同印泥、印油进行鉴别。薄层色谱法是区分色料种类中最常用的一种方法，但是该方法最适用于油溶性色料，对于水溶性色料效果不佳，中国刑警学院的谢朋等人对传统的薄层色谱法进行了革新，首创新型薄层色谱法对水溶性色料进行鉴别。新型薄层色谱法的改进之处在于将提取剂和展开剂合二为一，将色料的提取液在点样过程中以“斑环”的形式展开，根据“斑环”的数目、颜色、Rf值、形状等指标进行色料种类鉴别。实验试剂：丁酮、四氢呋喃、乙酸丁酯、乙酸乙酯、正戊醇、乙醇、乙醚、甲醇等（以上试剂均为分析纯）；实验器材：高效硅胶板（50mm×100mm）、点滴板、毛细管、刀片等。实验得到了展开效果较好的提取展开剂以及各组分的最佳配比。

（四）红外光谱法

印泥是一种成分复杂的混合物，由颜料、油料、填料、附加料等物质组成。红色印泥常用的颜料有大红粉、金光红、银朱等，作为连结料的油料有亚麻油、蓖麻油、氯化石蜡油等。因此不同厂家生产的印泥，同一厂家不同时间生产的印泥，在所用原料和种类的配比上必然有差异。这就为红外光谱法鉴别印泥提供了依据。利用红外光谱法不仅能区别不同厂家生产的印泥，也能区别同一厂家生产的不同批号印泥。

印文色料是一种多组分混合物，测得的红外光谱图实际上是混合物中各组分红外吸收的叠加图谱，要解析其具体组成是很难的，因此，常用红外光谱法开展检材与样本色痕的比对检验。常采用傅立叶变换显微红外光谱仪、OMNI 采样器直接采样测定；对可溶性的检材色痕，还可提取并采用溴化钾压片法制样后，再测定。

（五）拉曼光谱法

拉曼光谱法也常用于开展检材与样本色痕的比对检验。由于拉曼光谱的信号要弱于红外光谱，因此特征峰的数量一般要少于红外光谱。常将红外光谱法与拉曼光谱法结合使用，使谱图数据进行互补。采用显微激光拉曼光谱法对色痕进行测试时，可以直接将载有检材色痕的纸张置于样品台上，直接测试，无须制样。因此，拉曼光谱法具有操作简单、不破坏测试样品、受载体干扰少等优点。（见图 13－1）

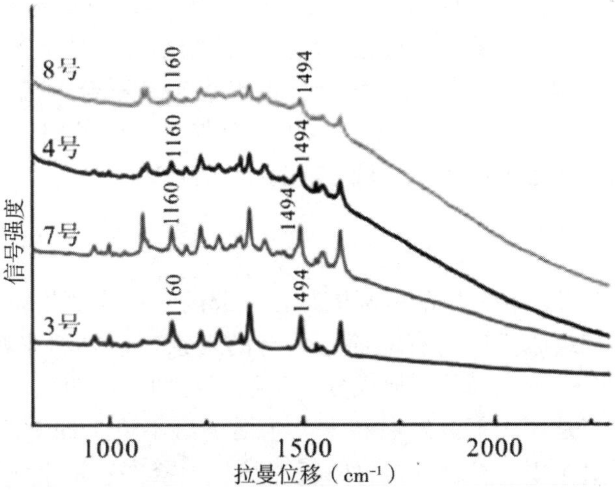

图 13－1　上海快干清洁印泥（3 号）、亚信印泥（4 号）、雪奥印油（7 号）、雪奥印泥（8 号）拉曼光谱图①

（六）显微分光光度法

显微分光光度法主要是分析印文色痕中的有色组分的成分，是一种无损检验方法。对于纸张上的印文色痕，采用显微分光光度法，不需要对检材进行处理，可以直接将有待测色痕的纸张放置于载物台上，直接进行检测。一般取 5～10 个位置进行检测，给出需要波段范围内的光谱图，取平均值后，得出样品的光谱图。应注意纸张上的色痕不被污染，并确保纸张背面不能粘贴有其他纸张。

---

① 柳彬、赵丽、江沅龙等："印文色料的拉曼光谱检验及基于 R 软件的聚类分析"，载《光散射学报》2016 年第 2 期，第 156 页。

（七）高效液相色谱法

高效液相色谱法是以高压液体为流动相，利用物质的物理化学性质间的差异，将不同比例的混合溶剂或不同极性的单一溶剂进行分离，并对分离后的各成分进行检测，具备高速、高效、高灵敏度、高选择性等特点。①

印油、印泥中的同种有机颜料，由于不同厂家生产工艺的不同，其所含未反应的中间体、反应副产物及其他杂质等存在不同程度的差别。利用高效液相色谱法，通过测算各色谱峰的相对强度，能检出同种颜料的细微差别，从而进一步区分印油、印泥的牌号和批号。

第六节　黏合剂检验

在刑事案件中，经常涉及对各种黏合剂的检验，例如，犯罪分子常用黏合剂粘贴反动标语、传单、封发匿名信、恐吓信、密码挂钩信、伪造书信证件、改贴照片、票据、契约、伪造珍奇字画、文物古董及仪器仪表等，及时准确检验黏合剂种类，对寻找嫌疑人，确定案犯，加快侦破案件非常重要。现在市场上使用的黏合剂种类繁多，从主体成分上看有天然物质也有合成高聚物，据不完全统计，世界上现有黏合剂已达数千种，我国在20世纪80年代生产的黏合剂也有500多种，800多个牌号，广泛用于工农业生产、国防科技、商品包装及人们的日常生活各个领域。②

一、黏合剂

黏合剂是指能使两种互相分离的材料固结在一起的一种化学物质，黏合剂是一类混合物，不同品种的黏合剂组成不同，有的简单、有的复杂，但粘料是黏合剂的主要组成成分，根据需要还要配合一种或多种其他成分，包括固化剂、增塑剂、稀释剂、填料、偶联剂和其他助剂。黏合剂是现代工业发展和人类生活中必不可少的重要材料，在现代经济、国防、科技中发挥重要作用，黏合剂检材的特点是品种繁多、量小体微、杂质混杂。不同种类的黏合剂虽然有很多成分，但检材常常以干涸的残渣形式出现，其溶剂成分已经挥发，检验主要是针对不易挥发的黏合剂成分进行分析。

二、黏合剂的种类

黏合剂的分类方法很多，按照化学成分可以分为有机型和无机型，有机型又可分为天然型及合成型。天然型包括淀粉系、蛋白系、天然树脂系、沥青系及天然橡胶等；合成型有树脂型、橡胶型及复合型等。按形态可分为水溶液型、乳液型、无溶剂型和固态型。按来源可分为天然胶黏剂和合成胶黏剂。按照用途可分为糊和胶。糊包括淀粉浆糊、糊精浆糊和化学浆糊；胶包括植物胶、动物胶和化学合成胶。

---

① 屈音璇、李彪："印油种类鉴别及印文盖印时间检验方法综述"，载《贵州警官职业学院学报》2018年第2期，第47页。

② 李淑英、李继民、邹宁等："办公用粘合剂的检验研究"，载《广东公安科技》2002年第2期，第24～26页。

三、黏合剂的组成

粘料是黏合剂主要成分，此外还包括溶剂和添加剂。添加剂主要指硬化剂、催化剂、填料、防腐剂（苯酚）和固化剂（起催化作用，减少固化时间）。

（一）粘料

粘料又称胶料，即合物质，黏合剂的粘接性能主要由粘料决定。最先是以天然高分子化合物为主，例如淀粉、树胶、天然橡胶等。随着化学工业的发展，出现了合成高分子化合物，例如热固性树脂、热塑性树脂、高分子弹性材料橡胶等。还出现了无机化合物，包括磷酸盐、硅酸盐等。

（二）填料

在黏合剂中，有时需要加入一定量的填充物来改善黏合剂的性能，这些物质被称作填料。常用的填料有滑石粉、石英粉、氧化铝粉、石棉粉、金属粉及其他金属氧化物。

（三）硬化剂和催化剂

在黏合剂中，为了使某些线型高分子化合物交联成体型结构，需要加入一定量的硬化剂，以保持黏度。常用的硬化剂有胶类、酚类、焦油类、脂肪酸类、沥青类、蜡类及某些树脂类。

（四）溶剂

黏合剂可分为溶剂型黏合剂和无溶剂型黏合剂两种。常选用有机溶剂甲乙酮、四氯化碳、三氯乙烯和水等来溶解粘料，用以调节黏合剂的黏度。

（五）其他附加剂

其他附加剂包括高联剂、防腐剂、稀释剂、表面活性剂等。

四、常见的黏合剂

文件制作中常用的黏合剂有浆糊、胶水、固体胶水及胶棒四大类。

（一）浆糊

浆糊是一种糊状的黏合剂，面粉或淀粉加水熬制为糊状即为浆糊（见图 13－2）。浆糊具有一定的黏稠度，多用于纸张、布料或物品的黏合。现代生产的多为纤维素和胶水制成的化学浆糊。以小麦淀粉为原料，制糊时浓度以淀粉∶水＝1∶6（V/V），所制得的糊性质较稳定，而煮糊温度以不超过 80℃ 为佳，这是淀粉浆糊，此外还有糊精浆糊和化学浆糊。糊精浆糊的主要成分是糊精，糊精是淀粉不完全水解产物，是黄色或白色的无定型粉末，能溶解于冷水而形成黏稠的具有高黏度的液体。

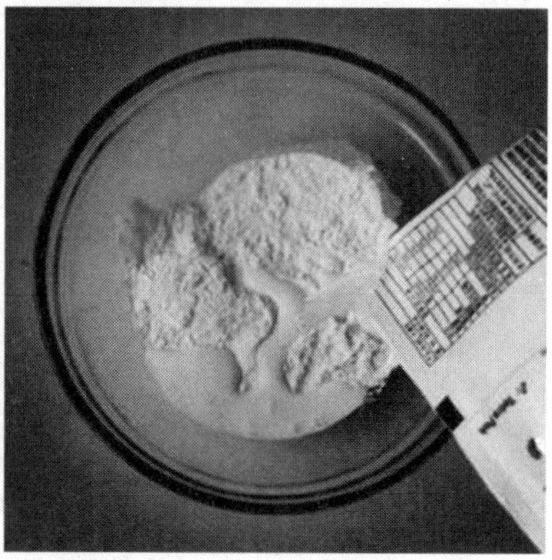

图 13－2　浆糊

（二）胶水

胶水是连接两种材料的中间体，多以水剂出现，属精细化工类，种类繁多，主要以粘料、物理形态、硬化方法和被粘物材质来进行分类。胶水主要是由胶和一定量的水共热而形成的一种水溶性黏合剂，可以黏结各种纸制品、木器制品、皮革产品等，在纺织、造纸及印刷等工业上也用途广泛。（见图 13－3）

（三）固体胶水

常用的浆糊和胶水都是黏稠的液体，其缺点很多，放置一段时间后，由于失水形成弹性固体而失去黏接能力，还易堵塞出口。固体胶水克服了上述缺点，固体胶水就是在常见的浆糊和胶水中添加了凝胶剂、增塑剂、保湿剂及防腐剂等制作而成。（见图 13－4）一般用硬脂酸作为凝胶剂，用乙二醇作为增塑剂和保湿剂，用硼砂作为防腐剂。

图 13－3　胶水

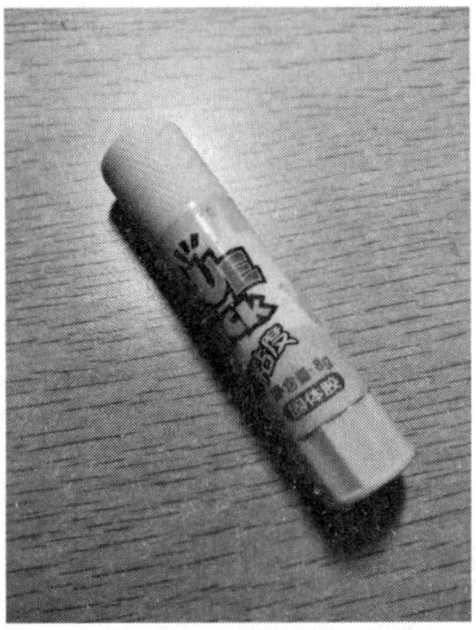

图 13－4　固体胶水

（四）胶棒

胶棒又名热熔胶棒，是以乙烯－醋酸乙烯共聚物（EVA）为主要材料，加入增黏剂与其他成分配制而成的固体型黏合剂，具有快速黏合、强度高、耐老化、无毒害、热稳定性好、胶膜韧性等特点。可用于纸箱封箱、工艺品胶黏、电子电器等互黏固体，配套设备为热熔胶枪。（见图 13－5）

图 13－5　胶棒

五、黏合剂的检验

（一）外观检验

外观检验是指观察涂有浆、胶的被检物在日光及紫外光下所表现的性质，如有无光泽、表面是否光滑等以及所发出的荧光，以此初步判断浆、胶的种类。外观检验主要检验黏合剂的颜色、韧性、透明度、光滑度、光泽度及牢固程度，并可在紫外灯下观察其荧光特性，进而初步判断黏合剂的种类。

（二）显微检验

各种淀粉颗粒的形态结构不同，虽然其在配制淀粉浆糊的过程中，大部分颗粒形态遭到破坏，不易辨认，但仍有部分淀粉颗粒未能充分膨胀破裂，保持其原有的淀粉颗粒形态，从而将淀粉浆糊的种类区分开。不同种类的淀粉颗粒的微观颜色、形态大小及结构有差异，可在生物显微镜或电子显微镜下观察淀粉颗粒的形态，从而对淀粉浆糊的种类进行区别。

（三）化学法检验

化学法检验是根据各种黏合剂中所含化学物质种类的不同，以及化学性质的差异进行鉴别。例如，糊精浆糊、糯米淀粉、黏玉米、PVA1788 遇到碘液显红棕色。

碘液试验（碘 - 碘化钾试验）。将取下的浆、胶样品，放少许于白色点滴板上，加一滴蒸馏水溶解，然后再滴加一滴碘液染色，观察显色情况。淀粉浆糊除糯米浆糊、黏玉米浆糊呈棕红色外，其余的一般呈蓝色或蓝紫色；糊精浆糊呈红色或红棕色；羧甲基纤维素浆糊无变化。

氯锌磷试验。氯锌磷试剂的制备：20 克无水氯化锌溶于 50 毫升水中制成溶液甲；2.1 克磷化钾与 0.1 克碘共溶于 125 毫升水中制成溶液乙。将溶液乙逐滴加入溶液甲中，待澄清后，取上清液倒入棕色瓶中备用。操作方法与碘液试验相同。显色情况如下：羧甲基纤维素浆糊呈紫红色絮状物；聚乙烯醇合成胶水呈盛紫色或棕红色；其他浆糊、胶水不显色。

此外，阿拉伯胶水、松香胶均有特异性的化学反应。硅酸钠胶水可采用钠离子的焰色反应、乙酸铀酰锌试剂及铵盐进行检验。对于高分子合成黏合剂除采用化学试剂进行检验外，还可以采用燃烧试验，通过燃烧的颜色、状态和放出气体的味道等进行区分。黏合剂中常用的添加剂苯酚及明矾也可以用化学方法检验。

（四）仪器分析方法

1. 色谱法

包括薄层色谱法、高效液相色谱法、气相色谱法等，其中可采用薄层色谱法对含有大分子有机物的浆糊胶水进行检验，而从薄层色谱中分离出的物质可以运用高效液相色谱法对其定量定性分析，对于黏合剂当中的小分子如有机防腐剂则可以采用气相色谱法进行检验。

2. 红外光谱法

不同种类的黏合剂，其红外吸收峰特征不同，而黏合剂均为混合物，所以其红外光谱图是各混合物吸收峰叠加形成的，稳定不变。运用红外光谱法进行测定，比较检材和样本上黏合剂的红外谱带的位置、数目、形状和强度，判断黏合剂的种类是否相同。

3. 拉曼光谱法

黏合剂的特性可通过拉曼光谱法进行测定，通过拉曼光谱峰的峰位、峰的数量表现出来，以此来分析比较黏合剂的种类。

第七节 书写工具检验

一、常见书写工具

（一）中性笔

书写介质的黏度介于水性和油性之间的圆珠笔称为中性笔。中性笔最初于 1984 年由日本 SAKURA 株式会社研制成功，其产品名称为“BALLSIGN”；之后，日本 PENTEL 株式会社于 1988 年研制出名为“HYBRID”的产品，自此中性笔宣告诞生。中性笔兼具自来水笔和油性圆珠笔的优点，书写手感舒适，油墨黏度较低，并增加容易润滑的物质，书写介质的黏度介于水性和油性之间，因而比普通油性圆珠笔更加顺滑，是油性圆珠笔的升级换代产品。

1. 中性笔书写机理

中性笔书写时，笔头前端的球珠一面与中性墨水接触，另一面与书写面接触，球珠同时会受到水平推力和垂直向下的压力。中性笔水平方向受到推力，球珠与纸张之间产生摩擦力，带动球珠转动，球珠会不断黏附带出笔头内的中性墨水，由于墨水对球珠的润湿性小于对纸张的润湿性，球珠表面黏附带出的墨水就黏附到纸面上，从而形成字迹。同时，中性笔受到垂直向下的压力，球珠与纸面以及球座之间均产生作用力与反作用力，在垂直压力作用下，球珠会在纸面压出一个凹痕，从而形成字迹。书写性能好的中性笔，首先，要求中性笔在一定的书写压力下以及合适的书写速度范围内，出墨流畅、手感润滑、书写字迹不会随书写压力变化、不会出现断线甩点和空心等书写问题；其次，要求中性笔出墨量合适，出墨量太小会使书写干涩、字迹太淡，而出墨量太大会引起字迹太浓、积墨等问题，严重时甚至会引起滴墨，影响书写长度；最后，对出墨量大小的波动也有较严格的要求，出墨量大小波动幅度小才能确保整个书写过程始终保持书写性能良好。影响中性笔书写性能的因素很多且错综复杂，影响因素与中性笔原材料息息相关并贯穿于中性笔生产的整个过程，笔头的种类与材质、中性墨水的各项性能、锂基脂的性能及其之间的相互配合都是影响中性笔书写性能的重要因素。

2. 中性笔的分类

根据笔头类型，中性笔可分为子弹头型、针管型、半针管型。

子弹头型中性笔在制造过程中，我们通过金属切削将一根原棒切削成一个完整的笔头。子弹头型适合制造更粗的笔头，市面上较多的是 0.5mm，最粗的可达到 1.2mm，如图 13－6 所示。

针管型的笔头通常称为"全针管"。它与子弹头型笔头的关键区别就在于，它由非切削方式加工而成。在加工成笔头之前，它是一根完整的细管，通过精密仪器从 3 个方向在细管前端打 3 个凹点，形成球珠的碗座；而后面的细管则形成三角形的油槽。油墨经过油槽流出，再通过球珠的滚动带出油墨，完成书写过程。针管型适合制造较细的笔头，例如 0. 30mm、0. 25mm 等，如图 13 －7 所示。

图 13 －6　子弹头型中性笔

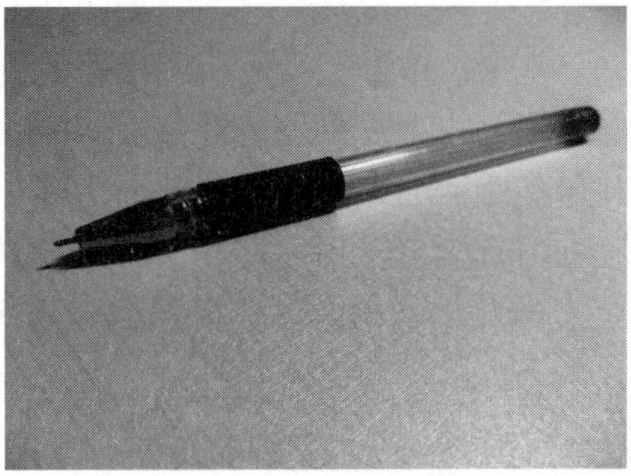

图 13 －7　针管型中性笔

半针管是介于子弹头和针管之间，外形更加美观。笔头尖端可以做到跟针管一样细，而笔头尾端跟子弹头的尾端是一样大的。半针管型可以制造相对较细的笔头，例如 0. 48mm、0. 35mm 等。

根据油墨色彩，中性笔可分为基本色中性笔和特殊色中性笔。基本色中性笔就是我们最常使用的红、蓝、黑三种。而日常使用的水粉笔、彩色墨油笔则是特殊色中性笔。

根据使用场所的不同，中性笔可分为文件专用中性笔和普通书写中性笔。

根据结构的不同，中性笔可分为插盖式中性笔和按压式中性笔。

（二）钢笔

钢笔是人们普遍使用的书写工具，发明于 19 世纪初。笔头由金属制成，书写起来圆滑而有弹性，非常流畅。在笔帽口处或笔尖表面，均有明显的商标牌号、型号。（见图 13 －8）

图 13 －8　钢笔

1. 钢笔的种类

钢笔的种类和型号很多。根据钢笔笔尖的成分不同，可分为金笔、铱金笔、墨囊钢笔三种。

（1）金笔。

金笔笔尖采用黄金合金，笔尖较软，弹性好，手感舒适。但金笔的价格较贵，笔尖软，而且不好掌握，初学者不宜使用。

（2）铱金笔。

铱金笔笔尖不含黄金，部分笔尖镀金，笔尖较硬，但物美价廉，是初学写字比较合适的工具。金笔尖、铱金笔尖之所以比普通钢笔尖耐用，秘密都在钢笔尖上的小圆粒。金笔尖、铱金笔尖上的小圆粒是铱钌合金做的，非常坚硬耐磨。据上海金星金笔厂实验，如果把金笔尖和普通钢笔尖同时放在油石上磨，一小时后，金笔尖只磨损 0.07mm，而普通钢笔尖磨损达 5mm 之多。金笔与铱金笔虽然价格相差悬殊，但是二者笔尖的铱粒都是特种合金——“铱钌”合金，之所以顺滑度相差大，是因为打磨方式和精细程度不同。所以从某种意义上说，金笔和铱金笔是一样的，但是二者制作材料和手感不同，这就导致了价格上的差距。

（3）墨囊钢笔。

墨囊钢笔不用吸墨，插上专用的墨囊，即可使用。

2. 钢笔的结构

（1）笔尖。

笔尖，可以说是钢笔最关键的部分，从细到粗，各种变化都有，一般最常见的钢笔笔尖尺寸以 B（Broad，粗）、M（Medium，中粗）、FM（Fine－Medium，中细）、F（Fine，细）以及 EF（Extra－Fine，特细）为主，由粗到细是 B、M、FM、F、EF，关于笔尖尺寸，每家笔厂在规格上也都会有些许的差异。且在相同尺寸单位下，日本钢笔的笔尖会比欧洲钢笔笔尖细。依通常的书写习惯，西方人在使用钢笔上多以 M 笔尖为主，而签名时选用 B 笔尖。中文书写时因为笔画繁杂，一般可采用 F 或是更细的 EF 笔尖。

（2）墨囊。

墨囊的分类、特征、优缺点如表 13－1 所示。

表 13－1　墨囊的分类、特征、优缺点

名称	特征	优点	缺点
笔胆式	笔杆内有透明皮囊，中有吸水管	比较接近使用习惯，容易上手，只需轻捏几下即可	密封不严，皮囊破损会出现漏水问题
针管式	类如针管，中有阻水珠，后有针管式吸水杆，材质大多为塑料	能一次吸取更多的墨水，解决了破损问题	密封问题，吸水杆断裂问题
螺旋式	同针管式差不多，但后面有螺纹，使用螺旋吸水方法	吸收针管式优点，能吸取 95% 的墨水，但不如前两种实用	密封问题，螺旋滑丝问题
可换墨囊式	只需更换墨囊即可完成吸水工作	使用更加方便，大大减少频繁吸取墨水的不便	更换后再次取出容易漏水

（3）握位。

用管状材料包覆、固定笔尖与笔舌形成的组件称为握位。握位与握持之舒适性关系密切，除常见的圆形断面外，各种符合人体工学的设计也常蕴藏着设计者的巧思，另外握位之摩擦力、软硬、尺寸、形状与书写之手感关系密切。

（4）笔杆。

连接握位包覆贮墨装置之管状结构称为笔杆。笔杆材质、造型多变。设计上有一般尺寸与短杆之分，短杆之笔杆书写时将笔盖套在笔杆之尾部，增加的长度使握持、书写更为舒适。

（三）圆珠笔

圆珠笔，或称原子笔，是使用干稠性油墨，依靠笔头上自由转动的圆珠带出来转写到纸上的一种书写工具；是一种使用了微小旋转圆珠的笔，这种圆珠由黄铜、钢或者碳化钨制成，可在书写时将墨水释放到纸上。圆珠笔与芦苇笔、羽毛笔、金属笔尖的笔和自来水笔差别很大。（见图 13－9）

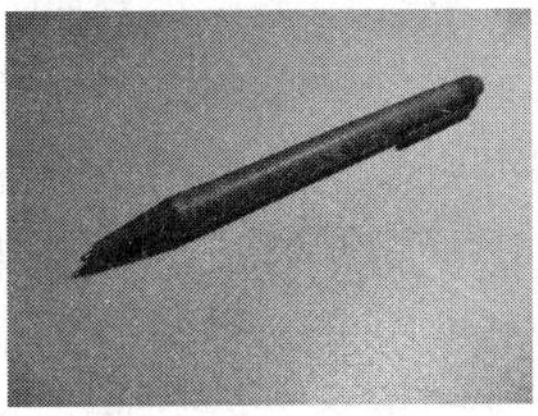

图 13－9　圆珠笔

1. 结构原理

圆珠笔主要是利用球珠在书写时与纸面直接接触产生摩擦力，使球珠在球座内滚动，带出笔芯内的油墨或墨水，以达到书写的目的。

圆珠笔是用油墨配比不同的颜料书写的一种笔。笔尖是一个小钢珠，把小钢珠嵌入一个小圆柱体型铜制的碗内，后连接装有油墨的塑料管，油墨随钢珠转动由四周流下，如图 13－10 所示。

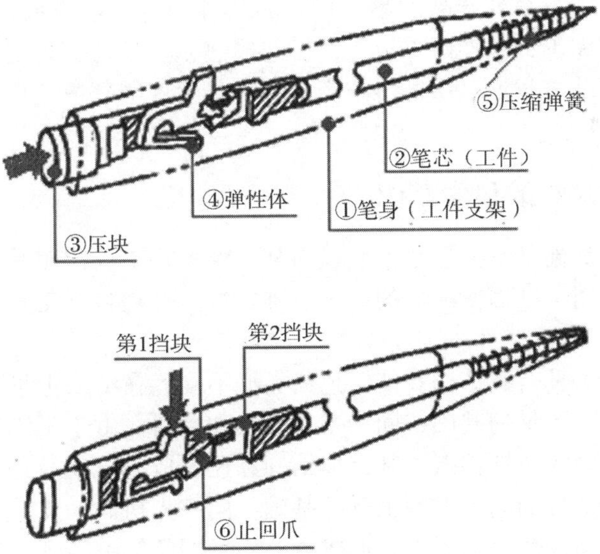

图 13－10　圆珠笔结构

圆珠笔油墨的色素是染料。油墨颜色主要有蓝、红、黑三种，其中尤以蓝色油墨使用最多。过去蓝色油墨中的色素成分是盐基品蓝和盐基青莲，溶剂是氧化蓖麻油、蓖麻油酸。由于盐基性染料不耐光（耐光度只有 1～2 级），不耐热，不耐酸碱，所以耐久性差，现已被淘汰。市场上销售的“424”蓝色圆珠笔和“322”黑色圆珠笔书写出的字迹耐久性较好。

2. 分类

圆珠笔品种繁多、式样各异，就质量而言又有高、中、低等不同档次，但从类别上说，可分为水性圆珠笔、油性圆珠笔等。

（1）水性圆珠笔。

水性圆珠笔又称宝珠笔或走珠笔。笔杆、笔套用塑料注塑成型的宝珠笔叫全塑宝珠笔；笔套用不锈钢材冲压磨制成的叫半钢宝珠笔；笔杆、笔套全用不锈钢制造的叫全钢宝珠笔。全塑型的基本上都是一次性产品，即墨水用完笔就报废了；半钢型和全钢型的多采用可更换笔芯式结构。宝珠笔的笔头分为炮弹式和针管形两种，分别采用铜合金、不锈钢或工程塑料制成。球珠则多采用不锈钢、硬质合金或氧化铝等材料制成，中字迹球珠直径为0.7毫米，细字迹球珠直径为0.5毫米。储水形式分纤维束储水和无纤维束储水两种。墨水的色泽有红、蓝、黑、绿等。宝珠笔兼有钢笔和油性圆珠笔的特点，书写润滑流畅、线条均匀，是一种较为理想的书写工具。

（2）油性圆珠笔。

油性圆珠笔所使用的笔头球珠多采用不锈钢或硬质合金材料制成。球珠直径的大小，决定了字迹线条的粗细。常见的球珠直径有1毫米、0.7毫米、0.5毫米三种（产品的笔身或圆珠笔芯上往往会注明）。圆珠笔的油墨是特制的，主要为色料、溶剂和调黏剂混合而成。常见的颜色有蓝、黑、红三色。普通油墨多用来作一般书写，特种油墨多用来作档案书写。作档案书写用的油墨，在笔芯上一般注有记号，如国产笔芯就注有DA的字样。

油性圆珠笔是圆珠笔系列产品的第一代产品品种，从批量投放市场，至今已有60多年。经过长期的改进完善，油性圆珠笔生产工艺成熟，产品性能稳定，保存期长，书写性能稳定，现已成为圆珠笔类产品中的传统产品品种，油性圆珠笔所用的油墨黏度高，所以书写手感相对重一些。

二、书写工具检验的科学基础

书写工具检验的对象是笔痕，是人们运用某一种书写工具按照其执笔习惯在纸面上书写，使工具和色料作用于纸面所形成的动态痕迹。这一过程包括工具、色料、执笔习惯和纸张四种因素。

不同种类的书写工具，其结构和使用色料类型不同，在纸面上形成的痕迹也不同，构成了区分不同种类书写工具的基础；同种书写工具和色料，由于不同生产厂家生产工艺水平的差异，形成了不同的个性特点，其具体结构和色料成分配比及理化性质不同，构成了区分不同牌子、不同型号的同种书写工具的基础。同一人执同一支笔书写，由于其执笔书写习惯及其工具本身结构和磨损特点，形成了各不相同的笔痕特征，这是书写工具同一认定的基础；而同一人用同一支笔在一定时间内进行书写，如果书写条件相同或相近，则所写字迹在相同的笔画的相同部位会有规律地重复出现相同的笔痕特征。因此，笔痕特征具有相对稳定性，从而构成了书写人各自特有的具有相对稳定性的笔痕特征，这使书写工具的鉴别成为可能。

三、书写工具的种类认定

书写工具是完成书写活动必不可少的外界条件之一。不同的书写工具因其结构和制作材料等有所区别，所要求的书写规范、训练方式等存在差异，从而导致同一人使用不同书写工具书写的动作有所变化，生成的笔迹形象存在差异。在涉及检材字迹与样本字迹为多种书写工具书写的笔迹鉴定案件中，准确鉴别书写工具，对于分析笔迹特征的变化原因，进而作出准确的鉴定意见具有重要作用。

（一）不同种类书写工具的书写机制差异

由于书写工具的种类不同，笔尖形式不同，型号与规格不同，输墨方式不同，使用的书写介质不同，书写工具在生产和使用过程中的损伤部位不同，维修和更换零部件的情况不同，书写工具使用时间长短不同，同一个人使用不同的书写工具书写时，书写人的书写动作或多或少会因适应书写工具而发生变化。

钢笔的主体由笔杆、墨水吸排导管、蓄墨水管、排墨水槽和笔尖等部分组成，靠蓄墨水管排除空气吸入并储存墨水。书写时，钢笔笔尖向下，墨水由蓄墨水管通过墨水吸排导管自然流下，经排墨水槽流至笔尖部位，按压笔尖，笔尖缝张开、墨水注于纸上，形成字迹。圆珠笔与签字笔均由外壳与笔芯构成，其笔芯构造相似，只是使用的油墨不同，书写时均由书写人作用于笔杆迫使笔尖与纸面接触，笔尖处有一颗微小的金属圆珠，书写时圆珠滚动，油墨从圆珠边渗出留下痕迹，形成字迹。用毛笔书写只需要很少的摩擦力即可将墨涂于纸面，而用圆珠笔等硬笔书写需要的力度则相对较大。铅笔的主体部位是铅笔芯，铅笔芯是由石墨加黏土混合制成的。[①] 使用铅笔书写时铅笔芯与纸面摩擦，使笔尖色料分离，黏附于纸面形成字迹。

（二）同一种类不同书写工具的书写机制差异

1. 钢笔

不同钢笔因制作工艺和材料的不同，其笔尖缝隙大小不一致，钢笔笔尖缝隙大小是决定行笔是否流畅的关键，缝隙太大时水路太粗且墨水供给不上，书写容易中断；缝隙太小时会出水困难，行笔不够圆滑流利。钢笔的粗细、轻重、长短也会影响使用钢笔书写的动作，一般来讲，过粗的笔让人拿捏不住，难以控制，书写时运笔不能转动自如；过细的笔在手中似有若无，握笔时手指易捏疼，从而影响书写的速度和协调性。笔身太长，笔可能随着书写摇摆不定，影响书写平衡的把握；笔身太短，则手指执笔难免偏低，影响书写的姿势。[②] 长期使用某一支钢笔书写时，会养成特定的书写习惯，如书写压力、笔尖与文件纸张的具体接触部位等都存在特定规律。当书写人使用不同钢笔书写时，因上述原因的影响，可能短时间内手指对笔的控制能力发生变化，前期的书写笔画出现运笔不顺畅的现象。

2. 圆珠笔

圆珠笔的结构分为固定式、揿动式和旋转式三大类，圆珠笔油是用蓖麻油酸、甘油、松香、油溶性染料合制而成。同一人使用不同圆珠笔书写过程中的书写动作变化，主要归于圆珠笔笔尖结构功能的细微差异。不同的圆珠笔，其笔尖珠球的加工精度、输油槽的畅通性、球座体内壁的光洁度、窝口平整度和松紧度、油槽异物等因素不同，均可能造成书

---

① 李文：《笔迹鉴定学》，中国人民公安大学出版社 2008 年版，第 157 页。

② 余晓春：“‘笔迹动力学’探析”，载《湖南公安高等专科学校学报》2003 年第 2 期，第 93 ~ 95 页。

写动作的变化、书写的顺滑度不同，并相应产生不同的笔痕特征。①

3. 中性笔

中性笔集中了钢笔和圆珠笔的优点，外表结构与圆珠笔相似。中性笔笔芯的笔尖有粗细之分，不同型号的中性笔笔芯适用不同规格的笔壳。实际书写时，有时会把较细的笔芯套用到适合较粗笔芯的笔壳中使用，造成笔芯笔头部位与笔壳契合度低，书写过程中中性笔笔尖可能摇摆不稳定，影响书写动作的协调性，产生拖尾等多余的痕迹。

（三）书写工具种类鉴别的方法

1. 书写工具种类鉴别的一般方法

书写工具种类鉴别的常见方法是运用放大镜、显微镜、文件检验仪、投影仪观察物证手写字迹种属特征，根据种属特征判定书写工具的种类。也可以将物证手写字迹与各种书写工具的样本进行对照检验，根据其种属特征的符合判定书写工具的种类。

2. 根据不同种类书写工具所使用墨迹物理性质进行鉴别的方法

不同种类的书写工具使用的墨水、油墨的组分各异，其物理性质也各不相同，因而可采用各种物理方法及专门仪器进行检验鉴别。

（1）红外线检验。

不同书写工具使用的色料对红外线的吸收、透射作用不同。一般各种圆珠笔油墨字迹、纯蓝墨水、红墨水、黑墨水字迹及多数新写的蓝黑墨水字迹，部分签字笔字迹（蓝黑、红色）、部分蓝黑墨水能吸收一定波长的红外线，因而在一定波长的红外线下可看到字迹。墨汁、碳素墨水和部分含碳的黑签字笔字迹能吸收红外线，因而在红外线下能看到字迹。

（2）紫外－可见分光光度法检验。

由于不同书写工具色料的染料和辅助成分及含量各不相同，因而对不同波长的光线吸收特性也不相同。通过用紫外－可见分光光度计检测，将检材色料与已知色料的吸收光谱图进行比较，便可区分两种不同的色料或确定是何种色料。

（3）荧光检验。

不同书写工具使用的色料中大多数染料在短波光线照射下能被激发产生荧光，而不同色料的染料成分及结构不同，因而被激发的荧光特征也不同，可用以检验鉴别。

（4）电子显微镜检验。

利用电子显微镜高倍放大和立体感较强的性能，可观察到圆珠笔油墨糊状形态及墨汁、碳素墨水、含碳签字笔墨水的碳素颗粒聚集状态和颗粒大小等微观状态，因而可用以鉴别同色的圆珠笔和蓝墨水字迹及墨汁、碳素墨水与黑墨水之间的区别。

四、书写工具同一认定

（一）圆珠笔字迹书写工具同一认定依据

圆珠笔字迹同一认定的依据包括笔痕的种类特征和细节特征。笔痕的细节特征是笔痕

---

① 杨彩丽、胡祖平："影响笔迹特征的书写工具因素分析"，载《中国刑警学院学报》2019 年第 2 期，第 101～106 页。

同一认定的主要依据。笔痕的细节特征通过特殊而有规律的墨痕形态、位置表现出来。

1. 油墨圆珠笔笔痕特征形成的原理

油墨圆珠笔的球座在制作加工过程中的不同，使每一支笔都具有各自的特点；不同书写技能与书写习惯的差别，造成了书写人各不相同的书写作用。书写笔与书写作用在书写活动中有机结合并相互制约，字迹笔画中就形成了有特定性和稳定性的笔痕特征。

2. 油墨圆珠笔笔痕特征的种类

笔痕特征产生在笔画的起笔、行笔和收笔过程中，表现为墨迹的各种不同形态。笔痕特征可分为 3 类 32 种。

（1）笔画点痕特征。

笔画点痕特征是指圆珠笔在书写运动过程中，由于特定的笔和运动方式而导致的特殊的、有规律的短暂供墨变化所形成的笔画形态及位置特点。这种特征的形态表现为墨点痕或白点痕，共分为 10 种，包括起笔墨点、折笔墨点、绕笔墨点、连笔墨点、收笔墨点、起笔白点、折笔白点、绕笔白点、悬空白点、收笔白点。

（2）笔画划痕特征。

笔画划痕特征是指圆珠笔在书写运动过程中，由于特定的笔和运动方式而导致的有规律的阶段性断墨变化所形成的笔画形态（粗细、形状）及位置特点。这种特征的形态为白色条状划痕，主要划分为 12 种：单点划痕、双点划痕、粗划痕、细划痕、长划痕、短划痕、双划痕、斜划痕、暗划痕、绞划痕、曲划痕、叉划痕。

（3）笔画墨量痕特征。

笔画墨量痕特征是指圆珠笔在书写过程中，由于特定的笔和运动方式而导致的特殊的、有规律的阶段性墨量痕变化所形成的笔画墨量痕变化形态（粗细、浓泽、形状）及位置特点。这种特征可以分为 10 种：墨量痕浓、墨量痕淡、墨量痕中等、墨量痕先浓后淡、墨量痕先淡后浓、墨痕粗、墨痕细、墨痕中等、墨痕先粗后细、墨痕先细后粗。

（二）自来水笔书写工具同一认定依据

自来水笔的笔痕特征包括种类特征和细节特征。种类特征只能识别书写工具种类，如金笔、铱金笔、书法笔，而细节特征能进行自来水笔的同一认定。自来水笔笔痕的细节特征由特定而有规律的墨痕形态（浓淡、粗细、形状）位置表现出来。

1. 自来水笔笔痕特征形成的原理

自来水笔的笔舌环槽和出水槽的深浅与曲直度，以及气孔的大小与位置等，在制作加工中形成的细微差别，构成了自来水笔写字部位各自的特点；书写过程及书写习惯等，构成了不同人用笔的不同特点。书写笔部件所具有的特点与书写作用所具有的特点，二者在书写活动中有机结合，即构成了特定的笔痕特征。

2. 自来水笔笔痕特征的种类

自来水笔笔痕特征产生于书写的起笔、行笔及收笔的过程中，其特征表现在墨迹形态上。具体表现在以下三个方面。

（1）起收笔笔痕特征。

该特征是指书写笔在起收笔部位所表现出来的特殊笔痕形态特点。起收笔笔痕特征的具体分类是：圆形痕、平形痕、斜形痕、尖形痕、叉形痕。

（2）笔画划痕特征。

该特征是指书写笔在行笔部位所表现出来的特殊笔痕形态特点。笔画划痕特征的具体分类是：长划痕、短划痕、宽划痕、窄划痕、环划痕、弧划痕、尖划痕、暗划痕。

（3）墨水流痕特征。

该特征是指书写笔在书写不同笔画的运动过程中所表现出来的特殊墨流量痕形态特点。墨水流痕特征的具体分类是：墨流痕浓、墨流痕淡、墨流痕中等、墨流痕先浓后淡、墨流痕粗、墨流痕细、墨流痕中等、墨流痕先粗后细、墨流痕先细后粗。

（三）圆珠笔、自来水笔同一认定的方法

圆珠笔、自来水笔同一认定的方法主要是特征对照法。检验时应尽可能地收集与检材形成时间和条件相近的样本，在可能的情况下还应收集可疑的书写笔。运用该方法的要点包括以下四个方面。

1. 分别检验

用放大镜、显微镜逐字逐画地观察和标示检材和样本的笔痕特征，从中确定特定性和稳定性较强的特征。

2. 比较检验

比较相同字、相同笔画的笔痕形态、位置的异同，确定其符合点和差异点。如果检材因字迹少，无相同字，可从不同字的相同笔画或相同动作上进行笔痕比对。

3. 综合评断

对比较检验中明确的符合点或差异点，要进行全面的综合分析和评断。要从书写笔与书写作用两个方面分析其符合点和差异点形成的因素和条件，客观地论证符合点与差异点是本质特征的反映，还是非本质特征的反映，在此基础上综合地作出鉴定意见。

4. 鉴定意见

（1）肯定同一。

检材与样本字迹的笔痕种类特征相同，相同字或不同字的相同笔画与相同部位上的笔痕细节特征相同或相似。经综合分析与评断，其符合特征属本质性的特征，可作出认定检材与样本字迹是同一人执同一支笔书写的鉴定意见。

（2）否定同一。

通过检验，差异点明显，而且少量的符合点亦属非本质特征反映，可作出书写笔迹否定同一的鉴定意见。

【思考题】

（1）文件材料检验与文件检验的关系。

（2）文件材料包括哪些？常见的检验方法有哪些？

（3）纸张检验的程序及检验依据。

（4）纸张纤维的形态结构鉴别。

（5）印刷油墨的分类及检验方法。

（6）书写墨水的分类及主要成分。

（7）印油、印泥的分类及检验方法。

（8）书写工具的种属鉴定与同一认定鉴定。

【参考文献】

[1] 汪聪慧：“对文件材料的检验标准几点思考”，载《中国司法鉴定》2009 年第 3 期。

[2] 贾玉文、邹明理主编：《中国刑事科学技术大全·文件检验》，中国人民公安大学出版社 2002 年版。

[3] 刘彤彤、李建邦：“案件中纸张检验方法的研究综述”，载《广东化工》2017 年第 20 期。

[4] 贾晓光主编：《文书物证司法鉴定理论与实务》，中国人民公安大学出版社 2017 年版。

[5] 陈明星：“墨水老化方法的研究”，首都师范大学 2006 年学位论文。

[6] 李继民：“TLC 法鉴别黑色签字笔油墨种类的研究”，载《中国人民公安大学学报（自然科学版）》2002 年第 6 期。

[7] 李继民：“常见黑色签字笔油墨种类鉴别的研究”，载《广东公安科技》2002 年第 3 期。

[8] 李继民：“TLC 分析黑色签字笔色痕种类及形成时间的研究”，载《警察技术》2002 年第 6 期。

[9] 王岩等：“紫外及其导数光谱法检验红色圆珠笔油墨”，载《广东公安科技》2004 年第 3 期。

[10] 陈丁文、李江春：“印章色料及其色痕检验方法回顾与展望”，载《湖北警官学院学报》2008 年第 2 期。

[11] 柳彬、赵丽、江沅龙、王登魁、郝红光：“印文色料的拉曼光谱检验及基于 R 软件的聚类分析”，载《光散射学报》2016 年第 2 期。

[12] 屈音璇、李彪：“印油种类鉴别及印文盖印时间检验方法综述”，载《侦查与技术》2017 年。

[13] 李淑英、李继民、邹宁：“办公用粘合剂的检验研究”，载《广东公安科技》2002 年第 2 期。

[14] 李文著：《笔迹鉴定学》，中国人民公安大学出版社 2008 年版。

[15] 余晓春：“‘笔迹动力学’探析”，载《湖南公安高等专科学校学报》2003 年第 2 期。

[16] 杨彩丽、胡祖平：“影响笔迹特征的书写工具因素分析”，载《中国刑警学院学报》2019 年第 2 期。

[17] 贾治辉主编：《文书检验》，中国民主法制出版社 2007 年版。

[18] Hicks C. T. et al. Ink Aging Perspectives on Standardzation. Advances in Forensic Sciences, 3: 304 – 305.

[19] Aginsky V. N.. Some New Ideas for Dating Ballpoint Ink—A Feasibility Study. J Forensic Sci, 1993, 38(5): 1134.

[20] Aginsky V. N.. Dating and Characterizing Writing, Stamp Pad and Jet Printer Inks by Gas Chromatography/Mass Spectrometry. Int J Forensic Doc Exam, 1996, 2(2): 103 – 116.

[21] Cantu A. A.. A Sketch of Analytical Methods for Document Dating Part I. The Static Approach: Determining Age Independent Analytical Profiles. International Journal of Forensic Document Examiners, 1995(1): 40 – 51.

第十四章　朱墨时序检验

内容提要： 本章主要介绍朱墨时序的概念、方法原理及影响因素，在此基础上总结朱墨时序检验原则，介绍其常用检验方法。本章的重难点是常用检验方法的适用对象及范围，尤其是不同材质、不同形成条件下的朱墨时序检验该选用何种检验方法。

关键词： 朱墨时序；检验原则；检验方法

第一节　朱墨时序检验概述

一、基本概念

“朱墨时序”是文件检验技术领域的一个专门术语，特指可疑文件上的印文印迹与书写或打印、印刷墨迹的形成先后顺序，俗称“先写字还是先盖章”“章压字还是字压章”。“朱”是红色印文的意思，现泛指各种颜色的印章印文（手印）；“墨”是墨迹的意思，现泛指各种书写或印刷的墨迹。朱墨时序在文检分类体系上归属于文件形成时间检验范畴。

朱墨时序检验常应用在经济案件或经济纠纷中，犯罪嫌疑人或当事人一方利用偷盖好的或事先预留好的对方印章印文，添写对自己有利的内容伪造合同、收条或证明文件，来达到侵占对方财产、获取对己方有利证明等目的。对于该类文件是先有字还是先有盖章，需要对文字与印章印文交叉处进行检验，判定是字压章还是章压字、是先写字还是先盖章。朱墨时序这个看似简单的问题，却是文检专业一项难度较大的技术，过去主要靠鉴定人用显微镜肉眼判断，存在较大的经验性和主观性。随着现代办公设备的改良革新，特别是新材料印章和打印机的普及，在油墨的墨层极薄、激光打印机碳粉稀松、喷墨打印机墨水互溶等情况下判断朱墨时序变得更加困难，仅以肉眼判断非常容易出现与事实相反的结果，所以越来越需要依靠现代检验设备和检验技术，采用多种方法相互佐证，来准确判断朱墨时序。

二、朱墨时序检验的原理和科学依据

朱墨时序检验是通过对纸张上留下的朱墨印迹进行分析，推断二者的形成顺序。朱墨时序检验的本质，是根据朱墨在纸张上留下的物理或化学表象，来认识朱墨形成的时间顺序。

朱墨相继作用于纸张并相互层叠覆盖，在时间上必有一个先后过程，这个过程会体现在朱墨交叉处的表象上。由于朱墨两种物质不能完全相溶，则两种色料一定会形成相互覆盖、相互交融、相互排斥的关系，且由于受纸张或书写动作等影响，也会打破原有色料的

分布形态，这使我们可以通过检验朱墨交叉处二者色痕的宏观和微观状态，来确定朱墨形成的先后顺序。

朱墨时序客观上只存在两种结果：先墨后朱或先朱后墨。先后书写或盖印到纸张上的墨迹或印油，理论上哪个色料后形成，其色料应该覆盖在先形成的色料之上。但是由于朱、墨、纸三者之间复杂的物理化学关系，表现出来的形态并不是一层油漆覆盖一层油漆那样简单，很多时候甚至会出现相反表象。所以，检验朱墨时序不仅要用到各种现代科学仪器，更重要的是要从原理上认清朱墨之间的相互关系。

三、朱墨时序检验的影响因素

色料物质的特性不同，决定了朱墨时序不可能只存在肉眼可辨的色料覆盖这种简单现象，必须综合考虑纸张、墨迹、印油的性质，同时进行宏观和微观检验以增加检验信息。

（一）色料及载体性质对朱墨时序的影响

1. 墨迹

（1）墨水。墨水通常分为油性、中性、水性三类，这是以墨水的黏稠度来划分的。油性墨水以圆珠笔油为代表，中性墨水以中性笔含碳墨水为代表，水性墨水以水溶性染料墨水为代表。不同性质的墨水与不同性质的印油交叉时会产生不同的物理化学现象。

（2）激光打印（复印）机碳粉。在形成的笔画形态上，显微镜下观察碳粉对纸张的覆盖性差异较大，有的笔画上碳粉能基本全覆盖，而大部分笔画上碳粉只能部分覆盖，有的打印条件较差的笔画上纸张露白处比碳粉覆盖的面积还大。笔画上碳粉对纸张的覆盖程度对朱墨时序检验有重要影响。碳粉的树脂成分不同，也有极性（亲油性）问题，会与不同极性的印油产生排斥或溶解差异。

（3）喷墨打印机。喷墨打印机墨水大部分是水溶性墨水，但也有少部分为溶剂型墨水。水溶性墨水会与油性的印油产生排斥反应，但溶剂型墨水却完全相反，所以检验喷墨打印机墨水的朱墨时序时，首先必须判断是水溶性墨水还是溶剂型墨水。

2. 印油

有印泥和印油之分，印泥通常指用艾绒与朱砂、蓖麻油调制出来的泥状物，色料颗粒较粗；印油通常指化学颜料溶于（或悬浊于）油类有机溶剂中，为液体状，用海绵、布料或微孔储墨橡胶等吸附作为载体，颗粒较细。色料颗粒由粗到细的顺序分别是印泥、印油、原子印油、光敏印油，不同粗细的色料颗粒对朱墨时序有直接影响。作为色料承载物的调和油，有蓖麻油、各种成分及黏稠度的机油，以及如醇类的小分子溶剂。由于它们的化学性质不同，其荧光特性及对纸张的浸润、笔画的覆盖、与打印字迹碳粉树脂的反应都有很大的差异。

3. 印章

印章分为各种材质的硬质雕刻章如铜章、石章、牛角章、硬塑料章等，半硬质的红胶章、树脂章等，软质的原子印章、光敏印章等。印章材质的不同，导致章面的极性和作用于纸张墨迹上的挤压特性均有非常显著的差异，以致即使朱墨顺序相同但交叉处表观形态迥异。

4. 纸张

纸张通常由植物纤维、填料、胶料组成。植物纤维一方面搭建网状结构承载墨迹或印油往内部渗透，另一方面其本身也对墨迹印油有吸附作用，根据墨水、印油的溶剂或颗粒性质，对有些溶剂型的染料有染色作用并吸收到纤维内部，而对有些颗粒较大的颜料则只吸附在纤维表面。填料通常用高岭土、滑石粉、碳酸钙等，是为了使纸张获得特定性能，如白度、不透明度、强度、厚度、平滑度等，同时填料的加入使纸张内部空隙变小变细，从而增加纸张对油墨的吸收性，并且使得吸墨更均匀。填料用量的多少会影响墨迹或印油在纸张上的渗透情况。为改善墨水在纸张上的洇散性能，需在纸中加入具有抗液性胶体物质或成膜物质，即胶料，这是一种亲油疏水的物质，施胶量的大小也会对朱墨时序产生影响。

（二）色料浓淡对朱墨时序的影响

色料浓淡对朱墨时序的影响较大。宏观观察印油或笔画墨水色料，若其色痕较浓、颜色较重，则微观表现为墨层较厚、覆盖较实、露白很少。反之，若宏观观察印油或笔画墨水色料，若其色痕较轻、颜色较淡，则微观表现为墨层较薄、覆盖不实、露白较多。朱、墨色料均较浓时，可在显微镜下宏观区分墨层上下；朱、墨色料均较淡时，宏观则难以区分，需要利用高倍显微镜观察微观细节。而朱、墨色料一个较浓、一个较淡时，最容易将较浓的色料看成是后形成的，从而引起判断失误，对此需要特别注意。

（三）外部条件对朱墨时序的影响

外部条件主要表现在纸张或衬垫物的平整度、书写压力和盖印力的大小、及时相交或延时相交、文件保存条件和时间长短等，这些均要综合考虑。

四、对朱墨时序检验方法科学性的总体评价

在文检实践中，朱墨时序检验仍然是一门难度较大的技术，其特点是看似简单，很多人以为在显微镜下可直接观察朱墨交叉处哪种颜色在上面，并轻而易举地得出鉴定意见。但各类个案情况非常复杂，这种简单判断与真实朱墨时序关系截然相反的情况仍然高频发生，很多鉴定人对此无所适从，对观察结论缺乏内心确信。由于色料成分、形成条件的复杂性，对应各种影响因素，不仅要有针对性的检验方法，而且针对检材的具体条件，要在某一种检验方法内进行调整。如果检验方法选择错误，或者考虑影响因素不周全，都会导致误判。

第二节　朱墨时序检验的基本原则

一、先无损后有损原则

朱墨时序检验的显著特点之一就是检材量少，可检验的地方只有很少的几个朱墨交叉处，所以除非穷尽了各种无损检验法均不能得到结果，否则轻易不能使用有损检验方法。因鉴定人水平、鉴定设备配置高低不同，一些鉴定人用无损检验法可能得不出检验结果，其他鉴定人却能得出检验结果。有损检验法消耗检材，不仅影响他人再次检验，自己也没法通过复检验证自己的检验结果。如果穷尽各种无损检验法仍得不到结果而只能使用有损

检验法时，一定要向送检人说明有损检验的风险，征得送检人同意后方可进行。朱墨时序检验一定要本着先无损、后有损的检验原则，有损检验方法一定要注意尽可能地少破坏检材，要给复核检验留有充分的条件与机会。

二、多种方法验证原则

朱墨时序检验往往存在检材条件复杂、特征不明确的特点，除了有针对性地选择某项检验方法，有条件的还应使用多种方法进行交叉验证，必要时还可制作条件相近的实验样本进行验证。

朱墨时序的很多检验方法是单向肯定法，即出现某种现象则为肯定性结论，但如果未出现某种现象却不能轻易得出相反结论，需要结合其他方法交叉验证。如激光打印件或复印件，碳粉上发现有荧光则为先墨后朱（后盖章），而未发现有荧光则有可能是印油荧光弱或仪器灵敏度不足等原因，不能据此得出先朱后墨（先盖章）结论；手写字迹如发现有印油在笔画沟痕深处发生中断现象则为先墨后朱（后盖章），但后盖章也不必然出现这一特征，未发现有此现象也不能得出先朱后墨（先盖章）结论；喷墨打印机墨水在印油上产生洇散现象可判断为先朱后墨（先盖章），但未发现此现象也不能说明是先墨后朱（后盖章）等。如果在使用一个方法无法得出准确结论时，就必须要用多种方法、对多个部位进行交叉验证。

三、宏观检验与微观检验并用原则

朱墨时序检验首先要在低倍显微镜下观察检材的宏观特征。例如，墨迹或笔画是否完整；是否有被另一种色料作用而产生改变自身分布形态的现象，如色料在交叉处变粗或变细，产生弯曲、缺损、被拖带、洇散等，在另一种色料边堆积，荧光的总体分布等。如果宏观检验没有发现明显的标志性特征，则要进行高倍显微镜下的微观检验。微观检验一定要注意避开笔画局部色料自身的未覆盖（露白）范围，选择朱墨同时有交叉的区域进行检验，同时要通过显微镜变焦纵向立体观察墨层或纸张纤维的情况，根据纸张、墨迹、印油的相互物理化学关系来综合检验。

朱墨时序检验虽然是一门科学，但也离不开检验人的经验和水平。检验人平时需要不断对已知朱墨时序的样本进行反复练习，熟练掌握各种检验方法和设备仪器操作，注意各种检验方法的特点及局限性，综合考虑印油和笔墨的浓淡轻重、保存条件等影响因素，在特征明确时再作出相应的鉴定意见。

第三节　朱墨时序检验的基本方法

朱墨时序的检验方法很多，有显微镜检验法、3D 视频显微镜检验法、减层检验法、断面检验法、转印检验法、脱色检验法、表面成分分析法、拉曼光谱检验法、电镜检验法、电阻检验法、荧光检验法等。以前主要采用显微镜观察法和减层检验法的剥离法，但近年来朱墨时序检验技术有了重大发展，随着朱墨时序检验新设备、新技术的推出，以及朱墨时序标准的发布，对朱墨时序的检验有了全新的方法和规范，使朱墨时序检验技术不再成为文检行业的主要难题。

朱墨时序检验方法分为无损检验法和有损检验法。实践中常用的无损检验法主要有显微检验法、荧光检验法、光谱检验法、三维立体显微镜检验法等。有损检验法有减层法、转印法等。

一、显微检验法

(一) 显微镜的选择与使用规范

使用双目体视显微镜直接观察，倍率通常在80~200倍；使用视频显微镜，影像放大倍率在200~500倍——倍率太小观察不到细节，而倍率太大会造成视场和景深太小、容易被局部假象误导，所以可根据需要进行变倍来回观察，完成宏观和微观检验。

关于光学显微镜的操作规范，可直接参照国标《GB/T 37233—2018 文件制作时间鉴定技术规范》中的朱墨时序鉴定——显微检验法的相关规定。

7.2 显微检验法

7.2.1 仪器设备的选择

应根据印文材料和文字材料的种类确定检验方案，选择适当的显微镜进行检验，宜使用立体显微镜和高倍率的材料显微镜交叉进行检验，相互印证。

7.2.2 检验条件的选择

进行显微检验时，应根据检材的具体情况选择适当的检验参数，包括但不限于：

a) 放大倍率的选择：使用高倍率显微镜检验时，应选择合适的放大倍率获得最佳识别效果；

b) 照明方式的选择：选择适当的光源类型及照射角度、光照强度等，获得最佳的识别效果；

c) 共聚焦技术的运用：观察和分析高倍率图像随景深变化的情况，可利用显微镜的共聚焦功能或图像处理技术，将高放大倍率的各层图像进行重组，获得清晰的高倍显微图像。

7.2.3 检验记录

应对显微检验的结果采用适当的方式进行固定，记录的方式包括但不限于：

a) 可通过显微镜专用图像软件获取不同条件下的显微图像，并制作成显微图片；

b) 可采用显微照相技术拍摄不同条件下的显微图像，利用图像软件编排制作成显微图片；

c) 对反映出的有价值的显微特征，宜在显微图片上进行标识或作文字说明。

7.2.4 交叉部位的显微表观特征

7.2.4.1 先字后印交叉部位的显微表观特征主要包括但不限于：

a) 印字交叉部位文字笔画连贯、完整；

b) 印字交叉部位表面应呈现文字色料被印文油墨覆盖的现象；

c) 印字交叉部位印文笔画可能出现收缩、中断或缺损等现象；

d) 印字交叉部位印文色料不应出现被擦划、抑压、拖带等痕迹；

e) 印字交叉部位印文色料可能出现如油墨变浅、表面颜色变亮、光泽增强等现象。

7.2.4.2 先印后字交叉部位的显微表观特征主要包括但不限于：

a）印字交叉部位印文笔画连贯、完整；

b）印字交叉部位表面应呈现印文油墨被文字色料覆盖的现象；

c）印字交叉部位文字笔画可能出现收缩、渗散、中断等现象；

d）印字交叉部位印文色料可能出现被擦划、抑压、拖带等痕迹；

e）印字交叉部位文字色料可能出现如色料变浅、表面色泽变暗、无光泽等现象。

7.2.5 综合分析和评断

7.2.5.1 应根据先字后印和先印后字的显微表观特征，对印字交叉部位显微特性进行综合分析。综合分析的技术要点包括但不限于：

a）交叉部位印文色料和文字色料的连贯性、完整性的分析；

b）交叉部位印文色料和文字色料显微分布状态的分析；

c）交叉部位印文色料和文字色料的表面颜色变化情况的分析；

d）交叉部位印文色料和文字色料的表面光泽变化情况的分析；

e）交叉部位手写字迹形成的压痕部位印文墨迹的分布状态的分析；

f）交叉部位印文色料和文字色料的收缩、渗散、中断、堆积等现象的分析；

g）交叉部位印文或文字笔画边缘墨迹分布、颜色、光泽等情况的分析；

h）交叉部位印文墨迹表面有无被擦划、拖带、抑压等现象的分析；

i）分析交叉部位与未交叉部位印文色料和文字色料在颜色、光泽、墨迹分布等特性上的变化规律。

7.2.5.2 应对检材印字交叉部位显微特征的性质进行综合评断，并根据综合评断的结果，按8.4规定的朱墨时序鉴定的鉴定意见种类及其判断依据，作出相应的鉴定意见。

7.2.5.3 应按GB/T 37234—2018中第9章规定的证实方法，记录并归档鉴定人在朱墨时序鉴定的显微检验过程中对7.2要求的符合情况。

实际检验中，单纯通过视觉辨别颜色来判断朱墨时序是危险的，极易导致误判，主要包括以下三种情形：

（1）对于激光打印机，较淡的印油覆盖在黑色的碳粉上，无法观察到碳粉上的红色，易将先墨后朱（先有字）误判为先朱后墨（先盖章）；

（2）对于露白较多的激光打印机笔画，由于碳粉漏洞处原纸张上红色印油干扰，宏观上会感觉碳粉上有红色，易将先朱后墨（先盖章）误判为先墨后朱（先有字）；

（3）对于喷墨打印机，由于印油极性的存在，印油对水性墨水存在排斥现象，从而呈现墨水覆盖不住印油而表现为红色印油附着在上的假象，易将先朱后墨（先盖章）误判为先墨后朱（先有字）。

综上，仅仅通过显微镜肉眼直接观察颜色覆盖以此确定朱墨时序是不够的，通常还要配合其他方法来进行判断，以二者先后所形成的物理形态为主要观察点。

（二）朱墨交叉处的干涉光现象

在用显微镜观察朱墨时序时，在高倍（500倍）及变换入射光线角度或者在偏振光下，通常会发现交叉处笔画表面呈现一层黄绿色的反射光。通常印油为红色，笔画为黑色，纸张和灯光为白色，那么黄绿色光从何而来？其实，黄绿色光就是印油的干涉光。印油的干涉基于薄膜干涉的原理，薄膜可以是透明固体、液体或由两块玻璃所夹的气体薄层，在这里指覆盖在笔画色痕上的一层透明的印油油层。入射光经薄膜上表面反射后得到第一束光，折射光经薄膜下表面反射，又经上表面折射后得到第二束光，这两束光在薄膜的同侧由同一入射振动分出，是相干光，属分振幅干涉。照此原理，如果我们观察到干涉光，即证明此处有一层透明印油薄膜，也就是说，只要观察到黄绿色光，即证明此处笔画色痕上有印油覆盖。理论上干涉光与薄膜的厚度有关，不同薄膜厚度会表现出不同颜色的干涉光，为什么我们却只能看到黄绿色的干涉光而看不到蓝色或红色的干涉光呢？因为人眼对黄绿色最敏感，蓝色的干涉光不易被看见，红色的干涉光与印油的红色容易混淆。

检验过程中若发现朱墨交叉处的笔画色痕上存在印油膜覆盖，是否一定表示先墨后朱（后盖章）的时序关系？基于目前的相关研究，如果出现大范围干涉光现象，则能够说明先墨后朱（后盖章）的时序关系。但理论上尚不能排除有的印章印油盖印较浓，随着时间推移，印油后期会通过毛细作用层析到墨迹表面从而引起干涉光的可能性，这种可能性尚需进一步实验验证。

（三）喷墨打印机朱墨时序

喷墨打印机的墨水大部分是水溶性的，少部分是油溶性的。本书仅对水溶性墨水进行研究、介绍。

打印机的水溶性墨水与印油的油分子极性决定了二者为互相排斥关系。二者均往纸张纤维内渗透，且没有相互覆盖关系，所以不能用一般的显微镜直观观察和荧光、光谱类仪器检验，因为极易导致相反结论。检验喷墨打印机朱墨时序，主要就是利用油水的相互排斥造成的现象来判断。

1. 先朱后墨

由于纸张纤维上先覆盖了印油，喷墨的水溶性墨水被这层印油隔离而不能及时渗入纸张，就像荷叶上的水珠一样，会被印油阻滞、停留一小段时间后找到纤维缝隙再渗入纸张中。由此形成这样的现象：显微镜下观察，印油较多的地方往往墨水沾不上去，仍呈现红色；黑色的墨水会有较大的形态变化，会产生洇散、堆积；会出现凸起的纤维呈红色而低洼处黑色墨水聚集现象；会出现墨水沿印油边缘扩散现象。如果发现这些现象，则可断定为先朱后墨（先盖章）。

2. 先墨后朱

理论上如果印油为油性油墨、打印机墨水为水性墨水，则如果观察不到墨水遇印油有上述洇散等现象，打印字迹笔画小点完整、在交叉处和非交叉处形态表现完全一样，则可判断为先墨后朱（后盖章）。但仍需注意印油的浓淡问题，防止印油过淡而对墨水的排斥作用不明显导致的特例情况。

二、荧光检验法

荧光检验法是推荐使用的一种无损检验方法。该方法过去没有得到重视，是因为其对仪器设备有较高要求，仪器设备精度不足，一样会导致误判。荧光法需要依靠荧光视频显微镜，而过去荧光视频显微镜主要用于观察生物检材，没有针对朱墨时序要求进行专门设计或优化，在高倍率、大视场和较暗荧光下 CCD 感光不足、分辨率不够而导致无法观察到微弱的印油荧光，易将先墨后朱的正常时序判断为先朱后墨的非正常时序。2015 年安徽省公安厅方部立项《朱墨时序检验的新方法和设备研发》，研发出一款专门检验朱墨时序的荧光显微镜设备——朱墨时序仪，使荧光检验法有了最新的研究成果与实践运用。荧光检验法目前是朱墨时序最重要的一个无损检验方法。

（一）激发荧光的原理

当光照射到某些原子时，光的能量使原子核周围的一些电子由原来的轨道跃迁到能量更高的轨道，即从基态跃迁到第一激发单线态或第二激发单线态等。第一激发单线态或第二激发单线态等是不稳定的，所以会恢复基态，当电子由第一激发单线态恢复到基态时，能量会以光的形式释放，所以产生荧光。产生荧光的条件是入射光必须是能量较大（波长较短）的光、激发出的荧光是能量较小（波长较长）的光。

（二）荧光法检验朱墨时序的基本原理

利用荧光设备将印油“点亮”，使之与不发荧光的墨迹背景产生强烈反差，便于检验人观察印油与墨迹交叉部位的印油形态。荧光本身不能指示朱墨时序，需要配合相应的检验方法才能完成朱墨时序的检验。根据感光器的特性，一般研究的光谱范围在 200 ~ 1000nm。具体操作是：选择一个波长较小的单色光（如蓝光）作为激发光照射检材朱墨交叉处，再选择一个波长较长的高通（截止）滤光片（如红色）放置在照相机感光器（或镜头）前，这样照相机感光器便能滤掉入射的蓝光等反射光，而仅接收印油的荧光进行成像（这也是文检仪的荧光成像原理）。

1. 印油与激光打印机、复印机等碳粉类字迹笔画形成的朱墨时序检验

研究发现，激光打印机或复印机等碳粉类字迹笔画，大部分情况下其碳粉并不能完整覆盖纸张，会有很多孔隙的“漏洞”。这些漏洞下面的纸张或印油由于没有碳粉覆盖，总是能显现出荧光亮点，在宏观上造成笔画上出现这些“伪荧光”的干扰。所以检验碳粉类笔画朱墨时序时，必须增加一个检验步骤——拍摄待检笔画交叉处的透光图片，找出碳粉的漏洞，并在荧光分析时排除掉这些“伪荧光”。

（1）全覆盖型碳粉笔画（碳粉基本完全覆盖住纸张，不留孔隙）与印油的交叉时序，效果最好，无论盖印轻重，均能直观体现。（见图 14－1）

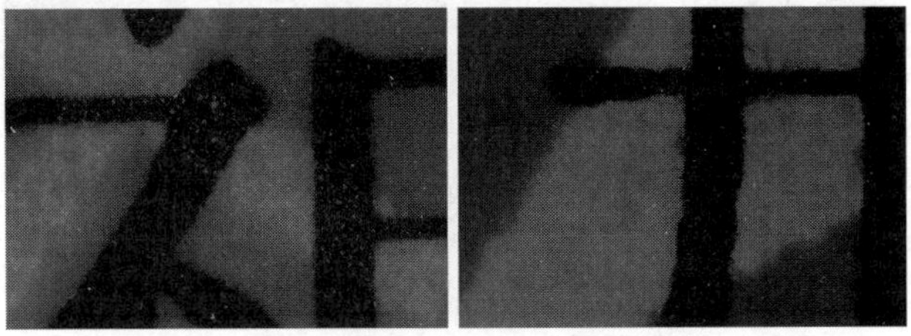

图 14－1　全覆盖型碳粉笔画与印油的交叉时序

左：先墨后朱；右：先朱后墨

（2）当激光打印机、复印机等碳粉类字迹笔画呈漏洞型时，印油与碳粉类字迹笔画的朱墨时序检验，需要排除漏洞后进行荧光处理。其具体解决办法是：先拍摄一张透光照片，并标记出漏洞位置，然后再拍摄荧光照片；分析朱墨时序时，需排除漏洞处的荧光、在非漏洞位置发现是否有荧光，以确定朱墨时序。无论何种印油和盖印轻重，均能以此方法获得准确结果。（见图 14－2）

（3）当激光打印机、复印机碳粉字迹笔画存在大面积分布的细小漏孔情形时，判断朱墨时序难度最大，需要细心找出碳粉相对集中、没有纸张荧光干扰的区域进行观察检验。印油较重的效果明显，印油轻的难度较大，但仍可准确识别。（见图 14－3）

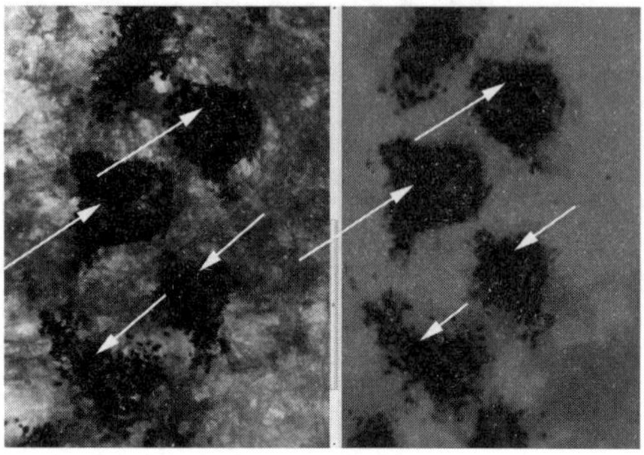

图 14－2　漏洞型碳粉笔画与印油的交叉时序（先朱后墨）

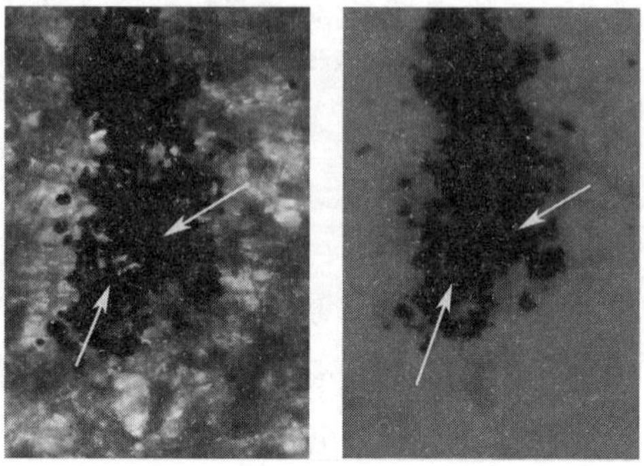

图 14－3　细小漏孔密集分布的碳粉笔画与印油交叉情况（先墨后朱）

2. 印油与手写笔画的朱墨时序

印油与手写笔画的交叉时序识别不像与碳粉笔画的交叉时序识别那样简单，要有一定技巧，且有一定的识别率，在条件不好时部分检材无法识别、无结论。但实验发现，大部分仍呈现如下典型特征。

（1）如果先朱后墨，在印油较浓的时候，字迹笔画会在印油处“打滑”，形成笔画中空现象，但在印油很淡的时候该种情况出现较少，如图 14－4（左）所示。

（2）如果先朱后墨，文字笔画的墨迹会在笔痕的两侧堆积并覆盖住印油的荧光，如图 14－4（右）所示。

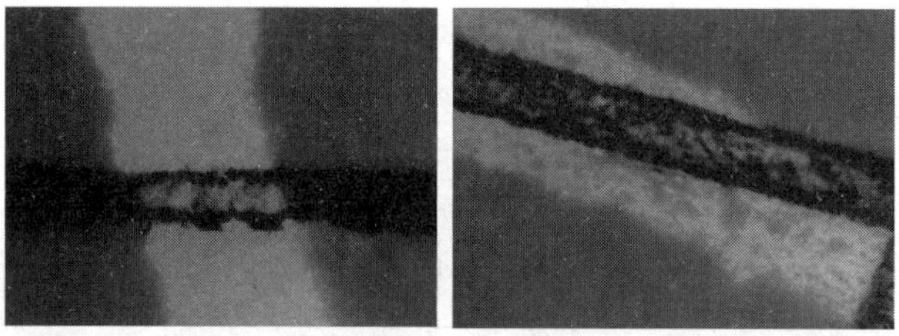

图 14－4　印油与手写笔画的层次关系（先朱后墨）

（3）如果先墨后朱，会在笔画的两侧出现印油荧光覆盖笔画现象，并在纤维凸起处观察到颗粒状印油荧光，如图 14－5 所示。

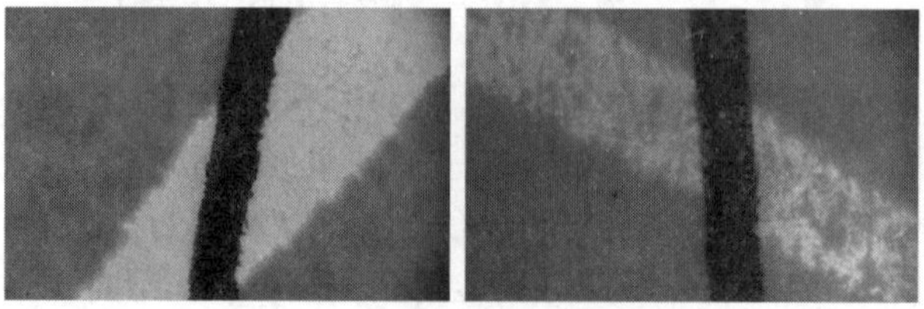

图 14－5　印油与手写笔画的层次关系（先墨后朱）

3. 印油与喷墨打印机字迹的朱墨时序字迹

经多次实验，印油与喷墨打印机字迹的朱墨时序，荧光检验法效果不好，因为印油会向纸张内渗透，而喷墨打印机的染料并不阻挡印油，也会向纸张里渗透，二者交织在一起，既没有上下层次关系，也没有笔痕造成的形态关系，因此不能用荧光法检验印文与喷墨打印机字迹的朱墨时序。用常规显微镜法去观察其二者的极性排斥情况，效果反而比荧光法好。

4. 印油与色带打印机字迹的朱墨时序

色带打印机字迹与喷墨打印机字迹有共同之处，就是不阻挡印油往纸张内渗透，因此荧光效果也不好。但是色带打印机会在纸张上击打出凹痕，在先墨后朱时会观察到印油覆盖不到凹痕深处的情况。但这种情况用常规视频显微镜功能即可观察到，荧光方法不占优势。

激光荧光视频显微镜检验朱墨时序，是一种较为可靠的检验方法。(1) 对激光打印机、复印机碳粉字迹笔画的全覆盖情形，无论用什么印泥（油）、无论盖印轻重油量大小，均能轻松识别朱墨时序，且准确率极高。(2) 对激光打印机、复印机碳粉字迹笔画的漏孔情形，绝大多数情况下能进行朱墨时序识别，且准确率极高。(3) 当激光打印机、复印机碳粉字迹笔画呈大面积分布的细小漏孔情形时，检验难度大；一旦发现碳粉堆积处有荧光点，则先墨后朱无疑；但碳粉堆积处无荧光点，则要慎重判断是否先朱后墨。(4) 对于各类墨水手写字迹的朱墨时序的识别，有一定难度且需要一定经验，要对所有朱墨交叉处进行观察，寻找最典型的朱墨时序特征，在条件不好时有可能无法出具意见。(5) 对于喷墨打印机，荧光法基本无效，可用常规显微镜方法检验。(6) 对于色带打印机，荧光法不具优势，但在印油覆盖不到笔画的击打凹痕深处时，可以判断为先墨后朱，未发现该种情况时，不能根据荧光法判断朱墨时序。

三、光谱检验法

光谱检验法使用的常见仪器有显微分光光度仪、激光显微拉曼光谱仪、显微红外光谱仪、高光谱仪等。鉴定时应针对检材的具体情况，选择适当的仪器设备。在操作时应针对选择的检验设备，根据检材印文、文字和纸张的材料特性，选择合适的参数，获得最佳的光谱响应效果。

(1) 在选择的不同技术参数下，对比分析交叉部位印文和文字材料的光谱特征；

(2) 对比分析交叉部位与未交叉部位印文和文字材料墨迹的光谱特征的变化规律；

(3) 对比分析不同交叉部位印文和文字材料的光谱特征；

(4) 对比分析显微检验与光谱检验结果，结合交叉部位印文色料和文字色料在可见光下的分布特点，对其光谱特征的性质进行综合分析。

应对交叉部位光谱特征的性质进行综合分析和评断，并根据综合评断的结果作出鉴定意见。

交叉位置的选择对光谱检验法很重要，要选择墨迹和印油均较实的部位，选择某一片区域宏观检验时，要注意光谱特征可能会受到墨迹漏洞或印油露白的影响。

四、三维立体显微镜检验法

部分三维立体显微镜厂商宣传使用高倍3D立体显微镜可用来对朱墨交叉处进行三维建模，来确定朱墨时序。根据实验结果，大部分印油墨层的厚度小于3D显微镜的最大分辨率，难以靠墨层厚度差来分辨墨层，因此目前该方法仅适用于部分印油墨层较厚的朱墨时序检验。

五、减层法

减层法包括剥层、溶解、黏取等方法，具有代表性的是剥层法。剥层法在实践中较为常用，具体操作是：在显微镜下，用锋利的手术刀、注射针头或裁纸刀轻轻刮开朱墨交叉处表面，观察被刮开的表层下面是红色的印油（先朱后墨）还是白色的纸张（先墨后朱）。

减层法主要适用于激光打印机、复印机等碳粉类笔画的朱墨时序检验。碳粉的树脂与印油相互不能渗透，二者能形成上下层关系，通过剥层法理论上可以区分朱墨时序。但实际操作证明，剥层法不是一个可靠的方法，原因在于：操作人手法、经验、工具均会影响检验结果；后盖章的印油可能会通过碳粉笔画中的漏洞，绕过较小面积的碳粉堆积边缘而进入碳粉背后的纸张，这种现象在碳粉越稀松或印油越浓时越严重。

减层法通常在笔画碳粉覆盖较好、印油较淡时表现较准确，可以作为其他检验方法的验证方法使用。

对于常用的签字笔（包括各种水笔和中性笔）书写字迹、喷墨打印机和色带打印机打印字迹，其与印文之间的朱墨时序关系，不能用剥层法得出鉴定意见。

六、转印法

使用相纸或其他带有一定黏性的纸张，或者在白纸上滴上溶剂，覆盖在朱墨交叉部位并保持一定压力数分钟后揭开，将黏性纸上的粘取物在显微镜下观察，若发现有红色印油则为先墨后朱（后盖章），若未发现有红色印油则为先朱后墨（后打字）。该方法效果一般且对检材破坏性大，在我国几乎已经很少有人使用，但在一些独联体国家仍被较多地使用。

还有其他多种检验方法，因使用不多，故不赘述。

【思考题】

（1）朱墨时序的概念及检验原理。

（2）朱墨时序检验的影响因素。

（3）常用的朱墨时序检验方法及适用对象。

（4）朱墨时序检验应遵循的基本原则。

【参考文献】

[1] 杨旭、施少培、徐彻主编：《现代印章印文司法鉴定》，科学出版社 2016 年版。
[2] 陈晓红、施少培、徐彻等："朱墨时序显微检验的技术要点及应用"，载《中国司法鉴定》2014 年第 3 期。
[3] 杨旭、施少培、徐彻等："荧光检验法在朱墨时序鉴定中的应用"，载《中国司法鉴定》2014 年第 5 期。
[4] 连圆圆、梁鲁宁、黄建同、许可："拉曼光谱成像技术检验朱墨时序中书写笔种类对检验结果的影响研究"，载《中国司法鉴定》2011 年第 6 期。
[5] 谢鹏、李彪、罗琼："朱墨时序的表观特征及其判定"，载《中国人民公安大学学报（自然科学版）》2012 年第 2 期。

第十五章　文件制成时间检验

内容提要：本章主要介绍文件制成时间检验的相关概念、分类、检验对象、检验途径及影响因素，在此基础上，进一步介绍文件上墨迹色痕分析的常用方法，文件时段性特征检验方法及理化检验方法。其重难点为文件制成时间的检验途径、墨迹色痕分析方法、时段性特征分析法及理化检验方法。

关键词：文件制成时间；绝对时间；相对时间；检验途径；检验方法；时段性特征；理化检验

第一节　文件制成时间检验概述

通过添加书写或事后补写、盖印、打印等方法，制作具有虚假标注日期或虚假内容的文件，是最为常见的文件伪造、变造方法之一。这种情况下，对文件上书写字迹、捺印指印、盖印印文、打印字迹的形成时间进行检验，往往是鉴别文件真伪的重要依据。因此，文件制成时间检验方法一直是国内外法庭科学工作者的关注热点。

一、文件制成时间检验的相关概念

1. 文件制成时间

文件制成时间是指整份文件或文件的部分内容形成的时间或时间范围，以及不同文件或同一份文件的不同部分之间形成的顺序和过程。[①]

2. 文件制成时间检验

文件制成时间检验是文件检验人员对形成时间不明或标称日期有争议的可疑文件进行检验，对其形成时间作出判断的过程；是运用科学的方法，对能够反映出时间特点的文件诸要素的综合检验，并得出该文件系何时制作的检验技术。文件制成时间检验的目的是解决文件诸要素中一个或整体形成时间上限的问题。

3. 文件制成时间的分类

（1）绝对时间。

绝对时间是指文件形成的具体、精确的时间点，通常视具体要求确定到时、日、周、月等。

---

① 《GB/T 37233—2018 文件制作时间鉴定技术规范》之 3.2。

（2）相对时间。

相对时间是指文件形成的大致时间范围或不同的文件或同一份文件的不同部分之间形成的顺序和过程。通常包括：某特定时间（如文件的标称时间）之前或之后；某特定时间范围；不同文件之间或同一文件的不同部分之间形成的顺序，以及是否一次、同时、相近、近期制作形成等。①

4. 静态法与动态法

静态法是指根据油墨或油墨中某些成分的上市时间来判断文件上字迹的最早形成时间，例如建立标准墨水库，或者每年在墨水中添加不同的微量标记物。静态法属于绝对时间检验的范畴，需要油墨生产厂商的合作，而且成本较高。动态法是指根据油墨中某些成分随时间发生的物理或化学变化来判断文件上字迹的书写时间，在一定条件下，可用于绝对时间和相对时间的检验。目前国内外对文件制成时间检验方法的研究以动态法为主。

二、文件制成时间检验的对象

文件制成时间检验的对象是构成文件的诸要素，广义上包括文件载体（多数为纸张）、文字言语、字迹笔墨材料、印刷方式、印章印文、按捺指印等有时间属性变化的文件构成要素。而在实践中，根据文件的制成方式，文件制成时间检验项目主要包括以下五类。

1. 印刷时间

文件上采取打印、复印、传真及制版印刷等各种印刷机具形成印刷内容的时间。

2. 盖印时间

文件上采取公章、名章、专用章等各种印章盖印形成印文的时间。

3. 捺印时间

文件上由人手掌各部位（实践中多为手指）蘸取色料捺印形成印迹的时间。

4. 书写时间

文件上由各种书写工具和色料书写、复写形成字迹的时间。

5. 朱墨时序

文件上印文、指印等印迹与书写、印刷字迹形成的先后顺序。（朱墨时序检验见本书第十四章）

三、文件制成时间检验的途径

制成文件的条件包括制作人、制作工具、文件物质材料和当时的历史环境条件，这些条件本身是按一定规律发展变化的。另外，制成文件还需符合一定的行文程序和规范。随着社会发展、时间流逝，上述制成文件的条件总是遵循一定规律发生着社会的、物理的、化学的历时性演变，因此，可以据此具体情况具体分析，采取各种途径对不同类型的文件制成时间进行检验。

1. 文字、言语、格式等特征的时代演变

文件是信息的载体，文件的文字、言语、格式等特征随时代变化不断演变。通过对文

---

① 《GB/T 37233—2018 文件制作时间鉴定技术规范》之3.5。

字、言语、格式特点的分析，如具有时代特色的字词、简繁写法、排版布局特征，可对其形成时间作出推断。

根据部分言语出现的最早时间，判断文件制成的最早时间，也是较为常见的一种方法。从“文革”“改革开放”“三个代表”到网络语言的风行，无不体现出特定时期的社会背景和鲜明的时代特点。著名的“五假”部长卢恩光的《入党申请书》中的“学习1992年邓小平南巡讲话精神”，成为案件的重要突破口。

我国的文字也经历了多次重要变革。1955年10月公布的《第一批异体字整理表》，淘汰了1055个异体字和部分生僻地名字、计量单位字；1964年2月公布的《第一次汉字简化方案》，推行了2238个简化字，并废止了2264个繁体字的使用；1977年12月公布的《第二次汉字简化方案》，推行了248个简化汉字，但一年后被废止。虽然现实生活中并不总是使用“规范汉字”，但了解规范汉字的发展，对推断文件的制作年代无疑是必要的。

2. 纸张生产使用的时代性

绝大部分文件的载体是纸张。造纸术源于中国，至隋唐时期，纸张在中国的使用已经非常普遍了。由于造纸工艺的发展，各时期生产的纸张成分和理化性质不尽相同，纸张纤维种类、制浆方式、填料及施胶、色料、荧光增白剂等都可能反映不同时期、不同年代的生产工艺特点。

有些纸张在生产时还加入了水印，可以据此追溯其生产厂商、批次，获得其最早上市日期信息。

3. 书写工具与墨水生产使用的时间性

现代制笔工业与墨水工业发展迅速，新的书写工具与书写墨水不断投入使用，通过对书写字迹笔画的检验，可确定书写工具与墨水，进而确定墨迹的最早可能制作时间，识别伪造、变造文件。表15-1是书写笔具的发展简史。

表15-1 书写笔具的发展简史

序号	种类	出现时间	备注
1	毛笔	自春秋时期，中国	动物毛发制成的软笔
2	羽毛笔	公元7世纪，罗马	
3	铅笔	15世纪中叶，英国	天然石墨
4	蘸水笔	17世纪50年代，法国	金属笔尖，“蘸水钢笔”
5	自来水笔	1884年，沃特曼（美）发明 1926年起，中国开始生产	金属笔尖，储墨，水溶性墨水
6	圆珠笔	1938年，比罗（匈牙利）发明 1945年起，投放市场	圆珠笔尖，高黏度油墨
7	纤维笔（签字笔）	20世纪60年代	多孔硬纤维材料笔尖
8	水性墨水圆珠笔	20世纪70年代	
9	中性笔（GEL INK PEN）	1984年 中国广泛使用于20世纪90年代末	圆珠笔尖，中性墨水（黏度介于圆珠笔油墨与水性墨水之间）

20世纪50~60年代，在我国广泛使用的是墨汁、水溶性铁基墨水或染料墨水；圆珠笔最早生产于1945年（美国），并使用高黏度的油基油墨；1952年，圆珠笔开始使用醇

基油墨，提高了书写性能；1955 年，圆珠笔中开始加入更为稳定的金属螯合物铜酞菁，改善了圆珠笔色泽的稳定性。

采用多孔笔尖的纤维笔最早出现于 20 世纪 60 年代；碳素墨水最早出现于 20 世纪 70 年代；1984 年开始出现的中性笔（签字笔的一种），使用中等黏度墨水，兼顾了书写流畅度和方便性，但直至 20 世纪 90 年代末期，中性笔才在我国广泛应用。

案例：如图 15 －1 所示，检材《收到条》标称落款日期为“1992. 9. 18”，通过对其上书写字迹笔痕特征及墨水特征的检验，判断系黑色中性墨水滚珠笔书写，《收到条》的书写时间与该类墨水笔在国内应用发展的历史相矛盾，故不应是其标称时间同期书写，应为后期书写。

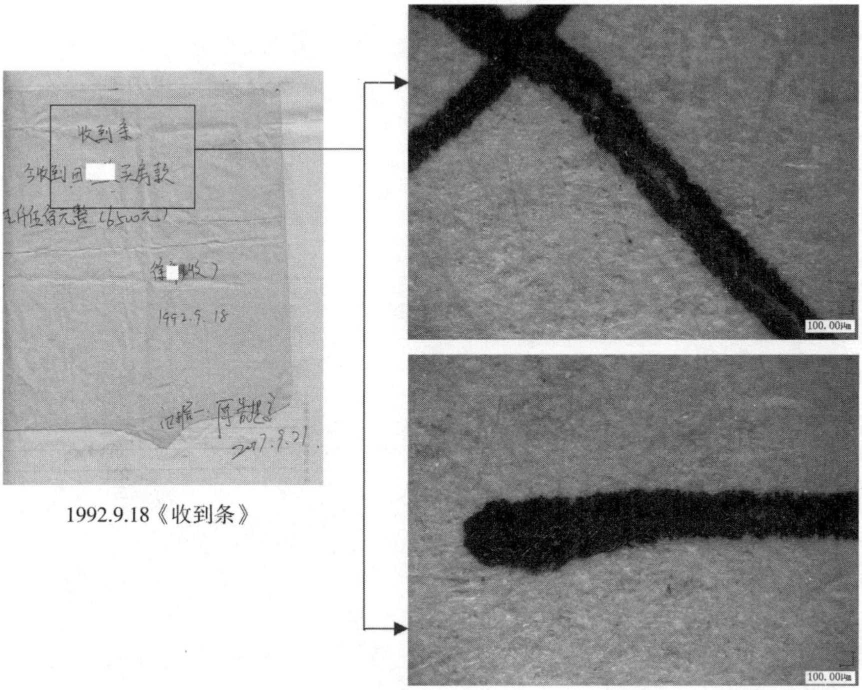

1992.9.18《收到条》

“收”字笔画显微形态

“桂”字笔画显微形态

图 15 －1　检材书写字迹的笔痕特征和墨水特征

此外，20 世纪 70 年代生产的部分墨水，按生产批次的不同添加了不同的元素或化合物标记，使得通过墨迹成分分析鉴别墨水成分成为一种可能。

还有通过书写工具书写文件第一联原件时同步复写形成的复写字迹，早期的复写通过衬垫的染色复写纸实现，直至 20 世纪 80 年代我国才开始出现无碳复写纸（压敏复写纸）。

4. 文件印刷特征的历时演变

文件印刷特征也具有明显的时代性。印刷工艺、印刷机具、打印/复印机具本身具有明显的时代特点；同一印刷机具的成痕部件可能随时间推移出现规律性变化，可根据其痕迹形态判断其制作时间。

早期的中文打字机使用的钢字规格只有 3 号和 4 号两种。20 世纪 60 年代生产的点阵打字机使用宋体和仿宋体钢字，20 世纪 70 年代以后全部使用仿宋体钢字。20 世纪 80 年代出现了使用碳膜色带盒 5 号、6 号钢字的中文打印机。20 世纪 60 年代世界上第一台针式打印机问世；20 世纪 70 年代相继出现了激光打印机、热敏打印机、喷墨打印机。但电子打印设备在我国普及较晚，如激光打印机直到 20 世纪 90 年代末才在我国开始流行。

案例：如图 15 -2 所示，检材《产权证》（标称时间 1989 年）上印刷体字迹均为黑色墨迹，墨迹呈墨粉凝聚状，有立体感，墨迹上均检见明显黄、青、品红、黑四色墨点，反映出典型的彩色激光打印机的打印特征；用作对比的 1989 年样本的印刷体字迹墨迹形态符合典型的活字制版、油墨印刷特征，系专业印刷形成。依据印刷机具的发展史，1994 年，惠普发布第一款彩色激光打印机 HP Color LaserJet，2002 年，彩色激光打印机开始迅速发展。检材的标称时间为 1989 年，检材上印刷体内容的印刷方式与彩色激光打印机的起源矛盾，检材《产权证》必定不是其标称时间制作形成。

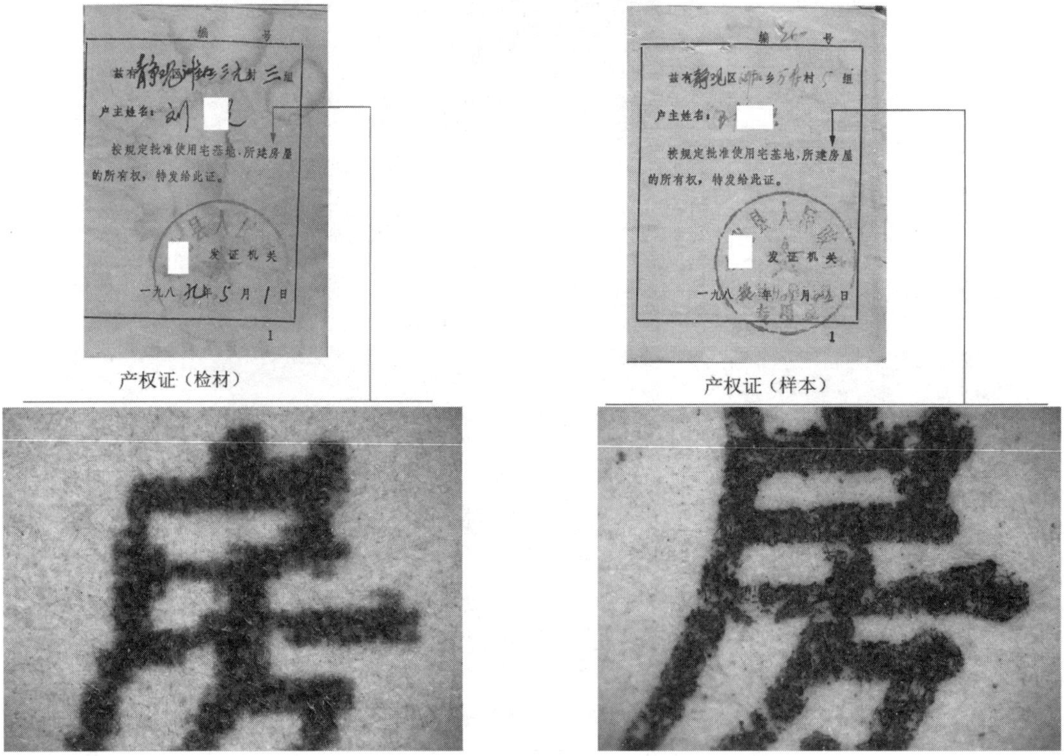

图 15 -2　检材与样本印刷体字迹墨迹显微形态比对

20 世纪 70 年代开始使用的光电誊影机出现之前，使用手工刻写誊印；20 世纪 90 年代出现了电子制版的一体化高速油印机。静电复印机的发明可追溯到 1949 年，但 20 世纪 80 年代才在我国开始普及。1991 年，佳能公司推出了第一台数码复印机。至今，集成复印、打印、扫描、传真等多功能一体机已广为流行。

随着现代电子计算机、电子排版软件的快速发展，字库技术、字体字形、现代电子排版软件排版特点也具备时间性。例如，随着 Microsoft Windows Vista 这套中文操作系统于 2006 年 12 月的发布，一款全新的支持 ClearType 技术的中文界面显示字体——微软雅黑体面世。这款字体是一种全新的无衬线黑体，它的字形略呈扁方而饱满，笔画简洁而舒展，易于阅读。（见图 15 -3）

图 15－3　Windows 宋体与 Vista 微软雅黑体对比

案例：如图 15－4 所示，检材《协议书》上印刷体内容字迹的字体为衬线字体。经显微检验及比较研究，确定字体为"微软雅黑"。其标称时间却在 2005 年，早于微软雅黑体的发布日期，该《协议书》必定不是其标称时间制作形成，形成日期应为 2006 年 12 月以后。

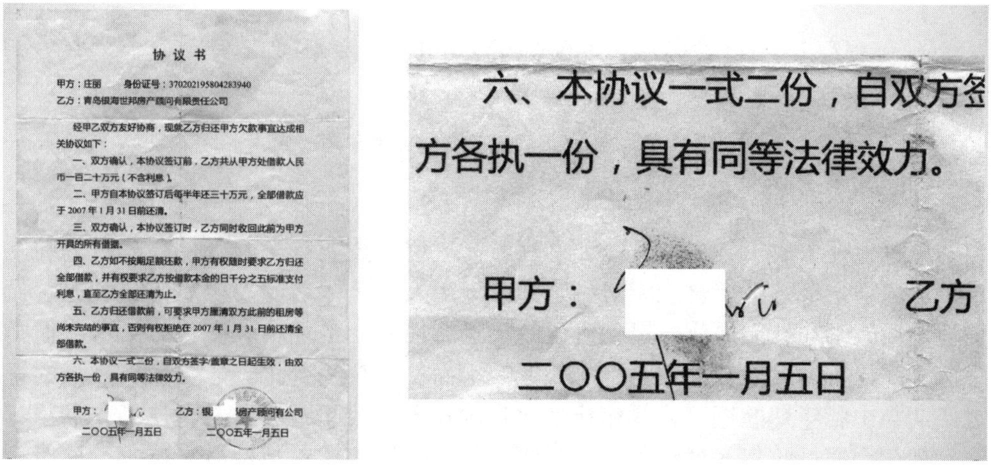
协议书

甲方：庄丽　　身份证号：370202195804283940

乙方：青岛银海世邦房产顾问有限责任公司

经甲乙双方友好协商，现就乙方归还甲方欠款事宜达成相关协议如下：

一、双方确认，本协议签订前，乙方共从甲方处借款人民币一百二十万元（不含利息）。

二、甲方自本协议签订后每半年还三十万元，全部借款应于 2007 年 1 月 31 日前还清。

三、双方确认，本协议签订时，乙方同时收回此前为甲方开具的所有借据。

四、乙方如不按期足额还款，甲方有权随时要求乙方归还全部借款，并有权要求乙方按借款本金的日千分之五标准支付利息，直至乙方全部还清为止。

五、乙方归还借款前，可要求甲方厘清双方此前的租房等尚未完结的事宜，否则有权拒绝在 2007 年 1 月 31 日前还清全部借款。

六、本协议一式二份，自双方签字/盖章之日起生效，由双方各执一份，具有同等法律效力。

甲方：　　　　乙方：银　　房产顾问有限公司

二〇〇五年一月五日　　二〇〇五年一月五日

图 15－4　检材标称日期与微软雅黑体发布日期矛盾

对于记事本、信笺纸、单据等印刷品，通过对其上的印刷编码进行查询，可能获得其最早印刷日期信息。

案例：如图 15－5 所示，检材纸张为红色虚实双线的稿笺纸，其内容为蓝色油墨圆珠笔书写，文件标称时间为"1983 年 4 月 5 日"，纸张左下侧有红色印刷编码"CH 017 7933"。通过特殊途径对该编码查询，查询结果为"丰都县高家镇印刷厂 1993 年 3 月印制"。查询结果表明，检材纸张的印制出品时间为"1993 年 3 月"，故其上书写的文字内容不可能形成于标称的"1983 年 4 月 5 日"。

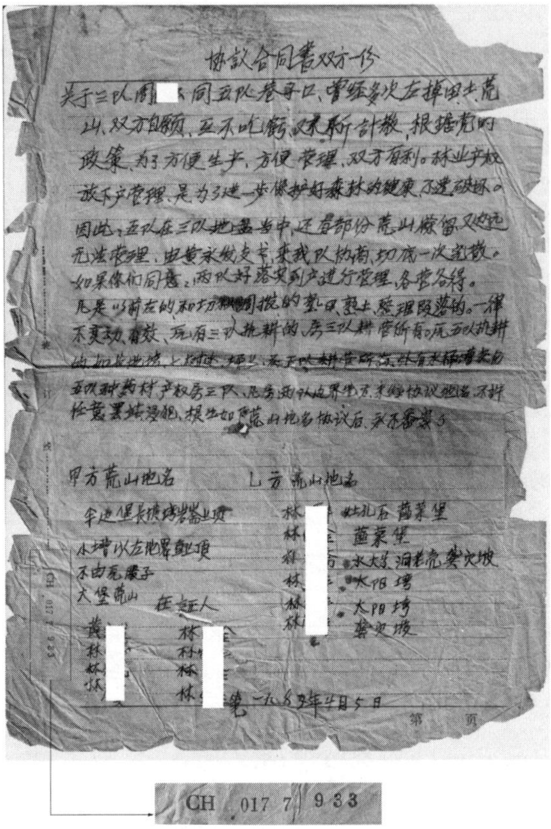

图 15－5　通过印刷编码查询纸张印制时间

5. 文件笔迹特征的历时演变

人的笔迹特征取决于其书写技能和书写习惯。书写技能有学习、提高、定型的发展阶段，定型形成后，笔迹特征进入相对稳定期。但当人的机体功能发生障碍、衰退、长期不书写的情形后，书写技能退化，退化阶段的笔迹特征又会出现较大变化。书写习惯则会因人们适应文字语言的发展、社会需求、职业需求而发生某些变化。总体而言，人的青少年期、老年期与中壮年期的笔迹特征相比变化程度较大。因此，根据书写技能和书写习惯的历时演变规律，通过收集案件相关人员各时期的历时笔迹样本与检材字迹进行比对，有助于判断检材字迹大致是该人于什么时期书写。

6. 印文、打印、复印的阶段性或共时性特征变化

印章、打印机具、复印机具使用过程中特定时间（期）的磨损、变化情况会在文件的印文、纸张上呈现阶段性或共时性特征，据此可判断文件盖印、打印、复印时间。在实践中，通过此检验途径实施的案例较多，研究文献较多，形成了较为规范的检验步骤和方法，在文件检验领域获得普遍认可和广泛使用，目前已形成了推荐使用的国家标准方法。[①]（详见本章第三节）

---

① 《GB/T 37233—2018 文件制作时间鉴定技术规范》之 4、5、6 部分。

7. 文件上墨迹成分随时间的物理化学变化

各类油墨写、印到载体（纸张）上之前，一般存储于相对封闭的环境中，与外界接触的比表面积小，可视为封闭体系，油墨中诸如溶剂挥发、色料降解的变化均非常缓慢。油墨在纸张上形成字迹、印迹等墨迹之后，墨迹的比表面积急剧增加，暴露于空气、光线下的开放体系中，墨迹的理化指标变化显著增加。因此，通常情况下，墨迹形成的时刻，即油墨由封闭体系变为开放体系的时刻，可作为油墨物理、化学指标变化的起点。由于改变了存在状态，墨迹随时间的推移会表现出某些物理、化学方面的变化。通过各种理化检验技术手段，可以测出其中某些理化指标的规律性变化，判断出墨迹的老化程度。在与已知时间的样本的理化指标对比的条件下，可判断检材墨迹形成的相对时间。

针对墨迹中相应成分发生扩散、渗透、结膜、挥发、氧化、分解程度的理化检验方法，研究文献较多。这些方法在实践中也发挥了相当大的作用，但每种方法都有其严苛的适用条件，在行业内获得认可的程度也不一，迄今尚未形成统一的国家标准或行业技术规范。（文件制成时间理化检验方法详见本章第四节）

8. 文件各要素的时空有序性

文件是一个多要素组成的系统，其上除字迹、印迹外，还可能有污损痕迹、折叠痕迹等其他要素，各要素间有一定的时空秩序。对各要素的形成原因及相互关系进行系统检验，是非常有效的对可疑文件的制成时间作出客观判断的途径。

案例：检材《证明》标称时间为“2009 年 12 月 22 日”，2010 年 3 月起诉时即作为书证提交，要求鉴定《证明》下方“情况属实”“证明人：孟某某”“2009 年 12 月 22 日”字迹与正文字迹的形成时间先后顺序。由于检材的标称时间与起诉时间间隔短，与可能的添加书写时间间隔只会更短，目前的墨迹成分理化检验方法已难以对字迹间的形成时间先后进行明确分辨，故理化检验方法在该案中已不适用。通过笔痕特征检验，发现落款“情况属实”“证明人：孟某某”“2009 年 12 月 22 日”字迹与正文字迹笔痕特征不同。如图 15－6、图 15－7 所示，《证明》存在明显折痕，正文及下方字迹与同一条纵向折痕存在交叉，“情况属实”、印文与同一条横向折痕存在交叉，而正文及下方字迹与印文也分别有多处交叉重叠部位，从而具备正文、正文下方字迹、印文、折痕的形成时序检验条件。运用显微镜对上述各交叉部位进行检验，结果为：(1)“情况属实”的“实”字形成于纵向折痕形成之前，正文字迹形成于同一条纵向折痕形成之后；(2)“情况属实”、正文字迹分别形成于印文盖印之后；(3)“情况属实”、印文与横向折痕共同交叠处，字迹笔画在折痕处呈局部缺失而印文印迹连贯，表明印文系该部位字迹形成之后，由于折叠的机械作用导致笔痕磨损缺失后再加盖而成。同时，印文与该横向折痕相交部位，沿横向折痕方向存在明显红色印油物质黏附痕迹。印文本身盖印并不浓艳，该红色黏附痕迹并非摩擦导致的红色印油物质迁移痕迹，亦非印章在平整纸面上盖印所能形成，应系印章在折痕上盖印时凸起的折痕部位与无图文的印面其他部位相接触所形成。综合上述检验结果，《证明》正文下方字迹与正文字迹不应是同一条件下顺序、连续书写形成，其形成时序应为先有正文下方字迹，待折叠痕形成后，再书写正文字迹并加盖印文。

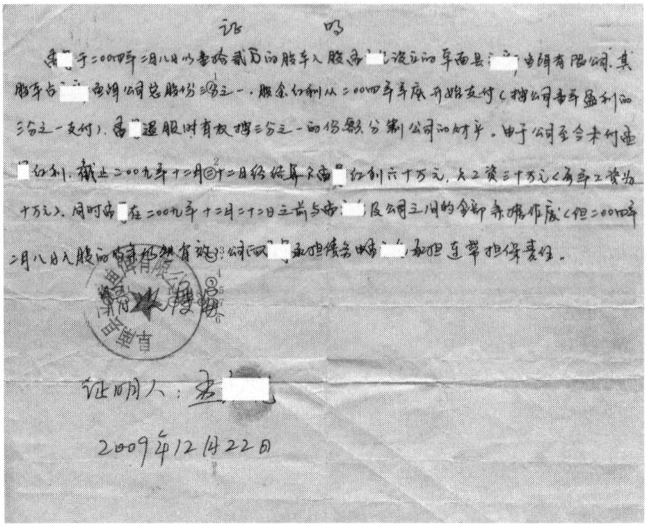

图 15－6　检材正文、正文下方字迹、印文、折痕交叉部位标示

图 15－7　检材正文、正文下方字迹、印文、折痕交叉部位显微形态

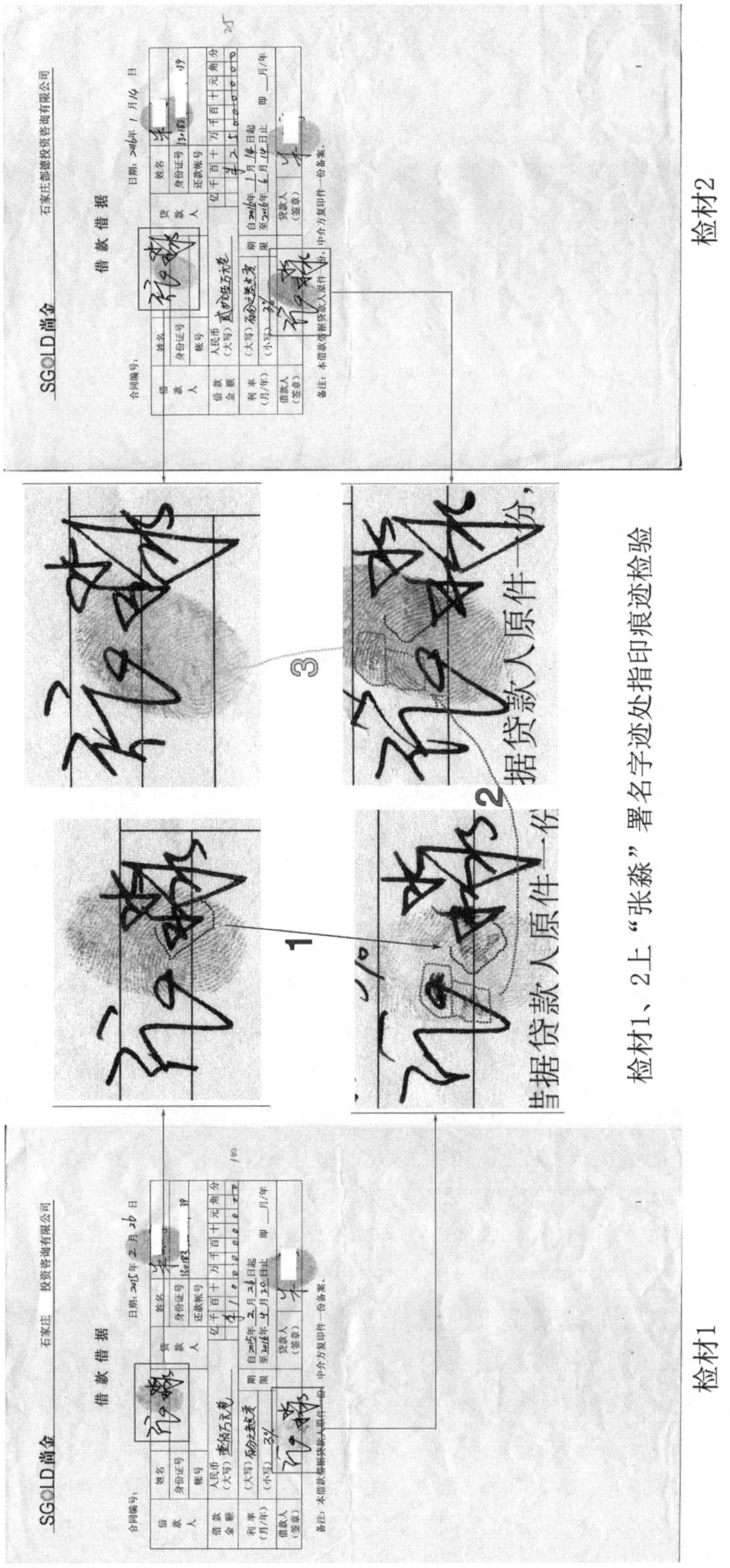

图 15-8　色痕转印顺序

案例： 检材1《借款借据》标称日期为“2015年2月26日”，检材2《借款借据》标称日期为“2016年1月14日”，标称时间间隔近11个月。检材1、2上共留有四处“张森”署名字迹及同部位同一手指的押名指印。检验发现，除检材1上“借款人”栏的“张森”押名指印外，其余三处“张森”押名指印上均留有残留的转印笔画色痕。经仔细辨读，其转印顺序如下（见图15－8）：

（1）检材1上“借款人（签章）”栏的押名指印上转印笔画的来源为检材1“借款人”栏署名字迹。

（2）检材2上“借款人（签章）”栏的押名指印上转印笔画的来源为检材1“借款人（签章）”栏署名字迹。

（3）检材2上“借款人”栏的押名指印上转印笔画的来源为检材2“借款人（签章）”栏署名字迹。

上述指印上的转印笔画色痕，需在原书写墨迹未干时，连续捺印指印方可形成。由此判断，检材1、2上的四处“张森”署名字迹、四处“张森”押名指印，均为连续制作形成。

四、影响文件制成时间检验的因素

文件制作时间检验一直是法庭科学公认的高难项目，实务中要精确判定一份文件的制成时间十分困难。内因是文件材料本身随时间变化的规律难以把握，外因是文件的变化受外界因素的影响不好评估。正是由于内外因的作用，文件制成时间的检验是有条件限制的。无论采用的检验方法是现行标准规定的方法还是非标准的业内较为认可的方法，均需满足方法要求的各种条件，才能对可疑文件的制成时间进行准确判断，否则，只能根据具体情况具体分析，作出限定性判断甚至无法判断。影响文件制成时间检验的因素主要有以下五种。

1. 油墨的种类和成分

形成文件内容墨迹的油墨种类繁多，且发展变化迅速，油墨配方多种多样。从Mitchell报道的鞣酸铁墨水的溶解实验算起，基于对油墨进行理化分析的文件制成时间检验方法，已经发展了近百年时间。近百年来，虽然法庭科学家针对不同种类的油墨发展了种类繁多、灵敏、可靠的油墨分析方法，但多数方法均系相对时间检验方法，一个重要的前提是检材墨迹与样本墨迹油墨的一致性。而实践中，笔墨材料的多样性导致难以获得具有可比条件的样本，大大增加了鉴定的难度。

由于油墨成分复杂，在纸张上形成墨迹后哪些成分在随时间变化并可量化成可检测的理化指标，目前尚未完全清楚。另外，鉴于字迹、印迹色痕的稳定性是记录文件的内在要求，故油墨越来越稳定，如碳素墨水、颜料型中性墨水和打印墨水、快干印油、打印/复印墨粉，除了在字迹、印迹色痕形成后较短的时间内的干燥、固化过程外，墨迹的色泽、物质含量随时间变化非常细微或几乎不发生变化，亦增加了理化检验的难度。

2. 纸张的种类

纸张作为文件的载体，由于纸浆成分、造纸工艺的不同而制成不同厚度、光滑程度、致密程度、纸张纤维分布、元素成分等物理化学特性的纸张，纸张特性不同多多少少会影响其上承载的字迹、印迹油墨成分随时间的物理化学变化。并且纸张本身在用于制成文件前后，也一直在发生老化。故在基于字迹、印迹油墨成分的变化而发展运用的文件制成时间的理化检验方法中，大多要求检材和样本的纸张种类相同。

3. 文件保存条件

文件制成后，构成文件的纸张、墨迹受到空气、温度、湿度、光照等外部环境条件的作用而发生物理化学变化。保存环境条件显著影响文件材料的变化过程，如温度越高、湿度越大、光照越强，文件材料老化越快，反之则越慢。故在运用文件制成时间的理化检验方法时，均要求检材和样本的保存条件应一致。

但限于文件保存历史无法准确考证，以及检验技术的局限性，对文件的保存条件难以进行准确判断。而实务中文件检验人员的一个共识是：正常保存的文件方具备文件制成时间理化检验的前提条件，对“正常保存”的理解一般为文件应置于室内在柜子、抽屉里避光保存，外观常规检验未发现强光、强热、液体浸润等异常作用痕迹及擦刮、消退、其他物质污染等异常处理痕迹。特别要提出的是，塑封保存的文件、背面经过黏合剂完全涂覆粘贴固定保存的文件，在鉴定实践中会被判断为不是“正常保存”而失去理化检验的前提条件。

4. 检材和样本的检验条件

如果检材数量太少，如笔画数量较少的签名、阿拉伯数字甚至只有可疑的单个笔画，不宜直接采用有损的化学检验方法，应首先考虑无损的检验方法。

在鉴定实务中，检材的举证方通常是鉴定的被申请方，出于对证据完整性保护的考虑或对鉴定的抗拒心理，往往在鉴定的质证环节中，无论检材数量多少，均不同意采取有损的检验方法。当然，限制方法的选择范围，有可能影响对检材形成时间鉴定项目的有效完成。

目前业内认可度、实用性较高的文件制成时间检验方法均需要收集符合条件的样本。通过阶段性或共时性特征变化判断印章印文、打印文件、复印文件的制成时间，通过笔迹特征的演变判断文件制成时间等，都要求足够数量的历时样本，方有可能发现规律性变化的特征。通过理化检验技术检验文件上各种油墨墨迹理化指标历时变化判断文件的形成时间，对标称落款时间和怀疑时间超过送检时间六个月的，要求收集检材标称落款时间段和怀疑时间段的样本，样本在油墨、纸张、保存环境上与检材应相同，且需由送检单位提供，不能使用鉴定机构自备的样本。[①] 实务中，收集符合条件的比对样本较困难，往往使得本身具备鉴定条件的检材受制于样本的条件，无法实施检验或初步检验后发现不具备可比性而不能得出明确的文件制成时间检验结果。

另外，检材、样本墨迹本身分布不均一，对墨迹的分析不仅要考虑质量误差，还要考虑微量、痕量分析的不确定性。

检材标称时间与怀疑时间的间隔，怀疑时间与检验时间的间隔，在基于墨迹理化分析的部分检验方法中还有一定的要求，间隔时间若低于检验方法的最短分辨时间间隔（误差范围），则不具备实施检验的条件，即使能够收集到样本，也不具备实施检验的条件。

---

① 《最高人民法院司法行政装备管理局关于对外委托文件制成时间鉴定有关事项的通知》（法司［2008］12 号）。

5. 人为老化

人为老化，又称伪老化，指采用各种物理或化学的方法对文件的全部或局部内容进行处理，使其呈现陈旧表象。人为老化的常见手段有强光（如紫外光照射、日光曝晒）、强热（烘烤、热熨）、液体浸润、搓揉、摩擦致污等。人为老化对各种文件制成时间理化检验方法的使用影响极大。经过人为老化的文件，不仅纸张的机械性能、化学性质和色度发生异变，墨迹的色泽、溶解性、成分扩散和挥发程度、物质成分等理化指标也发生明显改变，与正常保存文件的自然老化特征不符。如研究发现，在100℃条件下将文件加热4分钟，即相当于自然条件25℃条件下存放90天。因此业内共识，经过人为老化的文件，其纸张、墨迹的理化性能严重偏离了文件的自然老化历程，已不具备使用文件制成时间理化检验方法的前提条件。

另外，制约文件制成时间检验成功与否的原因，还有检验机构的资质、仪器设备条件、采用检验方法的科学性，以及检验人员的技术能力、认知水平等。

第二节　文件上墨迹色痕分析的常用方法

墨迹色痕分析是文件制作时间检验的重要基础。准确鉴别印文印迹的印油种类和成分、打印/复印墨粉及墨水的种类和成分，是依据阶段性或共时性特征进行印文盖印时间、印刷文件制成时间判断的重要依据之一；准确鉴别书写字迹、印文及指印印迹的油墨种类、成分，更是依据理化检验方法进行书写字迹、印文及指印印迹形成时间判断的基本前提。只有检材间、检材与样本间墨迹油墨种类、成分一致，才具备理化检验方法所要求的可比性。

常用的墨迹色痕分析方法有：显微形态检验、光谱分析法、色谱分析法、扫描电镜－X射线能谱法、质谱法等。

一、显微形态检验

文件制作工具的运作机理、成痕结构不同，导致其显微形态存在明显差异；书写材料的化学成分不同，其极性、挥发度、黏度、与承载纸张的亲和能力不同，也会导致字迹色痕微观形态的差异。光学显微镜借助光学系统，获得墨迹的放大图像，可确定文件的形成方式，初步鉴别墨迹油墨种类、成分的异同，是墨迹色痕分析最为基础、最为常用的方式之一。墨迹色痕分析常用的显微镜有金相显微镜、体视显微镜、立体显微镜、超景深显微镜等。

金相显微镜的放大倍数较高，适用于观察平面物体的微观结构。体视显微镜具有两套呈一定夹角的物镜－目镜系统，分别对应左右视场，适宜于观察立体物证形貌结构；体视显微镜的放大倍数不高（几十倍），但由于左右视场具有一定夹角，并采用倾斜照明，不仅能分辨墨迹的显微形态，还能够分辨墨迹的立体形态，非常适合文件形成方式、墨迹种类的初步鉴别。

相较于体视显微镜，立体显微镜保留了左右目镜的不同的观察视角，并具有更高的放大倍数，可更好地观察物体的显微结构。

放大倍数越高，景深越小。高倍显微影像的景深非常小，通常不能同时清晰辨识不同层次墨迹立体结构。超景深显微镜利用数码合成技术，将不同高度的多幅显微图像合成为清晰立体图像，实现了超高景深物体的清晰成像并可对其进行立体测量，已经成为文件检验必备的显微检验手段。

案例：检材为1张《还款承诺书》，要求鉴定其落款时间处年份字迹“2014”是否同一时间书写，有无添加。如图15－9所示，“4”字的撇折画与竖画下端相叠，布局拥挤，笔画搭配位置不协调；“4”字撇折画的运笔流畅度与年份字迹其余笔画的运笔流畅度存在明显差异。显微镜下进一步观察可见，“4”字撇折画与年份字迹中其余笔画的墨迹色泽、墨流浓度、墨水分布及墨水洇散等墨迹显微特征及可见光、透光等墨迹光学特征均检见明显差异。综合上述检验结果，“2014”字迹中“4”字撇折画与其余笔画的布局不合理，且与字迹其余笔画书写流畅度、墨迹显微特征及光学特征均检见明显差异，故年份字迹“2014”中“4”字系在“1”字的基础上添加书写形成。

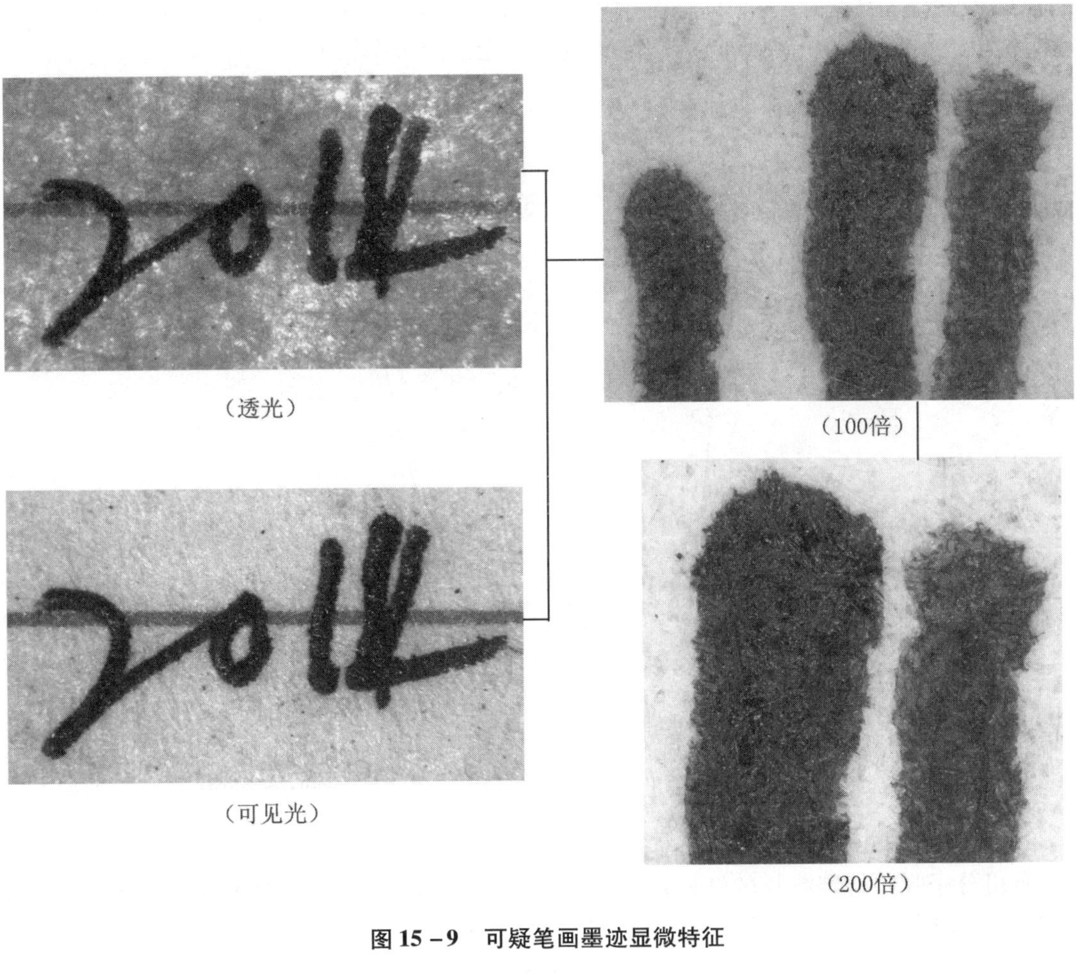

图15－9　可疑笔画墨迹显微特征

二、光谱分析法

光谱分析法具有快速、灵敏、多样、无损等优点，是分析物质成分和确定物质结构的一类重要仪器分析方法。墨迹色痕分析中常用的光谱分析方法有紫外－可见光谱法、红外光谱法、拉曼光谱法、荧光光谱法等。

1. 紫外－可见光谱法

分子在紫外－可见光（200～700nm）的辐射下，分子内的电子能级发生跃迁，对入射光产生吸收，吸收的波长、强度与物质种类、浓度相关。记录吸收光的强度（吸光度）与波长的关系得到紫外－可见吸收光谱（UV－Vis）。紫外－可见光谱法灵敏度高，重现性好，样品需求量少，是墨水分析的常用方法。紫外－可见光谱法的缺点是结构解析能力较低，部分墨水成分没有明显的紫外－可见吸收。

紫外－可见光谱法通常需要将样品制成溶液，故对文件上墨迹需进行有损取样。近年来流行的显微光纤光谱法，可直接对文件上墨迹进行微区、反射光谱测量，具有无损、微区分析的优势（图 15－10 所示为市面上不同品牌或同品牌不同型号的 72 种黑色中性笔字迹经显微光谱仪测定后分成的四大类反射光谱图。Ⅰ类计数 12 个样品，Ⅱ类计数 9 个样品，Ⅲ类计数 3 个样品，Ⅳ类计数其余 48 个样品）；多光谱文件检验工作站（文检仪）具有微区反射光谱（400～1000nm）测定功能，但光谱分辨率较差。

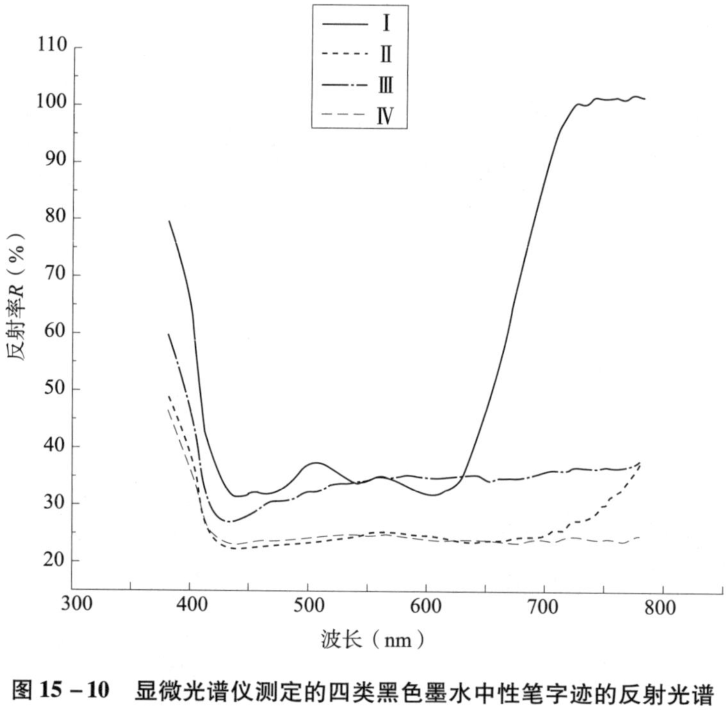

图 15－10　显微光谱仪测定的四类黑色墨水中性笔字迹的反射光谱

2. 红外光谱法

有机分子吸收特定波长的红外辐射，其振动能级发生跃迁；吸收的波长、强度与物质的种类、浓度相关。红外光谱（IR/FTIR，400～4000cm^{-1}）对物质的化学结构非常敏感，灵敏度较高，使用方便，是墨迹色痕分析的重要方法。

红外光谱法的样品制备方法多样，可对气态、液态、固态样品进行分析。对书写字迹、印迹的红外光谱分析通常可采用金刚石晶体衰减全反射分析，无须对墨迹有损取样、制样；对墨粉的分析，还可以对墨迹取样后采用溴化钾压片法进行制样。图 15－11、图 15－12 是一例换页文件中第 1 页和第 2 页的打印字迹墨粉的红外光谱检验结果，经图谱解析，判断第 1页墨粉成分为聚对苯二甲酸/环氧树脂，第 2 页墨粉成分为聚苯乙烯/甲基丙烯酸甲酯树脂，两页打印字迹的墨粉成分不同。

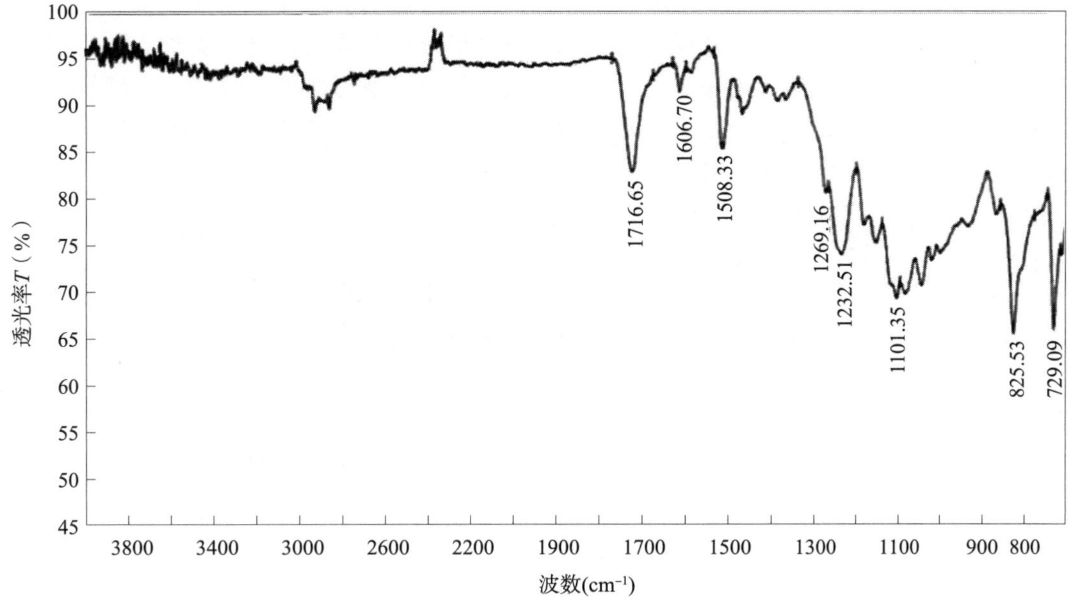

图 15－11　文件第 1 页打印字迹墨粉红外光谱检索结果

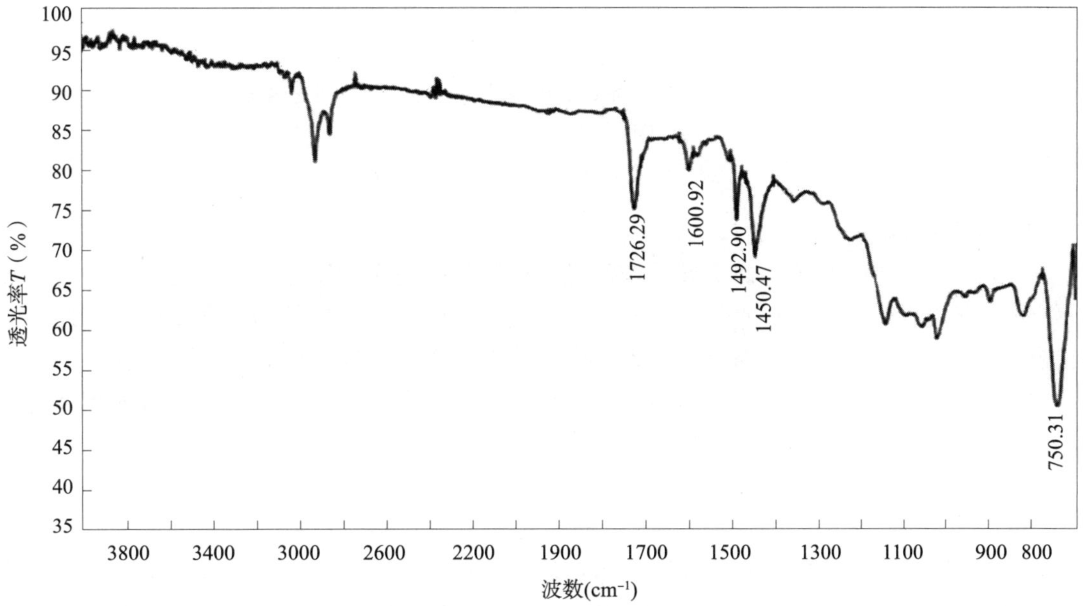

图 15－12　文件第 2 页打印字迹墨粉红外光谱检索结果

3. 拉曼光谱法

拉曼光谱是散射光谱的一种。入射光照射在分子上发生散射时，大部分散射光的频率保持不变，即瑞利散射；部分光子与分子发生能量交换后频率发生变化，即为拉曼散射。拉曼散射通常较弱，但激光技术和表面增强拉曼技术的发展，大大提高了拉曼光谱的灵敏度，使之成为重要的分子光谱方法。

拉曼光谱法通常不需要对样品进行预处理，样品无需制备，操作简便、快捷，灵敏度高；拉曼光谱特别适用于微区分析，对无机和有机组分都有响应，也不受水分的干扰，是文件无损分析的优良方法。圆珠笔油、签字笔墨水等常见书写油墨以及印油、墨粉都有丰富的拉曼信号，为拉曼光谱应用于墨迹色痕分析提供了良好的基础。图 15－13 所示为四种不同品牌的黑色圆珠笔油墨的拉曼光谱图。

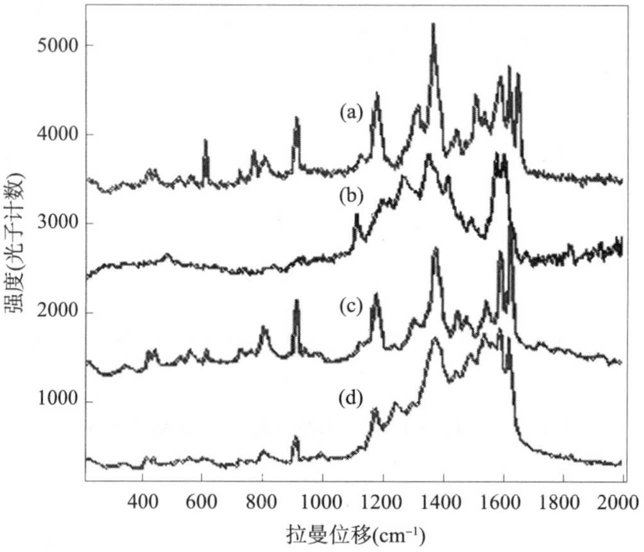

图 15－13　四种不同品牌的黑色圆珠笔油墨的拉曼光谱图

（a） Pilot BP－GP；（b） Pilot G2；

（c） Colourplay 10 colour pen；（d） Schneider

4. 荧光光谱法

荧光是一种光致发光。物质吸收入射光能量辐射后进入激发态，立即退激发并发出波长更长的光，即荧光。物质的荧光激发波长和荧光发射波长因分子结构而不同，因此荧光光谱可定性鉴别物质。相同物质的荧光强度与浓度成正比，据此可进行定量分析。

很大一部分的纸张、墨水、印油具有明显的荧光；部分墨水组分、污损可能导致纸张荧光的增强或减弱，进行荧光分析时应注意环境条件对墨水荧光的影响。

三、色谱分析法

色谱分析法是一类高效分离分析方法，具有高效、快速、灵敏等优点，是分析物质成分和确定物质结构的一类重要仪器分析方法。墨迹色痕分析中常用的色谱分析法有薄层色谱法、气相色谱法、高效液相色谱法等。

1. 薄层色谱法

薄层色谱是一种平面色谱。薄层展开时，混合物中不同组分在展开剂与吸附剂中的溶解－吸附平衡不同，其展开速度不同，从而得到分离。薄层色谱设备简单、操作方便、分离高效、灵敏，同时无须担心色谱柱污染，是墨水分析、印油分析的实用方法。

薄层色谱分析过程灵活多样，其分析步骤通常包括制样、点样、展开、显色等步骤。常见的薄层板为硅胶板。通过选择适当的展开剂，不仅可以用于酯溶性、醇溶性墨水，以及印油的分离分析，也可以用于水溶性墨水、印油的分离。薄层色谱可方便地使用各种显色试剂，扩大了检测范围。薄层扫描分析设备（光密度扫描仪）等定量方法的采用，提高了薄层分析定量的准确性。如图 15－14 所示，色泽相近的红色印油盖印的三个印文，其色料经薄层色谱分离并扫描分析后，图谱显示出印文色料的成分不同或成分配比不同。

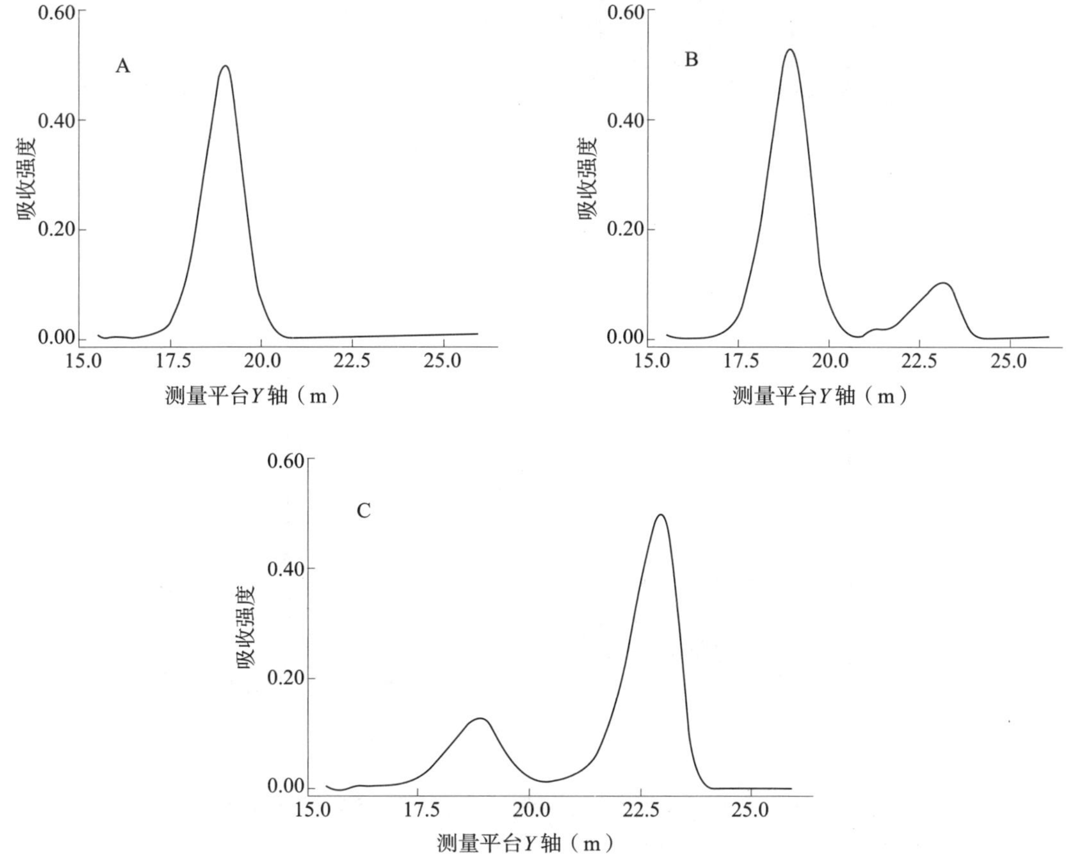

图 15－14　薄层扫描分析图谱

A、B、C 分别为三个色泽相近的印文的薄层扫描分析图谱

2. 气相色谱法

气相色谱使用载气作为流动相，由于理化性质的差异，不同挥发性组分在气相色谱柱固定相和载气流动相中的分配、吸附行为不同，从而在不同时间到达检测器被检出。气相色谱高效、快速、灵敏，是可挥发性组分分析的理想选择。

墨水、印油中通常含有多种溶剂成分，如圆珠笔油墨中通常含有苯甲醇、苯氧基乙醇等溶剂（图 15－15 为不同溶剂配方的不同种类圆珠笔油墨气相色谱图），签字笔墨水中常含有丙三醇、乙二醇、二甘醇、1,2－丙二醇等溶剂。墨迹形成以后，墨迹/印文中的溶剂成分随时间逐渐减少。

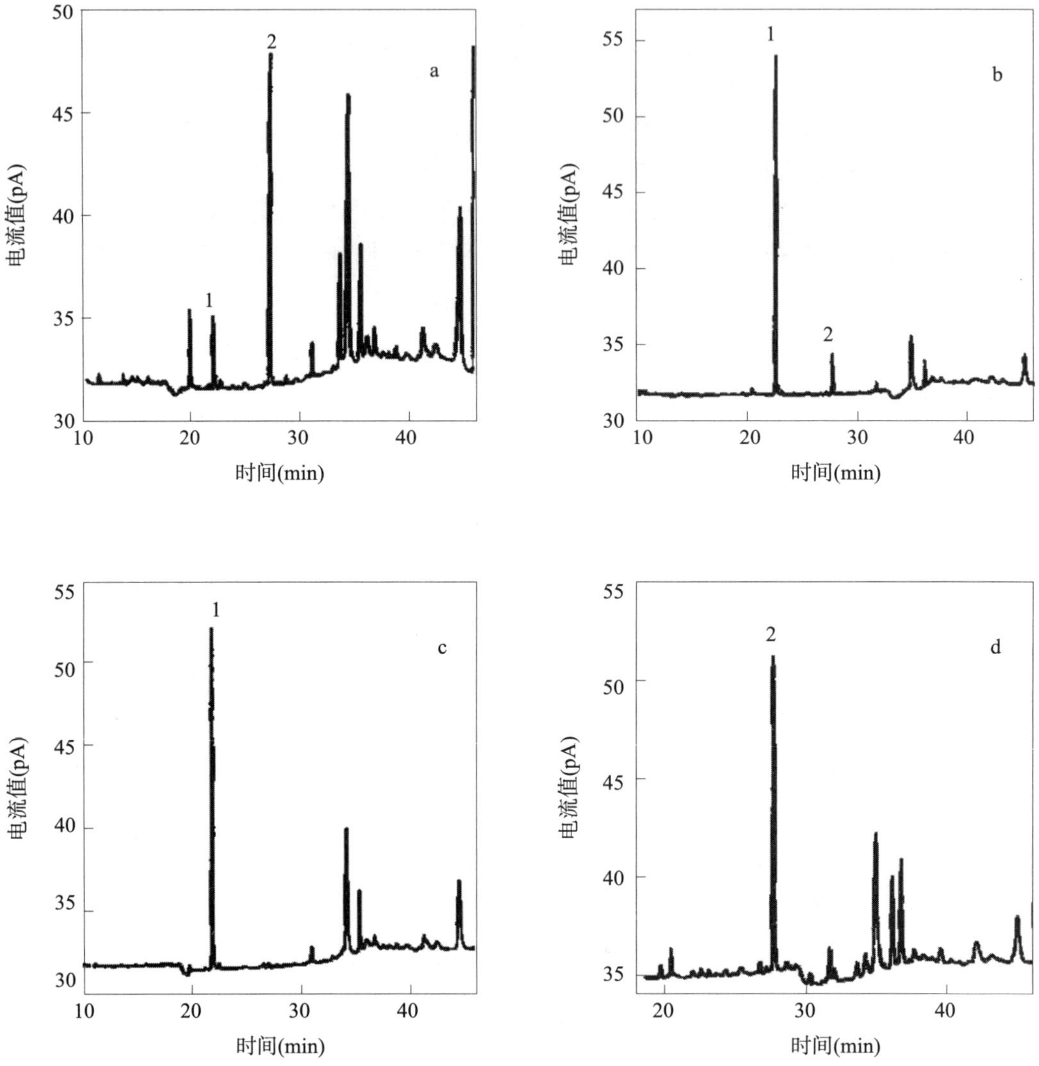

图 15－15　不同种类圆珠笔油墨气相色谱谱图（溶剂配方不同）

溶剂成分：a. 苯氧基乙醇－苯甲醇（峰面积比值范围 89.2～5.4）；b. 苯氧基乙醇－苯甲醇（峰面积比值范围 0.05～0.82）；c. 苯甲醇；d. 苯氧基乙醇

色谱峰：1. 苯甲醇；2. 苯氧基乙醇

气相色谱的特点，使之成为墨迹中的溶剂分析的最佳选择。根据墨迹中溶剂的种类与含量，不仅能够判断墨迹成分的一致性，在一定的条件下，还有可能对墨迹的形成时间/形成先后作出判断。

3. 高效液相色谱法

与气相色谱不同，高效液相色谱采用液体作为流动相替代载气。不同组分因在固定相－流动相间的吸附或分配行为不同而分离。液相色谱具有更高的分离效率、重现性和灵敏度，并适用于难挥发和热不稳定组分的分离分析。

除溶剂成分以外，墨迹中的染料、高聚物、添加剂等组分因难以挥发、热不稳定而难以采用气相色谱法分析。但采用高效液相色谱法，可高效分离分析其中的染料、高聚物等组分。如图 15－16 为 9 类蓝色圆珠笔油墨中染料的液相色谱图。由于部分染料随时间发生缓慢变化，通过液相色谱分析，还有可能对墨迹的形成时间作出判断。

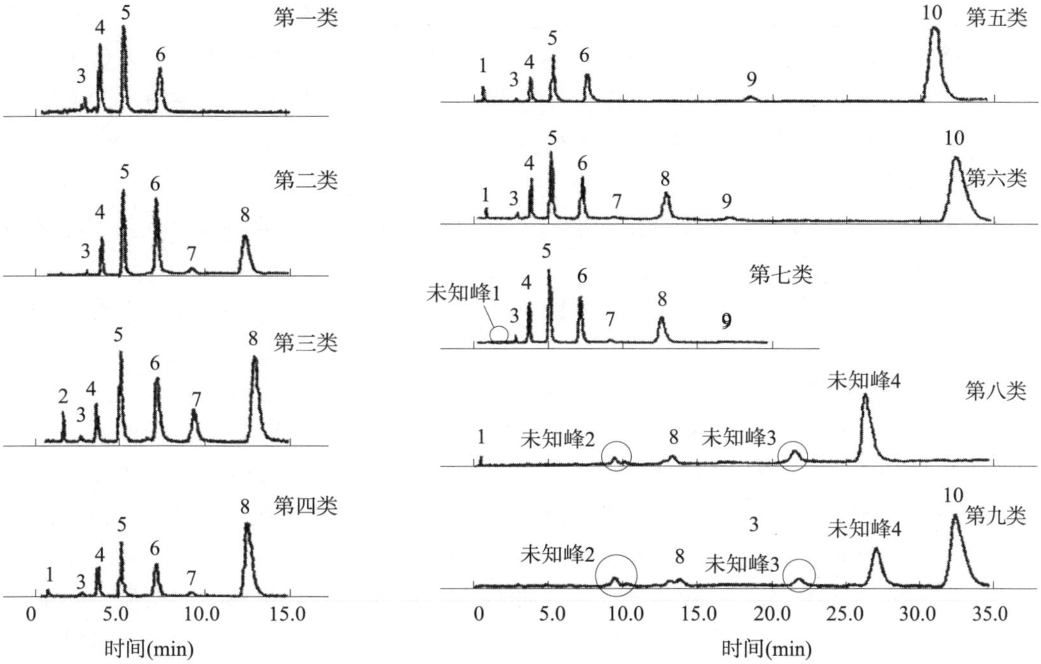

图 15－16　9 类蓝色圆珠笔油墨中染料的液相色谱图

色谱峰：1. 磺化铜酞菁　2. 罗丹明 B　3. 碱性品蓝脱甲基产物　4. 碱性品蓝　5. 甲基紫　6. 结晶紫　7. 碱性艳蓝 B 脱甲基产物　8. 碱性艳蓝 B　9. 碱性艳蓝 BO 脱甲基产物　10. 碱性艳蓝 BO

第三节　文件制成时间的阶段性或共时性特征检验方法

相较于使用条件严苛、适用范围有限、检验过程繁复、对检验人员理化学识背景要求高的对墨迹色痕进行理化检验的文件制成时间检验方法，对印章印文盖印时间、打印文件和复印文件的印制时间，应优先考虑采用现行国家标准《GB/T 37233—2018 文件制作时间鉴定技术规范》所推荐的依据阶段性或共时性特征判断文件制成时间的检验方法。这种方法不受墨迹色痕形成时间长短的限制，也不受文件纸张、油墨种类和保存环境条件的影响，又系无损的检验方法，只要发现的阶段性或共时性特征明显，样本充分，则文件形成时间的检验结果即为可靠。

一、印章印文的阶段性特征及共时性特征检验方法

1. 基本原理

印文阶段性特征是印章印面在使用、保存、传递、盖印、清洗、修补、注墨等过程中形成的，并随时间推移在不同时间阶段呈现规律性变化的各类特征，是判断检材印文盖印时间范围的主要依据；印文共时性特征是印文阶段性特征中在某时间阶段内保持相对稳定的各类特征，是判断多枚同一印章的印文是否一次或相近时间盖印形成的主要依据。鉴定实践中，印章印文阶段性特征及共时性特征主要表现在印文规格、印面缺损、印面附着物分布、印面墨迹分布、印文油墨种类等特征方面。

2. 检验步骤

（1）对检材印文的检验：分析判断检材印章可能的种类；分析检材印章盖印印文可能出现的印文阶段性或共时性特征；若有多枚检材印文，在检验确定是出自同一枚印章的前提下，分析相互之间是否反映出一次或相近时间盖印的共时性特征；综合分析检材印文阶段性特征或共时性特征的反映情况及性质。

（2）对样本印文的检验：在收集大量历时性样本印文特别是从检材标称日期到怀疑日期时间段的历时性样本印文的基础上，分析判断样本印章可能的种类；分析样本印章盖印印文可能出现的印文阶段性或共时性特征；在检验确定样本印文是出自同一枚印章的前提下，对各时段样本印文进行比较，分析可能出现的印文阶段性特征或共时性特征；综合分析样本印文阶段性特征或共时性特征的反映情况及性质。

（3）检材印文与样本的比较检验：在检验确定检材印文与样本印文出自同一枚印章的前提下，将检材印文与各时段样本印文进行比较，分析鉴别二者在印文阶段性特征或共时性特征上的反映情况。

（4）综合分析及评断：根据比较检验结果，对检材印文和样本印文反映出的阶段性特征或共时性特征的符合、差异或变化的情况进行综合分析，对特征的总体价值作出评断，作出检材印文盖印时间的判断。

案例：如图 15－17 所示，检材印文与送检样本印文为同一枚印章所盖。样本印文的标称时间段分别为 2014 年 8 月 1 日、2014 年 12 月、2016 年 7 月 7 日、2016 年 7 月 8 日、2016 年 7 月 8 日、2016 年 8 月 1 日，印面特征反映出不同时间段印文的规格、印面缺损、印面附着物分布、印面墨迹及因其他因素可能形成的印章印文阶段性及共时性特征，后四枚样本印文在“业”字与“管”字之间的印文边框均检见明显缺损；“物”字笔画质量均较差，且其笔画边缘均检见明显残余墨迹，前两枚样本印文的相同部位均未检见上述特征。将检材印文与样本印文进行比较，发现：检材印文与标称时间段为“2014 年 8 月 1 日”和“2014 年 12 月”的样本印文在“业”字与“管”字间的边框缺损特征、“物”字的笔画质量及笔画边缘墨迹分布特征上差异明显；检材印文的上述特征与 2016 年 7 月 7 日以后的样本印文反映基本一致。依据检验结果和样本条件，检材印文形成时间应在 2014 年 12 月的样本印文之后，与 2016 年 7 月至 2016 年 8 月的样本印文的形成时间相近。

案例：如图 15－18 所示，8 枚检材印文为同一枚印章盖印形成，印文的色泽、浓淡分布等形态特征高度一致。如“合同专用章”字迹较淡，而“公司”二字印油明显较浓。上述特征较好地反映了同一枚印章同一阶段盖印形成的特点。

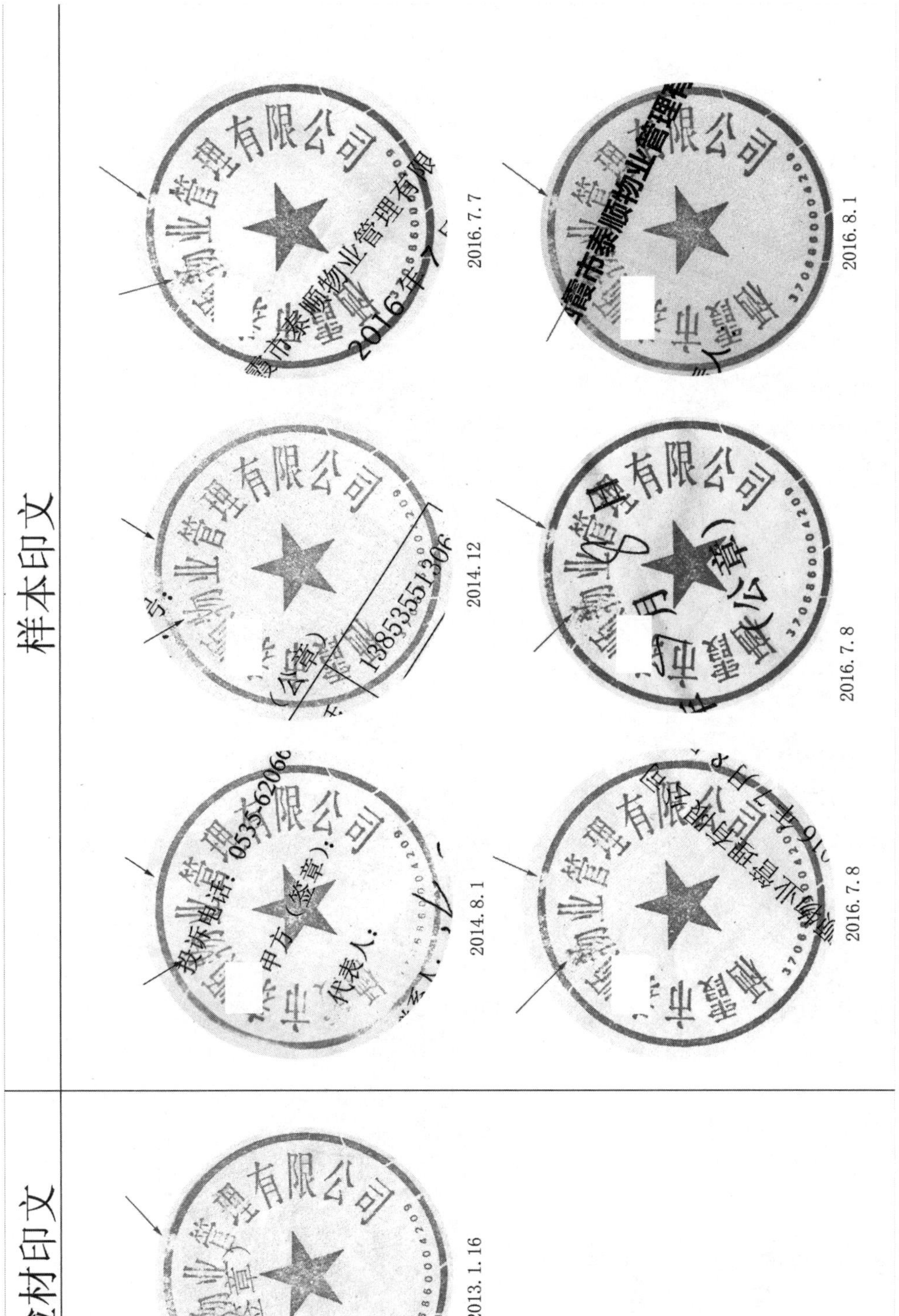

图 15-17 印文阶段性特征

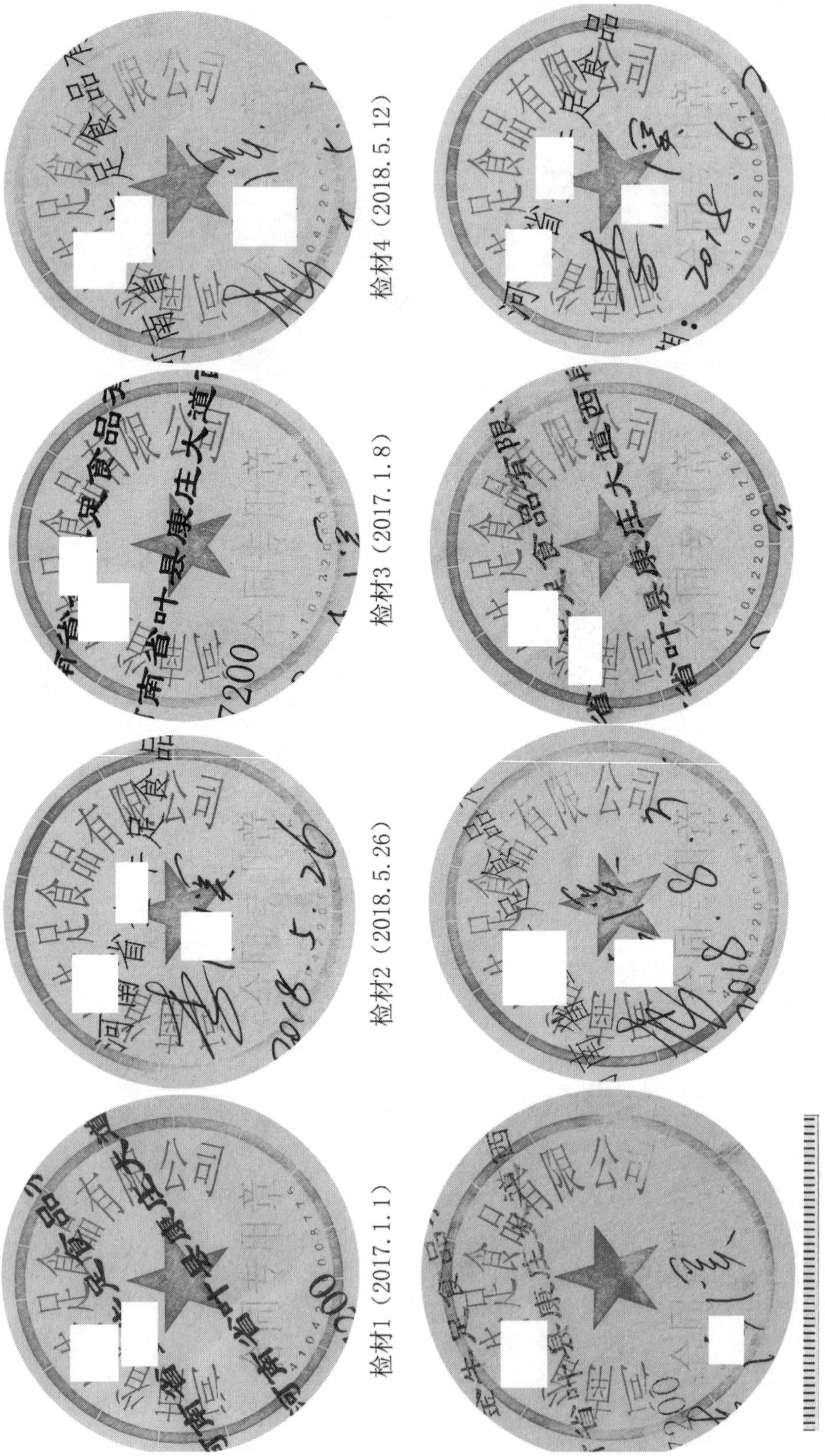

检材1（2017.1.1） 检材2（2018.5.26） 检材3（2017.1.8） 检材4（2018.5.12）

检材5（2017.1.3） 检材6（2018.8.3） 检材7（2017.1.9） 检材8（2018.6.22）

图15-18 印文共时性特征

二、打印的阶段性特征及共时性特征检验方法

1. 基本原理

打印阶段性特征是打印机在使用、维护等过程中形成的或产生变化的，通过打印文件反映出的随时间推移在不同时间阶段呈现规律性变化的各类特征，是判断检材印制时间范围的主要依据；打印共时性特征是打印阶段性特征中在某时间阶段内保持相对稳定的各类特征，是判断多份同机形成的打印文件是否一次或相近时间印制形成的主要依据。鉴定实践中，对于采用数字水印技术的彩色激光打印机，在彩色打印模式下（个别在黑白打印模式下）可在文件纸张上打印形成呈规则排列组合而成的暗记特征，某些品牌打印机的暗记特征包含有打印时间的信息，一旦解码即可作为确定打印具体时间的依据。

2. 检验步骤

（1）对检材的检验：检验判断检材的打印形成方式；若为彩色激光打印机打印，应分析有无暗记特征；检验并分析检材可能出现的打印阶段性或共时性特征；若有多份检材，在检验确定是同机打印的前提下，分析相互之间是否反映出一次或相近时间形成的共时性特征；综合分析检材打印阶段性特征或共时性特征的反映情况及性质。

（2）对样本的检验：在收集大量历时性样本特别是从检材标称日期到怀疑日期时间段的历时性样本的基础上，在检验确定样本是同台打印机打印的前提下，对各时段样本进行比较，分析可能出现的打印阶段性特征或共时性特征；综合分析样本打印阶段性特征或共时性特征的反映情况及性质。

（3）检材与样本的比较检验：在检验确定检材与样本为同机打印的前提下，将检材与各时段样本进行比较，分析鉴别二者在打印阶段性特征或共时性特征上的反映情况。

（4）综合分析及评断：根据比较检验结果，对检材和样本反映出的打印阶段性特征或共时性特征的符合、差异或变化的情况进行综合分析，对特征的总体价值作出评断，或根据检查暗记特征所包含的与打印时间相关的信息，作出检材打印时间的判断。

案例：如图 15－19、图 15－20 所示，标称落款时间分别为“2008 年 11 月 29 日”的检材 1、“2009 年 04 月 02 日”的检材 2 存在人为老化痕迹，不具备理化检验文件制成时间的条件。其上打印体字迹均为激光打印机打印形成，排版特征相同，墨迹显微形态特征一致。检验还发现，二者纸张右侧相同位置均存在纵向黑条状痕迹，纸表相同位置存在形态、大小、相对位置关系一致的机具疵点痕迹（见图 15－19、图 15－20 中圈点连接标示），这种位置、形态独特且高度一致的黑条状痕迹和疵点痕迹特征系由于机具部件污损、老化、缺陷所致，系具有价值的时段性特征，综合人为老化的检验结果分析，检材 1、2 应为同一打印机在相近时间内打印形成。

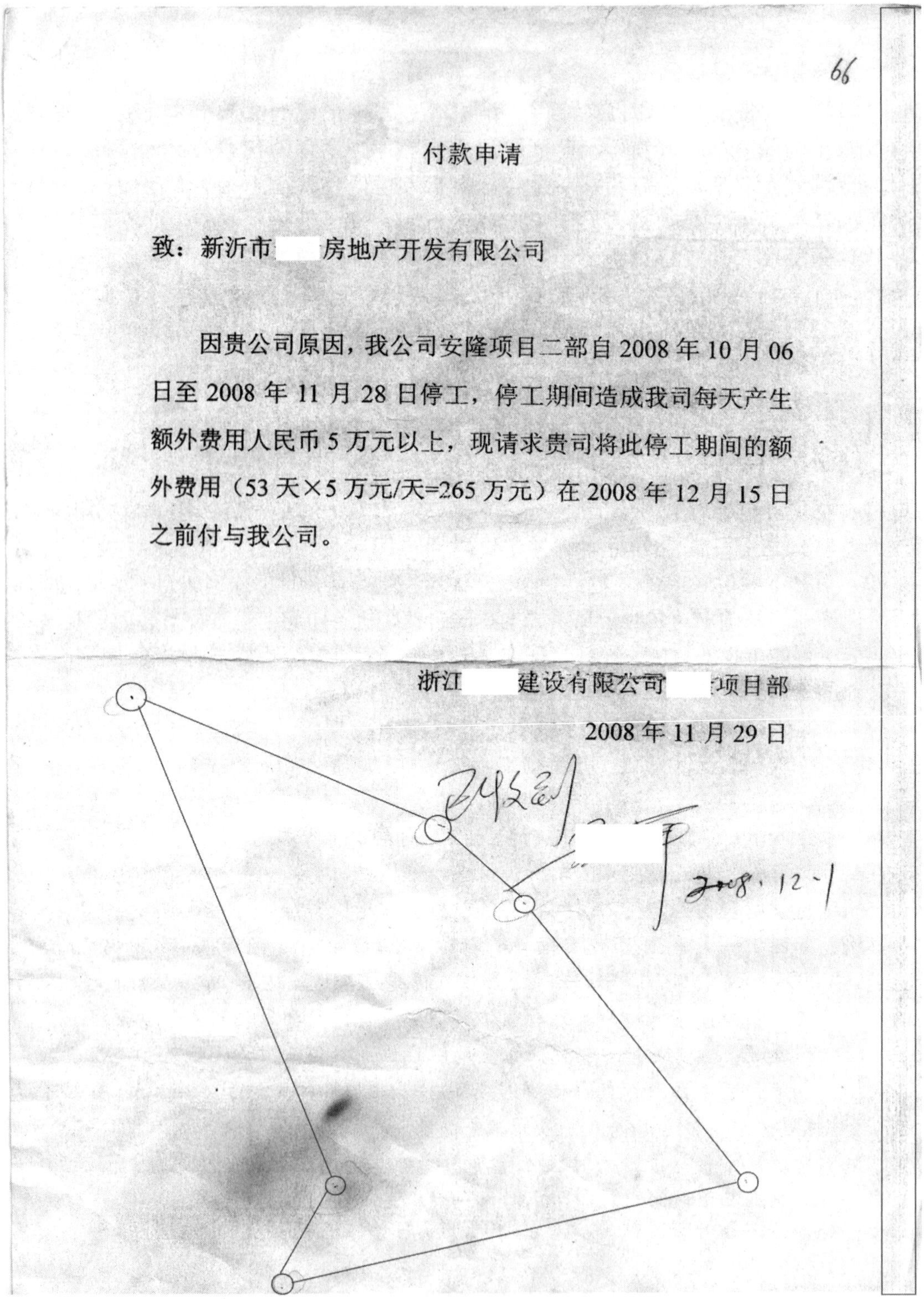

66

付款申请

致：新沂市[redacted]房地产开发有限公司

因贵公司原因，我公司安隆项目二部自 2008 年 10 月 06 日至 2008 年 11 月 28 日停工，停工期间造成我司每天产生额外费用人民币 5 万元以上，现请求贵司将此停工期间的额外费用（53 天×5 万元/天=265 万元）在 2008 年 12 月 15 日之前付与我公司。

浙江[redacted]建设有限公司[redacted]项目部

2008 年 11 月 29 日

已收到 [redacted]

2008.12.1

图 15－19　检材 1 打印特征标示

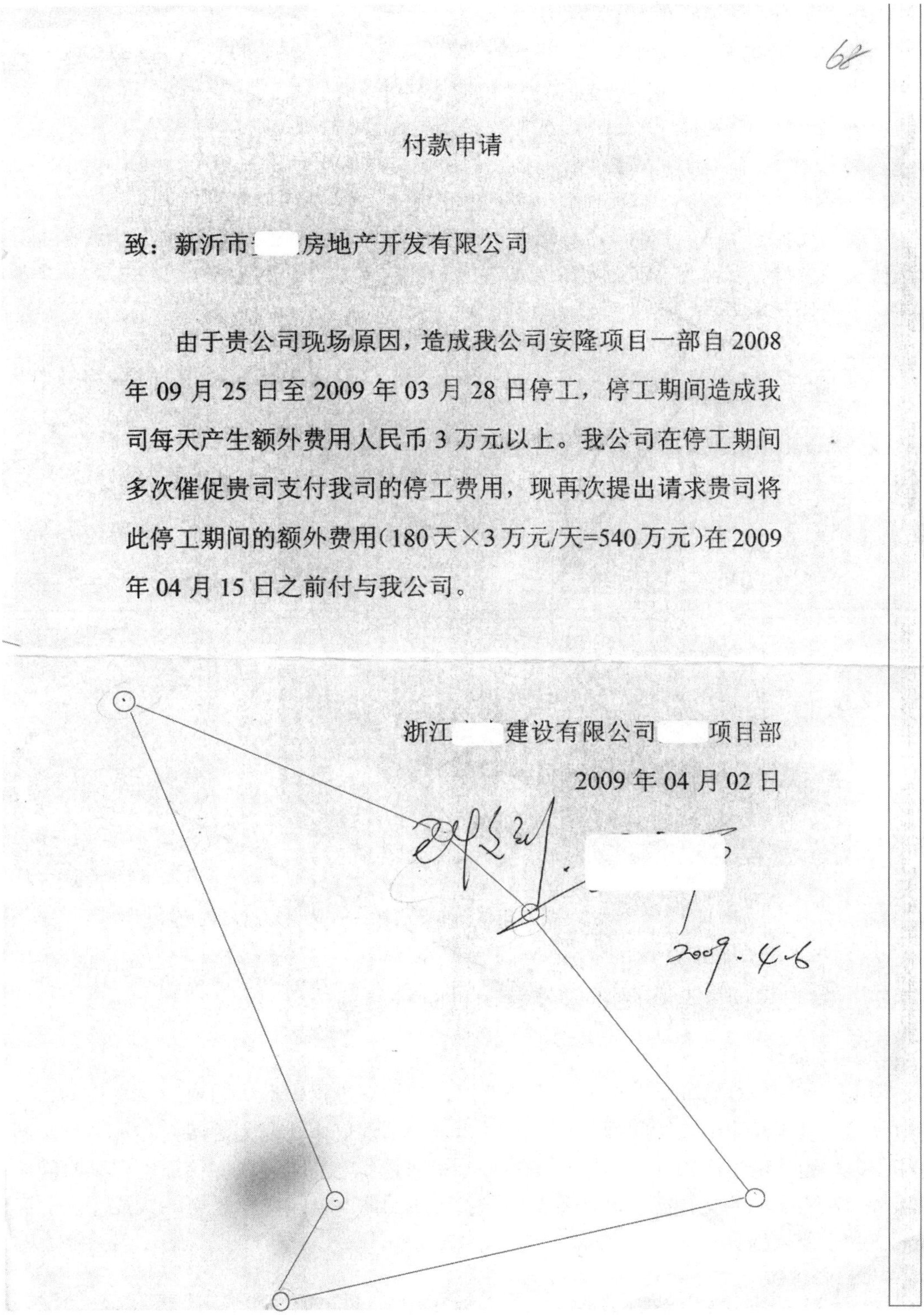

付款申请

致：新沂市房地产开发有限公司

由于贵公司现场原因，造成我公司安隆项目一部自2008年09月25日至2009年03月28日停工，停工期间造成我司每天产生额外费用人民币3万元以上。我公司在停工期间多次催促贵司支付我司的停工费用，现再次提出请求贵司将此停工期间的额外费用(180天×3万元/天=540万元)在2009年04月15日之前付与我公司。

浙江 建设有限公司 项目部

2009年04月02日

2009.4.6

图15－20　检材2打印特征标示

案例：检材1《借款借据》标称日期为“2015年2月26日”，检材2《借款借据》标称日期为“2016年1月14日”，二者标称时间间隔近11个月。检材1、2上印刷体字迹均为彩色激光打印机打印形成，检验发现（见图15-8、图15-21）：

（1）检材1、2印刷体内容的排版特征高度一致；

（2）检材1、2上打印字迹、表格格线的显微形态高度一致；

（3）检材1、2上追踪暗码点的反映高度一致。

综合上述检验结果，检材1、2上的打印字迹符合同一彩色激光打印机、短期内打印形成的文件特点，与其标称日期相距近11个月形成矛盾。二者印刷体文字不是如其标称时间所示间隔分别形成，二者的形成时间相近。

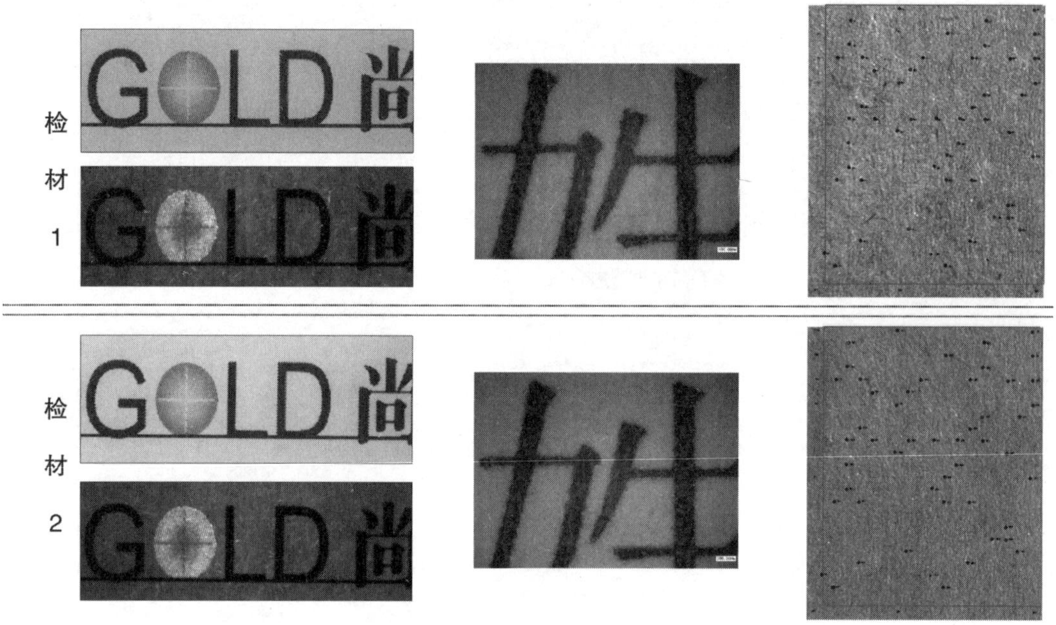

图15-21　检材1、2打印特征标示（最右侧为追踪暗码点）

三、静电复印的阶段性特征及共时性特征检验方法

1. 基本原理

静电复印阶段性特征是静电复印机在使用、维护等过程中形成的或产生变化的，通过静电复印文件反映出的随时间推移在不同时间阶段呈现规律性变化的各类特征，是判断检材印制时间范围的主要依据；静电复印共时性特征是静电复印阶段性特征中在某时间阶段内保持相对稳定的各类特征，是判断多份同机形成的静电复印文件是否一次或相近时间印制形成的主要依据。

2. 检验步骤

（1）对检材的检验：检验判断检材是否静电复印形成；检验并分析检材可能出现的静电复印阶段性或共时性特征；若有多份检材，在检验确定是同机复印的前提下，分析相互之间是否反映出一次或相近时间形成的共时性特征；综合分析检材静电复印阶段性特征或共时性特征的反映情况及性质。

（2）对样本的检验：在收集大量历时性样本特别是从检材标称日期到怀疑日期时间段的历时性样本的基础上，在检验确定样本是同台静电复印件复印形成的前提下，对各时段样本进行比较，分析可能出现的静电复印阶段性特征或共时性特征；综合分析样本静电复印阶段性特征或共时性特征的反映情况及性质。

（3）检材与样本的比较检验：在检验确定检材与样本为同机静电复印的前提下，将检材与各时段样本进行比较，分析鉴别二者在静电复印阶段性特征或共时性特征上的反映情况。

（4）综合分析及评断：根据比较检验结果，对检材和样本反映出的静电复印阶段性特征或共时性特征的符合、差异或变化的情况进行综合分析，对特征的总体价值作出评断，作出检材静电复印时间的判断。

第四节　文件制成时间的理化检验方法

文件制成时间的理化检验方法特指通过检验墨迹成分的物理和化学变化来检验文件制作时间的方法。各类油墨写、印到载体（纸张）上形成墨迹，由于改变了存在状态，随时间的推移会表现出某些物理、化学方面的变化。通过各种理化检验手段和技术，可以测出其中的规律性变化，从而判断墨迹的老化程度。在有已知时间的样本的对照下，可判断文件相对的形成时间。

一、基于墨迹成分扩散程度的检验方法

墨迹被写、印到纸张上以后，随时间的推移，笔画中的某些成分会超出笔画的边界向外扩散，形成时间越长，扩散程度越大。

传统的硫酸盐扩散程度测定法，就是通过化学方法显现出硫酸盐的扩散图像，以确定蓝黑墨水字迹的书写时间；通过测定铁离子沿纸张纤维向外扩散的程度可测定蓝黑墨水的书写时间；通过测定油痕扩散程度可确定印章印文盖印时间。

1. 硫酸盐扩散程度测定

硫酸盐扩散程度测定法是1930年由英国的Mithell和德国的Hess发明的。其原理是：以蓝黑墨水为代表的部分颜料墨水，因为墨水中加入了一定量的硫酸或硫酸盐，随着时间的推移，无色硫酸盐成分越过原笔画的边界线向外扩散，书写时间越长，扩散程度越大。如果显现出扩散后的硫酸盐图像，即可根据其超出原笔画的扩散宽度来判断笔迹书写时间的长短。

显现硫酸盐图像的化学反应式如下：

$$Pb(NO_3)_2 + H_2SO_4 = 2HNO_3 + PbSO_4\downarrow \text{（白）}$$

$$Na_2S + PbSO_4 = Na_2SO_4 + PbS\downarrow \text{（黑褐色）}$$

通过上面的化学反应，可以把看不见的硫酸盐扩散图像转化为可见的黑褐色PbS图像（见图15－22），从而可以测量硫酸盐扩散程度的大小。将检材与样本在同等条件下操作

检验后比较硫酸盐扩散程度，即可判断检材的书写相对时间。

图 15－22　字迹硫酸盐扩散图像显现效果图

该方法仅适用于含硫酸盐、硫酸的酸性墨水，如蓝黑墨水、纯蓝墨水，以及书写时间在 3～4 年、标称时间和怀疑时间间隔半年以上的书写字迹。若标称时间和怀疑时间均在 4 年以上则可能测不出来，因其扩散均已达到平衡；若是刚刚书写的文件，硫酸盐的扩散也无法测出。

2. 铁离子扩散程度测定

1984 年，美国的 McNeil 提出用扫描电子显微镜的俄歇电子能谱，测定以蓝黑墨水为代表的鞣酸铁墨水书写时间的方法。其原理是测定笔画中的铁元素沿小根纤维向外迁移的情况。该方法仅限于对书写时间很长的历史文件的检验，据研究，分辨率为 22 年左右。

3. 印迹油痕扩散程度测定

传统印泥油的主要成分是颜料和作为分散剂的蓖麻油。蓖麻油属高稠度不干性的植物油。印文形成以后，由于纸张纤维的毛细作用，蓖麻油会超出颜料印迹的边界向外扩散，其扩散程度与盖印时间有一定的对应关系。

1996 年，国内研究报道了印迹油痕连续记录的研究方法，可适用于判断形成时间为 3 个月以内的印泥油盖印的印文、指印印迹。该方法的优势在于：无需样本，且对检材无损。局限性在于：不是所有的印油盖印都能形成可扩散的油痕；适用的时间范围小，仅适用于距检验日期 3 月内的新鲜印迹；检验所需的观测时间长，不能很快获得检验结果。图 15－23 为某案例中疑似近期制作的文件上指印在受理鉴定三个月后观测的油痕扩散图像。

图 15－23　受理三个月后指印油痕扩散图像

二、基于墨迹中溶剂衰减的检验方法

1. 基本原理

多数文件墨迹系液态墨水或油墨形成，液态墨水或油墨均含有大量溶剂。如圆珠笔油墨中通常含有苯氧乙醇、苯甲醇、丙二醇等溶剂。不同种类、品牌、型号的墨水或油墨中溶剂的种类、含量差异巨大。书写之前的墨水或油墨处于封闭体系，溶剂含量随时间难以发生变化；墨迹形成以后，墨迹中的溶剂在色痕中的含量随时间推移而减少（见图 15 – 24）。因此，通过墨迹中溶剂残留量的测定，可能对其形成时间作出判断。

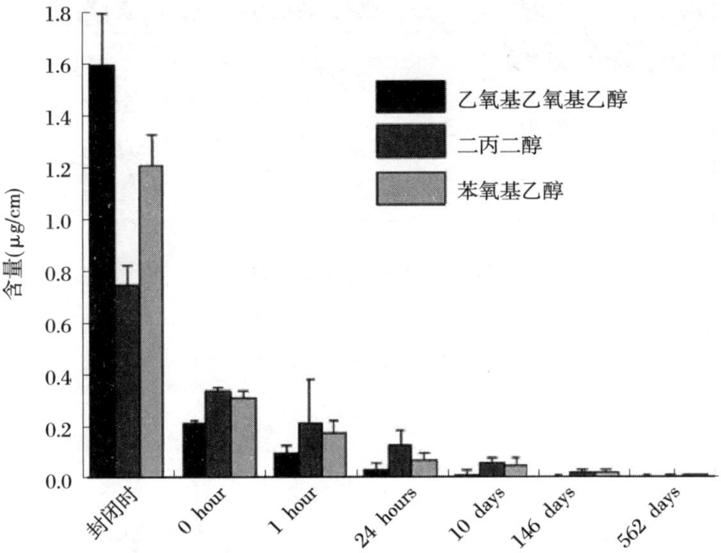

图 15 – 24　圆珠笔笔芯油墨及不同书写时间的笔画中的溶剂含量

墨迹中溶剂的减少通常有挥发和扩散两种主要途径。溶剂衰减的速率、衰减规律差异显著，通常随时间的推移迅速降低，但不同溶剂的衰减规律差异显著。

圆珠笔油墨中常用的苯甲醇、苯氧乙醇沸点较低，挥发性较强，其衰减速度较快，通常在书写数分钟内即可减少 90%，书写数月后就难以检出；中性墨水中常见的多元醇类溶剂，如丙二醇、丙三醇，其挥发性较弱，衰减速率较低，在书写数年后常常仍可检出。

2. 方法实现

墨迹中溶剂含量测定的理想方法是气相色谱 – 质谱法①或气相色谱法。参考条件：以甲醇提取墨迹 20min，采用极性毛细管柱（如 Thermo WAX – MS 30m × 0. 25mm × 0. 25μm）进行分离，程序升温为 80℃并保持 2min，10℃/min 升温至 250℃并保持 5min，EI 离子源质谱检测器，检测范围 29 ~ 300aum。

案例： 如图 15 – 25 所示，检材为黑色中性墨水书写，正文“现存明胶……百分之伍拾分得”字迹（检材字迹 2）为疑似添写字迹，需鉴定其与正文“胶厂破产，同意分开，所有帐目结清”字迹（检材字迹 1）是否为同一时间形成。图 15 – 26 为检材字迹 1、2 的

---

① 《SF/Z JD0203004—2018 司法鉴定技术规范 书写墨迹中 9 种挥发性溶剂的检测 气相色谱 – 质谱法》。

气相色谱－质谱检验图谱。通过分析，检材字迹1、2墨迹检出成分相同，检材字迹2墨迹中丙三醇残留量高于检材字迹1墨迹中丙三醇残留量，故判断检材字迹2的形成时间晚于检材字迹1的形成时间。

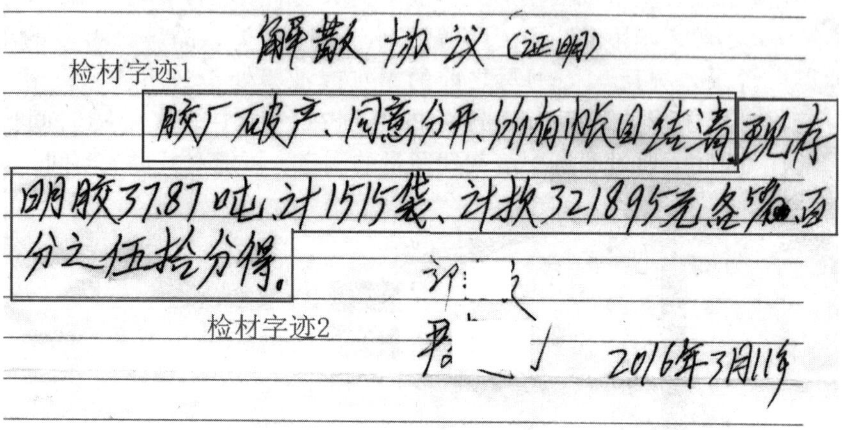

图15－25 检材字迹标示

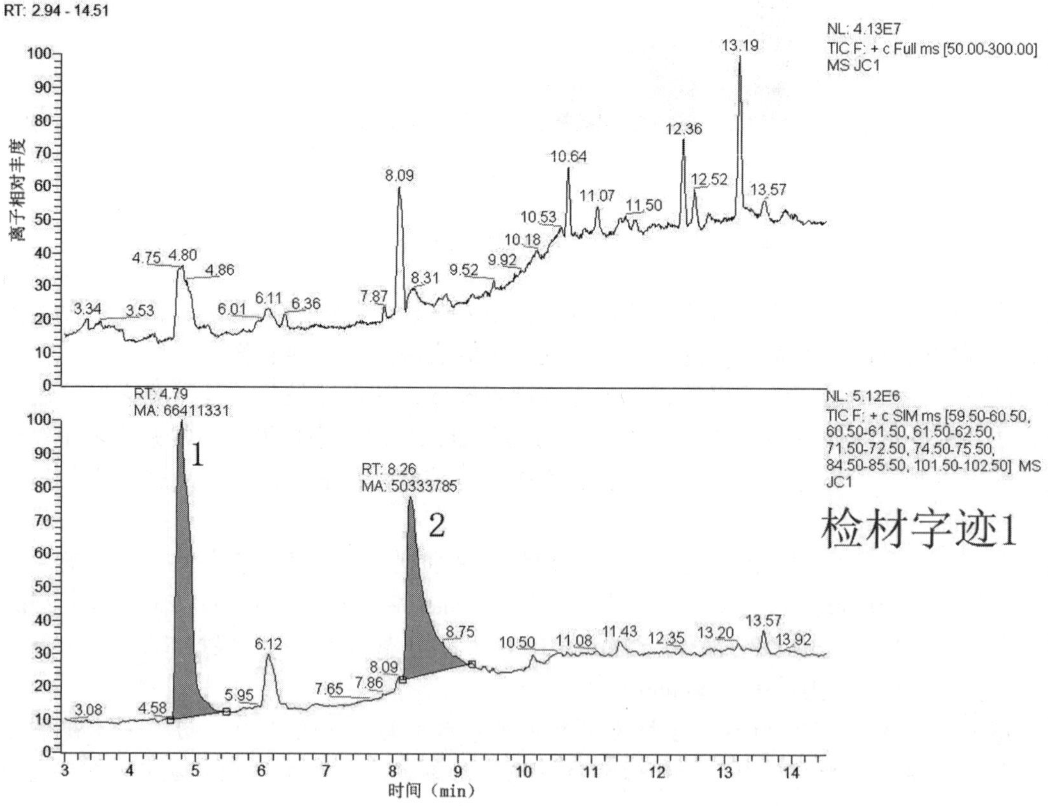

图15－26 检材字迹1、2丙三醇残留量的气相色谱－质谱检验图谱

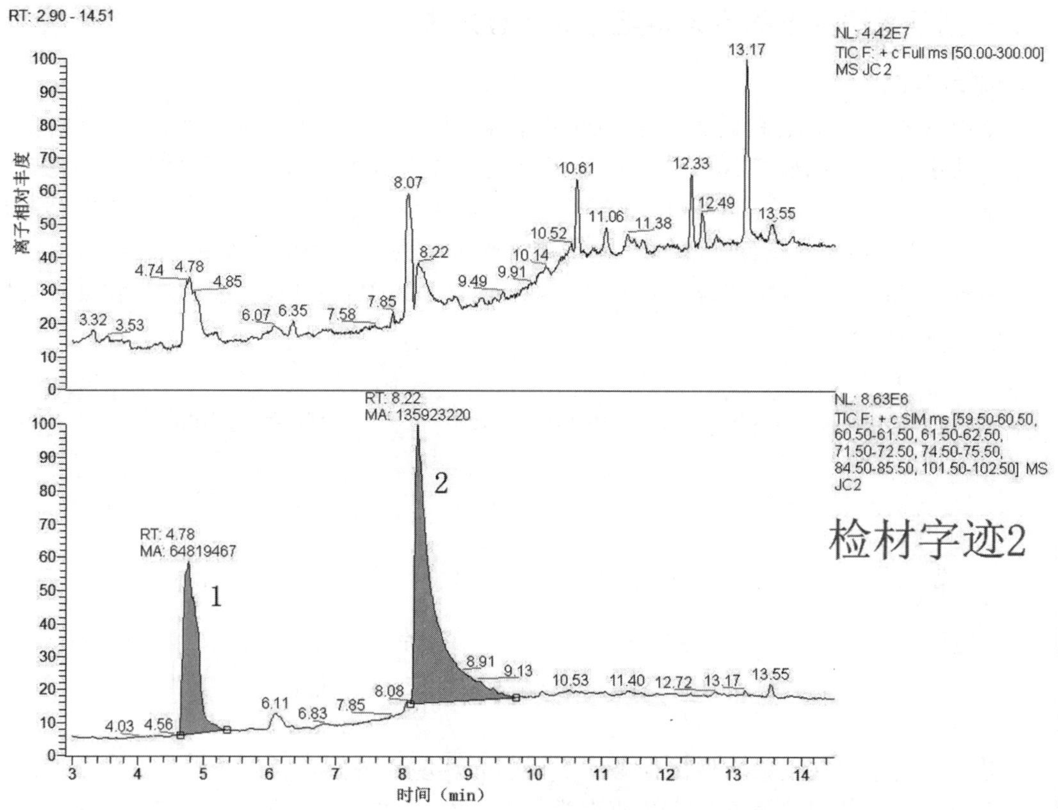

图 15-26 检材字迹 1、2 丙三醇残留量的气相色谱-质谱检验图谱（续）

色谱峰：1. 内标一缩二乙二醇 2. 丙三醇

虽然墨迹中的溶剂含量随时间逐渐减少，但墨水溶剂配比不同、墨迹的不均匀性（质量变化）、保存条件与纸张条件的差异，均显著影响墨迹的形成时间判断。通过比较溶剂含量来判断墨迹的相对形成时间，理想条件下应要求同种墨水、同种纸张、相同保存条件。另外，还需要考虑墨迹本身的不均匀性，以及测试方法带来的误差。

按照墨迹中溶剂含量变化，可分为“迅速减少”“缓慢减少”“趋于稳定” 三个阶段。挥发性较强的溶剂，如果处于“迅速减少”“缓慢减少” 阶段，通常可认为其墨迹是近期形成。

为了降低对测试条件的依赖，近年来相继出现了强弱溶剂法、溶剂-染料比法、人为老化-多次测试法等方法，在一定程度上扩大了方法的适用范围。如 Aginsky 提出的溶剂-染料比法，分别采用气相色谱、紫外可见分光光度计测定同一墨迹中的溶剂与染料含量，以其比值作为定量参数判断不同字迹色痕的形成时间先后，该方法有效减少了墨水质量差异带来的误差。

虽然基于溶剂衰减的字迹形成时间检验方法理论清晰，但对检材与样本可比性要求较高。本方法可用于圆珠笔字迹、中性墨水字迹、水性墨水字迹的书写时间检验，但由于溶剂衰减较快，通常情况下只能对形成时间在一年或数月以内字迹的形成先后作出判断。

三、基于墨迹中不稳定染料组分的检验方法

1. 基本原理

三苯甲（乙）烷类染料是最为常见的有机染料之一，常作为着色剂用于染料墨水（油墨），尤其常见于圆珠笔油墨中。三苯甲（乙）烷类染料化学结构不够稳定，易于发生脱甲基、乙基反应，在光照条件下能加快其降解速率。如常见的芳基甲烷染料结晶紫（Crystal Violet），在光照条件下逐渐发生氧化，逐步脱去分子中的6个甲基，依次生成甲基紫（Methyl Violet）、四甲基玫瑰苯胺（Tetramethyl Para Rosaniline）、玫瑰苯胺（Rosaniline）等。（见图15－27）

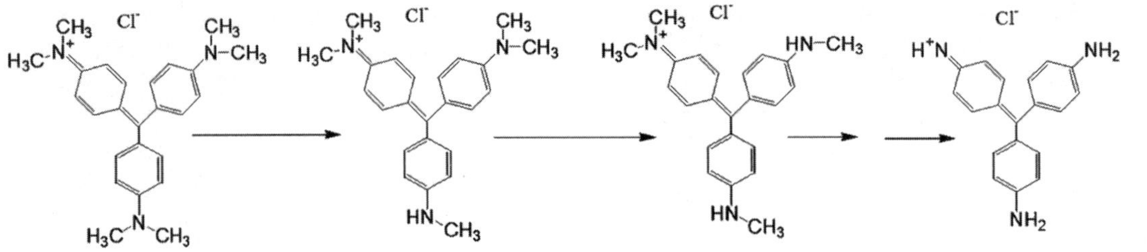

图15－27 芳基甲烷染料结晶紫的光降解路径

三苯甲烷类染料在正常文件保存条件下（避光环境）的降解速度较慢，文献报道的正常保存条件下的三苯甲烷类染料降解速率为每年1%～10%。光照、温湿度、纸张、染料种类、墨水配方、墨迹浓淡均影响其降解速率。

2. 方法实现

墨迹中的芳基甲烷类染料测定方法多样，包括高效薄层色谱（HPTLC）、液相色谱（HPLC－DAD、HPLC－UV）、液质联用（LC－MS）、离子对色谱、毛细管电泳（HPCE）、激光解析飞行时间质谱（LDI－TOF）等方法。

高效薄层色谱法操作简便，结合光密度扫描分析，可对染料成分进行定量分析。对于圆珠笔字迹的典型操作条件为：切取圆珠笔字迹色痕2cm，加入20μL无水乙醇溶解，采用高效硅胶薄层板（粒度8μm，100mm×50mm）展开；展开剂配方为体积比正丁醇：乙醇：水：乙酸（18：2：1：1）；580nm光密度扫描定量。染料墨水中通常含有较为稳定的铜酞菁，为减少定量误差，采用三苯甲烷染料峰面积与不易变化的铜酞菁峰面积比值作为判断指标，可减少测试误差。

相对于高效薄层色谱法，高效液相色谱法灵敏度、准确度更高。对于圆珠笔字迹的典型操作条件为：取圆珠笔字迹色痕0.2cm，以10μL乙腈－水（体积比为60：40）提取10分钟。分离采用C18色谱柱，流动相为体积比为乙腈：水：冰醋酸（60：40：0.5），检测波长为580nm。检测结果如图15－28所示，A、B、C是同一圆珠笔在三个不同时间书写字迹的液相色谱图，字迹B的书写时间比字迹A早20个月，字迹C的书写时间比字迹B早12个月。图中色谱峰1、2、3分别对应碱性品蓝、甲基紫和结晶紫。由图15－29可见，随时间推移，结晶紫的相对峰面积逐渐减小。

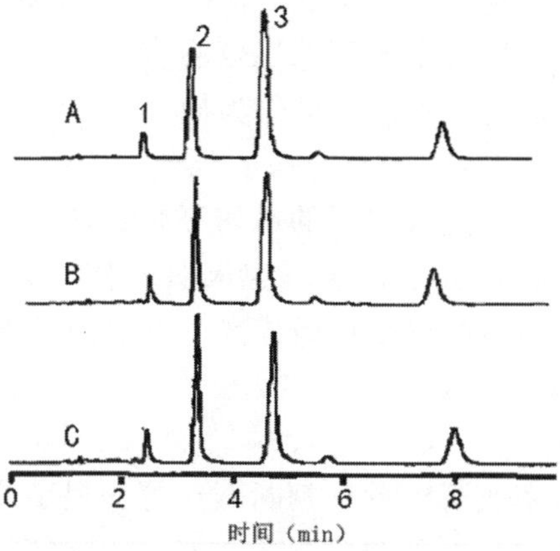

图 15－28　同一圆珠笔不同时间书写的字迹液相色谱图

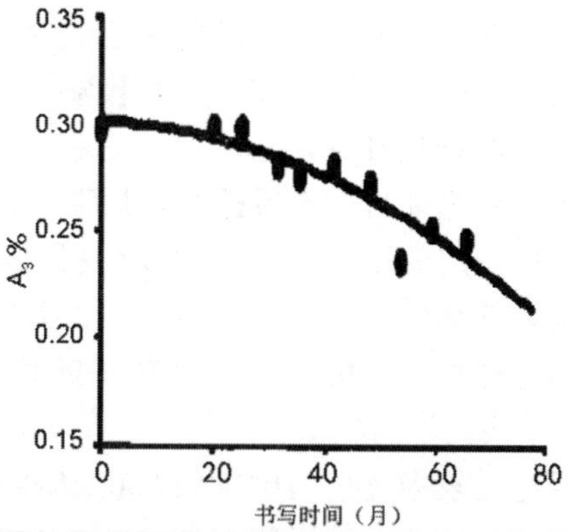

图 15－29　结晶紫相对峰面积 $A_3\%$ 随时间变化曲线

$A_3\% = A_3/(A_1 + A_2 + A_3) \times 100\%$

（A_1：碱性品蓝的峰面积；

A_2：甲基紫的峰面积；A_3：结晶紫的峰面积）

三苯甲烷类染料的降解是一个明确且较缓慢的过程，这为在较长时间尺度内研究字迹的形成时间提供了可能。但是，由于墨水因素（染料种类、墨水配方、墨迹浓淡不均）和环境因素（光照、温湿度、纸张等）均显著影响其降解速率，同时仍需考虑分析误差的影响，该类方法在司法实践中的应用还存在较多困难。

四、基于墨迹色痕溶解速率的检验方法

1. 基本原理

染料墨水（油墨）字迹中的染料可被溶剂溶解（萃取）。生活常识告诉我们，新鲜的污渍易于清洗，陈旧的污渍难以洗脱。形成时间较久的染料墨水（油墨）字迹，其中的染料被特定溶剂溶解的难度增大。通常认为原因是：墨迹形成以后，其中的溶剂挥发、树脂交联固化，导致染料的溶解速率降低。

通常有两类方法可检测墨迹中染料溶解能力的变化，一是比较从滴加溶剂到染料开始溶出的时间，二是比较特定时间内染料的溶出量。

最早的溶解速率检验方法可追溯到 Mitchell 进行的苦味酸铁墨水（Iron－Gall Ink）溶解实验，之后日本的 Kikutchi 进行了详细的定量研究。经过多年的实践，已发展出多种基于溶解速率的文件制成时间检验方法，常见的有单滴法、溶压转印法、溶剂提取法等。适用的字迹种类包括蓝黑墨水字迹、圆珠笔油墨字迹、普通复写色料字迹、染料墨水签字笔字迹、普通印泥印迹等。

2. 方法实现

（1）单滴法。

在待测笔画上滴加一滴适当的溶剂并开始计时，在显微镜下观察笔画染料的溶解过程，以染料开始溶出或溶出到特定程度所需的时间作为判断字迹色痕新旧的指标。书写时

间越久，字迹色痕染料开始溶出的时间越长。在溶剂选择上，普通印泥印迹可选择乙酸乙酯溶液，圆珠笔字迹油墨可选择乙醇－水溶液，蓝黑墨水字迹可选择草酸溶液等。单滴法虽然操作简单，但误差较大，并且缺乏对影响因素的合理控制，可作为初检方法使用。

（2）溶压转印法。

将检材墨迹与样本墨迹裁切后置于同一白纸上，以浸有溶剂的承印纸张覆盖，在压力机中施加一定的压力，通过比较检材墨迹与样本墨迹的染料转移量判断其转移能力大小，进而判断其形成先后。溶压转印法误差较大，判断时间的界限比较模糊，并且缺乏对影响因素的合理控制，可作为初检方法使用。

（3）溶剂提取法。

通过比较墨迹色痕中染料被特定溶剂溶出的速率或溶出量，判断圆珠笔油墨字迹、普通复写色料字迹、普通印泥印迹的相对形成时间，即是单溶剂提取法。如对于圆珠笔油墨字迹，可选择50%乙醇－水溶液进行溶解测试，溶解得到的溶液可采用薄层色谱－光密度扫描、紫外可见光谱等方法进行定性定量分析。同时，薄层色谱或紫外可见光谱等分析方法的引入，为墨迹种类鉴别提供了依据。

单溶剂提取法中取样墨迹的浓淡（质量）影响结果的判断，误差较大。为减少墨水质量干扰，依次采用弱溶剂与强溶剂进行两次提取，以弱溶剂溶出量与强溶剂溶出量的比值，即提取率，作为评价指标判断字迹形成时间长短。提取率较低的字迹形成时间较久，提取率较高的字迹形成时间较短。

对于圆珠笔油墨字迹，通常可以采用氯苯、甲苯或正丁醇作为弱溶剂提取两分钟，之后再用强溶剂（二甲基甲酰胺）溶解残留的墨迹染料，即是双溶剂提取法。两次提取液均采用薄层色谱法进行分离，并采用光密度扫描进行定量分析。双溶剂提取法是测定圆珠笔油墨字迹书写时间较成熟有效的方法，并已拓展应用到普通印泥印文的盖印时间、指印捺印时间的检验上。

尽管基于溶解速率的检验方法在国内得到一定程度的认可和大量的实践应用，但该类方法的机理、普适性、影响因素仍然存在一些不确定性。实际检验中，应严格筛选检材与样本，并充分考虑到方法误差，谨慎使用。

【思考题】

（1）文件形成的绝对时间与相对时间。

（2）文件制成时间检验的影响因素。

（3）文件制成时间的检验对象有哪些？

（4）文件制成时间的检验途径有哪些？

（5）墨迹色痕分析的检验方法有哪些？

（6）时段性特征分析的原理。

（7）常见的文件制成时间理化检验方法及原理。

【参考文献】

[1]《GB/T 37233—2018 文件制作时间鉴定技术规范》，2019 - 04 - 01 实施。
[2] 孙其然、沈敏、罗仪文："书写时间鉴定方法研究进展"，载《中国司法鉴定》2015 年第 1 期。
[3] 叶卓龙、王长亮、崔岚："利用显微分光光度计鉴别黑色中性笔墨水"，载《中国司法鉴定》2019 年第 3 期。
[4] 段伟亚、宋晓红、孙友宝等："红外显微镜系统在打印字迹鉴别中应用"，载《现代科学仪器》2017 年第 4 期。
[5] 强洪、王秀莉、苏佳利等："高效液相色谱法分析蓝色的圆珠笔油墨中染料"，载《理化检验—化学分册》2010 年第 5 期。
[6]《司法鉴定技术规范 SF/Z JD0203004—2018 书写墨迹中 9 种挥发性溶剂的检测 气相色谱—质谱法》，2019 - 01 - 01 实施。
[7] 王相臣主编：《文件检验》，群众出版社 2010 年版。

第五编

篡改（污损）文件检验

依据《GB/T 37238—2018 篡改（污损）文件鉴定技术规范》，其适用范围为“司法鉴定/法庭科学领域文件鉴定中篡改（污损）文件鉴定所涉及的变造文件鉴定、污损文件鉴定、模糊记载鉴定、压痕记载鉴定、文件形成方式鉴定”。通常而言，变造文件鉴定、模糊记载鉴定、压痕记载鉴定、文件形成方式鉴定整体上服务于“篡改文件检验”这一任务，其中变造文件检验的检验任务主要针对是否存在变造事实，而模糊记载鉴定、压痕记载鉴定、文件形成方式鉴定则主要针对变造内容的检验，尤其针对内容的显现辨读、内容的原始性，故将这一部分内容放在“第十六章 篡改文件检验”予以介绍；污损文件检验则重在介绍对受污损的文件进行清洁整理、整复固定的专门性技术方法，此部分内容将在“第十七章 污损文件检验”予以介绍。

模糊记载检验依照学理理解，其有更为广泛的含义，应当包括涂抹掩盖字迹显现、自然退色字迹显现、压痕字迹显现三个方面，虽然模糊记载检验在污损文件检验中也常涉及，但更多情形下却是与变造文件检验紧密相连，故本书将模糊记载检验放在第十六章中予以介绍，而在第十七章中则尽量简化。

文件形成方式检验通常包括字迹形成方式检验、印文形成方式检验、手印形成方式检验，其主要目的在于确定字迹是人书写形成的，还是其他方式形成的；印文是印章直接盖印形成的，还是其他方式形成的；手印是人的手纹直接捺印形成的，还是其他方式形成的。文件形成方式鉴定通过对文件构成要素（字迹、印文、手印等内容）原始性的判定，最终判明文件是否伪造变造形成，故也是篡改文件检验的有机组成部分。

依据国标规定并合理借鉴学理，本编有关“篡改（污损）文件检验”的写作体例及技术路径如下：

- 篡改（污损）文件检验
  - 篡改文件检验
    - 变造文件检验（确认变造事实）
      - 擦刮文件检验
      - 添改文件检验
      - 换页文件检验
      - 消退文件检验
    - 模糊记载检验（变造内容的显现）
      - 涂抹掩盖字迹显现
      - 自然退色字迹显现
      - 压痕字迹显现
    - 文件形成方式检验（内容的原始性鉴别）
      - 字迹形成方式检验
      - 印文形成方式检验
      - 手印形成方式检验
  - 污损文件检验
    - 污染文件检验
    - 破碎文件检验
    - 烧毁文件检验
    - 浸损文件检验

第十六章　篡改文件检验

内容提要：本章主要介绍篡改文件的概念、篡改文件的检验任务、常见变造文件类型及检验方法、模糊记载字迹的显现方法。其重点是各类变造文件的特点及检验方法、文件形成方式判断，难点是模糊记载字迹的显现方法、手印形成方式判断。

关键词：篡改文件；污损文件；变造文件；模糊记载鉴定

第一节　篡改文件检验概述

一、篡改文件的概念及亚类划分

依据《GB/T 37238—2018 篡改（污损）文件鉴定技术规范》相关术语释义以及对篡改文件约定俗成的学理解释，篡改文件又称“变造文件”，指在原真实文件的基础上，采用添加改写、擦刮涂改、粘贴拼凑、涂抹掩盖、换页、拆封后重密封、消退及伪老化等技术手段，对真实文书的局部内容加以改变，导致文件内容或性质已产生变化的可疑文件。依变造手法的不同，变造文件可以进一步细分为添改文件、擦刮文件、消退文件、掩盖文件、拼凑文件、换页文件等。

二、篡改文件检验的任务

依据《GB/T 37238—2018 篡改（污损）文件鉴定技术规范》之 3. 11、3. 12 的释义，篡改文件检验，也称变造文件检验，指具有专门知识的鉴定人，对检材是否存在变造事实及变造内容进行检验和鉴别的专门技术。具体涉及两个方面的宏观检验任务，一是针对变造事实的检验鉴定，即检材是否存在添加改写、擦刮、拼凑、换页、拆封、消退及伪老化等变造事实的情况，这将在本章“第二节　变造文件检验”中予以详细介绍；二是针对变造内容的检验鉴定，即对模糊记载、压痕记载、掩盖字迹以及文件上可疑字迹、印文、手印的形成方式等变造内容进行检验鉴定，而显现文件变造前的原貌和记载内容是其重要检验任务，文件形成方式鉴定则是书证原始性判断的重要依据。为此，本章第三节将以广义的“模糊记载字迹检验”统摄“涂抹掩盖字迹的显现、自然退色字迹的显现、压痕字迹的显现”相关内容；第四节将对字迹、印文、指印的形成方式检验进行介绍。

第二节 变造文件检验

变造文件检验，需要利用物理、化学、计算机科学等学科原理与方法，对检材进行系统检验，查明文件的篡改事实、篡改方法、记载内容。变造文件检验是文件检验的一个重要分支，其检验方法大量借助墨水检验、纸张检验等微量鉴定的原理和方法，具有微量物证检验的属性。变造文件具有局部真实、整体异常的特点。常见的变造手段有擦刮、添改、换页、消退等。

一、擦刮文件检验

（一）擦刮文件及其特点

擦刮文件是指采用刀片、橡皮等工具机械擦除或刮除真实文件上的部分内容，并可能添加新的内容形成的假文件。

擦刮文件的变造方法主要有擦除和刮除。擦除变造通常采用橡皮、砂纸甚至手指等物体与接触面摩擦以去除文件内容；刮除通常采用刀片、针尖等锋利、尖锐物体刮剔字迹色痕以消除文字内容。

文件被擦刮变造的难易主要取决于纸张质量、墨迹种类等因素。表面光滑、质地致密的纸张上的墨迹通常易于被擦刮，且遗留痕迹不易被察觉，如塑封纸张上的书写字迹；而厚度较小、纤维蓬松的纸张上的墨迹在擦刮时不易被完全消除，且易于造成纸张破损。书写字迹中，墨迹不易于渗入纸张纤维内部的字迹易于被刮擦，如静电复印字迹、施胶纸张上的铅笔书写字迹；而普通书写纸张上的染料墨水字迹，由于染料渗入纸张纤维内部，难以保证擦刮后不留痕迹。

擦刮是一种机械作用方式，易于造成文件载体表面的物理变化，主要表现在以下三个方面。

1. 被擦刮处纸张异常变化

正常书写纸张厚度均匀、表面纤维排列致密、有序，并常具有涂覆层。由于擦刮的机械作用，被擦刮处纸张厚度变薄，透光率增加甚至出现破洞；纸张表面涂层缺失，纤维有序结构被破坏，纤维蓬松、翘起现象明显；被擦刮处纸张表面也常常出现擦刮所致的污染、变色现象；具有格线、底纹等印刷图案的纸张，其原有图案的完整性也常常被破坏。

2. 被擦刮处的添写文字显微形态差异明显

擦刮的机械作用易于导致纸表涂层破坏、纤维蓬松、厚度变薄，严重影响纸张书写性能。在擦刮处添写文字时，即使采用与原文相同的笔墨，其墨流宽度、洇散程度、浓淡变化、纤维染色等笔痕特征也显著不同于原书写字迹。染料墨水通常表现出洇散严重、纤维染色特点；脂溶性油墨或胶体墨水常表现为色泽不均。

3. 被擦刮处可能遗留有原字迹笔画或工具痕迹

橡皮擦除的文件，常可检出条状擦痕和橡皮微粒；刀片刮除的文件，常可检出规整的纤维断裂痕迹；渗透性墨水字迹，常可检出笔画残留色痕。

（二）擦刮文件的检验方法

1. 确定擦刮变造事实

（1）可见光与显微检验。由于擦刮变造常常引起载体纸张的光滑度、光泽、厚度变化以及表面纤维形态变化，透光检验和侧光检验对确定擦刮变造痕迹是快捷实用的方法。大角度的侧光照，可强化纸张表面的形态变化，可使多数擦刮文件检验得到理想效果；透光检验适合纸张厚度大、厚度减少较明显的擦刮文件检验，检验时通常采用均匀的强光照射，以获得理想效果（见图 16－1）。必要时可采用放大镜及低倍显微镜（如体视显微镜）进行检验，显微检验时灵活运用侧光照明、透光照明可获得更好效果。通过可见光检验与显微检验，不仅可以轻易发现擦刮部位的纸张变化，也可以明显观察到添写字迹的异常笔痕特征、擦刮留下的残留笔画等特征。

（2）紫外光或蓝光照射。所有变化均可能引起文件对短波光吸收性能的差异或荧光的差异。采用紫外光照射或蓝光照射，通常可检出擦刮部位的亮度差异（对短波光的吸收不同）；采用紫外光或蓝光作为激发光，也可检出纸张在擦刮处的荧光变化（见图 16－1）。这些差异既可能来自污染物，也可能由笔画残留物质、纸张本底变化所致。

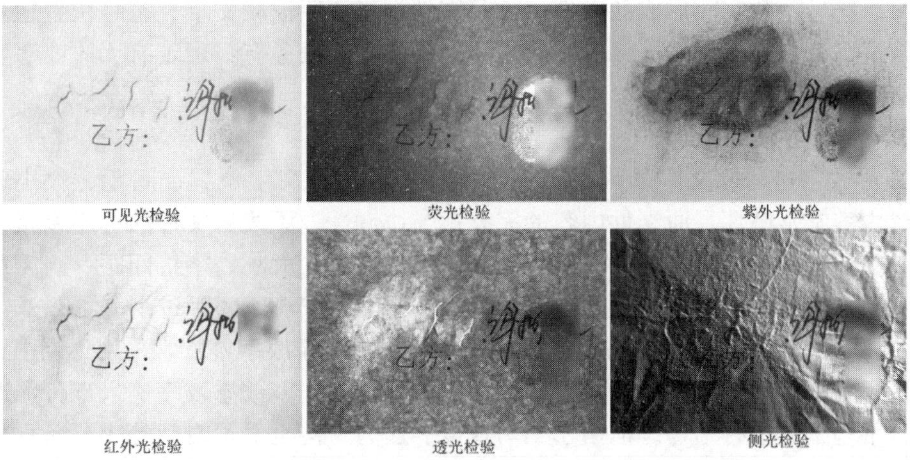

图 16－1　擦刮文件的光学检验

（3）物理吸附显色。文件擦刮部位纤维蓬松，比表面积显著增加，易于吸附碘蒸气或其他吸附质。碘熏法操作方便且反应过程可逆，是最为常用的吸附显色方法。显色时取少量碘单质置于烧杯中，将文件可疑部位面向杯口置于烧杯上，适当加热以加速碘升华，升华的碘蒸气被蓬松的纸张纤维吸附而显色，也可借助专业的碘熏设备进行熏显。因碘熏显色是可逆的，熏显后的文件应及时拍照固定。

2. 擦刮原文的显现与辨读

文件擦刮前的原文辨读，是擦刮文件检验中具有挑战性的工作，尤其是对于擦刮程度高、遗留笔痕少的文件辨读。检验过程中应系统检验，综合应用多种手段，以确定原文内容。常用的手段有如下四种：

（1）根据文件的残留笔画分析。对渗透性墨迹的擦刮常常不够彻底，易于留下部分残留笔画。检验过程中，可根据残留的部分笔画位置、形态、组合关系，结合文字书写规律、书写人书写习惯等综合分析、辨读原文。

（2）根据文字压痕分析。书写压痕具有一定隐蔽性，部分擦刮文件仍可在其书写面或背面检出原文的部分压痕。滚珠笔、复写文件上容易留下较明显压痕，检验时价值较高。

（3）根据文件上下文推断。完整文件是一个有机统一体，文件上下文内容常常相互呼应、具有内在关联。如合同各条款内容之间常常相互照应，财务单据上的单价、数量、总价之间具有明确的换算关系等。检验时可根据文件各部分之间的内在联系，推断被擦刮原文内容。

（4）借助特种光检验。被擦刮的原文墨迹残留可能具有不同于纸张背景或添加字迹的光学特征，可借助特种光学成像方法进行显现。典型的应用是荧光成像，如染料墨迹通常具有可见光激发的红外荧光，采用适当的条件进行成像，常可辨读其原文。

二、添改文件检验

（一）添改文件及其特点

添改包括添写和改写。添写文件是指在原文件记载内容首尾、字行间或空白部位通过添加图文、符号、数字而形成的文件。改写文件是指在原记载文字、符号位置通过添加笔画、重新书写等方式形成的文件。添改文件检验的主要任务有：确定有无添改事实，确认添改前文字内容，确定添改人。

添改文件的主要特点如下：

（1）添改字迹与原文字的内容不连贯或相互矛盾，文字位置、间距、大小、布局异常。添改内容常常破坏了原文件内容的完整性与协调性，添改后文件内容不衔接，甚至相互矛盾。受原有字迹内容、空间限制，添改文字的位置、大小、字符间距、疏密程度等布局特征容易出现异常。典型特点是前后疏密不一，文字较小或间距过小。

（2）添改文字笔画与原书写字迹的墨水特征不同。添改字迹常常采用不同书写工具书写，其墨水特征可能不同，通过对墨水种类的分析可识别多数添改字迹。部分添改字迹采用了同种书写工具进行书写，但由于书写速度、压力，甚至书写时间等书写条件不同，其墨迹墨色、浓淡也存在差异。如蓝黑墨水字迹，由于墨色随着书写时间的缓慢变化，添改字迹的墨色与原书写字迹可能存在差异。

（3）添改文字的笔痕特征与原文字不同。不同书写工具书写字迹的笔痕特征显著不同；同种类书写工具书写字迹，其笔画宽度、出墨速度、墨迹分布等笔痕特征也常常表现出显著差异；即使是同一支笔书写字迹，也常因书写速度、压力、载体变化、衬垫物等条件差异表现出不同的笔痕特征。

（4）添改文字形成于原文之后，必然导致与原文的书写顺序异常。一方面，上述现象通常体现在与原文字的交叉笔画处，可通过显微检验进行确认。另一方面，添改文字与原字迹的时序关系也可通过与纸张上的贯通性折痕、污损痕迹的时序关系反映。原书写字迹通常形成于纸张折痕之前，而添改字迹常形成于纸张折痕之后。由于折痕常引起纸张表面显微形态等变化，可通过文字与折痕的显微形态关系，判断添改文字与原书写字迹的时序。添改字迹与原字迹常具有较好的形成时间化学检验的可比性，在符合条件的情况下，还可对两部分内容进行形成时间的化学检验。

（5）打印/复印方式形成的添改文件，除墨迹色痕显微形态、墨迹成分等特征差异外，其排版特征、附加特征常出现异常。排版特征中，字体字形、文字行向、缩进方式、对齐方式、起始位置、行间距、字间距等特征，均常检出差异；附加特征中，卫星墨点、感光鼓伤痕、分离痕迹、稿台特征等也常表现不同。

（6）添改变造常伴随其他污损变造方式出现。为掩盖添改变造痕迹，制作人常采用涂污、浸泡、裁切、消退、擦刮等手段对文件进行进一步处理。如常见的裁切－添加变造文件、人为污损－添改文件，检验人发现人为裁切痕迹、人为污损痕迹后应予以高度重视。

（二）添改文件的检验方法

添改文件的检验，应结合添改文件的特点，综合应用概貌检验、显微检验、特种光学检验以及墨水检验等多种方法进行。

1. 概貌检验

概貌检验应对文件载体、保存状况、上下文逻辑关系等一般状况进行综合检验，判断文件是否存在裁剪、人为污损等异常痕迹。

2. 显微检验

显微检验不仅能有效确定文件各部分字迹笔墨种类、形成方式的差异，还可发现笔画宽度、墨迹分布、浓淡变化、笔迹抑压力变化等笔痕特征的差异；显微检验是文件时序异常形态检验的主要方法，也是添改文件检验的主要手段之一。检验时应注意放大倍率、照明方式的选择。如图 16－2 所示。

3. 特种光学检验

特种光学检验中，可使用紫外、可见分光、红外、荧光、侧光、透射等多种光源及光照模式，发现添改变造压痕变化、墨迹墨水特征的差异、纸张特征的异常等。不同种类墨水字迹通常可以采用紫外、红外、荧光、侧光检验其墨水特征差异、压痕变化等，同种墨水不同书写工具、不同书写条件书写的字迹，可通过其压痕差异检出。紫外检验、荧光检验、红外检验也是添改文件中其他污损痕迹检验的主要方法。如图 16－2 所示。

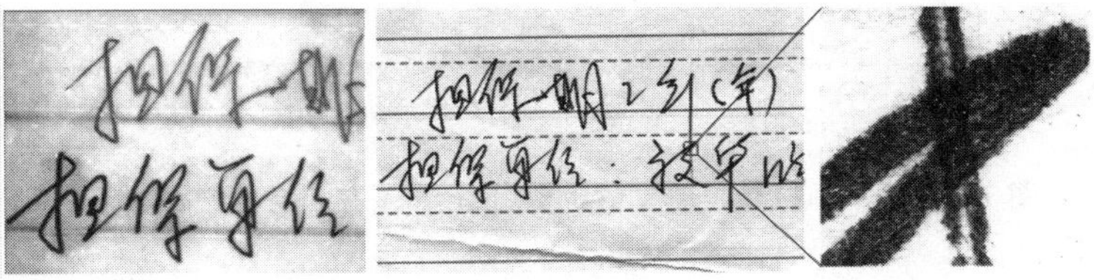

图 16－2 显微检验与特种光学检验

左：荧光检验 中：检材局部原貌 右：交叉处显微形态

4. 墨水检验

虽然显微检验、特种光学检验有助于对墨水进行区分，但对组分、性质相近的墨水进行分析，还需要借助更高分辨率的光谱、色谱方法。对墨水具有强分辨能力的光谱方法有红外光谱法和拉曼光谱法。如采用拉曼光谱法常可区分显微检验、特种光学难以区分的中性墨水字迹色痕；可见－近红外区域的显微分光光谱法也已成为流行的墨水分析方法（见

图 16－3)。色谱方法中的薄层色谱法对染料墨水，如圆珠笔字迹分析具有很好的区分效果，气相色谱法是墨迹中的溶剂分析的最佳选择。墨迹中的元素分析，是区分不同型号复印、激光打印墨粉的有效途径。

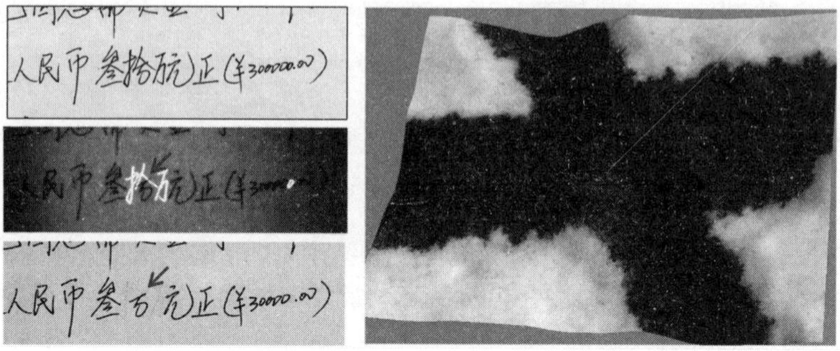

图 16－3 墨水检验

左上：可见光成像 左中：荧光成像 左下：红外成像 右：交叉处显微形态

5. 打印/复印文件的排版特征、机具附加特征检验

机制文件的排版特征、附加特征多种多样，添加打印/复印常常造成异常。将打印/复印文件进行高分辨扫描后，采用图像处理软件可对文件的排版特征、附加特征进行系统检验。(见图 16－4)

本部分在本书第十一章已有详细论述，此处不再赘述。

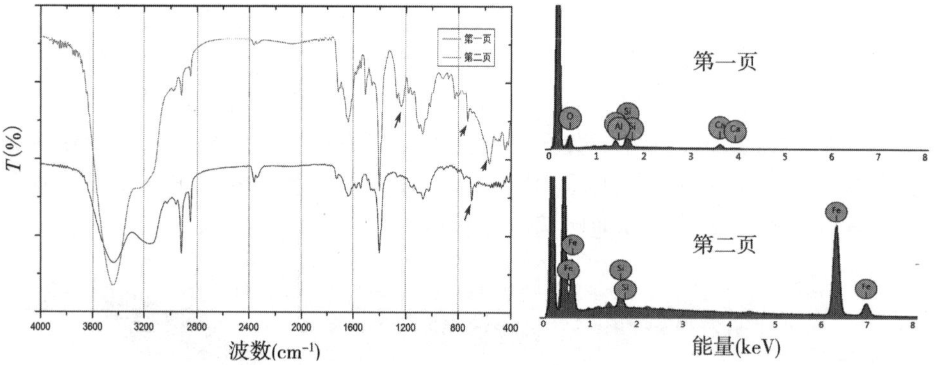

图 16－4 不同机具打印文件的红外光谱（左）与能谱图（右）

三、换页文件检验

（一）换页文件及其特点

换页文件，是指替换原有的多页文件中的部分页面形成的文件。常见的换页手法有手写、复写、复印、打印、印刷等。近年来，办公印刷文件越来越普及，换页已经成为变造文件的主要方法。

换页文件的典型特点如下：

1. 装订痕迹异常

多页文件通常经过装订过程。常见的装订方式有线装、钉装和胶装。换页线装、钉装文件的装订异常通常表现在装订方式，以及装订孔数量、位置、大小、形态特点上（见图16－5）。钉装文件还可能检见装订针腐蚀、撬压痕迹。胶装文件的装订处通常系整体胶联形成，换页后其整体性容易被破坏，易于检出。

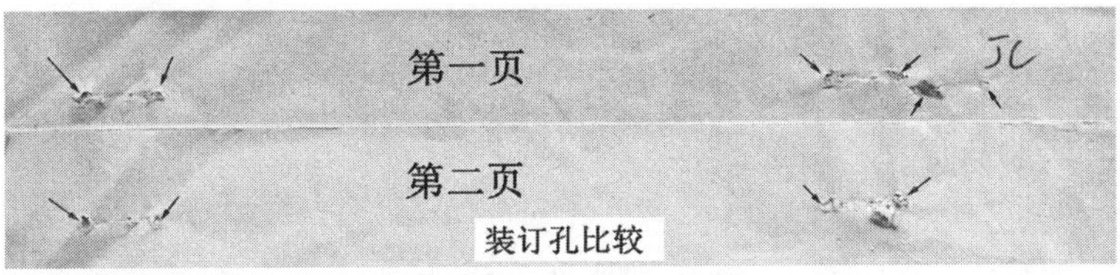

图16－5　换页文件检验的装订异常特征

2. 纸张方面异常

通常情况下多页文件使用同规格、同批次纸张，其纸张特征一致。而换页文件中的替换页面纸张特征常常检见异常。常见的纸张特征异常包括：纸张的尺寸、厚度、色泽、荧光、表面施胶度、网纹特征、裁切痕迹、印刷特征、污损、黏附物的特征异常等。

3. 字迹墨水、色痕异常

类似于添加文件，换页文件字迹的墨水特征、色痕特征常出现异常，无论是手写文件，还是机制文件都常可检出此类异常。手写换页文件的墨水种类、色泽、浓淡、洇散程度、溶解能力、光谱特征等与原文件墨水种类、笔痕特征难以保持一致性。打印/复印等印刷形成的换页文件，除墨水种类、印刷方法可能不同外，机具的造痕部件、机械损伤、污染、墨粉的周期性变化等特征也难以保持一致性。（见图16－6）

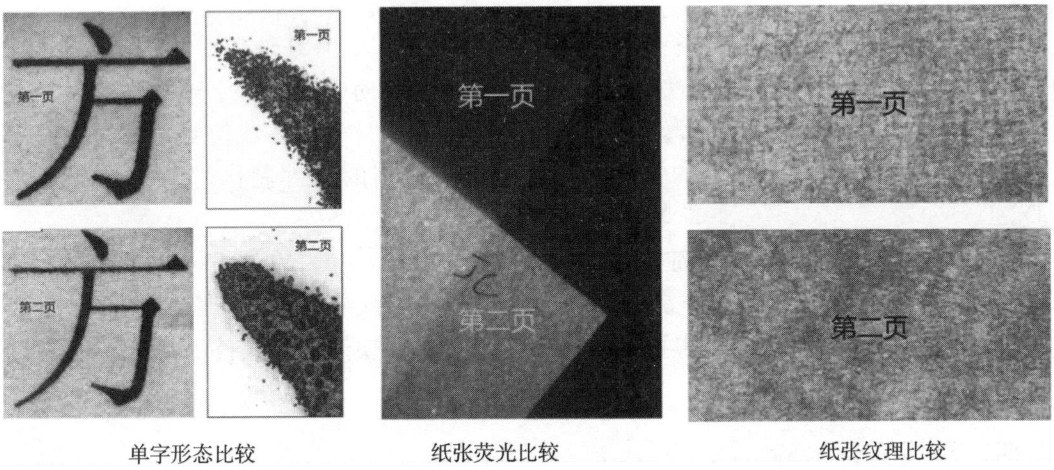

图16－6　换页文件检验的色痕异常、纸张异常

4. 其他异常

其他异常如书写文件常常表现出书写人的差异；印刷文件常常表现出排版特征、字库特征的差异。部分文件具有骑缝印文或书写字迹，换页后其形态完整性、墨水一致性也常见差异。有的换页文件，在上下文照应关系上也可检出异常。

（二）换页文件的检验方法

换页文件的检验，与添改文件检验具有相似性。检验时应结合换页文件的特点，综合应用概貌检验、显微检验、特种光学检验以及墨水检验等多种方法进行。

1. 概貌检验

概貌检验应对文件载体、形成方式、保存状况、装订痕迹、骑缝印文、上下文逻辑关系等一般状况进行综合检验。如对纸张大小、色泽、荧光、底纹、保存条件的检验，常常是发现换页文件的简易途径。

2. 显微检验

显微检验简便易行，可有效确定各页文件字迹笔墨种类、形成方式的差异，发现笔画宽度、墨迹分布、浓淡变化、笔迹抑压力变化等笔痕特征差异，是换页文件鉴定的主要手段之一。对于印刷文件，显微检验可快速检见形成方式、机具种类、机具个体特征、字库特征的差异，也是快捷有效的检验方法。由于印刷文件的显微形态具有时段性，在符合条件的情况下，还有可能根据形态特征的异同及变化规律对其形成时间作出判断。显微检验时应注意放大倍率、照明方式的选择；对机制文件的检验，还可结合显微测量进行检验。

3. 特种光学检验

特种光学检验中，可使用紫外、可见分光、红外、荧光、侧光、透射等多种光源及光照模式，发现各页字迹压痕的变化、墨迹墨水特征的差异、纸张特征的异常等。不同种类墨水字迹通常可以采用紫外、红外、荧光、侧光检验其墨水特征差异、压痕变化等，同种墨水不同书写工具、不同书写条件书写的字迹，可通过其压痕差异检出。

4. 墨水检验

光谱、色谱方法可对墨水进行进一步区分。常用的方法有红外光谱法、拉曼光谱法、薄层色谱法、气相色谱法、能谱法、原子发射光谱法。如对喷墨打印字迹，可采用薄层色谱法分析其墨水成分是否一致；激光打印字迹，常采用红外光谱法或拉曼光谱法分析其墨粉成分是否一致。在符合条件的情况下，也可选用适当的文件制作时间检验方法进行检验。

5. 打印/复印文件的排版特征、机具附加特征检验

机制文件的排版特征、附加特征多种多样，换页打印/复印常常难以与原文件保持一致。将打印/复印文件进行高分辨扫描后，采用图像处理软件可对文件的排版特征、附加特征进行系统检验。

四、消退文件检验

（一）消退文件及其特点

消退文件，是指采用化学试剂或光热处理方法消除文字形成的文件。本章节所述的“消退文件”，主要是指因化学试剂作用而消退的文件，不包括因自然因素而退色的文件。自然退色文件归入“模糊记载”范畴。

1. 常见的消退试剂

（1）强氧化剂。

氧化可有效破坏墨迹中的发色基团，是最为有效的消退方法之一。常见的氧化剂类消退试剂有次氯酸盐、双氧水、高锰酸钾等。多数市售的“消字灵”也属于强氧化剂类消退试剂。

（2）溶剂类。

以染料为发色剂的墨迹，如圆珠笔字迹、染料墨水签字笔、部分印文等，常常可用溶剂的溶解作用进行消退。常用的溶剂有丙酮、乙醚、乙醇、乙酸乙酯、氯仿、吡啶、二甲基甲酰胺等。

（3）酸碱类。

强酸强碱也是常见的消退试剂。部分强酸如硝酸、硫酸兼具氧化作用，较为常见；草酸、醋酸，也是较为常见的消退试剂。

（4）复方消退剂。

复方消退剂具有多元成分，同时具有多重消退作用，通常效果较好。

2. 消退文件的特点

（1）纸张异常。

化学试剂消退的，文件消退部位纸张因消退试剂处理而变色，常见的有褐色、淡黄色、苍白色等，并常检见边沿不规则的污染斑痕，纸张局部光泽减弱、变薄变脆，甚至出现孔洞。

（2）笔画常发生变色或退色。

消退部位纸张纹线也常常受污损而变色、退色。

（3）添加字迹笔画异常。

消退部位常常添加其他字迹。由于消退试剂影响纸张局部结构，以及受残留消退试剂的影响，添加笔画常表现出色泽、洇散异常等现象。

（4）文件上常可检出残留笔画。

染料墨水易于被消退，但颜料墨水或墨迹中的无机元素难以完全被消退，如碳素墨水、蓝黑墨水，通常在消退后留下残留笔画或潜影。

（二）消退文件的检验方法

消退文件检验主要有两个任务，即确认消退事实、显现被消退文字。

1. 确认消退事实的方法

（1）形态检验。

借助目力、低倍显微镜对文件进行透光、侧光、纤维形态、色泽、斑痕、笔画形态、有无残留笔画进行观察，通常可确认有无消退事实。

（2）特种光学检验。

荧光和紫外光是确认消退事实的重要手段。消退试剂的处理，通常会引起纸张荧光的不均，局部荧光增强，或荧光淬灭。采用紫外（如365nm）激发荧光、短波可见激发荧光通常均可准确辨识消退痕迹。消退试剂也常常造成纸张紫外吸收特性的变化，纸张被消退处通常具有强紫外吸收，可采用254nm紫外照相进行确认。

（3）化学分析法。

消退试剂常常在纸张上具有残留，检验时需根据可能的消退试剂，采用针对性方法进行检验。

2. 显现被消退文字的方法

（1）光学显现法。

光学显现法采用特种光照射或荧光方法进行显色。被消退的墨迹残留物可能具有荧光，如圆珠笔字迹，可采用荧光成像进行显色。紫外成像（254nm）也是常用的显现方法之一。（见图 16－7）

（2）化学显现。

化学显现可根据墨迹中的特殊化学成分，选择特异性显色反应进行显现。如蓝黑墨水具有铁元素，被消退后的墨迹中铁元素仍然存在，采用硫氰酸钾溶液进行显现，可呈现红色文字。

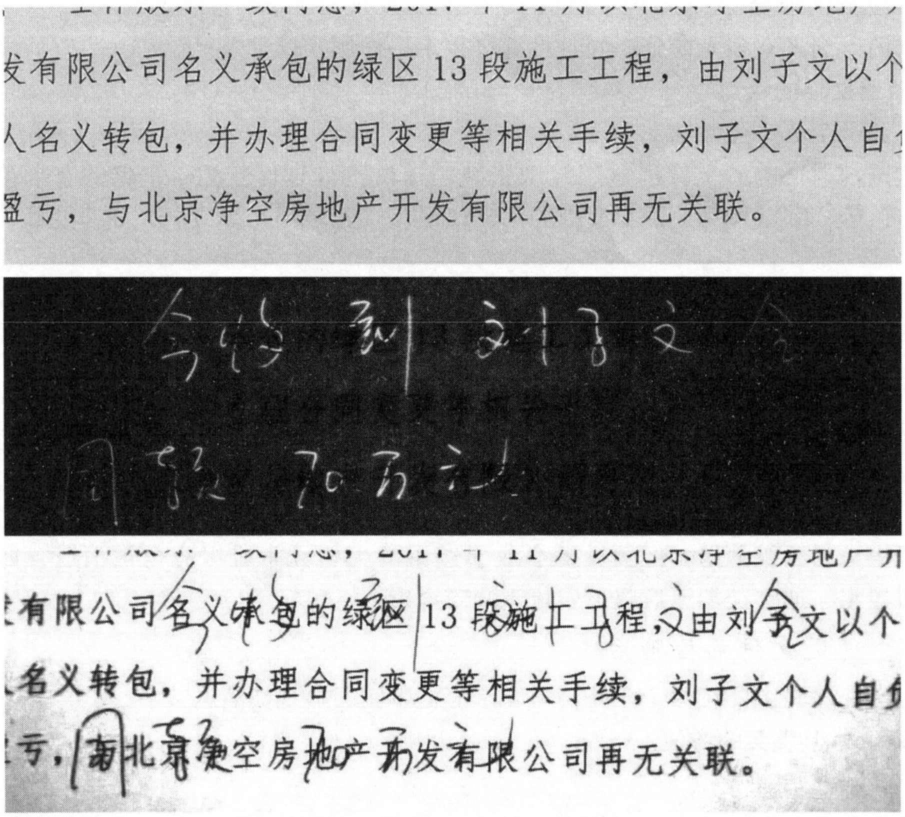

图 16－7　消退墨水字迹显现

上：检材原貌　中：荧光显现（激发光：515～675nm）　下：紫外显现（254nm）

第三节　模糊记载检验

模糊记载，是指因文字无色或过于浅淡、与背景难以区分或被有色物质遮挡而不易辨识的文字。基于学理及司法鉴定实践，模糊记载检验的主要任务有：涂抹掩盖字迹的显现、自然退色字迹的显现、压痕字迹的显现以及金属冲刻字迹潜像的显现等。① 本节仅介绍前三个检验对象。

很多情况下，模糊记载检验也是变造文书检验的核心任务。例如，对于涂抹掩盖变造而言，除了确认变造事实，还需要辨读涂抹掩盖前的原始字迹内容，以准确还原案件事实；又如，对热敏打印的传真文件而言，显现其自然消退的文字内容是证明文件真实性、原始性的重要依据；再如，通过显现压痕，可以分析可疑字迹与其前后字迹笔压是否一致，为判明添改事实提供检验依据。

一、涂抹掩盖字迹的显现

涂抹掩盖是一种常见的污损方式。如原文字迹与遮挡物质具有不同的光学、化学性质，通常可进行显现。同种墨水掩盖的字迹，通常难以辨识。常见的显现方法有以下五种。

1. 透光检验

透光检验操作简单，适用于遮挡物质颜色饱和度较低、厚度不足且均匀的情况。尤其适用于被染料墨迹遮挡的深色颜料字迹。如被黑色油墨圆珠笔墨水遮挡的黑色中性墨水字迹。操作时采用照明均匀、强度较高的背光源即可进行。

2. 分色检验

分色检验选用适当的滤光器，利用滤光器同色通过简单、补色吸收加深原理，减淡掩盖层颜色，突出被遮挡文字颜色。选择滤光器时应尽可能地选择与遮挡物质颜色相近、与被遮挡文字呈补色的滤光器。如显现蓝黑墨水掩盖的红色文字，可选用蓝色滤光器。成像后可结合数字图像处理技术，以达到更好效果。值得注意的是，多数黑色染料并非真正的“黑色”，被黑色染料遮挡的颜料墨水字迹也可通过分色检验显现。

3. 红外成像与荧光成像

如果掩盖物质对红外光吸收弱（红外透明），而原书写字迹对红外光吸收较强，可采用红外成像方法进行显现。多数染料墨水对红外透明，而颜料墨水，如碳素墨水对红外光吸收较强，因此，红外成像对染料墨水掩盖的碳素墨水字迹显现效果很好。

荧光成像显现与红外成像显现具有一定互补性。颜料墨水掩盖的染料墨水字迹，通常不能用红外成像进行显现。但颜料墨水通常荧光较弱，而染料墨水具有较强的荧光，可采用荧光成像进行显现。掩盖字迹显现常用的荧光方法是可见激发的红外荧光（干扰较少）。由于荧光墨水通常在纸张中的渗透性较好，如果遮盖图层较厚，可在纸张背面进行荧光成

---

① 虽然《GB/T 37238—2018 篡改（污损）文件鉴定技术规范》将模糊记载鉴定与压痕记载鉴定并列表述，但笔者认为，压痕字迹同样属于模糊记载显现辨读的对象之一，故本节依其学理将“压痕记载检验”统一于“模糊记载检验”这一节内容。

像。(见图 16 - 8)

图 16 - 8　掩盖字迹的光学显现

左：圆珠笔掩盖的中性墨水字迹（左上）及其红外显现（左中）、荧光显现（左下）

右：碳素墨水掩盖的染料墨水字迹（右上）及其荧光显现（右下）

4. 静电成像或侧光显现

如果被掩盖字迹系硬笔书写的压痕较深的字迹，且未被掩盖层明显破坏，可通过压痕显现原书写字迹。常用的方法有侧光检验和静电成像。静电成像通常采用静电压痕仪进行。具体原理与操作方法见本节“压痕字迹的显现”部分。

5. 化学消除与溶解转移

如果掩盖物质与被掩盖字迹墨水成分不同，具有不同的溶解、氧化性能，可采用选择性化学反应消除图层，或采用选择性溶剂转移字迹色痕。

如果掩盖层易于被溶解或消除，而被掩盖字迹化学性能更为稳定，可采用化学方法消除掩盖物质。常用的方法有溶解消除和氧化消除。溶解消除选择适当溶剂，将掩盖物质溶解去除而保留不溶的被掩盖笔画色痕。氧化消除采用化学试剂破坏掩盖物质的发色组分（通常是有机染料），从而显现化学稳定的被掩盖字迹。如圆珠笔油墨掩盖的中性笔字迹，可采用乙醚、丙酮、氯仿等溶剂消除圆珠笔色痕，也可采用强氧化剂进行显现。

溶解转移与化学消除是一对互补方法，适用于掩盖层性质稳定而被掩盖字迹墨迹易于溶解的情形，如被墨汁掩盖的圆珠笔字迹的显现。由于被掩盖物质易于溶解，与溶剂作用时被掩盖笔画溶出、转移或透析显色；而被遮盖物质因难溶而不干扰显色。常用的溶解转移方法有溶压转移法（见图 16 - 9）、透析转移法。

化学消除与溶解转移均是有损检验方法，应在预实验取得初步效果之后再进行操作。

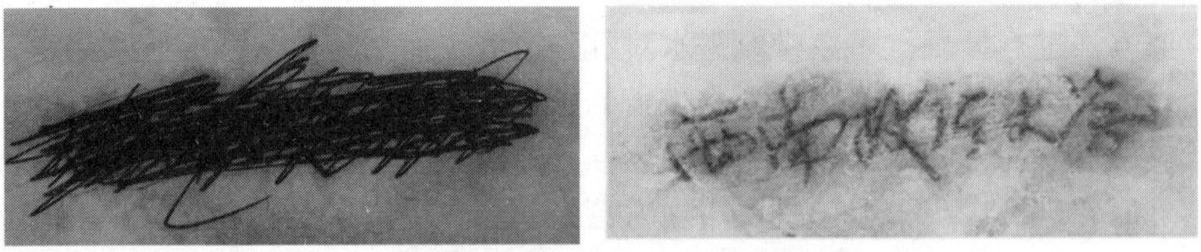

图 16 - 9　溶压转移显现被颜料墨水掩盖的圆珠笔字迹

左：转印前　右：转印文字（左右翻转）

二、自然退色字迹的显现

自然退色字迹，又称退色字迹，是指因自然因素如光照、自然浸润、摩擦、氧化、挥发等所致的颜色浅淡甚至消失而辨识困难的字迹。常见的退色字迹多是染料墨水字迹。

自然退色字迹的形成不具有主观故意性，应区别于消退字迹。

（一）常见退色字迹的显现方法

1. 压痕检验

如果退色字迹压痕保留较好，可通过压痕检验进行显现。常见的压痕检验方法是侧光检验和静电成像。

2. 特种光检验

如果文字颜色浅淡，可选用与文字颜色呈补色的滤光器加强反差，也可选择多波段分光光源进行尝试。如果可见分光仍难以辨识，可采用紫外成像或红外成像进行显现。比较而言，通常紫外成像显现的效果更好。

3. 荧光检验

由于染料墨水通常具有荧光发射，荧光检验也是常用的退色字迹显现方法之一。通常可用紫外激发荧光成像和可见激发荧光成像两种方法。

4. 计算机图像处理法

对于反差小、色泽浅淡的退色字迹，输入计算机后调节其色调、亮度、对比度，并作反向、锐化等处理，常可得到较好效果。采用专业图像分析软件，更有助于获得满意效果。

（二）特种退色字迹的显现方法

1. 热敏打印字迹显现

热敏打印是最为常见的打印方式之一，广泛应用于传真、微型打印如销售单据打印等场合。热敏打印采用热敏纸作为载体，其涂敷的热变色涂层中含有隐色染料和显色剂，常温时不显色。打印时被热敏头加热，涂层中的隐色染料和显色剂熔融、反应而显色。显色后的热敏色痕不稳定，在光热作用下其色泽逐渐变淡，直至完全消失。

退色热敏文件显现的最佳方法依次是荧光法、计算机图像处理法、分色成像法。也可采用加热显现法，但由于加热显现法是有损检验方法，应慎用。

近年来流行的无碳复写字迹是另一种常见且易于退色的特种记载材料，其原理与显现方法均可参考热敏文件显现。（见图 16－10）

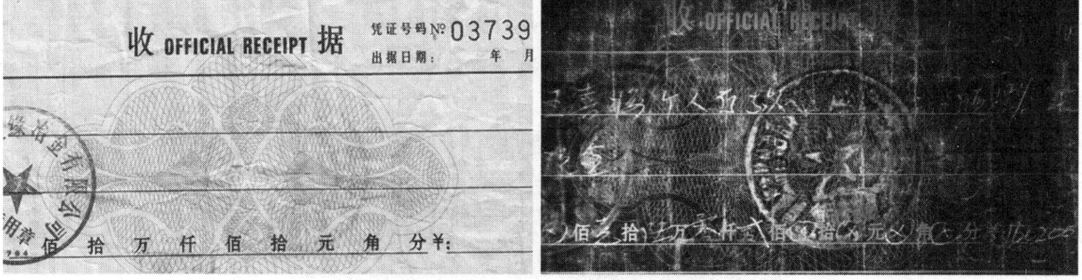

图 16－10 无碳复写字迹显现

左：检材原貌 右：荧光显现（激发光：515～675nm）

2. 自动退色墨水字迹显现

近年来自动退色墨水字迹越来越常见，其显现方法有：（1）压痕显现；（2）紫外显现；（3）荧光显现。

三、压痕字迹的显现

硬笔书写字迹常常在书写页面及其衬垫纸张上留下物理压痕；由于墨水中组分的渗透、扩散，书写纸张和衬垫纸张上也常常留下墨迹的化学压痕。常见的压痕字迹显现方法有以下两种。

（一）侧光检验法

侧光照射文件，可明显增加文件上文字压痕的阴影，强化压痕与其他部位的反差，是辨读压痕字迹的常用方法。

操作时光照角度应尽可能地与纸张接近，通常可采用 10 度左右的夹角。适当调节光照强度，并进行补光，可提高显现效果。为了去除部分有色物质干扰，可采用特种光源进行侧光检验。有些文件显现压痕的干扰更少，可在背面进行显现。（见图 16－11）

图 16－11　文件背面侧光显现的字迹压痕（反向）

（二）静电成像法

静电成像法是显现压痕字迹的另一常用方法。书写压痕处的凹凸变化可引起纸张局部荷电能力变化（电容变化）。在纸张上的薄膜上施加静电后，局部电容变化导致薄膜上形成了与纸张凹凸变化相关的静电潜像。通过粉末显现后，静电潜像可以辨识。

显现时，先将文件经适当加湿处理，以强化局部荷电能力反差。然后将文件反向置于静电压痕仪真空底座上，覆盖以聚酯薄膜并抽负压以将文件与工作台、薄膜紧密结合。采用高压电晕对文件上的薄膜充电后，以墨粉显现静电潜像即可。显现后可拍照固定或采用薄膜覆盖固定。（见图 16－12）

图 16－12　静电压痕仪显现的字迹潜影（局部）

第四节　文件形成方式检验[①]

所谓文件形成方式，指文件上可疑字迹、印文、手印等文件要素形成的具体方法。从证据法角度讲，文件形成方式检验主要解决书证上字迹（尤其是签名）、印文、手印等原始性问题，解决证据的客观真实性问题。鉴于字迹、印文的形成方式已在笔迹检验、印章印文检验等相关章节作过一些介绍，本节主要侧重文件形成方式的检验步骤及技术要点的归纳。

一、文件形成方式的检验步骤

文件形成方式鉴定涉及的需检文件要素通常包括字迹、印文、手印等。文件形成方式鉴定应根据鉴定要求及检材需检要素的特性，确定具体的检验方案，按如下检验步骤进行：

（1）根据确定的检验方案，选择针对字迹、印文、手印的鉴定方式进行检验；

（2）若需对印刷方法或机具的种类进行检验，按 GB/T 37232—2018 第 6 章中相应的要求进行；

（3）若需对文件材料特性进行检验，按照 GB/T 37235—2018 第 5 章中相应的要求进行；

（4）若需对文件上印压痕迹进行检验，按 GB/T 37238—2018 第 7 章的要求进行；

（5）对检验结果进行综合分析和评断，并作出相应的鉴定意见。

二、字迹形成方式鉴定

字迹形成方式鉴定的技术要求，应包括但不限于：

（1）采用宏观检验、显微检验等方法，分析检材手写体字迹的墨迹分布、色泽是否符合书写工具直接书写形成的特点；

（2）采用宏观检验、显微检验、压痕记载检验等方法，分析检材手写体字迹的笔痕特征是否符合书写工具直接书写形成的特点；

（3）采用宏观检验、显微检验、压痕记载检验等方法，分析检材手写体字迹的墨迹分布、图文质量是否符合复印、扫描打印、盖印等方法复制形成的特点；

（4）如需要可选用适当的检验检测方法，对检材墨迹的理化特性进行检验检测，分析检测墨迹是否符合书写材料或印刷材料的一般特性。

三、印文形成方式鉴定

印文形成方式鉴定的技术要点，应包括但不限于：

（1）采用宏观检验、显微检验等方法，分析检材印文的墨迹分布、色泽是否符合用印

---

① 本节内容源自《GB/T 37238—2018 篡改（污损）文件鉴定技术规范》第 8 章。

章直接盖印形成的特点；

（2）采用宏观检验、显微检验、压痕记载检验等方法，分析检材印文的墨迹分布、图文质量是否符合采用复印、扫描打印、转印等方法复制形成的特点；

（3）如需要可选用适当的检验检测方法，对检材墨迹的理化特性进行检验检测，分析检材墨迹是否符合盖印材料或印刷材料的一般特性。

四、手印形成方式鉴定

手印形成方式鉴定的技术要点，应包括但不限于：

（1）采用宏观检验、显微检验等方法，分析检材手印的墨迹分布、色泽是否符合用人的手指蘸取色料直接捺印形成的特点；

（2）采用宏观检验、显微检验、压痕记载检验等方法，分析检材手印的墨迹分布、图文质量是否符合采用复印、扫描打印或盖印等方法复制形成的特点；

（3）如需要可选用适当的检验检测方法，对检材墨迹的理化特性进行检验检测，分析检材墨迹是否符合捺印材料或印刷材料的一般特性。

五、综合分析和评断

应根据检验结果，对检材上需检字迹、印文、手印等要素是否符合直接书写、盖印、捺印形成的特点或复制形成的特点进行综合分析和评断，并根据综合评断的结果，依据GB/T 37235—2018 第 9 章相关要求，作出相应的鉴定意见，即肯定意见、否定意见、倾向肯定意见、倾向否定意见、无法判断五种鉴定意见。

【思考题】

（1）变造文件的概念。

（2）变造文件的分类。

（3）擦刮文件的特点及检验方法。

（4）添改文件的特点及检验方法。

（5）换页文件的特点及检验方法。

（6）消退文件的特点及检验方法。

（7）涂抹掩盖字迹的显现方法。

（8）压痕字迹的显现方法。

（9）自然退色字迹的显现方法。

（10）字迹形成方式的检验技术要点。

（11）印文形成方式的检验技术要点。

（12）手印形成方式的检验技术要点。

【参考文献】

[1] 贾治辉主编：《文书检验》，法律出版社 2000 年版。

[2] 王相臣主编：《文件检验》，群众出版社 2010 年版。
[3] 暴仁主编：《污损文件检验》，群众出版社 2010 年版。
[4]《GB/T 37238—2018 篡改（污损）文件鉴定技术规范》，中华人民共和国国家标准 2018 年发布。
[5] 黄建同著：《污损文件检验与字迹显现新技术》，中国人民公安大学出版社 2008 年版。
[6] 沈一丁主编：《造纸化学品》，化学工业出版社 2004 年版。
[7] 董川著：《墨水化学原理及应用》，科学出版社 2007 年版。
[8] Jan Seaman Kelly, Brian S. Lindblom. Scientific Examination of Questioned Documents (Second Edition), CRC Press, 2006.
[9] Katherine Koppenhaver. Forensic Document Examination: Principles and Practice, Humana Press, 2007.

第十七章　污损文件检验

内容提要：本章主要讲述污染文件、破碎文件、烧毁文件和浸损文件的概念；破碎文件的种类及特点；破碎文件、烧毁文件和浸损文件收集、提取、整复和固定的原则、技术要点和方法；烧毁文件和浸损文件内容的显示和辨读方法。重点是破碎文件的种类及特点；破碎文件、烧毁文件和浸损文件整复和固定的方法。难点是烧毁文件和浸损文件的整复和固定，以及文件内容的显示和辨读。

关键词：污染文件；破碎文件；烧毁文件；浸损文件；收集；提取；整复；固定；辨读

污损文件（Damaged Document），是指在文件的保存、使用等过程中，由于与其他物质接触或受外力影响导致全部或部分内容被污染损坏的文件。依据《GB/T 37238—2018 篡改（污损）文件鉴定技术规范》，污损文件具体包括污染文件、破碎文件、烧毁文件和浸损文件。

污损文件检验，是指对受污损的文件材料进行清洁整理、整复、固定、显示和辨读的专门技术，是文件检验学的重要组成部分。污损文件检验包括污染文件检验、破碎文件检验、烧毁文件检验和浸损文件检验。

第一节　污染文件检验

一、污染文件的概念

污染文件是指被污渍、血迹、泥土、颜料等物质所污染的文件，它是污损文件的一种存在形式。污染文件不同于变造文件中的消退、涂改文件，消退、涂改文件往往出于变造目的而进行人为污损，消退、涂改手段是对文件进行变造的常见手法；而本节中的“污染文件”仅指文件被污染事实，污染事实并不一定出于变造目的，污染方式多样，很多基于环境接触污染。

二、对污染文件进行清洁的原则和技术要点

判明文件是否清洁或被污染，是污损文件检验的前提，对污染文件进行清洁处理，更是对污损文件进行整复、固定进而进行检验的前置程序。对污染文件进行清洁的原则和技术要点，应包括但不限于以下几个方面：

（1）对检材进行清洁应以不扩大污染范围、不破坏被污染的内容为原则；

（2）对检材进行清洁前，应先分析污染物质的理化特性，再制定具体的清洁方案；

（3）若需要提取污染物质进一步检验时，提取时应尽量不破坏被污染的文件内容；

（4）根据污染物和被污染文件内容的具体情况，选择适当的清洁方法，必要时进行预实验；

（5）应采用照相或扫描等方法，记录保存检材清洁前后的状态。

第二节 破碎文件检验

一、破碎文件的概念

破碎文件又称断离文件，是指被撕裂、裁剪或受其他外力作用，而形成的若干部分的纸片或从一本纸中拆取下来的一张或多张纸页。

二、破碎文件的种类和特点

破碎文件按其被分离的方法可分为切断分离文件、裁断分离文件、划断分离文件、剪断分离文件、撕断分离文件和拆页分离文件等，各自具有不同的特点。文件被断离后，被断离的各部分在断离缘特征、纸张结构、印刷加工特征、文字内容、笔迹特征、书写工具、书写物质和装订痕迹等方面均能体现整体同一的关系。因此，可据此确定有断离缘的若干纸片是否属于同一页，或确定若干张纸页是否属于同一本纸。

（一）切断分离文件

切断分离文件是指用切纸刀裁切而形成的破碎文件。其特点主要有：断缘平直、整齐光滑，切刀刃口如有缺损会出现刀花痕；切刀不锋利时，会出现断缘错位、弯曲及褶皱等现象。

（二）裁断分离文件

裁断分离文件是指文件纸页折叠后用裁纸刀等工具或直接用手裁断的破碎文件。其特点主要有：断缘粗糙起毛，有小锯齿状痕迹或有折叠痕迹。

（三）划断分离文件

划断分离文件是指用裁纸刀等工具将文件纸张划断而形成的破碎文件。划断时可借助直尺进行定位，也可直接划断。其特点主要有：断缘较光滑；用直尺定位切划，断缘平直，有时有小弯曲；不用直尺定位切划，断缘弯曲明显；如果裁纸刀等工具的刀刃不锋利、纸张粗糙、衬垫物不平或用力不匀时，会出现三角形褶皱裂口或多次切划的痕迹。

（四）剪断分离文件

剪断分离文件是指用剪刀对文件纸张进行剪切而形成的破碎文件。其主要特点有：断缘光滑但不平直；因剪刀刃短，一般不能一次将文件剪断，常因连续剪切而在断缘出现倒齿痕迹；剪刃如有缺损，会出现刀花痕迹。

（五）撕断分离文件

撕断分离文件是指用手直接对文件纸张进行撕裁而形成的破碎文件。其主要特点有：

断缘参差不齐，有细长纸张纤维游离断缘。

（六）拆页分离文件

拆页分离文件是指从装订或胶联的一本纸中拆取下来的一张或多张纸页。其主要特点有：前者易留下装订孔痕，后者则在纸张一端留有胶粘物残痕或撕裂残痕。

三、破碎文件检验的任务

对破碎文件进行检验主要解决以下问题：一是对有断离缘的若干纸张碎片的收集、提取、整复和固定；二是判定有断离缘的若干纸张碎片是否具有整体同一关系；三是判定若干张纸页是否是从某一本上断离或拆取下来的；四是判定若干张纸页是否是从某一本上一次性断离或拆取下来的。

四、破碎文件的收集、提取

对于破碎文件特别是形成若干部分纸片的破碎文件，在检验过程中，首先要将发现的纸张碎片全部收集起来。如果碎片比较大，收集、提取与整理比较简单；如果碎片比较小或多种纸张碎片混合在一起，甚至与垃圾混合在一起，就需要将所有纸张碎片全部收集并提取，再整理分类。

具体操作：首先戴上纱布手套，用镊子或适当工具将现场发现的纸张碎片尽量收集齐全，也可以用布摩擦塑料板产生静电提取碎纸片。提取时，应确保碎纸片上可能留下的手印不被破坏，并注意把堆放较近的碎片收集在一起，便于整复。然后将揉皱比较严重的碎纸片展平，夹在厚书中压平，或盖上干净的白纸用低温熨斗烫平。最后将收集的碎纸片按颜色、质量、格线、图案、文字内容及其连贯性进行分类，把同类碎纸片放在一起。

五、破碎文件的整复

被撕碎、剪碎或炸碎的文件，一般只要有耐心，是可以通过整理基本恢复原状的。但如果纸片过碎或不同页面的纸张碎片混合在一起，就需要用比较科学的方法才能快速将其整复。

（一）破碎文件整复的原则和技术要点

破碎文件整复遵守的原则和技术要点，应包括但不限于以下几个方面：

（1）破碎文件的整复应遵循先分析文件碎片的特性及分布情况再拼接的原则；

（2）分析文件碎片的几何形状、边缘痕迹、理化特性及其上字迹、线条、图案、污染痕迹等内容，并鉴别其相互关系；

（3）根据文件碎片的具体情况，由边缘向中心或由内向外逐步拼接；

（4）应首先选择面积较大、边缘完整、形状特殊、有明显特征的碎片进行拼接；

（5）拼接的碎片文件可用玻璃或一定硬度的透明薄膜进行固定，不宜进行粘贴裱糊，并应采用照相或扫描等方法记录保存。

（二）破碎文件的整复方法

破碎文件检验主要是对破碎文件进行整复。对破碎文件进行整复的方法主要有拼合法和重叠法。

1. 拼合法

采用拼合法的情况有两种，第一种是对于全部是破碎的文件纸张纸片，要弄清是什么文件，可采用拼合法进行整复；第二种是对于纸片的一端是断离缘，怀疑它是从某本纸或某张纸上断离下来的，也可以采用拼合法。

（1）具体操作。

对第一种情况下的破碎文件进行整复，具体操作如下：先将带有机器切边的文件四角与页边的纸片挑出。摆好四角，再找出与四角循序相接的页边碎片，拼成文件外框。然后参照文字内容与格式的连续性，根据碎纸片断缘形态，逐块拼合内容空缺部分。对不易区分边角的剪切文件，可参照文字内容、格线、图案、碎片形状及剪切缘形态进行拼合。如果文件碎片很小，可选择比较突出的、有明显特征的或相对大的碎片进行拼合，或先拼成几个大块，然后再合并。如果文件系折叠后撕剪的，常有对称性的碎片出现，可先拼一半，再参照拼另一半。经过拼合，一般可确定文件碎片位置与相互连接关系，整复文件原貌，从而查明文件内容。

对第二种情况下的破碎文件进行整复，具体操作如下：如果两部分纸片的断离缘部分比较平整，则可直接按照断离缘形态进行拼合；如果两部分纸片的断离缘由于时间较久而发生扭曲或游离而影响拼合，应对断离缘进行整平后再按照断缘形态进行拼合。

（2）注意事项。

在拼合的过程中，要注意区分纸张碎片的上下左右与正反面。正反面的区分可以依据纸面的光滑度、网纹、毡痕、格线、花纹线条图案等方面的特征。上下左右的区分也有一些依据可以遵循，比如，带有名头的公文信笺，带有名头的为上半部分；一般信稿纸印有页数的为右边，印有装订线字样的为左边等。

有的书刊或成本单据存根等，有断离缘的部分纸片往往由于装订装置的存在而不易和其他碎片拼合，征得委托单位同意后，可将装订装置移除以便于进行拼合。

（3）拼合后的三种主要情况。

① 如果断离缘长短、凹凸形态以及纸张网纹、毡痕、水印或印刷、书写文字、图案、花纹等均相吻合，可认为若干纸片具有整体同一关系；

② 如果断离缘长短、凹凸形态等特征差异明显，拼合后纸幅大小与同类型其他纸张基本没有差别，则不具有整体同一关系；如果拼合后纸幅大小与同类型其他纸张亦有明显差异，则应考虑断缘是否经过两次或多次断离，并综合其他特征作出判断。

③ 如果纸片部分断离缘吻合，则要根据断离方法及断缘情况作具体分析。

2. 重叠法

如果遇到数张作案纸页或从嫌疑人处发现有与作案用纸相似断离缘或装订痕迹的纸页，要求判定它们是否属于同一本的纸页，或是否为从可疑纸本上一次断离下来的等，可以运用重叠法进行检验。

（1）具体操作。

将需要比较的纸页上下重叠，根据一次性剪、切、撕、裁而形成的细节特征进行重叠比较。比较断缘的凹凸形态、大小、间距，装订孔的形态、位置、大小，锈斑及墨水洇散痕迹的形状、位置，结合同版印刷特征、刀花特点及文字压痕等进行综合分析。对于有胶粘的纸张，还应比较胶粘物的颜色、成分及残迹拼合情况。

通过对上述特征的重叠比较，只要发现上述某些特征能重合，即可确定多页文件是从可疑纸本上一次断离下来的，或属于同一本的纸页。

（2）注意事项。

一次断离下来的多张纸页的断离缘不一定完全相同，检验时要充分考虑到撕裁时纸页的窜动和分离后的磨损等因素导致的变化，综合运用各方面的特征，才能作出准确的判断。

六、破碎文件的固定

如果拼合好的文件对查明案件事实有重要作用，则需要固定保存，以便作为案件办理的线索或证据。经核对拼接无误后，应采取合适的方法进行固定。

（一）照相固定法

照相固定法是固定破碎文件物证的首要方法。为客观、如实地反映拼接文件的原貌，应选择与拼接文件的颜色形成一定反差的衬纸，并在文件旁放置规定长度的比例尺，照相机镜头主光轴与被摄文件平面保持垂直。拍摄作为鉴定意见和证据的分离文件时，为了能清晰地反映出破碎纸片断离缘的拼接吻合情况，要保证破碎纸片的断离缘之间留有一定的空隙。

（二）玻璃板夹固法

选用一块比文件稍大的干净玻璃板，将拼合好的文件碎片逐块移到玻璃板上，按原样仔细拼合。为了便于观察纸张两面的情况，也可直接将碎纸片在玻璃板上进行拼合。拼合好并确认无误后，再用另一块同样规格的玻璃板覆盖于拼合好的纸片之上，四周用包装封口胶或胶布粘贴封固，以便保存及观察。玻璃板也可用无色透明的塑料板代替，固定时，不能将纸张碎片直接粘贴在玻璃板上，以免损坏物证或发现拼合错误时无法纠正。

（三）过塑固定法

取一张稍大于拼接文件的塑封膜，打开塑封膜，将拼接好的文件碎片逐块移到塑封膜中，再将塑封膜盖上，放进过塑机进行过塑固定，便可长期保存。

（四）静电压痕仪封固法

打开静电压痕仪电源开关和真空开关，双手拉开聚酯薄膜，使薄膜平整地吸附在金属工作台表面，将薄膜从卷筒上切断。将拼接好的文件碎片移到薄膜上，再双手从卷筒上拉新的薄膜平整地覆盖在拼接文件上，充电四至五次，使夹有纸张碎片的两层聚酯薄膜紧紧吸附在一起，切断薄膜后一起取下，即可较长时间保存。

第三节　烧毁文件检验

一、烧毁文件的概念

烧毁文件是指因人为故意或火灾事故等原因而被燃烧毁坏形成的燃烧程度不同的焦

化、碳化和灰化文件。将文件烧毁是作案人常采取的一种销毁证据的方法，被烧毁的文件往往具有较高的证据价值。

二、烧毁文件的特点

文件被燃烧焚毁后，纸张和字迹色料均会发生变化。

（一）纸张的变化

纸张是由植物纤维磨碎后制成纸浆，再加各种填充料经压光而成。纸张是易燃物质，燃烧是一种激烈的化学变化。文件被烧毁后呈现卷曲皱缩、变脆易碎、文字内容不清晰等特点。纸张燃烧可分为以下三个阶段。

1. 焦化阶段

当燃烧温度在150～200℃时，纸张干燥、变黄、起皱、边缘翘起和卷曲；当燃烧温度在200～250℃时，纸张由深褐色转黑色，皱缩、卷曲加重。

2. 碳化阶段

当燃烧温度在250～300℃时，纸张逐渐完全燃烧，纸张变黑、碳化卷曲并出现断裂；当燃烧温度在300～350℃时，纸张开始呈灰黑色。

3. 灰化阶段

当燃烧温度在350～400℃及400℃以上时，纸张转变为灰白色灰状，几乎形成粉状灰烬。

（二）字迹色料的变化

纸张上的文字色料被燃烧会发生变色、碳化分解而消失，不同种类色料变化的具体情况有一定差别。对于常见书写色料，燃烧温度在400℃以上时，纸张上色料笔画的清晰程度明显不同，大多数色料笔画消失；针式打印机、喷墨打印机和激光打印机打印字迹笔画色料在不同燃烧温度下呈现的色泽不同，显微镜下观察到的墨迹形貌特征也有差别。

三、烧毁文件的提取、包装

烧毁文件的提取、包装是整复烧毁文件的重要前提，应根据具体情况和条件，选择合适的方法，慎重地进行，原则是尽量避免使烧毁文件受到进一步的损坏。

（一）烧毁文件的提取

如果在现场发现纸张正在燃烧，应就近找盆、桶等器皿罩住正在燃烧的文件，使燃烧及时熄灭，在处置时一定不要采用吹灭、浇水或脚踩的方式；对于在火炉中燃烧的文件，应立即关闭火炉的通风口，并迅速用火铲、炉钩等工具将正在燃烧的文件从火炉中取出，使其隔绝空气而自熄。

文件被烧毁后，其柔韧性大大降低且极脆，稍不注意，就会破碎。不能开窗，要注意控制现场空气流动，不能直接用手、镊子等夹取。对单张纸灰，可手持一块合适大小的玻璃板、塑料板或硬纸板放在纸灰旁边，用手轻轻扇动，借助产生的微弱气流将纸灰移到玻璃板、塑料板或硬纸板上。对重叠在一起的多张烧毁文件，一般应保持原状提取，不能硬性剥离，以免造成纸灰进一步损坏。对于完全灰化的烧毁文件，一碰就碎，不可能完整提取，可先拍照固定，再视条件和要求，用大张透明胶带仔细粘取有文字的部分，贴在适当衬纸上保存。

（二）烧毁文件的包装

为了避免纸灰在提取、包装和运送过程中碎裂，可先用10%的甘油水溶液或少许清水将纸灰稍微润湿，或向纸灰上方喷少许发胶，使雾状发胶自然飘落在纸灰表面，增加纸灰的柔韧性。然后再准备适当大小的纸盒或木盒等容器，下垫一层松软的棉花，棉花上再衬一层洁净柔软的白纸，根据纸灰的大小使棉花和白纸自然形成一处凹坑，将纸灰轻轻移入凹处，盖上盒盖，标明上下位置，切勿倒置。多块纸灰应分别存放在不同的盒子里，避免相互碰撞而进一步损坏。

应当注意的是，不论是焦化、碳化还是灰化的文件都应先拍照固定后提取，以免在提取、运送过程中将物证毁坏。

四、烧毁文件的整复和固定

（一）烧毁文件的整复和固定的原则和技术要点

烧毁文件的整复和固定的原则和技术要点，应包括但不限于以下五个方面：

（1）整复被烧毁的文件时，应以保持原状、不造成新的损坏为原则，不应采用破坏性方法；

（2）烧毁文件的固定应遵循先整复后固定的原则；

（3）烧毁文件可用15%的甘油水溶液采用喷雾、气熏或直接用水漂等方法进行软化摊平；

（4）烧毁文件如已分离成碎片的，应先按破碎文件的整复方法进行整复；

（5）烧毁文件整复后可用玻璃或有一定硬度的透明薄膜进行固定，不宜进行粘贴裱糊，并采用照相或扫描等方法进行记录保存。

（二）烧毁文件的整复

司法鉴定实践中，烧毁文件能否整复，主要取决于纸张成分及燃烧程度等因素。纸张成分主要有纸浆（纤维原料）、胶料及填充料。我国造纸原料主要是各种草类，其占50%以上。纸张的植物纤维中含有各种无机物，而不同纤维中无机物含量不同，导致不同纤维纸张的灰分不同。灰分高的纸张耐燃烧，燃烧后纸灰完整易整复；灰分低的纸张不耐燃烧，燃烧后易碎裂不易整复。为增加纸张光滑度、挺度，防止书写时墨水洇散及增加适应性能，造纸时需对纸张施胶，有的在纸张表面施胶，有的在纸浆内施胶。施胶的或施胶重的纸张，燃烧后易保持纸灰的完整性，容易整复；施胶少或不施胶的纸张，燃烧后易断裂，不易整复。多数纸张在造纸时都添加各种填料。添加填料的目的，一是填满纸张纤维间空隙，以提高纸张抗水适应性能；二是可以减少原料消耗，以降低成本。在纸张燃烧后，这些填料还存留在纸灰中支撑着纸灰保持完整。因而纸张填料的多少是决定纸张燃烧后能否整复的重要条件之一。

提取的纸灰一般都是卷曲易碎的，对烧毁文件进行整复主要是对提取的纸灰作技术处理使之软化展平，一般可用喷雾法、涂刷法、喷发胶软化法、水漂法和气熏法等方法。

1. 喷雾法

用喷雾器盛装温水或10%～15%的甘油水溶液，向附着于玻璃板表面纸灰的上方喷雾，不能直接对着纸灰喷雾，让水雾自然下落，使纸灰逐渐湿润，纸灰因吸收水分慢慢变得柔软，再用软毛笔将其逐渐摊平。如果纸张被烧毁后发生严重的皱缩卷曲现象，在使用喷雾法时，无法对卷曲后被遮挡的部分进行完全润湿，否则容易在展开时造成纸灰断裂破碎。

2. 涂刷法

用干净软毛笔蘸取10% ~15%的甘油水溶液，从一端或中段起逐渐涂刷浸润被烧毁的文件，使其柔软并小心展平。如果纸灰卷曲比较严重或折叠在一起，可用两支毛笔同时操作，先用一支毛笔将卷曲或折叠处展开，再用另一支毛笔蘸取涂刷所用溶液浸润软化纸灰并使其慢慢摊平。毛笔蘸取溶液的量宜少不宜多，如遇纸灰粘到毛笔上，应滚动毛笔使纸灰贴到玻璃板上，不要轻易扔掉。纸张若施胶过多，烧毁后对甘油吸收性差，可涂刷20%甘油和80%酒精的混合液。涂刷法对检材的质量要求较高，文件纸张的质量要较好。纸张烧毁后的纸灰韧度相对较差的，一般不建议采用此法。

3. 喷发胶软化法

主要针对重叠在一起或结集成块的纸灰。按照喷发胶软化法的要领，先在最上一层纸灰表面喷洒一层发胶，待发胶薄层凝固后，再仔细剥离并放到玻璃板上展平，按照上述操作逐页进行处理。如果是成团的烧毁文件，可在纸灰团的一端喷上薄薄的发胶将其展开后，再边喷发胶边展开，逐步将其展平。需要注意的是，发胶不要选用硬型的。

4. 水漂法

准备一个尺寸大于玻璃板的容器，将容器盛满水。先将表面附有纸灰的玻璃板的一端慢慢放入水中，待玻璃板入水端表面的纸灰浸润软化后，再逐步将玻璃板全部置放入水中，使纸灰全部浸润软化。然后轻轻抬起玻璃板的一端，使抬起端的纸灰紧贴于玻璃板表面，慢慢将玻璃板整体抬起，利用纸灰浸湿后自身的重力并配合毛笔展平，使纸灰展开达到较好的效果。此法要求较高的操作技巧，要注意水面略高于玻璃板即可，保证纸灰始终紧贴玻璃板表面，避免纸灰完全漂浮于水面。

5. 气熏法

准备一个玻璃干燥器，在干燥器的隔板下放置一杯热水，将附有纸灰的玻璃板置于干燥器的隔板上，然后密闭干燥器。水蒸气浸润纸灰使其变柔软，待一定时间后，纸灰吸收充足水分，即可取出，将皱折卷曲处用毛笔轻轻展平。

（三）烧毁文件的固定

烧毁文件整复后，需要对其进行固定。常用的固定方法有夹板固定法、成膜固定法和粘贴固定法。

1. 夹板固定法

选用一块与承托纸灰的玻璃板同样大小的干净玻璃板，将其覆盖在纸灰之上，并在两层玻璃板之间的边缘夹衬两三层白纸，使玻璃板之间留出适当的空隙，四周用包装封口胶或胶布封好。

2. 成膜固定法

将某种液体物质涂抹在烧毁文件表面，待凝固后便在烧毁文件表面形成一层薄膜，从而使松脆易碎的纸灰具有一定柔韧性，便于保存和检验。根据涂抹液体的种类，目前已研究成功的成膜固定法有机玻璃溶液成膜固定法、聚乙烯醇溶液成膜固定法、喷发胶成膜固定法和硝化纤维成膜固定法等。

3. 粘贴固定法

该方法适用于单面有字而且文字已能辨读的烧毁文件的固定。粘贴固定法是用黏合剂将纸灰固定在透明胶片或宣纸上，有透明胶片固定法和宣纸裱糊固定法两种。

五、烧毁文件内容的显现、辨读

烧毁文件被整复、固定后，应尽可能地显现、辨读烧毁文件的文字内容。文字记载能否辨读，取决于文字色料与纸张在烧毁后的某些物理和化学性质是否存在差别，如果存在理化性质方面的差别，就可以用一些方法进行辨读。烧毁文件文字内容的辨读方法主要有侧光检验法、红外线检验法、化学显现法和高温灰化法等。

（一）常见文字色料燃烧后显现、辨读的可能性

1. 圆珠笔油墨字迹

该字迹在燃烧后不易显示和辨读其文字记载，只有在文件纸张燃烧不充分的情况下，才可分辨其一些文字内容。

2. 染料墨水字迹

该字迹包括纯蓝墨水以及各种彩色墨水字迹。文件纸张燃烧后，文字色料中的有机染料和填充物也随纸张一起碳化分解而消失，纸灰中几乎不留痕迹，只有在纸张燃烧不充分时，才能留下一些字迹物质，因而一般不易显示和辨读其原文记载。

3. 蓝黑墨水字迹

文件燃烧后，虽然字迹色料中的染料及其他填充物随之碳化分解而消失，但鞣酸（亚）铁、没食子酸（亚）铁等的铁离子，仍以原文字笔画形态存留在纸灰中，可用一定方法加以显示和辨读。

4. 含碳文字色料字迹

该字迹包括墨汁、碳素墨水、含碳的签字笔墨水、铅笔、印刷油墨和静电复印墨粉等形成的字迹。文件纸张燃烧后，当色料中的碳与纸张碳化产物的碳化程度不同时，一般能辨读原文记载；但当进一步燃烧，碳化程度相同时，就不再容易辨读。

（二）烧毁文件内容辨读的方法

1. 侧光检验法

如果文件纸张与其上的书写或印刷物质的耐燃情况不同，燃烧后的化学变化程度就会存在差别，导致两部分在颜色或对光线的反射能力上存在差别，或留下文字压痕等。针对上述情况，可利用不同角度和不同强度的反射光进行观察检验，选取最佳辨读条件，并可采用相应的方式记录固定。

2. 红外线检验法

如果烧毁文件上的文字是用吸收红外线的物质书写或印刷的，纸张燃烧后，这些物质成分还以原文字形态存留在纸灰中，如果它们和纸灰存在吸收红外线能力的差别，可用红外线进行检验。

3. 化学显现法

一些用碳素墨水、墨汁或蓝黑墨水书写的烧毁文件，可用化学显现法显示、辨读其文

字记载。化学显现法主要是利用一些化学试剂对纸灰的化学作用，使黑色纸灰氧化变浅而突出文字色料物质颜色，或与残留的文字色料物质起显色反应，增加纸灰与文字的颜色反差，使文件内容得以辨读。

4. 高温灰化法

文件纸张在燃烧后，纸张与书写或印刷物质均被碳化，颜色差别小。高温灰化法是将文件进一步燃烧，由于纸张和书写或印刷物质的耐燃情况不同，纸灰会进一步由黑变白而突显出书写或印刷的图文，因而可以辨读。高温灰化法可用高温电炉（又称马弗炉、茂福炉）或普通电炉，其中以可调温的高温电炉效果最好。

第四节 浸损文件检验

一、浸损文件的概念

浸损文件，又被称为浸泡文件或浸泡粘连文件，是由于保存环境潮湿或受到液体浸泡、浸润而形成的粘连或损坏文件。与案件有关的文件，或者由于长期存放在较潮湿的地方，或者被水、血液或其他液体浸泡或浸润而发生粘连或损坏，为查明或证实案件的某些事实，应对这些浸泡粘连或损坏的文件进行检验。

二、浸损文件的提取

浸损文件的提取是对浸损文件进行检验的首要环节。对展开并漂浮于水面的文件（如散发的传单等）可用玻璃板（或塑料板）缓缓插入文件下方，让文件一端先附于玻璃板（或塑料板）上，再将其倾斜慢慢抽出水面，使文件自然平摊在玻璃板上被托起。在插板、托板、抽板的提取过程中，动作要缓慢且平稳，保证纸张平整地附在玻璃板上，避免发生皱折。对折叠的或揉搓成团的浸湿文件（如从水中或江河中打捞上来的尸体衣袋中发现的有关文件，或在死、伤者身上发现的被血液或其他液体浸润的文件），视文件的柔韧程度，可用镊子或戴薄胶手套直接提取。

三、浸损文件的整复和固定

（一）浸损文件的整复和固定的原则和技术要点

浸损文件的整复和固定的原则和技术要点，应包括但不限于以下五个方面：

（1）对粘连的浸损文件在分离展开时，应以保持原状、不再损坏为原则，禁止采用破坏性方法；

（2）对已浸湿粘连的浸损文件如不能直接展开，可待其干燥后再小心分离；

（3）对已干燥的浸损文件如不能直接展开，可稍加湿润，待其软化后再小心分离；

（4）浸损文件如已分离成碎片，可将碎片分离后按破碎文件的整复方法进行整复；

（5）浸损文件整复后可用玻璃或有一定硬度的透明薄膜进行固定，不宜进行粘贴裱糊，并采用照相、扫描等方法记录保存。

总之，对折叠、揉搓成团或污染的浸损文件，应经过分离、摊平、去污和晾干等一系列处理，以便为下一步辨读文件内容创造条件。

（二）浸损文件的整复

浸损文件的整复主要是指浸损文件的分离。根据文件被浸泡、浸润、粘连、损坏及纸张柔韧程度等具体情况，整复（分离）浸损文件可采用以下方法。

1. 机械分离

对于尚有一定柔韧程度的粘连文件，可用手工及借助一定的工具进行分离。一般可用光滑、平扁的小铲（铁制或塑料制）轻巧地将粘连的纸张逐页分开。如果纸张还在滴水或过分潮湿，可适当控水至半干后再进行分离；如果是成叠的且纸张结构硫松、柔韧程度严重破坏的浸泡文件，可先铺一张白纸，将受潮文件放于预铺的白纸之上，从潮湿文件一端开始边分离边将文件连同白纸一起卷起来，待纸张完全分离后，连同白纸一起晾干，文件的其他纸页也照此办理。

对于浸泡后又干涸的折叠或揉搓成团的文件，不可强硬分离，应视纸张的柔韧程度，将其置于清水盆中浸湿后再仔细分离，或直接在清水中分离展开，再用玻璃板斜插托起；如果粘连文件已成纸团状，分离时更要小心，先找出纸角（或纸边），再慢慢将其展开摊平；对被血迹及其他液体等污染的文件，应先提取适量污染物置于干净器皿内备检，然后在不损坏文件的前提下，用清水、棉签等工具清洗去污。

由于纸张经浸润或浸泡后，纸质疏松，牢固程度降低，极易损坏，在分离的过程中要特别小心，动作要尽量轻柔。

2. 冰冻干燥分离

冰冻干燥分离主要是利用冰冻干燥设备，将潮湿粘连的文件放在冰冻干燥机的冰冻室中，文件被迅速冻结后，再放在真空干燥器内干燥。在真空干燥条件下，利用将文件水分抽出干燥时产生的张力而使文件分离。如果粘连文件比较干燥，可事先将文件用蒸气湿润，再进行冰冻干燥分离。冰冻干燥分离的分离效果好，不易损坏文件，但真空干燥时间很长，一般需要两天左右。

（三）浸损文件的固定

对被分离展开的浸润文件，单页的可用吸水性较强的滤纸将文件上多余的水分吸去，然后置于通风处自然阴干，切勿爆晒、烘烤，以免纸张变形起皱、墨迹退色；若为成册的文件，则在分离后将书背朝上用绳子吊起来，并在每页夹上干净的滤纸或白纸晾干，必要时可用熨斗熨平烘干。

文件纸张经浸润或浸泡后，纸张原有施胶层被破坏，纸张纤维网的结合力减弱，纸质疏松易损，为了增大纸张的柔韧性便于长期保存，在分离后，可在文件表面涂胶，在室温下晾干固定，达到便于长期保存的目的。

施胶固定一般采用两种方法：一是用稀释的聚乙烯醇溶液或动物胶溶液均匀涂抹在展平的纸面上再晾干；二是在展开的文件纸张表面涂抹明胶—甘油溶液后晾干。明胶—甘油溶液配方是：明胶 100g、甘油 60mL、10% 乙萘酚、酒精溶液 25mL、中和皂 4g 和水 2800mL。

四、浸损文件内容的显现、辨读

文件被水或其他溶液浸润、浸泡后，虽然有些文字色料退色、字迹模糊，成为不易分辨的文字，但文字笔画色料的物质成分仍以文字原形留存在纸张上，应根据文字被损坏的具体情况，采用相应的方法进行显现、辨读。对浸损文件内容进行显现、辨读可采用以下方法。

（一）分色照相法

文件被浸泡、浸润后，字迹笔画色料会出现不同程度的退色现象，文件被血迹等污染物掩盖，会使文件的图文字迹不易分辨。上述情况可根据原字迹笔画的颜色，选用与退色字迹或被掩盖字迹呈补色的滤色镜进行观察和照相，可取得较好的效果。

（二）荧光照相法

用红、蓝墨水或圆珠笔油墨书写字迹或盖有红、蓝印文的文件，经水浸泡、浸润后，虽然文字浅淡但其物质成分能被紫外线或短波长的可见光激发而发出与纸张不同的荧光，故可进行荧光检验而显现和固定退色的文件图文。

（三）红外线照相法

对用能吸收红外线的物质印制、书写的被浸泡而退色的文字（如用碳素墨水、墨汁、黑色复写纸等形成的文件），可用红外检测仪器进行显现、辨读并固定。

（四）显色检验法

对用含铁盐的蓝黑墨水书写的被水浸泡退色的字迹，可用与铁离子起显色反应的化学试剂显色而恢复原文。硫氰酸气熏法是其中效果较好的方法。具体操作：将等量的硫酸氢钾和硫氰酸钾加入到烧杯中，用酒精灯加热，便可生成硫氰酸气体。此时，将文件朝向烧杯口，即可使退色字迹清晰显出，然后拍照固定。

【思考题】

（1）污损文件、污染文件、破碎文件、烧毁文件和浸损文件的概念。
（2）破碎文件的种类及特点。
（3）对各类污损文件进行整复或固定的原则和技术要点。
（4）破碎文件、烧毁文件和浸损文件收集、提取、整复和固定的方法。
（5）烧毁文件和浸损文件内容的显现和辨读方法。

【参考文献】

[1] 贾玉文、邹明理主编：《中国刑事科学技术大全·文件检验》，中国人民公安大学出版社 2002 年版。
[2] 暴仁主编：《污损文件检验》，群众出版社 2014 年版。
[3] 韩丹岩、涂丽云主编：《文件检验学》，中国人民公安大学出版社 2015 年版。
[4] 李彪主编：《污损文件与制成时间检验实用方法》，中国人民公安大学出版社 2011 年版。

第六编

文件鉴定的质量控制与鉴定意见的庭审质证

第十八章　文件鉴定的质量控制

内容提要： 本章以司法鉴定认证认可的法定要求为背景，介绍文件鉴定的质量控制要求，并对人员控制、过程控制进行重点介绍。其重难点为文件鉴定质量控制的资源要求、过程要求以及鉴定文书的质量控制。

关键词： 认证认可；质量控制；资源要求；过程控制；鉴定文书

文件鉴定，是指具有文件鉴定专门知识的鉴定人，运用文件检验学的理论、方法和专门知识，对可疑文件的书写人、制作工具、制作材料、制作方法、性质、状态、形成过程、制作时间等进行检验和鉴别的专门技术。由于文件具有反映性较强的特征，这项专门技术具有了典型的经验性鉴定技术的特点。所有具有经验性特点的专门技术，其前提是运用科学技术和专门知识，但又易受个人经验和习惯的影响。因此，对鉴定环节的质量控制应有极高的要求。针对司法鉴定的标准化和规范化，2005 年 2 月 28 日第十届全国人民代表大会常务委员会第十四次会议通过的《全国人民代表大会常务委员会关于司法鉴定管理问题的决定》（以下简称《228 决定》）释义一第四条明确“司法鉴定是诉讼活动中一项重要的调查取证活动，由于在诉讼活动中有些问题不是能够凭着直观、直觉或逻辑推理直接认识和判断的，因此必须借助于科学技术或者专门知识进行鉴别和判断”，《228 决定》第五条第（三）款为此明确规定，法人或者其他组织申请从事司法鉴定业务的，应当具备“有在业务范围内进行司法鉴定所必需的依法通过计量认证或者实验室认可的检测实验室”，这是对整个司法鉴定活动认证认可的法定要求，同时，也指明文件鉴定必需按照标准化、规范化的要求进行质量控制。

第一节　质量控制的定义和范围

一、质量控制的定义

质量控制是为达到鉴定质量要求所采取的技术措施和管理措施方面的活动。通过规范化的文件鉴定相关规定，以及鉴定全流程的过程监控，消除鉴定委托与受理、材料保存与流转、鉴定实施过程、鉴定意见书出具、鉴定意见质询等所有阶段可能引起不合格或不满意效果的因素，以达到司法鉴定的质量要求。

质量控制的目标在于确保鉴定质量能够满足法律法规、技术标准和规范、认证认可准则等明示的、习惯上隐含的或必须履行的规定。

二、质量控制的范围

质量控制的范围，包括公正性、独立性和保密性的通用要求，对鉴定机构组织结构的要求，对人员、设施和环境的资源要求，以及对鉴定实施、鉴定文书制作的过程要求。本章重点介绍资源和过程要求。

文件鉴定的人员，是指文件鉴定中涉及的所有人员，包括鉴定人、授权签字人、质量监督员、外部专家、鉴定辅助人员。

文件鉴定的设施和环境，包括鉴定中使用的检测分析设备和功能性检验设备，以及存放设备和实施鉴定活动的实验场所。

文件鉴定过程，是指鉴定机构按照委托受理协议要求，对受理的文件检材/样本（输入）进行鉴定，并最终形成鉴定文书（输出）的相互关联的系统性活动。

鉴定文书，是鉴定人运用科学的手段和方法，就案（事）件中的专门性问题，对送检材料进行鉴定后出具的法律文书，是鉴定意见的最终书面报告形式。

第二节　文件鉴定质量控制的资源要求

一、人员要求

鉴定人：从事文书鉴定的鉴定人应具备《228 决定》第四条的规定条件，并满足其他法律法规的要求。

授权签字人：文件鉴定的授权签字人应具有高级专业技术职称，或取得中级专业技术职称后在本鉴定专业连续从业 5 年（含）以上。

质量监督员：文件鉴定的质量监督员是实施质量控制的重要人员，应熟悉本专业的鉴定方法、程序、目的和结果评价，并具备本专业中级及以上技术职称。

外部专家：是指在文件鉴定活动中，由于涉及某些领域的专门知识而临时聘请的提供专业技术支持的人员。

二、人员的培训与监督

1. 人员的培训

鉴定机构应根据人员岗位制定有针对性的培训计划，鉴定人也应根据可持续发展的要求提出培训申请。培训内容应包括但不限于相关法律法规、执业纪律、管理体系、质量控制和监督方法；文件鉴定专业理论知识和相关学科知识；文件鉴定技术检验中主要检验检测仪器的操作、结果的分析判断，同一认定中特征比对表的制作及笔迹特征、印文特征、印刷特征的综合评断等关键技术能力。

当鉴定人员从事新的岗位工作，或离开鉴定岗位时间超过 1 年返回原岗位，或鉴定标准和规范、鉴定方法、关键设备发生变化时，鉴定机构需对相关鉴定人员重新进行培训。

鉴定人员的培训可采用参加外部培训和内部培训结合的方式。鉴定机构对培训活动的有效性进行验证，验证的方式包括但不限于参与能力验证活动的结果评价，对内部质量控制结果的研判，对内外部审核的结果的研判，对不符合工作和投诉的识别及处理，以及人员监督评价和考核。

2. 人员的监督

鉴定机构应保留所有与鉴定人员相关的授权、能力、教育、专业资格、培训、技能和经验的记录，应包括但不限于文件鉴定相关专业的教育记录，如学历/学位证书、专业培训证书等；有关文件鉴定专业知识、技能的培训和考核记录，包括再培训记录。记录中应包括获得有关专业经验的记录，如在资深鉴定人指导下从事文件鉴定实际工作的经历及能力评价、参加能力验证的结果、从事技术性辅助工作的经历等；专业技术职称、资格或执业证书；有关专业能力考核、评价、授权的记录等。

鉴定机构每 2 年对鉴定人以及参与鉴定工作的人员至少进行一次现场见证。结合工作岗位，现场见证内容应涉及（但不限于）文件鉴定技术检验中主要检验检测仪器的操作、结果的分析判断，同一认定中特征比对表的制作及笔迹特征、印文特征、印刷特征的综合评断等关键技术能力。

鉴定机构应有程序以明确评估选择提供意见的外部专家的专业技术能力和经验的要求，对于鉴定活动中临时聘用提供技术支持的外部专家，在鉴定前应对其实施有效的培训，并保存对外部专家技术能力进行评估和确认的记录。鉴定人应对外部专家提供的意见进行审查并对适用性负责。

三、设备与场所环境的质量控制

1. 设备的质量控制

文件鉴定中使用的仪器设备可分为检测分析设备和功能性检验设备。对结果有重要影响的检测分析设备（如测量工具、电子天平及各类光谱、色谱、能谱检测分析仪器等）应进行校准；对结果有重要影响的功能性检验设备（如显微镜、文检仪、静电压痕显现仪及专用的图像比对和分析处理软件等），或上述不能进行校准的检测分析设备，应制定相应的核查程序并定期进行核查，确保设备或软件处于完好状态，能满足相应的检验标准、技术规范和检验方法的要求。

文件鉴定中某些技术要求较高的功能性检验设备（如文检仪、静电压痕显现仪、特殊性能的显微镜等）和检测分析设备（如各类光谱、色谱、能谱检测分析仪器等）应由经过授权的人员操作，以防止设备被意外调整而导致结果无效。

鉴定机构应保存主要设备及其软件的记录。记录应包括安装、验收、使用、维护、保养、维修、检定、校准等记录，以及设备校准的确认记录和功能性设备的核查记录、设备软硬件的配置情况及软件升级情况等。

对计量有要求的设备，还需保证计量的溯源性，以及外部提供的产品和服务也必须受到有效的控制。

2. 场所环境的质量控制

文件鉴定的场所，包括固定的实验室、临时的现场、可移动的或多个地点的场所，所有场所应当满足相关法律法规、标准或规范的要求。将从事检验、检测所必需的场所、环境要求制定成文件。应当建立起良好的内务管理程序，充分考虑安全和环境的因素。应在鉴定活动中，对不相容的相邻区域和人员进行有效的隔离，防止干扰或者交叉污染。

第三节　文件鉴定质量控制的过程要求

鉴定机构应建立和实施相关政策和程序，并有足够的满足实施要求的人员，对从鉴定的委托受理到发出鉴定文书的全过程进行清晰的流程控制，其中的关键过程监控包括委托受理，鉴定方法选择、验证和确认，抽样/取样，检材/样本的处置，检测/检验，数据处理与控制，外部信息利用，检测数据的测量不确定度的评定，鉴定文书形成，以及不符合鉴定工作处置。

一、鉴定的委托与受理

鉴定机构依据法律法规和管理部门的规定、标准和规范的要求，其应具备满足委托方鉴定要求的能力以及人力、物力和信息资源，建立和实施委托受理质量体系文件和程序控制文件，对委托受理方式、步骤和内容予以明确规定。

文件鉴定的委托与受理应以有效和可行的方式进行，可分为常规受理和特殊情况受理。

1. 常规受理

对于常规、重复性或客户要求不变的例行鉴定工作，鉴定机构安排授权人员按常规受理程序进行受理，同时，鉴定机构应有文件化的规定，以明确常规受理的案件范围。

在文件鉴定的常规受理过程中，应当填写规范化的鉴定机构委托受理协议，每个案件应有唯一性标识，有委托方名称、通信地址、送检人姓名、联系电话；案件名称及简要案情；送检或者补充检材/样本的名称、数量、包装和性状等，并进行逐一核对、清点、固定和唯一性编号；受理人及受理日期；鉴定要求及鉴定方法、鉴定时限等约定；等等。

在常规受理中，受理人员还应了解并记录与鉴定有关的案件情况介绍；检材/样本的来源、提取时间、提取方法、包装、存储、运送等影响检材/样本有效性的诸多因素。对于不予使用的检材/样本由送检人取回，并签名确认；对于留用的检材/样本，由受理人编号，并签名确认；检材/样本被送检人当场取回的，由送检人和受理人在送检材料移交情况记录栏中记录移交情况。检材/样本处置的约定，包括是否返还委托方、消耗性检材/样本的损耗；检材/样本的鉴定条件及充分性；可能影响最终鉴定意见的因素及风险；等等。

委托受理协议至少一式两份，分别由鉴定机构和委托方保管。委托方以邮寄送达方式进行委托的，应以受理回执的形式告知委托方。委托登记若通过计算机系统完成，应确保委托方有途径查看登记情况。

在双方同意接受委托方电话、短信、微信、邮件等方式指令的情况下，鉴定机构应对所有接受的要求或指令进行记录，包括委托方要求、协议或指令的内容、日期，以及委托方代表的身份。

委托方向鉴定机构提供的材料，包括既往鉴定的材料，由其他机构固定提取的材料，案情或调查记录材料，委托方同意由当事人提供的检材或样本材料等。鉴定机构应建立和执行程序对提供材料的完整性、可采用性进行确认。当委托方提供的材料信息不足或缺失，可能会造成鉴定意见的局限性、鉴定结果解释和说明合理性降低时，应告知委托方并协商处置方式，并记录。

受理过程中应保存委托受理协议和委托受理评审记录，包括任何重大变化和鉴定实施期间与委托方进行的相关讨论。

对于委托受理协议和委托受理评审记录中的任何偏离均应通知委托方，且取得委托方认可，并记录。

如果需要修改委托受理协议和委托受理评审记录，要重复同样的受理和评审过程，并将修改内容通知委托方及受到影响的有关人员。

由于技术条件、手续或者程序合法性等原因无法受理的，鉴定机构经过委托受理的评审，应当出具不受理说明。

2. 特殊情况受理

对于新的、复杂的、工作量大的、鉴定难度高的鉴定工作，除满足常规受理程序的要求外，还需进行全面的委托与受理的评审，且需保存所有的记录。特殊情况受理评审至少应包含风险与责任，社会效应与法律责任，技术能力与资源，鉴定的实验条件，检材/样本的处置，鉴定收费，鉴定时间，保密的相关要求，委托事项的确定、变更、偏离或中止等。

当委托方提出超常规的鉴定需求时，相关人员应及时向委托方了解鉴定要求，评审鉴定机构是否有能力承担相应的鉴定工作，并组织委托受理协议的起草和签订。

二、鉴定方法

文件鉴定中选用的方法，应当满足相关法律法规的要求，依下列顺序遵守和采用该专业领域的技术标准、技术规范和技术方法：国家标准；行业标准和技术规范；该专业领域多数专家认可的技术方法。

目前，文件鉴定领域中的传统项目已有《GB/T 37234—2018 文件鉴定通用规范》《GB/T 37239—2018 笔迹鉴定技术规范》等国家标准，以及公安部、司法部制定的部分行业标准和规范。由于文件鉴定涉及多学科的交叉与融合，部分领域如文件制作时间鉴定的化学方法，尚无统一的标准和规范，其方法选择上，应当采用专业领域多数专家认可的方法。而多数专家认可的方法，《检验检测机构资质认定能力评价 司法鉴定机构要求》《司法鉴定/法庭科学机构能力认可准则》《司法鉴定/法庭科学鉴定过程的质量控制指南》等也作出了较为明确的规定，应包括权威技术组织发布的方法，仪器生产厂家提供的指导方法，以及在教科书、国际权威期刊上发表的重大科研成果等转化的方法。这些方法在使用前，鉴定机构应经过确认和验证，定期跟踪方法的时效性，并有书面化的作业指导文件，在征得委托方同意后使用。

任何对鉴定方法的偏离应经验证，方法偏离应编制作业指导书，经审核、批准后方可使用。

三、取样与抽样

1. 取样

当鉴定工作涉及取样（包括检材和样本）时，如缺乏鉴定取样技术标准，鉴定机构应对取样要求文件化，制作作业指导书，并在取样时制定取样的方案。

对人为或其他原因致使文件原貌受到不同形式、不同程度的破坏、毁坏，包括燃烧、浸泡、揉搓、撕裂、粉碎、破坏等，应当按照相关技术要求制作方案并进行取样，并对提取、固定、传递、保存、使用等全程进行标识和记录。取样的数量应满足鉴定使用的要求，尽量满足必要时复查、确证或留样的需要。

现场使用照相、视频录像、扫描仪扫描等方式进行取样的，应在取样前采用必要的检验手段进行现场检验，并对取样情况进行详细记录。在取样过程中，应避免外来杂质的混入，防止因挥发、分解、环境污染等因素使取样样本的特性或量值改变，并采用合适的容器盛装。每件取样样品都应有唯一性标识，取样情况应详细记录，必要时，写入鉴定文书。对于常见类型的取样，应当根据要求制作取样的格式文件。

对笔迹、印章印文鉴定过程中需要制作实验样本的，应当根据检材的具体情况策划实验样本的制作方案，并制作与检材具有可比性的实验样本。制作的实验样本应当由提取人、有关当事人或其他在场证人签名确认，提取人中至少一人应当为本案的鉴定人。

2. 抽样

文件鉴定中，对大量的文件、同一文件诸要素中的细节要素，必要时会采取抽样。参与抽样的人员应当掌握抽样理论和抽样方法，具有相应检材/样本的鉴定知识和能力，并熟悉抽样的规范、程序、方法、过程等。鉴定机构应当制定相对应的文件化规定，必要时制作作业指导书。抽样情况应写入鉴定文书。

对抽样应当制作对应的方案，抽样方案应建立在数理统计学的基础上，抽取的样品应具有代表性，以使对所取样品的鉴定能代表检材/样本总体的特性。抽样的数量应满足鉴定精度要求、统计要求，足够供分析、复查或确证、留样用。

抽样人员应在抽样过程中做好抽样记录。记录应包括抽样所代表的样本数量、重量、外观描述、包装方式、包装状态、抽样人、地点、日期、气候条件等。并且每件抽取样品都应有唯一性标识，注明编号、名称、位置、抽样日期、抽样地点、抽样人等。

对于不同性状的文件材料，在运送抽取样品时，应采用适当的运输工具，包装应坚实牢固，防止外包装受损伤，保证样品不被污染、挥发、变质或变化。

四、鉴定材料的处置

1. 总体要求

文件鉴定中的鉴定材料，是指文件鉴定中的检材和样本，鉴定机构应当规定检材/样本管理程序，规范检材/样本的接收、登记、传递、保管、处置、安全和保密等工作，必要时，制定作业指导书。对于案件受理、分配、报告出具等环节，统一管理检材/样本的鉴定机构应设检材/样本管理员。

在鉴定的全流程中，应保证检材/样本的完整性、特性的原始性、保密性、安全性，确保检材/样本不被污染、破坏、篡改、转移以及变性，以保护鉴定机构和委托方的利益。

鉴定人对委托方提供的检材/样本不准私自留用，未经授权不得作商业化处置，不得自行处置或作其他用途。原则上，文件鉴定的检材/样本在鉴定结束后，应当一律退回委托方。

2. 鉴定材料的接收

接收检材/样本的鉴定人员应详细核对检材/样本和案卷资料的数量、重量、包装、形态、性状等；若发现异常和不予使用的检材/样本，应与委托方达成处理意见，由送检人签字确认。鉴定实施前，委托方若对检材/样本有特殊要求，如不能破坏等，应提供详细的书面说明。

每一检材/样本都应有唯一性标识。标识的设计和使用必须能清晰地识别出相关案件，并确保不会在检材/样本或涉及的记录上产生混淆。若不适合在检材/样本自身上标识，应在最接近检材/样本的容器/包装物上标识，并确保容器/包装物与标识不分离。

3. 检材/样本的使用、保存和流转

鉴定机构应建立检材/样本传递、保存等信息的“保管链”，从接受检材/样本开始就详细记录检材/样本的编号、种类、性状、保管人、移交人、接收人、流转的日期、状态变化情况和保管地点等信息。检材/样本在使用和流转过程中，应有正确、清晰的状态标识，保证不同鉴定状态和传递过程中检材/样本不被混淆。

文件鉴定的检材/样本，应对每一份检材/样本进行全貌、细目的照相、录像或扫描固定，并加放比例尺。

鉴定机构应当有符合文件保存条件要求的安全区域，用于短期和/或长期存储检材/样本。检材/样本应尽可能避免完全消耗，以备复检使用。当检材/样本不能满足复检要求时，应当告知委托方，并做好记录。

五、文件鉴定中的检验和检测

1. 检验与检测

文件鉴定中的检验活动，是对检材/样本中的一个或多个特性进行包括测量、检查、试验或量质测定，并将其结果与标准和规范的要求进行比较，以确定每项特性所反映的综合情况，并作出是与否的专业判断。

文件鉴定中的检测活动，是对检材/样本中的一个或多个特性，按照规定程序和设备，以确定某一种或多种特性的量值。检测是一项技术操作，它只需要按规定程序操作，提供所测结果，在没有明确要求时，不需要作出是与否的判定。

在文件鉴定中，检测活动通常是整个检验活动中的一个重要环节。

2. 基本要求

文件鉴定中，应遵循先无损后有损、先物理后化学的鉴定原则进行。并按照技术规范的要求，避免检材/样本的污染、变性或混淆。

在文件鉴定前，应仔细核对检材/样本数量、性状、标识、鉴定要求和相应的鉴定方法；并按鉴定方法的要求准备试剂、标准物质、量具、器皿、仪器设备以及其他耗材等，并在鉴定开始前检查设备与试剂是否合格，环境条件是否满足鉴定要求。

鉴定过程中，应严格按照鉴定方法和/或作业指导书操作，尽可能减少对文件材料的有损取样和消耗，以备重复检测/检验、复核以及重新鉴定的需要。检材/样本仅能做单次检测/检验的，应进行评估，并将评估结果告知委托方。鉴定必须使用规范的受控技术记录表进行记录。

3. 质量控制

文件鉴定的类型和形式多样，对于不同的检测/检验活动，可采取不同的质量控制方法。

对于以主观判断为主的检验活动，应采取两人或两人以上独立鉴定的质量控制手段。所有鉴定人应独立检验，尽量避免在知晓他人意见的情况下进行检验而产生的相互影响。新开展鉴定项目、复检或疑难项目的鉴定可通过内部专业技术委员会组织专家讨论、聘请外部专家复核等方式实施。

所有鉴定人独立检验后，再进行意见汇总。当多人鉴定产生不同鉴定意见时，应采取相应的处置措施，包括但不限于讨论、审核、增加鉴定人、聘请外部专家会检等，尽可能达成一致意见。

对于主要依据检测数据作出判断的鉴定活动，常规鉴定可通过平行检测的方式实施。其质量控制的方式包括但不限于用标准物质或质量控制样品；使用其他已被校准的仪器以提供可溯源的结果；测量设备的功能性核查和期间核查；使用相同或不同方法进行重复检测/检验；检测结果的审核；实验室内比对；盲样测试；等等。

鉴定人鉴定后，应由具有相应资质的人员对鉴定程序和鉴定意见进行复核；对于涉及复杂、疑难、特殊技术问题或者需要重新鉴定的鉴定事项，可以组织三名以上的专家进行复核。

4. 记录控制

文件鉴定中，检测/检验过程的记录，均应在受控技术记录表上作记录，并详细记录案件编号、取材部位、检材/样本数量、鉴定时间、鉴定方法、检测/检验条件（使用设备与条件、关键试剂等）、观察结果、分析数据、重要阴性结果以及所有参与的鉴定人和技术支持人员等信息。

形态学检验应当详细设计检验记录内容条目，可采取分部位、位置、宏观形态与微观形态等分类方式，逐条逐项地列出符合点和差异点的信息，确保记录信息的充分性和完整性。应尽可能记录鉴定人的逻辑分析过程和鉴定意见依据。

鉴定和技术支持人员应确保记录的原始性、真实性、准确性和完整性，应及时、如实记录鉴定过程及结果。鉴定记录的用语须规范，字迹清晰可辨；记录内容修改规范，被改与改后内容清晰，对记录的修改应使用杠改，且需有修改人员标识和修改时间记录；由检测设备产生的图像、视频、图表、数据的转移，也需受控；原始记录及计算结果应经校对、复核或审核。

应记录所有鉴定人的意见，包括多人鉴定时产生的不同鉴定意见，应将不同的或不用于支持鉴定意见的数据、观察结果或者差异点，均予以详细记录，并尽可能地给出合理解释。复核人员完成复核后，应当提出复核意见并签名，存入鉴定档案。

5. 数据处理与控制

鉴定人应掌握文件鉴定领域中各类数据的计算方法，以保证鉴定数据计算和转换的准确性。必要时，计算结果应进行校对和复核。鉴定机构应按照技术方法和鉴定要求，规定每一类型检测/检验项目的原始数据的采集、处理、记录、储存、检索的方式和格式。

采用计算机或自动化设备进行数据的采集、处理、记录、储存、检索时，应建立和执行计算机数据控制程序，保证在数据的采集、转换、输入、传出、储存等过程中，数据完整；建立满足计算机和自动化设备正常和安全运行的工作条件和环境条件；数据处理软件投入使用前或修改后继续使用前，须进行测试，满足使用要求后方可应用。

设备和计算机软件的使用者应经过培训，使用人员应当经过授权。当软件发生修改后，应重新进行适当的培训并授权。鉴定机构应建立安全防范措施，防止非法访问、越权使用和随意修改。

鉴定结果数值的有效位数应与鉴定方法中的规定相符，并使用法定计量单位。

6. 外部信息利用

文件鉴定中，当用到外部信息作为鉴定依据时，鉴定机构应建立和执行对外部信息的完整性、全面性、可采用性进行确认的程序。当委托方提供的外部信息不足或缺失时，应要求委托方补充相关资料或提供相关证明。必要时，鉴定机构可与信息提供方沟通，确认信息来源的可靠性。

当外部信息存在严重问题，可能引发鉴定意见错误时，应不予采用。鉴定机构应对外部信息的确认过程、内容和结果进行记录。鉴定机构应尽可能地保留外部信息的原件或复制件。

7. 测量不确定度评定

鉴定机构应当建立测量不确定度评定程序，并根据需要进行不确定度评定。当鉴定方法要求测量不确定度时，或测量不确定度与鉴定结果判定的有效性有关时，或委托方提出要求需要测量不确定度时，或当检测数据处于所规定的判定指标临界值附近时，或测量不确定度对判断结果符合性会产生影响时，文书鉴定中也需要对测量不确定度进行评定，并在鉴定文书中给出不确定度值。测量不确定度的评定和表示方法应按《GB/T 27418—2017 测量不确定度评审和表示》进行。

第四节　鉴定文书的质量控制

鉴定文书属于法律文书，是鉴定过程的最终书面表现形式，应针对委托事项，根据鉴定结果和专业判断，准确地作出有科学依据的鉴定意见。

一、鉴定文书的格式和内容

鉴定文书的格式应满足管理部门关于司法鉴定文书现行有效的法定要求，满足技术规范和认证认可的要求。至少应包括简要说明、委托人、委托事项、受理日期、鉴定材料等的“基本情况”；摘录与鉴定事项有关的鉴定资料的资料摘要；客观、详实、有条理地描述鉴定活动发生的过程，即“鉴定过程”，包括人员、时间、地点、内容、方法，鉴定材料的选取、使用，采用的技术标准、技术规范或者技术方法，检查、检验、检测所使用的仪器设备、方法和主要结果等；阐明鉴定人根据有关科学理论知识，通过对鉴定材料检查、检验、检测的结果，鉴定标准，专家意见等进行鉴别、判断、综合分析、逻辑推理，最终得出鉴定意见的“分析说明”；鉴定机构的专用章、公章，鉴定人、复核人和授权签字人的签名；鉴定完成的日期；等等。

为最大程度地减少误解或误用的可能性，每份鉴定文书还应包括唯一性标识，确保构成鉴定文书内容的每一个部分都能被识别；表明鉴定文书结束的清晰标识。另外，每份鉴定文书还应包括鉴定结果仅与送检的检材/样本有关的声明；未经鉴定机构批准，不得复制鉴定报告（全文复制除外）的申明；当数据、结果来自外部提供者时，应清晰标明。

多人参加的鉴定，对鉴定意见有不同意见的，应当注明。

二、鉴定文书的控制

鉴定文书必须经过审核方可发布，审核包括技术审核和程序审核。

技术审核由授权签字人负责。审核内容主要包括：制定的鉴定方案是否合理，使用的鉴定方法是否适宜；鉴定过程是否符合相关的技术方法和作业指导书的要求；鉴定原始记录、数据和结果报告的准确性、一致性和完整性；鉴定意见表述是否准确；鉴定结论是否回答鉴定要求。

程序审核由鉴定机构管理层负责，主要对鉴定过程是否符合相关的鉴定机构政策和程序的要求进行审核。

技术审核人和程序审核人通常应独立于被审核的鉴定记录和鉴定文书的编制者之外。鉴定机构应规定技术审核人和程序审核人在审核中发现问题的处置程序。

三、鉴定文书的出具

鉴定文书完成后，应通过与委托方协商一致的方式，由委托方指派人员持相关证明领取，或以可追溯的邮寄方式发往委托方，并做好相应记录。对电子版本报告的传送应制定相应的程序确保传送的安全。

采用计算机制作的鉴定文书，应对使用权限进行控制，防止非法访问。

四、鉴定文书的更改

鉴定机构应规定鉴定文书更改程序。对于更改内容不影响最终鉴定意见的，应以补正意见的形式出具。对于更改内容影响原鉴定意见的，应通知委托方，并对原检材/样本进行复检。对鉴定文书的更改，应做好记录。

鉴定文书更改后应重新签发鉴定文书，并收回原鉴定文书。无法收回原鉴定文书时，应签发原鉴定文书的补充文件，并注明类似“对编号××××鉴定文书的更改补充”的说明。当有必要发布全新的鉴定文书时，应注以唯一性标识，并注明所替代的原件。

五、不符合工作处置

当鉴定机构、鉴定人发现鉴定过程中出现异常情况或者不符合工作情况时，应按制定的处置程序，判断问题的严重程度，采取及时、正确的处置措施，并做详细记录。

鉴定人应判断不符合工作可能引发的后果，对于一般性的不影响检测/检验结果的问题，鉴定人员应及时通知委托方，制定解决方案并实施。当问题可能影响鉴定意见的准确性时，应当立即暂停鉴定工作，查找问题原因，制定相应处置措施，待验证问题排除后，方可恢复鉴定工作。当问题对鉴定意见的准确性产生了不可逆的影响时，应当立即停止相关鉴定工作，查找问题原因，制定相应处置措施，验证问题排除后，若可行，则重新进行检测/检验，否则终止检测/检验，并与委托方协商解决后续问题。

【思考题】

（1）认证认可与质量控制的关系。
（2）质量控制的定义及质量控制范围。
（3）文件鉴定质量控制的资源要求体现在哪些方面？
（4）文件鉴定质量控制的过程要求体现在哪些方面？
（5）鉴定文书的质量控制体现在哪些方面？

【参考文献】

[1] 郭金霞等著：《司法鉴定质量控制法律制度研究》，法律出版社 2011 年版。
[2] 陆渭林著：《实验室认可与管理工作指南》，机械工业出版社 2016 年版。
[3] 中国合格评定国家认可委员会编：《认证机构认可评审员通用知识培训教程》，中国计量出版社 2011 年版。

第十九章　文件鉴定意见的庭审质证

内容提要：本章在鉴定意见质证的法理基础与制度保障的基础上，主要就鉴定人出庭作证前的相关准备工作、庭审质证程序与交叉询问相关知识、鉴定人出庭作证的方法技巧等实务知识进行讲授。本章重点在于鉴定意见质证的法理基础与制度保障、鉴定人出庭质证与交叉询问程序，难点在于交叉询问内容、质证技巧。

关键词：鉴定意见质证；法理基础；鉴定人出庭；专家辅助人/有专门知识的人；交叉询问

“质证”是中国法律语境下的一个概念术语，其本身并无统一定义。本书中鉴定意见质证是指针对鉴定意见的法庭审查，即通过庭前准备、鉴定人出庭等程序进行质证前的准备与积极防御，并通过庭审询问以及专家辅助质证等方式，由控（或原告）、辩（或被告）、审三方共同推动并致力于发现案件事实真相的证据调查活动。对于文书司法鉴定从业人员而言，本章重点关注与鉴定意见质证密切相关的庭前准备程序及庭审质证程序。

第一节　鉴定意见质证的法理基础与制度保障

一、鉴定意见质证的法理基础

无论是诉讼案件还是非诉案件，鉴定意见并不必然具备优于其他证据的证明力，其同样必须经过严格的审查认定，才能确定该鉴定意见是否可采、是否能够作为定案根据。

（1）鉴定意见质证是严格贯彻证据裁判原则，实现公正司法的必然要求。

“以审判为中心”及“庭审实质化”改革的核心要求是充分发挥庭审作用、严格贯彻证据裁判原则，基本目标是“保证庭审在查明事实、认定证据、保护诉权、公正裁判中发挥决定性作用”，具体任务是实现“诉讼证据出示在法庭、案件事实查明在法庭、控辩意见发表在法庭、裁判结果形成在法庭”。鉴定意见质证，即通过庭审质证这一诉讼机制，对鉴定意见合法性、相关性、客观真实性进行事后审查，倒逼司法鉴定人及管理部门加强监管，从源头上提高鉴定质量，从而有力地保障司法鉴定质量与公信力，保障公正司法与严格司法诉讼目标的实现。

（2）鉴定意见质证是鉴定人履行出庭义务，保障当事人诉讼权利必不可少的程序设计。

对鉴定意见进行质证，通常要求鉴定人必须出庭作证，接受各方质询。在法院依法通知要求鉴定人出庭作证的前提下，对鉴定人而言，出庭作证是一项法定义务。对诉讼当事人而言，请求传唤鉴定人出庭作证应视为诉讼当事人的一项基本诉讼权利，这有其正当法理基础。在英美法系国家，证人必须到庭接受询问，否则其证言等将作为传闻证据予以排除，为此立法上规定“对质权”，也就是针对不利的专家证据，诉讼当事人有权要求传唤鉴定人出庭作证，并对其进行面对面的询问。大陆法系国家虽然未规定对质权，但一般都规定直接言词原则，这间接地保障了对质权的实现。

我国并未规定直接言词原则或传闻排除规则，也未规定对质权。我国虽规定当事人有权申请鉴定人出庭，但法院具有决定权；同时，法院还允许宣读书面鉴定意见代替鉴定人出庭作证，但法律并未规定鉴定人不出庭作证的具体情形。这不利于保障当事人诉讼权利，降低了鉴定人出庭率，导致对鉴定意见无法实质化质证，不利于查明案件事实真相。

因此，在我国，鉴定人出庭作证以当事人申请或法官依职权决定而启动，是以法院通知为前提的法定义务，更是保障当事人“对质权”、查明案件争议事实必不可少的制度设计。对此，鉴定人应站在更高的诉讼价值目标视角理解、履行这一法定义务。

(3) 鉴定意见质证是打破鉴定意见“科学可靠性”根深蒂固的传统认知，遏制“以鉴代审”的必然要求。

实践中，一些法官将鉴定人等同于“科学的法官”，将鉴定意见等同于“科学的判决”，于是疏于对鉴定意见的审查，导致“以鉴代审”，这极易诱发事实认定错误。因此，对鉴定意见进行质证，应当要求鉴定人出庭作证，同时允许当事人聘请专家辅助人，使鉴定意见质证趋向实质化，这样才能够去伪存真，准确认定事实，进而形成公正判决。

二、鉴定意见质证的制度保障

鉴定意见庭审质证作为证据分类审查的诉讼程序制度，要实现对公正司法、诉讼权利以及庭审实质化的保障作用，需要以相关配套制度为前提，即鉴定人出庭作证制度、专家辅助质证制度以及交叉询问制度。

鉴定人出庭作证制度，即诉讼当事人对鉴定意见有异议，申请鉴定人出庭作证，或法官依职权通知鉴定人出庭作证接受各方质询的制度。只有鉴定人到庭，才能对其进行面对面的询问，否则鉴定意见质证将成为对鉴定报告的书面审查。我国刑事诉讼法规定，当事人对鉴定意见有异议，人民法院认为鉴定人有必要出庭的，鉴定人应当出庭作证；我国民事诉讼法规定，当事人对鉴定意见有异议或者人民法院认为鉴定人有必要出庭作证的，鉴定人应当出庭作证。由此可以看出，我国刑事诉讼法和民事诉讼法规定的鉴定人出庭作证的判断标准的宽严程度是不同的，不过鉴于大陆法系的职权主义审理传统，事实上无论是刑事诉讼、民事诉讼，还是行政诉讼，法官对鉴定人是否出庭作证具有最终决定权，并在实践中演化为限制鉴定人出庭作证的方法。这是鉴定人出庭率低、当事人对质权得不到保障的根本原因。对此，不少专家及司法界人士都意识到这一问题并提出了保障刑事被告人对质权、约束法官自由裁量权的主张。如龙宗智教授认为：“应当在对质权理念之下，建立职权对质与申请对质并存的制度。”也就是说，一方面，只要当事人对鉴定意见有异议而要求鉴定人出庭，或者人民法院认为有必要传唤鉴定人出庭，都应当传唤鉴定人出庭；另一方面，当被告人或其辩护律师申请鉴定人出庭对质时，原则上应当准许，除非有容许鉴定人不出庭的法定例外情形。[①] 换言之，我国《刑事诉讼法》有关鉴定人出庭作证的规定应当借鉴《民事诉讼法》第八十一条[②]之立法经验，实行职权对质与申请对质并存的制度，同时，对鉴定人出庭必要性审查应仅限于宽松的形式审查。

专家辅助质证制度，通过赋予当事人聘请专家辅助人出庭的诉讼权利，实现鉴定人、专家辅助人之间势均力敌的对抗，是平等武装与对抗式质证程序的体现，是促进鉴定意见质证实质化必不可少的制度设置。我国《刑事诉讼法》第一百九十七条规定，控辩双方可以申请法庭通知有专门知识的人出庭，就鉴定意见提出意见，法庭应当作出是否同意的决定；《民事诉讼法》第八十二条规定，当事人可以申请人民法院通知有专门知识的人出庭，就鉴定人作出的鉴定意见或者专业问题提出意见。此处“有专门知识的人”即“专家辅助人”，刑事诉讼法的专家辅助人制度规定更为严苛，法院具有决定权，专家辅助人质证范围仅限于“对鉴定意见提出意见”，且专家辅助人发表的意见不能作为定案根据，只能作为法官判案的参考，证据地位低；而民事诉讼中申请专家辅助人出庭，法院一般较少限制，专家辅助人庭审中除了对鉴定意见提出意见，还可以就专业问题进行说明，其发表的意见视为“当事人陈述”，从而具有证据效力。

交叉询问作为庭审发问方式，将鉴定意见质证推向高潮，真正体现以庭审为中心。如果说鉴定人出庭作证制度解决了鉴定人与被告人“面对面”（Face to Face）的问题，实现了被告人的“对质权”；而鉴定人出庭后，当事人、专家辅助人对鉴定人进行面对面地询问，则体现了被告人的询问权。美国联邦最高法院在 Crawford v. Washington 判例中指出，“对质条款禁止采纳未出庭证人的证言性陈述，除非陈述人不能到庭，并且被告人在先前已经被给予了交叉询问的机会”[③]，该判例充分体现了交叉询问对质询问权保障的重要意义。从一定意义上讲，交叉询问权成为对质权的代名词，是刑事被告人最低限度诉讼权利的直接体现。由此可见，交叉询问是被告人对质权的集中体现，也是庭审质证过程中核实证人证言可靠性的有效程序性手段；另外，交叉询问程序不仅平等保障控辩双方的询问权，也使询问程序变成对抗式的，有利于发现案件事实并实现公正审判。正因如此，著名证据法学大师威格摩尔教授对“交叉询问”赞誉有加，称“交叉询问无疑是迄今为止为发现真实所发明的最伟大的法律引擎”，法律人在庭审中也广泛运用此种方法进行法庭询问。

第二节　鉴定人出庭作证前的相关准备

一、出庭前准备工作的重要性

鉴定人出庭的根本目的是通过参与庭审质证，帮助法庭认识、理解并最终决定鉴定意

① 龙宗智：“论刑事对质制度及其改革完善”，载《法学》2008 年第 5 期。

② 《民事诉讼法》第八十一条规定：“当事人对鉴定意见有异议或者人民法院认为鉴定人有必要出庭的，鉴定人应当出庭作证。”

③ 王跃：“对质权如何适用于科学证据——Williams v. Illinois 判例及启示”，载《现代法学》2014 年第 4 期。

见证据是否采信；主要任务是对鉴定意见进行质询；主要方法是对诉讼双方、相关诉讼参与人和审判人员就鉴定意见提出的相关问题给予答复，并与出庭的有专门知识的人就鉴定意见进行辩论。鉴定人出庭是鉴定人的义务，是司法鉴定程序中的重要环节。因此，在接到出庭通知书后，鉴定人就出庭可能遇到的技术性问题进行预先研判，并认真做好相应的准备工作是必要的，也是极其重要的。

（一）出庭前准备工作是增强鉴定意见说服力与可行性的必然要求

既然法律明确将鉴定人是否出庭列为鉴定意见是否采信的依据之一，说明鉴定人出庭对于鉴定意见的质证和采信意义重大，也就自然成为鉴定工作中的重要任务和鉴定程序中的重要环节，是司法鉴定工作的延续。认真负责地做好出庭前准备工作，出庭过程中对于相关问题的科学回答，有利于增强鉴定意见的说服力与可行性。

（二）出庭前准备工作是鉴定人尊重科学和法律的重要表现

鉴定人就出具的意见书出庭是其基本义务，出庭前的准备工作自然也就成了鉴定人的基本义务。科学、认真地做好出庭准备，是为了圆满完成出庭任务、增强和提高鉴定意见的公信力和采信率，同时也彰显了鉴定人尊重科学和法律的职业形象。

（三）出庭前准备工作是适应对抗式质证和避免庭审窘境的需要

鉴定人出庭除接受法庭有关人员的相关提问外，还得与鉴定意见不利一方所聘请的具有专门知识的人就鉴定意见进行辩论，这种对抗式的质证方式必然激烈。鉴定意见不利一方所聘请的具有专门知识的人一般都具有较高的专业知识和出庭技巧，并且往往对于已有的鉴定意见在庭前做过仔细研究和充分的准备，对于其中的问题、鉴定的程序规定及涉及的专业方面知识都已了如指掌，在庭上往往态度强硬、观点鲜明，每个问题都直击要害。如果鉴定人不认真做好出庭准备工作，在出庭现场就极有可能疲于应付，对相关鉴定事项或者法律依据和理论知识回答不圆满甚至回答错误，使自己陷于尴尬境地，这将不利于鉴定意见的采信。

（四）出庭前准备工作是维护鉴定机构良好声誉和展现鉴定人专业水准的需要

鉴定人在出庭前，就鉴定的具体方法、依据进行认真核实、审查，熟悉鉴定相关法律法规，就庭审可能遇到的问题提前预见并准备好回答要点，尽可能事先做到知己知彼。这样在法庭质证时才能游刃有余，充分展示鉴定意见的科学性和客观性，也同时体现鉴定人认真、严谨的态度和扎实、深厚的专业水平，还能为所在鉴定机构赢得良好声誉。

二、出庭前准备工作的具体内容

鉴定人出庭是基于法庭的出庭通知，该通知多为书面形式，也有部分为口头形式。在接到法庭的出庭通知后，若遇不能出庭的情形，应立即与法庭联系，说明理由并申请免除出庭义务（如果时间紧迫可以先电话联系后补寄申请）。法庭准予不出庭的，鉴定人也应就庭审过程中针对鉴定意见证据提出的问题给予书面回复，当然这一过程因为属于事后制作文书而无需提前准备。若决定出庭或者法庭要求必须出庭的，则应尽早充分做好出庭准备工作，以便在出庭时从容面对、应变不惊。

出庭前的准备工作是根据法庭在鉴定意见质证过程中可能遇到的问题而展开的。通常在法庭质证时，首先由申请鉴定人出庭的诉讼一方提问，然后依次为被申请方、第三人，必要时法官也会提问。绝大多数案件中，申请人都为鉴定意见不利方，所以庭前准备主要思考、预判他们可能会提出的问题。部分鉴定意见不利方还会聘请专家辅助人出庭，由专家辅助人向鉴定人提问并就专业问题进行说明，专家辅助人提问的问题往往非常尖锐，回答的难度也就相应提高，因此遇有这种情形，出庭前的准备工作就显得尤为重要。

出庭前准备工作的主要任务是熟悉案件基本情况，审查相关鉴定文书，发现并弥补原有鉴定中的遗漏、缺陷或错误，温习与原鉴定相关的法律法规、鉴定原理和方法，预见可能遇到的问题并准备发言提纲，安排出行并准备必备工具或设备。主要按照以下方面进行准备。

（一）与法官联系，确定出行相关事宜

当鉴定人收到出庭通知书后，应迅速与法官联系，明确出庭的具体时间、地点和场所；询问申请人是哪一方当事人；因事不能按规定时间出庭需要变更出庭日期的，需与法庭沟通，具体协商开庭日期；确定需要出庭的鉴定人数和具体人员；交涉本次出庭的交通、住宿、补助等方面的费用承担（原则上由申请人预先支付，可以由法官代收，出庭后报账，也可以先行汇入鉴定机构账上，由鉴定人按规定报销并在出庭时与当事人当面结算）。同时，合理预计开庭时间的长短，确定自己的行程，并预订往返的飞机票或者火车票、汽车票。某些特别重大案件可能涉及对鉴定人的保护问题，此情况下还必须提前与法庭协商，由法庭采取相应保护措施护送鉴定人出庭质证或离开法庭。

（二）查阅鉴定档案，熟悉案件基本情况，对整个鉴定过程、方法、依据等进行全面仔细核查

法庭质证往往围绕鉴定意见书所反映出来的内容、程序、方法原理、检验过程、检验数据、鉴定意见形式等进行全方面审查。

对证据审查要求最高的死刑案件，最高人民法院、最高人民检察院、公安部、国家安全部和司法部制定了《关于办理死刑案件审查判断证据若干问题的规定》（2010 年 7 月 1 日起施行），规定了对鉴定意见应当着重审查的十项基本内容。最高人民法院《关于适用〈中华人民共和国刑事诉讼法〉的解释》（以下简称《刑事诉讼法司法解释》），也规定了对鉴定意见应当着重审查的十项基本内容。二者的文字表述和顺序有所不同，但基本内容和精神是完全一致的。其中《刑事诉讼法司法解释》的表述为：（1）鉴定机构和鉴定人是否具有法定资质；（2）鉴定人是否存在应当回避的情形；（3）检材的来源、取得、保管、送检是否符合法律、有关规定，与相关提取笔录、扣押物品清单等记载的内容是否相符，检材是否充足、可靠；（4）鉴定意见的形式要件是否完备，是否注明提起鉴定的事由、鉴定委托人、鉴定机构、鉴定要求、鉴定过程、鉴定方法、鉴定日期等相关内容，是否由鉴定机构加盖司法鉴定专用章并由鉴定人签名、盖章；（5）鉴定程序是否符合法律、有关规定；（6）鉴定的过程和方法是否符合相关专业的规范要求；（7）鉴定意见是否明确；（8）鉴定意见与案件待证事实有无关联；（9）鉴定意见与勘验、检查笔录及相关照片等其他证据是否矛盾；（10）鉴定意见是否依法及时告知相关人员，当事人对鉴定意见有无异议。

鉴定人在做出庭准备时，应及时调阅鉴定档案，可以对照上述规定对鉴定意见进行全

面审查。审查过程中，如果发现鉴定过程中出现过委托事项和鉴定材料变更或增减、鉴定延期等事项而缺乏材料支撑的，应要求委托方予以补正。审查过程中应做好审查记录，有些问题可以标注其证明材料所在位置的页码及材料名称；有些问题为提炼总结或者摘要，则需要详细记录。

（三）针对审查鉴定档案发现的鉴定过程中的遗漏、缺陷或错误，及时采取合法手段和合理措施予以纠正

鉴定人通过调阅鉴定档案，按照上述规定对整个鉴定过程进行全面审查，如果发现鉴定过程存在遗漏、缺陷或错误，必须按照相关法律法规的规定，及时采取相应措施予以纠正。

如果鉴定委托事项为多项，而鉴定过程中合并或者变更表述方法，或者前面检验得出的结论使得后续事项无须再检的，则要准备说明出现这些情况的原因和理由。对于经过审查本鉴定机构无技术条件不能进行鉴定的事项，鉴定意见书中又未提及的，则要做好书面补正准备，说明未进行鉴定的原因。确认鉴定遗漏，应准备做好客观解释工作，力求委托方的谅解并表示愿意继续进行补充鉴定。

《司法鉴定程序通则》（2016 年 5 月 1 日起施行）规定，司法鉴定意见书出具后，发现有下列情形之一的，司法鉴定机构可以进行补正：（1）图像、谱图、表格不清晰的；（2）签名、盖章或者编号不符合制作要求的；（3）文字表达有瑕疵或者错别字，但不影响司法鉴定意见的。补正应当在原司法鉴定意见书上进行，由至少一名司法鉴定人在补正处签名。必要时，可以出具补正书。对司法鉴定意见书进行补正，不得改变司法鉴定意见的原意。如果在审查鉴定档案时发现上述需要补正的情形，应该及时做好补正书，在出庭时首先向法庭呈送，表明鉴定机构和鉴定人的真诚态度。

另外，《关于办理死刑案件审查判断证据若干问题的规定》和《刑事诉讼法司法解释》都对鉴定意见不能作为定案根据的情形做了具体规定。二者的文字表述和顺序有所不同，但基本内容和精神是完全一致的。其中《刑事诉讼法司法解释》的表述为：（1）鉴定机构不具备法定资质，或者鉴定事项超出该鉴定机构业务范围、技术条件的；（2）鉴定人不具备法定资质，不具有相关专业技术或者职称，或者违反回避规定的；（3）送检材料、样本来源不明，或者因污染不具备鉴定条件的；（4）鉴定对象与送检材料、样本不一致的；（5）鉴定程序违反规定的；（6）鉴定过程和方法不符合相关专业的规范要求的；（7）鉴定文书缺少签名、盖章的；（8）鉴定意见与案件待证事实没有关联的；（9）违反有关规定的其他情形。按照上述规定，经过审查，鉴定意见只要出现以上任何一种情形，都将不能作为定案根据。那么，在鉴定人做出庭准备，对鉴定案件进行全面审查时，若发现有上述情形的，就应该及时向鉴定机构负责人汇报。机构负责人应该迅速召集本案鉴定人、质量负责人等对原鉴定进行重新审核，经审查核实确实存在上述情形的，就应该本着实事求是、尊重科学和法律的态度，立即以鉴定机构的名义与委托方或者法庭联系（可以先电话联系，再制作书面函件），如实陈述鉴定机构在审查原鉴定意见过程中所发现的重大缺陷，主动要求撤销该鉴定意见，同时一并申请鉴定人不再出庭质证。委托方或者法庭收到该函件并预先审查后一般会作出同意鉴定机构撤销鉴定意见的决定并不再要求鉴定人出庭。

（四）温习相关法律法规和鉴定理论知识

与鉴定相关的法律法规和鉴定理论知识是鉴定人必须掌握的，也是鉴定出庭作证过程中经常用到的。因此，鉴定人在出庭前应就原鉴定涉及的相关法律法规和专业理论知识进行温习。主要有《刑事诉讼法》及其司法解释、《民事诉讼法》及其司法解释、《民事证据规定》《司法鉴定程序通则》《司法鉴定收费管理办法》、司法鉴定相关技术规范、CNAS管理的具体规定、本专业的专业基础理论知识等。

（五）预见质证可能遇到的问题，准备回答要点

经过审查，原鉴定无遗漏时，应根据对鉴定档案的审查和对相关法律法规、专业理论知识的温习，结合"对于与鉴定无关的问题可以不予回答"的原则，思考在庭审质证过程中可能被询问的相关问题，并预先拟定回答要点。只有做好这一点，才可以在法庭上有的放矢、处变不惊，充分展示鉴定人的专业素养，当然也有利于鉴定意见的采信。

对于预先设计可能被问到的问题，有一些策略可用。一般而言，就前面提到的对鉴定意见审查的十个方面，逐条进行准备基本可以满足鉴定人出庭的需要。但对于不同的个案，特别是影响较大的案件，还应该有所侧重。根据案件的具体情况设计具体问题，具体策略因案而定。如：

法庭在送达出庭通知书时可能附送申请鉴定人出庭的申请书，申请书中往往有事实和理由部分，对其认为的鉴定存在的问题有较为详细的叙述，鉴定人可以根据这些内容来设计问题并拟定回答要点。

针对影响较为重大的案件，鉴定人出庭前除了做好常规准备外，还可以与本案主要庭审法官进行适度沟通，因为他们与当事人接触多，了解当事人的诉求，因此可以通过沟通了解当事人特别是申请方对鉴定意见争议的焦点、理由和态度。对于侦查、起诉阶段开展的鉴定，在做出庭准备时，还可以适当与公诉人进行沟通，因为他们经常参与庭审询问和辩论、陈述，是出庭方面的专家，他们与被告方对抗的能力较强，与他们沟通有助于认识案件的特殊性，可以更好地设计问题和拟定回答要点。需要特别指出的是，在检察官、鉴定人需保持中立客观的要求下，所谓鉴定人与公诉人为出庭质证需要"相互配合"的观念是不符合现代刑事诉讼理念的，但鉴定人事实上作为广义的、实质的"控方证人"，与公诉人私底下的工作接触交流也是难以避免的，因此鉴定人与公诉人之间就鉴定意见质证重点内容及证明目的进行必要的正常工作交流也是允许的。

（六）加强配合演练，力求出庭时意思表达一致

对于两个以上鉴定人共同出庭的，出庭前的准备工作应该共同进行，特别是在设计可能被询问的问题时，必须共同拟定并熟悉回答要点，最好就程序问题和实体问题有所分工，各自主要负责一个部分，加强演练，提高配合度，力求在出庭回答问题时不要相互矛盾。

（七）做好其他相关准备工作

在出庭前，还应做好一些行程和出庭辅助事项的准备工作。如提前预订离法院较近的酒店；准备好出庭所用的证件和相关文书（身份证、司法鉴定人执业证、鉴定机构介绍信、鉴定机构鉴定人员出庭质证登记表）；准备好随行携带的鉴定档案、纸、笔、衣物等

物品；若质证需要，还得准备电脑、便携式显微镜、放大镜等展示设备。

做好上述出庭准备工作后，剩下的就是按时到达法庭向主审法官报到，等待法庭传唤出庭质证。

第三节　庭审质证程序与交叉询问

一、开庭前准备程序

开庭前通常鉴定人必须先到法庭向法官报到，表明鉴定人已在规定时间到达法庭。而正式庭审通常分为法庭调查、证人/鉴定人/有专门知识的人出庭、法庭辩论三个环节，由于鉴定人、有专门知识的人不得参与法庭调查与法庭辩论，因此，鉴定人在被传唤进入法庭开始质证活动前，需要在法庭外等候。当然，也有些复杂案件，将本次开庭专门用于解决鉴定意见质证，此种情形下就无须庭外等候，直接进入庭审质证环节。

正式庭审质证前，通常由书记员核实鉴定人、专家辅助人身份，并要求其签署如实作证保证书。由于鉴定人、专家辅助人是“广义的证人”，鉴定人出庭通常参照证人出庭规则，故法院一般让鉴定人、专家辅助人签署“证人如实作证保证书”，并当庭宣读该保证书。

二、庭审交叉询问程序

（一）询问主体

职权主义诉讼的首要目标在于查明案件争议事实，庭审中同等保障各方询问权利，对此法院具有关照义务，诉讼各方轮替对鉴定人进行询问。在公诉案件中，有权对鉴定人进行询问的主体通常包括公诉人、被害人及其代理人、被告及其辩护人；在控辩一方或双方聘请了专家辅助人的情况下，专家辅助人也有权对鉴定人进行询问；另外，法官也有权询问鉴定人，由此表现出询问主体的多元化。在民事、行政诉讼中，诉讼双方当事人及其代理人、专家辅助人、法官也都有权向鉴定人发问。

询问主体的多元化要求询问顺序的安排合理，但是由于交叉询问规则的不完善，目前的司法操作已出现混淆不清的现象，尤其是专家辅助人加入质证程序后该如何组织交叉询问还无统一、规范的做法。一些法院将专家辅助人视为询问主体，专家辅助人作为控或辩一方对鉴定人进行交叉询问；还有一些法院将专家辅助人视为被询问对象，与鉴定人一样接受控辩双方的交叉询问，而且鉴定人与专家辅助人在庭审中必须相互回避（不能在庭上“面对面”）；还有个别法院不清楚鉴定人、专家辅助人的角色地位，在质证程序中安排了鉴定人对专家辅助人进行询问的程序。因此，在多元主体并存的情况下，正确区分询问主体与被询问对象、合理安排交叉询问顺序，这不仅关乎质证效率，还深刻影响鉴定意见的质证效果，故对鉴定意见质证的交叉询问方式有必要进行介绍。

（二）询问方式

单就庭审询问程序而言，《刑事诉讼法司法解释》规定，通常由申请鉴定人出庭的一方先问，再由各方询问。但实践中不少庭审询问事实上是英美式典型的交叉询问顺序，如在刑事庭审中，鉴定人若为侦查机关一方的鉴定人，则由检察官先进行主询问（Examination in – chief），再由被告方进行反询问（Cross – examination）。但无论何种方式，法官都有询问权以及庭审指挥权，英美法系、大陆法系概莫能外，只不过两大法系在庭审询问中法官职权强弱不同。以下是两类常见的庭审询问方式（以刑事庭审为例）：

规范做法 1：典型交叉询问方式（假定鉴定意见对辩方不利、专家辅助人为辩方聘请）

①核实鉴定人、专家辅助人身份，如实作证声明；②公诉人向鉴定人发问（主询问）；③专家辅助人向鉴定人发问（反询问）；④公诉人向鉴定人补充性发问（再主询问）；⑤专家辅助人向鉴定人补充性发问（再反询问）；⑥鉴定人总结性陈述；⑦专家辅助人总结性陈述；⑧鉴定人、专家辅助人签字退庭。

规范做法 2：非典型交叉询问方式（假定鉴定意见对辩方不利、专家辅助人为辩方聘请）

①核实鉴定人、专家辅助人身份，如实作证声明；②专家辅助人向鉴定人发问；③公诉人向鉴定人发问；④专家辅助人向鉴定人补充性发问；⑤公诉人向鉴定人补充性发问；⑥专家辅助人总结性陈述；⑦鉴定人总结性陈述；⑧鉴定人、专家辅助人签字退庭。

上述做法 1、2 代表了比较规范的质证程序，其主要特点为：将专家辅助人定位为控辩双方各自的技术辅助人，其职能主要在于辅助当事人，因此，专家辅助人能够对鉴定人进行面对面的询问、质疑，专家辅助人沦为“被审对象”的现象得以避免，专家辅助人与鉴定人之间也不用相互回避，质证效果好。

民事诉讼中多采用“规范做法 2”的方式进行交叉询问，即当鉴定意见对一方当事人不利，该方当事人申请鉴定人出庭，并聘请专家辅助人的情况下，法官通常会让申请鉴定人出庭的一方先对鉴定人进行询问，而该方通常会让其专家辅助人代为发问。

上述两种交叉询问方式实践中都在运用，但相较而言，基于笔者个人多次的出庭经验观察，非典型交叉询问方式在实践中运用较多。究其原因，可能是多方面的。首先，该种询问方式为《刑事诉讼法司法解释》所规定，不仅有法可依，而且有近二十年的实践经验可供借鉴。其次，我国实行职业法官审理制而非陪审制，询问顺序的不同本身并不影响职业法官对事实的判断，但由异议方对鉴定人首先发问，能够快速地聚焦争点，在第一时间进入对鉴定意见的“弹劾”，可以省去不必要的铺垫，不仅有助于发现事实真相，而且大大节约了诉讼时间，这或许是多数法官选择由鉴定异议方先行发问的内在原因。与此相反，如果先由公诉人对鉴定人进行主询问，在鉴定人本质上就是控方证人的背景下，极有可能避重就轻地掩饰鉴定报告可能存在的缺陷、空洞乏力地重申鉴定意见的可靠性与准确性，导致浪费诉讼时间；而一旦辩方有根有据地进行强烈质疑，公诉人、鉴定人之前极力掩饰的缺陷即暴露无遗，由此也显示出鉴定人证言的脆弱性；并且一旦赋予公诉人优先询问权，则还存在这样的风险，即公诉人可能通过主询问占用过多的庭审时间，而留给辩方反询问的时间就很少，以至于反询问草草收场，导致控辩双方询问机会不对等，影响反询问的效果。最后，由于多数鉴定人出庭因当事人申请而启动，并且当事人要向鉴定人支付一定的必要费用，此种情况下由申请方先行询问也有其合理性，这也是非典型交叉询问方式得以广泛运用不可忽略的原因。

另外，在诉讼双方都申请了专家辅助人出庭的情况下，依据《民事证据规定》第八十四条，专家辅助人之间还可以就案件中的专门性问题进行“对质”，对质询问程序可以参照上述规范做法 1、2，只不过交叉询问的双方替换为各自的“专家辅助人”。

（三）询问规则

在诉讼双方、代理人、鉴定人、专家辅助人、法官多元主体参与的鉴定意见质证程序中，遵守庭审相关询问规则，以防止庭审询问无序，影响诉讼效率与发现事实。依据国内外普遍实践以及笔者长期出庭观察，我国的庭审询问并无系统规则，或散见于相关司法解释，或在实践中通行，依据《民事证据规定》第六十至八十四条的规定，庭审中针对鉴定意见质证，鉴定人、专家辅助人都应当遵守如下询问规则。

1. 问答规则

通常有“一问一答”或“始末连续陈述”两种，而以“一问一答”形式最适合于对鉴定人的询问。“始末连续陈述”更适合于普通事实证人，而不太适合于对鉴定人的询问。

2. 禁止诱导性询问规则

诱导性询问是指“暗含询问者想要的答案的问题”。我国《刑事诉讼法司法解释》第二百六十一条即为禁止诱导性询问规则的规定，但该法条并未界定何为诱导性询问，因此庭审质证中如何判断该规定的适用，一方面取决于询问人、被询问人如何利用或规避禁止诱导性询问规则，另一方面取决于法官的自由裁量。

3. 意见排除规则

我国现行《民事诉讼法》《刑事诉讼法》将“鉴定结论”的证据表述修改为“鉴定意见”，这表明鉴定意见仅是鉴定人基于检验所获得的数据、结果并进行推论而形成的专家个人意见，明确了鉴定意见的言词证据属性。

鉴定意见的言词证据属性，表明鉴定人较之于普通事实证人具有较多的意见表达与评价自由，因此鉴定人就检验方法原理、操作程序、检验结果等对于案件事实的证明价值进行评价，其并不属于意见禁止范畴，因而也不违背询问规则。但鉴定人的意见表达自由也会受到一定限制，鉴定人不应就被告人是否构成被指控犯罪构成或者刑事责任能力等法律问题发表意见，也不得就某些本属法官职权判断范围内的争点进行法律评价，这些限制虽未被法律及相关司法解释明确规定，但笔者认为，这应当是鉴定人、专家辅助人应当知晓并理解的基本法律常识，故在法庭询问中应当遵守此项规则。

4. 相关性规则

就询问鉴定人而言，询问是否相关，每个人可能有不同的理解角度或看法，因此询问的相关性难以形成完整的技术规则，故相关性判断通常属于法官的自由裁量范围。笔者认为，就相关性规则而言，相关的询问应当助益于鉴定意见与案件待证事实之间的司法证明过程，因此，无助于司法证明并查明案件事实的询问可界定为无关询问。我国《刑事诉讼法司法解释》第二百六十一条规定，“发问的内容应当与本案事实有关”，指的就是发问内容应与案件争议事实的证明相关，或者说，有助于查清案件争议事实的发问才具有相关性。

5. 询问鉴定人、专家辅助人时不得有威胁其人身安全、损害其人格尊严的言行

鉴于此规则无深奥的学理、法理基础，故不再赘述。

上述五项询问规则是我国庭审询问的主要规则，违反上述规则即可形成我国《刑事诉讼法司法解释》第二百六十二条规定的“不当询问”或“无关询问”，但是该司法解释并未就“不当询问”或“无关询问”进行列举或界定，导致其含义不明，故实践中也由诉讼各方自由利用、法官自由裁判。依据笔者的出庭经验以及对国内外文献的研究，庭审中的“不当询问”或“无关询问”通常表现为以下具体情形：①欠缺关联性的提问；②欠缺重要性的提问；③涉及法律评价的提问；④不当诱导性发问；⑤容易混淆、误导争点以及意思含糊不清、难以理解的提问；⑥复合性提问；⑦重复提问；⑧不当弹劾专家可信性的提问等。①

诉讼一方对鉴定人进行交叉询问时，另一方如遇上述“不当询问”或“无关询问”，应向审判长适时声明异议，否则，该“不当询问”或“无关询问”的瑕疵则视为治愈。

（四）询问内容

针对实践中鉴定意见质证流于形式之弊端，庭审中应当突破“针对鉴定意见进行发问”之局限，对鉴定意见进行全方位、实质化质证。即，一方面应当超越鉴定意见，允许对鉴定人作为专家的可信性、中立性、鉴定资格、鉴定程序等进行全方面质疑；另一方面可以借鉴《民事诉讼法》第八十二条之规定，允许专家辅助人就案件事实所涉及的专门性问题进行说明、发表意见，或者对鉴定意见进行质证。也就是说庭审询问内容不应当局限于对鉴定意见进行质证，还应包括就案件待证事实相关的专门性问题进行说明、发表意见，从而避免仅针对鉴定意见进行发问的局限性，实现基于多种技术路径解决案件专门性问题，提高庭审询问的实效性。

针对庭审询问内容，根据我国理论界与实务界对证据属性的传统理解，应当围绕鉴定意见作为证据所应具备的合法性、相关性、客观性进行质疑。合法性、相关性不难理解，对于鉴定意见这类证据，其客观性实质上指其真实性与科学性；在此基础上可进一步援引《刑事诉讼法司法解释》第九十七条（鉴定意见审查内容）、第九十八条（鉴定意见强制排除情形）、《司法鉴定程序通则》以及相关技术标准、技术规范等对鉴定意见的相关性、合法性及客观性进行抽丝剥茧式的全方位、深入审查。为此，笔者基于相关法律、规定，结合本人及同行出庭实务经验，对鉴定意见质证中通常的询问内容、顺序及适用效果进行必要的总结归纳，以实现规范询问内容、提升交叉询问效果，进而促进庭审质证实质化之目的，具体案件中可以根据个案鉴定情况及质证策略进行内容取舍与顺序调整。以下是针对鉴定意见质证的交叉询问内容，可供鉴定人、专家辅助人出庭参考。

1. 质疑鉴定机构及鉴定人的资格

针对鉴定机构及鉴定人的资格进行询问，这在大陆法系和英美法系都是普遍存在的质问内容，但两大法系针对鉴定机构及鉴定人资格发问的依据略有不同。

大陆法系的询问主要针对鉴定机构及鉴定人是否具备法定资质，因为大陆法系国家的鉴定机构及鉴定人都实行法定名册制，只有进入鉴定机构及鉴定人的国家名册才能从事鉴定业务，因此不具备合法资质或者超出资质范围执业或者资质存在缺陷常常成为质证环节首先攻击的对象，而且往往起到釜底抽薪的效果，从源头上排除鉴定意见的合法性。

---

① 王国忠：“刑事诉讼交叉询问之研究”，中国政法大学博士论文 2006 年 4 月，第 149 页。

鉴定机构、鉴定人的资质准入，一般由行政机关审核后准入，其准入依据除了一些法律规定的形式要件，通常要求鉴定机构、鉴定人应当符合《实验室资质认定评审准则》《司法鉴定机构资质认定评审准则》对实验室（包括其人员）的基本要求。实验室资质认定评审是指行政机关对实验室的基本条件和能力是否符合法律、行政法规规定以及相关技术规范或标准实施评价和承认活动。[①] 实验室资质认定包括计量认证和审查认可两种形式。资质认定是一项强制性的认证制度，依据国际上认证认可相关准则，为社会提供公证数据的产品质量检验机构，必须经省级以上技术监督部门进行资质认定；为行政机关作出的决定、为司法机关作出的裁决、为仲裁机构作出的仲裁决定、为社会公益活动、为经济或者贸易关系人提供具有证明作用的数据的机构，也应当通过资质认定，这也是我国目前要求司法鉴定机构及鉴定人必须通过资质认定评审的直接依据。司法鉴定机构及鉴定人的资质认定要求由于具备法律强制性特点，因此属于证据能力范畴，未满足资质认定要求的司法鉴定机构及鉴定人不得出具司法鉴定报告，故鉴定机构、鉴定人的资质问题常成为庭审质证中的主要质证内容。

而英美法系对专家证人不实行法定名册制，依照《美国联邦证据规则》第七百零二条，一个人可以因知识、技能、经验、训练或者教育而成为专家证人，这里的专家证人具有广义含义，不仅包括医生、物理学家、建筑师等最严格意义上的专家，也包括熟练证人（Skilled Witness）的巨大群体，因此专家证人资格具备相当高的自由性和灵活性，并且属于法官自由裁量范畴。但这并不意味着在交叉询问中不能对专家证人的资格进行质疑，相反，这是辩护律师经常使用的策略，以期在陪审团面前质疑对方专家证人的可信性。对专家证人的“专家”资格的质疑通常从以下三方面入手：（1）强调专家证人缺乏涉及鉴定项目的某一专门知识领域的学历、学位、资格证书等；（2）指出专家证人专业知识领域的局限性，使专家承认他不是某领域的专家，而案件审理却需要此领域的专业技术知识；（3）根据《美国联邦证据规则》第八百零三条（十八），引用权威学术论文、专著质疑对方专家证人的可信性，其通常的策略是通过司法认知或者在交叉询问中让对方专家证人自认该出版物是可靠的依据，然后通过其对权威学术观点的矛盾性回答削弱专家证人的可信性，这种询问策略对于那种惯于使用专业术语而且口才极佳、善于通过渲染氛围打动陪审团及法官的“伪专家”而言，再合适不过了。例如：

律师：“医生，从您带来的这么多支持您立场的书籍，从您举证的态度，我推想您对您专业领域的文献特别是有关头部损伤那一部分一定很熟悉吧?”

医生：“不客气地说，的确这样。我不但自己有很大的私人图书馆，而且在维也纳、柏林、巴黎、伦敦各地图书馆度过不少时光。”

律师：“那么您也许熟悉安德鲁的名著《头部受伤的近期、远期影响》吧?”

医生：（骄傲地微笑）“应该说是吧。上个礼拜我还查看过他的书。”

律师：“你读过夏韦的《脑部创伤》吗?”

医生：“咳，夏韦医生的书，我从头到尾读过许多遍。”

（律师大体按照这样的方式提出类似的问题，用其他许多虚构的医学书籍问控方专家证

① 《实验室资质认定评审准则》之1.3。

人，最后律师怕医生对引诱他的圈套逐渐察觉，于是突然改变了策略，继续进行如下询问）

律师：（用嘲笑的腔调大声问）“医生，您是否看过佩吉写的《脊骨和脊髓的损伤》？（该文并非虚构，而是该专业领域极有水平的论文）

医生：（大笑）“我从来没听说过有这么一本书，我想您也没听说过。”

这时高潮到了，律师立即请本方专家证人汉密顿医生为被告作证，汉密顿医生对陪审团说明他参与草拟这一串虚构的医学书籍，控方“博学的”专家证人却对它们非常熟悉，而对真实存在的权威学术著述却不知晓。由此对方专家证人的可信性受到彻底质疑。当然，除非确信对方专家证人的资格可信性存在问题，否则在交叉询问中质疑专家资格有时也会自取其辱。

在我国，针对鉴定意见庭审质证，不少律师也援引相关法律规定对鉴定机构、鉴定人的资质进行质疑，以达到削弱鉴定机构、鉴定人专业性及可信性，进而削弱鉴定意见证明力，甚至排除鉴定意见的效果。其相关法律依据如下：

（1）《刑事诉讼法司法解释》第九十七条、九十八条对鉴定机构和鉴定人法定资质的要求。

《刑事诉讼法司法解释》第九十七条第（一）项要求审查鉴定机构和鉴定人是否具有法定资质；第九十八条进一步规定，“鉴定机构不具备法定资质，或者鉴定事项超出该鉴定机构业务范围、技术条件的”，“鉴定人不具备法定资质，不具有相关专业技术或者职称，或者违反回避规定的”，鉴定意见不得作为定案的根据。因此，鉴定机构及鉴定人是否拥有法定资质即成为庭审询问首要的内容，也是排除鉴定意见的重要依据。

（2）《228 决定》第四条、第五条等关于司法鉴定人、司法鉴定机构的登记准入条件。

《228 决定》第四条就鉴定人的相关职称、学历、专业执业资格、工作年限等设定了条件。《228 决定》第五条就法人或者其他组织申请从事司法鉴定业务进行了规定，具体条件为：有明确的业务范围；有在业务范围内进行司法鉴定所必需的仪器、设备；有在业务范围内进行司法鉴定所必需的依法通过计量认证或者实验室认可的检测实验室；每项司法鉴定业务有三名以上鉴定人。《司法鉴定机构仪器设备基本配置标准（暂行）》还进一步规定了司法鉴定机构从事司法鉴定业务的最低要求的设备配置标准，不达此标准即不予许可登记。

2. 质疑鉴定人/专家证人的中立性

鉴定人、专家证人的中立性是鉴定意见客观性的前提。大陆法系国家的鉴定人被视为“法官的助手”“科学的法官”，因此大陆法系国家的鉴定人对法庭具有中立义务，所以大陆法系国家的刑事诉讼法基本都有鉴定人的回避规定。鉴定人的回避请求可以在鉴定人选任、鉴定实施过程中提出，在庭审中发现鉴定人有违中立要求而应回避的情形，也可以在庭审中提出异议。但是英美法系实行专家证人制度，虽然从理论上讲，专家证人也应具备中立特质，但立足于服务诉讼当事人的对抗式诉讼构造，使得专家证人不可避免地带有倾向性，从而影响专家证人的中立性，因此英美法系自然没有鉴定人回避之说，[①] 对专家证人的中立性质疑往往在交叉询问中解决。基于对专家证人的交叉询问实践，一般通过询问

---

① 刘鑫、常林：“司法鉴定回避制度研究”，载《证据学论坛（第八卷）》，中国检察出版社 2004 年版，第 300 页。

以下内容实现对对方专家证人中立性的质疑，从而削弱其对陪审团的影响：（1）专家证人的报酬是否过高；（2）专家证人与诉讼当事人之关系；（3）专家证人与案件审理结果间的法律利害关系；[①]（4）专家证人在其他类似案件中证言是否一致。

在我国，庭审中针对鉴定人的中立性发问，主要涉及鉴定人回避问题。《司法鉴定程序通则》第二十条、二十一条、三十一条是关于鉴定人回避的相关规定，其中规定的法定回避情形有三种：一是鉴定人本人或其近亲属与正在进行的司法鉴定案件存在法律上的利害关系的；二是鉴定人在司法鉴定前接受过一方当事人咨询或作为其专家辅助人出庭作证的；三是当事人申请重新鉴定，而鉴定人参加过初次鉴定的。

3. 质疑鉴定程序

《刑事诉讼法司法解释》第八十四条第（五）项要求审查鉴定程序是否符合法律及相关规定，并作为第八十五条的鉴定意见排除依据，而司法鉴定程序主要受《司法鉴定程序通则》的约束。实践中针对司法鉴定程序的发问，主要涉及司法鉴定的受理、司法鉴定过程中的风险告知、司法鉴定的期限、司法鉴定过程中的到场见证（如法医精神病鉴定、尸检以及对无民事行为能力人或者限制民事行为能力人进行的身体检查等）、补充鉴定以及重新鉴定等，在此不一一详述。

4. 质疑鉴定资料及其证据保管链条

鉴定资料是司法鉴定的检验对象，包括检材及样本。《刑事诉讼法司法解释》第九十七条第（三）项规定，“检材的来源、取得、保管、送检是否符合法律、有关规定，与相关提取笔录、扣押清单等记载的内容是否相符，检材是否可靠”，第九十八条进一步规定，“送检材料、样本来源不明，或者因污染不具备鉴定条件的”，“鉴定对象与送检材料、样本不一致的”，鉴定意见不得作为定案根据。上述规定主要针对鉴定资料的来源必须真实可靠，获取程序必须合法，保管、送检等程序必须规范，以防止鉴定资料的毁坏、灭失、腐败、变质、污染，同时检材和样本还应满足司法鉴定检验的数量与质量要求。上述要求涉及侦查取证人员及司法鉴定人员，因此庭审中可能就上述问题要求侦查人员、鉴定人出庭，并对他们进行询问。

对鉴定资料及其证据保管链条进行质疑是交叉询问的重要内容，这些质疑内容可能涉及鉴定意见客观性、合法性、相关性的方方面面，这是从源头破坏鉴定意见证据能力或证明力的有效手段。

5. 质疑司法鉴定机构的认证认可情况

在多伯特一案中，美国联邦最高法院确立了科学证据可采性的几项参考标准，其中要求“存在有关技术操作的控制标准并得到维护”。标准创造了一种职业环境，该职业环境允许组织或职业建立质量体系、方针及程序，并保持其对于特定利益群体的独立性。标准可以保障服务或方法符合人们希望其具备的特性，如可靠性、准确性、高效性以及不同实验室、不同检验人员之间的一致性。上述要求通常是通过认可（Accreditation）或认证

---

① 英美法系专家证人中立性审查，往往考虑其与诉讼结果之间是否存在重大利益冲突，但相对于“事实证人”而言，“专家证人”一般会被视为与案件争议没有太大的利益冲突（事实也确实如此，其所谓的利益影响最多涉及收费或/与委任将来案件等“揩油式”的利益冲突）。杨良宜、杨大明著：《英美证据法》，法律出版社2002年版。

(Certification) 制度[①]来实施的，即由独立的第三方对涉及产品、过程、体系、人员或机构的规定要求得到满足的证明，也称合格评定。

实验室认可是由经过授权的认可机构对实验室的管理能力和技术能力按照约定的标准进行评定，并将评定结果向社会公告以证实其能力的活动。认可机构通常是经过国家政府授权从事认可活动的，因此，经实验室认可机构认可后公告的实验室，其认可领域范围内的检验能力不但为政府所承认，其检测结果也广泛被社会和贸易双方所使用。

实验室认可制度最早产生于产品和服务贸易领域，以保证和提高实验室的技术能力和管理水平，并促进贸易发展。试想，如果每个国家实验室认可制度中的认可依据、认可程序各不相同，那么认可的结果就没有可比性，对实验室检测结果的承认和接受也只能限于认可其能力的认可机构所在的国家或地区内部，贸易中的重复检验也不可避免，这样，认可活动不但不能促进国际贸易，反而形成了新的技术性贸易壁垒，这也背离了建立实验室认可制度、开展实验室认可活动的初衷。在这种背景下，以协调各国认可机构的运作，促进对获得认可的实验室检测和校准结果相互承认为主要目的的国际和区域实验室认可合作机构应运而生。最早的实验认可体系由澳大利亚在 1947 年创立，并成立了认可机构——澳大利亚国家检测机构协会（NATA），随后其他国家也加入了实验室认可体系行列并建立了实验室认可机构。我国实验室认可制度建设始于 1980 年，并建立了相应的实验室认可机构，如 1994 年由原国家质量技术监督局成立的“中国实验室国家认可委员会”(CNACL)，1996 年由中国国家进出口商品检验局成立的“中国国家出入境检验检疫实验室认可委员会”（CCIBLAC），2002 年 7 月 4 日将 CNACL 与 CCIBLAC 合并为“中国实验室国家认可委员会”（CNAL），实现了我国统一的实验室认可体系；2006 年 3 月 31 日，为了进一步整合资源，发挥整体优势，国家认证认可监督管理委员会决定将 CNAL 与中国认证机构国家认可委员会（CNAB）合并，成立了“中国合格评定国家认可委员会”(CNAS)。

由于实验室认可对实验室的管理能力和技术能力提出了严格的要求，加之国际上互认，因此对法庭科学实验室同样适用，这对于提高司法鉴定的科学性、权威性和可靠性，以及国际司法合作具有重要意义，因此将司法鉴定机构纳入实验室认可范畴已成世界各国的普遍做法，其典型代表就是美国 1994 年通过《美国 DNA 鉴定法》将 DNA 鉴定纳入实验室认可活动范畴，以为其提供质量标准及规范的质量控制程序，这一做法深刻地影响了法庭科学鉴定的其他领域，以至于目前 DNA 被认为是最受信赖的法庭科学证据，其原因就在于其建立了严格的实验室认可体系，其他法庭科学领域如酒精检测、违禁品检测、指纹鉴定等往往以 DNA 鉴定的标准程序为参考建立本领域的规范程序。

实验室认可仅仅是机构质量保证项目的一个方面，这种质量保证项目还应当包括相关

---

① 认证制度是一种传统称法，即资质认定，目前“认证制度”逐渐向“合格评定制度”发展，国际标准化组织的认证委员会也更名为“合格评定委员会”（ISO/CASCO），其职能得以扩展，同时涵盖产品认证、管理体系认证、人员认证、认证机构认可、实验室和检查机构认可等诸多体系。

的能力验证（Proficiency Testing）、[①] 继续教育及其他有助于机构提供更好的全面服务的项目。对于实验室来说，通过认可并不表明经过认可的实验室不会出现错误，也不表示实验在每个案件中都能使用最优方法，而只是表示实验室遵守了一套已确立的质量标准，并采取了符合这些要求的做法。经过认可的实验室具有适合的管理体系，这种管理体系包括日常工作的各种程序、对日常工作的监控、对不符合例行程序与规范方法的纠正。实验室认可不是一个自我评审的项目，而是来自实验室外部第三方机构的监督，其目的是避免质量标准的自利性和表面化，同时避免在有与质量保证相冲突的其他要求时走捷径。此外，实验室认可作为一种机制，可以用来加强职业共同体之间的联系，推广最优方法，使实验室检验人员了解司法系统对法庭科学的期待。并且，认可机构还为参与认可的实验室提供教育和培训，以便其遵守认可标准。所以，认可虽然不能完全保证鉴定质量（因为其无法避免蓄意违反或无视这些要求的行为），但却能渐进地提高实验室鉴定质量，经过复评审、定期能力验证等机制可以持续监督实验室的管理体系及技术能力，并淘汰不再符合认可要求的实验室，而违反事件的报告机制也会促使认可机构加强审查从而降低违反认可要求的可能性，认可程序要求的人员培训教育也成为一项标准，因而促使鉴定人（或检验人员）实现渐进式的改变和质量改进。

依据国际认可准则规定，实验室认可系实验室自愿性的申请，其结果国际互认，在我国统一由 CNAS 实施认可；而实验室资质认定制度（认证制度）是一项强制性的认定制度，在我国，国家级实验室的资质认定由国家认证认可监督管理委员会负责实施，省级实验室的资质认定由各省、自治区、直辖市质量技术监督部门实施，相应的，其认定结果也只是在国内有效。基于上述差异，实验室认可的严格程度、效力与影响力显然高于实验室认证，也因如此实验室认可通常采用“二合一”评审准则，即通过了实验室认可，也即认定通过了实验室认定，这种二合一评审也避免了重复评审。

由于实验室认可在保证鉴定意见质量方面的作用以及公信力，所以质证程序中针对实验室认可相关问题发问，以对鉴定过程的质量控制程序提出质疑，从而破坏鉴定意见的基础，往往是刑辩律师或专家辅助人的询问策略。但这种询问策略产生了复杂的证据法问题，即针对刑事鉴定意见，鉴定机构及该类鉴定项目是否通过了 CNAS 认可，将影响鉴定意见的证据能力还是证明力等。有学者认为，“从证据法的角度，刑事鉴定结论的 CNAS 认可应当定位在证据能力方面，不能定位在证明力方面”，[②] 其理由在于“经验型科学证据的能力验证的可行性”“能力验证项目在所属司法鉴定子领域的代表性”“能力验证项目中的技术方法统一性”还存在较多的问题，因而在这些技术性问题还没有解决以前，只能暂时将其作为证据能力问题中的技术层面“合格”的因素来考虑。还有学者认为法庭科学实验室认可是一种强制性要求，[③] 该观点以当前 CNAS 认可中的能力验证存在缺陷及

① 能力验证主要依据《ISO/IEC 17043：2010 Accerditation Criterial for Proficiency Testing》，能力验证是一种国际公认的质量控制手段，被国内外许多政府管理部门、行业组织或实验室所普遍采用，其作用主要体现在三个方面：（1）为鉴定机构提供质量控制和改进手段；（2）为认证认可提供司法鉴定技术能力的证明；（3）为司法行政部门实施行业技术管理提供支撑。目前我国司法鉴定能力验证由司法部司法鉴定技术研究所组织实施，其开展的能力验证活动形式包括年度能力验证计划项目、测量审核（含实验室间结果比对）和鉴定质量评估等。

② 张斌：“论我国刑事鉴定项目 CNAS 认可的证据法定位”，载《现代法学》2010 年第 4 期，第 113 页。

③ 刘晓丹著：《论科学证据》，中国检察出版社 2010 年版。

CNAS 认可的强制性质两重理由而将刑事鉴定中的 CNAS 问题界定为影响鉴定意见的证据能力问题。笔者认为这种观点是错误的，在笔者看来，刑事鉴定中的 CNAS 问题更应该定位于证明力问题，而不是证据能力问题。当然，笔者所谓的定位于证明力问题，并不是指通过了 CNAS 认可的鉴定意见就具有当然的证明力，而是指应当基于证明力角度来分析 CNAS 的证据法问题。诚如张斌教授所言，刑事鉴定意见获得 CNAS 认可，只是具备了技术方面的可采性，即作为证据能力问题中的技术层面"合格"的因素来考虑，然而我国刑事鉴定中的 CNAS 认可存在的几大缺陷，使得即使通过 CNAS 认可，也无法真正说明鉴定机构具备可靠的管理体系及技术能力，因此赋予通过 CNAS 认可鉴定意见的证据能力资格，有将 CNAS 认可推向神坛之嫌；另外，笔者认为 CNAS 认可属于证据能力的观点真正的错误源自将 CNAS 认可定位于法律的强制要求，因而得出影响鉴定意见证据能力的错误结论。事实上这一观点的错误之处是非常明显的，该述论者主要依据《228 决定》第五条"法人或者其他组织申请从事司法鉴定业务的，应当具备以下条件……有在业务范围内进行司法鉴定所必需的依法通过计量认证或者实验室认可的检测实验室"，进而得出了 CNAS 认可是强制性法律要求的错误性结论。事实上，实验室认证认可是"实验室资质认定"与"实验室认可"的统称，资质认定包括计量认证与审查认可两种形式，《228 决定》采用了"计量认证或实验室认可"的二选一表述，这一表述未表明实验室认可是强制性法律要求。相反，按照国际认证认可规则，实验室资质认定是强制性要求，[①] 旨在"为实验资质行政许可提供可靠依据"；[②] 而依据《ISO/IEC 17025：2005 检测和校准实验室能力的通用要求》以及《CNAS－CL01：2018 检测和校准实验室能力认可准则》，实验室认可是自愿性申请行为而非法律强制要求，这也体现在我国官方的相关文件中，包括 2012 年 4 月 12 日《司法部国家认证认可监督委员会关于全面推进司法鉴定机构认证认可工作的通知》，均采用"（全面推进）司法鉴定机构参加并依法通过资质认定或认可"的二选一表述；在该通知的附件《司法鉴定机构申请认证认可的条件和工作程序》"一（一）3"项中特别指出"司法鉴定机构应当根据自身条件和发展需要，按照自主选择和司法行政机关推荐相结合的原则，确定申请资质认定或认可"。从相关国际准则以及我国有关鉴定机构认证认可的文件可知，鉴定机构的认可是一种自愿申请行为，而非强制性行为，因此将刑事鉴定中的 CNAS 认可定位于证据能力是不妥的；而应基于个案分析确定 CNAS 认可对鉴定意见证明力的实际影响。这与国外的做法也是基本一致的，如美国主要的实验室认可机构是美国犯罪实验室主任协会/实验室认可委员会（ASCLD/LAB：The American Society of Crime Lab Directors/Laboratory Accreditation Board），其认可活动是自愿性的，只有少数州（如纽约州、得克萨斯州以及俄克拉荷马州）要求犯罪实验室必须参加实验室认可。[③]

庭审中针对认证认可情况的发问有助于发现鉴定机构真正的业务能力、实验室管理状况、鉴定程序的规范性、鉴定方法的可靠性及鉴定意见的准确性。但是，庭审中对司法鉴定机构的认证认可情况进行质疑面临着巨大的现实障碍，一方面，这些司法鉴定机构披着

---

① 《中华人民共和国认证认可条例》第二条："本条例所称认证，是指由认证机构证明产品、服务、管理体系符合相关技术规范、相关技术规范的强制性要求或者标准的合格评定活动。"

② 《实验室资质认定评审准则》之 1.1 条。

③ Federal Judicial Center, National Research Council: Reference Manual on Scientific Evidence: Third Edition.

"认证认可合格"的合法外衣，从法律要件形式上难以质疑；另一方面，由于实验室认证认可是由复杂的管理体系和大量的内部管理文件构成，在鉴定机构内部一般由专人管理档案，在历年的CNAS监督评审中，都由鉴定机构内部的专业团队集中"应付"，如此多的文件，是难以在庭审中出示的，鉴定人也会以属于鉴定机构内部的管理文件、当事人无权要求出示为由进行拒绝。

因此，尽管通过质疑鉴定机构的认证认可情况，理论上讲有助于质疑鉴定过程的合法性、鉴定方法的可靠性以及检验结果的准确性，进而削弱鉴定意见的证据能力与证明力，但现实的诸多障碍使得这一质疑方法难以有效实施。

6. 质疑鉴定文书的形式要素

鉴定文书形式要素是指法律法规等规定的鉴定文书形式上所必须具备的要素，如鉴定文书上是否有鉴定人的签名，是否加盖鉴定机构的公章，是否有对鉴定材料的描述，是否具备完整的检验、分析过程以及鉴定意见，是否注明其依据的相关技术标准等。这些要素在《刑事诉讼法司法解释》第九十七条、第九十八条以及《司法鉴定文书规范》中均有规定。

鉴定文书的形式要件是鉴定意见合法性以及科学可靠性的前提，是鉴定意见规范性的直接表现，也是质证环境中最易攻击的对象之一。鉴定文书具备规范的、符合法定要求的形式，是对鉴定文书最低限度的基本要求，这一基本要求并不支持对鉴定报告吹毛求疵地提出苛刻的要求，如针对鉴定文书中上下文可推断出的明显的打印字迹错误，而提出鉴定文书不符合形式要件，进而要求法院排除鉴定意见，这往往不会得到法院支持，法院通常会将其认定为"无害错误"。

对于司法鉴定意见书的形式要件进行质疑，根据实践经验，司法鉴定意见书形式要件的瑕疵主要表现在以下几个方面：

（1）缺乏鉴定人签名或鉴定机构盖章。

如一位律师办理的一起涉嫌销售假药的二审案件。一审判决据以定罪量刑的三份检验报告及五份鉴定意见，均无鉴定人签名（见图19－1）；而参与一审辩护的十名律师，对此竟未提出任何质疑。二审阶段，被告人新聘请的律师以此为由，要求排除全部检验报告和鉴定意见，促使二审法院裁定撤销原判，发回重审。

（2）缺乏检验过程、检验结果及分析说明的相关必备要素。

《司法鉴定文书规范》对检验过程、检验结果及分析说明的具体要求是："检验过程"应当"写明鉴定的实施过程和科学依据，包括检材处理、鉴定程序、所用技术方法、技术标准和技术规范等内容"，"检验结果"应当"写明对委托人提供的鉴定材料进行检验后得出的客观结果"，"分析说明"应当"写明根据鉴定材料和检验结果形成鉴定意见的分析、鉴别和判断的过程。引用的资料应当注明出处"，这些都是司法鉴定意见书最核心的形式要件要求。

实践中发现不少鉴定机构的鉴定书缺乏上述必要的形式要件，使得鉴定意见缺乏依据，鉴定意见的可靠性、准确性存疑。欲对鉴定意见进行有效的质证，必须通知鉴定人出庭，但法院通常很少通知鉴定人出庭；即便鉴定人出庭，鉴定人也会拒绝向法庭提交鉴定档案并披露相关检测数据，这些都是当前的普遍现象。对此法院可以依据《刑事诉讼法司法解释》第九十八条将鉴定意见作为非法证据强制排除吗？实践中很少予以排除。

以下鉴定报告涉及一份书证落款位置处印文与字迹的形成时序，其检验过程缺乏对朱墨时序的具体特征描述，检验结果与检验过程之间缺乏分析说明这一联系纽带（见图19－2），使得鉴定意见成为“空中楼阁”，该案中的专家辅助人对其形式要素的缺失进行了有力的质疑。

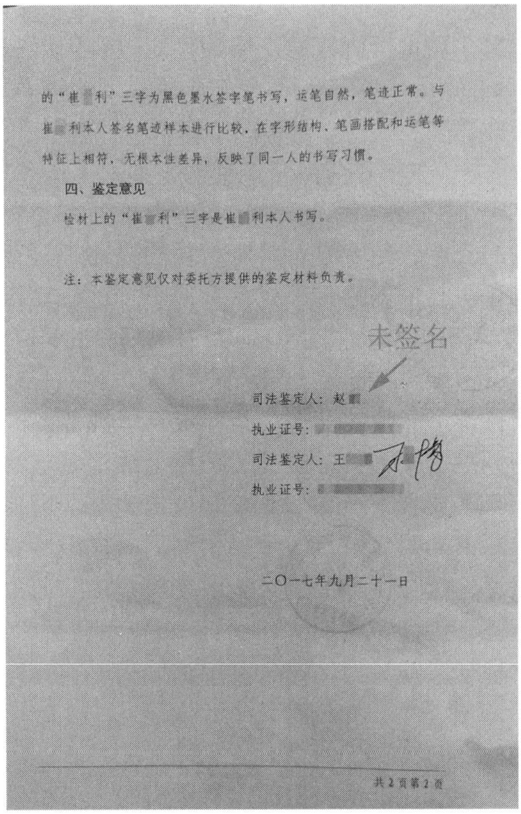
的“崔[redacted]利”三字为黑色墨水签字笔书写，运笔自然，笔迹正常。与崔[redacted]利本人签名笔迹样本进行比较，在字形结构、笔画搭配和运笔等特征上相符，无根本性差异，反映了同一人的书写习惯。

四、鉴定意见

检材上的“崔[redacted]利”三字是崔[redacted]利本人书写。

注：本鉴定意见仅对委托方提供的鉴定材料负责。

未签名

司法鉴定人：赵[redacted]

执业证号：[redacted]

司法鉴定人：王[redacted]

执业证号：[redacted]

二〇一七年九月二十一日

共2页第2页

图19－1　缺乏鉴定人签名的鉴定书

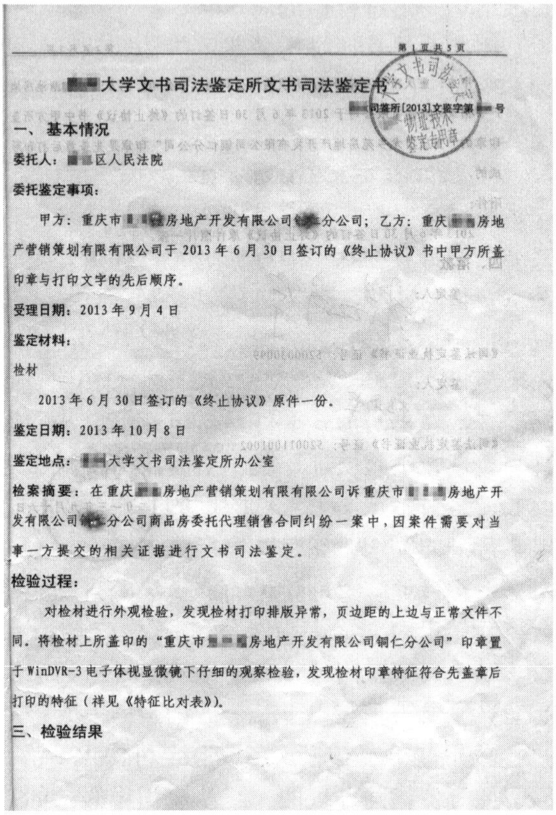
第1页共5页

[redacted]大学文书司法鉴定所文书司法鉴定书

[redacted]司鉴所[2013]文鉴字第[redacted]号

一、基本情况

委托人：[redacted]区人民法院

委托鉴定事项：

甲方：重庆市[redacted]房地产开发有限公司[redacted]分公司；乙方：重庆[redacted]房地产营销策划有限有限公司于2013年6月30日签订的《终止协议》书中甲方所盖印章与打印文字的先后顺序。

受理日期：2013年9月4日

鉴定材料：

检材

2013年6月30日签订的《终止协议》原件一份。

鉴定日期：2013年10月8日

鉴定地点：[redacted]大学文书司法鉴定所办公室

检案摘要：在重庆[redacted]房地产营销策划有限有限公司诉重庆市[redacted]房地产开发有限公司[redacted]分公司商品房委托代理销售合同纠纷一案中，因案件需要对当事一方提交的相关证据进行文书司法鉴定。

检验过程：

对检材进行外观检验，发现检材打印排版异常，页边距的上边与正常文件不同。将检材上所盖印的“重庆市[redacted]房地产开发有限公司铜仁分公司”印章置于WinDVR-3电子体视显微镜下仔细的观察检验，发现检材印章特征符合先盖章后打印的特征（祥见《特征比对表》）。

三、检验结果

图19－2　缺乏分析说明的司法鉴定书

（3）缺乏技术规范要求的某些形式要素。

以笔迹鉴定、印章印文鉴定为例，《笔迹鉴定规范》《印章印文鉴定规范》要求进行必要的特征标注，然而受案件处理压力影响，并非所有案件都进行了严格的特征标注。不少律师以此向鉴定人发问，然而这种询问通常情况下也难以奏效，这是由于司法部司法鉴定管理局颁布的鉴定技术规范并非强制性规范，而是“推荐适用”，也就是说仅供鉴定机构及鉴定人参照，这也使得针对是否严格遵守技术规范发问的效果在实践中大打折扣。但无论是何种理由，鉴定人都应严格按照技术规范的要求实施鉴定，并进行必要的特征标注或说明，这是司法鉴定意见质量与公信力的生命线。

7. 质疑鉴定所依据的方法原理的科学可靠性

鉴定所依据的方法原理是否科学可靠进行审查（可靠性审查、多伯特审查），是确定鉴定意见科学有效性及准确性的基础，美国联邦最高法院在 William Daubert v. Merrell Dow Pharmaceuticals，Inc 一案中以列举形式归纳了鉴定方法原理可靠性的要素，相关学术也研究了刑事案件中适用"多伯特规则"的情况，其总体情况是刑事案件不如民事案件适用普遍，且法官具有自由裁量权。

就目前对刑事鉴定意见的科学可靠性审查而言，通常只有DNA鉴定、毒品鉴定等带有实验分析检测性质的鉴定项目，其方法原理的科学可靠性得到了美国法院的广泛认同，从世界范围看也是没有争议的。这是因为这些鉴定类别在应用于法庭科学领域之前，已在医学、生物、化学领域得到广泛运用，并受益于广泛的基础研究、临床应用、联邦监督、私人领域用于应用研究的巨资支持以及CNAS质量体系以及相关质量控制的国家标准，[①] 通过定罪后的DNA鉴定得以昭雪的案件也充分说明了DNA鉴定证据的高度可靠性。

但是对于其他经验型鉴定项目如指印、足迹、工具痕迹、咬痕等，却难以有效地适用"多伯特规则"，这在多伯特判例后引发广泛争议。如多伯特判例后有人对指印鉴定的方法原理可靠性提出质疑，认为其方法原理未经证实就进入了法庭，也未评估"潜在的错误概率及人类偏见的影响"，但是这些质疑都未成功，法院更多地以有关指纹证据可采性的先例认可指印鉴定方法原理的可靠性，而不是以"多伯特规则"来限制指印鉴定的法庭适用，一些法院甚至指出"尽管指印鉴定的原理还没有获得科学规律的地位，但是它们不仅在专家共同体中获得了强有力的普遍接受，在法院也获得了强有力的普遍接受"[②]，"在这个国家的刑事审判中，至少自1911年起，指印鉴定就被采纳为可靠的证据"，因此，"虽然我们有更具体的理由来担心并质疑指印鉴定方法原理的可靠性，但最高法院在Daubert判例中已经强调指出，'严格的交叉询问、相反证据的提出，以及对证明责任的仔细指示，这些方法都是攻击那些虽然薄弱但依然可采证据的传统而又适当的方法'……因此，我们得出结论：当前在法院推迟适用这种基础的法庭科学鉴定方法而等待这样研究，将是求全责备"[③]。

指印鉴定的可靠性审查尚且如此，其他经验型鉴定项目的可靠性审查更不容乐观，如足迹、工具痕迹、咬痕、毛发显微形态分析、枪弹痕迹等鉴定项目，这些法庭科学学科没有经过任何有意义的科学确认、误差率确定或可靠性检验来解释该学科的局限性，United States v. Green一案的判决即说明了这一问题。在该案中，Gertner法官承认，"根据Daubert标准，不应当认为工具痕迹鉴定证言具有可采性"，[④] 但同时指出"对于辩护方而言，问题是每一个法院在Daubert案后都采纳这种证言，有的时候，不进行任何严格的审查，更不用说听审了"，[⑤] 因此Gertner法官采用了折中方法，其首先依据先例承认工具痕迹鉴定意见具备可采性，庭审中允许控方专家描述检材子弹壳与样本子弹壳痕迹的相似之处，但禁止专家作证说"二者完全匹配"（因为这类经验型鉴定项目难以提出具体的匹配概率，这与"符合""匹配"必须以概率数据支持的统计学基本原理相悖）。显然，该法官预感到要受美国联邦巡回上诉法院先例的约束，因而采纳了折中的妥协办法。

总之，针对法庭科学鉴定项目，可靠性审查是一个难题，故庭审中针对方法原理进行质疑并不总是奏效的，除非其方法明显站不住脚，或者其可靠性不被法律所认可，如关于

---

① National Research Council, Strengthening Forensic Science in the United States.

② 324 F. 3d 261, at 268 (4th Cir. 2003).

③ 324 F. 3d 261, at 269 ~ 270 (4th Cir. 2003).

④ United States v. Green, 405 F. Supp. 2d at 107 ~ 108.

⑤ United States v. Green, 405 F. Supp. 2d at 108.

测谎、警犬鉴定意见不得作为定案依据的规定。因此，与民事案件不同，刑事诉讼中针对鉴定意见方法原理发问，实质上并不具备排除其证据能力的效果，而是削弱其证明力；加上法官和律师通常也缺乏明确理解和评估法庭科学证据所必需的科学专业知识，而审判法官又必须在没有专家辅助（如专家陪审）的情况下独立裁决证据问题，并且常常没有时间进行深入研究和思考,[①] 因此对可靠性的质疑应当控制在一定的限度，否则针对鉴定意见方法原理的辩论可能不是越辩越清而是越辩越乱。

针对鉴定方法原理，我国并未确立类似“多伯特规则”的审查内容，但《刑事诉讼法司法解释》第九十七条第（六）项要求审查“鉴定的过程和方法是否符合相关专业的规范要求”，并在第九十八条相应规定鉴定意见的排除情形。《司法鉴定程序通则》第二十三条也规定：“司法鉴定人进行鉴定，应当依下列顺序遵守和采用该专业领域的技术标准、技术规范和技术方法：（一）国家标准；（二）行业标准和技术规范；（三）该专业领域多数专家认可的技术方法。”司法部司法鉴定管理局相应制定了一系列有关司法鉴定不同鉴定项目的技术规范，这些都是庭审询问的核心内容。

8. 质疑鉴定过程及结论的准确性

正如《美国联邦证据规则》第七百零二条所规定的，除了专家证言应当是可靠的原理和方法的产物外，专家还应当将这些原理和方法可靠地适用于案件事实，也就是说，对专家证言除了要求其方法原理的可靠外，还要求其结果准确，鉴定意见结果的准确性就是在方法原理可靠的前提下将方法原理准确可靠地适用于案件事实的过程，其具体表现在有关检验的技术操作过程及质量控制程序是否规范准确。

需要说明的是，《ISO/IEC 17025：2017 General Requirements for the Compentence of Testing and Calibration Laboratories》（以下简称 ISO/IEC 17025）已对检测和校准实验室提出了严格的管理要求[②]与技术要求,[③] 这些要求应用于法庭科学实验室将能提高法庭科学证据的可靠性和准确性，并且也被一些法律规范吸收并规定，如我国《刑事诉讼法司法解释》第九十七条第（三）项要求被鉴定的物证对象来源真实可靠，形成完整的保管链条,[④] 同时防止被污染或破坏从而影响鉴定意见的准确性，这一规定在 ISO/IEC 17025 中也有明确体现，如 5.6.3.4 规定“实验室应有程序来安全处置、运输、存储和使用参考标准和标准物质（参考物质），以防止污染或损坏，确保其完整性”；《刑事诉讼法司法解释》第九十七条第（六）项要求审查“鉴定的过程和方法是否符合相关专业的规范要求”；又如《司法鉴定程序通则》有关鉴定受理、实施、报告出具的程序规定等也不同程度地体现了这些要求。

---

① National Research Council, Strengthening Forensic Science in the United States, p110.

② ISO/IEC 17025 的管理要求包括组织、管理体系、文件控制、合同评审、检测和校准的分包、服务和供应品的采购、服务客户、投诉、不符合检测和/或校准工作的控制与改进措施、纠正措施、预防措施、记录的控制、内部审核和管理评审。

③ ISO/IEC 17025 的技术要求包含人员、设施和环境条件，检测和校准方法及方法确认，设备、测量溯源性，抽样、检测和校准物品的处置，检测和校准结果质量的保证，结果报告。

④ 如《刑事诉讼法司法解释》第九十七条，“对鉴定意见应当着重审查以下内容：……（三）检材的来源、取得、保管、送检是否符合法律、有关规定，与相关提取笔录、扣押清单等记载的内容是否相符，检材是否可靠”，又如第九十八条，“鉴定意见具有下列情形之一的，不得作为定案的根据：……（三）送检材料、样本来源不明，或者因污染不具备鉴定条件的”。

因此，在庭审询问环节，针对鉴定人的发问既可能涉及体现技术特点的具体检验过程，也可能涉及物证保管、鉴定程序等法律程序问题。前者旨在从技术角度寻找检验过程中的瑕疵与缺陷进而质疑鉴定意见的结果准确性，最终起到削弱证明力的效果；后者从法律程序角度质疑鉴定程序，其目的在于排除鉴定意见的证据能力或者削弱鉴定意见的证明力。

针对鉴定方法及过程质疑具有釜底抽薪的效果，然而实践中要想实现这一效果却面临着诸多阻碍。如不少鉴定机构的鉴定报告缺乏有关鉴定方法及检验过程的详细说明，往往千篇一律地使用“本鉴定依据×××鉴定规范实施鉴定”“检验结果如下：……”的套话，至于具体的检验方法、检验过程、相关检测数据、图谱、特征标识等一概没有，鉴定意见凭空产生。出庭鉴定人通常将其归因于案件压力大、没时间细化工作，或者属于本鉴定机构技术秘密，不便对外出示。在无法获得物证的勘验提取送检过程，以及定性定量分析的原始数据记录、质谱图等情况下，即便律师或专家辅助人是交叉询问的高手，也无法对鉴定过程和方法是否符合相关专业的规范要求进行审查并作出准确判断。这凸显了建立鉴定意见审前开示制度并且实行全面开示的重要性。

9. 质疑鉴定意见的相关性

如果说前面八项发问内容主要针对鉴定意见本身，而且发问主要通过对资质、中立性、鉴定程序、鉴定文书形式要件、鉴定方法原理、鉴定过程及鉴定结果准确性等方面质疑鉴定意见的合法性、客观性，那么对鉴定意见与待证事实的相关性进行质疑也是庭审询问的重要内容。通常而言，对鉴定意见的相关性进行质疑并不是一个明智选择，因为鉴定的目的就是解决案件中的专门性问题，侦查阶段启动的鉴定、审判阶段启动的鉴定都是为了解决案件专门性问题以准确地认定案件争议事实，因此鉴定意见与待证事实之间的相关性通常是经过初步审查的。然而也存在这些情形，如侦查中对犯罪现场的血迹进行鉴定，众所周知对血迹的鉴定既可以分析血型，也可以分析DNA图谱，血型检验具有种属认定的作用，DNA鉴定具有个体识别作用，因此进行血液鉴定与嫌犯认定这一案件待证事实之间具有初步的相关性，也显示了进行司法鉴定的必要性。但问题是，在单纯的血型鉴定中，一些鉴定意见显示犯罪现场血迹的血型与被告血型相同，容易使庭审中检察官、鉴定人夸大解释血型与个体识别之间的关联性，最终导致认定被告有罪的错误判决，这就涉及基于血型相同能否认定个体同一的问题。显然，血型与个体识别之间并不具备必然的关联性，血型不同可以排除嫌犯作案嫌疑，但血型相同并不能认定就是嫌犯作案，此类相关性争辩是鉴定意见质证的重要内容。

总之，就侦查、审查起诉、审判阶段的鉴定启动而言，通常鉴定意见具备初步的相关性，这种初步的相关性不难判断；但最终鉴定意见与待证事实之间是否具备实质的相关性，这一问题并不简单，其包含了复杂的技术问题，因此这也是庭审询问的重要内容。

10. 结合全案其他证据进行质证

鉴定意见涉及复杂的科学技术知识，也受检验人员对误差来源、数据结果的分析与评判的影响，因此鉴定意见仅代表专家的判断，是专家的个人意见，具有证言的本质属性，因此鉴定意见不具备天然的可信性，故法庭质证时除了对鉴定意见本身进行质证外，通常也要结合案件中其他证据进行质证，以证明鉴定意见与其他证据（如勘验、检查笔录等）之间是否矛盾，揭示鉴定意见的正确性。由于涉及鉴定意见以及与其他证据间的综合质证，有关此问题的发问通常由律师或检察官提起，而不是专家辅助人的发问内容。

第四节 鉴定人出庭作证方法技巧

一、鉴定人出庭作证的基本原则及注意事项

（一）基本原则

鉴定意见庭审质证是法庭证据调查的重要内容，是重要的法律程序制度，因此，鉴定人出庭作证理应受相关法律原则约束。依据相关法律规定，鉴定人出庭作证应遵守以下基本原则。

1. 遵守庭审证据调查程序秩序

鉴定人到庭接受诉讼当事人及法官询问时，首先，鉴定人应当遵守庭审证据调查程序。有关询问顺序、询问方式是否适当，总体上由法官自由裁量，鉴定人应服从法官的诉讼指挥，而不能干预法官的职权调查行为，更不能越俎代庖。其次，鉴定人应当自觉遵守庭审秩序，即便是激烈辩论，也应控制在适度范围，而不能将法庭变成无序争吵的战场，为此，鉴定人应有理有节地进行回答，自觉维护法庭秩序，如果对询问方式、询问内容有异议，可以向庭审法官提出异议，由法官进行程序性裁断。

2. 在鉴定意见的范围内质证

鉴定人出庭作证并接受各方询问，实质上也就是诉讼当事人及庭审法官针对鉴定意见进行询问，因此，无论是询问主体，还是作为被询问对象的鉴定人，各主体都应当在鉴定意见的范围内质证。鉴定人应当充分利用询问规则，在控辩双方询问的内容与本案无关或者发问方式不当时，可拒绝作答，或请求审判长予以制止。

3. 公正客观地提供证言

鉴定人作为“科学的法官”“法官的辅助者”，其立场应当像法官一样中立，为此，鉴定人的庭审证言应当以鉴定意见的客观性、科学性为前提，以保障人权为最终目的，不得作虚假陈述。

4. 注重质证策略与技巧

鉴定人在公正客观的基本前提下，事实上也承担着“说服”的证明责任。也就是说，出庭鉴定人在自信鉴定意见客观、科学的情况下，应积极推动鉴定意见被法官采纳，尤其是让当事人及法官明白、理解、认可鉴定意见，从而使法官准确地认定事实并作出裁判，也使得当事人更乐意服判息讼，从而维护鉴定意见的公信力。因此，质证策略与技巧对于鉴定人庭审作证而言也是必要的。这就对出庭鉴定人提出了更高的素质要求，鉴定人不仅应是优秀的“专家”，更应是优秀的“证人”，能够帮助法官正确理解、采信鉴定意见证据。

（二）一般注意事项

鉴定人出庭作证除了遵守以上基本原则，通常还有其他相关事项需要注意。

（1）穿着整洁、举止得体、熟悉鉴定人的法定权利与义务。

鉴定人作为专家，应当有专家的风范。一方面，鉴定人出庭时应穿着整洁，举止得

体；另一方面，鉴定人应知晓其法定权利，懂得在庭审中维护自己的正当权利，同时不推卸自己的法定义务。如果鉴定人不熟悉自己的权利与义务，则不仅影响出庭效果，也极大地贬损了鉴定人的形象。

（2）自信沉着、尊重对方；陈述时口齿清楚，言简意赅，论证有据，逻辑严密，避免答非所问或前后矛盾、误导法庭。总之，鉴定人庭审言行应当体现鉴定人良好的业务素质和精神风貌。

（3）庭审中时刻保持清晰思维与预判力，明白所提问题的内、外含义及司法证明目的。防止同一鉴定人的前后陈述不一致，或不同鉴定人的陈述不一致，或掉入提问人所设陷阱。

（4）时刻洞悉法庭动态、充分利用各种对鉴定人有利的因素。如法官是居中听审还是积极地询问鉴定人；当事人的情绪是比较平和，还是比较激动；对鉴定人进行询问的律师是业务精湛型，还是外强中干型。不同情形下鉴定人的质证策略也有差别。

二、鉴定人回答质询的基本技巧

1. 避免夸大其词或说话绝对

科学并不总是非黑即白，而是存在灰色地带的，在某些情况下专家也只能出具不确定性鉴定意见。因此，鉴定人回答时尽量避免说话过于绝对，因为这样等于给自己不留余地，而且往往带来对方更多、更尖锐的盘问。

2. 针对提问进行回答

一般鉴定人应针对提问进行回答，不要过分发挥、超范围答题，须知言多必失。

3. 避免使用缺乏自信的回避性词汇

如果鉴定书中表达的意见是鉴定人内心确信的表现，则鉴定人在庭审中应自信地向法庭陈述。相反，鉴定人如果使用诸如“我猜想”“我个人认为”“大概是这样”的表达方式，则往往会被认为鉴定人不自信、鉴定意见不太可靠。

4. 不要回避问题

对于本来可以明确回答的提问，鉴定人如果回避问题、闪烁其词，则很容易让法官对鉴定人及其鉴定意见产生不信任感。事实上，如果对方律师或专家辅助人的专业性较高，他/她是不会轻易让鉴定人回避问题的，其会刨根问底式地问下去，鉴定人根本无从回避，与其如此，倒不如尽早坦诚回答。

以笔者作为专家辅助人出庭作证的某案例为例，鉴定人在鉴定书中将部首和笔画间的搭配比例关系特征表达为笔迹一般特征，但事实上教科书及相关技术标准都将此特征界定为笔迹细节特征，专家辅助人就此对鉴定人发问以质疑鉴定人的专业能力。以下是问答内容。

专家辅助人：鉴定书第3页倒数第2行内容“部首和笔画间的搭配比例等一般特征”，据我所知，搭配比例是笔迹细节特征，而鉴定人把它归为笔迹一般特征，请问鉴定人，哪本专业书籍或相关技术规范是这样界定的？

鉴定人：“部首和笔画间的搭配比例”究竟属于一般特征还是细节特征，在学理上存在一定争议，本案中该特征到底是一般特征还是细节特征并不影响鉴定意见的客观性。

专家辅助人：既然你认为“部首和笔画间的搭配比例”究竟属于一般特征还是细节特征在学理上还存在争议，你能否列举哪些教材或哪些学者对此持有不同观点？

鉴定人：（鉴定人之前以信口雌黄式的回答试图蒙混过关，但专家辅助人步步逼问，此时鉴定人根本列举不出相关文献或学者，鉴定人开始显示出非常恼怒的表情，声音陡然增高）专家辅助人你既然认为是细节特征，那你给我回答哪本书、哪个学者持你这样的观点？

专家辅助人自信地给出答案，而鉴定人由于回避问题，大大降低了鉴定意见的可信性。

5. 不清楚的问题弄清楚后再回答

不清楚的问题不要乱回答，免得被对方律师或专家辅助人抓住矛盾或不正确之处。此时，鉴定人不妨要求提问人进一步澄清问题，态度上尽量礼貌，而且不必针锋相对。

6. 在某些情况下不必以“是”或“否”简单贸然回答，并说明为什么不能这样做答

在某些情况下，以“是”或“否”简单贸然回答，极容易被对方律师或专家辅助人“牵着鼻子走”或者掉入其设计的问题陷阱，此时，鉴定人可以回答“我无法以‘是’或‘否’简单地回答这个问题”，这会迫使对方允许你多讲几句或重组答案。

7. 尽量庄重诚恳，不要乱发脾气或使用侮辱性语言回答

法庭是庄严的场所，态度好显然是为了取信法官，以示作证认真、谨慎、诚恳。

8. 多于一个问题时，可以要求询问人提炼问题，进行归纳性回答

在“反对复合式及其他混乱性问题”的规则下，对于冗长、意思含混不清的问题，鉴定人可以要求询问人提炼问题，对其进行归纳性回答，以免浪费庭审时间。

9. 坦白承认不知道或犯有错误的事项

对于回答错误或者表达不准确之处，在有合理理由时，鉴定人应尽早纠正，防止被对方律师或专家辅助人利用。若届时才纠正，会被视为被逼迫出来的，此时鉴定人意见的可信度将大打折扣。

【思考题】

（1）鉴定意见质证的法理基础及制度保障。

（2）鉴定人出庭作证前准备工作的必要性及准备内容。

（3）庭审交叉询问程序及询问规则。

（4）对鉴定意见交叉询问的主要内容。

（5）鉴定人庭审作证的基本原则及注意事项。

（6）鉴定人回答质询问题的方法技巧。

【参考文献】

[1] 龙宗智：“论刑事对质制度及其改革完善”，载《法学》2008 年第 5 期。

[2] 王跃：“对质权如何适用于科学证据——Williams v. Illinois 判例及启示”，载《现代法学》2014 年

第4期。
[3] [美] 约翰·W. 斯特龙主编:《麦考密克论证据》,汤维建等译,中国政法大学出版社2003年版。
[4] 王国忠:“刑事诉讼交叉询问之研究”,中国政法大学博士论文2006年4月。
[5] 刘鑫、常林:“司法鉴定回避制度研究”,载《证据学论坛(第八卷)》。
[6] 杨良宜、杨大明著:《英美证据法》,法律出版社2002年版。
[7] 张斌:“论我国刑事鉴定项目CNAS认可的证据法定位”,载《现代法学》2010年第4期。
[8] 刘晓丹著:《论科学证据》,中国检察出版社2010年版。